GURKHAS, MALVINAS Y LIDERAZGO

También por Mike Seear

With the Gurkhas in the Falklands: A War Journal
Hors de Combat: The Falklands-Malvinas Conflict in Retrospect
(editado con Diego F. García Quiroga)
Return to Tumbledown: The Falklands-Malvinas War Revisited

GURKHAS, MALVINAS Y LIDERAZGO

Mike Seear

Traducido por Diego F. García Quiroga

Critical, Cultural and Communications Press
Londres
2023

Gurkhas, Malvinas y Liderazgo, por Mike Seear,
traducido por Diego F. García Quiroga

Los derechos del autor para ser identificado como autor de este trabajo han sido establecidos por el autor con acuerdo al Acta de 1988 de Derechos de Autor, Diseños y Patentes.

© Mike Seear, 2022
© Diego F. García Quiroga, 2023

Queda prohibida toda reproducción no autorizada. Esta obra está protegida por ley. No debe duplicarse ni distribuirse, total o parcialmente, en copia blanda o impresa, por ningún medio, sin el permiso previo y condicional del Editor, Critical, Cultural and Communications Press.

Publicada inicialmente en Gran Bretaña por Critical, Cultural and Communications Press, Londres, 2022.

Critical, Cultural and Communications Press es una firma de Jetstone Publishers Ltd.

Todos los derechos reservados.

La imagen de la cubierta superior muestra un centinela aéreo del 1er/7º Fusileros Gurkha de la Compañía A, de guardia en Darwin Hill, Isla Soledad, a principios de junio de 1982 (contiene información del sector público autorizada por la Licencia de Gobierno Abierto v3.0.). Imagen cortesía de Richard Hieron, DIPR – Copyright 1, MoD Abbey Wood.

La imagen de la cubierta trasera muestra la presentación oficial de La Piedra Gurkha el 23 de abril de 2019. El monumento está ubicado un kilómetro al sur de Mount William, Isla Soledad. Imagen cortesía de Jeremy McTeague.

Diseño de portada por Hannibal.

ISBN 9781905510757

Listado de Contenidos

Nota del traductor por Diego F. García Quiroga		7
Presentación por Bernard McGuirk		9
Reconocimientos		13
Prólogo		19
Capítulo 1	La entrevista	28
Capítulo 2	De Sandhurst a Church Crookham	45
Capítulo 3	Cuando al mando, hacerse cargo	62
Capítulo 4	Liderazgo proactivo continuado	77
Capítulo 5	En alta mar	97
Capítulo 6	Transición a las operaciones	117
Capítulo 7	Consolidación e iniciando (finalmente) el avance hacia el este	138
Capítulo 8	Ataque aéreo enemigo y primeros 'entrantes' en Wether Ground	163
Capítulo 9	Primeras bajas, despliegue del Grupo de Reconocimiento y planeamiento de la batalla	185
Capítulo 10	Órdenes – Y una Rueda de Prensa 'insertada' en el campo de batalla	206
Fotografías		225
Capítulo 11	Preparativos para la batalla final ... combate, luego demora	256
Capítulo 12	'Lucha, repliegue o congelamiento'	279
Capítulo 13	Refriega, ataque de morteros y 'azul contra azul'	302
Capítulo 14	Asalto a la saliente noreste; después Mount William. El Grande ...	329
Capítulo 15	Consecuencias y buena voluntad entre veteranos de combate ...	357
Capítulo 16	... prolongado en Buenos Aires y *Minefield/ Campo minado*	383
Epílogo		404
100 Criterios de Liderazgo – Gurkhas, Malvinas y Liderazgo		415
Glosario/Abreviaturas		423
Bibliografía		433
Índice		437

En resumen, el método de emplear a los militares –

Tomar un estado entero es superior.
Destruirlo es inferior a esto.

Tomar un ejército entero es superior.
Destruirlo es inferior a esto.

Tomar un batallón entero es superior.
Destruirlo es inferior a esto.

Tomar una compañía entera es superior.
Destruirla es inferior a esto.

Tomar un escuadrón entero es superior.
Destruirlo es inferior a esto.

Por lo tanto, cien victorias en cien batallas no es lo más hábil.
Someter a los militares del otro sin batalla es lo más hábil.

Sun Tzu, *El Arte de la Guerra*, Capítulo 3, 'Estrategia del Ataque'

NOTA DEL TRADUCTOR por Diego F. García Quiroga

El lector encontrará que esta traducción ha optado por conservar, en la mayoría de los casos, los nombres británicos de unidades de combate, lugares y accidentes geográficos, excepto al nombrar las islas principales. Esto responde a que solo así es posible mantener una adecuada coincidencia con la topología de uso internacional. En los casos en que el autor cita *verbatim* a fuentes argentinas, se ha respetado la nomenclatura elegida por la fuente.

Las escalas de rangos militares del Reino Unido no encuentran siempre su correspondencia en las FFAA argentinas puesto que las respectivas organizaciones operativas difieren y ello da lugar a distinta cantidad de rangos y denominaciones disparejas. Para solucionar esta discrepancia, cada vez que se cita una jerarquía británica esta va seguida de la jerarquía en el idioma original, entre paréntesis.

El uso de la expresión 'Estado Mayor' es a veces equivalente en español a 'Cuartel General' y en este contexto puede definir tanto una posición geográfica como un edificio, tienda o refugio y también el personal que sirve en esa función, en estrecha relación con el Comandante. En la mayor parte de esta traducción, ambas expresiones se agrupan y definen como 'HQ' (por Headquarters), que abarca las mismas características.

Una última diferencia no baladí en la designación de cargos militares se refiere al oficial o suboficial a cargo de unidades menores a un Regimiento: mientras que las FFAA argentinas denominan 'Jefe' al oficial o suboficial a cargo de un Pelotón, una Sección o una Compañía, los británicos utilizan 'Comandante'. He respetado esta nomenclatura.

PRESENTACIÓN por Bernard McGuirk

Un viaje de unos cuarenta años ha sido, para demasiados veteranos de la guerra de 1982 en el Atlántico Sur, una búsqueda frustrante, incluso inútil, de comprensión, a menudo en medio de negaciones, negligencia o abandono. La reconstrucción no es fácil, llega habitualmente a un alto costo personal. Haber acompañado el abordaje de ese proceso de curación, etapa por etapa, por parte de Mike Seear, ha sido una revelación desde el evento trascendental que concebimos y establecimos juntos, después de compromisos inicialmente separados y luego conjuntos, durante más de dos décadas. Yo me había ocupado profesionalmente, como académico especializado en culturas Latinoamericanas, de la reevaluación de la previa, extensa y notablemente cercana relación entre el Reino Unido y Argentina. Cuando me puse en contacto para solicitar el apoyo y consejo del Mayor (Major) (Ret.) Mike Seear sobre cómo reunir, para el vigesimoquinto aniversario y por primera vez, a ex-combatientes para un debate y evocación cara a cara, fue a raíz de mi hallazgo y profunda lectura de su primer trabajo publicado, *With the Gurkhas in the Falklands: A War Journal* (Seear, 2003). Integral a su enfoque de un aspecto muy particular de la historia del conflicto, era —y es todavía— una de las respuestas más directas y fundamentales al interrogante que surge a menudo sobre lo que constituye el estilo de un escritor. 'El estilo es el hombre mismo', advertía Buffon hace dos siglos.

Meticulosidad, exactitud, atención al detalle y la permanente escrupulosidad en oír —y escuchar— otras voces o silencios; todas estas características brillaron, si bien siempre con una fluidez y un magnetismo narrativo que llegué a reconocer y valorar través de los años en sus producciones sucesivas, culminando en su monumental *Return to Tumbledown: The Falklands-Malvinas War Revisited* (Seear, 2014). Las consistentes cualidades de historiador militar y relator atrapante de sus propias historias y de las de otros se ponen otra vez en evidencia aquí en *Gurkhas, Falklands and Leadership*. Más, en lo que puede considerarse una secuela necesaria, cuando Seear toma y desarrolla los aspectos específicos de *kaida* (método o regla) y *josh* (entusiasmo) Gurkhas como el fundamento sobre el cual construir sus observaciones de los muchos componentes no-Gurkha, hay una dimensión nueva y trascendental; que se muestra en la palabra que —sin ser por mucho la última— cierra el título. Si hay lecciones evidentes que extraer del hilo unificador del relato cautivante que se teje del seguimiento de Seear, en su capacidad como oficial de Operaciones y Adiestramiento del 1er Batallón, 7º Fusileros Gurkha del Duque de Edimburgo, en su ruta hasta y a través de los setenta y cuatro días de guerra y ciertamente más allá, entonces la palabra clave es ciertamente liderazgo. Ningún individuo se libera del compromiso de aceptar responsabilidad por mostrar y a la vez aceptar los alcances y las consecuencias —tanto operativas como personales— de lo que nunca puede ser dado y es, lamentablemente, señalado a menudo como faltante; en cualquiera y en todos los lados de un conflicto que Seear, a través de su experiencia de combate, mantiene determinadamente fue *de facto* una guerra convencional limitada.

Antes de encontrar el particular enfoque de Seear, yo tenía ya larga experiencia con opiniones, interpretaciones y declaraciones unilaterales, muy a menudo tendenciosas, de ambos lados del Atlántico: nada sorprendentes en el contexto de la historia de crónicas de las enemistades ocasionadas en y por las guerras. 'Hors de combat' es una frase más fácilmente declarada que vivida. Son escasas las salidas no problemáticas de la batalla y el servicio bajo armas a una vida post-conflicto que perpetuamente se pretende, a través de la mayoría de las épocas y culturas tanto civiles como militares, sea la expectativa estándar de la sociedad. Lo que Mike Seear trae a la mesa de las relaciones post-conflicto es único, reconocido como tal por ex camaradas y adversarios por igual; especialmente por el trabajo que se toma en requerir, encontrarse con, entrevistar y —de manera progresiva— hablar públicamente ante audiencias entusiastas en el Reino Unido, Argentina, Europa y no menos en Noruega, donde reside desde 1984. Narra, revela, pregunta, si bien pacientemente siempre con urgencia, en su negación a aceptar como *cliché* el 'Nunca más' que retumbaba durante el regreso a la democracia de una Argentina post-dictadura, respecto a ambas guerras: la 'guerra sucia' interna de la *junta* criminal y la triste —si bien inevitable— guerra que desencadenó. A diferencia de muchos historiadores de ambos lados, se toma el trabajo de escarbar profundo para recoger los testimonios crudos, inclusive aquellos detallados en traducciones de admirable precisión, en exponer el coraje y las falencias respectivas de quienes condujeron las batallas donde los Gurkhas y los Guardias Escoceses enfrentaron a sus adversarios de la Infantería de Marina y el Ejército argentinos. Aquí se muestra cómo el enfrentar juntos, desafiando renuencias a re-visitar recuerdos y documentos contemporáneos sobre muertes violentas y pérdidas irreparables, de triunfos y, sí, de dolorosos fiascos; ha construido, también, un denominador común que sirve de motivador de largo alcance para la eventual amistad entre veteranos de combate.

También la curiosidad fue una clave: 'Los sin nombre y los sin rostro' fue la frase que a menudo usó Seear para describir a su anterior enemigo argentino. Eventualmente, este problemático reconocimiento lo llevó a visitar seis veces el país luego de la guerra, a escribir tres libros, a asistir en la organización del coloquio de noviembre de 2006 en la Universidad de Nottingham y a co-editar un cuarto libro basado en este último evento junto a un veterano de guerra argentino, Diego García Quiroga, cuya participación en la apertura de la exhibición de la guerra de Falkland-Malvinas en el Museo Imperial de Guerra, el 15 de mayo de 2007, Seear también facilitó. Allí, el previamente adversario, ahora amigo, también se reconcilió con la Baronesa Margaret Thatcher, al ser requerido a su presencia, a pedido especial de ella. Al Capitán de Fragata García Quiroga, único argentino presente, la escuché decir, respecto del encuentro transatlántico, 'Yo no lo repetiría de ser ustedes. Por favor no lo hagan de nuevo.' Ni el siempre cortés (y notable anglófilo bilingüe) Diego ni yo estaremos nunca seguros de que aquí no había sino otra más, si bien característica, instancia de diálogo con una persona incorregiblemente habituada a quedarse siempre con la última palabra…

La tenacidad de Mike Seear en demostrar la iluminada necesidad de identificar las lecciones de liderazgo que derivan tanto del combate como de la trayectoria vital de una persona en su secuela, revelan acá que, personalmente, logró aprender más sobre sí mismo en esos setenta y cuatro días de la Operación Corporate que en todo el resto de su vida. Como mínimo, establece más allá de toda duda razonable que el diálogo activo 'cara a cara' con el enemigo anterior puede ser enriquecedor e importante. También demuestra que se hace inevitable, en la percepción de posguerra del enemigo, caer en cuenta de y respetar, por sobre el ruido de diferencias políticas frecuentemente irreconciliables, el coraje, la determinación, el espíritu de cuerpo, el liderazgo y la innovación del oponente.

Para Seear, la guerra de Malvinas-Falklands de 1982 se ha convertido en más que la siempre transcendental narración de combate en el frente de batalla. También ha continuado existiendo como el análisis del evento —los eventos— que siguieron y la redacción de relatos cuidadosamente estructurados, personales o no, de la experiencia. En este libro, Seear no se concentra especialmente en el desorden de estrés post-traumático (TEPT o, en inglés, PTSD). Sostiene que hay una necesidad de diferenciar entre este y el PTSR 'normal' (las reacciones inmediatas al estrés post-traumático, conocidas también como el 'período azul'). También trata aquí de manera muy efectiva la combinación negativa de PTG (Crecimiento Post-traumático) y EA (Autoridad Existencial). Finalmente, y con humildad característica, enfrenta una omisión, pero da al mismo tiempo continuidad, a sus escritos anteriores; con la importante inclusión en su narración de la gran dimensión artillera que brinda el oficial de Observación Adelantada (FOO) de la Artillería Real, Capitán (Captain) Gareth 'Gus' Pugh; y en la de cómo el objetivo Gurkha del abra noreste de Tumbledown y su peñón fueron sometidos a una mortal e intensa misión de fuego a nivel de Regimiento durante diez minutos, con dieciocho cañones ligeros de 105 mm —la primera vez, desde la guerra de Corea de 1950-1953, que Gran Bretaña condujo este tipo de acción artillera para neutralizar un objetivo aislado— hasta convertirlo en un 'área batida' a nivel de Regimiento, aproximadamente equivalente a dos campos de fútbol, inmediatamente antes del asalto Gurkha. El relato detallado de ese planeamiento y su ejecución está totalmente ausente, nos dice, en sus primeros libros. Ahora, esta deficiencia histórica ha sido corregida. Tales son las preocupaciones de detalle de este obstinado autor investigativo.

Es una convicción personal que el enfoque final en liderazgo se aplica no menos a la acción militar en general, que al bien establecido rol de Mike Seear como historiador revolucionario de la herencia todavía resonante de Malvinas; y de mucho más.

Reconocimientos

Este es mi tercer libro sobre la guerra de Falklands-Malvinas de 1982. Gran parte de la redacción de *Gurkhas, Malvinas y Liderazgo* tuvo lugar durante la pandemia de Covid-19 de 2020-2022, con vistas a que se publicara durante la primera mitad de 2022, en el cuadragésimo aniversario de la guerra. Va mi reconocimiento a los muchos que me asistieron en esta tarea auto-impuesta.

Primeramente, estoy sumamente agradecido al plurilingüe Bernard McGuirk por su ejemplar Presentación. También me brindó consejos invalorables, guía e inspiración después de leer los muchos borradores de mi manuscrito, con los que lo agobié durante 2021. Igualmente, a William Spencer, en su capacidad como Especialista Principal de Archivos Militares, Marítimos y de Transporte en los Archivos Nacionales, en Londres; fue de gran ayuda durante mi visita relámpago a esa institución en enero de 2013, para buscar y consultar fuentes originales sobre la guerra. Además, quisiera agradecer a la periodista argentina Gabriela Cociffi por su iniciativa en entrevistarme cuatro años después. Esa entrevista sirvió de fundamento al Capítulo 1, que presenta a ambos los hombres del 1er Batallón, 7° Fusileros Gurkha del Duque de Edimburgo y a la percepción argentina de estos estupendos soldados de Nepal.

En este particular, Nicolás Kasanzew, el único corresponsal de guerra argentino para televisión y la prensa gráfica presente en las islas en 1982, me entregó una copia de su libro acerca de sus experiencias de la guerra, que incluye una visión de primera mano sobre la manera en que la oposición argentina en el frente percibía a los Gurkhas y su reputación en el combate. Mi agradecimiento también va al autor de la guerra de Falklands-Malvinas Ricky Phillips, quien publicó en su '*The First Casualty Blog*' un comentario de la presentación que hice sobre los Gurkhas durante la conferencia *Falklands/Malvinas: War, Media and Society – History and Legacy* en la Universidad de Manchester, entre el 25 y el 26 de abril de 2019; y también por proveerme, casi dos años después, con información de respaldo para la anécdota sobre los 'cuchilleros correntinos' en el Capítulo 5.

El liderazgo efectivo tuvo suprema importancia ante las demandas de esa extraordinaria operación de la fuerza expedicionaria conjunta que propuso una prueba tan severa a los combatientes. Pero en este respecto, era importante que no solo se escuchara la voz de un oficial británico, sino también las de los oficiales Gurkhas nepaleses. Y por esto agradezco a David Willis, por permitirme utilizar su artículo publicado originalmente en el Diario de la Asociación del 1er Batallón, 7° Fusileros Gurkha del Duque de Edimburgo de 2017, que incluye las experiencias de algunos oficiales nepaleses Gurkha veteranos de la Operación Corporate. Ocho de ellos tienen sus párrafos incorporados a este libro.

Hubo también un noveno, que en mayo de 2021 tomó la iniciativa de enviarme un relato de 10,000 palabras/diecisiete páginas de sus 'Recuerdos de la Crisis de Falklands'. A pesar de que el envío llegó en la fase final de mi redacción del manuscrito para este libro, he seleccionado cuantos pasajes pude del relato del Capitán (Captain) Tek bahadur Limbu Engden.[1] Desde septiembre de 1982 hasta junio de 1984, fue uno de mis Comandantes de Pelotón luego de que yo tomara el comando de la Compañía A en reemplazo de David Willis. Tek bahadur *saheb* y yo colaboramos durante el resto de 2021 y los comienzos de 2022 intercambiando muchos e-mails, él desde su domicilio en Canterbury, UK y yo desde el mío en Oslo, Noruega; para clarificar y editar su relato 'nepalés-Gurkha'. Incluye una serie de incidentes que se desarrollan rápidamente y que requirieron su tipo de liderazgo para manejar las crisis y tomar resoluciones al este de Tumbledown durante las últimas horas de la guerra. Su voz nepalesa brinda una 'Gurkharización' única al texto de este libro.

Otro reconocimiento especial merece Gareth 'Gus' Pugh, oficial Observador Adelantado de la Real Artillería asignado al 1er/7° Fusileros Gurkha durante la Operación Corporate. Su unidad, la Batería 132 (la Tropa de Cohetes Bengalí) Real Artillería, se unió a nuestro Batallón a bordo del transatlántico de la Cunard RMS *Queen Elizabeth 2* en isla Ascensión, en medio del Atlántico, el 20 de mayo de 1982. Su larga y detallada contribución sobre lo que él y su unidad vivieron con nuestro Batallón también está incorporada a este libro. Proporciona, finalmente, mucha información histórica previamente ausente, concerniente al planeamiento y ejecución del asalto de nuestra Compañía B Gurkha sobre el abra noreste y la saliente de Tumbledown en las horas finales de la guerra. También estoy agradecido a otro oficial artillero, Tom Martin. Su libro *Falklands Gunner* brinda comentarios de nuestro Batallón cuando arribamos a Wether Ground, en la isla Soledad, para proteger sus seis cañones ligeros de 105mm de la 29ª Batería de Campaña (Corunna) y enfrentar, simultáneamente, el desafío de un cañón argentino de 155mm. Los efectos de ese bombardeo están también vívidamente descriptos por Kieran O'Rourke —de Howe & Co. Abogados— en su síntesis de la declaración del Cabo (Lance Corporal) (Ret.) Gyanendra Rai, en cuanto a las heridas sufridas por este último a raíz de las esquirlas de una granada explosiva de 155mm. La valiosa contribución de Martin Entwistle, el Oficial Médico de Regimiento del Batallón, no solo describe los procedimientos de manejo de heridos en su Puesto de Socorro del Regimiento en el caso de Gyanendra Rai,

---

1. 'Tek bahadur' es como escribe ahora su nombre, pero en la mayor parte de este libro yo lo escribo como lo conocí cuando él era el Teniente Primero (Lieutenant) [QGO] Tekbahadur Limbu del 1er Pelotón de la Compañía A durante la guerra de 1982. También lo he escrito como 'Tekbahadur' sin provocar su reacción en la docena de e-mails privados que hemos cruzado. En el Reino Unido también es posible encontrar que se lo cita como 'Captain Tek Bahadur Engden'.

sino también en los de los otros doce heridos del Batallón, más adelante en la guerra. También incluye la última noche de esta, y el intenso bombardeo de artillería y morteros que el Batallón tuvo que soportar.

Del mismo modo, sería incorrecto no haber incluido una representación de los Guardias Escoceses en este libro, ya que la operación de Tumbledown y Mount William fue el único ataque británico de dos Batallones en la guerra. Afortunadamente, yo ya había hecho contacto hace algunos años con Jim Peters, previamente en la Compañía del Flanco Izquierdo del 2do Batallón, Guardias Escoceses; que luchó en Tumbledown y le estoy muy agradecido por proveerme un vívido relato en tres partes de su traumática historia. No es para los débiles de espíritu.

También hay una significativa dimensión argentina en esta historia, proveniente de varias fuentes nuevas. En 2015, Ricardo Burzaco, el director de la revista *Defensa y Seguridad*, me remitió amablemente dos números de su publicación que me brindaron más información sobre la batalla de Tumbledown, tal como fue vivida por dos Jefes de Pelotón: Carlos Daniel Vázquez, del Batallón 5 de la Infantería de Marina (BIM5) y Esteban Vilgré La Madrid, del Regimiento 6 de Infantería del Ejército (RI6). Esto me llevó a intercambiar numerosos e-mails de esclarecimiento con Carlos Daniel y con su hijo mayor Carlos Horacio, que también es un oficial en servicio activo en la Armada Argentina. Fue él quien me facilitó el informe post-operación de Tumbledown elaborado por Osvaldo Emilio Colombo, Segundo Comandante de la Compañía N (Nácar) del BIM5. El informe brinda una descripción objetiva y de primera mano de los desafíos de comando, control y liderazgo que enfrentó esta sub-unidad durante las últimas cuarenta y ocho horas de la guerra. Casi cuarenta años después, estoy muy agradecido al Contraalmirante IM (Ret.) Colombo por haber consentido con generosidad a la publicación de su informe en este libro. También extiendo mi gratitud al Coronel (Ret.) Esteban Vilgré La Madrid por su consumada ayuda en proveerme de información suplementaria sobre su Pelotón del Ejército Argentino, que mantuvo una larga y desesperada batalla final con la Compañía del Flanco Derecho de los Guardias Escoceses, así como también por asistirme con complicadas traducciones del español al inglés relacionadas con este combate, por brindarme detalles sobre sus soldados, y por las discusiones que mantuvimos via e-mail y WhatsApp sobre las interpretaciones acerca de cómo se condujo la pelea.

El Comandante del BIM5 durante la Guerra era el Capitán de Fragata IM Carlos Hugo Robacio. Ya retirado como Contraalmirante, le presentó a Bernard McGuirk, en la Universidad de Nottingham, en noviembre de 2006, una copia de su libro *Desde el Frente*, sobre las experiencias de su unidad en la guerra de Falklands-Malvinas. Extraje de esa redacción la historia de Elvio Angel Cuñé, Jefe del Pelotón de Morteros de 81mm del BIM5, y de su liderazgo ejemplar cuando estaba en el extremo este del abra que conecta Tumbledown con Mount William, cuando este último era, para los Gurkhas, el objetivo final de la guerra.

Tuve el privilegio de encontrarme con Cuñé y cinco de los veteranos de su Pelotón en Buenos Aires, en marzo de 2007. Sirvió en Chipre con las tropas de paz en 2015, pero falleció lamentablemente de un ataque al corazón el 21 de julio de 2018.

Esteban Pino, un conscripto de la Compañía C del Regimiento de Infantería 3, estaba ubicado un par de kilómetros detrás del Pelotón de Cuñé, cerca de la cresta este de Mount William. Un cuarto de siglo después, conocí a 'Pino' (como lo llaman) en esa misma visita a Buenos Aires en marzo de 2007. Bilingüe en inglés, también él había escrito un libro sobre sus experiencias de la guerra y la posguerra. Pino me envió detalles sobre su traslado a las Malvinas, que incluían varias referencias al 1er/7º Fusileros Gurkha, seguidos por los de su eventual regreso, y una descripción sobre cómo lo afectó la derrota. Todos estos eventos que cambian vidas han sido incorporados en este libro, así como los extractos de un informe elaborado por el oficial de Operaciones (G3) de Estado Mayor Eugenio Dalton, que está basado en el Diario de Guerra del Estado Mayor de la Décima Brigada de Artillería, escrito durante el último día de lucha en las cercanías de Puerto Argentino.

Donde aparecen citas sin una fuente específica, estas están tomadas en todos los casos de mi correspondencia privada con participantes como los arriba nombrados. He reforzado algunas de estas experiencias de guerra Gurkha, argentinas y británicas aludiendo a ciertos aspectos de la sabiduría estratégica y de liderazgo del antiguo general chino Sun Tzu, compiladas en el famoso tratado del siglo V *El Arte de la Guerra*. Mis seis visitas de posguerra a la Argentina en el período 2002-2015 me dieron también la oportunidad de recabar más información sobre la guerra y, no menos, de extender buena voluntad *ad hoc* entre veteranos de combate a representantes clave de quienes fueran previamente mis enemigos. En respuesta, me retribuyeron de manera significativa. Cada visita incluyó la invalorable asistencia de quien fuera el entonces Coordinador Médico de los Veteranos de Guerra de Malvinas, el Dr. Eduardo Gerding, no menos por su habilidad como intérprete del español al inglés.

Quiero también agradecer a Paul Haley por el consejo, la asistencia y el apoyo en relación a sus ilustraciones de *Soldier Magazine*, y reconocer finalmente los esfuerzos de Sukrim Rai, que fuera uno de mis Comandantes de Sección en la Compañía A. Él me facilitó más información detallada de sus experiencias de guerra (particularmente en Egg Harbour House, en Lafonia, isla Soledad) y su posterior participación como el único Gurkha miembro del elenco de la pieza de teatro argentina *Minefield/Campo Minado*, escrita y producida por la directora de teatro Lola Arias. Su presencia en el escenario y su participación en la pieza han sido apreciados por numerosas audiencias internacionales. ¡*Jai* Seventh!

Oslo, marzo de 2022

GURKHAS, MALVINAS Y LIDERAZGO

Prólogo

Escribir un libro es una aventura. Para empezar, es un juguete y un entretenimiento. Después se convierte en una amante, luego en un patrón, luego en un tirano. La última fase es cuando uno está a punto de reconciliarse con su esclavitud, mata al monstruo y lo lanza al público.

Sir Winston Churchill

El 1er Batallón, 7° Fusileros Gurkha del Duque de Edimburgo no entró en contacto ni luchó un combate de infantería con el enemigo durante la Guerra de Malvinas-Falklands de 1982. Más bien, las últimas veinticuatro horas de la batalla de Tumbledown fueron luchadas y ganadas principalmente por el 2° Batallón de Guardias Escoceses. Este Batallón también fue asistido por la Compañía B de los Gurkhas durante un asalto poco conocido, sobre la saliente noreste de Tumbledown, que incorporó una intensa misión de fuego a nivel de Regimiento con dieciocho cañones ligeros de 105mm. Es una acción que este libro examina completamente, con todo su detallado planeamiento. También arrojaré nueva luz sobre las operaciones terrestres Gurkhas en general, los esfuerzos de los oficiales y soldados Gurkhas, el asalto de dos Batallones en Tumbledown y la toma de Mount William por parte de los Gurkhas, sin que encontraran oposición, a la vez que trataré de analizar la guerra desde una perspectiva más elevada que la de la relación personal que expuse en mi primer libro *With the Gurkhas in the Falklands: A War Journal* (2003).

En esta obra incluyo también el importante tema del liderazgo efectivo ya que, sin esa cualidad esencial, la recuperación de las Falklands en setenta y cuatro días hubiera sido imposible. Tampoco olvido a nuestro enemigo de entonces en su posición al sur de Moody Brook. Incluyo aquí nueva información sobre la Compañía N (Nácar) del BIM 5, obtenida *a posteriori* de mi coedición (junto con Diego García Quiroga, un veterano de guerra argentino) de *Hors de Combat: The Falklands-Malvinas Conflict Twenty-Five Years On* (2007), su edición ampliada *Hors de Combat: The Falklands-Malvinas Conflict in Retrospect* (2009) y de mi segundo libro, *Return to Tumbledown: The Falklands-Malvinas War Revisited* (2012). También enfatizo el liderazgo del Jefe de Pelotón y el espíritu de combate del Pelotón de Morteros de 81 mm del BIM5 y del 4° Pelotón de la Compañía N, así como el del 3er Pelotón de la Compañía B del 6° Regimiento de Infantería, frente a circunstancias imposibles. También he incluido la historia de un conscripto de la Compañía C del 3er Regimiento de Infantería ubicado en las cercanías de Mount William, y el arrojo de un guardia escocés reflejado en tres 'instantáneas' separadas, mientras atraviesa la acción de una batalla que termina para él con traumáticas consecuencias. Y, finalmente, hay un relato personal acerca del valor de la buena voluntad *ad hoc* y duradera entre veteranos que han sido previamente enemigos.

Empecé a escribir este libro el viernes 4 de enero de 2013, el primero de cinco hitos a alcanzar rumbo a su publicación. Ya a fines de 2012 los Archivos Nacionales en Kew, Londres, habían desclasificado los documentos oficiales que guardaban sobre la guerra de 1982, acorde con la 'Ley de Treinta Años' del gobierno del Reino Unido, liberándolos al escrutinio del público. Esto abría una oportunidad para buscar más información sobre el despliegue Gurkha al Atlántico Sur. Contacté entonces a William Spencer, Especialista Principal en Archivos Militares, Marítimos y de Transporte, que me brindó asistencia invalorable.

William resultó ser un compañero veterano de combate de la Operación Corporate. Para marzo de 1982, había servido en la Royal Navy durante dieciséis meses y acababa de completar su adiestramiento como Mecánico de Ingeniería Aérea (Radio) de 1ª clase en el Brazo Aéreo de la Flota, Escuadrón 848 del Ala D, en Yeovilton. A principios del mes siguiente, siguiendo la invasión argentina a las Falklands, los seis helicópteros Wessex de esa unidad fueron embarcados a bordo del buque portacontenedores Ro-Ro SS *Atlantic Conveyor*, de la naviera Cunard. El 5 de mayo, frente a la isla Ascensión, William embarcó durante tres días para trabajar en los helicópteros antes de trasladarse al MV *Norland* (un ferry Ro-Ro del Mar del Norte, que también se involucraría en el despliegue Gurkha) para continuar su 'crucero' hacia el sur junto a la Fuerza de Tareas Anfibia. Junto con los otros mecánicos de ingeniería del Ala D, voló con frecuencia al *Atlantic Conveyor* para ocuparse de los helicópteros y también estuvo a bordo del buque de asalto anfibio HMS *Intrepid* durante dos días, trabajando allí en dos helicópteros Wessex estibados en la cubierta de tanques.

Experimentó los cinco días de la Batalla de San Carlos, que comenzó el 21 de mayo mientras se realizaban los desembarcos anfibios británicos en San Carlos, Puerto San Carlos y bahía Ajax. 'El fuego del SBS[1] sobre [...] la posición argentina en Fanning Head fue bastante espectacular', escribiría más tarde. 'Ni siquiera se podían contar las trazadoras.' Durante ese primer día, en medio de los múltiples ataques aéreos de la Fuerza Aérea Argentina y la Aviación Naval contra barcos de la Fuerza de Tareas Británica, el Ala D, según William, 'terminó con los SLR en las cubiertas exteriores del *Norland*, mirando cómo los aviones atacantes cruzaban como enloquecidos el Estrecho de las Falkland'. Dos días después, también vio cómo volaba la fragata Tipo 21 HMS *Antelope*, alcanzada por una bomba enemiga de 454 kg mientras un equipo de desactivación de explosivos trabajaba en ella:

---

1. Las abreviaturas y terminología específica se explican en la Sección 'Glosario/Abreviaturas' al final del volumen.

[...] y eso fue deprimente para un marino [...] sin embargo, era bastante hipnótico de ver (incluido el big bang que se vio por televisión). Yo [desembarqué] del *Norland* justo después de que los sobrevivientes de la *Antelope* llegaran a bordo, [después de] que un pequeño número de prisioneros argentinos [embarcaran en él] más temprano, ese mismo día. El Ala D fue [transportada] hasta el buque de asalto anfibio HMS *Fearless* para esperar la llegada del *Atlantic Conveyor*. La vida a bordo del *Fearless* era una de solo esperar, con alarmas aéreas anunciadas y abortadas sin previo aviso, por si acaso. Estar sentado sobre una caja de acero brinda la ilusión de estar a salvo, pero un ataque no anunciado ponía bastante nerviosos a muchos. Estar a bordo de un barco fondeado bajo ataque aéreo no es muy agradable, simplemente porque tienes poco espacio para maniobrar.'[2]

Estoy de acuerdo. Uno no puede 'no sentir miedo' cuando le recuerdan constantemente su propia mortalidad. El 25 de mayo, dos misiles Exocet enemigos impactaron en el *Atlantic Conveyor*, que se hundió tres días después con todos los helicópteros del Ala D todavía a bordo. Mediante el *Fearless* y el transbordador de automóviles Ro-Ro MS *Europic Ferry*, la unidad de William fue después trasbordada al portaaviones HMS *Hermes*, la embarcación insignia, donde completó su guerra. La gran ironía es que después de su aventura de ida y vuelta al Atlántico Sur en seis buques, William nunca puso un pie en las Falklands. Pero casi treinta y un años más tarde, y gracias a su entusiasmo y ayuda, yo regresé a mi casa en Oslo con mucha información oficial 'nueva' sobre el 1er/7° Fusileros Gurkha durante la guerra. Algunos años más tarde, William Spencer también dejaría los Archivos Nacionales para hacer un doctorado sobre el tema 'El Archivo Oficial: ¿Para Quién?' en la Universidad de Glasgow. La pregunta de su investigación es: '¿Pueden los veteranos de la Operación Corporate evaluar los registros de su unidad al cabo de más de 40 años desde su creación?' Completará su doctorado a fines de 2022, para el cuadragésimo aniversario de la Guerra de Malvinas-Falklands de 1982. Así es de persistente el poder de su memoria.

Pero mis primeros escritos durante los siguientes cuatro años después de Kew solo resultaron en unos pocos capítulos, redactados en Noruega entre servicios sobre gestión de crisis y, no menos, en el extranjero como asociado senior de Kenyon International Emergency Services. Fue solo en 2017, después de una video-entrevista grabada en línea (mi segundo hito) con una periodista argentina, el 13 de marzo, que el ritmo de mi escritura aumentó. Después, a principios de 2018, aproveché la oportunidad de unirme a una peregrinación Gurkha a las Falklands, de diez días y once participantes. Este fue mi tercer hito.

---

2. E-mail fechado el 15 de junio de 2013.

Los peregrinos eran cuatro oficiales Gurkhas británicos, 'la banda de los cuatro', y siete Gurkhas, 'los siete magníficos'. Pero esa mañana del 20 de marzo de nuestro arribo al aeropuerto de Mount Pleasant, 'Gus' Pugh (oficial de Observación Avanzada de la Real Artillería del 1er/7° Fusileros Gurkha durante la Operación Corporate y ahora granjero en la frontera con Gales [the Welsh Borders]) estaba también, sin que lo supiéramos, en el aeropuerto y en ruta de regreso al Reino Unido. Para nuestra frustración, él sabía de nuestra llegada, pero no pudo reunirse con nosotros. Nigel Price, uno de los peregrinos, recordaba bien a 'Gus':

> Mis recuerdos de él son de un gigante amable, con bigote tupido, tocado con un pasamontañas [gorro] de lana negra. En esa [última] noche lejana de junio [de la guerra], parecía un personaje de Shakespeare, quizá un participante de Agincourt. El eterno soldado británico, en la mejor tradición. (Price, 2018, 117)

Dos días después, 'Gus' envió un correo electrónico titulado 'Asunto visita a las Falklands: Gareth (Gus) Pugh' a nuestra residencia en Stanley, el Liberty Lodge de la Fundación de Veteranos de las Falklands:

> Estimados oficiales y hombres del 7°,
> Escribo este [e-mail] 24 horas después de mi regreso desde las Falklands y para expresar mi sorpresa al enterarme de su llegada [a las Islas] y mi desconsuelo por no estar en Stanley para volver a verlos. Fui invitado a las Falklands para participar en el ejercicio Atlantic Legacy del CLF [Comandante, Fuerzas Terrestres], una idea del Teniente General (Lieutenant General) [Ret.] Cedric Delves (que estaba con nosotros).[3] Tenía como objetivo capturar y registrar las características relevantes de la campaña para una audiencia de unos 140 futuros líderes del servicio (Mayores/Tenientes Coroneles). El ejercicio empezó con sesiones de información en el Reino Unido seguidas de un viaje de 6 días y 5 noches a las islas, que cubrió las [seis] batallas principales y nos permitió ver algo de

---

3. Cedric Delves pertenece a la misma camada 41 (1966-68) de la Real Academia Militar de Sandhurst que el autor. También es veterano de la Guerra de las Falklands-Malvinas de 1982, donde sirvió como Comandante del Escuadrón D del 22 SAS. Su unidad capturó Grytviken, en las Georgias del Sur, sin pérdida de vidas (15 de mayo); destruyó doce aviones argentinos en Pebble Island (21 de mayo); llevó a cabo una incursión de engaño en Darwin (21 de mayo) y estableció, sesenta kilómetros detrás de las líneas enemigas, un punto de apoyo firme en Mount Kent (31 de mayo). También lideró una incursión fallida a bordo de una embarcación 'rigid raider' de los Royal Marines en Cortley Ridge, en la bahía de Stanley, en la noche del 13 al 14 de junio. Tuvo una muy distinguida carrera militar en las dos décadas siguientes.

las islas. ¡Solo gasté alrededor de seis libras de mi bolsillo en el evento, e incluso logré que HMF [las Fuerzas de Su Majestad] pagaran un pastor de relevo para mis ovejas durante mi ausencia!

Me complace decir que no fui nada más que un 'reemplazante' a solo 16 días del evento, dada la falta de disponibilidad de un superior de la [Real] Fuerza Aérea. Hubo un montón de nombres muy famosos en el viaje, y fue un privilegio escuchar y, a veces, preguntarme si alguna vez había estado allí [en la guerra]. Me encontraba ahí como el único artillero entre los [30] veteranos y el único que podía compartir, con considerable orgullo, la contribución y el sereno profesionalismo del 7GR [el 7° Fusileros Gurkha]. Me concentré en mi tiempo con [el Capitán (Captain)] Lester [Holley] en [la Compañía] B y en cómo nos ocupamos de nuestro negocio y armamos el plan de fuego para desembocar en la primera misión de fuego a nivel de Regimiento realizada por el Ejército [británico] desde Corea. También hablé de la férrea determinación de los soldados y la forma en que asumieron cada desafío sin quejarse. Hablé del considerable orgullo que sentía por ser parte de y trabajar con un Regimiento así.

Todavía es ese orgullo lo que recuerdo hoy, y se ha visto reforzado por mi breve visita. Les deseo lo mejor en su visita y espero que recuerden mi modesta contribución al éxito de su Regimiento.

Mi difunto padre era del Ejército indio y cuando se enteró de que yo estaba adjunto al 7GR, dijo a todos que yo estaba en buenas manos. Así fue. Gracias. *Jai* Séptimo [Larga vida al Séptimo].

El General de Brigada (Brigadier) (Ret.) David Morgan, ex Comandante del 1er/7° Fusileros Gurkha durante la guerra, respondió agradeciendo a Gus con una llamada telefónica desde la sala de embarque del aeropuerto de Mount Pleasant por su 'encantador' correo electrónico, pero 'más importantemente por representarnos tan bien durante [el ejercicio] Atlantic Legacy'. Y terminó con: 'Gracias nuevamente por su fuerte, inteligente y sensato apoyo. ¡Necesitamos más tipos como usted!'

Una noche en el Liberty Lodge, encontré una copia del libro de 2017 de Pen & Sword *Falklands Gunner: A Day-by-Day Personal Account of the Royal Artillery in the Falklands War*. Había sido donado al hostal por el autor, Tom Martin, Subteniente (Second Lieutenant) de la Real Artillería durante la guerra. Empecé a hojearlo y pronto encontré un relato de sus experiencias con la 29ª Batería de Campaña (Corunna) en Wether Ground y ese bombardeo de la artillería argentina de 155 mm sobre las posiciones de los artilleros y los Gurkhas. De repente, mi nombre y extractos de mi primer libro aparecieron varias veces en el texto de Martin. Pasarían más de tres años antes de que intercambiáramos correos electrónicos y él me comentara:

Cuando me desplegué [hacia Wether Ground] con una sección de tres cañones [de 105 mm], éramos los más avanzados de nuestras tropas, ¡salvo el SAS y cosas por el estilo! Tratar de escribir sobre cómo nos fue bajo ese [cañón] de 155 mm [enemigo] fue difícil; sin embargo, sus observaciones acerca de haber visto por lo que estábamos pasando y, lo que es más importante, lo que usted estaba a punto de enfrentar, me proporcionaron tanto el 'color' como la observación objetiva que necesitaba para transmitir qué era qué. Es demasiado fácil decir que fue una experiencia aleccionadora, pero cuando otro dice algo así sobre la suerte de uno, eso le agrega *gravitas*. Una experiencia compartida que no se olvida.

En lo que respecta al liderazgo y a los artilleros, mientras estábamos disparando y siendo atacados nosotros mismos, la dura realidad es que no hay lugar donde esconderse en una posición de cañones. Nos quedamos ahí y manejamos las armas.

También descubrí que Tom Martin y Gareth Pugh compartieron camarote durante su viaje de regreso al Reino Unido después de la guerra. El libro de Tom y el correo electrónico de Gareth me dieron una motivación adicional para escribir. Y, habiéndole solicitado una contribución a este último, nueve meses después recibí sus detalladas experiencias de guerra como FOO Gurkha. Brindan una nueva dimensión a las operaciones del $1^{er}/7°$ Fusileros Gurkha en la guerra de Falklands-Malvinas.

También invertí años en construir mi justificación sobre el asunto de ese término polémico (para algunos) de 'Falklands-Malvinas', después de haber visitado Argentina seis veces (durante 2002-15) y las islas Malvinas dos veces (en 2007 y 2018), en medio de una plétora de otros asuntos relacionados con 1982. Esto me llevó a la conclusión de que la guerra de 1982 (no 'el conflicto') debe ser referida como la Guerra de las Falklands-Malvinas de 1982. ¿Por qué? Es simple. Los británicos lucharon en la Guerra de las Falklands. Los argentinos lucharon en la Guerra de las Malvinas. Estos son hechos históricos precisos (no políticos). Además, como oficial de la Infantería Gurkha del Ejército británico que luchó en esa operación de guerra expedicionaria conjunta, es absurdo para mí etiquetar la lucha como un 'conflicto'. Ciertamente, ninguno de los lados declaró nunca la guerra, pero eso era una decisión política. Para el soldado desplegado en el campo de batalla, esta fue una guerra convencional limitada (y aterradora) en todos los sentidos. Por lo tanto, cuando escribo o doy conferencias (fuera de Argentina) siempre uso ese término, 'la Guerra de Falklands-Malvinas de 1982'. Pero, cuando en Argentina, uso (diplomáticamente) 'la Guerra de Malvinas-Falklands de 1982'.

La única excepción, por supuesto, fue mi presentación de tres horas durante esa Peregrinación Gurkha de 2018 sobre 'La Guerra de las Falklands de 1982', que tuvo lugar en el Historic Dockyard Museum de Stanley, el 26 de marzo. Después de sacrificar tres días de mi visita para prepararla en mi computadora portátil en el Liberty Lodge en vez de realizar paseos por el campo de batalla con los otros peregrinos, no podía permitirme quedar empantanado en ningún innecesario temblaredal politico con los aproximadamente cuarenta isleños presentes usando mi término de dos caños, en el que el importante guión que separa cada nombre representa también la buena voluntad entre veteranos de combate. Cuatro décadas después de la guerra, este proceso es todavía necesario entre las dos facciones (¿y naciones?) 'opuestas' que siguen separadas por el idioma (fuente de grandes y continuos malentendidos sobre la guerra), la cultura y los hemisferios. Mi *raison d'être* para usar este término se basa puramente en la precisión histórica, un grado de diplomacia y en ser un veterano de combate envejecido (pero activo) de la Guerra de las Malvinas-Falklands de 1982, totalmente ajeno a cualquier agenda política.

Habrá quienes, por supuesto, siempre reaccionarán negativamente a mi uso de 'Malvinas-Falklands'. Esto incluye a los habitantes de las Islas Malvinas, como lo demostró (con suaves modales diplomáticos) la Excma. Leona Roberts MLA, miembro de la Asamblea Legislativa de las Islas Malvinas, en la conferencia de la Universidad de Manchester *Falklands/Malvinas: War, Media and Society – History and Legacy*, celebrada el año siguiente los días 25 y 26 de abril. También malinterpretó mi presentación en dos partes sobre los Gurkhas, y después me amonestó amablemente por haberme atrevido a presentarlos como combatientes enormemente feroces y hostiles en el campo de batalla sin reconocer que habíamos logrado todos los objetivos de la Operación Corporate mediante el uso de 'representaciones de la guerra', sin haber tenido que luchar contra el enemigo cuerpo a cuerpo. Además, Leona, que fue directora y gerente del Museo Histórico del Astillero y del National Trust durante catorce años, pareció no percatarse de la paradoja que presenta el carácter modesto del Gurkha, amante de la diversión, educado, amante de los niños y orientado a la familia. Tenía diez años durante la guerra, y vivía en Stanley.

Esa conferencia atrajo a algunos nombres 'estrella' de la guerra: por ejemplo, el General de División (Major General) Julian Thompson (3ª Brigada de Commandos) y el Comodoro (Commodore) Michael Clapp (Grupo de Tareas Anfibio), oradores principales del primer día. Además, el Contralmirante (Rear Admiral) Jeremy Larkin (HMS *Fearless*), el General de División (Major General) Dair Farrar-Hockley (2 Para) y el profesor Sir Lawrence Freedman (autor de los dos volúmenes que conforman la historia oficial de la guerra y orador principal del día 2). Un mes después, Ricky Phillips, colega conferenciante y autor de libros sobre la guerra de Malvinas-Falklands, comentó mis presentaciones gemelas tituladas 'Los Gurkhas: ¿una operación psicológica en la guerra Malvinas-Falklands? Partes 1 y 2':

> Si alguien merecía dos sesiones era Mike Seear: un hombre a quien luego describí como 'una fuerza de la naturaleza' en sus presentaciones.

Maravillosamente directo, incluso teatral, realmente atrajo esta vez a la audiencia, y fue un placer verlo mientras profundizaba en los mitos, misterios y conjeturas interminables sobre los famosos Gurkhas con los que sirvió en la Guerra de las Falklands. Abordó el concepto argentino de los Gurkhas como mercenarios´ y luego el de cómo los argentinos los exageraron hasta convertirlos en intrépidos 'escudos humanos' e incluso 'comandos suicidas'. Igualmente, examinó los informes de la prensa británica donde los Gurkhas alcanzarían un estatus de leyenda, especialmente en [aquellos que] anteponían sus nombres a los de todas las unidades, y cómo crecía y crecía este gran mito —o tal vez leyenda—, [...] así como las a menudo ridículas afirmaciones argentinas de miles de personas que juran haber matado a un Gurkha en combate singular. En el Q&A le pregunté por qué pensaba que esto era así [...] y llegó a la misma conclusión a la que siempre arribé: que, en una Argentina de posguerra donde los veteranos se sentían despojados de su dignidad, cada hombre podía jurar que había enfrentado y matado a un Gurkha en combate singular, y demostrar que él, al menos, había hecho su trabajo.

En definitiva, una primera parte fascinante que analizó los efectos psicológicos de los 'hombres de Nepal' y la realidad, y que dejó a todos anhelando por la segunda.

La presentación de Mike Seear del primer día había dejado una tormenta, y ahora estábamos aquí para el segundo día, con anticipación creciente. [Él] volvió a hablar sobre los Gurkhas y sobre cómo los percibían los argentinos. Todos los veteranos argentinos tienen una 'historia Gurkha', por lo general, de cómo mataron a uno o más en combate singular, y Mike (con su cautivadora actuación característica) nos contó historias de veteranos argentinos, incluidas las reunidas por Daniel Kon en *Los Chicos de la Guerra* y la forma en que la prensa argentina y [Nicolás] Kasanzew las informaron, así como la forma en que los medios británicos y argentinos representaron a los Gurkhas.

De particular interés fue el Asunto de la Piedra de Afilar (Millstone Affair) [del 5 de mayo] en Church Crookham, que pareció lograr más como una psy-op [operación psicológica] no intencional que cualquier otra cosa, y que incluso provocó la demanda argentina [el 9 de junio] ante la ONU para que los Gurkhas fuesen retirados a la fuerza del Grupo de Tareas. Aquí comenzó el 'terror argentino', afirmó Mike, y mostró las crecientes reacciones de la prensa y de los soldados comunes argentinos [...] Los Gurkhas eran, en todos los sentidos, un arma psicológica que los argentinos realmente parecían emplear más contra ellos mismos durante la guerra, y no existió ninguna operación psicológica deliberada por parte de Gran Bretaña en ningún momento, concluyó Mike, excepto la de un folleto ridículo [lanzado desde el aire] a los soldados argentinos llamándolos ['a pensar en tus seres queridos y el hogar que espera tu feliz regreso'] que incluso los británicos pensaban que era risible. Las historias y los mitos sobre los Gurkhas persisten en la Argentina actual, con fantasías sobre 'mercenarios' enloquecidos y drogados que se comen a sus oponentes y cosas peores, pero, como Mike demostró con su estilo cautivador, era algo que, en general, los argentinos parecían hacer por sí mismos más allá de lo que Gran Bretaña podría haber deseado. (Phillips, 2019).

A partir de 2019, el trabajo de investigación para mi libro y mi ritmo de producción de capítulos aumentaron. La pandemia de Covid-19 puso en suspenso temporal mi trabajo de capacitación en gestión de crisis a partir de marzo de 2020 y dediqué mi concentración a la escritura. En diciembre de 2020, Robert Jensen, un oficial retirado del Ejército de los EE. UU. y ex Comandante de la Unidad principal de Asuntos Forenses del Ejército de los EE. UU. que se había desplegado en Tuzla en Bosnia y Herzegovina con otras fuerzas terrestres de los EE. UU. y de la OTAN después de la Guerra de Bosnia de 1992-1995, y que era ahora presidente y propietario de Kenyon International Emergency Services —la empresa de servicios de gestión de desastres más grande del mundo— me envió un borrador del manuscrito de su libro. Me preguntó si quería leerlo, sin ningún compromiso de mi parte. Una antología completa de sus veintiséis años de experiencia en gestión global de desastres, comenzando con el atentado terrorista de la bomba en la ciudad de Oklahoma en 1995, seguido por múltiples respuestas a accidentes de aviación civil con fatalidades masivas, ataques terroristas, grandes incendios y desastres naturales además de la pandemia de Covid-19, el libro finalmente se publicó en Nueva York en septiembre de 2021, veinte años después del infame ataque terrorista del 11 de septiembre en esa ciudad.

Las terribles consecuencias de estos eventos, que equivalen a las de la guerra, no me dejaban otra opción. Mi escritura se detuvo temporalmente. En su lugar, durante las tres semanas siguientes, de diciembre de 2020 a enero de 2021, me concentré intensamente en la diaria revisión inicial del extraordinario manuscrito de 264 páginas de Robert. A esto siguió un proceso de naturaleza mucho más forense, y uno que me proporcionó material para mis observaciones, comentarios y adiciones. El spin-off fue también mi aprendizaje de sus experiencias. Me dieron una poderosa motivación para reiniciar la escritura diaria de este manuscrito.

El manuscrito de *Efectos personales: Lo que la Recuperación de los Muertos me Enseña Sobre el Cuidado de los Vivos*, por Robert Jensen, se había convertido en el quinto y último hito para completar el mío: *Gurkhas, Malvinas y Liderazgo*.

Capítulo 1
La entrevista

La [estrategia] militar es un gran asunto de Estado.
Es el terreno de la muerte y de la vida,
El Tao [camino] de supervivencia o extinción.
Uno no puede sino examinarla.

Sun Tzu, 2002, capítulo 1, 'Evaluaciones'[1]

Casi treinta y cinco años después de que comenzara la Guerra de Malvinas-Falklands el 2 de abril de 1982, recibí un correo electrónico de Alejandro Diego, un veterano de guerra de la Armada Argentina. Había conseguido mi dirección de correo electrónico a través de David Jackson, un veterano de guerra del Royal Marine Commando y ahora miembro del elenco de *Minefield/Campo minado*, la segunda obra de teatro sobre esta extraordinaria guerra del Atlántico Sur de setenta y cuatro días de duración. Yo había sido el consejero Gurkha de la obra y había disfrutado de una puesta en escena en el Royal Court Theatre de Londres, nueve meses antes. Alejandro conocía a los seis miembros del elenco, a la creadora y directora de la obra, Lola Arias y a parte de su personal. Él había escrito:

> Usted sabe que, en Argentina, el 2 de abril siempre es una fecha [en que] todos los medios están enfocados en este tema. Me contactó Gabriela Cociffi, directora editorial de www.infobae.com, un sitio web de noticias muy conocido aquí, que quiere transmitir varios programas sobre la guerra y está interesada, en particular, en las operaciones de los Gurkhas durante el conflicto. Probablemente le gustaría entrevistarlo a través de Skype o cualquier otro medio [...] El programa debería estar al aire durante la semana previa al 2 de abril. Gaby fue corresponsal de guerra durante la guerra, pero no desde las islas. Siempre desde Buenos Aires, Comodoro Rivadavia y Río Gallegos.

La tecnología de la información facilitaría el enlace visual fluido con Buenos Aires durante la entrevista. Esa noche, Gaby y yo intercambiamos correos electrónicos y mantuvimos una conversación telefónica. La entrevista tendría lugar la tarde siguiente (13 de marzo de 2017). A la mañana siguiente, en otro intercambio de correos electrónicos, Alejandro me contó sus experiencias de guerra:

---

1. Otros significados de (estrategia) 'militar' y de 'Tao' [camino] se discuten más profundamente en el capítulo 3.

Durante la guerra yo era un conscripto en la Armada. Llegué a Puerto Argentino [la capital de las islas, Stanley] el martes 13 de abril (no una buena fecha para comenzar una guerra). Mi destino inicial fue el Apostadero Naval Malvinas (muelle y galpones de la Falkland Islands Company). El 29 de abril zarpé en el ARA *Bahía Buen Suceso* para entregar víveres, armas y combustible a Darwin, puerto Howard y bahía Fox. Después de veinte días navegando alrededor de las islas, fuimos atacados por dos Sea Harriers [del Brazo Aéreo de la Flota, Royal Navy] en bahía Fox Oeste [el 16 de mayo]. El buque ya no podía navegar, así que estuvimos ahí hasta el final de la guerra, donde nos rendimos.

Mientras tanto, sufrimos cinco ataques navales [bombardeos] (de 4 horas cada uno) y dos ataques aéreos. Mucha gente murió, no solo en tierra sino también en el mar, como en el ARA *Isla de los Estados*.[2] Los enterramos en bahía Fox. Como usted sabe, no tuvimos ninguna batalla terrestre, pero confieso que algunas noches no podía dormir esperando el ataque de los Gurkhas a nuestra posición con sus famosos cuchillos.

Seear:

[...] Para su información, fueron la Compañía D y el Pelotón Antitanque de los Gurkhas quienes, después de las hostilidades, finalmente llegaron a Fox Bay el 27 de junio. Permanecieron ahí durante tres semanas ayudando a limpiar los dos asentamientos de Fox Bay West y bahía Fox Bay East. Posteriormente, evacuaron Fox Bay por aire el 16 de julio y embarcaron en el antiguo buque hospital SS *Uganda* de la Fuerza de Tareas británica, para nuestro viaje de regreso a Southampton. El *Bahía Buen Suceso* fue posteriormente remolcado mar adentro por la Royal Navy, para ser torpedeado y hundido.[3]

---

2. La fragata Tipo 21 HMS *Alacrity* de la Royal Navy atacó al transporte auxiliar argentino ARA *Isla de los Estados* con fuego de artillería en el Estrecho de Falklands en la noche del 10 de mayo. El blanco llevaba vehículos y combustible JP5 a granel que explotó y provocó su hundimiento. Veintiún hombres de la tripulación murieron.
3. La primera tarea de la Compañía D de los Gurkhas después de su llegada a la Fox Bay West y Fox Bay East el 27 de junio, fue colocar una guardia en el *Bahía Buen Suceso*. Cargado con explosivos inestables y municiones, el barco —infestado de ratas— había sido saqueado mientras yacía en el muelle oeste. La guardia gurkha detuvo eso. Descargaron y distribuyeron un cargamento de harina y raciones a los kelpers antes de que llegara un remolcador, unos días después, para remolcar el barco hasta San Carlos. El cargamento de artillería se descargó durante las semanas siguientes. Posteriormente, fue remolcado al sur del Estrecho de Falklands y, el día de Trafalgar (21 de octubre), fue utilizado como blanco para todo tipo de armas, antes de ser torpedeado por el submarino diésel HMS *Onyx* y luego atacado con cargas de profundidad mientras se hundía.

Diego:

Nunca entendí por qué el *Buen Suceso* fue remolcado y hundido. Sé que estaba en muy malas condiciones. ¿Conoce usted la razón?

Seear:

¡Usted acaba de dar la respuesta en su último e-mail! El buque estaba en tan mala condición que había que hundirlo. No existían facilidades en San Carlos para repararlo.

Diego:

Me (puedo) imaginar (eso). Muchas gracias por confirmarlo. Después de veinte días a bordo, más los días que estuvimos en bahía Fox, me enamoré de ese barco. Es parte de mi vida. Así que puedo decir que una parte de mí está allá abajo, en el Océano Atlántico Sur.

Seear:

Puedo entender bien eso. Para la mayoría de nosotros, argentinos y británicos, la guerra fue un punto de inflexión en nuestras vidas. Como me dijo uno de mis amigos veteranos hace algunos años: 'Vivimos una vida hasta la Guerra de las Malvinas. Comenzamos una nueva vida después de que terminó.'

Diego:

¡Exactamente! He estado en las islas dos veces. La primera en 1982, y la segunda en 2012. Las dos veces cambié (obviamente la primera fue mucho mayor). Quizá no sea solo la guerra lo que nos hace cambiar. Tal vez sea ese lugar, tan lejos de todas partes, con sus habitantes tan diferentes a un residente normal de la ciudad, que nos hace cuestionar todos los paradigmas de nuestra vida 'normal'. Ellos hacen cuestionables la soberanía, la organización económica, etc.

Simpatizo con los isleños. Dos días después de mi llegada, en abril de 1982, le pregunté a un isleño qué pensaba sobre todo este lío y me dijo: 'Quiero que ustedes se vayan y que los británicos no vengan.'

Le pregunté: '¿Los británicos? ¿No eres británico?'

'No', me respondió. 'Soy isleño. Y cuando los británicos te echen a patadas, pensarán que esta tierra es suya. Tendremos que luchar para conservar esta tierra nuestra.'

Después de esa conversación, empecé a entender historia.

Esa tarde tuvo lugar la video entrevista. Al día siguiente Gaby me dio las gracias y la describió con un 'más que útil, fue muy interesante'. El 28 de marzo se publicó su artículo escrito en infobae.com con el llamativo título '*La sangrienta historia de los Gurkhas en la guerra: ¿mito o realidad?*' El videoclip editado —de cuatro minutos y seis segundos— de la entrevista con subtítulos en español y una docena de mis fotografías tomadas en el campo de batalla, se subieron posteriormente a YouTube. Mi objetivo era resaltar la reputación mundial del Gurkha como un excelente soldado mientras (inconscientemente) me convertía nuevamente en el oficial de Información Pública del Batallón (mi papel secundario en la Operación Corporate). Aquí hay algunos fragmentos sobre las capacidades del Gurkha y las negativas consecuencias psicológicas argentinas, extraídos de mi 'presentación' en el videoclip:

> Yo era el oficial de Operaciones y Adiestramiento y [...] trabajé en el Cuartel General Táctico del Batallón para los Gurkhas durante la guerra. [...] Mi Regimiento británico era la Infantería Ligera, y yo [había sido asignado] a los Gurkhas. Es decir, me [les] sumé en préstamo y llegué [al] Batallón en marzo de 1982, exactamente un mes antes de que Argentina 'retomara' las Islas. [Los] Gurkhas no [eran] Fuerzas Especiales. Ellos [eran] un Batallón regular del Ejército Británico [...] Los califico muy alto [...] Ellos [...] hacen todas las cosas que hace un soldado de infantería británico, pero lo harán mucho mejor.
>
> Se han escrito muchas historias sobre las tropas argentinas en las islas y lo preocupadas que estaban por los Gurkhas. Ellos [tenían] todas las razones para estar [así porque] juega en tu mente, [provocando] un debilitamiento de la voluntad de luchar. Es muy fascinante que este mito sobre los Gurkhas viva una vida propia en Argentina. [Pero] *no hubo combate entre los soldados Gurkhas del Batallón en el que serví* [contra] *las tropas argentinas que estaban en las islas durante la guerra. Es así de simple.*

Mientras leía la versión en inglés del artículo de Gaby, recordé cómo los muchos aspectos del liderazgo proactivo de los Gurkhas habían logrado obtener el éxito efectivo, casi incruento, de la misión de nuestro Batallón durante la guerra. Esto contrastaba con los sangrientos párrafos iniciales del artículo de Gaby:

> Mataban a nuestros soldados. Luchaban como drogadictos. No les importaba vivir o morir. Testimonios de soldados avalan este horror. ¿Qué es leyenda y qué es verdad? El Mayor (Major) Mike Seear [...] del 1er Batallón, 7° Regimiento de Fusileros Gurkha del Duque de Edimburgo, cuenta en primera persona lo que estos feroces combatientes nepalíes hicieron durante la guerra.

Con sus cuchillos kukri masacraban a los soldados argentinos. La sangre enrojecía la turba oscura y húmeda de las Malvinas. Pocos sobrevivieron la carnicería que los Gurkhas practicaron en las batallas por la toma final de Puerto Argentino [Stanley].

Esto es por lo menos lo que dice el mito; una leyenda que creció y se afianzó con algunos testimonios de combatientes argentinos que agregaron detalles todavía más crudos.

El prestigioso escritor y periodista de guerra Arturo Pérez Reverté entrevistó a un soldado argentino que dijo haber escapado de la furia asesina de estos guerreros nepalíes, un Ejército de mercenarios que lucha desde [1815] para la Corona Británica. 'Estábamos en las trincheras cuando comenzó el ataque. Los ingleses llegaron gritando y treparon la cuesta sin protegerse. En el frente habían puesto a los Gurkhas, que estaban drogados y escuchando música con sus Walkman Sony pegados a las orejas, riendo y disparando. Se metieron en un campo minado y saltaron por los aires, pero siguieron subiendo', dijo el joven argentino al periodista español.

Y solo unos segundos después, agregó un final espeluznante: 'Algunos tipos tiraron sus armas y se rindieron, pero los Gurkhas los desollaron con sus cuchillos...'

El relato de este soldado anónimo no es el único. En su libro *Los Chicos de la Guerra*, el periodista Daniel Kon detalla la terrible experiencia de un combatiente argentino: 'Los Gurkhas se veían completamente drogados. Se mataban entre ellos. Avanzaban gritando, apenas protegiéndose. Eran como robots: un Gurkha pisó una mina y explotó en el aire y el que venía detrás no se preocupó lo más mínimo: pasó por la misma zona sin ser molestado, y quizás también explotó. No parecían tener instinto de supervivencia. Estaban barriendo áreas con sus ametralladoras MAG, que pesan más que un fusil. Si encontraban una lata de raciones en nuestras provisiones, las abrían por la mitad con un cuchillo. Comían un poco y seguían peleando, siempre gritando. No les interesaba nada, ni siquiera sus propias vidas.'

El autor afirma: 'Ocho testigos más ratificaron y ampliaron estos hechos.'

Los titulares de los periódicos ingleses de 1982 ayudaron a fortalecer el mito. El *Daily Express* publicó un titular de catástrofe: 'Los cuchillos Gurkha están afuera' y 'Equipos mortales de Gurkhas aterrorizan a los argentinos'. Los telegramas de las agencias de noticias fechados en Londres aseguraban que los soldados argentinos se rendían sin luchar por temor a los feroces Gurkhas.

La propaganda creció al ritmo de las acciones bélicas. La acción psicológica borró y oscureció la verdad histórica.

Más serenos, dos oficiales argentinos contaron sus experiencias con los Gurkhas. El Capitán de Fragata IM Carlos Robacio, Comandante del Batallón de Infantería de Marina 5 [BIM 5], informó a sus superiores el día de la rendición a las dos de la tarde: 'Mis hombres, un Batallón reforzado con dos Compañías, combatieron contra el Segundo Batallón de los Guardias Escoceses, el 1er/7° Fusileros Gurkha y parte del Batallón de Guardias Galeses.'

También dejó su testimonio el Teniente Ugarte, de la Escuela de Aviación Militar. El libro *Con Dios en el alma y un halcón en el corazón*, de Pablo Carballo,[4] lo presenta con lujo de detalles.

'Llegamos a una casa abandonada [Egg Harbour House]. Aparentemente no había nadie allí, pero un oficial inglés apareció detrás de una roca y pidió que nos rindiéramos. Uno de nuestros oficiales le disparó e inmediatamente nos rodearon unos treinta y cinco Gurkhas. Les dije a mis hombres: 'No hay nada más que hacer, resistir nos hará matar inútilmente. Arrojemos nuestras armas.' El oficial gritó y los Gurkhas vinieron hacia nosotros. Pero el inglés volvió a gritar en nepalí, y los Gurkhas se detuvieron como los perros cuando su amo les grita. Empezaron a rodearnos. En una mano llevaban el fusil y en la otra el cuchillo. Hacían gestos como si fueran a degollarnos. Nos arrojaron al suelo y nos apuntaron a la cabeza. Empecé a rezar. Pasamos la noche con un Gurkha al lado de cada uno de nosotros con la punta de su cuchillo en el cuello' (Carballo, 2004, 149-51).[5]

Pero ¿quiénes son estos guerreros casi mitológicos que crearon tanto fantasía como sangrientas historias reales después de la Guerra de Malvinas? Hoy son 2500 hombres de origen nepalí, reclutados en su país por el Ejército Británico, que han estado luchando al servicio de la Corona Británica [desde 1815] incluso en los frentes de Afganistán e Irak.

Feroces, con físicos privilegiados y entrenados, capaces de hazañas que incluso las Fuerzas Especiales llevan a cabo, su fama entrelaza su capacidad de combate y una enorme crueldad. Los Gurkhas luchan con todas las armas de un soldado de infantería (fusil, bayoneta), pero en la batalla cuerpo a cuerpo añaden sus famosos kukris, los cuchillos curvos creados para cortar y desollar a sus enemigos. Sus méritos fueron reconocidos por las autoridades británicas que hasta el momento les han concedido 26 Cruces Victoria, la mayor distinción militar del Reino Unido.

Acerca de su expedición de 1982, dos Gurkhas dieron su testimonio ante la cadena de televisión norteamericana CNN. Sus palabras no reflejaron la carnicería que la leyenda reclama de ellos en las islas. Chandra Kumar Pradhan recordó así su servicio en el Ejército británico: 'De repente nos encontramos en la parte más fría del país, con ropa y equipos que no eran apropiados para ese clima. Los argentinos tenían mejor equipo, mejor

---

4. El autor es el Comodoro (Ret.) Pablo Carballo, veterano de la guerra de 1982, que entonces era piloto de un cazabombardero Skyhawk argentino.
5. Para más detalles sobre este episodio en Egg Harbour House, véase el capítulo 8.

ropa.' Su compañero Deoman Limbu agregó: 'Todas sus armas estaban desplegadas allí.' Los combatientes afirmaron que la mejor comida que tuvieron en esa campaña la encontraron en las raciones que los argentinos habían abandonado en el campo de batalla.

Nada era fácil en el crudo invierno del Atlántico Sur, ni siquiera para los invencibles Gurkhas. 'Caminabas con toda tu carga y equipo durante seis o siete horas, sudando como un pollo. De repente te detenías y tan pronto como lo hacías empezabas a cavar y a sudar más. Y luego te congelabas, porque el viento enfriaba el sudor. Era horrible', finalizó Pradhan. Las versiones de ambos bandos se enfrentan del mismo modo que los combatientes se enfrentaron en las batallas. Y solo una cosa es evidente ante los recuerdos de la guerra: todos vivieron el mismo horror.

Pero volvamos a Malvinas: ¿qué es mito y qué hay de verdad en la sangrienta historia de los Gurkhas en Malvinas? ¿Lucharon en las Islas? ¿Se drogaban en las batallas? ¿Desollaban a nuestros soldados?

Treinta y cinco años después de la guerra, Infobae entrevistó a Mike Seear [...] Retirado del Ejército británico desde 1988, el Mayor Seear vive ahora en Oslo, Noruega y es asociado senior de Kenyon International Emergency Services, una de las principales empresas de gestión de desastres y crisis del mundo.

Reconoce que los Gurkhas fueron un punto de inflexión en su vida. 'Me impresionó la enorme voluntad de estos hombres para entrenar duro durante semanas para atacar Tumbledown y Mount William. Creo que nadie en Argentina los entendió. Se tejieron historias que no son ciertas y se crearon mitos sangrientos. Y, paradójicamente, todo eso le dio a los Gurkhas una enorme ventaja durante la guerra.'

El ex oficial es contundente: 'Los Gurkhas nunca entraron en combate. Estaban muy frustrados porque nuestro Batallón nunca se enfrentó a ningún soldado argentino en toda la guerra.' Y confirma que la única noche que estuvieron cerca de hacerlo fue durante la madrugada del 14 de junio, cuando estaban rodeados por el fuego argentino.

Seear ha [visitado] Argentina [seis] veces desde la guerra 'para reunirme con veteranos del otro lado y pensar en la reconciliación', y encontrar información para los libros que escribió, todos con excelentes críticas y reediciones: *Con los Gurkhas en las Falklands: un Diario de Guerra*, *Hors de Combat: El Conflicto de Falklands-Malvinas en Retrospectiva* (con el veterano Diego García Quiroga) y *Retorno a Tumbledown: La Guerra de Falklands-Malvinas Revisitada*. Hoy está [escribiendo] su cuarto libro, *Gurkhas, Malvinas y Liderazgo*. Desde Noruega, describe en detalle la actuación de los soldados nepaleses durante la guerra: 'El 1° de junio desembarcamos en San Carlos, y así participamos en los últimos catorce días de la campaña terrestre. La mayoría de los Gurkhas fueron trasladados en helicóptero a Darwin y Goose Green, inmediatamente después de la primera batalla terrestre el 28 de mayo. Patrullamos mucho la zona y solo encontramos una patrulla de diez soldados argentinos a los que se les había asignado un puesto en una choza de pastores abandonada, conocida como Egg Harbour House. Los capturamos sin luchar. Siete fueron hechos prisioneros el 7 de junio y tres el 8 de junio', dijo. Su testimonio coincide con el del Teniente Ugarte.

'El 9 de junio volamos hasta más cerca de Puerto Argentino [Stanley] y marchamos [siete] kilómetros hacia el este a lo largo de la costa y, a partir de la tarde del 10 de junio, fuimos atacados con un solo cañón de artillería de 155 mm en Sapper Hill, hasta la mañana del 12 de junio.' Hizo una pausa aquí. 'Allí comenzamos a concentrarnos en el plan para tomar Mount William y el noreste de Tumbledown', dijo, como si hubiera experimentado lo sucedido solo unos días antes.

Recordó que el 13 de junio llegaron al lado norte de Tumbledown. Y luego reinó todo el infierno: 'Caímos bajo un bombardeo masivo de la artillería argentina y fuego de morteros. No creo que nadie en el Batallón olvidará esa noche y ese bombardeo, porque fue extremadamente preciso. Ocho Gurkhas [incluidos] algunos de nuestros hombres de la artillería británica fueron alcanzados por el fuego enemigo durante ese ataque argentino.'

La verdad es que la cantidad de Gurkhas muertos nunca estuvo del todo clara. Mientras que en las listas oficiales del lado británico figura un solo Gurkha caído en el Regimiento de nepalíes —Budhaparsad Limbu, muerto supuestamente mientras intentaba desactivar un proyectil—, los testimonios del lado argentino hablan de casi sesenta bajas, entre soldados chinos y nepalíes. Se afirma además que en el ataque de la Fuerza Aérea Argentina a los buques *Sir Galahad* y *Sir Tristram* murieron treinta y un Gurkhas de un contingente que iba a ser desembarcado en las islas. En la lista de muertos de la South Atlantic Medal Association '82, solo se nombra al Gurkha Limbu, al chino Sung Yuk Fai, miembro de la tripulación del *Sir Galahad*, y a Yeung Swi Kami, miembro de la tripulación del *Sir Tristram*.

El ex-Mayor británico declaró que cuando se movieron para tomar Mount William, a las 3 p.m. del 14 de junio, lo que vieron 'fue a los defensores argentinos retrocediendo y avanzando hacia la capital. En otras palabras, no hubo contacto ni combate entre los soldados argentinos y los Gurkhas. Luego llegó un Alto el Fuego y eso fue todo.'

Y añadió, con orgullo indisimulado: 'Los Gurkhas son los mejores soldados de infantería del mundo, por eso fueron a las islas.'

'**¿Por qué son los mejores del mundo?**'

'Buena pregunta. Si le das el liderazgo adecuado, el Gurkha puede literalmente atravesar una pared de ladrillos por ti. Tiene un estado físico increíble. El soldado británico está a años luz del soldado Gurkha en términos de aptitud física.[6] Además, el Gurkha es un tirador fantástico y tiene una precisión increíble. Parecen tener una visión especial para la noche, donde pueden ver en la oscuridad [...] Serví 21 años en el Ejército Británico y nunca me había cruzado con un Regimiento como el de los Gurkhas.

'**¿Cuál era la misión de los Gurkhas en Malvinas?**'

'El objetivo principal era tomar Mount William después de la Batalla de Tumbledown. El plan era utilizar nuestra Compañía D, que estaba formada por poco más de 100 Gurkhas. Iban a hacer todo lo que hacen los soldados del Ejército británico, pero mucho mejor.'

'**¿Y los cuchillos kukri?**'

'Le diré cómo los usan: los Gurkhas atacan su objetivo usando sus armas como cualquier soldado de infantería —sus fusiles, sus bayonetas— pero tienen un arma adicional en su equipo oficial, que es el cuchillo kukri. Cuando se involucran en un combate cuerpo a cuerpo, tienen ese elemento adicional que usarán si creen que la situación es apropiada.'

'**Hay testimonios que afirman que los Gurkhas masacraron a soldados argentinos con sus kukris.**'

'Sí, lo sé. Y creo que es increíble. Es muy fascinante cómo este mito del soldado Gurkha vive su vida propia en Argentina. Les puedo asegurar que los medios argentinos han contado esta historia 101 por ciento mal. No hubo combate entre los soldados Gurkhas del Batallón en el que serví y los soldados argentinos. Y hubo un solo soldado Gurkha [en Egg Harbour House] que amenazó a los argentinos usando su cuchillo kukri para que se rindieran. Y esos soldados se rindieron inmediatamente. No hubo pelea.'

'**Usted habla de los Gurkhas como soldados, pero ¿no son mercenarios?**'

'Escuché el término "mercenarios" en mis visitas a Argentina. El año 2015 fue el 200^{avo} aniversario del servicio Gurkha con la Corona Británica. Los términos de servicio con el Ejército Británico se rigen por lo que se conoce como el Acuerdo Tripartito, firmado en 1947 por India, Nepal y el Reino Unido. Y puedo decir categóricamente que los Gurkhas no son soldados mercenarios.'

'**¿Qué siente que ha aprendido en la guerra y qué mensaje dejaría hoy, treinta y cinco años después del conflicto armado?**'

---

6. En 1982, la prueba bianual de Aptitud Física de Combate (BFT, por sus siglas en inglés) del 1er/7º Fusileros Gurkha requería un tiempo de 'aprobación' de 1,5 millas (2,4 kilómetros) de carrera de 10 minutos. Reprobar la BFT era una desgracia para el Regimiento, ¡aunque el tiempo de 'aprobación' anual equivalente de la Prueba de Aptitud de Combate del Ejército Británico era de 11 minutos y 30 segundos!

'Creo que es mejor hablar en lugar de pelear. Creo que es mejor hacerse amigos que ser enemigos. Y si se hace amigos, ¿cómo puede uno volver a enfrentarse en una nueva guerra? Siento que todos hemos aprendido algo del conflicto de 1982. Fue un punto de no retorno en nuestras vidas, tanto para los veteranos de Argentina como para los veteranos de Gran Bretaña. Para mí fue una experiencia increíble que cambió mi vida. Sin duda, esas diez semanas en 1982 fueron las más notables de mi vida y algo que nunca olvidaré.'

Después de traducir el artículo del español, envié mis comentarios a Gaby el 29 de marzo:

Me gusta. El contraste entre las historias de los medios argentinos (y en menor medida) los del Reino Unido sobre los Gurkhas en la guerra y mis relatos como testigo es sorprendente. Inclusive, las historias fabricadas en libros sobre veteranos de guerra argentinos que afirman que lucharon contra, por ejemplo, 'robots' Gurkha 'drogados' son *una completa tontería*. Estos son excelentes ejemplos de 'noticias falsas' (fake news). También hay otros pocos puntos: el relato de Ugarte es inexacto. Siete (miembros) de su patrulla fueron capturados por tres Gurkhas en Egg Harbour House el 7 de junio. Esta pequeña patrulla estaba comandada por el Subteniente (Second Lieutenant) Quentin Oates. Ugarte y dos más de su patrulla fueron capturados el 8 de junio, no por treinta y cinco Gurkhas, sino por uno, el Cabo (Lance Corporal) Sukrim Rai. Logró eso amenazándolos con su kukri. No hubo disparos. Sukrim Rai (uno de mis Comandantes de Sección después de la guerra, cuando me convertí en Comandante de la Compañía A) es ahora miembro del elenco de la obra *Minefield/Campo minado*, escrita por la directora de teatro argentina Lola Arias. En 2016 realizaron presentaciones en Brighton, Londres, Braunschweig, Atenas y Buenos Aires.[7] Me convertí en el asesor Gurkha de Lola y encontré a Sukrim para su elenco. La historia de Egg Harbour House está incluida en la obra. También encontramos a Ugarte, con quien Sukrim se reencontró en Buenos Aires el 29 de abril de 2016.[8] Después de que Sukrim capturara a Ugarte, sucedió lo siguiente (en palabras del relato de Sukrim a Gaby Cociffi en una entrevista en 2016, en Buenos Aires) que demuestra que los Gurkhas también observan la ética de la guerra:

---

7. En los tres años subsiguientes, se realizarían unas ciento veinte presentaciones en dieciocho países, incluyendo cuarenta y nueve en Argentina y treinta y siete en el Reino Unido.

8. El encuentro de Sukrim Rai con su ex prisionero (ahora Brigadier [Ret.]) Jaime Ugarte, fue el resultado de iniciativas del autor y del Dr. Eduardo Gerding, ex Coordinador Médico de los Veteranos de Malvinas.

Cuando estaba frente a esos soldados argentinos, era mi decisión matarlos o perdonarles la vida. Entonces pensé en mi religión, Kirat, y supe que si hacía algo bueno [entonces] Dios me bendeciría. Y [eso] fue lo que predominó a la hora de tomar decisiones en [Malvinas]. Entonces llevamos a los argentinos adentro de la casa y los ubicamos en dos habitaciones separadas. El oficial hablaba bien inglés. Me pidió agua para beber y se la di. Después me preguntó si podía alcanzarle su billetera (que estaba) debajo de la almohada, en la cama de la habitación de al lado, donde había estado durmiendo. Esto se debía a que lo único que contenía la billetera eran fotos de su familia. La busqué y se la di. Sacó una foto y la besó. Luego oró por un minuto y después me agradeció.

Dijo: 'Estoy vivo ahora. Si me hubieras disparado, me habrías matado. ¿Por qué no nos disparaste? Repitió esta pregunta.

Le dije: 'Capturar es mejor que matar. Por eso no lo hice, porque ser muerto o [...] capturado tiene el mismo significado. El objetivo del combate es ganar la guerra. Si el enemigo se ha rendido, no hay necesidad de matar lo que sea, donde sea o a quien sea.'

Él dijo: 'Nunca te olvidaré.'

Nunca nos comimos a nadie ni cortamos orejas, ese es un rumor que surgió durante el conflicto armado. Éramos soldados profesionales defendiendo la Corona Británica y siguiendo protocolos estrictos. El resto es parte del mito.

También quiero rechazar su afirmación de que 'La verdad es que la cantidad de Gurkhas muertos nunca estuvo del todo clara.' Gaby, lo que sigue es la verdad absoluta y es clara como el cristal: solo un (1) Gurkha murió, el 24 de junio de 1982, en Goose Green (diez días después de que terminara la guerra).

Citó correctamente su nombre, Budhaparsad Limbu, pero no murió 'supuestamente mientras intentaba desactivar un proyectil'. Ese día, el Cabo (Lance Corporal) Budhaparsad Limbu, de la Compañía D estaba rellenando trincheras argentinas cerca de Burntside House en la parte norte del istmo Darwin-Goose Green. Su pala golpeó accidentalmente una granada M-79 sin detonar que había sido disparada por un paracaidista del 2º Batallón, Regimiento de Paracaidistas, durante la Batalla de Darwin-Goose Green el 28 de mayo. La explosión posterior destruyó la mitad de la cabeza de Budhaparsad e hirió las piernas de otros dos Gurkhas cercanos. Yo estuve profundamente involucrado [en] el manejo de este incidente. Fueron dos horas de mucho estrés en mi Sala de Operaciones de Goose Green. Pero, categóricamente, ningún otro Gurkha murió ni durante la guerra ni inmediatamente después.

Nuestras bajas por acción enemiga fueron: cuatro Gurkhas heridos por proyectiles de 155 mm en Wether Ground el 11 de junio de 1982, [y seis] Gurkhas y dos soldados [de artillería] británicos en las laderas noroeste de Tumbledown, el 14 de junio de 1982. Un oficial de la Real Artillería Británica fue herido por un disparo de un miembro de la Guardia Escocesa en Tumbledown el 14 de junio de 1982. No hubo otros Gurkhas muertos o heridos. La versión argentina de sesenta bajas Gurkhas en la guerra, incluidos treinta y un Gurkhas muertos en el ataque aéreo argentino contra los buques británicos de desembarco logísticos RFA *Sir Galahad* y *Sir Tristram* en Port Pleasant el 8 de junio de 1982 es *una tontería absoluta y total*. ¡Es increíble que rumores tan falsos sigan viviendo su vida propia y especial en Argentina, treinta y cinco años después de que terminó la guerra!

Gaby, creo que usted es una periodista argentina muy responsable. ¿No puede hacer algo para acabar con estas declaraciones y falsedades absurdamente incorrectas de una vez por todas? También me gustaría agregar, lo que no hice en la entrevista, que los Gurkhas son personas maravillosas. Son alegres, muy amables y educados, siempre bien vestidos, afectos a la familia y amantes de los niños. Mis dos años y tres meses con ellos fueron lo más destacado de mis veintiún años de servicio en el Ejército británico.

Ella respondió:

Gracias por todos los detalles que me envía. Los pondré en el artículo ahora. Para los oficiales militares argentinos nunca estuvo 'claro' cuántos Gurkhas murieron, solo porque hay muchas versiones. Traté de poner ambas versiones en mi artículo: lo que dicen los argentinos y lo que dicen los británicos. Siento que es la mejor manera de confrontar la fantasía y la realidad. Pero agregaré a su entrevista el número de Gurkhas muertos [uno] y la forma en que murió Limbu [...] pero no puedo cambiar lo que dijo Ugarte, incluso si esa no es la verdad. Fue realmente increíble hablar con usted [...] Me sentiría muy honrada si quisiera incluir mi artículo en su nuevo libro.[9]

Fueron muchos los argentinos que publicaron comentarios en las redes sociales sobre el artículo durante ese 28 de marzo. De los 115 publicados, cuarenta y dos trataban directamente sobre los Gurkhas. Debajo incluyo una

---

9. El artículo web de Cociffi se actualizó posteriormente el 16 de junio de 2020, con un nuevo título: 'Batallas sangrientas, soldados muertos y drogas en los campos de minas: mitos y verdades de los Gurkhas en las Malvinas'. La versión revisada es la citada en este capítulo (http//infobae.com), del 16 de junio de 2020.

Sección representativa de las opiniones expresadas, que contiene muchos recordatorios de que las personas creen lo que quieren creer:

- Mattias Villalba – Gerente en Sumo Restaurant, Solheimsviken. Estuve en Nepal y cuando fui al Everest había muchos Gurkhas cuidando a los turistas, son los soldados más amables que he conocido.
- Pedro Jaime – Está claro que los animales son seres superiores a los Gurkhas.
- Diego H. Giandinoto – Mi padre me dijo una vez que se habían quedado sin balas de tanto matar Gurkhas.
- Fernando Gómez – Son humanos, no gatos que ven en la oscuridad. Tal vez el instinto asesino es el potencial. No estoy de acuerdo en que tengan tácticas de guerra claras, por lo que son infantería ligera.
- Sebastián Bruno, Miami, Florida – Muy bien escrito Teniente General Fernández Gómez. El Mayor Mike Seear, oficial de Operaciones y Adiestramiento del 1er Batallón, 7° Gurkhas del Duque de Edimburgo no sabe nada.
- Paulo Lionel, Universidad de Buenos Aires – Qué raro que Inglaterra ordene a otros que peleen sus batallas. Lo hacen desde que usaron a los irlandeses como carne de cañón.
- Marco Boidi, Rafaela, Argentina – Muchas fuentes coinciden con la historia inglesa. Cuanta fantasía hablar de la locura Gurkha. Evidentemente, da prestigio a la fábula. Sólo recibieron fuego de la artillería argentina.
- José Moss, Instituto Superior del Profesorado Dr. Joaquín V. González – Los ingleses siempre ocultaron las bajas reales que tuvieron en la guerra. Este oficial inglés hace lo mismo. Se sabe que hubo más de 255 muertos en combate, en sus naves hundidas por nuestra aviación, o seis que se fueron al fondo del mar. Había tripulantes chinos no declarados, como ocurrió con los dos buques de desembarco atacados por el Escuadrón de A4B [Skyhawks] de la Fuerza Aérea Argentina. El mismo Comandante [Capitán de Fragata] Robacio del BIM 5 declaró que luchó contra un Regimiento Gurkha y que estos caían como moscas por las ametralladoras MAG de la Infantería de Marina en su avance. Por eso, no es necesario creerle a esta gente. Son mentirosos.
- Norbert José Corengia – No sé si son mercenarios o no. No sé si son tan crueles como dicen. Pero no creo que no hayan recibido una bala de un FAL.
- Damián Morán – Mercenarios, los ingleses los enviaron al frente.

¡¡Cayeron como moscas!!
- Walter Rivera, trabaja en la Fuerza Aérea Alemana – Estos combatientes nepalíes son algunos de los más feroces que existen, pero no son demonios y mucho menos animales. Por lo general, no fuman ni toman drogas. Pero [...] tienen una resistencia casi inhumana, debe ser por la topografía montañosa y las grandes alturas del lugar en donde viven. Argentinos, para consolarlos, les recuerdo que los chinos en varias ocasiones han intentado invadir su país y unos cientos de Gurkhas los hicieron huir como si los persiguiera el diablo. Los Gurkhas no son mercenarios que se venden al mejor postor. Por el contrario, son muy leales a la Corona Británica porque lucharon por primera vez contra los británicos durante la colonización de Nepal. A pesar de haber perdido, fueron tratados con honor debido a su valentía. Finalmente fueron reclutados por el Ejército Británico y la Corona Británica les ha brindado ayuda desde el siglo XIX para defenderse de China.
- Rafael Zr., Profesor del Instituto Nuestra Señora del Trabajo – Los primeros libros escritos por los ingleses uno o dos años después del final de la guerra ya tenían esta versión de que los Gurkhas no habían entrado en combate. Eso contrastaba con la versión que leí en [los libros] 'Los Chicos de la guerra' y 'Malvinas a sangre y fuego' de Nicolás Kasanzew. Siempre me llamó la atención que hubiera dos versiones tan diferentes [...] ¿participaron los Gurkhas en la batalla final por Puerto Argentino? Los ingleses dicen que no, pero el testimonio argentino dice que sí. Nos guste o no, 'Los Chicos de la guerra' contiene valiosos testimonios de soldados conscriptos, que tenían una visión propia, a veces diferente y a veces compartida con la visión que tenían los oficiales. Esta fuente no debe subestimarse.

Fue también durante mi quinta visita a la Argentina en marzo de 2013, que Nicolás Kasanzew me contactó. Nicolás, que habla un excelente inglés, se reunió conmigo para una interesante charla mientras tomábamos una taza de café en un café de Buenos Aires. Justo antes de partir, me entregó una copia de la última edición de su libro *Malvinas a Sangre y Fuego*.[10] Después encontré, en el capítulo 30 'Gurkhas: ¿verdad o mito?', su relato sobre el profundo terror psicológico y los consiguientes efectos físicos que la mera presencia de los Gurkhas en las islas

---

10. En 1982 se publicaron 85.000 ejemplares de la primera edición del libro de Kasanzew, pero el texto estaba incompleto porque había sido repentinamente atacado y perseguido en Argentina. Treinta años después, publicó la segunda edición.

había tenido en los conscriptos argentinos, y una posterior investigación sobre esto:

> A la vez que una de las fragatas [de la Royal Navy] disparaba misiles contra el radar instalado a la entrada de pueblo (antes de estallar, los cohetes resbalaban un buen trecho sobre la costra de hielo que todo lo cubría), el enemigo había lanzado un ataque decisivo contra las tropas de los Regimientos 4 y 7 apostadas en los montes Harriet, Dos Hermanos (*sic*) [Two Sisters] y Longdon.[11] En uno de los sectores consiguieron rodear efectivos argentinos. 'Fue escalofriante descubrir que teníamos al enemigo a nuestras espaldas y que nos habían cortado el camino de la retaguardia', me relataba un soldado. En otro sector, según me contaron los soldados, los Gurkhas cumplieron su misión de carne de cañón: le abrieron paso a los ingleses pisando el campo minado. 'Lo hacían sin ningún problema' – me decía, maravillado, un conscripto de Regimiento 7 que se se había replegado hasta Puerto Argentino.
>
> 'No les importaba en lo más mínimo hacerlo. Corrían riéndose, insultándose entre ellos, vociferando, cantando. Algunos hasta corrían sin armas o con equipos de audio Walkman, escuchando música. Tenían los ojos desorbitados y baba en la comisura de la boca. Vi a uno que se tiró dentro de un pozo, sacó la chaveta de la granada de mano y con una risotada voló hecho pedazos junto a nuestros camaradas.'
>
> Los conscriptos me contaban que los Gurkhas no tomaron ni un solo prisionero. A lo largo del día sábado [12 de junio] hablé con una veintena de soldados del Regimiento 7; todos ellos aseguraban en forma unánime haber visto que esas tropas pasaron a degüello a los heridos y a los que intentaban rendirse. 'Un oficial y un sargento, agotadas sus balas, agitaron un trapo blanco en señal de rendición' —describió sin aliento un conscripto en la puerta de LADE—, 'no les sirvió de nada, los degollaron en el acto'. Seguí recogiendo testimonios y todos concordaban con el cuadro trazado por el primer soldado. Aparentemente, los Gurkhas consiguieron ponerse a la altura de la triste fama de inhumanos mercenarios que los había precedido. 'A un compañero mío le cortaron las dos manos antes de matarlo' juró un soldado.' También hicieron desnudar a varios para luego hacerlos correr y cazarlos a tiros entre risas histéricas. En ningún momento

---

11. La Fase 1 del ataque de la División británica fue llevada a cabo por la 3ª Brigada de Commandos contra la Zona Defensiva Exterior argentina, pero no incluyó al 1er Batallón 7º Fusileros Gurkha del Duque de Edimburgo. Los objetivos atacados por las unidades británicas fueron: Mount Longdon (3er Batallón, Regimiento de Paracaidistas); Dos Hermanas (45 Commando, Royal Marines); Mount Harriet (42 Commando, Royal Marines).

los Gurkhas se protegieron de nuestros balazos. Avanzaban como una manada de ganado, parecían no tener instinto de [...] conservación. Debían estar totalmente drogados.' 'Yo descargué los tres cargadores de mi FAL' – terciaba otro conscripto. 'Ante nuestros tiros, los Gurkhas caían aflojándose como si no tuvieran huesos. Quizá hubiéramos podido bajarlos a todos, pero se ve que nos agarraron de sorpresa.'

Más tarde, al contrastarlos con otros testimonios sobre la guerra, empecé a dudar de la exactitud de estos relatos. ¿Era posible que estos conscriptos, dominados por el pánico, hubieran fantaseado en demasía? Es cierto que también el Capitán [de Fragata] Robacio, jefe del BIM 5, dijo más de una vez que los Gurkhas 'caían como moscas', mientras que la escondedora historia oficial inglesa sostiene que murió uno solo de ellos'. El problema es que Robacio no fue demasiado fidedigno en sus relatos sobre la guerra ...

Pero sobre todo no me cerraba la historia de los degüellos. Afortunadamente, había conservado los números telefónicos de varios de estos conscriptos del Regimiento 7 (Chiarlini, Savage, Ventimiglia y Bonnani; en aquel momento ellos me habían pedido que les avisara a sus padres que estaban vivos). Y los volví a entrevistar en 1984. Parte de su relato no se había modificado, pero en referencia a los degüellos, admitían ahora algo diferente: que los Gurkhas habrían cortado cabezas de soldados y muertos.

'Para un soldado ver eso es peor que una pistola en la sien. Si yo veo a mi compañero sin cabeza, aunque lo hubieran degollado cuando estaba muerto, suelto todo y salgo corriendo', me confiaba Bonnani.

Savage, en tanto, me contó que luego de la rendición había hablado sobre el tema con un oficial inglés, ya que dominaba el idioma: 'Yo le pregunté por qué degollaron y me contestó: "Para causar el factor terror." Y yo lo experimenté. Vuelve gente de primera línea y te dice: "Están degollando, así que prepárense." Y yo preguntaba: "Si te rendís, ¿qué pasa?". "¡Te degüellan igual!" Yo me asusté muchísimo. Mi cuerpo entró a temblar a lo loco, nos pasó a muchos. Nos aterrorizamos cuando escuchamos que estaban degollando. Fue una táctica, pero no sé a cuanta gente degollaron en verdad.'

Incluso algunos comandos estaban obsesionados con la idea de que podían ser decapitados. [Dos] querían, a su vez, degollar a algunos Gurkhas y mostrar sus cabezas a los demás combatientes argentinos, para reducir el nivel de pavor que, en general, siempre produce el empleo de armas blancas.

Para el subteniente Gómez Centurión, toda la historia de degüellos por parte de los nepaleses no fue más que acción psicológica británica. Y agregando aún más confusión al tema, el escritor Gabriel García Márquez escribió en el diario *El País* que de setecientos Gurkhas, volvieron setenta. (Kasanzew, 2012, 201-2)

Ese artículo, 'Las Malvinas: un año después', del colombiano y premio Nobel de Literatura de 1982 García Márquez (1927-2014), fue publicado en el diario de Madrid el 6 de abril de 1983. Contaba cómo 'los chicos de la guerra' habían sido maltratados por los militares argentinos y británicos por igual, con los Gurkhas (¿inevitablemente?) incluidos:

> [E]l recuerdo más terrible que conservan los sobrevivientes argentinos es el salvajismo del Batallón de Gurkhas, los legendarios y feroces decapitadores nepalíes que precedieron a las tropas inglesas en la batalla de Puerto Argentino. 'Avanzaban gritando y masacrando', escribió un testigo de aquella carnicería despiadada. 'La velocidad con la que decapitaban a nuestros pobres muchachos con sus cimitarras asesinas era de uno cada siete segundos. Por una extraña costumbre, la cabeza cortada era sujetada por el cabello y las orejas cortadas.' Los Gurkhas se enfrentaron al enemigo con una determinación tan ciega que, de los 700 que desembarcaron, solo 70 sobrevivieron. 'Estas bestias estaban tan enloquecidas', concluye el testigo, 'que, una vez terminada la batalla de Puerto Argentino, siguieron matando a los ingleses mismos, hasta que los ingleses los sometieron inmovilizándolos con esposas.'

El Comité Nobel de Literatura de la Academia Sueca había otorgado a García Márquez el Premio Nobel acertadamente 'por sus novelas y cuentos, en los que lo fantástico y lo realista se combinan en un mundo de imaginación ricamente compuesto, que refleja la vida y el conflicto de un continente'.[12] Su 'historia de realismo mágico' sobre nuestro Batallón fue, sin embargo, un excelente ejemplo de las 'representaciones de guerra' que también pueden matar personas: un concepto que, combinado con el liderazgo proactivo Gurkha, cosecharía nuestro éxito casi incruento en la Guerra de las Malvinas-Falkland.

---

12. Ver https://www.nobelprize.org/prizes/literature/1982/summary/.

Capítulo 2
De Sandhurst a Church Crookham

El general es conocimiento, confianza, coraje y severidad.
Sun Tzu, 2002, capítulo 1, 'Evaluaciones'

Como veterano del 1ᵉʳ Batallón, 7° Fusileros Gurkha del Duque de Edimburgo durante la Guerra de Malvinas-Falklands de 1982, tengo un doble objetivo con este, mi tercer libro sobre la guerra. En primer lugar, es relatar más experiencias de los Gurkhas que se prepararon y lucharon en esa operación expedicionaria de guerra conjunta en el Atlántico Sur; y, en segundo lugar, examinar el liderazgo Gurkha ejercido en la guerra con otras referencias al liderazgo británico y argentino a nivel estratégico, operativo y táctico.

Como observación general, no existe un líder militar típico. Patrones de comportamiento exhibidos, por ejemplo, por el valiente y testarudo Horatio Nelson, el ambicioso y decidido Napoleón Bonaparte, el valiente y compasivo Robert E. Lee, el inspirador e impaciente George Armstrong Custer, el audaz y conocedor Erwin Rommel, el aguerrido y minucioso Bernard Montgomery, el decidido y autoritario George S. Patton, y el simpático pero fuerte H. Norman Schwarzkopf Jr. varían enormemente. Sin embargo, entre aquellos de comprobada capacidad, ciertos criterios de liderazgo son válidos. Estos son dignos de estudio y cultivo por parte del personal de servicio que lidera, o puede ser llamado a liderar, a otros en la guerra.

Entonces, ¿qué es el liderazgo? El Teniente General (Lieutenant General) Sir William 'Bill' Slim, posiblemente el más grande comandante militar británico del siglo XX y ex oficial del 7° Fusileros Gurkha que sirvió junto a los soldados Gurkha durante veinte años, no tuvo dudas en su declaración de 1957, cuando era Gobernador General de Australia, de que 'El liderazgo es del espíritu, compuesto de espíritu y visión, su práctica es un arte.' Al mando del 14° Ejército Británico 'Olvidado' en Birmania (1943-45) durante la Segunda Guerra Mundial, se hizo cargo de una situación difícil que, con pragmatismo y sereno carisma, revirtió hasta convertirla en la victoria final.[1] Su liderazgo se basó en un conocimiento profundo de su trabajo, criterio reflejado en el clásico tratado militar *El Arte de la Guerra*, escrito en el siglo V a.E.C. por miembros de un linaje

---

1. Teniente General (luego Mariscal de Campo (Field Marshal) 1ᵉʳ Vizconde Slim) Sir William Slim (1891-1970), Comandante del 2° Batallón, 7° Fusileros Gurkha (1938-39). El 14° Ejército 'Olvidado' incluía al 1ᵉʳ Batallón, 7° Fusileros Gurkha.

de líderes militares chinos. El primero en estrategia y conflicto, es una compilación de los pensamientos del General Sun Tzu sobre estos temas, que incluyen el liderazgo. El patriarca de este linaje y maestro estratega de las brillantes campañas emprendidas en el siglo VI a.E.C., enfatizó que el General era 'el principio del liderazgo' al influir en otros para cumplir misiones, proporcionando propósito, dirección y motivación.

Sería apropiado examinar esto más a fondo en el contexto de la guerra anfibia y expedicionaria conjunta. Una definición de liderazgo que se cita con frecuencia es la del General del Ejército de los EE. UU. Dwight D. Eisenhower, Comandante Supremo de la Fuerza Expedicionaria Aliada en el noroeste de Europa durante 1944-45: 'El arte de hacer que otra persona haga algo que tú quieres que haga porque él quiere hacerlo' (observaciones en la Conferencia anual de la Sociedad Estadounidense para la Administración de Personal, 12 de mayo de 1954). Unidimensional, también omite la palabra crucial 'voluntad', necesaria para tener éxito en la guerra. En cambio, mi preferida es la del subordinado de Eisenhower, el 'egoísta, incapaz de recibir críticas, espinoso, [y] vanidoso' (Anderson, 2014, 147) General británico (luego Mariscal de Campo [Field Marshal]) Bernard Montgomery, Comandante del 21º Grupo de Ejército, Fuerzas Aliadas Terrestres, durante la Operación Overlord, en el desembarco anfibio del Día D del 6 de junio de 1944 en Normandía. Su definición de 'seis palabras clave' (cada palabra clave está subrayada) en su libro de 1961 *The Path to Leadership* es: 'El liderazgo es la <u>capacidad</u> y la <u>voluntad</u> de <u>movilizar</u> a hombres y mujeres hacia un <u>propósito</u> común y el <u>carácter</u> que inspira <u>confianza</u>.' Montgomery se adelantó también a su tiempo al incluir 'mujeres', pero fue descaradamente grosero a principios de la Segunda Guerra Mundial, cuando describió a Eisenhower en una carta al general Alan Brooke como 'un buen tipo, pero ningún general'.

El relato más antiguo conocido de una operación militar es *La Ilíada*, el poema épico griego de Homero escrito en el siglo VIII a.E.C. que describe el legendario asedio de Troya durante una década, que se cree tuvo lugar cuatro o cinco siglos antes. Esta fue también una operación de 'guerra expedicionaria' en la que los griegos cruzaron el mar hasta Troya, es decir, 'el despliegue de las fuerzas armadas de un estado para luchar en el extranjero, especialmente lejos de sus bases establecidas'.[2] Pero en un pasaje de *La Ilíada*, el competente —pero emocionalmente inestable— Aquiles se niega a obedecer una orden del rey Agamenón y permanece de mal humor en su tienda. Es visitado por el astuto e inteligente consejero Odiseo quien le dice que algún día él también entenderá 'que para liderar también debes servir' (Anderson, 2014, 149).

Este concepto de 'liderazgo por servicio' se refleja en el lema 'Servir para

---

2. Ver https://en.wikipedia.org/wiki/Expeditionary_warfare.

liderar' de la Real Academia Militar de Sandhurst, en el Reino Unido. Fundada como Real Colegio Militar en 1801 para capacitar a oficiales de infantería y caballería comisionados, y originalmente establecida en Great Marlow, Buckinghamshire, once años después se trasladó a Sandhurst, Berkshire. Complementaba a la Real Academia Militar de Woolwich, que entrenaba a los oficiales comisionados de la Real Artillería y a los Reales Ingenieros.

Otro establecimiento de adiestramiento militar británico fue el Colegio Militar de la Compañía de las Indias Orientales (conocido coloquialmente como la Academia Militar de Addiscombe) cerca de la ciudad de Croydon, en Surrey. De 1809 a 1858, entrenó a cadetes del Ejército de la Honorable Compañía de las Indias Orientales, una institución comercial internacional fundada por Decreto Real en 1600. También fue un catalizador para la futura conexión entre los Gurkhas y el Ejército británico, a través del alistamiento —por parte del Ejército de la Compañía de las Indias Orientales— de soldados del enemigo Reino de Gorkha durante la guerra anglo-nepalesa de 1814-16. El Colegio entrenaba a los futuros oficiales de los Regimientos Gurkha de la Compañía, pero, después del motín del Ejército de Bengala de 1857, este último fue disuelto en 1858 y el gobierno se hizo cargo del Colegio. Rebautizado como Real Colegio Militar de la India, finalmente se cerró en 1861 y los cadetes involucrados fueron transferidos a la Real Academia Militar, Woolwich y al Real Colegio Militar, Sandhurst.

Esta institución de liderazgo (que incorporó a la Real Academia Militar, Woolwich, cerrada en 1939) pasó a llamarse Real Academia Militar de Sandhurst en 1947. Enseña el trabajo en equipo, la sujeción del ego al bien común, el respeto por los demás y el reparto compartido de imposiciones y raciones, es decir, comportamientos que crean confianza, ese adhesivo esencial para todas las relaciones humanas. Se promueve un fuerte sentido del deber, con un oficial liderando por la fuerza de su ejemplo inquebrantable, apoyado por la columna vertebral de liderazgo del Suboficial Superior (Warrant Officer) y el Oficial No Comisionado (NCO). Sandhurst enfatiza la centralización del liderazgo en lugar de la gestión del individuo.

Vale la pena examinar el Primer Término (de seis) del 'curso de liderazgo' de dos años que Sandhurst ofrecía a los 220 nuevos cadetes oficiales subalternos admitidos en la Clase 41 de septiembre de 1966. Veinte cadetes británicos y tres extranjeros formaban nuestra Clase 41 del Pelotón de la Compañía Inkerman en Old College, con el Sargento (Sergeant) John Heywood de los Coldstream Guards como Sargento de Pelotón. El 'Primer día' nos alineamos, todavía vestidos con chaquetas deportivas civiles y pantalones de franela gris, mientras él señalaba las diferencias entre los tres Colegios de la Academia. 'Okey. Esta tarde estarán retirando su equipo y uniformes. Tengan en cuenta el cordón del Old College en su uniforme de parada No. 2. ¡Es rojo, señores! ¡Un color de pasión, y lo que quiero de ustedes! Es diferente al azul de Victory College y al amarillo de

New College. Y sabemos qué significan *esos* colores, ¿no?'[3]
Hubo un murmullo de las tres filas de cadetes oficiales subalternos.
'¡No puedo oírlos, caballeros! ¿No lo sabemos?' – gritó.
¡Sí, Staff (Suboficial)!', gritamos antes de nuestra lección de simulacro de bicicleta que nos calificó para un recorrido turístico de nuestro nuevo hogar.

Compartí una habitación doble ese primer trimestre en el imponente Old Building, el nombre moderno del Real Colegio Militar original de 1812. Las oscuras sombras de la historia tenían una conexión personal (sin que yo lo supiera en ese momento). Esta habitación estaba en la 'sección tridente' trasera del edificio antiguo, originalmente construida para aquellos cadetes de infantería transferidos en 1861 desde el Real Colegio Militar de la India en Addiscombe, cuya locación era ahora mi ciudad natal de Croydon.[4]

'¡Hola!' dijo mi compañero de cuarto cuando entré en el dormitorio espartano, de techos altos. 'Encantado de conocerte. Soy Ric. Te voy a contar todo, porque ya hice dos períodos en la Academia.'

Richard Waterhouse era un cadete 'degradado' de la Compañía del Rin del New College y expresó su irritación con el Jefe de Compañía que lo había sentenciado. '¡Mi crimen fue 'carencia de CO'! ¡Maldito sea! ¡Carencia de CO! CO significa 'Calidad de Oficial', Mike, o potencial de liderazgo. Pronto vas a conocer esa expresión. Entonces, por el amor de Dios, almacená estampillas de CO para los de arriba. ¡Y pensar que aterricé en Old College! ¡Yo, Ric, que quería unirme al Ejército solo para luchar por la Reina y por mi país!

'¿Pero por qué no te gusta el Old College?' Pregunté inocentemente.

'Porque el Old College aloja caballeros y el Victory College oficiales, ¡pero el New College aloja a los soldados!' replicó con la nariz en el aire.

Ric tuvo que comenzar su adiestramiento en Sandhurst nuevamente desde cero. Fumador empedernido, su pasión era un Ford Anglia destartalado cuyo motor podía desarmar y armar de nuevo en una tarde. Tenía sentimientos similares por el tanque de combate Chieftain y su motor y quería, por sobre todo, una Comisión Regular del Ejército en el 16°/5° Lanceros. Tal vez debí haberme inyectado algo de su entusiasmo por querer ir a la guerra, pero yo estaba (peligrosamente) más concentrado en el deporte, sobre todo en el pentatlón moderno. Ric me brindó algunos consejos útiles sobre cómo abordar los próximos primeros tres meses. 'Van a ser los más duros y esforzados de tu

---

[3]. El rojo se asociaba con la energía, la guerra, el peligro y la pasión; el azul con la paz y la tranquilidad; y el amarillo con nociones conflictivas de felicidad y optimismo versus cobardía y engaño.

[4]. Mi bisabuelo, George Maides, era constructor. A fines del siglo XIX, su firma Croydon, Maides and Harper, compró terrenos en Ashburton Estate en Northampton Road (donde viví cuando era adolescente) y Addiscombe Road. Estos estaban en el perímetro este del antiguo sitio del Colegio Militar de la Compañía de las Indias Orientales.

vida, especialmente estas primeras seis semanas. Pero hacé lo que te ordenan el doble de rápido y vas a sobrevivir.'

Y tenía razón. Fue fundamental el doble proceso de sustituir hábitos y opiniones individuales intransigentes por un espíritu de equipo cohesivo e inocularse contra el estrés futuro del campo de batalla. Pero esto vino con un 'factor de jodidez' aplicado por los Guardias instructores en la Plaza de Armas del Old College. Un ejemplo fue durante un formación de Parte Diario, también conocido como 'BRC'. El Sargento Mayor de Compañía (Company Sergeant Major) Hayes, de la Guardia Irlandesa, se paró a dos pulgadas delante de mí mirando con ojos de águila debajo de mi nariz.

'¿No se olvidó de algo hoy, Mr. Seear, señor?' demandó el Sargento Mayor de Compañía. En vano esperó, expectante. '¿Y por qué le estoy preguntando, señor?'

'¡Desconozco, señor!'

'*¡Porque, señor, usted parece un chivo!*' bramó el canoso Sargento Ayudante (Company Sergeant Major), mirando con intensidad mi labio inferior por debajo de la visera en medialuna de su gorro de fajina, orlada de verde. Yo había omitido afeitar tres mechoncitos de mi barba.

El Sargento Ayudante (Company Sergeant Major) Hayes estaba de mal humor. '*¡Perdió su nombre, Mr. Seear, señor!*' tronó. '¡Sargento Heywood!'

'*¡Sí, señor!*' gritó instintivamente nuestro Sargento de Pelotón (Platoon Sergeant).

'¡Anote su nombre, Sargento Heywood!'

'¡Sí, señor! ¡Lo tengo!¡ Mr. Seear, señor!'

¡Qué joder! Probablemente siete días de 'desfile extra', suspiré para mí.

Después, otro día, durante una de esas 100 horas de ejercicios durante el primer trimestre, el Sargento Mayor de la Compañía ordenó al cadete oficial subalterno Paddy Cairns que le mostrara la hoja de su bayoneta.

Un alarido rasgó el aire. '¿Qué es esto, señor?'

La hoja tenía una mancha de óxido microscópica. El cuerpo del Sargento Mayor de Compañía Hayes tembló mientras perdía el control '*¿No cree usted en la limpieza, señor Cairns, señor? ¡Su bayoneta está inmunda! ¡Sargento Heywood!*

'¡Sí, señor!'

'¡Ponga a este hombre bajo arresto estricto y márchelo a la sala de guardia! ¡MUEVASE!'

Un delito de esta dimensión equivalía a un mínimo de siete días de 'Restricción de Privilegios'. No hubo ninguna 'pausa reglamentaria de ¡tup, tres!' de los ejercicios de la Brigada de Guardias entre los bramidos del sargento Heywood de '*¡Sí, señor! ¡Señor Cairns! Por la derecha, ¡marcha d-o-b-l-e! ¡Izquierdo, derecho; izquierdo, derecho; izquierdo, derecho! ¡Más rápido señor! ¡Izquierdo, derecho; izquierdo, derecho...*'

El pobre Paddy fue 'arrancado' de la plaza hasta tras las rejas en una nube de polvo que habría dejado atrás incluso al Llanero Solitario y su caballo Silver.

El objetivo subyacente era enseñarnos a los futuros líderes militares que el óxido podía impedir que una bayoneta, el arma de último recurso del soldado de infantería, saliera de su vaina inmediatamente antes de la batalla.

El plan de estudios que enfatizaba que el liderazgo se puede enseñar a los oficiales cadetes y entrenar en la práctica, sobre todo en ejercicios de campo en vez de existir simplemente como una habilidad innata exclusiva, contenía también una materia sobre la organización de esa unidad básica del Ejército británico: el Pelotón de infantería. Y al igual que nuestro Escuadrón de instrucción con tres jerarquías obligatorias, aprendimos que todo en el Ejército se construye principalmente con grupos de tres.

'Un Pelotón consta de tres Secciones de fusileros de ocho hombres y el Cuartel General del Pelotón, tres Pelotones de fusileros forman una Compañía, tres Compañías de fusileros más una Compañía de apoyo forman un Batallón, tres Batallones forman una Brigada y tres Brigadas forman una División. ¡Es tan simple como eso, caballeros!', nos informó el Instructor Jefe (también conocido como 'DS').

'Pero enseñarles cómo convertirse en Comandantes profesionales y líderes de su Pelotón de treinta y un soldados es la prioridad de Sandhurst', nos recordó el DS. '¡Y recuerden, caballeros, que un buen Comandante de Pelotón siempre escucha lo que dice su Sargento de Pelotón!' En retrospectiva, no fue para nada un mal consejo.

La rutina del largo día de adiestramiento militar de Sandhurst continuaba con actividades como PT formal y gimnasia elemental, adiestramiento con armas, natación, tiro, negociar la pista de asalto, lectura de mapas, marchas, ley militar, tácticas menores, apreciaciones tácticas de batalla y planeamiento operativo. Después, durante el 'Período de Arrancho' antes de la inspección de cada noche, había más sudor y estrés. Estos se debían a por lo menos ocho tareas: 'maltratar' tus dos botas de desfile con betún negro para zapatos y copiosas cantidades de saliva frotadas enérgicamente con un paño hasta que pudieras ver tu cara reflejada en el cuero; pintar el mango y la vaina de la bayoneta; pulir la hoja de tu bayoneta; planchar el cuello de la camisa, los pantalones y la chaqueta para el desfile del día siguiente; limpiar el cañón del fusil automático (SRL) de 7,62 mm; sumergir las piezas móviles de tu SLR en Coca-Cola para suavizarlas y facilitar la eliminación del carbón acumulado durante las prácticas en el polígono; 'empaquetar' las mantas y sábanas de tu cama conforme al 'nivel aprobado por el Regimiento'; y, por último, asegurar que tu habitación estuviera limpia, porque el cadete senior que inspeccionaba revisaría los muebles con guantes blancos.

También recibimos material de lectura apropiado para el 'Período de Arrancho'. Un delgado libro rojo de tapa dura del tamaño de los *Cuentos para Dormir* de Noddy utilizaba el lema de la Academia como título principal. Una noche, hojeando *Servir para mandar (Una Antología)*, descubrí sus siete secciones sobre la moral, el liderazgo, la disciplina, el soldado británico, la gestión de hombres, el deber y el servicio y el coraje. Después, mientras aplicaba otra capa de brillo a la ya brillante puntera de una bota, mis ojos cansados encontraron en la sección final un extenso extracto del libro *Coraje y Otros Anuncios* del Mariscal de Campo Vizconde Slim de Birmania, de 1957. Un párrafo trataba sobre un fusilero del 1er Batallón, 7° Fusileros Gurkha en la Segunda Guerra Mundial:

> En esta última guerra en Birmania, un joven Gurkha ganó la V.C. En un momento crítico, cuando los tanques medianos japoneses habían atravesado nuestras posiciones avanzadas, tomó su PIAT —un lanzador de granadas antitanque— y, dejando su cubierta, avanzó sobre el espacio abierto hacia los tanques. Recibió un disparo en la mano, otro en el hombro y fue herido de nuevo gravemente en la pierna, pero llegó a unos treinta metros de los tanques y derribó a dos de ellos. Más tarde, cuando lo vi en el hospital, le pregunté por qué había salido así al descubierto. Él respondió: 'Me entrenaron para no disparar el PIAT hasta estar seguro de acertar. Sabía que podía acertar a treinta yardas, ¡así que fui hasta las treinta yardas!' Solo tenía un pensamiento en la cabeza: llegar a las treinta yardas. Bastante simple si no te preocupa la imaginación. (Real Academia Militar de Sandhurst, 1959, 87)

La descripción de Slim de la hazaña del fusilero Ganju Lama, por la que se le otorgó la Cruz Victoria, la más alta de todas las condecoraciones británicas al valor, sembró en mí una semilla de curiosidad Gurkha, aunque no sabía de mi posible servicio futuro con este Batallón. También había oído la expresión que describe a los Gurkhas como los 'más valientes entre los valientes', subrayada por la supuesta versión de Slim del chiste del paracaídas:

> Se les dice a los Gurkhas que van a saltar de un avión a 300 pies, y el Havildar (Sargento) pregunta si pueden saltar más cerca del suelo. Se le explica que a menos de 300 pies no dará tiempo a que se abran sus paracaídas. 'Oh', responde el Havildar aliviado, 'entonces nos dan paracaídas, ¿eh?'[5]

Pero la realidad de Sandhurst regresó con otro de los muchos desfiles vespertinos que mantuvieron vivo el 'factor de jodidez' diario. Cinco o seis cambios sucesivos de vestimenta de un menú de trece diseños de uniformes de Sandhurst serían ordenados y supervisados por ese verdugo gritón y de cara roja, el atormentador Cabo Mayor cadete. Con las inspecciones y veinte flexiones de brazos como castigo por cualquier inexactitud en el uso del uniforme ordenado o retraso en ponérselo, estos arranques podrían durar dos horas o más. Más

---

[5]. Ver https://quora.com/What-do-the-British-think-of-the-Gurkhas/answer/Richard-Meakin-2.

tarde me di cuenta de que no solo se estaba enseñando la 'gestión del tiempo' práctica, sino que las 'actividades' complementarias del 'Período de Arrancho' también estaban diseñadas para acabar con los pensamientos, hábitos y comportamientos 'civiles'. Estos serían reemplazados durante el adiestramiento de liderazgo de Sandhurst con pensamientos 'militares' de equipo y acciones coordinadas necesarias para 'cumplir la misión' bajo posibles condiciones adversas.

Después de la mitad del Término, la presión se alivió un poco. Nuestro larguirucho Comandante de la Compañía Inkerman del Real Regimiento de Tanques, el Mayor (Major) James 'Alex' Alexander, empezó su serie de conferencias sobre liderazgo con los veintitrés oficiales cadetes subalternos sentados en los sillones de cuero marrón de la antesala de la Compañía Inkerman. Estas eran reuniones formales. Después de todo, Sandhurst es todo sobre liderazgo y adiestramiento para la guerra. 'A veces, ustedes y sus hombres pueden compartir condiciones espantosas', proclamó Alex, 'como cuando yo estaba en un ejercicio en la llanura de Salisbury con mi tropa de tanques y teníamos frío, estábamos empapados hasta los huesos y cada vez más mojados. Entonces llegó una onda cerebral. '¡Disfrútenlo!' fue el consejo que les di. ¿Y saben lo que pasó, señores? ¡Mi táctica funcionó, porque todos se partieron de risa y su moral se disparó!'

Pero dieciséis años más tarde, cuando estaba en el mar con un fuerte vendaval de fuerza de ocho a nueve en la escala de Beaufort acercándome al 'Callejón de las Bombas' y a San Carlos en la isla Soledad, recordé la anécdota de Alex y me pregunté si alguna vez él habría estado en la guerra.

Más pertinente fue el concepto coloquialmente referido como 'Las tres bolillas del liderazgo' impartido por el Dr. John Adair, profesor titular de historia militar y asesor en capacitación de liderazgo. Las 'tres bolillas' parecían ser una herramienta efectiva para un 'bobo' decididamente no académico como yo, porque era fácil de entender; algo muy necesario en el campo de batalla de las Malvinas en 1982, donde la fatiga podía nublar seriamente la capacidad de pensar claramente y tomar decisiones rápidas. 'Logro de la tarea', 'Mantenimiento del equipo' y 'Necesidades individuales' se nos martillaron constantemente en la cabeza. El 'Logro de la tarea' dependía de los esfuerzos del líder en 'Mantener el equipo', consciente de las diferentes personalidades, el espíritu y la moral del equipo, y ocuparse de las 'Necesidades individuales', porque un equipo está compuesto por personas con diferentes habilidades, capacidades, motivaciones y ambiciones.[6]

Se enfatizaba que el líder tenía que ser consciente de lo que hacía funcionar

---

6. Ampliamente considerado como la principal autoridad del Reino Unido en liderazgo y desarrollo de liderazgo, Adair (n. 1934) se convirtió en el primer Profesor de Estudios de Liderazgo del mundo, en la Universidad de Surrey, en 1979.

a cada individuo en el equipo y trabajar con ellos sin juzgarlos. Las 'tres bolillas' se superponían parcialmente, porque cada una interactuaba con las otras dos dentro de un equipo unido. La prueba llegaría en 1982 con su aplicación práctica de guerra. Dieron buen resultado durante el adiestramiento y los preparativos mentalmente desafiantes, no para contrainsurgencia o antiterrorismo, sino para una operación expedicionaria de guerra conjunta de setenta y cuatro días de duración sin garantía de un pasaje de regreso a casa, y cuando el calor del campo de batalla alcanzaría su tope.

La prueba final del Primer Término fue el acertadamente llamado Ejercicio Clímax en la llanura de Salisbury, en diciembre. Cuando recibí mi primera tarea de comando de ejercicio 'práctico', el clima era como en la anécdota de Alex. Implicaba que mis habilidades de liderazgo ahora estarían bajo el severo escrutinio del DS. 'OK Seear. ¡Es usted!', me dijo el DS del 41° Pelotón Inkerman, Capitán Eric 'Wendy' Henderson de la Real Caballería Blindada. 'Estará al mando de la patrulla de combate de esta noche. La misión es localizar una posición enemiga a diez kilómetros de aquí y luego realizar una incursión para extraer a algunos enemigos como prisioneros. ¡Ponga manos a la obra y prepare sus órdenes!'

Eso salió bien. No así la operación de la patrulla. Debido a mi espantosa lectura de mapas y el subsiguiente liderazgo afectado por el pánico, los otros quince cadetes tropezaron alrededor de 'la Llanura' maldiciendo a su inadecuado Comandante de Patrulla por el resto de esa inolvidable noche helada sin poder siquiera obtener un vistazo del objetivo. Para aumentar mi vergüenza, 'Wendy' no actuó de acuerdo con su apodo y se negó a intervenir hasta el amanecer.

Salvo dos cadetes, el resto de Inkerman 41 completó los seis términos en Sandhurst. Tres de ellos también pelearían en la Guerra de las Malvinas-Falklands. Además de mí, estaban Rod Macdonald, Comandante del Escuadrón de Reales Ingenieros del 59° Comando Independiente de la 3ª Brigada de Commandos y Peter Dennison, Comandante de la Compañía de Apoyo del 3er Batallón, Regimiento de Paracaidistas. Ambos ganarían la distinción de Mención en Despachos. Un cuarto, John Moss, también se involucraría como Comandante del Escuadrón B del Regimiento del 22° Servicio Aéreo Especial. Su misión fue liderar una incursión al estilo Entebbe con dos aviones de transporte Hércules C-130, aterrizando en el aeródromo más austral enemigo, en Río Grande, para destruir 4 aviones de combate Super-Étendard y los restantes tres misiles aire-mar AM39 Exocet.[7]

Era un plan completamente defectuoso, como lo revela el libro *Exocet*

---

7. Originalmente, la Armada Argentina poseía cinco misiles AM39 Exocet para lanzar desde el aire; pero dos ya se habían utilizado en el exitoso ataque aéreo contra el destructor misilístico Tipo 42 HMS *Sheffield*, el 4 de mayo de 1982.

Falklands: La Historia no contada de las Operaciones de Fuerzas Especiales, escrito con minuciosidad forense por el veterano de combate de la Guerra de las Malvinas-Falklands y Royal Marine Commando Ewan Southby-Tailyour. Se sospechó que el deliberado aterrizaje de alto riesgo del Hércules C-130 con el Escuadrón B a bordo en la base aérea enemiga defendida estaba 'impulsado por razones de "imagen" en lugar de por consideraciones prácticas'. Pero John, 'aunque perfectamente preparado para llevar a cabo el ataque desde el aire', fue destituido del SAS el 14 de mayo de 1982 porque se había atrevido a ofrecer su opinión al mucho más antiguo Director del SAS de que 'el ataque se llevaría mejor a cabo por tierra' (Southby-Tailyour, 2014, xxv, 208-9). El último había aplicado pésimas 'habilidades' (sic) de liderazgo y gestión de personal para resolver la situación. Años después, John visitó la base aérea de Río Grande para 'observar' el terreno. Me dijo que esto le había confirmado que la misión debería haberse realizado por tierra. De hecho, fue una suerte que la Operación Mikado se cancelara 'oficialmente' el 3 de junio de 1982 (Southby-Tailyour, 2014, xxviii).

También me hice amigo de Simon Garthwaite, otro cadete de Inkerman 41. Durante la semana de Navidad de 1967, hicimos un viaje de regreso de Newcastle a Oslo que nos indujo al mareo, a bordo del buque de Fred Olsen Lines M/S *Blenheim*. Visité a mi novia noruega Tove, mientras él disfrutaba de una Navidad noruega con su amiga Christine. Pero Simon no se desplegaría al Atlántico Sur quince años después; en cambio, peleó en la Operación Storm contra los insurgentes con base en Adén durante la Campaña de Omán Dhofar de 1970-76. Capitán de los Royal Irish Rangers, de veintiséis años, estaba sirviendo en ese momento con el 22º SAS en Omán. Pero sus hombres volátiles no eran regulares de las Fuerzas Armadas del Sultán de Omán: eran soldados irregulares de Firqat alistados localmente, entrenados y dirigidos por SAS BATT (Equipos de Adiestramiento del Ejército Británico). Tras la declaración de una amnistía para los combatientes rebeldes que se rindieron, muchos de ellos desertaron a estas unidades Firqat formadas por el Sultán, de las cuales finalmente se formaron dieciocho que sumaban entre cincuenta y 150 hombres. La estrategia de liderazgo de Simon fue infundir en sus soldados Firqat la poderosa confianza de que arriesgaría su propia vida y no los abandonaría cuando se hiciera contacto con el enemigo. Hizo esto viviendo cerca de sus Firqats y empleando un estilo de liderazgo poco ortodoxo como ningún otro promovido en Sandhurst. En muchos aspectos, la confianza mutua resultante fue como la exitosa 'conexión' británico-Gurkha. Pero Simon, no obstante, aún personificaba el lema de Sandhurst de 'Servir para liderar':

> [Su] magnetismo era considerable: que sus soldados del SAS usaran su nombre de pila es una medida del respeto (que sentían) por él. Un amigo que escribió su obituario registró que Garthwaite se sentía incómodo en las cenas formales, pero como en casa en el *jebel* [alturas de montaña]. 'Botas (sin

calcetines), pantalones cortos, un cinturón y su rifle era todo lo que llevaba [...] Tenía un modo asombroso con los soldados locales. Se sentían atraídos por él y [...] cualquier cosa que 'el Capitán' dijera lo harían con gusto; dondequiera que fuera 'el Capitán', ellos lo seguían.' (Geraghty, 2002, 199)

El jovial y carismático Simon fue el primero de entre los cuatro factores del liderazgo: el líder, el conducido, la situación y la comunicación, como se ilustró en ese fatídico 12 de abril de 1974 cuando, durante una operación de limpieza de wadis en Tawi Atair, su fuerza fue emboscada. Tres de sus Firqats murieron instantáneamente. Viviendo a la altura de 'servir para liderar', Simon cargó sobre el área enemiga de cinco o seis posiciones, de donde provenía el fuego más pesado de AK-47 y ametralladoras, para administrar morfina y rescatar a un Firqat herido. Es decir, 'Necesidades individuales'. Luego dio fuego de cobertura a otros que se estaban retirando, es decir, 'Mantenimiento del equipo', y fue visto por última vez cuando disparaba su Lanzagranadas M-79, es decir, 'Logro de tareas'. A pesar de estar herido, Simon continuó enfrentando valientemente al enemigo hasta que lo mataron. Por sus acciones, mi amigo recibió la condecoración póstuma de 'Mencionado en Despachos'. Los sobrevivientes del 41° Pelotón Inkerman lo recuerdan anualmente el día de su muerte, como John Moss en 2021:

> Hablé con Simon sobre el examen de ascenso de Teniente a Capitán en Minley Manor, antes de su despliegue en Op Storm. Era su propio yo informal como siempre, sin insignias de rango, mezcla de uniformes, relajado, ¡probablemente obtuvo el primer lugar en el examen![8]

Después de recibir una Comisión Regular del Ejército en agosto de 1968, mi viaje a los Gurkhas para mi decimotercer (¿un número desafortunado para algunos?) trabajo en el Ejército duró catorce años, con muchos giros y vueltas. Convertirse en Subteniente (Second Lieutenant) salido de Sandhurst en el Real Cuerpo de Transporte fue un gran error; pero un destino de ocho meses en 1970 con el 2° Batallón de Infantería Ligera, incluyendo un ejercicio de tres meses en Malasia y Funciones Públicas en Londres, fue una experiencia agradable. Y así, a principios de septiembre de 1971, me trasladé a este Regimiento y me desplegué de inmediato en el primero de los seis períodos de servicio durante esa década (un total de veintidós meses) de la Operación Banner (conocida como 'Los Disturbios' en Irlanda del Norte).

No voy a detenerme en la vida como Comandante de Pelotón en el condado

---

8. E-mail del 12 de april de 2021 a todos los miembros sobrevivientes del Pelotón Inkerman 41.

de Tyrone y después en Londonderry en lo que siguió al 'Domingo Sangriento'[9] de 1972; ni como Segundo Comandante de Compañía en South Armagh (1975) y Ballykinler (1978-79); ni, finalmente, en la segunda mitad de 1979, como Vigilante de Brigada en Lisburn para el 'área táctica de responsabilidad' de la sede de la 39ª Brigada de Infantería en Belfast. Esa década también incluyó mi participación en 'traslados de madrugada' de presuntos terroristas del Ejército Republicano Irlandés Provisional (PIRA) para su posible encierro; dos despliegues rápidos del Batallón Punta de Lanza del Reino Unido en Ballykinler/Londonderry (inmediatamente después del 'Domingo Sangriento') y South Armagh (después de una escalada en los asesinatos sectarios); una estadía de treinta y ocho días 'estilo El Alamo' en el puesto de policía de Bligh's Lane en Londonderry, con intercambios nocturnos de disparos y denuncias de diecisiete blancos batidos entre los pistoleros del PIRA; la Operación Carcan, parte de la Operación Motorman que cubrió toda la provincia,[10] para eliminar las áreas 'prohibidas' del PIRA en Londonderry; y tres despliegues de un mes en la ciudad fronteriza sureña de Newry durante el período de noviembre de 1978 a junio de 1979. Estos requirieron conducir en convoy frente al albergue Narrow Water Castle en Warrenpoint, que, el 27 de agosto de 1979, se convertiría en *el* lugar de la emboscada del PIRA con una doble bomba letal que vaporizó dieciséis paracaidistas y al oficial Comandante de un Batallón de infantería, además de su asistente de comunicaciones. Entonces, ¿tal vez tuvimos suerte? Basado en el liderazgo 'práctico', el patrullaje continuo a pie y en vehículos, la protección de puntos clave como la estación de policía en la pequeña ciudad de Coalisland, en el condado de Tyrone, infestada de terroristas del IRA Provisional y que sería objeto de apedreamientos y de ocasionales ataques con bombas de estruendo caseras; el requisito principal era reaccionar profesionalmente ante disturbios, ataques de francotiradores, emboscadas y explosiones de artefactos explosivos improvisados.

---

9. Este notorio evento ocurrió en Bogside, Londonderry, el 30 de enero de 1972, cuando paracaidistas del 1er Batallón, Regimiento de Paracaidistas dispararon contra veintiséis civiles durante una manifestación contra los arrestos. Hubo catorce muertos y doce heridos.

10. La Operación Motorman se lanzó en la madrugada del 31 de julio de 1972 en respuesta al 'Viernes Sangriento' cuando, diez días antes, el 21 de julio, el PIRA detonó diecinueve artefactos explosivos improvisados en Belfast. Nueve personas murieron y 130 resultaron heridas. La operación militar más grande desde la Crisis de Suez de 1956, Motorman involucró a casi 22,000 soldados del Ejército Británico, incluidos veintisiete Batallones de infantería y dos Regimientos blindados, apoyados por 5.300 efectivos del Regimiento de Defensa del Ulster local. La misión general era retomar las áreas 'No-Go' (prohibidas) controladas por los republicanos en Belfast, Londonderry, Newry, Armagh, Lurgan y Coalisland. La operación tuvo éxito, con un civil muerto y otros dos heridos. Un terrorista del PIRA resultó abatido.

Sin embargo, estas experiencias palidecerían en comparación con el despliegue en la Operación Corporate. Mi 'paz antes de la tormenta' fue un destino en Bielefeld, Alemania Occidental, en 1980-1982, como oficial junior Grado 3 en ejercicios de Planeamiento de Estado Mayor del 1er Cuerpo del Ejército Británico del Rin. Como no me agradaba la idea de ser enviado de regreso al Reino Unido y a Blackpool para servir durante dos años como Comandante de la Compañía del HQ en otro Batallón de Infantería Ligera, decidí emprender una aventura de adscripción algo más exótica con los Gurkhas de Nepal. Después de todo, solo estaba siguiendo los pasos de mi padre en la Royal Air Force, que había sido adscrito a la Rama Especial de la Policía Malaya entre 1954 y 1958, durante la Emergencia Malaya causada por las violentas acciones de terroristas comunistas. Coincidentemente, una de sus tareas era el interrogatorio de CT capturados en emboscadas armadas en la jungla por Gurkhas del Ejército Británico. La reputación militar de estos últimos y los 167 años de servicio Gurkha con la Corona Británica despertaron tanto mi interés, que en septiembre de 1981 solicité mi adscripción por treinta meses a la Brigada de Gurkhas.

Mi solicitud fue eventualmente aceptada y, seis meses más tarde, mi joven familia y yo nos mudamos a la tranquila aldea de Church Crookham, en Hampshire, donde estaba estacionado el 7º Fusileros Gurkha del Duque de Edimburgo del 1er Batallón. Hacía frío, a lo que no ayudaba que nuestra habitación matrimonial tuviera paredes delgadas como obleas y un sistema de calefacción central eléctrica excepcionalmente ineficiente. Incluso Tove, mi esposa noruega, cuyo país tiene regularmente temperaturas invernales bajo cero, se quejaba amargamente en su preocupación por el bienestar de nuestras hijas Victoria (4) y Emily (2) en esta, nuestra decimotercera casa familiar en diez años. Poco sabía yo que, en menos de un mes, mi nueva unidad se vería involucrada en los eventos que estaban a punto de gestarse en el Atlántico Sur y pronto, a partir de entonces, enfrentaría la perspectiva de lidiar con un clima subantártico potencialmente mucho peor que el que teníamos en Church Crookham. También habíamos aceptado la incómoda realidad de que el Batallón tendría un período de servicio de siete meses sin acompañantes (menos esposas) en Belice a partir de la segunda mitad de 1982. Pero después, nuestro gran premio de consolación sería un período de servicio acompañado de dieciocho meses en Hong Kong. Esta era una experiencia que habíamos disfrutado durante ocho meses en 1976 con el 1er Batallón de Infantería Ligera en Kowloon, Hong Kong. También fue donde, en los Nuevos Territorios, tuve el primer encuentro con soldados Gurkha en la Carrera Anual de las Fuerzas Británicas sobre la colina 'Sin nombre', de 575 metros de altura. Una segunda visita a Hong Kong bien valía el esfuerzo de Belice.

Mi primer día de trabajo en el cercano cuartel Queen Elizabeth fue el lunes 8 de marzo. Sería mi decimotercer trabajo en el Ejército (¿suerte para algunos?)

en catorce años de servicio. Debido a 'problemas internos de naturaleza administrativa' en la unidad, me habían informado que mi primer ocupación en el Batallón sería como oficial de Operaciones y Capacitación, con un rol secundario como oficial de Información Pública. Entonces, después de seis meses, me convertiría en Comandante de una Compañía de 150 fusileros Gurkha. Ser oficial de Operaciones y Adiestramiento significaba que yo era responsable de actualizar el extenso documento SOP (Procedimientos Operativos Estándar) del Batallón, coordinar el adiestramiento militar, participar en la planificación operativa y (eventualmente, en el campo de batalla de Malvinas) coordinar el trabajo del HQ Táctico del Batallón de treinta y ocho hombres, lo que incluía los 'atts y dets' (llegadas y partidas) de artilleros, ingenieros y personal de señales y de sanidad.

El Batallón era parte de la 5ª Brigada de Infantería, que se había formado recientemente el 1º de enero, a partir de la 8ª Fuerza de Campaña de la Defensa Territorial. A esta formación se le había dado un nuevo rol de 'operaciones fuera de área' de la OTAN para rescate de rehenes y desarme de fuerzas vernáculas. Además del 1er/7º Fusileros Gurkha, había otras dos unidades de infantería de Brigada: 2 Para y su hermano Regimiento de Paracaidistas del Batallón, 3 Para. Coincidentemente, el Comandante de la Brigada era el General de Brigada (Brigade Commander) Tony Wilson, quien había sido mi Comandante en la 1LI (Infantería Ligera) en Colchester, Reino Unido y en Hong Kong entre 1975 y 1976.

Pronto me familiaricé con el grupo de adiestramiento de mi Batallón. Había dos oficiales Gurkha Asistentes de Adiestramiento: el Capitán (Captain) (QGO) Dilbahadur Newar ('D.B. *saheb*') y el Teniente Primero (Lieutenant) (QGO) Harkabahadur Rai ('H.B. *saheb*'). Los apoyaba el Sargento (Sergeant) Sarankumar Rai (el 'Sargento Saran'). Los tres eran muy agradables, educados, hablaban un inglés excelente y estaban bien versados en administrar y coordinar los requisitos de adiestramiento del Batallón. Pero mi conocimiento de su idioma Gurkhali —la versión militar del nepalí— era nulo. Para contrarrestar esta deficiencia, ya me habían informado de mi 'plaza' en un curso de idiomas de cuatro semanas en Hong Kong durante el mes de mayo. Desafortunadamente, no ocurriría en esa fecha programada debido al eventual despliegue del Batallón al Atlántico Sur. No fue sino hasta dieciséis meses después, cuando estaba destinado con el Batallón en Casino Lines, en los Nuevos Territorios de Hong Kong, que comencé el curso de idiomas, promediando la segunda mitad de mi adscripción. Esta fue una desventaja que nunca superé realmente, no solo porque tuve que sacrificar una semana del curso para participar en un viaje al extranjero de la Compañía A para una capacitación en reconocimiento en Malasia, sino también porque mis habilidades lingüísticas (en francés y latín, en la escuela) eran notoriamente débiles y un chiste familiar. De hecho, era tan inútil lingüísticamente que mi maestro de latín en Whitgift School en South Croydon me dijo seis semanas antes de mi examen GCE de Nivel O que sería mejor que me pusiera al día con mis otras materias del examen de Nivel durante el resto de mis clases con él. También me había llevado diez años obtener el título de lingüista noruego del Ejército.

Otro oficial de Estado Mayor en Bielefeld me había aconsejado que servir con los Gurkhas 'sería tu única oportunidad de experimentar el servicio militar del siglo XIX'. Sin embargo, descubrí rápidamente que esta afirmación denigrante era inexacta, porque un Batallón de infantería Gurkha operaba en una configuración cultural totalmente diferente en comparación con uno totalmente británico. Había 1000 soldados Gurkhas en servicio en mi nueva unidad, con 250 afuera en cualquier momento, cumpliendo su período de licencia de seis meses en Nepal. También pasaban un período de servicio no acompañado en el Reino Unido, es decir, no se permitía que las esposas tuvieran domicilio en Church Crookham o en otro lugar. Cuando los Gurkhas completaban su licencia en Nepal, simplemente regresaban al Batallón para servir durante otros tres años antes de que se les concediera otro período de licencia.

Sin embargo, en esos primeros días de marzo, pronto observé que se esperaba automáticamente un liderazgo de alta calidad por parte de los veinticinco oficiales británicos en posiciones clave, porque los Gurkhas confían en el *gora saheb* (oficial blanco). También había otra estructura de jerarquías en el Batallón, el oficial Gurkha Nepalí de la Reina (QGO). Los Gurkhas estaban muy motivados por ganar tantas medallas al valor como fuera posible, no menos la Cruz Victoria. El lema de la Brigada Gurkha, *'Kaatar Huunu Bhanda Marnu Ramro'* ('Mejor morir que ser un cobarde'), indicaba el alcance de su determinación, ilustrada en la famosa declaración: 'Si un hombre dice que no tiene miedo de morir, o miente o es un Gurkha.' Un arma decisiva, tanto física como psicológicamente, era su legendario cuchillo kukri. Su forma elíptica representa a los tres dioses hindúes: Brahma (el Creador), Vishnu (el Guardián del Cielo) y Shiva (el Destructor del Mal). También había otra deidad hindú que pronto sería de gran importancia para los Gurkhas del Batallón. Esta era Durga (la diosa de la guerra). Súmese a esto una puntería sobresaliente, regulada por la máxima de *'ek goli, ek dushman'* ('un disparo, un enemigo') y una condición física sobresaliente que supera con creces la del soldado británico promedio, y la suma de todos estos atributos hacen de los Gurkhas un formidable adversario potencial.

En contraste, el Sr. John Nott, un ex oficial de Infantería Gurkha, era entonces el Secretario de Estado de Defensa del Reino Unido.[11] Había sido responsable de la Revisión de Defensa del Reino Unido de 1981, que en última

---

11. El Muy Honorable John Nott, Secretario de Estado de Defensa (5 de enero de 1981-6 de enero de 1983). Ex Teniente Primero (Lieutenant) del Ejército Británico en el 2º Fusileros Gurkha del Rey Eduardo VII (los Fusileros de Sirmoor), 1952-56.

instancia se consideró extremadamente perjudicial para la defensa nacional. Su objetivo era reducir los gastos durante la recesión de la década de 1980 y centrarse en apoyar a la OTAN en lugar de a las operaciones 'fuera del área'. Se propusieron grandes recortes para la Royal Navy, incluida la venta a Australia del portaaviones HMS *Invincible*. Toda la fuerza anfibia de los Royal Marines estaba en peligro de ser disuelta y se indicaba el posible desguace de los barcos de asalto anfibio *Fearless* e *Intrepid*. Además, el patrullero polar de la Royal Navy HMS *Endurance* sería retirado del Atlántico Sur. Interpretada por los miembros de la dictadura de la Junta Militar argentina como una señal de debilidad, esta política los animó a 'recuperar' sus 'Islas Malvinas', con el planeamiento de la invasión iniciado ya en diciembre de 1981.

Dos meses después, los Infantes de Marina argentinos del BIM 5, desde su base en Río Grande, continuaron con su adiestramiento militar de 1981 en los diferentes ambientes extremos del clima oceánico subpolar de la provincia de Tierra del Fuego y comenzaron a entrenar allí nuevamente. Al día siguiente de mi llegada al 1er/7º Fusileros Gurkha, la Junta recibió el primer borrador del plan de invasión. Diez días después, observé un informe de noticias de la BBC TV sobre cuarenta y un obreros de desguace argentinos y personal de la Armada que desembarcaban del buque de transporte polar naval ARA *Bahía Buen Suceso* en Leith, Georgias del Sur. Izaron su bandera nacional y destruyeron el cartel que prohibía desembarcos no autorizados.

Un fracaso estratégico, político y de inteligencia ya había comenzado a gestarse en todos los niveles del gobierno del Reino Unido. En mis habitaciones matrimoniales en Church Crookham, seguí con creciente interés y alarma la cobertura que hacían los medios del desarrollo de la situación. Entre el 27 y el 30 de marzo se informaron despliegues navales de ambos lados, es decir, un par de SSN de la Royal Navy en el Atlántico Sur y, no menos importante, el 28 de marzo, una flota argentina compuesta por la Fuerza de Tareas 20 (una fuerza de apoyo de seis buques), La Fuerza de Tareas 40 (fuerza anfibia de ocho buques) navegando desde Puerto Belgrano hacia las islas, y la Fuerza de Tareas 60.1 (fuerza anfibia de dos buques) hacia Georgias de Sur. Ambos objetivos estaban a 7.000 millas náuticas del Reino Unido. Los nombres de los miembros de la Junta Militar Argentina, el Teniente General Leopoldo Galtieri, el Almirante Jorge Anaya y el Brigadier General Basilio Lami Dozo, se volverían pronto muy familiares.

Desde una perspectiva de liderazgo, la ventana de tiempo desde las 18.00 del 31 de marzo hasta las 08.30 del 2 de abril fue crucial. El almirante Sir Henry Leach, Primer Lord del Mar y Jefe del Estado Mayor Naval del Ministerio de Defensa, fue clave en el proceso ultrarrápido de toma de decisiones con su actitud nelsoniana:

> Había una amenaza clara e inminente para un Territorio Británico de Ultramar. Sólo se podía llegar por mar. ¿Cuál demonios era el punto de

tener una Armada si no se usaba para este tipo de cosas? (Badsey, Havers y Grove, 2005, 67)

El 31 de marzo, en presencia de Nott, su jefe político, el Primer Lord del Mar persuadió a la Primer Ministro Margaret Thatcher para que desplegara una Fuerza de Tareas a fin de recuperar las islas mediante este memorable razonamiento estratégico, similar al de un líder:

'Porque si no lo hacemos o si somos demasiado prudentes en nuestras acciones y no logramos el éxito completo, en unos meses estaremos viviendo en un país diferente cuya palabra cuenta poco.' (Badsey, Havers y Grove, 2005, 70)

Luego de su sospechosa aprobación de masivos recortes de gastos en la Revisión de Defensa de 1981, que demostraban falta de previsión, la Primer Ministro se convirtió en la personificación del liderazgo, que comienza desde arriba y depende de las circunstancias. Estableció el punto de referencia para el liderazgo de gestión estratégica de crisis *par excellence*, no menos porque continuó haciendo preguntas y sopesando las respuestas. Su eliminación de niveles innecesarios de autoridad intermedia y la rápida creación de la estructura del 'Gabinete de Guerra' del Gobierno en 10 Downing Street creó la estrategia y contribuyó al liderazgo efectivo y a la determinación de las prioridades operativas. Al mismo tiempo, ejerció la resistencia y la determinación mientras 'predicaba con el ejemplo' durante toda la guerra de setenta y cuatro días que siguió.

Pronto los Gurkhas en Church Crookham quedaron impresionados por los atributos de la Primer Ministro, que ocuparía el cargo durante más de once años (4 de mayo de 1979-28 de noviembre de 1990). La apodaron *Thatcher le Thecharyo* que, en Gurkhali significa 'luchar y derribar'. Y al Teniente General Leopoldo Fortunato Galtieri Castelli, Presidente de la Argentina y Jefe de la Junta Militar de Gobierno, quien ocuparía el cargo por menos de seis meses (22 de diciembre de 1981-18 de junio de 1982), le pusieron el sobrenombre de *Galti garyo* que, en Gurkhali, significa 'error cometido'.

Capítulo 3
Cuando al mando, hacerse cargo

Tao es lo que hace que la gente tenga el mismo propósito que su superior.
Así pueden morir con él, vivir con él y no engañarlo.

Sun Tzu, 2002, capítulo 1, 'Evaluaciones'

Una reunión de emergencia del Consejo de Seguridad de la ONU el siguiente jueves 1° de abril, subrayó la gravedad de la situación. Parecía que Argentina tomaría (o como decía ese país, 'recuperaría') inminentemente las islas. A 02:40Z del 2 de abril, se ordenó a un Grupo de Tareas Avanzado de ocho destructores y fragatas y dos petroleros auxiliares de la Real Flota Auxiliar ocupados en el ejercicio Springtrain en el área de Gibraltar, que, bajo el mando de Contraalmirante (Rear Admiral) Woodward, Oficial Almirante de la Primera Flotilla, se dirigiera a la isla Ascensión, en medio del Atlántico. Se advirtió a otros seis buques en el Reino Unido que permanecieran a cuatro horas de aviso para operaciones en el Atlántico Sur.

En el Cuartel General del 1er/7° Batallón de Fusileros Gurkha en Church Crookham estábamos al tanto de los acontecimientos que se desarrollaban en el sur. El oficial al mando del Batallón era el Teniente Coronel (Lieutenant Colonel) David Morgan, que hablaba Gurkhali con fluidez y estaba muy motivado para poner a sus Gurkhas en el marco inicial de la guerra. Pero el 7° Batallón de Fusileros Gurkha no usaba el título 'CO' (Oficial al Mando, Commanding Officer) del Ejército Británico. En cambio, lo llamaban 'el Comandante' o, si uno era un soldado Gurkha nepalí, 'el Comandante *saheb*', lo que le daba una cierta aura de raj británico. Habiendo asumido el mando solo seis meses antes, el Coronel David provenía de una familia de marinos, lo que sería apropiado durante las próximas diez semanas.

Su padre, Geoffrey Morgan, había ocupado el rango de Teniente de Ingenieros (Engineer Lieutenant) de la Royal Navy (Real Armada) en la batalla de Jutlandia en 1916. Era el oficial a cargo de la sala de máquinas de babor en el crucero acorazado de clase Warrior HMS *Warrior* cuando éste sufrió graves daños el 31 de noviembre, por al menos veintiún proyectiles disparados por un crucero de batalla y cuatro acorazados alemanes, lo que le provocó grandes incendios y fuertes inundaciones. Un proyectil atravesó el costado de babor del *Warrior* por debajo de la línea de flotación y entró en la sala de máquinas de babor. El agua ingresó y algunos de los hombres murieron en la explosión que siguió. Morgan giró sobre sí mismo y casi tropezó con su mensajero de dieciséis años que todavía estaba de pie, pero sin cabeza. Aunque la sala de máquinas de estribor había sido evacuada, los hombres de Morgan mantuvieron los motores en marcha el tiempo suficiente a pesar de las horribles condiciones, mientras resultaban muertos o heridos gravemente por enormes chorros de vapor, generados al entrar el agua de mar en las calderas. Sus esfuerzos y el posterior remolque por otro buque permitieron que el *Warrior* se retirara hacia el oeste, donde finalmente se hundió. Pero Morgan ya había escapado del infierno en su sala de máquinas con solo otros dos sobrevivientes de los sesenta y ocho marineros bajo su mando. Luego trató de ayudar a salvar al *Warrior* y logró evacuar a otro buque a 743 hombres de la tripulación (Morgan, 2017, 77-78). Sería difícil encontrar un mejor ejemplo de liderazgo de 'cuando al mando, hacerse cargo'.

David, su hijo, nació en marzo de 1939 en la isla mediterránea de Malta, treinta meses antes de la llegada del padre de este autor, que sirvió allí durante la Segunda Guerra Mundial como Cajero de Comando de la RAF hasta octubre de 1943. Los bombardeos aéreos de las fuerzas del Eje sobre la isla fueron implacables, y el futuro Comandante Gurkha *saheb* pasó la mayor parte de los primeros tres años y medio de su vida bajo tierra después de ser 'forzado a mudarse de tres casas por cortesía de la Fuerza Aérea Italiana y la más eficiente Luftwaffe'. Finalmente, en octubre de 1942, la familia escapó en un avión bombardero RAF Hudson de regreso al Reino Unido. El Vicealmirante Ingeniero (Rear Admiral) (Ret.) Geoffrey Morgan murió en 1956, tres años antes de que David Morgan fuera comisionado en el 7º Fusileros Gurkha del Duque de Edimburgo. Estuvo en servicio activo en Malasia, Borneo e Irlanda del Norte, pero con los acontecimientos de ese 2 de abril de 1982 desarrollándose rápidamente en el Atlántico Sur, pronto tendría muchas oportunidades para imprimir su liderazgo en los asuntos del Batallón durante la Operación Corporate.

Esa noche vi la cobertura de Noticias de las Nueve en BBC TV sobre la invasión de las Islas Malvinas, con sus imágenes de infantes de marina argentinos celebrando en las calles de la pequeña capital, Stanley. La idea del rol 'fuera del área' de la 5ª Brigada de la OTAN daba vueltas en mi cabeza a velocidad cada vez mayor, evocando una miríada de escenarios del 'peor de los casos'. Se precisarían baldes de eficaz liderazgo estratégico, operativo y táctico para resolver la situación. También estaba el impacto de lidiar con esta situación de *'lyn fra klar himmelen'* como dirían los noruegos, es decir, un 'relámpago en cielo despejado' mientras uno estaba en el perfil dominante de 'parado y atento'. ¿Estás mentalmente preparado para el desafío de tu vida? Para ser honesto, a pesar de mis experiencias con la Operación Banner ('los Disturbios' de Irlanda del Norte), no lo estaba. Este hecho afectaría a todos los directamente involucrados tanto en el aspecto personal como profesional, y más aún al personal casado y con hijos muy pequeños.

Esos eventos 'allá en el sur' que cambiarían la vida darían inicio a un esfuerzo inmediato de adiestramiento intensivo de guerra Gurkha de ocho semanas de duración, antes de nuestro desembarco 'administrativo' en las islas. Rápidamente descubrí que había dos importantes palabras Gurkha en el Regimiento que dominaban todo. La primera era *kaida*. Sun Tzu usa una palabra similar, *Tao*, es decir, un camino, un sendero, la forma en que se debe hacer algo. Como verbo significa 'dirigir' y por lo tanto 'liderazgo'.

Luego estaba *josh*, es decir, el afán y el compromiso total para asegurar que cualquier operación militar se cumpla. También proporcionaba la posibilidad real de ganar condecoraciones al valor, como lo habían hecho los Gurkhas del Ejército Indio y el Ejército Británico muchas veces en el pasado. La oportunidad de semejante 'cacería de medallas' por parte de los Gurkhas del Batallón en 1982 volvería a presentarse pronto en la Operación Corporate con una última campaña terrestre corta, pero muy intensa, de veinticuatro días durante los cuales dos Ejércitos se alinearon 'a la antigua' en el campo de batalla para enfrentarse entre sí. Sin embargo, el carácter y la cultura del soldado Gurkha contrastan totalmente con su temible reputación en el campo de batalla. Esto se debe a que son hombres de familia, educados, alegres, divertidos y bien presentados que, sin embargo, ejercen un compromiso total para triunfar en el campo de batalla.

Sir Anthony Parsons, quien fuera Representante Permanente del Reino Unido ante las Naciones Unidas, un veterano artillero del Ejército Británico durante la Segunda Guerra Mundial y líder experimentado, decidió que su equipo se centraría en dos consideraciones importantes, a saber, 'Primero [...] concentrarse en el uso ilegítimo de la fuerza para resolver un problema político de larga data [y] [...] En segundo lugar [...] actuar con rapidez y evitar enredarse en las largas negociaciones que normalmente preceden a la adopción de una resolución por parte del Consejo [de Seguridad]' (Parsons, 1983, 170). Hablando ante este ese viernes 2 de abril, expuso los hechos más destacados: 'Mientras estamos sentados aquí hoy, se está produciendo una masiva invasión argentina de las Islas Falkland.' La describió como 'un intento de imponer por la fuerza el control foráneo y no deseado sobre mil novecientos agricultores pacíficos que han optado en elecciones libres y justas por mantener sus vínculos con Gran Bretaña y el modo de vida británico'.

Al día siguiente, Parsons obtuvo un triunfo diplomático con la adopción de la Resolución 502 de la ONU por diez votos contra uno y cuatro abstenciones. La frase clave era: 'Exige el retiro inmediato de todas las fuerzas argentinas de las Islas Falkland (Islas Malvinas).' Parsons comentó: 'Al regresar a mi oficina para informar los procedimientos del día a Londres, mi equipo de Falklands y yo vaciamos sin vacilar un par de botellas de champagne que encontramos en el refrigerador: los restos de una fiesta de despedida de la semana anterior. La antipatía por el uso de la fuerza había triunfado' (Parsons, 1983, 172).

Ese mismo día, el Grupo de Tareas 60.1 del enemigo capturó las islas

Georgias del Sur a pesar de una batalla de dos horas contra veintidós Royal Marine Commandos comandados por el Teniente Primero (Lieutenant) Keith Mills. Cuando Londres le indicó a través del HMS *Endurance* que ofreciera solo una resistencia simbólica, se alega que Mills respondió: '¡Al diablo con eso, los voy a hacer lagrimear!' El liderazgo de Mills le valió la Cruz de Servicio Distinguido. Al Almirante (Admiral) Sir John Fieldhouse, Comandante en Jefe de la Flota en su Cuartel General de Northwood en Eastbury, Hertfordshire, se le dio otro objetivo. Por ello planeó una campaña rápida de noventa días para recuperar las Georgias del Sur y las Malvinas. Su manejo del tiempo parecía observar la definición de victoria de Sun Tzu, 'tomar todo'. La batalla es costosa y por lo tanto debe ser rápida. 'Por eso el militar valora la victoria. No valora la prolongación' (Sun Tzu, 2002, capítulo 2, 'En la batalla'). Esto quedó demostrado gráficamente cuando, ese mismo día, una docena de aviones de transporte Hércules C-130 de la RAF con pertrechos y personal de la RAF/RN volaron desde el Reino Unido hasta Ascensión en medio del Atlántico, para establecer la Unidad de Apoyo de las Fuerzas Británicas (BFSU) en la isla. Tres semanas después, el número de personal de la BFSU se había elevado a 800.

Las conferencias estuvieron a la orden del día el domingo 4 de abril, cuando el 3 Para, en su rol de 'Batallón Punta de Lanza de Despliegue Rápido del Reino Unido', cayó bajo el mando de la 3ª Brigada de Commandos para la Operación Corporate. Mientras que el 1er Batallón, Guardias Galeses reemplazaba inmediatamente al 3 Para en la 5ª Brigada, una de esas conferencias se llevó a cabo en el Cuartel General de la 5ª Brigada de Infantería en Aldershot, a la que asistió el Coronel (Colonel) David. De allí regresó a Church Crookham para celebrar otra con todos los oficiales del Batallón en el comedor de oficiales. A pesar de la falta de órdenes de despliegue, esta terminó con él ordenándome que preparara un Programa de Adiestramiento para el Batallón 'con miras a ser enviado al sur'. Esto subrayó La importancia de que el líder sea proactivo al iniciar el 'adiestramiento preventivo' para que así pueda brindar una base sólida para posibles operaciones futuras.

Ese día tuvo lugar otra conferencia en el Ministerio de Defensa, en Londres. Fue la discusión de los Jefes de Estado Mayor sobre 'la Fuerza de Tarea de las Falklands' en la que el Secretario de Estado de Defensa del Reino Unido, John Nott (no obstante su anterior afiliación profesional en el Ejército Británico en la Brigada de Gurkhas), mostró lamentablemente poco entusiasmo por la participación de nuestro Batallón cuando 'expresó su preocupación por el uso de Gurkhas por ahora y otras razones'. los Jefes de Estado Mayor que consideraban la crisis no vieron, sin embargo, 'dificultad en ponerlos en una alerta de 7 días.'[1]

---

1. De un documento desclasificado (Archivos nacionales, Londres).

El lunes 5 de abril comenzamos dos semanas de adiestramiento básico individual y de Pelotones a nivel local, a medida que más elementos principales de la Fuerza de Tareas británica, en particular los portaaviones HM *Hermes* e *Invincible*, zarpaban de Portsmouth. Nuestro énfasis estaba en el adiestramiento con armas, su puesta a cero, 'la ocupación' y posterior uso intensivo de sitios y locales con polígonos de tiro pertenecientes a otras unidades locales no seleccionadas para ir a las Malvinas, y carreras diarias de BIT (Adiestramiento Individual de Batalla). Priorizamos el adiestramiento con helicópteros (porque apenas si había carreteras en las islas y, por lo tanto, el movimiento por aire y mar sería crucial), así como la capacitación en primeros auxilios y sesiones informativas sobre la topografía y el clima de las Malvinas. También estaba la apremiante necesidad de familiarizarnos lo mejor posible con nuestro posible futuro enemigo, sobre todo en lo que hacía a su capacidad terrestre y aérea. En retrospectiva, diré que durante esas primeras semanas después de la invasión deberíamos haber tomado mucho más seriamente la amenaza aérea y el adiestramiento *ofensivo* (no solo el defensivo) para contrarrestarla, de lo que en realidad hicimos.

Mientras tanto, Lord Carrington renunciaba a su cargo de Secretario de Estado de Asuntos Exteriores y del Commonwealth en reconocimiento a su responsabilidad como dirigente de una organización que no había previsto las acciones argentinas en el Atlántico Sur. Esa honorable decisión explica por qué fue el Secretario Privado del Sr. Douglas Hurd, el Ministro de Estado para Europa en la Oficina Británica de Asuntos Exteriores y del Commonwealth (FCO), quien ese día envió un memorando al Secretario Privado del Sr. Nott. En él, el término 'mercenario' asomaba su fea cabeza:

> Compartimos las reservas de su Secretario de Estado. Nuestras dudas surgen más de consideraciones de presentación que legales. Aunque los Gurkhas no entran dentro de la definición actual del Reino Unido del término 'mercenario', es casi seguro que el tercer mundo criticará al Reino Unido por usarlos en lo que se podría percibir como un problema 'colonial'. Además, el Gobierno de Nepal tiene una visión de la descolonización que es desfavorable desde nuestro punto de vista. No queremos poner en riesgo el reclutamiento.[2]

Coordinar el programa de adiestramiento del Batallón y luego participar en él me dejó una impresión imborrable. Los estándares generales de capacitación alcanzados por los Gurkhas antes de poner pie en las Malvinas se convertirían

---

2. El memorándum desclasificado (Archivos Nacionales, Londres) fue enviado por S. M J. Lamport (secretario privado de Douglas Hurd) a D. B. Ormond (secretario privado de John Nott).

en un punto de referencia en mi profesión posterior como consultor de gestión de crisis, sobre todo al diseñar, construir y realizar ejercicios de gestión de crisis hiperrealistas, con el diablo en los detalles creando ese realismo tan importante para los participantes. Esto requiere una actitud de planificación detallada con considerable inversión de esfuerzo y tiempo.

Con la posibilidad de cualquier eventual despliegue del Batallón al Atlántico Sur, nuestros soldados Gurkha tenían que estar bien entrenados y ser flexibles. El Coronel David formuló una estrategia temprana al asumir el 'peor de los casos' y actuar de manera proactiva. La invencibilidad de la unidad radicaría en la calidad de su adiestramiento general para la guerra y en la anticipación de que, al final, seríamos desplegados al Atlántico Sur. Su liderazgo coherente en este particular permitió que los Gurkhas desarrollaran la confianza de que su entorno estaba intacto, que era confiable y predecible, lo que era importante para que se esforzaran de forma significativa. 'Si uno actúa con coherencia para entrenar a la gente, la gente se someterá' (Sun Tzu, 2002, capítulo 9, 'Moviendo al Ejército').

Además, una vez desplegados, habría siete desafíos principales para poner a prueba el liderazgo. Estos eran: (1) la operación logística estratégica montada entre el Reino Unido (vía Ascensión) y las deficiencias de apoyo logístico en las Malvinas y en el teatro, que afectarían a las 8.500 tropas terrestres británicas desplegadas; (2) el terreno excepcionalmente difícil; con densos macizos de hierba pampa y muchas sendas de bloques duros de cuarcita que pueden extenderse hasta cinco kilómetros en la isla Soledad; (3) el brutal e impredecible clima invernal austral; con sus vientos fríos del oeste que suelen alcanzar la fuerza de un vendaval; (4) el despliegue entre el 6 y el 29 de abril de refuerzos enemigos, lo que daría un total final de 13775 efectivos ocupando las Malvinas; (5) las amenazas aérea y de artillería enemigas, y las contramedidas apropiadas requeridas; (6) el endeble tráfico de información de inteligencia del Cuartel General de la 5ª Brigada de Infantería, que daría lugar a que el 1er/7° Fusileros Gurkha cambiara el nombre de 'la Guerra de las Malvinas' por el de 'la Guerra de los Hongos', en la que el crecimiento exponencial de los rumores se volvería perjudicial para la moral ; (7) y, finalmente, el tiempo: el requisito de volver a tomar Stanley dentro de los 30 días posteriores al desembarco británico, porque el inminente inicio del 'General Invierno' y las tormentas en el mar causarían importantes defectos operativos a los buques de guerra de la Royal Navy. También estaba el axioma estratégico de que 'quien posee Stanley, posee las islas'. Pero a principios de abril, la 5ª Brigada no tenía todavía órdenes formales de desplegarse al sur.

Dos meses antes, el 1er/7° Fusileros Gurkha y los dos Batallones del Regimiento de Paracaidistas estaban participando en el Ejercicio Green Lanyard, de dos semanas de duración, en el Área de Adiestramiento de Stanford cerca de Thetford. Este primer FTX (Ejercicio de Adiestramiento en el

Terreno) de la 5ª Brigada había sido diseñado por el Comandante de Brigada para adiestrar a la formación en su nuevo rol de rescate de rehenes en un contexto de Medio Oriente, excepto que había llovido durante casi todo el ejercicio. El 2 Para tampoco pensaba que el ejercicio había sido bien planeado, a juzgar por la sorprendente pregunta que el CO del 2 Para, el Teniente Coronel 'H' Jones, hizo por radio al Comandante de la 5ª Brigada: '¿Quién diablos está dirigiendo este j****o desastre?' Tres meses después, el nombre de 'H' Jones se convertiría en el más icónico de la guerra.

Pero ahora, a principios de abril de 1982, el mensaje de adiestramiento del relativamente nuevo Comandante Gurkha era inequívoco. El problema de superar los desafíos políticos para permitir el despliegue de su Batallón, que a principios de mayo estaría integrado por veinte oficiales británicos, 637 oficiales y efectivos Gurkhas nepalíes y cuarenta y tres adjuntos entre oficiales británicos y otros rangos (conocidos como BOR), quedó para ser abordado por el FCO y el Ministerio de Defensa en Londres. Sin embargo, había tres factores del FCO que trabajaban en contra de cualquier despliegue de los Gurkhas. El primero era Hong Kong, cuando se consideraba la 'fortificación definitiva de las Islas Falkland si nuestra acción naval tiene éxito en la recuperación del territorio. Si se usaran Gurkhas en una tarea como esta, entonces habría dificultades (políticas) para la guarnición en Hong Kong.' Entonces, debido a que los Gurkhas no se habían utilizado en Irlanda del Norte, los mismos factores psicológicos entrarían claramente en juego en la reocupación y defensa de un territorio ocupado por los británicos. Aunque para la ONU los Gurkhas no cuadraban en la definición actual del término 'mercenario', era casi seguro que el tercer mundo criticaría al Reino Unido por utilizar a los Gurkhas en lo que verían como un problema de origen colonial. Por último, estaba 'la actitud de Nepal: si hubiera un apoyo político incondicional de Nepal para todas nuestras acciones, entonces el uso de Gurkhas sería más fácil.'[3]

Casi dos décadas después, el General de Brigada (Brigadier) (Ret.) David Morgan no se anduvo con rodeos con respecto a la renuencia del FCO a desplegar su Batallón:

> La 5ª Brigada original debería haber ido junta. La razón por la que el 7º Gurkhas no fue desde el principio fue que el Ministerio de Asuntos Exteriores estaba tonteando, tratando de obtener el permiso escrito de Nepal para enviar a los Gurkhas a la guerra en nombre de Gran Bretaña. El Foreign Office siempre ha hecho esto, desde la Primera Guerra Mundial. Cada vez que surgía algún problema, le escribían al Rey de Nepal. Yo

---

3. De un memorando FCO desclasificado (Archivos Nacionales, Londres) enviado el 5 de abril de 1982 al Secretario Privado del Sr. Nott.

pensaría que se estaban hartando de repetir lo que dijo el entonces rey al comienzo de la Segunda Guerra Mundial, algo así como: 'Por supuesto que pueden usar a nuestros hombres. ¿Para qué están los amigos? Si ganan, ganaremos con ustedes, si pierden, moriremos con ustedes.' (Parker, 1999, 217)

Esta 'batalla' política tendría lugar en Londres y la capital nepalesa de Katmandú. Afortunadamente, el 7° Fusileros Gurkha ya tenía una presencia en la Embajada Británica en Katmandú. Este era el Agregado de Defensa británico, el Teniente Coronel (Lieutenant Colonel) Keith Robinson. Su conocimiento del protocolo de 'interfaz' entre el Palacio Real de Nepal y los ministros del gobierno y el Ejército del país se apuntalaría de manera experta para la inmensa ventaja de nuestro Batallón a lo largo de la Operación Corporate, de acuerdo con el Acuerdo Tripartito de 1948 del Reino Unido, India y Nepal que regula el servicio Gurkha en estos países. También estaba de acuerdo con el criterio de liderazgo de Sun Tzu de preparar las condiciones de invencibilidad (en este caso para el 1er/7° Fusileros Gurkha) mientras se esperaba que surgiera la vulnerabilidad del enemigo: 'Así es que se dice: "La victoria puede conocerse. No puede hacerse"' (Sun Tzu, 2002, capítulo 4, 'Forma').

Esto alivió considerablemente las preocupaciones originales del Embajador británico John Denson sobre el posible despliegue de nuestro Batallón al Atlántico Sur, y en consecuencia informó al FCO en Londres que ya no podía ver ninguna razón por la cual los Gurkhas no deberían ser incluidos en la Fuerza de Tareas, ya que Nepal no tenía objeciones. En ese telegrama del 9 de abril, Denson indicó también que se deben correr riesgos 'en caso de que, sin embargo, por razones militares esenciales, sea necesario incluir a los Gurkhas'. Por ahora deberían 'mantener un bajo perfil político'.[4]

En Londres ese día, en una reunión de Jefes de Estado Mayor, a pesar de que el Jefe del Estado Mayor del Ejército Británico (CGS), Teniente General (General) 'Dwin' Bramall, que también era Coronel del 2° Regimiento de Fusileros Gurkha (Fusileros de Sirmoor) del Rey Eduardo VII, 'calificó como baja la posibilidad de que los Gurkhas fuesen utilizados en combate, no debían ser excluidos' de la Operación Corporate.[5]

Por otro lado, el crucero P&O SS *Canberra* (uno de los primeros de cuarenta y seis 'STUFT' —Ships Taken Up From Trade (Buques Requisicionados del Comercio) de la Marina Mercante— de la Operación Corporate, y que pronto sería rebautizado extraoficialmente como *The Great White Whale* (*La Gran Ballena Blanca*) por su 'pasajeros', zarpó de

---

4. De un documento desclasificado (Archivos nacionales, Londres).
5. Ibid.

Southampton el 9 de abril con la mayoría de las unidades de la 3ª Brigada de Commandos (incluyendo al 3 Para) a bordo. Entre el 8 y el 19 de abril, el General Alexander Haig, Secretario de Estado de los EE. UU., emprendió una mediación maratónica que involucró seis viajes entre Washington, Londres y Buenos Aires, tratando de negociar un acuerdo de paz. Pero el Vicealmirante (Rear Admiral) Sandy Woodward, Comandante del Grupo de Tareas de Batalla de Portaaviones, describió a Haig como: 'no mucho menos que un desastre en ciernes [...] cada día que mantenía a todos charlando era otro día de retraso para nosotros' (Woodward y Robinson, 2012, 112).

El Gabinete de Guerra del Reino Unido, dirigido por la Primer Ministro, decidió implementar una Zona de Exclusión Marítima (MEZ) de 200 millas náuticas alrededor de las islas Malvinas a partir del 12 de abril. El día anterior, el Grupo de Tareas 317.9 (cuatro buques de guerra de la Royal Navy) había navegado hacia el sur desde Ascensión, en medio del Atlántico, con la misión de recuperar Georgias del Sur, mientras nosotros continuábamos con nuestro asunto principal: el adiestramiento militar integral Gurkha, antes de ir a la guerra.

El enemigo, o *dushman*, como los Gurkhas lo llamaban en nepalí (o, más coloquialmente, Gurkhali), no estaba ocioso. Ya entre el 3 y el 9 de abril, el BIM 5 y el 8º Regimiento de Infantería (RI 8) de la 9ª Brigada de Infantería se desplegaron en isla Soledad e isla Gran Malvina respectivamente. El BIM 5 reemplazó al BIM 2 (parte de la fuerza de invasión inicial), mientras que el 25º Regimiento de Infantería (RI 25) (también de la 9ª Brigada) continuó con su tarea impuesta desde el 2 de abril de proteger el perímetro del Aeródromo de Puerto Argentino. La Fase Dos del despliegue enemigo se llevó a cabo entre el 11 y el 16 de abril e involucró a la Xª Brigada de Infantería Mecanizada de la provincia de Buenos Aires. Esta formación estaba compuesta por los Regimientos de Infantería 1 (1 Compañía solamente), 3, 6 y 7 (RI 1 (-), RI 3, RI 6 y RI 7) de Buenos Aires, La Tablada, Mercedes y La Plata respectivamente, más dos Regimientos de Artillería y una Batería de Artillería de la Infantería de Marina. Entre los conscriptos del RI 3 estaba Esteban Pino. Conocido simplemente como 'Pino', sus experiencias de guerra son relevantes porque estaba en la Compañía C, de la cual dos Pelotones (incluido el 2º Pelotón, al que Pino pertenecía) se ubicarían eventualmente junto con el Cuartel General de la Compañía cerca de Mount William, el objetivo final de nuestra Compañía D, el 14 de junio. Pero la arenga por parte del Capitán Varela de la Compañía C a Pino y otros conscriptos en la víspera de su despliegue, en la cancha de fútbol del Regimiento, fue una total contradicción con cualquier forma de liderazgo inspirador.

El 2 de Abril de 1982 Argentina recuperó las Islas Malvinas. Para muchos argentinos eso fue una enorme alegría. Para mí, que había cumplido el servicio militar obligatorio en 1981, una gran amenaza de ser convocado al cuartel y perder otro año más de mi vida.

La gente eufórica en la Plaza de Mayo aplaudiendo al dictador, al que no más de tres días antes querían derrocar... Pero eran las Islas Malvinas, ese pedazo de tierra argentino del que tanto nos hablaron en la escuela. Yo, preparándome para ingresar a la facultad, un mundo nuevo en el que ponía mucha expectativa.

La convocatoria me llegó unos días después.

¡Cómo es esto del destino! me decía a mí mismo. Veinticuatro horas antes era un hombre libre, sin compromisos e, instantáneamente, mi vida había cambiado y había vuelto a la pérdida de tiempo en los cuarteles, o algo peor, que ni siquiera imaginaba.

Entré al cuartel en las primeras horas del sábado 10 de abril. El histórico y glorioso Regimiento 3 de Infantería Mecanizada General Belgrano, situado en La Tablada, a una hora de la Capital de Buenos Aires. El grupo al que me habían asignado ya tenía cubierto el cupo de 52 soldados. Por eso, cuando me presenté, me informaron que ya no había más lugar. En ese momento, apoyado contra la reja de ingreso al regimiento distinguí a un soldado nuevo, clase 63. Lloraba abrazado a su madre. La escena era dramática, algo pasó en mí mientras miraba esa escena y me ofrecí como voluntario para reemplazarlo. Fue algo espontáneo, nadie me obligó, hoy pienso que lo hice pensando en mi propia madre. En las islas me pregunté muchas veces '¿por qué lo habré hecho?'

Al día siguiente tuvimos nuestra primera arenga. Nos reunieron en la cancha de futbol del regimiento y el Capitán Varela, con una voz tajante y gestos secos, nos informó que seríamos trasladados a las Islas Malvinas.

Con un discurso muy poco alentador nos dijo: 'Una vez en las islas, el enemigo lanzará un fuego de ablandamiento durante varias horas y varios de ustedes quedarán mutilados. Después van a desembarcar con gases lacrimógenos y bombas de humo, por lo tanto no van a poder ver nada. Entonces, los que hayan quedado con vida serán pasados por encima por las fuerzas enemigas. Y después de esto, si alguno queda con vida, serán capturados y seguramente asesinados'. Nosotros nos mirábamos unos a otros sin poder creer lo que habíamos escuchado. ¡Qué manera más absurda de querer alentar o motivar a alguien![6]

Pino fue destinado al 2° Pelotón, liderado por el Subteniente Molina Pedro García. Esta subunidad de cuarenta y cinco hombres consistía de un Cuartel

---

6. La historia personal de Esteban Pino sobre la guerra y sus secuelas en Argentina fue enviada al autor en un extenso archivo adjunto a su correo electrónico con fecha 6 de junio de 2017.

General de Pelotón, tres Secciones de fusileros y una Sección de Apoyo con dos ametralladoras y un lanzacohetes de 90 mm. Liderada por el Cabo Jorge Martínez, esta última Sección recibió posteriormente a Pino como miembro del segundo equipo de ametralladoras de tres hombres. Ahora comprendía al Apuntador de MAG, CC62 Héctor Cabral, Arma No. 1 (Abastecedor-Apuntador) CC62 Esteban Pino, y Arma No. 2 (Abastecedor) CC63 Claudio Aducín. Pero ahora las cosas estaban ganando aún más ritmo. Pino:

> A las pocas horas de esa arenga estábamos rumbo a la base aérea militar de El Palomar para dirigirnos a Río Gallegos donde pasamos la noche. Al otro día cambiamos de avión rumbo a las Malvinas.
>
> Llegamos a las islas el 13 de abril en un avión de Aerolíneas Argentinas al que le habían sacado los asientos para tener mayor capacidad. Éramos más de 200 soldados. Esa primera noche dormimos en las instalaciones del aeropuerto que había quedado destrozado por efectos del combate. Fue uno de los puntos estratégicos que los argentinos tomaron cuando invadieron las islas, además de la casa del Gobernador y el Cuartel de los Royal Marines.

Ese mismo día, Margaret Thatcher se había dirigido a la Cámara de los Comunes. El mensaje fue contundente: 'Nuestra Fuerza de Tareas Naval navega hacia su destino. Debemos seguir confiando plenamente en su capacidad para tomar todas las medidas que sean necesarias. Mientras tanto, su propia existencia y su avance hacia las Islas Falkland refuerzan los esfuerzos que estamos haciendo para una solución diplomática.' Al día siguiente, 14 de abril, el 2 Para quedó bajo el mando de la 3ª Brigada de Commandos, siendo la unidad de reemplazo de la 5ª Brigada el 2° Batallón, los Guardias Escoceses. Pero nuestra unidad también fue objeto ese día de un altercado entre el CGS del Ejército y el Secretario de Estado de Defensa:

> [El] 14 de abril [la 5ª Brigada] había sido destinada [a la Operación Corporate] con el acuerdo del Ejército. [...] El problema de la Brigada era que había sido vaciada por la pérdida, primero, del 3 Para y luego del 2 Para a la 3ª Brigada de Commandos. Esto dejó solo al 1er/7° Fusileros Gurkha [...] de los Batallones originales. [La reunión de Nott con el CGS, en la que el primero se resistió a la decisión del segundo de desplegar a los Gurkhas, había generado una reacción inmediata del irritado Bramall]. Protestó que, si el Gobierno dudaba en enviar ahora una parte específica de la reserva estratégica, siempre habrá alguna razón para no enviar a los Gurkhas a futuras operaciones'. Como Nott reconoció, como ex-Gurkha, que 'se sentirían mortificados si estropeamos sus oportunidades', Bramall hizo valer su rango de 'Coronel de *su* Regimiento' (el 2° Gurkha, en el que Nott

había servido) y le dijo al Secretario de Estado que 'deben ir, y estoy solicitando su apoyo para pelear nuestro rincón con el Foreign Office' (Nott, 2012, 299).

Aun así, Nott veía esto como un asunto delicado y no quería 'dar oportunidad a especulaciones sobre la participación de los Gurkhas', o cualquier cosa que conllevara el más mínimo riesgo de alterar la opinión mundial, particularmente entre los países no alineados. Esto funcionó solamente mientras el rol de la 5ª Brigada de Infantería fue hipotético. Una vez aceptada la lógica, también debían serlo las consecuencias políticas. De lo contrario, sería una Brigada sin Batallones. (Freedman, 2005, 207-8)

Pero el rol que la 5ª Brigada de Infantería jugaría en la guerra no se había definido todavía. ¿Dónde estaba la Brigada en la estrategia general del Reino Unido para hacer frente a esta crisis? Es irónico que la palabra 'estrategia' provenga de la antigua palabra griega 'strategia', que significa 'generalato' o 'liderazgo', y que 'strategia' comprende las palabras 'stratos' (Ejército) y 'agein' (liderar). Incluso una simple definición de estrategia como 'La determinación de las metas y objetivos a largo plazo de una organización y la adopción de modos de acción y asignación de recursos necesarios para llevar a cabo esas metas' (Grant, 2003, 16-17) parecía sobrepasar a los que tenían la responsabilidad de tomar decisiones militares estratégicas.

Las preguntas vitales quedaron sin respuesta. ¿Seríamos la reserva de la 3ª Brigada de Commandos? ¿O pelearíamos? ¿O nos convertiríamos en la guarnición de la posguerra? Las tres características simples comunes a la toma de decisiones estratégicas, es decir, que son importantes, que implican el compromiso significativo de recursos y que no son fáciles de revertir, también parecían imponer una carga negativa a esos tomadores de decisiones (Grant, 2003, 17). Nacida de este liderazgo inadecuado, la confusión resultante que afectó a todas las unidades de la 5ª Brigada continuaría durante ese mes y más adelante todavía.

Aunque comprometido a la OTAN, el 4º Regimiento de Campaña de la Real Artillería junto con la Batería de Campo 97 (Compañía de Lawson) fue agregado a la 5ª Brigada. Su 29ª Batería de Campaña (Corunna) ya había sido trasladada, con 2 Para, a la 3ª Brigada de Commandos. Estas dos últimas unidades navegarían hacia el sur en el ferry Ro-Ro del Mar del Norte MV *Norland* de P&O, el 26 de abril. Otras adiciones fueron el 9º Escuadrón Para de Reales Ingenieros, el 16º Ambulancias de Campaña del Real Cuerpo Médico del Ejército Real, el 656º Escuadrón del Cuerpo Aéreo del Ejército y varias unidades logísticas. El 16 de abril acompañé al Coronel (Colonel) David a una conferencia del Cuartel General de la 5ª Brigada de Infantería. Nos actualizaron sobre el asentamiento y las previsiones del enemigo y varias posibilidades operativas, aunque no se había tomado ninguna decisión política para desplegarnos. Se mencionó al transatlántico RMS *Queen Elizabeth 2* de la Cunard como nuestro posible buque. Debía regresar a Southampton el 3 de mayo, después de cruzar el Atlántico desde Pennsylvania, EE. UU. El Comandante de la 5ª Brigada de Infantería, el General de Brigada (Brigadier) Tony Wilson,[7] ex Comandante mío cuando serví en el 1ᵉʳ Batallón de Infantería Ligera, dio en el clavo cuando declaró que 'la logística sería un desafío y el mar un factor decisivo'. Se le había asignado el área de adiestramiento de Sennybridge en Gales para un ejercicio de Brigada del 22 al 29 de abril, por lo que pronto estaríamos viajando hacia el oeste.

Ese día se llevó a cabo otra reunión en el HMS *Fearless*, ahora a solo un día de Ascensión. Se realizó en preparación del 'Consejo de Guerra' al día siguiente a bordo del buque insignia HMS *Hermes*, que también involucraría al Comandante de la Fuerza de Tareas 317, Almirante (Admiral) Sir John Fieldhouse y a su Estado Mayor, aerotransportados desde Northwood. El Vicealmirante (Rear Admiral) Sandy Woodward voló desde el *Hermes* el 16 de abril para unirse al Comandante de la 3ª Brigada de Commandos (Contraalmirante [Brigadier] Julian Thompson), el Comandante de Guerra Anfibia (Contraalmirante [Commodore] Michael Clapp) y casi todos los oficiales de Estado Mayor a bordo.

Mi amigo el Mayor (Major) Rod Macdonald (ex miembro del 41º Pelotón Inkerman de Sandhurst), que formaba parte del personal de Thompson como el Zapador 'de la casa', lo describió más tarde como 'la Fiesta del Té del Sombrerero Loco' y 'el día más estresante del conflicto'. Esta historia de liderazgo operativo de Comando y Control, ciertamente no Gurkha, pero interesante, que podría habernos impactado indirectamente, agrió las relaciones de 'alto nivel' aún durante un tiempo después. Su trasfondo radicaba en que (erróneamente) Northwood no había designado ningún Comandante Operacional de tres estrellas (Almirante [Vice Admiral]) para la Fuerza de Tarea 'en el Teatro'. Por lo tanto, Woodward (Comandante del Grupo de Tareas de Portaaviones de Batalla), Clapp (Comandante del Grupo de Tareas Anfibio) y Thompson (Comandante del Grupo de Tareas de la Fuerza de Desembarco) eran, teóricamente, co-iguales en cuanto a sus nombramientos; pero a la vez, y decisivamente, era Woodward quien lideraba como más antiguo sobre los otros dos.

---

7. El General de Brigada (Brigadier) Sir Mathew John Anthony (Tony) Wilson Bt OBE MC, ex KOYLI y LI, falleció en su casa en Vermont, EE. UU. el 5 de diciembre de 2019, a la edad de ochenta y cuatro años. También un veterano de Irlanda del Norte durante 'los Disturbios', con amplias y exitosas experiencias en el equipo del HQ de Irlanda del Norte en Lisburn y en los niveles operativos del Batallón de Infantería Ligera durante la primera década de la Operación Banner, se retiró del Ejército Británico en enero de 1983, siete meses después de que terminara la Guerra de Malvinas-Falklands.

Cuando Northwood le ordenó examinar la viabilidad de desembarcar en Gran Malvina, Woodward propuso tres ideas (que Rod calificó más tarde de 'asombrosamente delirantes') sobre cómo se podrían recuperar las islas. La primera de ellas era establecer una base de arsenales para la Brigada en la isla Carcass, frente a la costa oeste de Gran Malvina, desde donde la 3ª Brigada de Commandos podría moverse a través de Low Bay en Lafonia hacia Puerto Argentino. Los Reales Ingenieros de Rod también construirían una pista de aterrizaje en Bahía Stevelly para los cazas F4 Phantom II de defensa aérea de la RAF y aeronaves C-130 Hércules. Pero además de no tener habilidades para la construcción de aeródromos, no había suficientes zapadores ni planta para llevar a cabo un proyecto de este tipo, que requeriría meses para completarse. La ubicación era lo más cercana posible a las bases aéreas terrestres del continente argentino y, por lo tanto, vulnerable a ataques aéreos. Si el enemigo no se retiraba de las islas, sería necesario un segundo desembarco anfibio en isla Soledad.

Una idea final era mover el HMS *Fearless* y algunos otros buques más cerca de la costa argentina, en una finta para iniciar una batalla aérea. Aunque era un activo vital de la guerra anfibia, estaría expuesto a ataques y sin líder, porque parte del Estado Mayor de Thompson trasbordaría a un destructor para simular un asalto a través de la radio. La reacción mutua resultante de Thompson, Southby-Tailyour y Clapp sobre cómo Woodward había presentado todas estas ideas fue muy negativa:

Desafortunadamente, su estilo en esa primera reunión estuvo totalmente en desacuerdo con el mío y el de Mike. (Thompson, 2014, 25-26)

[Fue] desesperadamente arrogante, discutidor y acosador, todo ocultando una gran inseguridad. No fue una reunión amistosa con el Estado Mayor y tampoco, según el Contraalmirante (Brigadier) y el Comandante, la que tuvo después con ellos tres solos. Trató de dictar, pero como solo transmitía y nunca escuchaba, no llegamos muy lejos en el esfuerzo de tener una discusión sensata [...] La reunión no hizo nada por la moral ni por nuestra confianza en la capacidad del Almirante para apoyar cualquier fase anfibia con el grado de preocupación que sentíamos que merecía. Puede que este no haya sido el caso en la práctica, pero fue nuestra percepción [...] Nos dimos cuenta de que la simpatía hacia nuestros problemas y su comprensión iban a ser muy escasas. (Southby-Tailyour, 1993, 140-41)

[La reunión] fue vista [...] como un intento innecesario [de Woodward] de dominar y avergonzó profundamente a los miembros navales de mi Estado Mayor mientras enfurecía a los Royal Marines y, más particularmente, a los miembros del Ejército que eran neófitos respecto de la Royal Navy y sus peculiaridades. La confianza se rompió y llevaría mucho tiempo repararla. (Clapp y Southby-Tailyour, 1996, 57)

Aunque temporalmente, la segunda bolilla de Liderazgo de Sandhurst, —'Mantenimiento del equipo'— no había sido aprobada por Woodward, tampoco era que él hubiese asistido a la RMAS. Dos días después, su Grupo de Tareas de Batalla de Portaaviones de ocho buques, incluidos *Hermes* e *Invincible*, zarpó hacia el sur. Dado que sin el mantenimiento adecuado y con la llegada del invierno se estaría desmoronando a mediados o finales de junio, la 'ventana de desembarco' en las Malvinas se había establecido ahora entre el 16 y el 25 de mayo.

Capítulo 4
Liderazgo proactivo continuado

Tengo solo un ojo. Tengo el derecho de ser ciego algunas veces. Realmente, no veo la señal.

Almirante (Vice Admiral) Lord Horatio Nelson[1]

En términos de criterios de liderazgo de combate, un Comandante de Batallón debe usar activamente la previsión y liderar a otros de manera proactiva con el conocimiento de guerra adquirido 'en el teatro de operaciones'. Y así, el terreno despejado de las Malvinas invitaba al fortalecimiento de la potencia de fuego de nuestro Batallón mediante la duplicación de nuestras ametralladoras de uso general (GPMG) de 7,62 mm. El total de noventa y cuatro GPMGs significaba que dos, no solo una, estarían disponibles para cada Sección de fusileros de diez hombres. El enemigo no poseía la misma potencia de fuego, siendo su asignación estándar dos ametralladoras equivalentes por Pelotón. La organización y las tácticas menores de nuestro Batallón también se verían afectadas por un aumento tan significativo de las armas.

El 18 de abril asistí a una nueva conferencia de capacitación: esta vez en Sennybridge, para el ejercicio Welsh Falcon. Habría dos fases: del 22 al 25 de abril para ejercicios con tiro real, seguida de un FTX (Ejercicio de adiestramiento en el Terreno) de la Brigada entre el 26 y el 29 de abril. Pero nuestra solicitud de entrenar de noche con ataques de Secciones y Pelotones usando dos GPMG por Sección y munición real eslabonada fue rechazada porque el fuego nocturno violaría las regulaciones para un área de adiestramiento. Esta era realmente una mala noticia. Pronto podríamos ser desplegados en el Atlántico Sur y a operaciones terrestres en las que el énfasis estaría en un 'avance británico para hacer contacto' que culminaría en una serie de batallas de infantería libradas con proyectiles reales, bombas de mortero, granadas de artillería y fuego naval de apoyo en la oscuridad de la noche. Allí no habría limitaciones impuestas artificialmente. Y así, este escenario probable

---

1. Dicho después de usar su ojo derecho ciego para mirar a través de su telescopio durante la Batalla de Copenhague el 2 de abril de 1801, librada entre la Royal Navy y una flota conjunta danesa-noruega. Le acababan de comunicar que su excesivamente cauteloso Comandante en Jefe, el Almirante Sir Hyde Parker, había izado la señal para interrumpir la acción. Pero finalmente Nelson prevaleció en su batalla más dura, que tuvo lugar exactamente 181 años antes de la invasión argentina a las Islas Malvinas.

tenía que ejercitarse de noche en los campos de tiro de Sennybridge. La realidad de que estábamos en el umbral de la guerra exigía que los procesos de aprendizaje de nuestros fusileros Gurkha, llenos de *josh*, requirieran un refuerzo poderoso y realista. Pero, por desgracia, ni H.B. *saheb* ni yo conseguimos nada con nuestras atentas solicitudes.

Al día siguiente, ya de regreso en Church Crookham, informé al Coronel (Colonel) David sobre esta prohibición. Se 'volvió loco', pero luego eligió la estrategia nelsoniana de 'hacer la vista gorda' y lograr su objetivo. Las operaciones terrestres ofensivas nocturnas serían el sello británico en la guerra, por lo que *llevaríamos a cabo* esos ejercicios de todos modos. Cuando en comando, hágase cargo. El liderazgo del Coronel (Colonel) David no solo contrarrestó esa mentalidad inapropiada de adiestramiento en tiempos de paz, sino que también convenció a su Batallón que se desplegaría al sur. Ignorar la prohibición también desarrollaría el sentido de responsabilidad y confianza de sus subordinados en el manejo de las armas mientras disparaban munición real y maniobraban en la oscuridad de la noche.

Ese 19 de abril, el Gabinete de Guerra del Reino Unido también autorizó la Operación Paraquet, la reconquista de Georgias del Sur. Esta decisión fue impulsada políticamente, ya que la isla tenía poca importancia militar excepto por su puerto de aguas profundas, que luego se utilizaría como Base Avanzada de Operaciones. Ascensión también se había convertido en una importante base logística avanzada y un puesto de preparación donde la 3ª Brigada de Commandos entrenaría durante las próximas dos semanas. En comparación, las experiencias de Pino con la Compañía RI 3 C en Isla Soledad después de marchar desde el aeródromo de Puerto Argentino el 14 de abril no fueron estructuradas y no propiciaron ni el establecimiento ni el mantenimiento de una buena moral y 'Mantenimiento del equipo'. El culpable fue un liderazgo indeciso que provocó un confuso 'Logro de tareas'. Pino:

> Durante varios días estuvimos recorriendo diferentes sitios y acampábamos en diversos montes. Cada uno era responsable de su equipo, armamento y municiones. Allá íbamos, cargados, de un lado para otro. A cada uno de los soldados nos habían dado un bolso tubo, de un metro de altura, media carpa, estacas para la carpa y un equipo de ropa adicional. En el día a día yo sentía la incertidumbre que nos envolvía a todos, íbamos de un lugar a otro, nos trasladábamos sin que, aparentemente, hubiese ninguna planificación. Así estuvimos poco más de una semana hasta que finalmente nos establecimos en Monte Williams, aproximadamente a 8 kilómetros de Puerto Argentino. Desde ese día hasta el 30 de abril estuvimos como en una etapa de Picnic. Comíamos regularmente, algo de entrenamiento militar, buen descanso, y dormíamos en las carpas con un poco de frío.

Pino había abordado de frente el problema de los conscriptos del Ejército. Estaban mal preparados para la guerra. El setenta y cinco por ciento de las tropas argentinas en Malvinas eran conscriptos con menos de seis meses de servicio. Muchos de los restantes eran reservistas llamados al servicio (en respuesta al despliegue de la Royal Navy) y enviados a las islas en abril, sin ningún tipo de actualización. El adiestramiento del Ejército Argentino también implantaba poca disciplina o habilidades militares durante el corto período de servicio de los conscriptos, mientras que abril era el peor mes posible para desplegar a la guerra a conscriptos recién alistados. La siguiente descripción del sistema nacional de reclutamiento explica por qué. Fue escrita cuatro años antes de que se aboliera el servicio militar obligatorio, en 1995:

> Los números fluctuantes para el Ejército dependen de la cantidad de conscriptos admitidos cada año y de la fecha —en cualquiera de los tres ciclos de adiestramiento— en que se mide el tamaño del Ejército. Los conscriptos son admitidos en marzo; el ciclo formativo se cierra en octubre; una parte de la clase se licencia en noviembre, otras en diciembre y enero, y el grupo final después de la inducción de la nueva clase, en marzo. Por lo tanto, algunos conscriptos sirven tan solo ocho meses y otros cumplen su compromiso completo de doce meses. Así, el menor número de efectivos en el Ejército se da entre enero y marzo (verano). (Stewart, 1991, 45)

Mientras tanto, otros activos del 1er/7° Fusileros Gurkha estaban todavía en el extranjero. Uno era la Compañía B y su Pelotón de Reconocimiento (incluido el Cabo (Lance Corporal) Sukrim Rai), en Belice. Otro era la Compañía C en un ejercicio de adiestramiento en Chipre, ahora prematuramente terminado. Para gran irritación de sus propietarios, se descargó una costosa carga caritativa de automóviles civiles de un avión de transporte RAF Hércules C-130, habilitando así más espacio para pasajeros Gurkha antes del vuelo de regreso de la Compañía al Reino Unido para el FTX Sennybridge. También hubo personas, como el Capitán (Captain) Nigel Price, Comandante del Pelotón de Morteros de 81 mm, que tuvo que interrumpir su curso de guerra en la jungla de Brunei para volar de regreso al Reino Unido a través de Hong Kong y Dubai, llegando así a tiempo a Sennybridge. Le habían dicho que nuestro embarque en el *QE2* sería el 5 de mayo. Pero el Gabinete de Guerra del Reino Unido no había tomado todavía ninguna decisión formal para desplegar la 5ª Brigada de Infantería o requisar el transatlántico. Además, como este último llegaría a Southampton el 3 de mayo después de su travesía del Atlántico, era inconcebible que nuestro embarque fuera a tener lugar solo cuarenta y ocho horas más tarde.

También sería esclarecedor seguir la suerte del contemporáneo de Price 'en el otro lado'. Era el Suboficial Segundo Elvio Ángel Cuñé, Jefe del Pelotón de Morteros de 81mm del BIM 5. Él, su Pelotón y el resto del Batallón habían volado a Malvinas durante la segunda semana de abril. El despliegue se produjo poco después en un área al sureste de Tumbledown, cerca de Mount William. El Capitán de Fragata IM Carlos Hugo Robacio, Comandante del BIM 5, que tenía fama de ser un líder decidido y eficaz, amante de la disciplina y oficial de mucha iniciativa, escribió más tarde sobre la selección de este motivado suboficial como Jefe de Pelotón:

> El Pelotón de Morteros [81 mm] debería haber estado bajo el mando de un oficial designado por nosotros. Pero como [...] el Jefe del Pelotón, Suboficial Elvio Cuñé, había realizado un excelente trabajo durante los ejercicios de adiestramiento, decidimos dejarlo al mando con la certeza de que no nos decepcionaría. No nos equivocamos en absoluto. Cuñé supo no solo dar en el clavo al determinar la ubicación de sus morteros, sino que durante todo el período previo de preparación [adiestramiento], siempre condujo implacablemente a sus hombres basándose en su ejemplo permanente. Pudimos determinar [...] rápidamente, por lo tanto, al detectar el equilibrio y los éxitos de este destacado suboficial que [...] se desempeñaba al mismo nivel que los mejores oficiales de la unidad. (Robacio y Hernández, 2004, 368)

Cabe señalar que solo unas pocas unidades en la guerra que seguiría, en particular el BIM 5, tenían tropas que habían servido por más de seis meses. Pero, aunque los conscriptos infantes de marina reclutados por el BIM 5 servían por un período fijo de catorce meses, en abril de 1982 pocos lo habían hecho durante más de un año. No obstante, Cuñé demostró que podía establecer objetivos incitantes pero realistas para su Pelotón. Estos fueron descritos más adelante en un relato personal de sus experiencias operativas en Malvinas:

> El clima no era menos hostil que aquél al que estábamos acostumbrados, aunque nos parecía mucho más húmedo. La tarea de cavar las posiciones fue extremadamente dura. Por la composición del terreno, el agua entraba a borbotones e inundaba las trincheras, por lo que teníamos que construirles un 'piso'. Además, con el reemplazo de generales en la conducción general y dado que la amenaza ya se había materializado, tuvimos que cambiar nuestra posición para mirar hacia el oeste en lugar de hacia la dirección sureste inicial.
>
> Pusimos piedras y después losas, para que el agua pudiera escurrirse por debajo. Si llegaba comida del área de logística, usábamos nuestro contenedor térmico de 50 litros. También teníamos abundantes raciones

de combate [...] y, aunque no había posibilidad de despilfarro, no sufrimos grandes carencias. (Robacio y Hernández, 2004, 369)

Mientras Cuñé continuaba construyendo su posición de morteros en el terreno muerto entre Tumbledown y Mount William, la Fase Uno de nuestro ejercicio Welsh Falcon se centraba en prácticas de tiro y ejercicios de tiro real a niveles de Sección y Pelotón, a pesar de que nunca se resolvió la grave escasez de municiones para adiestramiento. El 'no' oficial a los ejercicios nocturnos de fuego y maniobras significó que recibimos solo seis bengalas Very y una cantidad limitada de munición trazante de 7,62 mm. para SLR. Tampoco tuvimos suficiente cantidad de cohetes antitanque de 66 mm activos y ningún misil antitanque Milan. Esta última deficiencia suponía un potencial desafío de moral y liderazgo para nuestro Pelotón Antitanque, particularmente cuando la 3ª Brigada de Commandos en Ascensión utilizó en solo un día el equivalente a la asignación de nueve años de adiestramiento de misiles Milan —a un precio de GBP 4,000 cada uno— en 1982. A pesar de eso, Milan se convertiría en la principal arma 'destructora de búnkeres' en la guerra. El enfoque de liderazgo y adiestramiento también tuvo que intensificarse en las 'Necesidades individuales' para contrarrestar las continuas amenazas aéreas y de artillería enemiga que pronto enfrentaríamos;[2] algo que ninguna coalición internacional o fuerza de la OTAN ha enfrentado desde entonces. Por eso, la excavación y construcción de trincheras se convirtió en una importante actividad del adiestramiento de fondo Gurkha cuando estábamos en los campos de tiro de Sennybridge.

Las comunicaciones son la madre y el padre del Comando y Control, y un artículo vital que se entregó para coincidir con nuestra llegada fue un primer lote de radios Clansman de 'próxima generación' para reemplazar nuestros anticuados equipos del sistema Larkspur.[3] Increíblemente, algunas provenían de unidades de la Fuerza de Cadetes del Ejército y del Cuerpo de Adiestramiento de Oficiales de la Universidad de Southampton. Sigue siendo un oscuro misterio el por qué se había dado prioridad a este último por encima de las unidades del Ejército Regular en la 5ª Brigada para la asignación de las

---

2. 130 aviones de la Fuerza Aérea y 30 de la Aviación Naval, cuarenta y dos obuses ligeros de 105 mm Mod 56 y cuatro cañones CITER L33 Modelo Argentino de 155 mm.

3. Clansman era un sistema de radio liviano con cinco radios de Muy Alta Frecuencia (VHF) (PRC 349, PRC 350, PRC 351/PRC 352 de mochila y VRC 353 montadas en vehículos), tres de Alta Frecuencia (HF) (PRC 320 de mochila y VRC 321/VRC 322 montadas en vehículos) y uno de Ultra Alta Frecuencia (UHF) (PRC 344 manpack). El PRC 350 y el PRC 351/PRC 352 vinculaban a los Comandantes de Compañía con sus Comandantes de Pelotón. El PRC 344 era para el uso de los Controladores Aéreos Avanzados.

Clansman, con el potencial que la Brigada tenía para un despliegue 'fuera del área' de la OTAN.

El Capitán (Captain) Kit Spencer y su Pelotón de Señales trabajaron rápidamente para suministrar las radios Clansman. Fueron reforzados por un Destacamento de Enlace de Retaguardia de seis señaleros del 30º Regimiento de Señales con base en Blandford. Dirigido por el Cabo Primero (Corporal) Chris Aslett, que se convertiría en mi operador táctico de radio en el Puesto de Comando (HQ Tac). También había cuatro comunicantes Gurkha adjuntos, dirigidos por el Sargento Primero (Staff Sergeant) Rilbahadur Sarki de la Tropa de Señales 541 del Regimiento de Señaleros Gurkha de la Reina. Dada la necesidad de 'comunicaciones seguras', todos estaban bien versados en el manejo de 'cripto', es decir, equipo criptográfico, que nuestro Pelotón de Señales no estaba autorizado a usar en esa época. De los nueve tipos de radio diferentes de Clansman, el PRC 349 con micrófono de garganta fue el que cambiaría las reglas del juego. Por primera vez, un Comandante de Sección de Infantería ahora tenía comunicaciones directas por radio con su Comandante de Pelotón y sus compañeros Comandantes de Sección. Esto realzaría considerablemente las dos GPMGs de una Sección de fusileros al permitir una coordinación más eficiente de sus movimientos con las otras dos Secciones, sobre todo cuando el Pelotón estaba asaltando un objetivo.

El PRC 349 también le dio al Comandante de Pelotón otra herramienta en términos de la bolilla de liderazgo de 'Logro de tareas', ya que sus subordinados podían escuchar su voz y su apoyo en el campo de batalla. Pero el problema fue que este primer lote de radios Clansman había llegado demasiado tarde. Muchos Gurkhas tuvieron que ser entrenados en su uso, y un segundo lote de radios no llegaría hasta principios del próximo mes. El estado de ánimo de los Gurkhas podría dividirse en el primero de los cuatro factores principales para el liderazgo, es decir, 'el liderado', 'el líder', 'la situación' y 'comunicación'. Para 'los liderados', se satisfacían ahora tres requisitos. En primer lugar, todos poseían un objetivo común, o sea, la misión de recuperar las Falklands. En segundo lugar, todos se daban cuenta de que tenían la interdependencia necesaria para lograr la misión, es decir, los miembros del equipo eran plenamente conscientes de que se necesitaban unos a otros para tener éxito. Y, por último, ya todos sabían y actuaban como si poseyeran la misión, es decir, respondiendo activamente a su interdependencia. La suma de todo esto generó motivación individual y de equipo para tener éxito en las desafiantes tareas que se avecinaban.

Pero durante este período de adiestramiento inicial, la muerte del Sargento (Sergeant) Ramparsad Limbu y las graves heridas sufridas por otros tres Gurkhas cuando el Land Rover donde viajaban volcó, fueron, potencialmente, una amenaza para el 'Mantenimiento del equipo' del Batallón y para su moral. Era una gran preocupación para el Coronel (Colonel) David. El trabajo de un líder, por necesidad, también puede ser solitario. Sin embargo, en al menos una ocasión observé cómo compensaba esto haciendo una llamada telefónica al Coronel del 7º Regimiento de Fusileros Gurkha, el General de Brigada (Brigadier) 'Birdie' Smith, un veterano de combate de la campaña italiana de la Segunda Guerra Mundial, de la Emergencia Malaya y de la Confrontación de Borneo. Actualizarlo sobre nuestra capacitación y situación general también era una oportunidad útil para que nuestro Comandante recibiera pepitas de sabiduría de las muchas experiencias operativas del General de Brigada.

Mientras tanto, Galtieri visitó Puerto Argentino el 22 de abril para seguir coordinando con el General de Brigada Mario Benjamín Menéndez y el General de Brigada Oscar Luis Jofre, los respectivos Comandante de Fuerzas Terrestres y Comandante de la 10ª Brigada de Infantería. Se evaluó que los desembarcos británicos ocurrirían en las playas al sur y sureste de Puerto Argentino, con posibles desembarcos de diversión hacia el norte, en Berkeley Sound. Se evaluó que San Carlos Water, en el noroeste de isla Soledad, estaba demasiado lejos. La principal fuerza defensiva permanecería alrededor de la capital utilizando las Zonas Defensivas designadas 'Interior' y 'Exterior'. Pero no había suficientes reservas. Y así, de regreso a Buenos Aires, Galtieri ordenó el despliegue, entre el 24 y el 29 de abril, de la 3ª Brigada de Infantería y más helicópteros. Pero esta tercera y última Brigada de refuerzo a las islas procedía —vía la provincia de Chubut— de la norteña provincia subtropical de Corrientes y era totalmente inadecuada para operaciones en climas fríos. Consistía en el 4º Regimiento de Infantería (RI 4), el 5º Regimiento de Infantería (RI 5) y el 12º Regimiento de Infantería (RI 12) y también sufriría las peores bajas de la guerra y exacerbaría severamente los problemas logísticos enemigos existentes en las islas (Middlebrook, 1989, 56-57, 298-300).

En vísperas del FTX de la 5ª Brigada de Infantería, supimos que la Royal Navy había recuperado las islas de Georgias del Sur. Sus helicópteros también habían dañado un submarino enemigo, el ARA *Santa Fe*, al atacarlo con cargas de profundidad y misiles cerca de Cumberland Bay West y la base enemiga en Grytviken. Esto nos dio qué pensar cuando el FTX comenzó al día siguiente. Con una duración del 26 al 29 de abril, brindaría la oportunidad de implementar un adiestramiento intensivo para reforzar el 'Mantenimiento del equipo' del liderazgo de nuestro Batallón. Sennybridge se convirtió en 'Caleb Island' y la 5ª Brigada de Infantería se insertaría mediante aterrizajes de helicópteros 'anfibios' en 'las costas occidentales de la isla' antes de avanzar hacia el este para asaltar 'Port Picton'. Pero muchas cosas saldrían mal. Se había elegido Sennybridge porque sus notorios vientos y lluvias eran idénticos al clima extremo de las Malvinas. Algunos relatos posteriores del ejercicio han afirmado que, durante la primera semana, prevaleció el clima habitual de Sennybridge (van der Bijl y Aldea, 2003, 22).

Esto no coincide con mis recuerdos. El verano había llegado temprano y las temperaturas eran casi tropicales. De hecho, el suelo se había secado tanto cuando comenzó el FTX, que hubo incendios accidentales que destruyeron equipos y pertrechos. Por ejemplo, se produjo un incendio en una tienda de campaña del Cuartel General de la Brigada y otro en el 4º Regimiento de Campaña, área de la Real Artillería. También hubo problemas importantes con las tareas de los helicópteros que, por ejemplo, provocaron la separación de nuestra Compañía A y sus mochilas Bergen. Nuestra confianza en la logística de la Brigada se perdió y nunca se recuperó.

El segundo día del FTX, el 27 de abril, nuestro Pelotón de Morteros estaba ocupado en una compleja demostración de potencia de fuego de la Brigada. Pero el fuego de morteros, la artillería, el apoyo aéreo cercano de los Jaguar de la RAF y los ataques terrestres de los Harrier GR3 parecían estar hechos puramente con fines propagandísticos, con las cámaras de BBC TV y la ITN enfocadas en la acción de largo alcance, 'seguras y fuera de peligro'. Las tropas terrestres restantes eran solo espectadores que miraban la acción con binoculares y no estaban involucradas en la demostración de ninguna manera. La pregunta quedó sin respuesta. ¿Cómo sería realmente estar bajo el fuego de morteros y artillería *dushman* combinada con ataques aéreos en el campo de batalla de la Operación Corporate?

Ese mismo día, el Almirante (Admiral) Sir John Fieldhouse se reunió con los Jefes de Estado Mayor para presionar a fin de que la 5ª Brigada de Infantería fuera incluida en la Fuerza de Tareas. La Primer Ministro fue crítica con este proceso de toma de decisiones: 'Me sorprendió un poco que la necesidad de refuerzos no hubiera estado clara antes [...] Siempre me preocupó que no tuviéramos suficientes hombres o equipos cuando llegara el momento de la batalla final y me sorprendió repetidamente el hecho de que incluso profesionales tan altamente calificados como los que nos aconsejaban subestimasen a menudo los requisitos' (Thatcher, 1993, 215). Si bien se avanzó en este tema con dos de los tres Jefes, pero no con el CGS, todavía no se había decidido un rol específico para la Brigada. Tal vacilación del liderazgo estratégico en este asunto urgente contribuyó a la confusión del personal del Cuartel General de la 5ª Brigada de Infantería, lo que debe haber tenido un efecto negativo en su moral.[4] El alternativo liderazgo positivo en nuestro Regimiento llevó a los Gurkhas a la convicción de que *iban a ir* a la guerra – y de que iban a ir a luchar.

Al día siguiente, justo antes del ataque de nuestro Batallón a 'Port Picton', una inconveniente visita del Teniente General (Lieutenant General) Frank Kitson, Comandante en Jefe Adjunto del Cuartel General de las Fuerzas Terrestres del Reino Unido, se convirtió rápidamente en una situación de

---

4. E-mail del Dr. Paul Winter, fechado el 13 de abril de 2018.

gestión de minicrisis. Esto involucró a un grupo de cinco médicos del 19º Ejército Territorial de Ambulancias de Campo de Catterick, que se nos acababa de unir. Formaban parte de un suplemento de quince hombres del Real Cuerpo Médico del Ejército a nuestro Pelotón Médico Gurkha de dieciséis hombres comandado por el Oficial Médico de Regimiento (RMO) del 1er/7º Fusileros Gurkha, Capitán (Captain) Martin Entwistle. Incluido en esta asignación estaba un segundo médico, el Capitán (Captain) Paul Edmondson-Jones MBE, y otros nueve médicos de la 16ª Ambulancia de Campaña estacionados en Aldershot. El número total de personal médico en el Batallón era ahora de treinta y dos. Cinco de estos adjuntos (incluido Edmondson-Jones) se convertirían en personal del Puesto de Ayuda del Regimiento (RAP), lo que elevaría esta subunidad a una fuerza total de veintidós hombres (incluido Entwistle) y las Compañías A, C y D recibirían un aumento de dos médicos cada uno, mientras que HQ y la Compañía B recibieron uno y tres médicos respectivamente.[5]

Pero estos últimos cinco médicos llegados de Catterick estaban ahora tomando sol y fumando mientras el General y el Coronel (Colonel) David pasaron junto a ellos, camino a visitar nuestro Pelotón de Morteros. Fue una conversación muy surrealista, pero breve, la que un irrespetuoso médico de las TA (Ambulancias Territoriales) tuvo con el General (quien, hay que decirlo, apenas reaccionó). No obstante, fue un recordatorio pertinente para las próximas semanas sobre la necesidad de estar preparados para lo inesperado, con todo lo que eso implica en términos de capacitación, organización y liderazgo.

El RAP también había identificado la necesidad de llevar suficiente fluido intravenoso al campo cuando el movimiento por tierra podía ser difícil. Entwistle:

> Los fluidos, como la munición, son pesados. Pero no era posible que el personal del RAP llevara lo suficiente para apoyar víctimas masivas, a pesar de que una vez en las Malvinas yo llevaba en mi mochila seis litros de solución salina (para usar en el tratamiento del shock hemorrágico) junto a otros suministros. Se admite que la solución salina no es ideal para el tratamiento del shock hemorrágico; pero no teníamos ningún expansor de plasma que pudiéramos llevar al campo en nuestras mochilas y que permaneciera seguro y estable en las condiciones ambientales que pronto experimentaríamos en el campo de batalla de las Malvinas. Por lo tanto, se ideó un plan a partir del ejercicio de Sennybridge para distribuir paquetes

---

5. Correo electrónico de Martin Entwistle del 16 de febrero de 2022. Otros aportes a este libro del antiguo RMO del 1er/7º Fusileros Gurkha están contenidos en una serie de correos electrónicos enviados al autor durante la segunda quincena de febrero de 2022.

de solución salina de 0,5 litros y juegos de administración intravenosa a las compañías, donde los soldados portarían estos artículos en el campo. Como resultado, en el caso de cualquier situación con bajas, los soldados en las proximidades tendrían solución salina a mano. Esto demostraría ser una solución viable y muy práctica para enfrentar ese significativo desafío logístico.

Al finalizar el FTX, el Cuartel General de la 5ª Brigada de Infantería fue criticado por tener comunicaciones internas deficientes y demasiados oficiales de estado mayor en un sistema no probado y desestructurado que no logró generar resultados satisfactorios. Aunque como mitigación este había sido el primer ejercicio de la Brigada en un entorno de guerra limitada convencional, el resultado fue, sin embargo, por debajo de la media de 'planificación conjunta' y 'operaciones conjuntas'. Todos estos factores llevaron a que el Estado Mayor de las Fuerzas Terrestres del Reino Unido (HQ UKLF) tuviera serias dudas sobre la preparación para el combate de la 5ª Brigada con, aparentemente, un signo de interrogación sobre la idoneidad de Wilson como Comandante de Brigada. Pero el HQ UKLF tenía la esperanza poco realista de que un FTX de cuatro días para una nueva Brigada formada solo cuatro meses antes y luego reorganizada por completo, sería suficiente en el corto período que restaba antes del despliegue. El ejercicio reveló muchas deficiencias y lecciones identificadas antes del evento 'en vivo'. Se necesitaban correcciones, y algunas podrían lograrse en el mar. Pero nunca hubo un Ejercicio de Puesto de Comando de Brigada (CPX) que involucrara a todos los Estados Mayores de las unidades a bordo del QE2 durante su eventual 'crucero' de dieciséis días hacia el sur.

Los dos Batallones de Guardias se retiraron entonces a Londres mientras nosotros continuamos nuestra estadía en Sennybridge durante otros seis días de ejercicios de tiro real para Sección y Pelotón. Casi dos décadas después, el General de Brigada (Brigadier) (Ret.) David Morgan comentó sobre la desafiante 'mezcla de infantería' de Guardias y Gurkhas de la 5ª Brigada en Sennybridge y más tarde en el Atlántico Sur:

> Tengo mucho tiempo para los Guardias, pero todo el espíritu de ellos y nosotros, por así decirlo, era tan absolutamente diferente que era casi incompatible. Estábamos haciendo ataques de secciones con munición real y teníamos que enseñar a los Guardias cómo disparar ametralladoras. En retrospectiva, sentí que deberíamos haber sido empujados al frente inmediatamente como la fuerza de ataque clave. (Parker, 1999, 217)

Pero un Oficial Gurkha de la Reina que pronto se desplegaría en el Atlántico Sur no participó en el Ejercicio Welsh Falcon. Este fue el Teniente Primero

(Lieutenant) (QGO) Tekbahadur Limbu que, durante todo el mes de abril, había permanecido en la RMA Sandhurst como Comandante de Pelotón en la Compañía de Demostración Gurkha recientemente restablecida de la Brigada de Gurkhas. Aunque el Batallón había querido que regresara y participara en Welsh Falcon, eso no fue posible. Los arreglos administrativos para la terminación del servicio del QGO no se pudieron llevar a cabo debido al receso de Pascua de RMAS. Tekbahadur *saheb*:

> No recuerdo la fecha exacta [a fines de abril] pero cuando finalmente llegué a Church Crookham y al cuartel de Queen Elizabeth, el Batallón estaba todavía afuera en el Ejercicio Welsh Falcon. La excepción era el grupo administrativo de retaguardia. De estos, el noventa por ciento no estaba en condiciones de participar en el ejercicio. O bien eran recién llegados de empleos adicionales en el Regimiento, cursos y licencias en Nepal, o [...] estaban enfermos. Al día siguiente, fui temprano a informar mi llegada al Ayudante del Grupo de Retaguardia. Era un oficial Gurkha y me dio la bienvenida, agregando que estaba particularmente contento de verme dado su problema para encontrar un Oficial Director de Funerales. Él estaría feliz si pudiera asumir esta responsabilidad. El funeral en cuestión era para el difunto Sargento (Sergeant) Ramparsad Limbu, que había estado involucrado recientemente en un accidente con un Land Rover durante el Ejercicio Welsh Falcon. Cargado con una caja de cajas de municiones vacías y otras cajas de munición real, el vehículo que conducía perdió el control en una curva cerrada y luego se estrelló, volcando en una zanja. Ramparsad también había sido licenciado de la Compañía de Demostración Gurkha de Sandhurst unos días antes, habiendo completado su período de servicio con nosotros.

Tekbahadur *saheb* aceptó su triste tarea mientras, durante este período, el plan final de paz de Haig fue rechazado. El 30 de abril, la MEZ se convirtió en una Zona de Exclusión Total (TEZ), y el Ministerio de Defensa finalmente indicó su deseo de desplegar la 5ª Brigada de Infantería, incluidos los Gurkhas.[6]

Mientras tanto, la guerra de Pino cerca de Mount William empezó en serio con el bombardeo de la Operación Black Buck de la RAF sobre la Base Aérea Malvinas (BAM), alias Stanley Airfield:

> La madrugada del 1º de Mayo yo estaba de guardia. Era una noche con mucha neblina, mucho viento y mucho frío. Tan así, que decidí abandonar la guardia, meterme en la carpa, dejar que se cumpliera mi turno y

---

6. De un documento desclasificado (Archivos Nacionales, Londres).

entregarla a mi compañero. Pasaron solo 15 minutos, no llegué a entrar en calor y de repente un sonido escalofriante sacudió la tela de la carpa. Un ruido infernal que estremeció la tierra. Era la primera detonación que se escuchaba. Y después vino otra, y otra, y otra. Eran casi las cinco de la mañana y los ingleses estaban atacando el aeropuerto. Con Cabral, mi compañero, nos miramos incrédulos entre resplandor y resplandor de los fogonazos. ¡Había empezado la guerra!

Mi rol era auxiliar de ametralladora MAG 7.62. Éramos tres en el grupo y lo primero que hicimos ese amanecer fue agrandar la trinchera. De treinta centímetros pasó a tener un metro de profundidad y, poco a poco, ese pozo se fue convirtiendo en nuestro hogar.

Sentado con los pies colgando dentro de la trinchera, no podía creer lo que veía. Podía ver perfectamente la silueta de 3 barcos ingleses que disparaban hacia el monte al lado del nuestro (Sapper Hill) y hacia el aeropuerto. Aviones ingleses y argentinos ganaban el cielo, iban y venían sin interrupción, dejando al alejarse un sonido ensordecedor. Algunos pasaban a vuelo rasante a muy pocos metros de altura.

Se dirigían hacia los barcos y atacaban. Los barcos respondían.

Desde tierra también atacábamos con lo que teníamos. Era una película real, fuegos de todos colores, sonidos. Empezábamos a sentir el miedo.

Después de un fuego nutrido cayó un avión y el festejo de los que estábamos en la trinchera era emocionante (similar al de un gol en un mundial). Al minuto siguiente vimos pasar otros dos aviones iguales al anterior que se dirigían hacia los buques enemigos a toda velocidad, lanzando una lluvia de proyectiles. Entonces, ¿a quién pertenecía el avión caído? Ese primer avión derribado había sido producto de fuego amigo. Eso era la guerra, una confusión total, un caos.

He aquí el relato realístico (investigado por el autor) de lo que ocurrió exactamente ese Primero de Mayo en el Atlántico Sur. Muchos lo han etiquetado como 'el comienzo de la guerra de disparos'. El ataque comenzó a 04:46 (hora local) cuando un bombardero Avro Vulcan de la RAF, que había volado 3.300 millas náuticas desde la isla Ascensión, arrojó veintiún bombas de 454 kg sobre el aeródromo de Stanley, once kilómetros al este de Mount William. Sólo una bomba de esta primera salida de la Operación Black Buck cayó en la pista. Esto fue seguido a 07:45 por dos Sea Harriers que realizaron un reconocimiento fotográfico del aeródromo y luego, quince minutos después, nueve Sea Harriers atacaron el aeródromo con quince bombas de 454 kg y doce unidades de bombas de racimo. Los tres buques de la Royal Navy eran el destructor de misiles guiados de clase 'County' HMS *Glamorgan*, y las fragatas Tipo 21 HMSs *Alacrity* y *Arrow*. Tres aviones Dagger argentinos del

VIº Grupo de Cazas de San Julián atacaron a estas naves a 15:00 horas con sus cañones de 30 mm y dos bombas de 454 kg retardadas mediante paracaídas. Estas eludieron por poco al *Glamorgan* y la *Alacrity*, pero el ametrallamiento del cañón de 30 mm causó daños superficiales al *Glamorgan* y a la *Arrow* e hirió al apuntador de misiles Seacat de esta última. Los Daggers regresaron sanos y salvos a su base. Un caza Mirage argentino resultó gravemente dañado por fragmentos del misil Sidewinder de un Sea Harrier disparado sobre San Carlos Water y, posteriormente, intentó desviarse hacia Puerto Argentino volando hacia la ciudad desde el oeste. Alcanzado muchas veces por ametralladoras amigas y fuego antiaéreo, sobrevoló la Casa de Gobierno y finalmente se estrelló en el área del aeródromo. El piloto, Capitán García Cuerva, resultó muerto. Un hombre del RI 3 también murió en Sapper Hill y otros cinco resultaron heridos. La víctima mortal, el conscripto Jorge Oscar Soria, fue el primer soldado del Ejército Argentino en morir en la guerra.[7]

En este período inicial del bombardeo de la Royal Navy, Cuñé también describió las experiencias de su Pelotón de Morteros de 81 mm y cómo más tarde organizó a sus hombres y proporcionó recompensas relevantes:

> La primera gran experiencia fue nuestro bautismo de fuego. Fue muy duro para la Compañía M (en Sapper Hill), pero sin consecuencias para nosotros. De los veinte proyectiles que recibimos, el más cercano cayó a unos veinte metros de distancia. Cayeron en una longitud de unos 200 metros, dejando agujeros de unos tres metros de diámetro y dos metros de profundidad.
>
> Pensamos que esto ocurrió por inexperiencia inicial, ya que el conscripto Villodo probó el equipo de radiocomunicaciones por si lo necesitábamos. Unos segundos más tarde, la metralla rugía y ladraba en nuestra área inmediata. Era evidente que el enemigo tenía una gran capacidad de orientación. Aprendimos la lección y la importancia de las redes de alarma de radio. Dependeríamos de ellas hasta el final. Luego durante el combate en el que usamos todo, hicimos uso intensivo de ambas redes.

---

7. El primer militar argentino en morir en la guerra fue el Capitán de Corbeta Pedro Edgardo Giacchino de la Agrupación de Comandos Anfibios (equivalente a los equipos MARSOC – Comando de Operaciones Especiales de la Marina de los EE. UU. establecidos más tarde por el Secretario de Defensa de los EE. UU., el 24 de febrero de 2006). Un commando de la Marina Real disparó a Giacchino en el pecho cuando este último cruzaba el huerto detrás de la Casa de Gobierno en Stanley, mientras dirigía un ataque con la intención de capturar al gobernador británico de las islas durante la madrugada del 2 de abril. Giacchino murió más tarde por una pérdida masiva de sangre en el cercano hospital local, King Edward VII Memorial.

Los seis morteros se colocaron a unos treinta metros de distancia sobre el frente y con unos veinte metros de profundidad. Teníamos que trabajar tanto de día como de noche. Siempre traté de ponerme del lado del enemigo e imaginar, revelando así cualquier falla. El cansancio se apoderaba de nosotros por momentos, y nos acostábamos exhaustos en el suelo donde un sueño ligero nos permitía recuperar nuestras energías. No nos permitimos relajarnos y eso evitó que tuviéramos bajas, a pesar de la intensidad de los bombardeos enemigos.

Ubicamos el Puesto de Comando a unos cuarenta metros hacia atrás y en el centro de la franja que definían las posiciones de los morteros. Más atrás hacia el este, se construyó un refugio que utilizamos como cocina-comedor. También construimos una Santabárbara para las granadas de mortero; pero mantuvimos al menos dieciocho 'listas' muy cerca de cada mortero. Igualmente, cada mortero tenía refugios donde se alojaban los hombres, con unos seis a siete por refugio, todos unidos por trincheras en zigzag.

Corría tanta agua debajo de los refugios que muchas veces la usábamos para beber [...] Y como el tiempo de espera era largo, construimos un lugar donde mayor número de hombres se pudiera juntar para esparcimiento. Toda el área de la posición estaba cercada con trampas explosivas y varias señales acústicas mezcladas con alarmas para evitar ser sorprendidos por las patrullas de asalto enemigas. (Robacio y Hernández, 2004, 370)

Ese mismo día, mientras Perú se preparaba para lanzar un nuevo plan de paz, el Grupo de Tareas Anfibio británico de diecinueve buques inició su partida de Ascensión. El último buque de ese grupo de asalto anfibio HMS *Intrepid*, zarparía el 8 de mayo. Mientras tanto, el clímax del adiestramiento de Sennybridge de los Gurkhas fue un ejercicio de tiro real del Batallón que involucró fases de defensa y contraataque justo después del amanecer del 3 de mayo. El anterior ejercicio Sennybridge más grande de este tipo tuvo lugar justo antes de la Operación Overlord, los desembarcos del Día D de 1944, mientras que el Mariscal de Campo Erwin Rommel también comentaría ese año, en un artículo titulado 'Ataques de Infantería', que 'La guerra exige mucho de la fuerza y nervios de los soldados. Por esta razón, exijan mucho a sus hombres en los ejercicios en tiempos de paz' (Tsouras, 2004, 182). Pero ahora, además, teníamos los atroces vientos tradicionales de Sennybridge que culminaron en precipitaciones de todo tipo, incluyendo nieve. Me presentaron la bebida favorita de los Gurkhas, el whisky de malta, también conocido coloquialmente como *tato pani* (agua caliente). Para proporcionar un antídoto contra el clima espantoso de esa última noche, el Mayor (Major) Bill Dawson, el Segundo Comandante del Batallón, había ordenado que se enviaran dos botellas al campo de tiro. Lo decepcionarían. El destinatario de su mensaje estaba claramente confundido, porque después solo aparecieron dos recipientes de agua caliente. El Cuartel General del Batallón tendría que continuar su lucha contra los elementos sin ningún refuerzo artificial.

Una vez terminado el ejercicio, recibimos en nuestra radio de mochila de alta frecuencia Clansman PRC 320 las noticias del Servicio Mundial de la BBC sobre el torpedeamiento y hundimiento, el día anterior, del crucero ligero enemigo ARA *General Belgrano*. John Nott llamó más tarde a este evento de fatalidad masiva la 'decisión más fácil de la guerra' para el Gabinete de Guerra del Reino Unido (Badsey/Havers/Grove, 2005, 62). Pero ya se estaban informando muchas muertes por el ataque del HMS *Conqueror*.[8] También se recibieron noticias locales de que nuestra Brigada se desplegaría pronto hacia el sur. El pensamiento de Napoleón Bonaparte con respecto a la necesidad que tiene un Comandante militar de confrontar la gama de escenarios del 'peor de los casos' con un pensamiento proactivo, no reactivo, antes de ejecutar una operación ofensiva, era apropiado:

> No hay mayor cobarde que yo cuando estoy trazando un plan de campaña. Magnifico cada peligro, cada desventaja que se pueda concebir. Mi nerviosismo es doloroso; no es que no muestro una cara fría a los que están a mi alrededor. Soy como una mujer en medio del parto. Sin embargo, una vez que tomo mi decisión, lo olvido todo, excepto lo que puede llevarla al éxito. (Johnston, 1910, 127-28)

Su oponente último, el duque de Wellington, (probablemente al igual que nuestros futuros oponentes) sostuvo una opinión opuesta en junio de 1815, justo antes de la Batalla de Waterloo:

> Dijo con calma: '¿Quién atacará primero mañana, yo o Bonaparte?' 'Bonaparte', respondió Lord Anglesey. 'Bueno' continuó el Duque en el mismo tono; 'Bonaparte no me ha dado ninguna idea de sus proyectos; y como mis planes dependerán de los suyos, ¿cómo puede esperar usted que le diga cuáles son los míos? (Fraser, 1889, 2)

Se dice que cuando se dijo a Margaret Thatcher que un Batallón Gurkha se desplegaría en el Atlántico Sur exclamó: '¡Qué! ¿Sólo uno?' Mientras conducíamos los 300 kilómetros de regreso a Church Crookham, el Ministerio de Defensa emitió un comunicado sobre el despliegue de la 5ª Brigada y nuestro

---

8. Se perdieron un total de 323 vidas, entre la tripulación del barco y dos civiles. Veinte de ellos murieron por hipotermia, en sus balsas salvavidas.

próximo hogar en alta mar: 'La velocidad, el tamaño y las instalaciones del *QE2* lo hacen especialmente adecuado para transportar un número considerable de tropas que puede ser necesario entren en acción con poca antelación.' Sin embargo, todavía existía renuencia del FCO en aceptar la participación de Gurkhas en el Grupo de Tareas. En su telegrama de ese día a la Embajada Británica en Katmandú, el FCO confirmó que la 5ª Brigada se estaba desplegando como reserva pero que 'esperamos que la crisis se haya resuelto pacíficamente mucho antes de que los Gurkhas lleguen al Atlántico Sur'.[9]

Habíamos entrado en una nueva fase inquietante mientras continuaban nuestros preparativos. En Sennybridge nunca habíamos podido simular esas eventuales veinticuatro horas finales de la Operación Corporate, es decir, la planificación, preparación y participación en un ataque nocturno de dos Batallones contra dos objetivos enemigos principales, apoyados por el fuego indirecto de catorce morteros de 81 mm., dieciocho cañones ligeros de 105 mm, los disparos de tres buques de guerra de la Royal Navy y la posibilidad de utilizar dieciséis bombas Paveway II guiadas por láser lanzadas desde el aire. Ningún área de adiestramiento del Reino Unido habría considerado semejante ejercicio. En resumen, se requería que el liderazgo en todos los niveles de nuestro Batallón generase un adiestramiento nocturno realista y de alta calidad con el máximo uso de munición real. Pero en retrospectiva, la cantidad y el realismo se deberían haber incrementado todavía más y (quizás de manera controvertida) se debieron reducir los márgenes de seguridad. Ambas observaciones, entre muchas otras, fueron enviadas oficialmente al Cuartel General de la 5ª Brigada de Infantería después de la guerra (1/7GR, 1982, IDP).

Mientras tanto, Tekbahadur *saheb* había estado ocupado:

> El formato del desfile fúnebre requería algunas sesiones de práctica y un ensayo. Era la primera vez que asumía la responsabilidad de ser el Oficial Director de un cortejo fúnebre desde el hospital hasta el crematorio. Luego de la ceremonia fúnebre, el contingente regresó esa tarde al cuartel y se reunió con el Batallón, que ya estaba nuevamente en el campamento después del ejercicio. Por la tarde fui a ver a mi Pelotón. Todos los que encontré eran muy nuevos para mí a pesar de que la Compañía A era mi Compañía madre, a la que había dejado hacía casi catorce años.

Esos últimos nueve días previos a nuestro embarque en Southampton fueron dedicados principalmente a la distribución de ropa para 'clima frío' y otros

---

9. Del telegrama no. 43 del FCO, un documento desclasificado (Archivos Nacionales, Londres).

equipos, como mochilas Bergen. La 5ª Brigada de Infantería compró 2000 de estas a un minorista de la ciudad de Reading, pero algunas tenían todavía sus colores amarillo o azul originales, por lo que tuvieron que pintarlas de verde. En mi rol secundario como oficial de Información Pública del Batallón, también recibí muchas llamadas de los medios sobre nuestro despliegue. Después de consultar con HQ del Distrito Sudeste, se decidió realizar una 'Rueda de Prensa' al día siguiente, 5 de mayo. Pero la noticia de la noche anterior de un ataque con un misil Exocet anti-buque AM39 enemigo, lanzado desde el aire contra el destructor misilístico Tipo 42 HMS *Sheffield* dentro de la TEZ de Malvinas, convenció finalmente a todos en el 1er/7° GR de que estábamos en guerra. Uno de un piquete de tres buques ubicado setenta millas náuticas al sur de Puerto Argentino, veinte miembros de su tripulación murieron y veinticuatro resultaron heridos. Otro Exocet falló su blanco. A bordo del HMS *Hermes*, uno de los miembros del equipo de la Sala de Operaciones del Vicealmirante (Rear Admiral) Woodward había gritado: '¡Almirante, debe hacer algo!' Pero Woodward no hizo nada. Su prioridad en la gestión de crisis era el control, retener el panorama general y no ahogarse en los detalles de la información mientras *Yarmouth* y *Arrow* llevaban a cabo la operación de rescate. Esta fue una buena lección de liderazgo para que todos en la Fuerza de Tareas fueran pacientes: a veces el mejor curso de acción es no hacer nada más que observar y esperar (Woodward y Robinson, 2012, 20-23).

La mañana siguiente a la pérdida del *Sheffield,* el adiestramiento de Gurkhas se llevó a cabo en Church Crookham para muchos miembros de los medios de comunicación durante la Rueda de Prensa. La orden del día del Comandante fue: 'Nada de entrevistas, solo fotografías.' Pero una imagen vale más que mil palabras y el liderazgo debería ser capaz de explotar la reputación de combate de una unidad Gurkha mediante una iniciativa de 'operación psicológica', aunque solo fuera una oportunidad 'carpe diem' improvisada. Por lo tanto, al ver los muchos fotógrafos presentes, el astuto Jefe de Intendencia del Batallón, el Capitán (Captain) Rambahadur 'Ram' Gurung, que había experimentado las demandas de la Confrontación de Borneo dos décadas antes, ordenó que se abriera el kote de armas de la Compañía del Cuartel General para sacar una gran rueda de piedra de afilar. Los Gurkhas cercanos comenzaron entonces a afilar sus kukris en ella. Como abejas que ven un tarro de miel, los fotógrafos se congregaron alrededor de los ocupados Gurkhas para capturar la acción. Sería un momento trascendental para la participación del 1er/7° Fusileros Gurkha en la Operación Corporate, como recordó el General de Brigada (Brigadier) (Ret.) David Morgan treinta y cinco años después:

> Al día siguiente [el 6 de mayo], el periódico local de la Flota incluyó dos imágenes, una con el título 'La sonrisa de un Gurkha es algo aterrador', que mostraba a cuatro o cinco muchachos afilando sus kukris en una gran rueda

de piedra de afilar portátil [de banco]. Esa foto apareció en la página 3 de una revista [encontrada en el asentamiento de Goose Green en la isla Soledad, el mes siguiente] similar a la revista *Soldier* [del Ejército Británico] pero escrita en español y claramente dirigida a las tropas argentinas que estaban en las trincheras en Goose Green. El artículo [...] entraba en gran detalle, casi histérico, sobre lo que los temidos Gurkhas harían a sus enemigos [...] 'Matan a todos sus prisioneros [...] están drogados', e inexplicablemente, 'comen bebés'. Años más tarde conocí al Comandante del Batallón de Infantería de Marina a cargo de los defensores de Mount William, quien me admitió que 'estábamos preocupados por ustedes'. En mi opinión, no hay absolutamente ninguna duda de que el hecho de que los Gurkhas estuvieran en el campo de batalla afectó la moral del enemigo. (Morgan, 2017, 103)

El tabloide nacional *The Sun* mostró una imagen de cuatro Gurkhas mostrando sus kukris afilados. Debajo y a la izquierda del título adjunto de 'Acero frío para el gaucho Juancito' ('Cold Steel for Johnny Gaucho'), había una escalofriante subestimación:

Estas son las temibles armas a las que pronto se enfrentará Johnny Gaucho. Son kukris, los legendarios cuchillos usados por los Gurkhas [...] El Mayor (Major) Gurkha Lalbahadur Rai ['el GM'] dijo: 'Siempre afilamos nuestros kukris antes de una operación porque nunca tenemos la oportunidad de afilarlos correctamente en el campo. Los encontramos muy útiles en situaciones de combate cuerpo a cuerpo.'

Estas imágenes darían comienzo a una preocupación cada vez mayor por los Gurkhas en Argentina y, no menos importante, entre los *dushman* en el Teatro de Operaciones terrestre. También fueron un gran ejemplo, como me recordó el profesor Bernard McGuirk mucho más tarde, en el coloquio internacional de la Universidad de Nottingham 'El conflicto de Falklands-Malvinas, veinticinco años después' de 'representaciones de la guerra' que *también* pueden matar personas.[10]

En esta etapa ya tardía se entregó al Batallón un lote de lanzagranadas M-79 y ocho ametralladoras pesadas Browning de .50 pulgadas. El adiestramiento

---

10. Celebrado el 18 y 19 de noviembre de 2006, este coloquio fue la primera vez que veteranos británicos y argentinos hicieron presentaciones formales, en un foro académico, sobre sus experiencias de guerra y posguerra. Los participantes incluyeron veteranos de combate británicos y argentinos, incluidos los oficiales al mando de los Guardias Escoceses del 2° Batallón, el 1er/7° DEO Fusileros Gurkha y el 5° Batallón de Infantería de Marina. También fue en este evento que David Morgan conoció a su homólogo de 1982, el Contraalmirante IM (Ret.) Carlos Hugo Robacio.

comenzaría inmediatamente con estas dos armas desconocidas. Incluyendo las GPMGs, las Browning elevaron el total de ametralladoras del Batallón a 102. Debido al uso limitado de transporte sobre ruedas por la absoluta falta de carreteras asfaltadas afuera de Puerto Argentino, se seleccionó al Pelotón de Transporte Mecánico para convertirlo en un Pelotón de Ametralladoras Pesadas. Las Browning de 58 kg también ilustraron el dilema del soldado de infantería al llevar este tipo de armas hasta su posición de tiro. Fue un juicio entre la 'ventaja del peso de fuego' versus la 'desventaja del peso del sistema de armas'. La fuerza de nuestros Gurkhas, desarrollada desde su nacimiento en las escarpadas colinas de Nepal, les permitía transportar semejantes cargas en terrenos difíciles, una tarea que sus homólogos británicos generalmente encontraban imposible.

La creación de este nuevo Pelotón fue solo el comienzo del empleo por parte del Coronel (Colonel) David de un liderazgo decisivo para reorganizar y realinear el orden de batalla del Batallón para cumplir con los requisitos de la misión. Nuestro Cuartel General de Batallón se dividió en un Cuartel General Táctico (HQ Tac) de treinta y ocho hombres y un Cuartel General Principal de veinte. Este monitorearía al HQ Tac y tomaría el control si este último era 'volado' en el campo de batalla. Treinta y ocho soldados británicos y cuatro Gurkhas de unidades de artillería, de sanidad y de señales reforzaron los Cuarteles Generales Principal y Tac y a las cuatro Compañías de fusileros (un Batallón Gurkha tenía una adicional, en comparación con las tres de los Batallones británicos). Nuestros suplementos de artillería serían los últimos en unirse al Batallón dos semanas después, cerca de Ascensión. El Pelotón de Gaitas y Tambores manejaría GPMGs en rol de fuego sostenido, con Secciones de GPMG (SF) agregadas a cada Compañía de Fusileros, que también recibirían controladores de fuego de morteros del Pelotón de Morteros de 81 mm. Estos ajustes tan importantes representaron un progreso que mejoró aún más un entorno motivador en el que los 711 hombres del Batallón eran ahora la unidad más grande de la Fuerza de Tareas británica.

También el 6 de mayo, cuando el Plan de Paz peruano colapsó y la ONU se hizo cargo de la mediación intensiva para un acuerdo anglo-argentino, la Compañía B y el Pelotón de Reconocimiento regresaron de Belice. Con ellos se encontraba el Teniente Primero (Lieutenant) Don Macaulay del Regimiento de Señales Gurkha de la Reina, que estaba en una adscripción un tanto 'no oficial' al Batallón y había estado en Belice durante los últimos cinco meses. Ahora tenía que defender su caso ante el Coronel (Colonel) David por haber sido enviado a la Operación Corporate sobre la base de que sería valioso tener un 'cuerpo de repuesto' para sustituir tanto al Ayudante como a mí, el oficial de Operaciones. El Capitán (Captain) Interino Lester Holley, del SAS, asumió el mando de la Compañía B del Mayor (Major) Guy Pearson, quien estaba programado para convertirse en estudiante en el Colegio de Estado

Mayor Canadiense. En términos de liderazgo, gestión de personal y la necesidad de adaptarse rápidamente a una nueva situación en múltiples niveles, sobre todo con una Compañía Gurkha y sus soldados, *kaida*, idioma, *josh* y cultura, Lester 'disfrutaría' de una experiencia única.

Nuestro Pelotón de Morteros de 81 mm también recibió dos morteros nuevos de 81 mm adicionales, lo que elevó el total a ocho. Pero sin Gurkhas entrenados para manejarlos, estos dos morteros fueron cargados en nuestros vehículos a bordo del buque logístico MS *Nordic Ferry*. Además, en ausencia de un plan operativo completo, no se realizó ninguna 'carga táctica' en Southampton ni en Ascensión. Tampoco era posible desde el punto de vista operativo, ni para este buque ni para su buque hermano, el *Baltic Ferry* ni para el *QE2*, navegar juntos y 'trasbordar' cargas. Por lo tanto, estos morteros de repuesto solo se desempaquetaron después de la guerra.

Pero todo eso y mucho más sucedería en el caótico futuro. Había, al menos, un último fin de semana por el que esperar antes del despliegue hacia el sur, la semana siguiente.

Capítulo 5
En alta mar

Ki marnu rana ma – ki marnu banama.
　　　　Expresión Gurkhali: 'Es bueno morir en la jungla – o en una guerra.'

El viernes 7 de mayo, se entregó otro lote de aparatos de radio Clansman al Pelotón de Señales. El Capitán (Captain) Kit Spencer supervisó la entrega, aseguró la retirada de los aparatos Larkspur y comenzó con más adiestramiento de señales con los Clansman. El tiempo escaseaba porque la intervención del fin de semana (durante el cual se permitiría a los Gurkhas un 'día de inactividad administrativa') significaría que solo tres días hábiles completos estarían disponibles para su trabajo antes de nuestra partida a Southampton. El *Daily Telegraph* publicó un informe confirmando el conocimiento 'oficial' argentino de nuestro inminente despliegue:

> 'Las renombradas tropas Gurkha con sus kukris de un pie de largo no serán rival para los combatientes argentinos que crecieron con el cuchillo del gaucho de dieciocho pulgadas', dijo ayer una fuente militar del Ministerio de Defensa en Buenos Aires [7 de mayo]. Informada por los partes británicos de que 650 de las tropas nepalíes están siendo enviadas a las Islas Malvinas, la fuente militar, que se negó a ser identificada, dijo que serán recibidos por 1.000 soldados argentinos de la provincia norteña de Corrientes. 'Que vengan los Gurkhas con sus puñales de un pie de largo', dijo. 'Los muchachos correntinos tendrán desenvainados sus terribles facones.'

La imitación es la forma más sincera de adulación. Esta réplica argentina de 'representaciones de la guerra' incluiría más tarde la imagen de unos pocos soldados con casco y uniforme de combate sosteniendo sus 'terribles 'facones". Titulada 'PARA LOS GURKHAS... ESTOS CUCHILLEROS CORRENTINOS', fue publicada en muchas revistas. Pero la verdad salió a la luz más tarde:

> [Esta] no era una unidad militar especialmente formada en la provincia de Corrientes, solo una iniciativa privada de 'medios' del periodista local Alfredo 'Tico' Meli. Al leer las noticias del Ministerio de Defensa, se enteró de que los Gurkhas se unirían a la Fuerza de Tareas [británica]. 'Me senté frente a mi viejo télex', dijo Meli, 'y, en lo que podría decirse que era parte de la 'guerra psicológica' [...] inventé algo que profesionalmente siempre

[he] cuestionado haber escrito, 'El Batallón de cuchilleros correntinos que, con sus hojas de medio metro de largo y siendo reconocidos por su coraje y [...] grito de batalla 'sapukay', iban a esperar a los Gurkhas."

Continuó, citando una supuesta fuente: 'Un Teniente Coronel de la guarnición militar de Corrientes [capital de la provincia], que no quiso identificarse, agregó que el Batallón de Cuchilleros Correntinos tenía 1.000 hombres y que se iban a Malvinas.'

Meli reconoció que 'yo lo escribí, pero no lo releí, [y] simplemente apreté 'ingresar' y [este] despacho fue [después] a la agencia de noticias. [En] unos minutos, estaba dando la vuelta al mundo. [Esta] es una nota que, quizás hoy, no escribiría, pero con poco más de treinta años, no me planteé las consecuencias. Fui duramente criticado por algunos compañeros, incluso correntinos, pero [...] también fui elogiado por otro sector de la prensa. Incluso, dio lugar a innumerables comentarios y notas en medios escritos y orales, del país y del exterior.'[1]

Tras los bombardeos de la Royal Navy en los alrededores de Puerto Argentino el 9 y 10 de mayo, la captura de un buque pesquero espía enemigo, el derribo de dos Skyhawks enemigos y un helicóptero, y la destrucción del ARA *Isla de los Estados* en el Estrecho de Falkland por parte del HMS *Alacrity*, el Representante Permanente de Argentina ante la ONU, Eduardo Roca, envió una carta al Presidente del Consejo de Seguridad sobre una decisión de la Junta Militar. Esta establecía que 'cualquier embarcación que enarbole la bandera del Reino Unido, que esté navegando [en el Atlántico Sur] hacia el área de operaciones y/o que se pueda suponer constituya una amenaza para la seguridad nacional se considerará hostil, y se tomarán las medidas apropiadas'. Obviamente, esto incluía al *QE2*.

El lunes (10 de mayo) se convocó a todos los oficiales del Batallón a la Cámara de Oficiales para una nueva conferencia a cargo del Coronel (Colonel) David a 17:00. Una actualización de la información provino de una conferencia de la Brigada celebrada ese mismo día. Proporcionó algunos elementos clave. Embarcaríamos en el *QE2* el miércoles por la mañana (12 de mayo) y zarparíamos a 16:00. También había un esbozo del plan operativo de la 5ª Brigada: pasaríamos dos días en la isla Ascensión, antes de llegar finalmente a las Malvinas alrededor del 26 de mayo. Para entonces, los Royal Marine Commandos habrían realizado un desembarco anfibio y establecido una cabeza

---

1. De un correo electrónico del 23 de febrero de 2021 del autor de la guerra de Malvinas-Falklands Ricky Phillips. La información se la envió un argentino dando 'su versión' de la historia del afilado de los kukris Gurkha, durante una discusión en Facebook. Consultar mejor el capítulo 4 sobre el despliegue de la 3ª Brigada de Infantería del Ejército Argentino desde la provincia de Corrientes.

de playa. Nosotros [la 5ª Brigada] estaríamos en la 'fuerza de ruptura'. Sin embargo, los eventos posteriores pospondrían por seis días esta fecha de llegada y alterarían drásticamente nuestra misión de 'fuerza de 'ruptura'.

Al día siguiente (11 de mayo), el Teniente (Second Lieutenant) Jeremy McTeague, el único Comandante de Pelotón de Fusileros británico del Batallón, llevó a cabo una misión individual en la ciudad local de Fleet, donde compró una gran cantidad de fideos Mee 'livianos, sabrosos y rápidos para comer' para la Compañía D, con el fin de minimizar el peso de sus pesadas mochilas Bergen. Fue una decisión sabia. Una vez en la isla Soledad, algunos de los Gurkhas (particularmente en los Pelotones de Morteros y Antitanques Milan) cargarían en sus espaldas más de 63 kg de equipo, mucho más que el peso corporal promedio de un Gurkha. Al regresar al campamento, McTeague habría leído la 'Orden especial del día' de despedida del Comandante. Esto fue necesario porque los acontecimientos se habían estado sucediendo tan rápido que no había posibilidad de reunir al Batallón para hacer un discurso previo al despliegue. Publicada en inglés y en escritura nagari,[2] arrojó el guante a un Batallón ya unido por un liderazgo que creó lazos tan poderosos que todos podían compartir las mismas intenciones y emprender juntos futuras tareas peligrosas:

> Mañana zarpamos para operaciones en las Islas Falkland. Durante el viaje al sur, tendremos muchas oportunidades de entrenarnos y prepararnos todavía más para lo que espero sea una batalla dura y difícil en condiciones severas. Este es el tipo de reglas iniciales las que nos encantan en el $1^{er}/7°$, y estoy absolutamente seguro de que nos desempeñaremos bien. Todos ustedes deben ser conscientes de que los ojos no solo de la Brigada de Gurkhas sino también del resto del Ejército Británico están sobre nosotros, y no se hagan ilusiones de que vamos a la batalla contra un enemigo blando. Los argentinos lucharán duro y eliminarlos requerirá de toda nuestra habilidad, determinación, coraje y dedicación... pero los eliminaremos. La mejor de las suertes para todos. ¡*Jai* Séptimo! [¡Viva el Séptimo!]

También hubo dos mensajes subliminales. El liderazgo responsable no subestimó al enemigo y (en segundo lugar) se aseguraría de que la tarea estaba entendida y sería supervisada y cumplida.

Simultáneamente ese día, el Gabinete de Guerra aprobó la Orden de Operaciones de Seis Fases 3/82 del Almirante (Admiral) Fieldhouse para la Operación Sutton, los desembarcos anfibios británicos en San Carlos Water. Contenía un objetivo revisado: 'Recuperar las Islas Falkland lo más rápido

---

2. Este es el alfabeto abugida de India y Nepal, escrito de izquierda a derecha. Posee mayúsculas y minúsculas diferentes y se reconoce por una línea horizontal que recorre la parte superior de las letras completas.

posible.' En contraste, el Cabo (Lance Corporal) Sukrim Rai, quien había regresado de Belice solo cinco días antes, escribió una carta de despedida a su esposa Padmawati Rai en Nepal:

> Mi querida Padma,
> Te voy a escribir una última carta porque mañana voy a la Guerra de las Falklands a pelear y recuperar de Argentina las Islas Falkland. Padma, no tengo ninguna experiencia de guerra, pero soy un soldado de los Fusileros Gurkha en el Ejército Británico completamente entrenado y confiado de ser un soldado. Pero no sabemos en el futuro si tal vez algo pueda pasar. Me gustaría decir que en caso de que muera en la guerra, estaré esperando verte en mi próxima vida. Si estoy vivo y me estás esperando, entonces volveré a ti con mucho amor. Adiós, mi amor, te amo.[3]

Finalmente, el miércoles 12 de mayo se materializó. El Batallón abordó autocares y autobuses reunidos en la plaza de armas antes de partir a las 08.30. En el camino a Southampton, muchos otros conductores saludaron a nuestro convoy e hicieron guiños con las luces de sus vehículos. Llegamos a los muelles alrededor de una hora más tarde. Este era el mayor embarque de tropas desde la Segunda Guerra Mundial. El transatlántico estaba en el sitio de amarre 38 de los muelles de Southampton. Ya había habido mucha actividad antes de nuestra llegada, con gran cantidad de suministros de alimentos y bebidas siendo cargados a bordo del transatlántico, mientras se descargaba el enorme inventario de artículos para uso de sus habituales invitados civiles. El *Daily Mail* (13 de mayo) incluía una descripción de nuestro Batallón:

> Cuando los robustos Gurkhas, 600 en total, marchaban hacia el muelle, la única emoción claramente perceptible en sus ojos oscuros era la determinación. Probablemente parecían los más avispados de todos y eso no es una falta de respeto para los Escoceses y los Galeses, quienes dieron tres vítores mientras subían a bordo. (Ramsey, 2009, 167)

El *Daily Mail* también publicó otros titulares de artículos que exclamaban: '¡Aquí vienen los Gurkhas!'; 'Los Gurkhas: no me gustaría enfrentarme a ellos'; y otra historia que se centró en la reputación de batalla de los Gurkhas. El programa American Morning TV de Nueva York también cubría en directo estas escenas desde los muelles de Southampton. En sus entrevistas con los medios, pero no con los reporteros de televisión presentes, el Comandante reconoció una deficiencia de los Gurkhas. 'Son pésimos marinos', dijo, 'así que

---

3. E-mail fechado el 10 de enero de 2021.

hemos traído miles de pastillas Stugeron contra el mareo'. Luego agregó con confianza: 'Son hombres de montaña. Estarán en casa en las Falklands', antes de hablar en cámara con dos VIPs que tenían conexiones previas con los Gurkhas, el Secretario de Estado de Defensa y el CGS.

Al salir de la Terminal Queen Elizabeth hacia el muelle, vi la popa ligeramente oxidada del *QE2*. La 3ª Brigada de Commandos lo había apodado 'El Cerdo Negro', a diferencia de la terminología estéril de la Royal Navy que lo etiquetaba como 'Plataforma de Desembarco de Lujo (Grande)'. La plataforma para helicópteros de popa había sido construida por los Astilleros Vosper Thornycroft la semana anterior. Lo suficientemente grande como para albergar dos helicópteros Sea King de la Royal Navy, fue un ejemplo del trabajo rápido llevado a cabo en los STUFT (Buques Decomisados). Pero el cargamento de la 5ª Brigada de Infantería era todavía más inaccesible que a bordo del MS *Baltic Ferry* y el MS *Nordic Ferry*, que habían zarpado de Southampton el 9 de mayo. Había:

> ocho niveles de bodegas convencionales ubicadas a proa en el *QE2*. La carga se realizaba mediante grúa de muelle, comenzando por el nivel más bajo. Cuando este se llenaba, las operaciones de grúa pasaban al siguiente nivel más alto. Una vez que el barco estaba completamente cargado, solo era posible acceder a los niveles inferiores a través de una serie de pasillos y escaleras que conducían a pequeñas portas en cada nivel [...] gran parte de la munición para morteros de 81 mm y para cañones de 105 mm de la 5ª Brigada [estaba] almacenada en el fondo de la nave. Las raciones, las municiones para armas menores y los suministros de las unidades se distribuyeron en otros niveles. Había más municiones en la cubierta superior, con raciones extra apiladas encima y cubiertas con lonas [...] La Brigada estaba apenas equipada para la guerra, con los artilleros separados de sus armas y los soldados de infantería de sus morteros. En el *QE2*, las municiones llenaron los niveles inferiores. Si era torpedeado, era probable que se hundiera rápidamente después de una explosión muy fuerte. Sería difícil mover cualquiera de las grandes cargas que ya estaban estibadas, ya sea en o entre los buques, excepto en un área segura de fondeo. (Privratsky, 2016, 155-56)

El General de Brigada (Brigadier) Wilson había recibido repetidas garantías del mando superior de que su Brigada tendría el beneficio de detenerse en 'Ascensión' en el camino, al igual que la 3ª Brigada de Commandos, para entrenarse, entregar suministros de primera línea y volver a estibar otras existencias si fuera necesario en el *Baltic Ferry*, el *Nordic Ferry* y el SS *Atlantic Causeway*. Pero esto, como se supo, nunca sucedería, lo que complicaría en gran medida los desafíos logísticos operativos de la Brigada a su arribo a la isla Soledad.

Antes de nuestro embarque a las 10:10, el *Pandit* (sacerdote) del Batallón había sido rodeado por una docena de Gurkhas en la Terminal Queen Elizabeth II. Estaban escuchando sus recitaciones en nepalí sobre la ética de la guerra y el *dharma* (deber) del soldado. Estos estaban siendo leídos del *Bhagavad Gita* (la Palabra de Dios), una antigua escritura Puran, libro sagrado hindú. Es un diálogo entre el Príncipe Arjuna y su auriga Krishna en el campo de batalla justo antes del comienzo de la tremenda Guerra de Kurukshetra. Lleno de dudas y desesperación, Arjuna le pide consejo a Krishna sobre la lógica de la guerra, sus elecciones y lo que debe hacer. Un mensaje general clave en los 700 versos del *Gita* es: 'Si te matan, ascenderás al cielo. Por el contrario, si ganas la guerra, gozarás del consuelo del reino terrenal [...] Con igualdad de alegría y dolor, ganancia y pérdida, victoria y derrota, lucha. De esta forma no incurrirás en ninguna pérdida.' Proporcionaba, por lo tanto, una justificación general para el estoico sentido de realismo de los Gurkhas al enfrentar los peligros del campo de batalla.

Pero el *Pandit* no iría con nosotros al sur. Su estatus de casta alta prohibía cualquier consumo de comida inglesa, lo que se complicaba aún más por la falta de instalaciones de cocina a bordo para que él pudiera preparar sus propias comidas *bhat* nepalesas. No obstante, el liderazgo aún tenía que adoptar la ética de la guerra moderna; y por lo tanto nuestros Gurkhas, la mayoría de los cuales nunca antes había puesto un pie a bordo de un buque, serían educados durante el crucero hacia el sur sobre las cuatro Convenciones de Ginebra que protegen a los enfermos y heridos y reconocen a la Cruz Roja como un grupo neutral de asistencia médica; protegen a los combatientes heridos en el mar y a las víctimas de naufragios; protegen a los prisioneros de guerra; y proporcionan reglas para proteger a los civiles durante la guerra.

El Teniente Primero (Lieutenant) (QGO) Tekbahadur Limbu, Comandante del 1er Pelotón de la Compañía A, brindó sus impresiones sobre el día de partida del *QE2*:

El 12 de mayo fue un día melancólico para el Batallón. El desfile de despedida tuvo lugar en la plaza de desfiles del Batallón al lado de los vehículos de cada Compañía que estaban alineados para transportar al 7GR a Southampton. Una vez que llegamos al puerto de Southampton, el enorme transatlántico *QE2* de la Cunard esperaba a las tropas para zarpar hacia su destino, las islas Falklands. Gran cantidad de espectadores, incluidos familiares y allegados, acudieron al muelle para despedir a las tropas y sus seres queridos de la 5ª Brigada de Infantería. Pero una vez que nos embarcamos, todo sentido del presente, el sentimiento emocional y la tristeza se perdieron o se desdibujaron ante la realidad del lujoso transatlántico.

Pero la propaganda de la partida desgarradora de esa tarde casi falló. El *QE2* solo podía manejar una velocidad de siete nudos, lo que violaba las Regulaciones del Departamento de Comercio del Reino Unido y, por lo tanto, necesitaba tres remolcadores tirando hacia adelante y dos remolcadores tirando hacia atrás para sacarlo del puerto. El motivo era que una de sus calderas perdía veinte toneladas de agua destilada por hora, y tanto en esa como en otra se estaban haciendo trabajos de mantenimiento. Solo funcionaba la tercera caldera. Después de navegar lentamente por el Solent oriental, el *QE2* fondeó a 21:00 frente a la isla de Wight para pasar la noche y completar el trabajo en las dos calderas.

Media hora más tarde se convocó a bordo el primer Grupo de Órdenes de Batallón. Era hora de enfrentar la realidad. A lo largo de nuestro inminente crucero hacia el sur, escucharíamos atentamente los informes de BBC World Service News. El primero sería esa noche del 12 de mayo, anunciando que el destructor de misiles guiados Tipo 42 HMS *Glasgow* había derribado dos aviones enemigos Skyhawk, mientras que un tercero había escapado hacia el mar.

Uno de los primeros Gurkhas en embarcarse antes que el Batallón había sido mi Sargento de Adiestramiento de Batallón, Sarankumar Limbu:

> Me enviaron al grupo de preactivación en el *QE2* como RSM interino. Después de que el Batallón hubo embarcado el 12 de mayo, me dijeron que viera al Comandante y [luego] me enviaron a reunirme con un SQMS [Sargento de Intendencia del Estado Mayor] del [Cuerpo de la Escuela de Armas Menores]. Cuando encontré al SQMS (él era un instructor de armas menores) me entregó un folleto sobre la Ametralladora Pesada Browning y me dijo que lo estudiara y me familiarizara con el arma. Me mostró las ocho cajas que contenían armas que, de hecho, eran las que yo había recogido originalmente en la Guarnición de Aldershot y entregado después a nuestro QM en el cuartel de Queen Elizabeth. El Comandante me dio cuatro días para familiarizarme; luego me proporcionarían tropas para entrenar y comandar en el terreno. El Pelotón MT no tenía ninguna tarea, y me convertí en su entrenador y Comandante durante la guerra.[4] Llevé a cabo la parte esencial del adiestramiento con armas, que [fue] concluido [el] día antes de que llegáramos a Georgias del Sur. (Willis, 2017, 104)

A la mañana siguiente, 13 de mayo, con el trabajo en sus calderas ya terminado, el *QE2* zarpó poco después de las 09:00. Hacía buen tiempo, aunque el mar estaba un poco picado. No habían pasado noventa minutos cuando se llevó a cabo un zafarrancho para localizar las estaciones de reunión y botes salvavidas,

---

4. Durante la guerra, el Comandante del Pelotón de Ametralladoras Pesadas fue el Capitán (Captain) Steve Crowsley.

algo que no resultó sencillo porque el transatlántico transportaba más del doble de su dotación habitual de pasajeros. Un desastre organizativo, el simulacro tuvo que repetirse al día siguiente. La actividad de la tarde fue un ejercicio 'RAS' (Reabastecimiento en el mar), con el petrolero RFA *Gray Rover* bombeando con éxito varias toneladas de petróleo como prueba en la tubería de reaprovisionamiento recién instalada en la Segunda cubierta. Mientras tanto, Tekbahadur *saheb* había quedado muy impresionado por el tamaño y las instalaciones del *QE2*:

> Después de ocupar nuestro alojamiento, se organizó el primer programa para visitar todas las instalaciones [...] A bordo de este transatlántico gigante y lujoso era imposible visitar todas sus instalaciones en un solo día. Era como una ciudad moderna y sofisticada que proporcionaba discotecas, bares, restaurantes, teatros, piscinas, gimnasios y comedores. También visitamos la enorme sala de máquinas del transatlántico. Siempre surgían confusiones cada vez que nos perdíamos porque los pasillos, camarotes y escaleras tenían las mismas formas y tamaños. También estaban decorados exactamente de la misma manera. Cuando uno se trasladaba de su camarote a los baños, a menos que tuviera buena orientación al mirar las letras y números marcados claramente en las paredes como guía, se perdía varias veces, o estaba en peligro de perderse. El bar y el comedor para los oficiales de los Gurkhas de la Reina estaban en la cubierta superior. Camareros extremadamente elegantes con uniforme negro siempre te esperaban en la entrada, con una tarjeta de menú lista para entregártela. No me familiaricé totalmente con la mayoría de las cosas sino hasta que terminó el viaje.

La gran cantidad de tropas a bordo y la grave escasez de espacio crearon un dolor de cabeza para la coordinación del adiestramiento. La conferencia de adiestramiento de 14:00 horas (Brigada) en el Double Down Bar inició el proceso entre las trece unidades a bordo (tres mayores y diez menores). Los parámetros básicos disponibles eran simples: cinco (de trece) cubiertas, quince (de veinticuatro) horas diarias y 15.000 metros cuadrados de espacio abierto en cubierta. Las cosas se habrían simplificado mucho si la actual tecnología de datos y computadoras personales hubieran estado disponibles para todos esos oficiales de Adiestramiento de unidad a bordo del *QE2* en 1982. Al resultado le siguió una conferencia a 17:00 horas (Batallón) en la que se asignaron tiempos de adiestramiento a nuestras subunidades Gurkha, así como áreas donde se instalaron aglomerados protectores en pisos y paredes para mitigar el efecto de las muchas botas de combate y manos a bordo.

Esa noche se publicó el primero de mis trece programas diarios de adiestramiento del Batallón para las actividades del día siguiente. Pero también había que contemplar las amenazas de submarinos y Exocet contra el *QE2*, con las inevitables preguntas que surgían de una imaginación fértil. Si el enemigo lo hundía, ¿cómo reaccionaría Mrs. Thatcher? Con 3.250 soldados a bordo, ¿había suficientes botes salvavidas?[5] ¿Seguramente se habían cargado balsas salvavidas adicionales para compensar cualquier posible faltante? Existía, por lo tanto, la fragancia permanente de un posible escenario tipo *Titanic* en el aire, que se hizo un poco más fuerte a medida que avanzábamos hacia el sur.

En la ONU ese día, el Representante Permanente de Argentina, Eduardo Roca, expresó su consternación al observar que el $1^{er}/7°$ Fusileros Gurkha era 'una fuerza mercenaria introducida en América Latina para lograr la restauración de una situación colonial'. Apoyado por Cuba, envió una carta de protesta al Representante Permanente de Nepal. El semanario de Buenos Aires *Flash* publicaría cinco días después otra declaración de un diplomático latinoamericano anónimo (pero que probablemente era Roca):

> Gran Bretaña pretende absurdamente retroceder en el tiempo y remodelar su ahora agonizante poder colonial, recurriendo al uso de feroces mercenarios en un débil intento de recuperar las Islas Malvinas, como si fuera posible, a mediados de 1982, repetir el episodio de la novela [*sic*] Gunga Din. (*Flash*, 1982, 3)[6]

Temprano el 14 de mayo recibimos noticias del bombardeo del aeropuerto de Puerto Argentino el día anterior, pero, por supuesto, no sabíamos de los intercambios confidenciales que se produjeron más tarde esa tarde entre el Secretario de Estado del Reino Unido para Asuntos Exteriores y del Commonwealth, Francis Pym (sucesor de Lord Carrington) y Sir Anthony Parsons en la ONU. La nota de Pym se titulaba 'Falklands: Gurkhas':

1. Un Batallón de Gurkhas forma parte de la 5ª Brigada de Infantería que embarcó en *QE2* el 12 de mayo para su despliegue en el Atlántico Sur. Entendemos que los argentinos pueden tratar de sacar ventaja propagandística presentándolos como mercenarios.
2. Al contrarrestar tales acusaciones, debe usted enfatizar que las unidades Gurkha son tropas regulares que forman una parte totalmente integrada de las Fuerzas Armadas Británicas. Su asesor legal tiene suficiente material para refutar las acusaciones de que los Gurkhas son mercenarios bajo cualquier definición internacionalmente aceptada. Además, parece haber sido aceptado en el comité ad hoc sobre

---

5. Por lo general, el *QE2* podía acomodar 1995 pasajeros y 1040 tripulantes, un total de 3035 almas. Durante su viaje al sur en mayo de 1982, había a bordo 3250 soldados y 650 tripulantes, un total de 3900. Por lo tanto, llevaba a bordo 865 almas más de lo normal.
6. 'Gunga Din' es, de hecho, un poema narrativo de Rudyard Kipling.

mercenarios que esta es una categoría de cualquier convención futura (párrafo 14 de A/AC 207L.6.b/ADD2 de 1981).
3. Los Gurkhas son reclutados bajo el Acuerdo Tripartito de 1947 entre Nepal, India y el Reino Unido y son soldados regulares en los Ejércitos de los tres países. Las unidades Gurkha del Ejército Británico sirven en el Reino Unido, Hong Kong, Belice y Brunei.
4. Estamos enviando una guía más general.[7]

En su respuesta enviada tres horas después, Parsons no estuvo de acuerdo con el uso que hizo Pym del documento de referencia, pero agregó información clave sobre el comité ad hoc de la ONU sobre mercenarios:

1. El documento A/AC.207L.6/ADD2 de 1981 no nos parece el documento adecuado para citar. Era una sección de un proyecto de informe y fue reemplazada por el informe final del comité a la Asamblea General (A/36/43, véase el párrafo 35). Tampoco creemos que se deba hacer demasiado con el párrafo que es solo un resumen de los puntos planteados en un debate general en gran medida por Chiturvedi (Asesor jurídico del Ministerio de Asuntos Exteriores de la India) y no cuestionados por sus delegaciones. Durante las sesiones de este año del comité ad hoc, el escaño indio estuvo mayormente vacío y la cuestión del derecho de los estados a reclutar personal no nacional para sus Fuerzas Armadas no se discutió directamente.
2. Desde nuestro punto de vista, el punto importante a destacar es que este año en el comité [ad hoc] hubo un acuerdo generalizado de que la definición de 'mercenario' contenida en el Artículo 47 del Primer Protocolo sobre la Ley Humanitaria de 1977 debe ser respetada. Esta, por supuesto, no incluye a los Gurkhas.[8]

El Artículo 47 al que alude Parsons declara que un mercenario es toda aquella persona que:

a) Es reclutada especialmente en el país o en el extranjero para luchar en un conflicto armado;
b) De hecho, toma parte directa en las hostilidades;
c) Está motivada para participar en las hostilidades esencialmente por el deseo de obtener ganancias personales y cuando, de hecho, una

---

7. De FCO/14 de mayo – Pym a UKMIS Nueva York, Telegrama No. 407 del 14 de mayo de 141330Z (documento desclasificado, Archivos Nacionales, Londres).
8. De UKMIS Nueva York a FCO, Telegrama No. 751 del 14 de mayo de 141650Z (documento desclasificado, Archivos Nacionales, Londres).

Parte en conflicto o alguien en su nombre le ha prometido una compensación material sustancialmente superior a la prometida o pagada a combatientes de similar condición. rango y función en las fuerzas armadas de esa Parte;

d) No es nacional de una Parte en conflicto ni residente en territorio controlado por una Parte en el conflicto;
e) No es miembro de las fuerzas armadas de una Parte en conflicto; y
f) No ha sido enviada en servicio oficial por un Estado que no es Parte en el conflicto como miembro de sus fuerzas armadas.

Cuatro de estos criterios (a, c, e y f) no se aplicaban al 1er/7° Fusileros Gurkha.

Mientras tanto, en el Queen's Grill, anunciado como 'el mejor restaurante de primera clase en los Siete Mares' (ahora comedor de la Cámara de Oficiales británicos), disfrutábamos todas las noches de una magnífica comida acompañada de botellas de vino libres de impuestos. Uno podía volverse seriamente obeso con semejantes manjares en platos de porcelana entre el cristal reluciente, la plata y el lino blanco almidonado. Y ya después de siete días, una camarilla de seis jóvenes Gurkha BO vació las existencias de Pouilly Fuissé del transatlántico. Su sommelier confirmó que este logro era una 'primera vez' a bordo.

Pero era necesario liderazgo para mantener el momento en el adiestramiento y que pudiéramos así estar lo más aptos posible desde el punto de vista operativo después de desembarcar en la isla Soledad. La jornada comenzaba a 06:30 y finalizaba a 21:30. Las continuas carreras con botas alrededor de las cubiertas de teca (cubiertas de Botes y Paseo) comenzaron a levantar el sellador. El día empezaba con carreras de BIT Gurkha y ejercicios físicos en la cubierta de Deportes dirigidos por nuestro instructor del Cuerpo de Adiestramiento Físico del Ejército, el Sargento (Sergeant) Bernie Durkin, seguido por el adiestramiento con armas, señales (entre otros, adiestramiento de radio Clansman), primeros auxilios, supervivencia en combate de invierno, minas y reconocimiento de aeronaves. Tekbahadur *saheb* dio más detalles:

> La rutina esencial y el adiestramiento regular individual comenzaban priorizando el 'tirar a matar' y el estado físico. A menudo, la Sección de Inteligencia tomaba una clase de información sobre las islas Malvinas e informes progresivos de la actividad militar argentina, lo que motivaba nuestro adiestramiento y habilidades. Nos dijeron: 'Debido al frío intenso y las temperaturas bajo cero (Celsius), los soldados argentinos están sufriendo mucho por la desmoralización y la falta de disciplina. Son jóvenes conscriptos. La gente local está detrás de nosotros y quiere ayudarnos cordialmente. Son británicos por nacimiento y han vivido en las islas durante varias generaciones. Son agricultores y cada familia posee un rebaño de entre 8.000 y 12.000 ovejas como fuente de ingresos.'

Aparte de la sesión informativa del oficial de Inteligencia, estábamos muy interesados en escuchar las Noticias del Servicio Mundial de la BBC porque nos daba un empujón moral a través de la información de propaganda de que un Batallón de la Brigada de Gurkhas había salido de Hong Kong para unirse a la 5ª Brigada de Infantería en las Malvinas. Pero de repente esta noticia cambió, con otra transmisión que decía que el mismo Batallón Gurkha estaba solo [...] en una fase inicial de preparación en la que, de hecho, nunca estuvo. Aun así, esta noticia [actualizada] nos animó ya que, con gran emoción, pensamos que era verdad.

Nuestro programa de adiestramiento continuó sin descanso en los pasillos y afuera en cubierta. También llevamos a cabo fuego con munición real desde la popa del *QE2* debajo de la plataforma de aterrizaje del helicóptero, lanzando un objeto al mar para simular un blanco en movimiento. La lectura de mapas y un programa de orientación para visitar cubiertas e instalaciones específicas a bordo también fue un tema interesante para el Pelotón. Además del adiestramiento militar, recibimos lecciones en los zafarranchos de a bordo sobre aspectos de seguridad y procedimientos de salvamento, y cómo abandonar el buque en caso de cualquier desastre.

El día nublado del 14 de mayo había sido relativamente tranquilo con un oleaje ligeramente incómodo. A 17:00 el Comandante asistió al Grupo de Órdenes de Brigada diario, que brindó 'un cuadro de inteligencia de lo más deprimente', y siete horas después (a medianoche) se declaró 'Servicio Activo'. Mientras el bombardeo del aeropuerto de Puerto Argentino y de otras partes de las islas se reanudaba al día siguiente, los Gurkhas se iban acostumbrando a las rutinas a bordo (que incluían la inspección del Capitán del buque) y adquirían familiaridad con su nuevo entorno. Pero ya muchos sufrían de debilitantes mareos. ¿Cuáles serían las perspectivas para ellos una vez que llegáramos al Atlántico Sur y a los 'Cuarenta Bramadores'?

Nos habíamos tomado muy en serio los zafarranchos de los puestos de reunión realizados dos días antes, sobre todo porque el alojamiento de los Gurkhas estaba en la cubierta 5. Este fue un intento de mitigar su vulnerabilidad al mareo porque, al estar más cerca de la línea de flotación del transatlántico, esta área debería rolar menos. La medida condujo a un simulacro de emergencia Gurkha repetido durante esa primera semana para contrarrestar el peor de todos los peores escenarios, un misil enemigo AM39 Exocet lanzado desde el aire, armado con una ojiva de 165 kg y con un alcance máximo de 70 kilómetros (38 millas náuticas) y una velocidad de Mach 0,93 golpeando al transatlántico tres metros por encima de su línea de flotación (cubierta 5). La consecuencia sería que se cortaría la energía eléctrica, se provocarían incendios y un humo espeso y acre aparecería por todas partes. También existían otros peligros letales:

La munición que el buque debía transportar se almacenó principalmente en la bodega número 1, aunque también se cargaron cantidades adicionales en contenedores en la cubierta de Deportes delante de la chimenea, cerca de lo que normalmente era la perrera. El equipo que era demasiado grande para que se lo estibara convenientemente, o que podría necesitarse rápidamente para descargarlo en helicópteros, terminó en las cubiertas exteriores de popa, en la cubierta elevada para botes y en lo que quedaba de la cubierta superior. La combinación de combustible de aviación de alto octanaje y municiones en contenedores en cubiertas exteriores con la posibilidad de un ataque con misiles Exocet era espeluznante, pero prácticamente ninguna ubicación en el *QE2* ofrecía mucha seguridad contra un ataque. (Warwick, 1993, 121)

El liderazgo fue el ingrediente clave para diseñar, implementar y mantener un programa de capacitación innovador y realista para contrarrestar esta amenaza. Los ejercicios realistas son cruciales para reforzar la información proporcionada en los cursos de capacitación. Se vendaban los ojos de los integrantes de medio Pelotón de Gurkhas adecuadamente informados antes de que se colocaran los respiradores de gas. Entonces se les ordenaba trasladarse rápidamente como un equipo desde la cubierta 5 a sus estaciones de botes en la cubierta de Botes. La velocidad del movimiento se destacaba aún más realizando el simulacro como si fuera una competencia de orientación. Otras unidades de la Brigada se divertían con nuestras 'rarezas', sobre todo cuando uno de esos 'equipos de orientación' Gurkha de dieciséis individuos 'ciegos' tropezó por error con un cóctel que celebraba la Guardia. Pero ninguna otra unidad se tomó la molestia de emular nuestro habitual simulacro anti-Exocet. Unas semanas más tarde, nadie se reía de la pérdida de cincuenta hombres, muchos de la Guardia Galesa, después de los múltiples ataques aéreos enemigos contra los RFA *Sir Galahad* y *Sir Tristram* en Port Pleasant y la LCU *Foxtrot 4* en Choiseul Sound. Los sobrevivientes en las cubiertas bajas de los dos buques logísticos de desembarco se habrían enfrentado al mismo desafío de 'riesgos' que los Gurkhas 'ciegos' del *QE2* que ahora estaban aprendiendo a navegar con precisión dentro del transatlántico.

Cada día incluía también una extraña mezcla de entretenimiento de 'crucero', con largometrajes en hindi, conciertos de bandas, una Revista Gurkha en la que se parodiaba al General *'Galti garyo'*, natación (en cubierta 7) y una ración de 3 latas de cerveza. Era importante que se hicieran previsiones para tales actividades de recreación y bienestar porque contribuyeron a que nuestros Gurkhas formaran muchos equipos cohesivos que pronto podrían estar involucrados en un combate feroz. Un entorno así unido proporcionaba un escenario relevante para perfeccionar nuestras preparaciones básicas. El 15 de mayo, la noticia de la exitosa incursión nocturna del SAS en Pebble Island, que destruyó once aviones enemigos y un gran depósito de municiones, se transmitió en BBC World Service. Las temperaturas se habían elevado durante el día, tanto que la Marina a bordo cambió a su uniforme de 'blanco diario'. El tiempo a bordo también se retrasó una hora.

El día siguiente, 16 de mayo, fue cálido, pero con una fuerte brisa. También fue el cumpleaños regimental número 80 del Batallón, lo que brindaría una oportunidad para que los *ketaharu* (muchachos) celebraran durante el *jhyaure nautch* (fiesta de baile de canciones folclóricas nepalíes) de esa noche en la cubierta de Deportes. Los cocineros del QE2 prepararon un pastel de cumpleaños adornado para nosotros que sería presentado esa noche por el Capitán del transatlántico, el Capitán Peter Jackson. También fue un buen día por otra razón: un golpe retrasado de 'operación psicológica' en *Soldier*, la publicación quincenal oficial del Ejército Británico. Esa edición era para el período del 17 al 30 de mayo y contenía un artículo sobre el 'día de Rueda de Prensa' del 5 de mayo en Church Crookham. Rodeado por otras cinco imágenes 'de acción' Gurkha, de las cuales cuatro 'hablaban mil palabras' cada una, el título del artículo era 'Hombres de la montaña preparados para mostrar su acero'. Debajo estaba la 'representación de guerra' más grande y que más revolvía el estómago de todas, y valía mucho más que unas meras mil palabras. Era esa actividad de afilado del kukri, una vez más.

El Batallón no solo recibió su pastel de cumpleaños del Capitán Jackson en el *nautch* del Regimiento, sino también una foto enmarcada del QE2. Vistiendo chaquetas de Regimiento verdes, las Gaitas y Tambores tocaron con vigor profesional mientras muchos otros Gurkhas hacían lo mejor que podían bailando en la cubierta de Deportes. Hubo numerosos actos de *nautch*. Uno describió la anatomía de una gran imagen de 'Miss Backlands'. Hubo actos de baile y canto. Otro estuvo compuesto por tres Gurkhas que empuñaban ostentosamente las hojas destellantes de sus kukris durante una ultra vigorosa 'danza del kukri'. Paul Haley, el fotógrafo adjunto de la revista *Soldier*, aprovechó la oportunidad y tomó muchas fotos de estos participantes de *jhyaure nautch* llenos de energía. Incluía, por supuesto, a los oficiales británicos que, hacia el final de los procedimientos, fueron señalados por los Gurkhas para bailar con ellos. En resumen, fue una demostración del resultado final deseado al entrenar a un Batallón de Infantería a punto de entrar en un teatro de operaciones activo. El liderazgo efectivo debe generar ese tipo de implacable confianza en el equipo y su capacidad. Pero también se había logrado esa noche, asegurando la socialización constante y el refuerzo de valores para construir cohesión. Casi dos décadas después, el Comandante reflexionó sobre el efecto que tuvo el *nautch* en sus participantes súper energizados:

> [Esto] pareció unirlos en un equipo que era sin duda la unidad de combate más dura, más profesional, más feliz y peligrosa del mundo. Era un estado de ánimo que permanecería con el Batallón durante toda la campaña y más allá. (Parker, 1999, 219)

Al día siguiente el clima estaba fresco con un mar algo picado. Mis pensamientos se desviaron brevemente hacia Noruega porque el 17 de mayo es el muy celebrado Día Nacional del país de mi esposa. También estábamos a solo cuatro días del lanzamiento de la campaña terrestre británica de la 3ª Brigada de Commandos. Por tanto, era crucial que los líderes siguieran conociendo a sus equipos como individuos y se aseguraran de que cada uno era tratado con dignidad y respeto. Pero en cuanto al requisito de ser un líder efectivo (el segundo de los cuatro factores principales para el liderazgo) las tensiones y esfuerzos inusualmente exigentes de ir a la guerra también presentaban una rara oportunidad de conocerse a sí mismo en profundidad en cuanto a fortalezas, debilidades, capacidades y limitaciones. Si la evaluación personal era un problema, pedir consejo a un compañero de equipo para tomar medidas correctivas podía ser una solución alternativa. Tal vez yo debí haber seguido el ejemplo del Príncipe Arjuna y leído el *Bhagavad Gita*.

En la Real Escuela de Artillería (RSA) en Larkhill, la invasión de las Malvinas no había pasado desapercibida para los estudiantes del curso de Oficial de Seguridad. El Capitán (Captain) Gareth 'Gus' Pugh era un Oficial de Observación Avanzada (FOO) recientemente calificado y el Capitán de primera gira en el Regimiento de Apoyo RSA, cuya tarea era dominar las complejidades de apoyar el tiro seguro en los Campos de Tiro de Larkhill. Su función era proveer fuego de artillería en apoyo tanto de la RSA como de la Escuela de Infantería para cursos de capacitación y demostraciones. Pugh:

> La invasión de las Islas Malvinas no nos involucraría directamente en nuestro rol principal de adiestramiento, o eso pensé, pero encontramos tiempo para componer una canción, cantada con la melodía de 'Lili Marlene' y llamada 'We are the Falkland Shirkers' ('Somos los que nos salvamos de ir a las Malvinas'). Corrían rumores en el Regimiento de Apoyo de que seríamos llamados a apoyar a la 5ª Brigada de Infantería en su preparación para las Malvinas dada la falta de una asignación formal de apoyo de artillería. Esto hizo que mi unidad, la Batería 132 (La Tropa de Cohetes Bengalí) de la Royal Artillery, se pusiera en alerta para el servicio activo en dos ocasiones. Sin embargo, durante la práctica de artillería el 17 de mayo, se recibió un tráfago de señales contradictorias en el Cuartel General del Regimiento en Larkhill, advirtiendo a toda la Batería que pasara a servicio activo antes de decidir que fueran solo los Grupos de Observación (OP) para el despliegue. Me informaron a través de la red de seguridad del polígono de tiro que mi equipo debía regresar urgentemente al cuartel y, al regresar a 17:30 horas, nos avisaron que no pasaríamos a servicio activo.

Sin que estos artilleros lo supieran, estaban siendo reservados para el 1er/7º Fusileros Gurkha. Mientras tanto, el embajador británico en Katmandú, John

Denson, había informado al FCO en su telegrama de ese día sobre las actividades en la capital de Nepal relacionadas con mantener políticamente nivelada la participación de Gurkhas en la Operación Corporate:

1. Les hemos mantenido informados por telegrama de las reacciones de Nepal a la participación del 1/7GR en la operación de las Malvinas y agradecemos su telegrama número 54.
2. Además de mantenerme en contacto con el Ministerio de Asuntos Exteriores y el Palacio Real, el DA (Agregado de Defensa) ha estado dando instrucciones internas al Jefe de Estado Mayor del Ejército. El Ejército y la mayoría de los oficiales continúan adoptando una línea firme; en privado en todos los casos y en público en algunos, nos desean lo mejor. Ayer corrió el rumor de que podría haber una manifestación estudiantil contra esta embajada. El DA vio al Director de Operaciones Militares quien alertó al Ministro del Interior, al Inspector de Policía ya sus propios superiores. Finalmente, nada sucedió. Es posible que las autoridades detuvieran a los estudiantes. Ciertamente está claro que pretenden evitar que se repitan los hechos de 1979, desencadenados por una manifestación estudiantil de protesta contra la ejecución de Bhutto.[9] El ejemplo de ayer demuestra cuán necesario es mantener la buena voluntad del Ejército. Afortunadamente éste se encuentra en un alto nivel que se sostendrá mediante la inminente llegada de algunas armas prometidas por el Jefe del Estado Mayor General.
3. Además de mantener informados al Ministerio de Relaciones Exteriores y al Palacio, no estamos tomando iniciativas políticas para presentar la perspectiva británica, ya que esto solo estimularía a nuestros críticos. Del mismo modo, el gobierno de Nepal se abstiene de hacer comentarios y simplemente publica informes de AFP. Espero que el curso de los acontecimientos en el terreno permita mantener esta posición.[10]

El día siguiente (18 de mayo) era cálido y húmedo cuando a 09:00 avistamos la costa africana de Sierra Leona. Bajo la mirada vigilante de un pesquero ruso, el *QE2* arribaría justo antes del mediodía al puerto de Freetown, un lugar horrible. El plan era cargar 1867 toneladas de aceite, además de hacer agua adicional y otros insumos. También pasó algo muy embarazoso ese día. El

---

9. El primer ministro de Pakistán, Zulfikar Ali Bhutto, fue ejecutado el 5 de abril de 1979 por asesinar a un opositor político, tras un juicio que fue ampliamente condenado por ser injusto.
10. De un documento desclasificado (Archivos Nacionales, Londres).

GM, Mayor (Major) Lalbahadur Rai, tuvo que recoger la foto enmarcada del *QE2* que nos había sido regalada durante la fiesta de cumpleaños del Regimiento. Había sido olvidada en la cubierta de Deportes. Tekbahadur *saheb*:

> Eventualmente, durante esos días caóticos tuvimos la oportunidad de tomar un respiro en un mundo completamente distinto. 'Nos aproximamos al puerto de Freetown, capital de Sierra Leone', anunció el Capitán del transatlántico. 'El barco va a atracar por unas dieciocho horas' [...] La extensión de tierra del puerto nos impresionó especialmente porque, desde nuestra salida de Southampton, no habíamos visto más que el horrible, enorme y negro mar que nos rodeaba, cubierto de cielo azul hasta el horizonte lejano.
>
> Una vez que el barco se acercó al muelle, la mayoría se apresuró a tomar fotos. El área estaba estrictamente restringida y era ilegal comprar cualquier artículo o recuerdo de la excitada gente local. No obstante, hacían grandes esfuerzos acercándose en sus botes al *QE2* y ofreciendo sus productos en venta. La extensión de tierra que rodeaba el puerto era similar a Bijayapor en Dharan, Nepal.

Después del BIT temprano en la mañana, nuestra principal actividad de capacitación fue el simulacro de una reunión de emergencia en el Double Down Room de la cubierta superior desde nuestras estaciones de botes de asalto en la cubierta cinco. Luego nos trasladamos a la plataforma de aterrizaje de helicópteros de popa para familiarizarnos por primera vez con los helicópteros Sea King estacionados allí. Pero no volar en uno fue una gran decepción.

También ese día, el Gabinete de Guerra autorizó que la Operación Sutton (los desembarcos anfibios en San Carlos Water) comenzara en setenta y dos horas. Aunque los periódicos argentinos como *Clarín*, *La Nación* y *La Prensa* no hacían prácticamente comentarios sobre el despliegue de los Gurkhas, esto no era así con los periódicos y revistas sensacionalistas, que tenían más probabilidades de ser leídos por los conscriptos enemigos desplegados. El miedo a los Gurkhas, derivado de nuestro evento no oficial de 'operación psicológica' en Church Crookham el 5 de mayo, estaba echando raíces. Por ejemplo, una edición del 18 de mayo del semanario porteño *Flash* contenía un artículo con el título principal "MIRÁ COMO TIEMBLO': LOS PIRATAS DICEN AHORA QUE TRAEN MERCENARIOS CRUELES Y CON CUCHILLOS' estampado en la parte superior de la página 3. Continuaba informando que 'La presencia de los cuchillos Gurkha en el Teatro de Operaciones de Malvinas muestra una vez más los errores increíbles de Thatcher y de aquellos que siguen las órdenes de su delirio sangriento.' También hubo especulaciones salvajes sobre cómo podríamos ser utilizados en la Operación Sutton y la inminente campaña terrestre:

Mientras tanto, los jefes militares llegaron a la conclusión de que la decisión de desplegar en el Teatro de Operaciones expertos luchadores con cuchillos en combate cuerpo a cuerpo contra el fuego de armas modernas ya desplegadas para oponérseles en numerosas batallas, significaba que (los Gurkhas) solo podían responder a ideas recién introducidas. Una podría ser usarlos como primer objetivo —y por lo tanto como escudos humanos— para asegurar una cobertura adecuada al desembarco de los 'Royal Marines' en un área remota del territorio de las islas. La otra consiste en trasladarlos a submarinos y desembarcarlos para que actúen como 'comandos suicidas' para que puedan matar en combates nocturnos y así socavar la elevada moral de los soldados argentinos. Durante el día, intentarían ocultarse en los terrenos irregulares de las áreas remotas. Cualesquiera que sean las posibilidades alternativas, solo demuestran una vez más el profundo desprecio de Thatcher por los humanos [...] Hoy puede haber solo un final para estos 'feroces mercenarios de piel blanca': la tumba. (*Flash*, 1982, 3)

Estos roles anfibios tan ingeniosos como 'escudo humano' de los Royal Marines o 'comandos suicidas nocturnos' desplegados desde submarinos no existieron. Encontrada más tarde en el asentamiento de Goose Green en el barracón de los puesteros, esta edición de *Flash* habría sido leída por miembros de la guarnición de ocupación. Su axiomática profecía de lucha nocturna contra los Gurkhas sin duda habría 'socavado la elevada moral de los soldados argentinos'.

La amplia cobertura mediática de los Gurkhas en los siete días previos también dispararía la conciencia de nuestros hombres sobre las tropas argentinas de ocupación y su despliegue en el sur. Por ejemplo, el Subteniente Lautaro Jiménez Corbalán, Comandante del 3er Pelotón de la Compañía B del RI 4, cuyo Pelotón estaba atrincherado en Mount Harriet, isla Soledad, me confirmó treinta y ocho años después que, recién a mediados de mayo de 1982, 'llegó la acción psicológica de la mano de una emisora de radio dando cuenta de las 'capacidades' y hábitos guerreros de vuestras tropas [Gurkhas]. La radio que se escuchaba era principalmente Radio CARVE de Uruguay, transmitiendo desde Montevideo.[11]

En Larkhill, el 18 de mayo, había comenzado el despliegue de la Batería 132. Gus Pugh estaba tan ansioso por ser desplegado que había estado fastidiando a su CO, el Teniente Coronel (Lieutenant Colonel) Robin Middlemas, e incluso sugirió que haría una donación a la caridad si su oficial superior lograba que el despliegue se llevara a cabo. De hecho, durante el desfile de la partida, Gus agradeció efusivamente a Middlemas y, manteniendo su palabra, le entregó un

---

11. Email fechado en noviembre de 2020.

cheque personal de cincuenta libras a nombre del Army Benevolent Fund (Fondo de Beneficencia del Ejército). Pugh:

> A 10:20, todos los OP fuimos inyectados, inspeccionados y equipados y los dieciséis desfilamos frente al Comandante y al Regimiento para recibir la adecuada despedida en los omnipresentes autobuses blancos del Ejército. A esta altura no teníamos idea de nuestro rol específico, ya que nos habían dicho que seríamos utilizados como tropas de guarnición una vez que terminaran las hostilidades. Incluso entonces, no había duda de quiénes serían los eventuales vencedores. No escuchamos nada más en el camino hacia el Centro de Montaje Conjunto de South Cerney y aprovechamos la oportunidad para volver a empacar el equipo y el kit ártico 'profesional' adicional de las provisiones que tenían en sus almacenes. Debíamos salir tarde esa noche en un Hércules C-130 en un vuelo vía Dakar, Senegal, hacia Ascensión. Desafortunadamente, el personal de Movimientos de la RAF pidió a nuestra gente que desempaquetara nuestras radios Clansman, telémetros láser (LRF), dispositivos de observación nocturna (NOD A) y baterías de radar (ZB298) junto con el equipo respectivo. Todas las baterías tenían que sacarse de las cajas que contenían equipos y colocarse en una caja de cartón que se consiguió rápidamente pero que era poco adecuada y se cargó en el Hércules C-130. El vuelo transcurrió sin incidentes, exceptuando que fue fotografiado por un avión de Aeroflot mientras estaba en la plataforma en Dakar, Senegal.
>
> La breve escala en Dakar nos permitió utilizar los desagües pluviales del aeródromo como cubiertas más frescas y como letrinas. No éramos los primeros. Los fumadores aguantaron el hedor más tiempo que la mayoría de nosotros y reiniciamos nuestro viaje hacia Ascensión. Sostenidos durante el vuelo por sándwiches que envejecían rápidamente en sus cajas de cartón blanco, llegamos a tierra a última hora de la tarde. Mi hermano Andrew, a quien había logrado transmitir el mensaje de que estaba en camino, me recibió en el aeródromo de Wideawake. Lo había visto por última vez el sábado de Pascua antes de que lo convocaran de regreso a su escuadrón de aviones tanque Victor para finalmente participar en las incursiones de Black Buck.[12]

---

12. Las operaciones Black Buck fueron una serie de siete misiones de ataque a tierra de muy largo alcance realizadas por los bombarderos Avro Vulcan de la RAF Waddington contra el aeródromo de Puerto Argentino y sus defensas asociadas. Los Vulcan llevaban veintiún bombas de 450 kg dentro del fuselaje y entre dos a cuatro misiles antirradar Shrike montados externamente. Se completaron cinco misiones que provocaron daños mínimos a la pista y a los radares. El viaje de ida y vuelta de 6.600 millas náuticas entre Ascensión y

Esa noche más tarde nos acomodamos para tomar una cerveza en el Volcano Club de Georgetown. Después de enterarme del esfuerzo de RAF para mantener un puente aéreo a las Malvinas y el posterior bombardeo del aeródromo de Puerto Argentino, recuerdo que sentí que todo se estaba volviendo algo serio y esperaba que pudiéramos encontrarnos nuevamente al regresar. Para mí, aquí fue donde la guerra comenzó a sentirse real.

Unas horas más tarde, a 01:00 del 19 de mayo, dejamos el puerto de Freetown. Ahora el transatlántico navegaba totalmente oscurecido. Con el mar en calma más tarde esa mañana, realizamos prácticas de fuego real con SLR y GPMG desde la popa del *QE2*, así como disparos reales con el Milan. Tekbahadur *saheb*:

> Después de un descanso y reabastecido para el resto del viaje, el buque puso rumbo hacia el hemisferio sur, acortando la distancia con las Islas Malvinas. Una vez más, como de costumbre, el adiestramiento comenzó en los pasillos que ya nos eran familiares y en las áreas abiertas y vacías de la nave. Se nos hizo hábito escuchar la radio y las noticias de la BBC, porque todavía teníamos una pequeña esperanza de que las conversaciones de paz entre los dos países en la ONU tuvieran éxito pronto. Entonces solo nos quedaría llegar a Ascensión y tomar un respiro como turistas. Pero no sucedió como pensábamos.

Durante esa tarde cruzamos 'la Línea' y nuestro Comandante fue sometido a los rituales del Rey Neptuno organizados por la 5ª Brigada. No apreciando 'el chiquero y suciedad' que generaron y, un poco como la incursión del enemigo en las Falklands, se requeriría mucho tiempo y esfuerzo para eliminarlos.

---

las Malvinas duró dieciséis horas y requirió siete operaciones de reabastecimiento de combustible aire-aire por parte de los aviones tanque Handley Page Victor en el viaje de ida y una en el de regreso. Se requerían once aviones tanque para dos Vulcan (uno primario y otro de reserva). En esa época, estos fueron los bombardeos de más largo alcance en la historia.

Capítulo 6
Transición a las operaciones

Y así, aquél que es hábil cultiva el Tao y conserva el método.
Así uno puede ser la medida de la victoria y la derrota.

Sun Tzu, 2002, capítulo 4, 'Forma'

El Pelotón Gurkha de Ametralladoras Pesadas había continuado su entrenamiento en armas bajo la dirección de un instructor del Cuerpo de la Escuela de Armas Menores. Pero cuando el QE2 llegó a las proximidades de Ascensión el 20 de mayo, el instructor dejó el transatlántico y desembarcó para volar de regreso al Reino Unido. Durante las siguientes cuarenta y ocho horas dimos vueltas alrededor de la isla volcánica bajo el horizonte. La escala prometida a la Brigada para reorganizar su futura descarga logística no se produjo. En cambio, continuamos hacia el sur. Era muy poco probable que se llevara a cabo un ejercicio de Puesto de Comando del Cuartel General de la Brigada, por lo que entonces el Mayor (Major) Mike Kefford de la Compañía D planeó y condujo un ejercicio de mesa (simulación) de Batallón para los oficiales británicos y nepaleses de los Gurkhas de la Reina.

Este TEWT (Ejercicio Táctico Sin Tropas) fue rebautizado aquí en el Atlántico Sur como un TEWL (Ejercicio Táctico Sin Tierra) Gurkha; pero a todos sus efectos fue organizado e implementado precisamente como un TEWT. El requisito era planificar y llevar a cabo (en papel) un asalto del Batallón mediante helicópteros sobre la caleta Teal, ubicada en la costa noreste de la isla Soledad. Generó un buen trabajo en equipo y proporcionó cierta familiaridad con la geografía local. Como telón de fondo, había una creciente anticipación de los desembarcos anfibios británicos en las Malvinas. El día 2 del TEWL, el 21 de mayo, coincidió con la implementación de esos desembarcos inicialmente sin oposición en San Carlos a las 11:00Z, que luego darían lugar a la Batalla —de cinco días— de San Carlos Water, en la que la Royal Navy rechazaría 121 incursiones aéreas enemigas. Este combate y el entrenamiento necesario para tener éxito ilustraron el criterio de liderazgo 'impulsado' del general ruso del siglo XVIII Alexander Suvorov: 'Entrena duro y lucharás fácil. Entrena con calma y tendrás una lucha dura.' Ganó sesenta y tres batallas importantes y nunca perdió una.

De regreso en Ascensión, el clima era cálido. También nos llegaron noticias del fatal evento del Sea King que mató a veinte miembros del personal del SAS y un Primer Teniente (Flight Lieutenant) de la RAF. Producido por un albatros que ingresó volando al motor del helicóptero, el extraño accidente había ocurrido dos días antes, el 19 de mayo, durante una operación extraordinaria de trasbordo de lanchas de desembarco de la 3ª Brigada de Commandos en los 'Furiosos Cincuenta' antes de ingresar a la TEZ. Desde el *Canberra*, 3 Para y la Compañía Zulu del 45° Commando habían transbordado al HMS *Intrepid*; 40 Commando lo había hecho al HMS *Fearless* para distribuir el riesgo contra un ataque aéreo enemigo. Estos dos buques de asalto anfibio estaban sobrecargados con 1000 y 700 hombres respectivamente; y el accidente del helicóptero nos recordó la falta de capacitación en simulacros de emergencia Sea King en el puerto de Freetown. Pero ahora era imposible ignorar la noticia de los ataques aéreos enemigos en San Carlos Water y alrededores, la pérdida de la fragata Tipo 21 HMS *Ardent* y los importantes daños causados a la fragata Tipo 12 HMS *Argonaut* así como, en menor medida, al destructor de misiles guiados clase 'County' HMS *Antrim*.

La *Ardent* había estado en estación en el estrecho de Grantham, al sur de San Carlos Water, realizando un bombardeo de diversión sobre la pista de aterrizaje de Goose Green. Ya su cañón semiautomático de 4,5 pulgadas había destruido mediante su temible velocidad de fuego de veinticinco disparos por minuto a un avión Pucará enemigo de ataque terrestre. Pero las explosiones no impidieron que el Capitán Raullo, un oficial de enlace militar/civil, conversara con el gerente de Goose Green Farm, Eric Goss, afuera de la cercana oficina del granjero.

Tal vez Raullo había leído el reciente artículo de *Flash*. 'Los Gurkhas son malos para nuestra salud', comentó. 'Entiendo que son muy silenciosos, entonces, ¿cómo saber cuándo están cerca?'

Goss tuvo una respuesta incisiva. 'Cuando te despiertes por la mañana, sacude la cabeza. ¡Si se cae, entonces pasaron por aquí!'

El argentino respondió: '¿Qué les paga el ejército británico?'

'¡Un cuenco de arroz al día!', fue la respuesta.

La réplica inmediata fue: '¡Entonces, por favor, dígales que les pagaremos dos o tres tazones de arroz al día si vienen y luchan por nosotros!' (Seear, 2003, 165).

Ese mismo día, el General de División (Major General) Jeremy Moore (Comandante de las Fuerzas Terrestres, Falklands) y su personal llegaron a bordo del *QE2* en un helicóptero Chinook desde Ascensión. Pero 'CLFFI' (coloquialmente citado como 'Cliffy') asignó una misión extrañamente difusa al General de Brigada (Brigadier) Wilson y su personal en las Órdenes de Grupo esa noche. Indicaba que aún no se había determinado la misión precisa de la 5ª Brigada:

> La 3ª Brigada de Commandos está desembarcando ahora para asegurar una cabeza de playa en isla Soledad, en la que me puedo reforzar y desde la cual

puedo desarrollar operaciones para recuperar las islas. Es mi intención desembarcar la 5ª Brigada en la cabeza de playa y luego desarrollar operaciones, utilizando ambas Brigadas para dominar aún más al enemigo hasta el punto en que se quiebre y se rinda. (van der Bijl y Aldea, 2003, 45-6)

Ese ajetreado día de recién llegados al QE2 había incluido, a través del omnipresente helicóptero Sea King, los últimos refuerzos de nuestro Batallón, incluyendo los dieciséis artilleros de la Batería 132 comandados por el BC (Comandante de Batería), Mayor (Major) Mike Fallon. Fueron los últimos en llegar al QE2, puesto que cada Batallón de Infantería en la Fuerza de Tareas ya tenía asignados grupos BC y equipos OP antes del arribo de la Batería 132. También hubo un problema inmediato a superar porque los 'mudadores' de la RAF no habían podido cargar las baterías de señales de la unidad en la red de carga del helicóptero. Este aumento de artilleros incluía cinco BCs y dos equipos OP de cuatro hombres, cada uno comandado por un FOO, los Capitanes (Captains) Gus Pugh y Keith Swinton. El equipo de Pugh estaba inicialmente compuesto por el Granadero (Bombardier) Richard (Dick) Bowley y los artilleros Steve Crisp, John Williams y Tony Warren. Al menos dos eran Observadores Asistentes y todos estaban adiestrados en señales. Eran responsables de dirigir el fuego indirecto utilizando principalmente artillería, pero también podían guiar a las aeronaves involucradas en el apoyo en el campo de batalla y asistir en la dirección de los fuegos de apoyo navales.

Los grupos también poseían una impresionante variedad de modernos equipos de vigilancia para permitir la observación durante las 24 horas. Ya se han mencionado tres elementos: el telémetro láser (LRF), que proporcionaba coordenadas polares precisas (más/menos 10 metros) a distancias de hasta 20 kilómetros; un dispositivo de observación nocturna (NOD A), 'intensificador de imagen' de primera generación que podía detectar, si el clima lo permitía, objetivos con forma humana hasta aproximadamente 1,2 kilómetros; y un sistema de radar activo, pero voluminoso, denominado ZB298 (coloquialmente conocido como 'Zebedee') que requería baterías líquidas especiales. Este último no era solo particularmente pesado, sino también difícil de usar y entender. Sumando esto al equipo que ya tenía, cada grupo era autosuficiente y capaz de construir un escondite-refugio desde el cual llevar a cabo tareas de observación avanzada. Todos estos artilleros operaban con el sistema de radio Clansman, que permitía cierto grado de interoperabilidad de baterías con el LRF.

También había una Sección de cuatro destacamentos de misiles Blowpipe de defensa aérea basados en tierra (GBAD). Las demandas de entrenamiento y ejercicio significaron que los equipos de OP se habían ejercitado tácticamente con regularidad mediante la realización de disparos reales tanto en roles ligeros como mecanizados, cuatro días a la semana. La proximidad a la Escuela de Artillería hizo que se beneficiaran, al mantener actualizadas sus habilidades y calificaciones en las artes de observación de fuego y señalización. Dejando de lado la falta de aptitud general para la batalla, los equipos de OP eran técnicamente sólidos y bastante competentes para dirigir el fuego de artillería. Esto incluía concentrar el fuego de artillería cerca de nuestras propias tropas, una habilidad que exigía competencia técnica y confianza en la capacidad tanto del observador como del posicionamiento de las armas, lo que se pondría a prueba durante la guerra.

Los Gurkhas iban a depender en gran medida de los atributos, las habilidades y los dispositivos de 'alta tecnología' de estos artilleros. Pero la 'tecnología' fue, y siempre será, mi punto ciego, por lo que estaba más que feliz de no tener una comisión del Ejército Regular en la Real Artillería. Gus Pugh:

> Mike Fallon había asumido el mando de la Batería 132 unos meses antes, después del traslado de sus armas desde Sennelager, Alemania Occidental. Había marcado su huella en los equipos exhibiendo excelentes habilidades de liderazgo que incluían una inteligencia lista y rápida combinada con altos estándares profesionales. La experiencia de haber servido antes con la 3ª Brigada de Commandos, combinada con su afición de ser un ávido observador de aves, le sería muy útil en la Operación Corporate. La composición de su equipo reflejaba la necesidad de controlar todos los fuegos indirectos además de brindar asesoramiento técnico. Tenía un veterano de Brunei capaz y bien experimentado en el Granadero (Bombardier) Batchelor, así como tres señaleros, y estaría en la red de vanguardia de la radio Gurkha, así como en la red 'Artilleros'. Se podía operar una tercera red si fuera necesario, aunque en este caso ninguno de los equipos estaba capacitado como Controlador Aéreo Avanzado (FAC) [excepto] Fallon, que tenía experiencia en dirigir apoyo de fuego naval. El BC generalmente se encontraba junto al oficial al mando del arma apoyada y al oficial de Operaciones, junto con un Ingeniero Real (si estaba adjunto) formando un pequeño grupo 'táctico'. Apoyando a las Compañías estaban los dos FOO con sus respectivos equipos OP.
>
> Éramos casi los últimos agregados a la 5ª Brigada de Infantería y, como tales, padecíamos de escasez de espacio habitable asignado. Los rangos subalternos tenían que dormir en camas plegables en las rampas de carga de vehículos y yo compartía una cabina doble con otros dos Capitanes artilleros en un espacio de cubierta alfombrado. Sin embargo, esa era la menor de mis preocupaciones. Si bien nuestras cajas debidamente etiquetadas nos habían seguido a bordo, no sucedió así con la caja que contenía las baterías. Esto era devastador, pero significó una reevaluación rápida y salvaje de lo que sería necesario llevar para luchar con eficacia en un entorno austero.
>
> Mike Fallon reportaba al CO del 4º Regimiento de Campaña de la Real

Artillería embarcado y se le informó que nuestros equipos aumentarían el Batallón Gurkha. Esto fue un verdadero placer para mí, ya que mi padre (ex-Ejército de la India) me había hablado a menudo del coraje y la profesionalidad de los soldados Gurkhas y había albergado la esperanza de que me asignaran a ellos. La falta de FOO disponibles (normalmente tres por Batallón en tiempos de guerra) significó que asumí el apoyo de fuego para las Compañías A y B, mientras que Keith Swinton apoyó a las Compañías C y D.

Temprano a la mañana siguiente continuamos nuestro adiestramiento en el *QE2*, empezando por el inevitable BIT. Al mediodía recibimos más noticias de la batalla aire/mar, 3.000 millas náuticas al sur. Sin embargo, más tarde se demostró que la información del derribo de veinte aviones enemigos era muy inexacta.[1] Pero la pérdida de uno de nuestros buques, dos gravemente dañados y otros cinco dañados con tres bajas británicas y veinte heridos, fue muy preocupante. El *QE2* también había comenzado a navegar hacia el sur nuevamente y, al día siguiente, cuando los relojes se habían atrasado una hora más, fotografié el cartel del Cuartel General de la 5ª Brigada titulado 'Lista de bajas argentinas hasta el 23 de mayo a las 08:00' exhibido cerca de la escala azul en la toldilla. Indicaba que, hasta ese momento, cuarenta aeronaves enemigas de ala fija habían sido destruidas. Aunque tremendamente incorrecto (el análisis de la posguerra determinó que la cifra correcta era veintitrés), contribuyó a que el transatlántico se convirtiera en una olla a presión psicológica para muchos a bordo. Por lo pronto, la vida de los capellanes del Ejército británico se hizo más ocupada. Por ejemplo, cuando su viaje terminó en San Carlos el 2 de junio, aproximadamente la mitad del Batallón de la Guardia Escocesa se había acercado a su capellán, el Padre Angus Smith, para tener una charla tranquilizadora.

La afirmación de Napoleón Bonaparte de que 'Un líder es un traficante de esperanza' (Tsouras, 2004, 270) se aplicaba en el *QE2* no solo a los capellanes, sino también a los oficiales subalternos y aquellos con rango de campo. Hubo un número creciente de servicios religiosos y congregaciones más grandes, un factor positivo para la bolilla de liderazgo de 'Mantenimiento del equipo'. Mientras continuaba el entrenamiento, también había un énfasis creciente en la logística, con mucha actividad en la planificación de cargas, sobre todo con los requisitos de municiones. También estábamos aprendiendo acerca de nuestro enemigo y sus capacidades o deficiencias, en base a la información de inteligencia que se transmitía continuamente a nuestro oficial de Inteligencia, el Teniente (Second Lieutenant) Paddy Redding.

---

1. Ningún avión enemigo fue destruido el 22 de mayo. Trece fueron destruidos el 21 de mayo, a saber: 6 Daggers, 2 A4-C Skyhawks, 3 A4-Q Skyhawks y 2 Pucarás.

A esta altura, la planificación operativa había ganado ascendencia en el *QE2*. El liderazgo fue clave para administrar la transición general a las operaciones de manera efectiva. La información clara y constante y la comunicación explicativa fueron claves, porque la impredecible situación operativa cambiaba con frecuencia. Los artilleros de la Batería 132 se habían adaptado rápidamente a la rutina a bordo. Pugh:

> Yo iba a trabajar con el Mayor (Major) David Willis (Compañía A) y el Capitán (Captain) Lester Holley (Compañía B). El adiestramiento para la guerra se llevó a cabo en las condiciones y la comodidad casi surrealistas del transatlántico insignia. Dormir en el suelo no fue una dificultad después de las agotadoras sesiones de subir y bajar los tramos de escaleras con el equipo completo. Descubrimos que era fácil llevarse bien con los oficiales Gurkhas y ellos, a su vez, nos dieron la bienvenida. Fuimos doblemente afortunados al tener un oficial de Señales del Regimiento emprendedor, el Capitán (Captain) Kit Spencer, quien rápidamente compensó las deficiencias de las baterías de radio de nuestros equipos Clansman. Esto fue especialmente agradable, dada la negativa del 2IC del Regimiento de Artillería embarcado en proporcionarnos alguna.

La planificación del diseño detallado de diecisiete trincheras del Cuartel General Tac del Batallón (treinta y ocho hombres) estaba finalizada. Esto había sido reforzado por doce soldados británicos, que incluían al Mayor (Major) Mike Fallon y cuatro artilleros en su grupo de BC, así como a cuatro señaleros del 30° Regimiento de Señales. Pero las noticias del 24 de mayo sobre la destrucción del HMS *Antelope* en San Carlos Water indicaban que la batalla aire/superficie continuaba allí. También se nos informó que el *QE2* navegaba ahora hacia Georgias del Sur para trasbordarnos a otro buque que nos llevaría a las Malvinas, con el objetivo de desembarcar en San Carlos antes del 31 de mayo. El Batallón completó su primer procedimiento de 'prepararse para bombardear' con una provisión de munición real el 25 de mayo. Algunos de los Gurkhas del 10° Pelotón de McTeague estaban haciendo manoplas y garrotes. Otros se aseguraban que sus kukris permanecieran afilados. Conservo una fotografía de uno de ellos en un estado de profunda concentración mientras afilaba agresivamente la hoja de su kukri. Existiría el requisito primordial de mantener este atributo tan importante de la 'voluntad de ganar', particularmente cuando se publicaron noticias sobre el hundimiento ese día del destructor de misiles guiados Tipo 42 HMS *Coventry* por el ataque de un Skyhawk enemigo que también dañó la fragata Tipo 22 HMS *Broadsword* y el del buque de transporte de aeronaves y contenedores Ro-Ro de la Cunard, SS *Atlantic Conveyor*, sucumbiendo a un doble ataque con misiles Exocet.

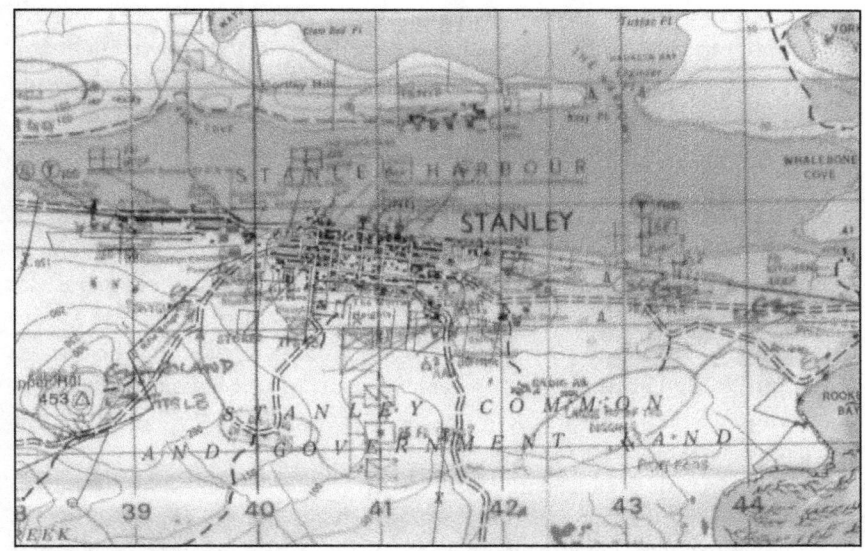

Mapa 1: ubicaciones enemigas en el área de 'Puerto Argentino' (Stanley) según la inteligencia recibida por 1/7GR del HQ de la 5ª Brigada de Infantería a bordo de QE2.

Al final del quinto y último día de esta Batalla de San Carlos Water, el total acumulado de bajas británicas sería de cincuenta y siete muertos y ochenta y un heridos. También se afirmó que habíamos 'zambullido' treinta y dos aviones enemigos de ala fija, una cifra que luego se redujo a veintiuno en los análisis de posguerra. La pérdida del *Coventry* y del *Atlantic Conveyor*, este último cargado con helicópteros vitales, tiendas de campaña y otros suministros, todavía no se había filtrado hasta nosotros en el *QE2*. Pero los planes habían ido cambiando. Debido a una amenaza submarina, el *QE2* se había dirigido durante la noche anterior a la 'Línea A'. Sin embargo, a 15:00 del 25 de mayo estábamos de vuelta en la operación de Georgias del Sur. Cuarenta y ocho horas después, Mike Fallon proporcionó en su registro más detalles sobre lo que habría ocurrido en la Línea A. Decía:

> Jue. 27 de mayo: se había elaborado un plan para trasbordar la carga de toda la Brigada por la noche en el mar, a pesar del empeoramiento de las condiciones. (Una idea horrible, ya que habría tenido que hacerse sin luces y con una Brigada de tropas y equipos que estaban lejos de estar entrenados para ese tipo de trabajo). (Fallon, 1982)

El 26 de mayo, el Consejo de Seguridad de la ONU adoptó por unanimidad la Resolución 505. Agradeció los esfuerzos del Secretario General para lograr un acuerdo, instó a ambos países a cooperar con él, solicitó un Alto el Fuego y, posteriormente, el envío de observadores de la ONU para informar en siete días. Fue diferente a la 'charla inspiradora' del General de Brigada (Brigadier) Wilson a los Gurkhas en el cine principal de QE2 ese día. Su oración 'Vine, vi, conquisté' incluía noticias del plan de Brigada que pronto se publicaría:

> 'Galtieri es un loco [...] y no puede ganar. Infligiremos bajas terribles a sus fuerzas [...] estamos listos y pronto estaremos con la 3ª Brigada de Commandos para iniciar operaciones conjuntas para recuperar las Falklands [...] es demasiado pronto para emitir un plan detallado, pero cuando lo hagamos, será uno bueno [...] ustedes son parte de la historia en desarrollo de la que sus nietos hablarán [...] así que ¡buena suerte y *Jai Seventh*!' (Seear, 2003, 113)

Pero ese anunciado 'buen plan, detallado' (o, para llamar las cosas por su nombre, la continua falta de uno) se convertiría pronto en un problema operativo importante que impactaría en todos los niveles. El clima mucho más frío nos obligó a volver a nuestros gruesos jerseys de lana. La noticia recibida ese día del derribo de otros tres aviones enemigos se vio atenuada por los informes de la pérdida del *Coventry* y el *Atlantic Conveyor*. Esto causó gran desánimo, pero ahora era importante no perder tiempo ni energía preocupándose por cosas que uno no podía cambiar. Esa noche surgió otro desafío de liderazgo, esta vez para el Capitán del QE2, el Capitán (Captain) Peter Jackson:

> El 26 de mayo también había colocado a la *Reina* lo suficientemente cerca de la zona de guerra activa, que comenzó a zigzaguear en lugar de simplemente adoptar como antes rumbos variables. Durante la noche del del 26 al 27 de mayo, la niebla se asentó alrededor de medianoche y la visibilidad se redujo sustancialmente, mientras que la presencia de hielo se hizo cada vez más siniestra. La situación en la oscuridad se deterioró rápidamente a un nivel tan crítico que el peligro de los numerosos icebergs se consideró mucho mayor que el de las fuerzas hostiles. El Capitán Jackson había subido al puente en cuanto se asentó la niebla. Consultó con las autoridades navales, ya que el QE2 se veía obligado a reducir la velocidad y serpentear entre los témpanos gigantes. Finalmente, a pesar del peligro de revelar la posición del barco, el radar se encendió a las 03:40 [...] Durante las siguientes seis horas, muchos icebergs de proporciones monstruosas surgieron repentinamente de la brumosa oscuridad, y en un momento más de 100 icebergs suficientemente grandes para aparecer en el radar estaban visibles en el escaneo. Cada una de esas grandes masas de hielo podía hundir un buque. El más grande [...] tenía más de una milla de largo; con seis veces la longitud del *Queen* y con 300 pies de altura debe haber pesado varios

millones de toneladas, muchas veces el tonelaje bruto del transatlántico. El Capitán Jackson describió el tiempo que pasó en el puente mientras atravesaba el campo de hielo como la experiencia más aterradora que había tenido en casi cuarenta años en el mar. Con la visibilidad menor a una milla y a veces incluso menos que eso, la experta navegación y la legendaria suerte de la Cunard guiaron al *Queen Elizabeth 2* a través del campo de hielo. Cuando amaneció, el peligro de los icebergs había pasado, aunque todavía se podía ver uno enorme [...] probablemente elevándose 200 o 300 pies sobre el ondulante Atlántico Sur. (Warwick, 1993, 128)

Después de un encuentro —más tarde esa mañana, a 09:30— con el destructor de misiles guiados clase 'County' HMS *Antrim* que mostraba cicatrices de batalla, para trasbordar los grupos de avanzada de CLFFI y el HQ de la 5ª Brigada de Infantería, el 27 de mayo a las 19:00 llegamos a la bahía Cumberland Este, frente a Grytviken en la helada isla de Georgia del Sur. También hubo más malas noticias en el Servicio Mundial de la BBC sobre ataques aéreos enemigos a las instalaciones logísticas de bahía Ajax y al asentamiento de San Carlos, que causaron otras siete muertes británicas e hirieron a veintiséis. Fueron contrarrestadas por nuestro ánimo ante el informe de la BBC sobre la afirmación del enemigo de haber hundido el *QE2*. Mientras, las unidades de la 5ª Brigada habían comenzado el largo proceso de trasbordo hacia el SS *Canberra*, el transbordador de automóviles P&O MV *Norland* y el buque auxiliar RFA *Stromness*. La operación logística no iba bien, con confusiones en cuanto al plan de carga/descarga. No obstante, en el clima brumoso y frío pero tranquilo, nuestra Compañía A y los Grupos de avanzada lograron trasbordar al Norland durante la noche. Pugh:

> Llegamos demasiado pronto a la relativa seguridad de Georgia del Sur, donde recogimos los supervivientes de la Royal Navy del HMS *Coventry*.[2] Estos marinos pasaron junto a nosotros mientras nosotros, a la vez, esperábamos para desembarcar. Me impresionó lo jóvenes que se veían, pero se mostraban desafiantes y nos desearon lo mejor en nuestros esfuerzos futuros. Un recuerdo de esa noche fue el canto susurrado de los Guardias Galeses mientras desembarcaban y cómo los mayordomos del QE2 arrojaban cajas de cigarrillos a los botes que esperaban.

Pero el 28 de mayo hubo gran frustración por la ineficiente gestión del tiempo de la operación de trasbordo, que no comenzaría antes de 09:00. Dos horas después, la Compañía B seguía esperando para desembarcar. El Comandante

---

2. El *QE2* recibió también a sobrevivientes de los HMS *Ardent* y *Antelope*.

cambió 'la orden de marcha' y ordenó que el Cuartel General Táctico del Batallón desembarcara junto con la Compañía C. Pero el retraso creciente se estaba convirtiendo rápidamente en un problema importante porque el Batallón (más la carga sobrevolada en helicóptero) debían zarpar a 18:00.

Es preciso enfatizar que una buena gestión del tiempo es esencial porque, sin ella, el liderazgo se volverá ineficaz e improductivo. Esta habilidad (sobre todo en esta operación de guerra expedicionaria conjunta) fomentaría entonces un ambiente de equipo positivo y sacaría lo mejor de los subordinados. Pero el alto estrés causado por una gestión de tiempo defectuosa durante las operaciones terrestres podría resultar en un desempeño deficiente. Además, en Georgia del Sur nos adelantaron a la hora Zulú (que equivale a GMT, hora del meridiano de Greenwich u hora UTC, Hora Universal Coordinada), lo que significaba operar cuatro horas adelantados respecto de la hora local. Esto se debía al requisito de alinear Northwood, Ascensión y Malvinas en el tiempo, evitando así malentendidos operativos. Esto también había aumentado la exigencia del Comandante sobre una eficiente gestión del tiempo. A efectos prácticos, Hora Zulú comenzó cuando abordamos el *Norland*. Las consecuencias de esto sobre el día siguiente serían un amanecer a 11:00Z y cena a 22:00Z. Sumando a la confusión (pero sin afectarnos directamente) el enemigo estaba realizando sus operaciones en la Hora Whisky, es decir, tres horas antes de la Hora Argentina.

Sin embargo, para circunnavegar los retrasos en Georgia del Sur, nuestro Comandante de la Compañía B, el Capitán (Captain) Lester Holley, había utilizado un cóctel eficaz de liderazgo, iniciativa e improvisación:

> El remolcador del Almirantazgo [RMAS] *Typhoon*[3] también ayudó en los trasbordos al *Norland*. Pronto pareció que aún con todos los buques pequeños trabajando a tiempo completo, no todas las tropas llegarían a tiempo a los buques asignados. Uno de los oficiales del 7° Fusileros Gurkha preguntó si podía usar las lanchas del *QE2* para transportar a sus hombres al ferry del Mar del Norte. La solicitud fue concedida, y justo antes del mediodía, las lanchas de la *Reina* comenzaron a cargar los Gurkhas y su casi abrumadora cantidad de equipo. Cuando los barcos llegaron al *Norland*, descubrieron que no tenía ningún pontón al costado y que la escotilla normalmente utilizada para desembarcar automóviles estaba a dos metros y medio sobre el agua y era por mucho más alta que la estatura de los Gurkhas. Sin duda los Gurkhas se encuentran entre las mejores tropas de

---

3. El RMAS *Typhoon* (A95) era un remolcador oceánico del Real Servicio Auxiliar Marítimo. Fue diseñado para remolque marítimo, rescate, salvamento y extinción de incendios, pero fue más conocido por ser el primer barco en dejar el Reino Unido durante la guerra, por delante de la Fuerza de Tareas británica.

combate del mundo, pero esto representaba un desafío muy importante. Desde los lanchones del *QE2*, las tropas ni siquiera podían ver la cubierta del *Norland* y mucho menos alcanzarla. La solución fue utilizar la cabina de las lanchas más un buen empujón para que los soldados se pusieran en movimiento. (Warwick, 1993, 132-33)

Pero no fue sino hasta por la tarde que el 1er/7° Fusileros Gurkha y 16 Grupos Principales de Ambulancias de Campo trasbordaron al RoRo de 12.988 toneladas del Grupo de Trabajo Anfibio 317.1.2. El buque había transportado ya al 2 Para desde Hull en el Reino Unido hasta San Carlos Water (ahora apodado apropiadamente como 'Corredor de las Bombas') y el 21 de mayo, mientras estaba bajo ataque aéreo, había desembarcado a los paracaidistas en Blue Beach 2, San Carlos. *Canberra*, *Norland* y *Stromness* luego levaron anclas y zarparon de Grytviken a 01:15Z del 29 de mayo para comenzar nuestro viaje de tres días a las Malvinas (1/7GR Diario del Comandante, 29 de mayo). Cabo (Lance Corporal) Sukrim Rai:

> Tres horas después, la mayoría de los soldados Gurkhas estaban mareados. Yo estaba siempre mareado y vomitando mucho a bordo del *Norland* y casi sentía que moriría sin luchar. Mejor luchar y morir. Me sentía muy triste y ansiaba bajar del barco lo antes posible y pisar tierra, porque el barco se movía demasiado hacia arriba y hacia abajo en el mar. Odié la nave *Norland*.[4]

Los comentarios negativos del Comandante sobre el trasbordo estaban justificados, sobre todo respecto a la carga de *QE2*. Había amenaza aérea, pero no se disponía del tiempo suficiente para descargar la munición de la Brigada. Por lo tanto, el transatlántico comenzó su viaje de regreso a Southampton al anochecer del 29 de mayo, con el setenta por ciento de la munición para morteros de 81 mm y la munición de artillería de 105 mm de la Brigada todavía a bordo (Privratsky, 2014, 161; 5 Infantry Brigade on Operation Corporate – Logistic History, párr. 11).

Mientras tanto, las condiciones en *Norland* se habían vuelto muy desagradables, como indicó el Diario de Guerra del Batallón:

> Los preparativos finales para la defensa aérea a bordo del buque fueron coordinados por el oficial al mando del Pelotón de Ametralladoras Pesadas, el Capitán (Captain) [Steve] Crowsley, y el Capitán (Flight Lieutenant) D. Niblett del 63° Escuadrón, Regimiento RAF. La defensa consistiría en 12 x GPMG y 2 x lanzadores Blowpipe. Durante la jornada se practicaron

---

4. Email fechado el 10 de enero de 2021.

zafarranchos de abandono y de combate. El mar estaba más agitado que antes, con vientos de Fuerza 8 [vendaval/tormenta]. Como consecuencia, muchos soldados se marearon. El Ayudante [Capitán (Captain) Mark Willis] y el RSM [Karnabahadur 'One Ton' Rai][5] pasaron la mayor parte del día tratando de garantizar la limpieza del buque. (Diario del Comandante 1/7GR, 29 de mayo)

Debido a las condiciones imperantes, el entrenamiento militar à la *QE2* a bordo del *Norland* había cesado por completo. Pugh:

La nave de fondo plano sufrió mucho en los vendavales de Fuerza ocho/nueve que nos golpearon el 29 y la presencia y el olor a vómito eran algo común. Las tropas embarcadas no utilizaron mucha comida y, para complementar esto, el agua potable que había tenía sabor a goma de butilo, porque se almacenaba en grandes tanques inflables en la cubierta de automóviles.

Mientras me balanceaba recíprocamente con la lucha del *Norland* a través de las grandes olas del Atlántico Sur, escuché las transmisiones de radio de BBC World Service News sobre la primera batalla terrestre, 'emitidas' por los altavoces del buque. Se trataba de la sangrienta batalla de catorce horas del 2 Para en Darwin y Goose Green, que había terminado en victoria con la pérdida de dieciocho muertos y treinta y seis heridos. Las muertes incluyeron al Teniente Coronel (Lieutenant Colonel) 'H' Jones. Se habían tomado 900 prisioneros. La información posterior del total combinado británico/enemigo de sesenta y siete muertos y 209 heridos mostró cuán agresivos habían sido los paracaidistas en la batalla, con una proporción de bajas de 1 a 5 a su favor.

¿Y qué de nuestro entrenamiento de las últimas ocho semanas? ¿Había sido suficiente para las exigencias del combate de las Malvinas? ¿Cómo sería luchar allí? Después de la guerra, llegué a la conclusión de que el entrenamiento nunca puede asimilarse con lo real. ¿Cómo puede un ejercicio generar el efecto del miedo del campo de batalla que, a su vez, puede afectar los procesos de toma de decisiones de un líder? Por eso, el liderazgo efectivo vale su peso en oro. Pero ese día de la batalla de Darwin/Goose Green (28 de mayo) los pensamientos argentinos parecían no estar con el 2 Para, a juzgar por el tabloide nacional *Crónica*:

---

5. RSM Karnabahadur 'One Ton' (Una Tonelada) Rai era posiblemente el Suboficial Principal (Regimental Sergeant Major) más pequeño del Ejército británico, y su apodo coincidía con su cuerpo fornido. Sin embargo, el apodo derivaba de que, años antes, llegó tarde a un desfile conduciendo un Land Rover de una tonelada que simulaba un avión, durante un ejercicio de aeroportabilidad. '¿Dónde está el 'Una tonelada?', preguntaban todos.

¡QUE VENGAN LOS GURKHAS! Desde que los ingleses anunciaron que enviaban un grupo de asesinos (los infames Gurkhas), los soldados argentinos se están preparando a toda máquina para enfrentarlos. Cuchillo en mano, nuestras fuerzas están realizando un intenso y duro entrenamiento cuerpo a cuerpo.

Treinta y cuatro años después, Marcelo Vallejo, ex miembro del Pelotón de Morteros de 120 mm del RI 6 que compartía ubicación con la Compañía C del RI 3 de Pino cerca de Mount William, leería ese artículo de *Crónica* durante su actuación en la obra *Minefield/Campo minado* en el Royal Court Theatre de Londres antes de expresar sus ideas anteriores sobre el 1er/7° Fusileros Gurkha:

'¡Los Gurkhas son mercenarios asesinos! Lucharon en Goose Green y mataron a más de 300 soldados. Con sus cuchillos cortaban cabezas, brazos, piernas y dejaban los cuerpos despedazados en el campo de batalla. Incluso cortaban las orejas de los soldados argentinos y luego se las comían. Escuché todos estos rumores durante la guerra. Y también salían en los diarios, en las revistas y en la televisión [...] No podíamos dormir. Pensamos que nos iban a decapitar [...]

Cuando volví de la guerra, me reunía con otros veteranos y decía: 'Me gustaría tener un Gurkha en la habitación ahora, lo c*** a patadas.'

A bordo del *Norland* iban también siete prisioneros enemigos capturados durante los desembarcos anfibios iniciales en San Carlos. Uno tenía supuestamente menos de dieciséis años. Gus Pugh 'lo vio en persona y parecía ciertamente joven y no apto para el combate'. Por la mañana soplaba un fuerte vendaval de Fuerza 8. Causó una epidemia de mareos entre los Gurkhas embarcados mientras la amenaza aérea aumentaba constantemente. A pesar del constante movimiento y las sacudidas del buque, practicamos zafarranchos de abandono y de combate. Las estaciones de defensa aérea de la cubierta superior consistían ahora en los dos lanzadores de misiles Blowpipe, dos ametralladoras pesadas y diez GPMG amarradas a las barandillas, listas para cualquier visita de la Fuerza Aérea. Pero Pugh comentó: 'He disparado Blowpipes antes y me pregunto sobre la eficiencia del sistema cuando se dispara desde una cubierta en movimiento.'

Una Alerta aérea Amarilla llegó a última hora de la tarde, después de que el petrolero auxiliar MV *British Wye* fuera atacado sin éxito con ocho bombas lanzadas desde los soportes laterales de un avión de transporte Hércules C-130 enemigo. Una bomba golpeó el petrolero, solo para rebotar en él y caer al mar. La acción ocurrió varios cientos de millas náuticas al noreste de nuestra posición y fue un recordatorio para que nuestros centinelas aéreos permanecieran alerta.

Después de todo, el piloto del C-130, el Vicecomodoro[6] Alberto Vianna, había discutido con el Jefe de Estado Mayor del Comando Aéreo Estratégico un plan propuesto para atacar el *QE2* con tres Exocet AM39 transportados bajo las alas de un Hércules entre el Reino Unido y Ascensión, cuando en ruta hacia el Atlántico Sur (Southby-Tailyour, 2014, 74). Por lo tanto, fue bueno que nuestra capacitación en respuesta a emergencias se hubiera vuelto más específica al concentrarse en los zafarranchos de combate, además de los zafarranchos de abandono. El Teniente Primero (Lieutenant) (QGO) Tekbahadur Limbu de la Compañía A proporcionó una descripción gráfica de cómo sus Gurkhas mareados en el 1er Pelotón intentaron enfrentar los zafarranchos:

> Enfrentamos una fuerte tormenta y grandes olas que sacudían y lanzaban el barco hacia arriba y hacia abajo, interrumpiendo la vida normal. Había una cantidad cada vez mayor de mareos entre los soldados. La mayoría estaban acostados con náuseas mientras soportaban los incómodos crujidos y traqueteos de las juntas y pernos del barco. Este entorno interrumpió y redujo la mayor parte del programa de entrenamiento diario. Sin embargo, realizamos algunos zafarranchos vitales.
>
> El primer tipo de zafarrancho era en las estaciones de botes, destinados a garantizar la seguridad ante cualquier siniestro que pudiera ocurrir de forma repentina. En esta situación, uno simplemente se trasladaba al área de reunión con el equipo completo y se preparaba para embarcar en el bote salvavidas asignado.
>
> El segundo era en las estaciones de combate, con vestimenta de combate completa, cuando los soldados tenían que trasladarse al área de reunión y luego bajar hasta la (cuarta) cubierta inferior listos para desembarcar en una Landing Craft, Utility (LCU) (lancha de desembarco) teórica. Durante esto, el barco estaba totalmente a oscuras, todos tenían los ojos vendados y estaban desorientados, en cuyo caso uno tenía que cooperar con el hombre frente a uno, sintiendo con la mano en lugar de usar la vista.
>
> En oscuridad total, comenzamos a avanzar con cuidado tratando de mantener una distancia segura para poder tocar al hombre inmediatamente al frente como guía. Después de unos minutos de andar, el problema comenzó con unos soldados que, ya debilitados por el mareo, empezaron a vomitar y rociar fluidos humanos y mal olor en la mayoría de los lugares. Los soldados que ya estaban mareados emitían ruidos de agonía mientras perdían el equilibrio y luchaban bajo la presión mental y el cansancio. Además, en la oscuridad, cada vez que una inmensa ola de mar golpeaba el exterior del barco y lo sacudía, los hombres caían y eran pisoteados en el

---

6. Rango equivalente en la RAF: Wing Commander.

pasillo. Algunos se golpearon la cabeza contra los mamparos, lo que provocó que se empujaran unos a otros. Sin embargo, también hubo ánimo y encomiable voluntad para lograr un estado de 'aptos para luchar'. Este nuevo tipo de ejercicio terminó una vez que llegamos a la porta de salida y a la cubierta inferior, listos para embarcar en la LCU imaginaria.

También en el puente del barco estaba el observador de aves Mike Fallon. Fue informado de una transmisión de radio específica y luego escribió en su bitácora:

> El buque recibió un SOS falso (enviado) con la esperanza de que cualquier respuesta revelara nuestra ubicación exacta: no se envió ninguna respuesta debido a que el Capitán [del barco] estaba alerta, pero se enfatizó la importancia del oscurecimiento: los 'argies' nos estaban buscando. (Fallon, 1982)

Al día siguiente, 30 de mayo, realizamos otra operación de 'alistamiento para bombardeo'. Esta superó a la anterior, realizada en el *QE2*. Los Pelotones recibieron otros tipos de municiones, como granadas de mano de alto poder explosivo y fósforo, y bombas de mortero de 2 pulgadas. La realidad nos golpeó con este peso extra. Incluyendo su mochila Bergen, su arma personal y su correaje, el fusilero Gurkha ahora llevaría, en promedio, una carga de 55 kg. Entonces, ¿podía todavía describirse esta campaña militar como hecha a medida para la infantería 'ligera'?

También se realizaron los siguientes zafarranchos: Puestos de combate (Estado 1) a 13:00; Puestos de abandono a 15:00 y Estaciones de asalto a 19:30. Durante el zafarrancho de combate se realizó tiro real con las GPMGs antiaéreas. El mar todavía estaba agitado. Muchos de los soldados seguían mareados (Diario del Comandante del 1er/7° GR, 30 de mayo). El zafarrancho de asalto fue un ensayo completo para mover nuestro Batallón fuertemente cargado hasta la cubierta inferior de automóviles desde donde, después de nuestra llegada, nos embarcaríamos en las LCU de la 3ª Brigada de Commandos. Pugh:

> Mi grupo había logrado recibir su asignación de equipo e intentamos caminar dentro del buque saltarín con el equipo completo encima. Era difícil y, después de varias caídas, lo consideré demasiado peligroso, por lo que los hombres pasaron la mayor parte de las últimas horas acostados en sus literas con los cascos puestos. A esta altura, no teníamos contacto con nuestro Comandante de artillería superior y no conocíamos la asignación de armas ni cómo libraríamos la batalla de artillería.

En cuanto a recursos de artillería, el Grupo de Tareas se había desplegado con cinco Baterías de seis cañones ligeros de 105 mm. Tres Baterías procedían del

29° Regimiento de Commandos de la Real Artillería con base en Plymouth, que era el apoyo orgánico de artillería para la 3ª Brigada de Commandos. El resto eran del 4° Regimiento de Campaña con base en Aldershot.

Pugh:

> Normalmente, una unidad de infantería o blindada esperaría una Batería en Apoyo Directo, es decir, el grupo del BC y dos equipos OP con seis cañones y logística orgánica. Sin embargo, los ocho Batallones de infantería, si bien todos contaban con equipos OP, debían compartir las cinco Baterías. Esto no era malo, ya que el apoyo de fuego estaría coordinado y permitiría realizar misiones con varias Baterías según fuera necesario. Los requerimientos de fuego estarían sujetos a un grado de evaluación y control superior en el Centro de Dirección de Fuego (FDC) o a nivel de Regimiento. El establecimiento de prioridades y la asignación de recursos de las escasas armas estaría en última instancia bajo la dirección del Coronel (Colonel) Brian Pennicott, el Comandante de la Real Artillería (CRA) ubicado junto al General de División (Major General) Jeremy Moore.

Nuestra aprensión creciente se justificó cuando el barco se acercó a la TEZ alrededor de las Islas Malvinas. Ese día, a ochenta millas náuticas al noroeste, se disparó el último misil Exocet enemigo lanzado desde el aire. Estábamos a solo unas cuarenta millas náuticas fuera de su alcance máximo. Pero el Exocet no alcanzó al portaaviones HMS *Invincible*, mientras que dos de los cuatro Skyhawk enemigos que escoltaban a los dos cazabombarderos Super-Étendard en esta misión fueron derribados, o —dicho más coloquialmente— 'zambullidos', por los destructores Tipo 42 HMS *Exeter* y HMS *Avenger*. Pero no sabíamos en ese momento que el enemigo no tenía más misiles Exocet en su arsenal. Por lo tanto, continuaba la preocupación por el terrible escenario de un evento de muerte masiva en caso de que un misil de este tipo golpeara al *Norland*.

Hubo una actualización adicional del Servicio Mundial de la BBC sobre la reciente batalla terrestre en Darwin y Goose Green: ahora un total de no menos de 1200 *dush* habían sido hechos prisioneros. Eso y las bajas implicaban dos cosas: caos indudable y presión para un rápido avance hacia el este. Pero ahora teníamos que soportar los mares agitados, una pesadilla interminable en la que las olas verdes del Atlántico Sur eran tan altas que rompían con frecuencia sobre el puente del barco que se alzaba 22,5 metros sobre el nivel del mar. Este, el decimoctavo día en el mar y luego el siguiente, fueron sin duda los dos peores que tuvieron que soportar los Gurkhas.

Temprano en la penúltima mañana a bordo, llegamos a la TRALA (Área Logística para Remolcadores y Reabastecimiento) a 200 millas náuticas al noreste de las Malvinas. *Norland* embarcaría a 1000 prisioneros de la reciente batalla terrestre, por lo que los Royal Marines y los marineros del Pelotón 'Blue

Beret' de la Royal Navy a bordo del buque insignia y el portaaviones HMS *Hermes* volaron a bordo. Luego nos reuniríamos con la fragata Tipo 21 HMS *Active* al final de la tarde. A este último buque se le uniría, al norte de las Malvinas, la fragata HMS *Minerva* —de la clase Leander— para escoltarnos, el SS *Atlantic Causeway* (gemelo del *Atlantic Conveyor*), el MS *Baltic Ferry* y el RFA de la clase Rover *Blue Rover* durante la última pierna, bajando por el estrecho de Malvinas hasta San Carlos. Pero el destino de los Gurkhas no era todavía un área apacible. Esa mañana, la base de operaciones del Escuadrón Aéreo Naval 846 (Sea King) fue atacada. La acción del enemigo fue descrita más tarde en el Diario de Guerra del Mayor (Major) Ewen Southby-Tailyour del Cuartel General de la 3ª Brigada de Commandos:

> *08:30. Ataque de Canberra: bombardeo de bajo nivel contra el Escuadrón Aéreo de la Brigada. Es increíble que un viejo y pesado Canberra pueda atacar tropas terrestres en una noche despejada. No hubo advertencia. Con todas las naves que tenemos seguramente podemos prevenir este tipo de cosas. 1 herido leve. Sin daños significativos a las aeronaves. Hasta ahora hemos tenido aproximadamente 140 ataques contra nosotros solo en San Carlos. Nueve en las colinas. Claro.* (Southby-Tailyour, 1993, 245)

En la tarde del 31 de mayo se realizaron los preparativos finales y los chequeos de subunidades. Después de hacer una revisión exhaustiva de su equipo, la Batería 132 ya había decidido dejar la mayoría de sus artículos más engorrosos en el buque. Pugh:

> Se habían realizado ajustes en el equipo que llevaban los FOO, y tanto el dispositivo de observación nocturna como el radar de campo de batalla ZB298 se descartaron, junto con el trípode láser. También se descartó una gran cantidad de mapas después de considerar dónde estaba posicionado el enemigo y las rutas a Stanley. Se dio prioridad para el transporte al equipo de comunicaciones y tantas baterías de repuesto para la radio Clansman como fue posible para alimentar nuestras radios y el telémetro láser. Cada grupo llevaba armas personales con cantidades de munición de combate y raciones para tres días. Nuestras armas eran el subfusil SLR de 7,62 mm y la ametralladora Sterling de 9 mm, aunque un grupo [Pugh] también tenía una escopeta de acción de caño recortado. Sin embargo, lo que faltaba era ropa resistente al viento y al agua. El viento constante y las temperaturas heladas resultaron debilitantes y se convirtieron en una gran preocupación a medida que avanzaba la campaña.

El Comandante de la Compañía A, Mayor (Major) David Willis, también hizo una presentación ese día porque sería la primera vez que su Compañía y, de hecho, el resto del Batallón serían transportados en LCUs (Landing Craft Utility, Lanchas de Desembarco). Tekbahadur *saheb*:

> El 31 de mayo, el OC de la Compañía A se dirigió a los Comandantes de Pelotón de la siguiente manera: 'Dado el reciente nivel más alto de amenaza enemiga, el *Norland* fondeará a cierta distancia de San Carlos. Anticipándose a la amenaza por aire, mar y tierra, el Batallón y la Compañía empezarán a entrar en San Carlos Water temprano en la mañana después del desayuno, utilizando LCUs.' Seguidamente, el CO nos dio una breve explicación, con demostración y ensayo, de cómo podríamos movernos con seguridad y sentarnos cómodos sobre nuestras mochilas Bergen, que se colocarían en la cubierta de las LCUs.

También fue durante esta tarde de estrés psicológico que el Teniente Primero (Lieutenant) Jeremy McTeague enfrentó un importante problema de liderazgo y gestión como Comandante de Pelotón. Había sido ascendido a su nueva jerarquía solo diez días antes en Ascensión, por lo que el incidente en cuestión era, para él, doblemente grave. Ocurrió durante la inspección final del 10º Pelotón, cuando un Comandante de Sección declaró que no quería permanecer en el Pelotón ni entrar en combate. Este hombre había roto el juramento de lealtad que hiciera a la *maharani*, Su Majestad la Reina Isabel II, como recluta recién entrenado en la Brigada del Centro de Entrenamiento Gurkha en Dharan, Nepal, y luego, después de su llegada al Batallón, al Regimiento y a sus oficiales durante el desfile y la ceremonia de *kasam khane* (juramento). Pero *kaida*, el eficiente sistema Gurkha, acudió rápidamente en ayuda de McTeague al encontrar un Comandante de Sección de reemplazo, lo que rápidamente restableció la moral y el equilibrio del Pelotón al día siguiente.

También se presentaron otros dos desafíos de liderazgo. Uno fue que todavía no se habían recibido órdenes —en vísperas de la entrada del Batallón en la campaña terrestre— desde el HQ de la 5ª Brigada de Infantería (Diario del Comandante 1/7GR, 31 de mayo). El vacío resultante destruyó el procedimiento básico de McTeague respecto a los importantes preliminares de esa bolilla primordial de liderazgo en Sandhurst sobre el 'Logro de tareas', es decir: definir la tarea, diseñar un plan viable y luego informar a los miembros del equipo sobre la tarea y sus roles específicos para ejecutarla. Luego apareció otro por la noche. Se relacionaba con la película *Gallipoli* y la necesidad que tiene un líder de conocer individualmente a sus soldados y sus posibles reacciones. McTeague quería ver la película, pero los otros oficiales presentes se opusieron. Uno incluso ordenó que las demás jerarquías no la vieran. McTeague no estaba de acuerdo. Pensaba que había que dejar que los soldados juzgaran las decisiones estúpidas y las acciones de los oficiales que se mostraban en la pantalla. Era natural que los Gurkhas los compararan con las de sus propios oficiales.

No obstante, evité la sangrienta *Gallipoli*, que representaba un desastre de la campaña expedicionaria de 1915-16, solo para disfrutar más tarde de *Carrozas de Fuego*. Su historia patriótica y su música inspiradora dieron un gran impulso moral antes de la siguiente quincena de ultra esfuerzo.

Estar ahora en la TEZ también implicaba una amenaza aérea elevada. Un buen sueño era imposible en nuestros camarotes atestados. El Comandante se había dirigido en Gurkhali a todos los miembros del Grupo de Batalla 1/7GR deseándoles '*ramro sikara*' (buena caza) y '*saphalata*' (éxito) en la operación inminente (Diario del Comandante 1/7GR, 31 de mayo). Pero ahora había una urgente necesidad de poner fin a esta prueba final de nuestro viaje de veinte días, dos escalas y dos barcos desde Southampton. El mar embravecido y la constante amenaza aérea estaban causando gran preocupación. Por lo tanto, fue un alivio saber que *Norland* llegaría a San Carlos Water a 09:30Z de la mañana siguiente. Pero nuestras preocupaciones casi se hicieron realidad el 1 de junio, cuando llegamos antes de lo planeado al 'Corredor de las Bombas'. Justo antes de iniciar el desembarco, el sistema de altavoces del barco cobró vida a 08:00Z para anunciar nuestra primera 'Alerta aérea Roja'. Tekbahadur *saheb* describió este dramático comienzo de su día:

> El 1 de junio, temprano en la mañana después de haberme asegurado de que el Pelotón estaba listo para moverse, fui a desayunar a las tres [07:00Z]. Mientras estaba en la cola, cuando me llegó el turno de servirme, de repente sonó una sirena que indicaba que el barco había recibido una Alerta aérea Roja. Eso me obligó a perderme el desayuno por un segundo. Dejé mis platos llenos en el fregadero y corrí a mi camarote para unirme al Pelotón, listo para abandonar el barco. De repente, se notificó a nuestro nivel que el ataque aéreo había cambiado de dirección hacia el SS *Canberra*, que tenía todavía a bordo los Guardias Escoceses y Galeses. Al enterarnos más tarde de que el transatlántico no estaba dañado, pensamos en la suerte de no haber sido atacados.

Sin embargo, este fue solo un ejemplo clásico de la necesidad de estar constantemente al tanto de la 'niebla de guerra' y su potencial para causar estragos cuando los rumores reemplazan a los hechos. '*La Gran Ballena Blanca*' todavía estaba en la TRALA esperando ser escoltada a San Carlos Water. (No sería atacada ese día y llegaría a su destino el 2 de junio). Mike Fallon escribió más tarde en su bitácora: 'Listo para ir al área de reunión para desembarcar cuando se emitió una alerta roja de ataque aéreo.' Todos yacen en sus camas con chalecos salvavidas y cascos puestos. Sólo un reconocimiento de altura enemigo' (Fallon, 1982). Estar así en nuestros camarotes tenía la intención, en teoría, de reducir la fuerza de concusión sobre nuestros cuerpos causada por bombas que explotaban cerca. Detectada por nuestra escolta HMS *Minerva* a las 07:55Z, esta actividad enemiga provocó después la rápida respuesta del Escuadrón Naval 800 de Sea Harriers del HMS *Hermes*:

> [El Capitán (Lieutenant)] Andy McHarg había recibido la orden de despegar de inmediato para interceptar una serie de contactos de altura al norte de Mount Kent. Estos eran [bombarderos] Canberra del Grupo 2 que habían estado llevando a cabo ataques de bajo nivel extremadamente peligrosos pero ineficaces contra nuestras tropas de avanzada. Andy se acercó a cuatro millas de los objetivos antes de que la escasez de combustible lo obligara a regresar al *Hermes*, amargamente decepcionado. Fue una víctima de la política de mantener los portaaviones lo más al este posible. Necesitábamos desesperadamente acercarnos a la acción si queríamos cubrir a nuestras tropas de manera efectiva. (Morgan, 2006, 246)

Otro relato proporcionó más información sobre este casi golpe SHAR (Sea Harrier):

> McHarg fue vectorizado tras el último bombardero por el *Minerva*, mientras que la tripulación del Canberra, advertida por el VYCA 2 [Grupo de Alerta y Control en Puerto Argentino] y por su propio receptor de radar de que el caza se estaba acercando, realizó violentas maniobras evasivas, complementadas con chaff y señuelos infrarrojos, para mantener a raya al SHAR. McHarg [rompió contacto] alrededor de 04:35 a. m. [08:35 Z] para regresar al *Hermes*, a 300 millas de distancia. (Brown, 1987, 268)

El piloto del SHAR lanzó también un misil Sidewinder que no alcanzó al bombardero. Southby-Tailyor finalmente escribió en su diario:

> *Alerta Roja de ataque aéreo a 08:00Z (04:00 local). Anulada después de estar tres cuartos de hora temblando en una trinchera. El olor a petróleo me llega del estrecho desde la Antelope. Mañana despejada, tendiendo a nublarse. Decido renunciar a cavar trincheras como una pérdida de tiempo – literalmente.* (Southby-Tailyour, 1993, 247)

Pero la Alerta aérea Roja aceleró nuestros preparativos para desembarcar del *Norland*. En las próximas dos semanas experimentaríamos en promedio una 'Alerta aérea Roja' diaria, sumando un total de quince. Mientras tanto, el Mayor (Major) Rory Stewart, Comandante de la Compañía del Cuartel General, había preparado el Plan de Desembarco del Batallón que, inevitablemente, sería interrumpido:

A bordo del MV *Norland* empezamos a compilar la Planilla de Desembarco. Yo sería el responsable de coordinar el traslado a las lanchas, que nos llevarían desde la porta lateral del buque hasta la orilla de San Carlos. El plan era que el desembarco se llevaría a cabo durante la oscuridad y los ensayos se realizarían en la penumbra a medida que nos acercábamos a las Malvinas [pero] los planes se cambiaron en el último minuto y llegamos a San Carlos Water con luz de día. Sin embargo, el desembarco se desarrolló según lo previsto, excepto que el Comandante de Brigada llegó cuando estábamos a la mitad y exigió hablar con el Comandante. [Este] estaba, para entonces, a bordo de una de las lanchas pero no había dejado el costado del buque, por lo que pude sacarlo para que escuchara los nuevos planes del General de Brigada (Brigadier), que cambiaron por completo el despliegue inicial del Batallón. Los últimos grupos en desembarcar fueron los Escalones. (Willis, 2017, 104)

Las últimas ochenta horas en el Atlántico Sur habían sido excepcionalmente tensas para el 1er/7º Fusileros Gurkha. Pero el requisito de liderazgo era permanecer flexible y alinear las acciones con el 'yin' y el 'yang' de la situación operativa, comandando así la coincidencia y, en última instancia, el éxito, que se había formulado previamente así:

El cielo es yin y yang, frío y caliente, el orden de las estaciones.
Ir con él, ir en contra de él – esta es la victoria militar.
Sun Tzu, 2002, capítulo 1, 'Evaluaciones'.

Capítulo 7
Consolidación e iniciando (finalmente) el avance hacia el este

Ni siquiera puedo comerme un bife y sentirme bien.
Los Gurkhas siguen avanzando.
Charly García, 'No bombardeen Buenos Aires'[1]

El plan de la Brigada había sido prometido por el General de Brigada (Brigadier) Wilson en el *QE2*. Pero se entregó ahora, demasiado tarde y de la manera más inconveniente, sin ninguna posibilidad inmediata de difundir la información que contenía a los Comandantes de las subunidades. Como continuábamos descubriendo, este sería otro punto de liderazgo por debajo del estándar en el recorrido del HQ de la 5ª Brigada. Una consecuencia fue que el equipo OP del Capitán (Captain) Keith Swinton, originalmente adjunto a la Compañía B, tuvo que ser transferido a la Compañía D, a la que se le daría una misión en la montaña Sussex, al sur de San Carlos. El Batallón fue trasladado a Blue Beach 2 por medio de dos LCUs de la 3ª Brigada de Commandos mediante el uso de un pequeño embarcadero utilizado en tiempos de paz para cargar lana de oveja en los buques entrantes. La primera LCU en dejar el *Norland* fue la de la Compañía A y la Batería 132. Llegaría a Blue Beach 2 a 10:01Z. Tekbahadur *saheb*:

> Estaba muy oscuro afuera del buque en San Carlos Water, así que trasbordamos rápidamente desde la cubierta de automóviles del *Norland* a la LCU con destino a San Carlos. '¡Oh Dios!' fue nuestra reacción inmediata. '¿Qué diablos es esto?' Era una situación completamente diferente a la del ensayo del día anterior a bordo del *Norland*, que nos había dado la expectativa de un viaje cómodo y agradable por mar. Pero en lugar de sentarnos sobre nuestras mochilas Bergen en el espacio abierto de la LCU, experimentamos ahora un tiempo de tortura, comprimidos incómodamente y de pie en un espacio congestionado. Empezamos a empujarnos unos a otros y se hizo difícil encontrar espacio en cubierta, incluso para asentar los pies.
>
> Entonces surgió otro problema. Tenía que ver con el procedimiento de sentarnos sobre las mochilas, que habíamos practicado de forma limitada

---

1. Charly García (nacido en 1951) es un cantautor argentino. 'No bombardeen Buenos Aires' fue una canción popular de 1982. El 1er/7º Fusileros Gurkha es la única unidad militar mencionada en su letra.

durante el ensayo de ayer. Por eso, la oscuridad y el frío helado, la mayoría de los soldados intentaban apoyar ahora sus brazos y armamento personal contra sí mismos en este espacio congestionado, mientras se empujaban indiscriminadamente unos contra otros. Pero también estaban siendo aplastados por sus mochilas y por el peso de las armas y las municiones. Solo podían esperar con impaciencia la oportunidad de estirar sus piernas acalambradas en cualquier pequeño espacio disponible que presentara la llegada de la LCU a San Carlos.

Finalmente, después de casi cuarenta y cinco minutos de tortura en la LCU, desembarcamos en Blue Beach 2. Todos treparon al embarcadero de madera y enseguida se apuraron a buscar el RV (rendezvous) de la Compañía manteniéndose alerta ante cualquier peligro inminente en esta zona de guerra. Después de una larga marcha de tres kilómetros hacia el sur en el amanecer, hicimos un breve descanso para tomar un té mientras esperábamos que aterrizara un helicóptero. Basándose en la información que acababa de recibir del Comandante *saheb*, nuestro OC de la Compañía A, Mayor (Major) Willis *saheb*, hizo una breve presentación de nuestra tarea inicial en la isla Soledad.

'Desde San Carlos', dijo, 'la Compañía se trasladará en helicóptero para relevar al 2° Batallón, Compañía A, Regimiento de Paracaidistas, en el pequeño asentamiento de Darwin. Ocuparon recientemente el área, después de llevar a cabo un asalto duro pero exitoso contra los *dush*. Sin embargo, la situación en el terreno en Darwin sigue siendo peligrosa, y la amenaza aérea es especialmente alta, lo que puede conducir a un ataque aéreo en cualquier momento.'

Nuevamente, casi dos décadas después, el Comandante describía el alivio de los Gurkhas por haber escapado de las garras de su odiado encarcelamiento marítimo:

Hubo una descripción publicada de la apariencia de los hombres desembarcando en San Carlos que decía: 'Los Gurkhas llegaron a tierra como comadrejas buscando calor.' La verdad es que la velocidad con que los hombres desembarcaron tenía mucho que ver con alejarse del tan temido mar y regresar a un entorno que entendían. Habían estado a bordo durante 21 días y estaban eufóricos porque las operaciones de servicio activo ahora los llamaban, ¡en tierra! (Parker, 1999, 220)

Mientras tanto, la bitácora de Mike Fallon simplemente decía:

San Carlos Water estaba lleno de buques apenas visibles en la luz del amanecer. Caminé hasta un área de reunión en GR 605802 y construí parapetos mientras esperaba nuevas instrucciones. Todavía no hay municiones, armas ni órdenes del 4° Regimiento de Campaña. (Fallon, 1982)

Gus Pugh contó sus experiencias al pisar *terra firma*:

> Tuvimos la suerte de que la Alarma aérea anterior había pasado y desembarcamos en un pequeño muelle. Yo estaba con el BC en esta etapa, y rápidamente nos abrimos paso tierra adentro y trepamos las pequeñas colinas que rodean San Carlos Water, donde comenzamos a construir parapetos y establecer comunicaciones por radio [...] Era un lindo día, y el terreno se veía muy similar en forma y vegetación al centro de Gales. Rápidamente se dieron órdenes de moverse con la Compañía A en Chinook [helicóptero] y hacer el relevo en la posición de 2 Para en Darwin.

Nuestra LCU con el HQ Tac y la Compañía B a bordo, fue la siguiente en llegar a Blue Beach 2 a 10:45Z. Más tarde esa mañana, la Compañía D llegó en la siguiente corrida de LCU. Nuestro Escalón de Retaguardia de Gurkhas también se establecería eventualmente ese día en San Carlos. Debido a la amenaza aérea actual, su primera tarea sería cavar trincheras. Pero ahora el resto del Batallón seguía marchando hacia el sur, hacia donde estaba la Compañía A. El Teniente Primero (Lieutenant) (QGO) Bhagirath Limbu, Comandante del 7° Pelotón, Compañía C, describió el efecto negativo inmediato de haber estado en alta mar durante los últimos veinte días y la necesidad de contrarrestarlo:

> Nuestras mochilas y correajes estaban muy cargados con munición adicional, paquetes de raciones para 48 horas y ropa, todo probablemente pesando más de 70 libras [32 kg...] Muy pocos nos dimos cuenta de lo débiles que estábamos físicamente después de todas las palizas del mar embravecido y los golpes que [habíamos] absorbido a bordo del *QE2* y especialmente del *Norland*. Esto solo salió a la luz cuando comenzamos a caminar hacia Goose Green; [todos] necesitábamos detenernos para tomar un respiro y aliviar el dolor y la tensión en los hombros después de dar solo veinte o cuarenta pasos. Los soldados jóvenes estaban en la peor situación. Necesitaban estímulo constante. Con pura determinación y fuerza de voluntad logramos trasladarnos unos [tres] kilómetros hasta un punto de recogida de helicóptero. (Willis, 2017, 104)

Esto fue confirmado por el fusilero Shivakumar Limbu (luego Mayor [Major]) (QGO) del 7° Pelotón de Bhagirath *saheb*:

> [Fue] un traslado lento y costoso [...] llevar la pesada mochila 'civil' verde [Bergen] recién entregada, que era más pesada que mi peso corporal. Cuando

estaba en cuerpo a tierra, no podía levantar la cabeza para observar por el marco de metal de la mochila en mi espalda y el viejo casco de acero modelo '44 en mi cabeza. Fue una verdadera pesadilla para soldados petisos y flacos como yo. Todavía recuerdo que siempre necesitaba que alguien me diera una mano para levantarme de la posición de cuerpo a tierra. (Willis, 2017, 105)

En el HQ Tac nos detuvimos y construimos parapetos para esperar la llegada del Chinook 'Bravo November', el único helicóptero sobreviviente del hundido SS *Atlantic Conveyor*. En su lugar, una 'Alarma aérea Roja' llegó a mi radioteléfono. Había sido iniciada otra vez por el HMS *Minerva*. Después de despegar del aeródromo de Puerto Argentino para regresar a Argentina, un avión de transporte C-130 Hércules enemigo había sido detectado a 13:50Z en el radar del buque como un breve contacto a 8.000 pies, al noroeste de dos Sea Harriers, a una distancia de cuarenta millas. Los SHAR, conocidos como la PAC (Patrulla Aérea de Combate) de Pebble Island, estaban ahora al norte de nosotros en San Carlos. La entrada del diario del Mayor (Major) del HQ 3 de la Brigada de Commandos Ewan Southby-Tailyour mencionó el resultado inevitable de este enfrentamiento aéreo en el que el SHAR del Vicecomodoro (Commander) 'Sharkey' Ward había lanzado dos misiles Sidewinder y disparado 240 rondas de municiones de alto explosivo de 30 mm al norte de Pebble Island. (Ward, 1993, 239-40). Esto se combinó con una descripción de la evacuación Gurkha del *Norland* y cómo su efecto podría haberse mejorado mediante una posible 'operación psicológica'. Pero (contrariamente a la entrada del diario de Southby-Tailyor) no había un segundo C130:

1400. Ataque aéreo Rojo. 1 x C130 zambullido hacia el norte – hurra pero a la luz del día. ¿Y qué con los de la noche? Los Gurkhas todavía volcándose a tierra por toda Blue Beach 2 desde Nordic Ferry [sic: Norland]. Escuché 2º C130 zambullido. Eso es más como se debe. Encantadora historia en el Cuartel General sobre las dos cosas que más temen los Argies son los Gurkhas y la guerra química. ¡Había un plan para mandar a los Gurkhas a tierra en medio de mucha publicidad usando trajes NBCD [defensa nuclear, biológica y química]! (Southby-Tailyour, 1993, 247)

El Comandante resumió nuevamente, casi dos décadas después, la siguiente operación Gurkha para ese día y la primera parte de la noche:

La Compañía D, bajo el mando del duro y experimentado Mayor (Major) Mike Kefford, debía reforzar el perímetro sur de la cabeza de puente, junto con una Sección de Morteros, mientras que el resto del Batallón volaría hacia el sur para relevar a los victoriosos miembros del 2 Para en Goose Green. Desafortunadamente, todo el movimiento aéreo tuvo que ser realizado mediante el único helicóptero Chinook sobreviviente y, aunque se dieron instrucciones muy estrictas a los pilotos, las Compañías terminaron en lugares equivocados. No fue sino hasta mucho después del anochecer que todos [...] informaron que estaban en sus posiciones correctas. (Parker, 1999, 220)

Pero ahora, al sur de San Carlos y debido a la continua amenaza aérea, la Compañía D inició su marcha de cuatro kilómetros hacia las montañas Sussex, en dirección sureste. Después de que 'Bravo November' hubiera aterrizado, los grupos de Gurkhas se amontonaron en la rampa trasera hacia la cabina vacía y sin asientos. Pugh:

Nos paramos en la parte trasera del Chinook, apoyándonos en la mochila del soldado que teníamos delante [...] el helicóptero despegó lentamente y avanzó sobre el suelo. Todas las restricciones de seguridad parecían haber sido arrojadas por la ventana, ya que había más de ochenta Gurkhas a bordo. Nuestro desembarco en Darwin se realizó mediante el simple recurso de dar media vuelta y salir tropezando por la rampa trasera.

Teniente Primero (Lieutenant) (QGO) Bhagirath Limbu, de nuevo:

Honestamente, pensé que se necesitarían al menos tres salidas para trasladar a toda la Compañía. Demonios, no, se nos ordenó que cada uno subiera al helicóptero de una buena vez con todo nuestro [equipo] a la espalda. [Durante el abordaje] la tripulación comenzó a gritar y empujar a la gente para que avanzara hasta que todos estaban como sardinas dentro del helicóptero. Apenas había espacio para estar de pie. Yo [...] terminé en el medio con la mochila de un tipo alto descansando sobre mi hombro derecho, mientras inclinaba y giraba mi cabeza encasquetada hacia la izquierda y la mochila de otro tipo presionaba con fuerza contra mi cara. No había espacio para moverse a ningún lado. Apenas podía respirar y mis gritos para moverme o pedir ayuda cayeron en saco roto porque el ruido adentro lo absorbía todo. Volamos durante veinte o veinticinco minutos y nos dejaron a unos dos kilómetros [al norte] de Goose Green. El corto vuelo casi me cuesta la vida por asfixia. Si hubiera sido más largo, Dios sabe lo que podría haberme pasado; ¡Casi había visto el infierno! Fue un gran alivio bajar del helicóptero y ahora podía respirar libremente, pero mi cuello estuvo rígido durante unas horas más. Este incidente sigue apareciendo en mi mente de vez en cuando. (Willis, 2017, 106)

Simultáneamente, el agotador ascenso de la Compañía D a las montañas Sussex tuvo consecuencias para un artillero del equipo OP del Capitán (Captain) Keith

Swinton. Se derrumbó y fue evacuado Hospital de Campaña de la bahía Ajax al que, para marcar el hecho de que muchos de sus pacientes eran paracaidistas o commandos, se conocía como 'La Máquina de Vida Roja y Verde'. El Comandante del 12° Pelotón de la Compañía D, el Capitán (Captain) (QGO) Bhuwansing Limbu (después Mayor [Major] Gurkha del 7GR) demostró liderazgo y sentido común informando a sus hombres de la necesidad de conservar raciones y fuerza física, porque el reabastecimiento podría convertirse en un gran problema en una guerra. Algunos ignoraron su consejo. Pronto se arrepentirían, porque la profecía de Bhuwansing *saheb* resultó ser correcta. Mientras tanto, la Compañía A había continuado su primer día de operaciones en isla Soledad. Tekbahadur *saheb*:

> Justo después de 15:00Z, el helicóptero Chinook 'Bravo November' empezó a transportar a la Compañía A hasta Darwin, donde íbamos a relevar a la Compañía A de 2 Para. Pero me quedé atónito después de observar los grupos de sesenta y cinco hombres que viajarían a la vez en la cabina, en pleno orden de combate, durante el corto vuelo hacia el sur sin asientos, cinturones u otras medidas de seguridad. Estos últimos son esenciales en el entrenamiento en tiempos de paz. Pero ahora estábamos en un verdadero teatro de operaciones de guerra.
>
> Al desembarcar en Darwin Hill, que la 2ª Compañía de Paracaidistas había tomado cuatro días antes después de intensos combates, se nos informó que 120 enemigos habían muerto y alrededor de 1200 habían sido capturados.[2] Un tractor embarrado seguía apilando enemigos muertos sobre un trailer remolcado. Protegidos por un paracaidista sonriente, había cinco prisioneros jóvenes sentados a los lados del remolque. A primera vista, parecía que solo contenía una pila de ropa de combate militar verde. Una mirada más cercana reveló su contenido adicional: pero no teníamos idea de dónde habían matado a los fallecidos o hacia dónde los llevarían.
>
> La mayor parte del área circundante estaba cubierta por un espeso humo que, al principio, pensamos que era niebla. Cascotes de pedernal yacían por todas partes en el suelo, perforado por cráteres de proyectiles humeantes causados por una misión de fuego de artillería durante la batalla. Empezamos a adaptarnos y a cavar trincheras en la colina abierta. Más abajo, junto al lado oeste de la colina, estaba el pequeño asentamiento de Darwin, compuesto por media docena de casas con techos rojos. Pero nuestra excavación no era tarea fácil debido al suelo húmedo y la roca sólida que encontrábamos a menos de medio metro por debajo de la superficie.

---

2. Las estadísticas correctas fueron: 47 muertos, 145 heridos y 961 capturados, contra los totales británicos de 17 muertos y 64 heridos.

Durante este trabajo a última hora de la tarde, recibimos otra Alerta aérea Roja del HQ Tac.

También en Darwin Hill estaba Gus Pugh:

> Me dirigí con el Comandante de la Compañía A, Mayor (Major) David Willis, al grupo que recibía al Comandante de la Compañía A del 2 Para [Mayor (Major) Dair Farrah-Hockley], otro oficial de la Compañía y el controlador de fuego de morteros (MFC). Se decidió colocar mi Puesto de Observación [OP] cerca de los grupos de observación del MFC de la Compañía A con vistas a los accesos a Darwin, desde donde el 2 Para había lanzado su ataque, y la dirección desde la cual los argentinos podrían avanzar de manera similar. Después de un vistazo rápido a las posiciones argentinas, ya que estas habían sido bien ubicadas considerando el terreno, me ubiqué en la posición de Darwin Hill mirando al noreste, y luego mejoré la trinchera rudimentaria y el refugio que ya estaban allí.[3] La corrida donde el Teniente Coronel (Lieutenant Colonel) 'H' Jones del 2 Para había perdido la vida todavía estaba humeante.
>
> El refugio podía albergar a todo el equipo y estaba protegido de las inclemencias del tiempo. No solo nos permitió usar luz por la noche y espaciar nuestras comidas durante el día y las noches de catorce horas, sino que también nos brindó protección del viento constante y nos permitió conocernos, ya que el equipo era relativamente nuevo. Mientras servíamos té por la noche, hablábamos de nuestras familias y de los temores por el futuro. Pensé que era mejor discutir algunos de los 'qué pasaría si', incluido el resultar herido, y traté de inculcar en los muchachos la necesidad de seguir adelante a pesar de todo. Era una tarea difícil, ya que la rápida dislocación de nuestra normalidad en tiempos de paz había provocado un leve sentimiento de ansiedad entre nosotros. Ciertamente, observar las cicatrices en carne viva del campo de batalla que nos rodeaba y esa turba humeante, nos daba a todos motivos para reflexionar sobre el futuro.
>
> Sin embargo, a pesar de que estábamos bien en la vanguardia, era bueno ver la rutina diurna y nocturna de los Gurkhas mientras patrullaban en silencio por nuestro refugio y las otras trincheras de avanzada. Inculcaban un sentido de profesionalismo y nos sentíamos seguros, aunque no nos alejamos mucho del OP por la noche. También aprendimos algunas

---

3. Mientras cavaba, el pico de Pugh se partió, por lo que arrojó la cabeza en una mata de aulaga cerca de la zanja. A su regreso, treinta y seis años después, encontró la cabeza del pico y, después de agregarle un nuevo mango, la herramienta reparada es otra vez de su uso personal, en su granja.

palabras rudimentarias en Gurkhali de los controladores de morteros, y descubrí que me habían bautizado 'FOO *saheb*'.

Mientras tanto, el Comandante se había reunido con el Mayor (Major) Chris Keeble, el CO en funciones del 2 Para, y luego ubicó nuestro Cuartel General Tac de Batallón en Carcass Creek, 1500 metros al norte de Goose Green. Procedimos a instalarnos esa noche. A la mañana siguiente, la Compañía C se desplegó a Burntside House, al norte del istmo Darwin-Goose Green, para comenzar a trabajar en asegurar la Línea de Inicio para el avance hacia el este de la 5ª Brigada. Luego, en la tarde, por el camino al costado de nuestro Cuartel General, llegó el Teniente Coronel (Lieutenant Colonel) David Chaundler, el reemplazo del CO del 2 Para, con su Suboficial Principal (Regimental Sergeant Major). A punto de asumir el mando de un Batallón entusiasmado con su éxito reciente, me preguntó cómo llegar a Goose Green. Nuestro Comandante tuvo luego una nueva reunión con 2 Para. Ese día (2 de junio) llevaron a cabo un reconocimiento en helicóptero Scout hacia el este hasta Swan Inlet House y recibieron confirmación de que no había presencia enemiga ni en Fitz Roy ni en Bluff Cove. Con nuestro Batallón en reserva, 2 Para llevaría a cabo un avance aerotransportado hacia el este al día siguiente (3 de junio) con los helicópteros Scout y 'Bravo November'.

El despliegue de la Compañía C fue explicado por el General de Brigada (Brigadier) Wilson, que quería marchar con su 5ª Brigada a lo largo de la ruta Darwin-Fitz Roy de cincuenta y cinco kilómetros de largo, alternando Batallones, cañones y morteros. Pero 2 Para, montado en una ola de autoridad existencial después de su reciente batalla y, temiendo un posible mar de lodo como consecuencia de este tráfico tan pesado, lo había convencido de aceptar una misión inmediata de reconocimiento en helicóptero a Swan Inlet House. El reloj había comenzado a correr hacia un desastre en el mar en seis días. El plan ulterior de 2 Para incluía el secuestro de 'Bravo November', una acción aprobada por el General de Brigada (Brigadier) Wilson, pero sin informarla al Cuartel General Divisional (LFFI). Según el Comandante de Guerra Anfibia de la Royal Navy, el Contraalmirante (Commodore) Michael Clapp, la operación de 2 Para 'iba a ser el acto más irresponsable que condujo a la catástrofe posterior' (Clapp y Southby-Tailyour, 1996, 219). Además, al 'crear esta posición avanzada, [Wilson] había dividido su fuerza y creado un nuevo y exigente requisito de logística y comando que distorsionó las prioridades' (Freedman, 2005, 595).

Y así, nuestra Compañía C había cesado su trabajo en la Línea de Inicio de la Brigada y regresó al área de Goose Green a 18:30Z. Además, la razón por la que no estaríamos desplegados más cerca de Stanley en lugar de 2 Para, fue que el General de Brigada (Brigadier) Wilson nos había ordenado ocupar y defender Goose Green contra la amenaza de una unidad enemiga con (supuestos) activos aéreos en Gran Malvina. Esta podría —aparentemente— contraatacar y retomar el istmo, estratégicamente importante. Por lo tanto, Goose Green no debía defenderse a la ligera. Pero nuestros Gurkhas, frescos, podrían haber sido mejor utilizados desplegándose hacia el este en lugar de 2 Para, cansado de la batalla. El mal tiempo impidió la actividad aérea enemiga todo ese día y durante las siguientes treinta y seis horas. Tekbahadur *saheb*:

El 2 de junio, el traspaso de Darwin entre la Compañía A, 2 Para, y nosotros terminó. Una vez que abandonaron la zona, perseveramos en terminar nuestras trincheras ante un inminente ataque enemigo. Este se esperaba en cualquier momento hasta mañana y el *dush* había amenazado con ello después de su reciente derrota aquí. Se nos informó que algunos se habían concentrado en su Cuartel General en Stanley y planeaban retomar Darwin lo antes posible. Por lo tanto, era imperativo terminar nuestras trincheras individuales para que semejante ataque pudiera contrarrestarse con éxito. Pero el suelo estaba tan lleno de rocas que nos impidió completar las trincheras, que tendían a llenarse con agua de la tierra empapada que nos rodeaba.

Mientras tanto, recibimos varias Alertas aéreas Rojas. El aviso se daba haciendo sonar un silbato. En cada ocasión, la mayoría de los fusileros imitaban al Comandante de Sección y gritaban que, si alguien no había sido alertado todavía, debía ponerse a cubierto de inmediato. A nivel de Pelotón, la GPMG montada en un poste era la única arma antiaérea efectiva y confiable. Cada vez que sonaba una Alerta aérea Roja, nos resguardábamos en las trincheras en construcción. Contrarrestábamos la amenaza mirando al cielo, apuntando la GPMG hacia cualquier sonido sibilante detectado de improviso y esperando a que el objetivo entrara dentro del alcance. Justo a tiempo aparecían dos aviones [probablemente Sea Harriers], volando rápido en el horizonte lejano buscando cualquier presa. Pero de repente cambiaban de dirección y volaban hacia un destino desconocido.

Terminada la Alerta, volvimos a trabajar duro para completar cada trinchera con un sangar. Como estaba casi oscuro, a las 19:00Z hicimos una infusión mientras nos manteníamos alerta. La noche fue larga, extremadamente fría y tranquila. Cada sección recibió la orden de montar centinelas dobles; sin embargo, yo estaba más atento que los centinelas porque las Alertas aéreas Rojas podían ocurrir en cualquier momento. Como era casi imposible cavar una zanja con una sola pala, también recolectamos turba de los alrededores para construir el sangar. Aunque ciertamente no es lo suficientemente fuerte, al menos podría proporcionar una buena cobertura contra un avistaje. El Pelotón trató de apurarse y terminar sus trincheras antes de que la incertidumbre de la amenaza en curso se convirtiera en una realidad no deseada.

Al mismo tiempo, nuestros Artilleros de la 132ª Batería estaban mejorando las defensas de Goose Green. Pugh:

> La inminente ocupación de Goose Green [el 3 de junio] dio a los artilleros adjuntos la oportunidad de demostrar su competencia en asuntos de defensa aérea, ya que las Alertas aéreas Rojas continuaron a diario. La falta de elementos de artillería designados significaba que el fuego garantizado solo provendría de los morteros de 81 mm del Batallón, por lo que la gente del BC encontró otras formas de utilizar su tiempo libre y comenzó a examinar las armas de defensa aérea enemigas instaladas en su ubicación. La naturaleza impresionante de las espoletas de proximidad dio motivos a muchos para contemplar lo que debía ser enfrentarse a esta arma temible, especialmente en tierra. Un total de seis de estos cañones antiaéreos gemelos Rheinmetall de 20 mm significaba que posiblemente podrían usarse para aumentar nuestra Sección de Blowpipes de cuatro unidades de fuego bajo el mando del Sargento Primero (Staff Sergeant) Jimmy Young. El enemigo había usado un radar terrestre para alertar y dirigir estas armas, pero ese sensor se había estropeado. Sin embargo, los cañones no quedaron inoperables y proporcionaron fuego de apoyo a los defensores de Goose Green hasta los últimos momentos del ataque del 2 Para. Envalentonados por el éxito con el Rheinmetall de 20 mm, los artilleros intentaron reparar el cañón bitubo Oerlikon de 35 mm, que era un arma antiaérea pero también se había utilizado en el rol terrestre contra los paracaidistas.[4] Lograron un éxito parcial a 13:30Z, aunque se había quitado una parte de esta arma y por lo tanto, solo podía hacer disparos individuales.

Sin información enviada a LFFI sobre el vuelo de 'Bravo November', el fuego de artillería británico casi cayó sobre el Chinook sobrecargado de paracaidistas mientras aterrizaba en Fitz Roy al día siguiente (3 de junio).

En las montañas Sussex esa mañana, la Compañía D se vio obligada a iniciar su marcha hacia el istmo Darwin-Goose Green debido a la escasez de helicópteros originada en los nueve que se habían perdido con el *Atlantic Conveyor*. La combinación de terreno difícil, cargas pesadas, escasez de raciones y clima frío resultó un desafío. Pero debido a que diez vehículos Snotrac no pudieron reunirse con la Compañía, se decidió que esta última debía permanecer en su posición nocturna para esperar transporte en helicóptero al

---

4. Dos paracaidistas murieron y once resultaron heridos por el cañón bitubo Oerlikon de 35 mm durante la batalla. Esta arma también derribó un Sea Harrier de la Flota el 4 de mayo, un Skyhawk A4-D2 (por error) después de que este hubiera atacado al HMS *Glasgow* el 12 de mayo y un RAF Harrier GR3 el 27 de mayo.

día siguiente, a 13:00 Z. Pero esa noche implicaría otra prueba para el liderazgo de Tekbahadur *saheb*:

> En la mañana del 3 de junio, se nos advirtió que esperáramos una amenaza similar a la de las veinticuatro horas anteriores. Por lo tanto, mantuvimos la vigilancia durante todo el día hasta que, a última hora de la tarde, recibimos otra advertencia de que la unidad aerotransportada enemiga lanzaría un asalto masivo contra Darwin y Goose Green esa noche. Se estaban preparando en tierra firme y, una vez listos, podían volar y caernos encima en cualquier momento. Con especial atención a este escenario y su resultado indeseable, nos mantuvimos alerta durante toda esa noche sin pestañear. Pero no pasó nada.

El Batallón también se había hecho cargo del fortalecimiento de la guarnición de Goose Green el 3 de junio, cuando 2 Para comenzó a retirarse en una serie de vuelos en helicóptero [Chinook]. Después de una reunión de Órdenes de Grupo, establecimos nuestro Cuartel General de Batallón en la estrecha oficina de la única casucha de Goose Green y asumimos la responsabilidad de los 471 prisioneros argentinos acorralados en los galpones para esquila de ovejas. Había que vigilarlos, pero solo se necesitaba una Sección de fusileros Gurkha, ya que la reputación de estos últimos en el campo de batalla era un elemento disuasorio de hierro que funcionó de manera excelente.

Mientras tanto, los helicópteros de la Compañía D tampoco se habían materializado. Estos Gurkhas continuaron por lo tanto su marcha hacia el sur, a buena velocidad sobre el terrible terreno, cubierto de matas de hierba espesa muy efectivas para atacar cualquier tobillo vulnerable. El uso del liderazgo disimulado, sobre el que se había ejercido una influencia constante durante las seis semanas de formación en el Reino Unido y a bordo del *QE2*, fue mucho más relevante que el uso del liderazgo descubierto de 'ahí y ahora', es decir, el mantenimiento del ánimo durante esas treinta horas de esfuerzo extremo en un terreno desprovisto de cubierta y cuando la amenaza aérea latente era obvia para todos. No precisaban recordatorios de sus Comandantes de Pelotón sobre lo que debían hacer. El liderazgo ejercido durante el entrenamiento aseguró que los hombres procedieran automáticamente con la misión utilizando el invalorable recurso de su sobresaliente estado físico.

Un extra fue la entrega de raciones por medio de dos vehículos Sno-cat en ese segundo día. El Teniente Primero (Lieutenant) (QGO) Chandrakumar Pradhan, oficial de transporte motorizado/oficial de logística avanzada, proporcionó más transporte:

> Es difícil olvidar una vez cuando se nos ordenó al Suboficial Principal (Regimental Sergeant Major) Joseph y a mí que trasladáramos de vuelta a

Goose Green las pesadas mochilas de la Compañía D desde el punto de partida de su patrulla. Trasladamos el equipo con un tractor requisado y su remolque. Los bultos eran tan pesados que cada vez que atravesábamos un vado o un terreno blando teníamos que descargar los vehículos para pasar. Ese día descargamos y cargamos el tráiler más de seis veces hasta llegar a destino. Menudo día en que nosotros dos cargamos y descargamos más de seis veces los pesados bultos de una Compañía. (Willis, 2017, 107)

Así, la Compañía D llegó a su objetivo final en el istmo Darwin-Goose Green a 18:00Z del 4 de junio cerca de Burntside House y descansó antes de prepararse para el próximo movimiento. La pesadilla del terreno se había exacerbado por fuertes vientos y lluvia durante todo el día, un clima que se convertiría en un factor significativo en nuestras operaciones.

Mientras tanto, en el hombro este de Mount William, objetivo definitivo de nuestra Compañía D en el campo de batalla, Pino y sus compañeros soldados del RI 3 ya habían experimentado un deterioro de las condiciones durante las últimas seis semanas:

Desde ese momento, 'no más Picnic'. Primero fuego desde los barcos, enseguida desde los aviones, días después fuego de artillería y algunos disparos de balas trazadoras.

El frío empezaba a calar más hondo, pasábamos más horas dentro de las trincheras, la comida no era tan frecuente ni suculenta, y lo peor, el estrés de las bombas y los disparos.

A partir de ese día comenzamos a tener más guardias, más prolongadas, a dormir cada vez menos y con más frio.

Las bombas caían cada vez más cerca y cada vez con mayor frecuencia. Pasábamos más tiempo en las trincheras. Durante el día limpiábamos nuestro armamento, practicábamos tiro y esperábamos la llegada del enemigo. De noche pasábamos muchas horas de guardia recorriendo nuestro sector. Cada día nos daban un 'santo y seña' que se debía repetir después del clásico '¡Alto! ¿Quién vive?' En caso de no haber respuesta la orden era abrir fuego.

Nuestros jefes nos decían que íbamos ganando y que éramos muy superiores a los ingleses. Pero había indicios que no decían lo mismo.

Alguno de los compañeros consiguió escabullir una radio entre sus pertenencias y escuchábamos Radio CARVE de Uruguay. Estaba prohibido hacerlo, lo único que se podía escuchar era aquello que el Ejército quería. Lo que se decía en la radio uruguaya no coincidía en nada con lo que nosotros vivíamos y mucho menos con lo que queríamos creer. En nuestra comodidad, aceptábamos lo que nos decía el Ejército. Siempre nos decían que éramos muy superiores a los ingleses y que no podíamos perder. Una noche otros compañeros escucharon la voz de una locutora chilena que hablaba de los derechos de los soldados, de los artículos de la Convención de Ginebra donde uno podía renunciar sin esperar un castigo o, por lo menos, plantear una serie de condiciones. El trabajo psicológico del enemigo llegaba desde las voces más inesperadas.

Dos kilómetros al noreste, el Pelotón de Morteros de 81 mm del BIM 5 había continuado patrullando de noche alrededor de su posición. Se atendieron 'Necesidades individuales', como las del Cabo Segundo Omar Luque. Cuñé:

> Las noches eran muy oscuras excepto hacia el este, donde las luces del pueblo en la noche permanecían siempre encendidas. Esto hacía que el área donde estaba el Batallón pareciera todavía más oscura. Caminar se volvió peligroso. Un día, el Cabo Primero Ramón Molina, que había estado de patrulla, le dijo a su Jefe de Pelotón: 'Jefe, es imposible avanzar sin hacer ruido y, para colmo, cada piedra que se mueve es como si iluminara el piso; creo que vamos a tener que sacarnos las botas y usar medias de lana.'
> En verdad, parecía que al tocar las piedras estas adquirían cierta luminosidad porque estaban cargadas de fósforo u otro mineral desconocido para nosotros. Y esto influyó en los centinelas, que vieron estas luces muchas veces. [...L]a noche y los bombardeos siempre inspiraron miedo.
> Pero mayor aún era el miedo a los 'dedos en el gatillo' de los centinelas apostados. Entonces dimos la orden de no disparar, sino atacar al enemigo con un cuchillo. Todo esto estaba relacionado con los rumores de que ellos enviaban comandos o patrullas para verificar nuestras posiciones. Esto sucedió, aunque nunca se acercaron a las posiciones de nuestro Batallón a pesar de que intentaron sondear el sector varias veces. La provisión de gafas de visión nocturna eliminó muchos de los temores y facilitó la vigilancia de campo.
> Recuerda el Cabo Segundo Omar Luque: 'Andar con visores nocturnos nos daba la impresión de caminar con zancos, pero la ventaja de poder observar en la oscuridad de la noche es impresionante.'
> Desafortunadamente, este gran Cabo Segundo, que había completado una tarea muy eficiente en la producción de datos y otras ayudas para disparar rápida y eficientemente en diferentes direcciones y distancias de tiro anticipadas, tuvo que ser evacuado. Su esposa había fallecido inesperadamente. (Robacio y Hernández, 2004, 370-71)

Antes de eso, el 4 de junio, el Pelotón de Reconocimiento de la Guardia Galesa había llegado a las inmediaciones de la ubicación eventual de la Compañía D en Burntside House. Había volado desde San Carlos para reconocer un área portuaria; pero ahora se les ordenó quedarse allí porque la marcha de su Batallón desde San Carlos se abortó al cabo de apenas dos horas. Por lo tanto sería absolutamente imposible para los Guardias Escoceses y Galeses marchar setenta y cinco kilómetros hacia el este hasta Fitz Roy. El criterio de liderazgo es obvio: emplea tu unidad de acuerdo con sus capacidades, como acababa de hacer nuestra Compañía D. Los movimientos importantes tendrían que llevarse a cabo como una operación anfibia debido a la escasez de helicópteros en las siete horas de luz disponibles. No obstante, en el Cuartel General del Batallón solicitamos un helicóptero para devolver el Pelotón de Reconocimiento de la Guardia Galesa a San Carlos y transportamos cincuenta prisioneros a la bahía Ajax. Mientras tanto, algo se había hecho para aliviar la falta de raciones, como explicó el Teniente Primero (Lieutenant)(QGO) Sange Tamang, oficial asistente de Señales del Regimiento:

> Fue en el asentamiento de Goose Green [donde] enfrentamos escasez de raciones. Como la situación era bastante dura, tuvimos que encontrar recursos naturales [... como] complemento alimenticio. Para ello, el Mayor (Major) Gurkha mató una oveja con su fusil. Estaba pastando junto al aeródromo [pero lamentablemente] no murió instantáneamente [y] siguió corriendo [durante algún tiempo] con sus intestinos expuestos [hasta sucumbir a la muerte] y [caerse]. Suena cruel, pero para sobrevivir en la guerra, los soldados [deben] encontrar los medios para mantenerse con vida. Tuvimos una comida magnífica, pero lamentablemente sin sal. En otra ocasión le disparé a un pato para complementar nuestra comida. Lo más impactante que supimos luego fue [que] el área donde cazábamos estaba alfombrada de minas. Por suerte no nos pasó nada. (Willis, 2017, 106)

El 7º Pelotón de la Compañía C también sufría escasez de raciones. Fusilero Shivakumar Limbu:

> Teníamos una gran olla de aluminio en la sección, [pero] no sé de dónde había salido. Nuestra sección solía hacer en ella una sopa para todos. El menú consistía en esta sopa, hecha con una hamburguesa de tocino en lata o espaguetis en salsa de tomate en lata, y a veces era bistec en lata y budín de riñones para toda la sección. Básicamente [nosotros] vivíamos con una lata por comida. Había una familia local amable y amistosa cerca de nuestra posición [que] solía acercarse para conversar siempre que fuera posible. Como comíamos sopa en [...] cada comida, tenían la impresión de que nada nos gustaba más que la sopa. (Willis, 2017, 106)

Desde Goose Green montamos muchas patrullas hacia el sur hasta Lafonia y otros lugares. Otros 200 prisioneros fueron trasladados en avión a la bahía

Ajax, pero ¿cómo podríamos desplegarnos hasta el frente, cincuenta y cinco kilómetros hacia el este? Consideramos todos los medios posibles. Uno era usar la lancha patrullera de la Prefectura Naval enemiga PN *Río Iguazú* (GC-83), varada después de un ataque aéreo de Sea Harrier en Choiseul Sound el 22 de mayo. Otra posibilidad era el buque costero de la Falkland Islands Company, el MV *Monsunen*, de 230 toneladas. Con 2 Para ahora en Bluff Cove, el resto de la 5ª Brigada estaba siendo movido hacia el este por una operación anfibia secundaria. Saliendo de San Carlos a bordo del HMS *Intrepid*, la Guardia Escocesa se transfirió a cuatro LCUs y llegó a Bluff Cove el 6 de junio, después de haber sido golpeada por un clima terrible que causó múltiples casos de exposición. Sin embargo, todavía estábamos realizando patrullajes aéreos. Un ejemplo fue la patrulla de tres helicópteros Scout de la Compañía C a Lively Island, Fox Point y todo el estrecho Choiseul para verificar los informes de una posible estación de radar enemiga. Pero no encontraron nada.

Varios días antes, el Contraalmirante (Commodore) Michael Clapp había 'instruido a [su] personal para que considerara las diversas opciones 'navales' para sacar a la 5ª Brigada de las arenas movedizas antes de que la marea creciese' (Clapp y Southby-Tailyour, 1996, 220). Temprano el 5 de junio, envió un mensaje al Vicealmirante (Rear Admiral) Woodward a bordo del HMS *Hermes*:

> 'La situación meteorológica y militar actual dicta que los Guardias, las armas, las municiones y los estómagos vayan directamente desde el Palacio de Buckingham hasta Bluff Cove por mar.' (Freedman, 2005, 596)

Pero la amenaza aérea enemiga hizo que esta operación propuesta de una 'ruta sur' fuera inicialmente vetada por el Almirante (Admiral) Sir John Fieldhouse en Northwood:

> 'PM se ha mantenido resueltamente por la victoria, no por un Alto el Fuego.' En esto, la opinión pública la apoyó. Lo que podría socavar su posición y cambiar la opinión pública sería una 'catástrofe en el mar con gran pérdida de vidas [...] Por lo tanto, por favor abandonen este plan.' (Freedman, 2005, 597)

A pesar de un retraso anticipado de cinco días, Fieldhouse quería un despliegue de la 5ª Brigada al noreste de isla Soledad y luego un desembarco mediante LCUs en el rincón sureste de Salvador Water. Pero otro intercambio de mensajes ese día terminó con Fieldhouse afirmando: 'El hombre en el lugar debe decidir.' Por lo tanto, Clapp ideó un plan complejo y arriesgado para la operación del 'flanco sur' que implicaba el uso de los dos 'pontones de desembarco' (*Fearless* e *Intrepid*), dos 'buques de desembarco logístico' (*Sir Galahad* y *Sir Tristram*), ocho LCUs y el MV *Monsunen*.

Para entonces, el principal desafío para el grupo de BC de la 132ª Batería era proveer las dotaciones para todo el equipo que se había vuelto a poner en uso, incluido el cañón doble antiaéreo Oerlikon de 35 mm tripulado por ellos el 5 de junio, en previsión de enfrentar cualquier bombardero Canberra enemigo de alta cota. También se continuó trabajando en el cañón antiaéreo bitubo Rheinmetall de 20 mm. Pugh:

> Se había enviado un mensaje al sistema solicitando detalles sobre cómo operar el cañón Rheinmetall de 20 mm. Esta solicitud fue rápidamente respondida por el Agregado de Defensa en Bonn con la presunta asistencia del Gobierno Alemán y su Escuela de Artillería. La respuesta, que ocupaba cuatro páginas, fue entregada en mano a los artilleros a través del Instructor de Artillería Naval (GI) del HMS *Fearless*. El GI se quedó para ayudar a que los cañones entraran en acción y, en la noche del 5 de junio, cuatro de los seis cañones antiaéreos bitubo Rheinmetall de 20 mm estaban operativos. Entonces los artilleros dirigieron su atención a la reparación de los tres obuses ligeros OTO-Melara de 105 mm capturados y la inspección de sus existencias de munición, pero esta fue declarada inestable y no podía ser utilizada. Sin embargo, se había elaborado un plan de defensa aérea para Goose Green que vinculaba las armas capturadas para aumentar los sistemas Blowpipe británicos. Esta configuración se mantuvo hasta el final de la guerra.

Yo estaba de guardia en el Cuartel General del Batallón a 04:00Z del 6 de junio cuando llegaron informes de radio de una explosión en el aire cerca Pleasant Peak, a mitad de camino entre Goose Green y Bluff Cove. Varias horas más tarde, después de que el oficial de servicio entrante me relevara, las cosas comenzaron a escalar. Capitán (Captain) Martin Entwistle:

> A primera hora del 6 de junio me llamaron a la Sala de Operaciones de Goose Green para avisarme que faltaba un helicóptero liviano. Se suponía que este Gazelle había sido derribado, ya que había desaparecido repentinamente de las pantallas de radar durante un viaje de reabastecimiento nocturno a una estación de retransmisión ubicada en algún lugar cerca de la cima del pico Pleasant. Se montaría una misión de búsqueda y rescate conmigo como el RMO encargado de brindar apoyo médico. Se conocía la ubicación general del incidente, pero no se había encontrado al Gazelle y se había perdido todo contacto. También se desconocía si había sobrevivientes entre los dos tripulantes y los dos pasajeros.
>
> En el clima atroz de lluvia y viento fui recogido por un helicóptero Scout de Goose Green poco después del amanecer alrededor de 10:30Z.

Mi pesada mochila de campo Bergen estaba llena de suministros médicos y bolsas de solución salina. También estaba armado con un SLR, ya que había evitado la protección personal con una pistola Browning de 9 mm y, en su lugar, ahora llevaba rutinariamente mi reemplazo 'adquirido'. El equipo de búsqueda y rescate estaba compuesto por el Scout con dos tripulantes del Cuerpo Aéreo del Ejército y un servidor. El Cuartel General de la Brigada también encargó a nuestro Batallón que revisara el área con una patrulla, ya que era posible que un grupo enemigo que se hubiera quedado atrás hubiese derribado el Gazelle, aunque no se había proporcionado información sobre la ubicación exacta de la estación re-bro. (Esto era en las alturas Wickham, a mitad de camino del pico Pleasant.) Y así, el Capitán (Captain) (QGO) Belbahadur Rai y su Pelotón QRF (Quick Reaction Force) de la Compañía C volaron poco después en un Sea King para aterrizar finalmente cerca del lugar del accidente (que nuestro Scout iba a descubrir) antes de llevar a cabo su patrulla de un día de duración. Cualquier movimiento observado debía considerarse hostil.

Los tres que volábamos el Scout habíamos estado en alerta máxima. El estrés se intensificaba por nuestra conciencia de que el Gazelle podría haber sido derribado por fuego terrestre de armas menores enemigas o incluso por un misil tierra-aire. ¡Y ahora estábamos en el mismo espacio aéreo! Alternativamente, también era posible que el Gazelle pudiera haber tenido una falla técnica grave y luego se hubiera estrellado. No habíamos recibido información de ningún incidente 'azul sobre azul'. Al llegar a las inmediaciones de la última ubicación conocida del Gazelle, no pudimos encontrarlo de inmediato. Nuestro piloto empezó a volar una cuadrícula de búsqueda, con la tripulación buscando el Gazelle y manteniendo un ojo abierto por cualquier actividad enemiga. Después de quince o veinte minutos y desde unos 100 metros de altura finalmente localizamos los restos del helicóptero.

El lugar del accidente estaba en un terreno que se elevaba despacio sobre el lado norte de un largo valle. Más al norte, el suelo comenzaba a elevarse abruptamente hasta la cresta rocosa del pico Pleasant, donde en algún lugar se encontraba la estación de re-bro. La tripulación del Scout, comprensiblemente preocupada todavía por la posible acción del enemigo y la posibilidad de que esta vigilara el lugar del accidente, me dejó a unos 400 metros de distancia antes de despegar. Habiéndoles pedido que me brindaran algo de cubierta, me puse en marcha lo más rápido posible pisoteando las matas de hierba. Se me pasó por la cabeza ejecutar una maniobra evasiva hacia el lugar del accidente, pero la prioridad era encontrar y, con suerte, tratar a las víctimas. Por lo tanto, elegí la solución más simple y me apresuré directamente hacia el Gazelle derribado.

Estaba terriblemente dañado. La Sección de cola estaba separada del fuselaje. El rotor estaba destruido y separado del helicóptero, y la cabina había quedado severamente deformada y dañada. Lamentablemente no había sobrevivientes. Al igual que con el Gazelle, las heridas de los cuatro a bordo eran catastróficas. Estoy seguro de que todos habían muerto juntos instantáneamente.[5] Habiendo comprobado [que] no se podía brindar primeros auxilios, llevé a cabo una inspección rápida de los restos para obtener información sobre la posible causa del accidente. La mejor pista fue que la carga de reabastecimiento incluía unos bidones que tenían múltiples perforaciones. Así, era muy probable que estos hubieran sido causados por impactos de metralla. Basándome en esta observación, supuse que el Gazelle había estado expuesto a un ataque con misiles tierra-aire.

Después de realizar una búsqueda rápida de mapas u otra información sensible que no reveló nada, mi siguiente tarea fue organizar la evacuación de los cuerpos. Al no tener radio, hice señas con la mano a la tripulación del Scout para que regresaran. Aterrizaron y, al recibir mis observaciones de los restos del lugar del accidente, informaron la situación en su radio. Pero la tripulación no podía brindar asistencia para evacuar a los fallecidos dada la limitada capacidad de carga del Scout y la ausencia de bolsas para cadáveres. Sin embargo, el valle donde se había producido el accidente estaba en una ruta por la que volaban helicópteros de fuerzas amigas. Más tarde, un Sea King nos sobrevoló y arrojó algunas bolsas para cadáveres. Ya para entonces, el QRF Gurkha había llegado y algunos de ellos me ayudaron a sacar los cuatro cuerpos de la cabina del Gazelle estrellado y ponerlos con cuidado en las bolsas. Fue un trabajo muy demandante y tardó casi una hora en completarse. Los fallecidos fueron llevados a otro helicóptero que acababa de aterrizar y cuidadosamente subidos a él para su vuelo hacia el Hospital de Campaña en la bahía Ajax. El Pelotón de Belbahadur *saheb* emprendió finalmente su patrulla de los alrededores, y a mí se me ordenó volar al HMS *Fearless* para dar un informe verbal de mis hallazgos.

Una vez a bordo del buque de asalto anfibio, se me indicó que asistiera a la Sala de Operaciones del HQ Divisional de la LFFI. Mi informe fue entregado al General de Brigada (Brigadier) John Waters, adjunto del General de División (Major General) Jeremy Moore. Incluía los datos

---

5. Los cuatro fallecidos eran el piloto, Sargento Primero (Staff Sergeant) Christopher Griffin y el copiloto, Cabo (Lance Corporal) Simon Cockton, ambos del Escuadrón 656, Cuerpo Aéreo del Ejército; pasajeros, el Mayor (Major) Michael Forge, del Escuadrón de Señales OC 250, HQ de la Brigada de infantería y el Sargento Primero (Staff Sergeant) de Personal de la Tropa A Jon Baker, también del Escuadrón de Señales 250. Estos últimos estaban entregando a la estación re-bro del pico Pleasant (que tenía dos hombres) una estación de retransmisión Manpack de reemplazo para reemplazar una que no funcionaba correctamente.

sombríos de que no hubo sobrevivientes y mi estimación de que el Gazelle estrellado había sido alcanzado por un misil tierra-aire.[6] Pero entonces no era evidente que se tratara de un incidente 'azul contra azul'. De pie ante una gran mesa de mapas, el General de Brigada (Brigadier) Waters hizo algunas preguntas antes de despedirme. Con mi misión cumplida, me convertí en un 'pax' de baja prioridad. Por lo tanto, tomó algún tiempo antes de que pudiera enganchar un helicóptero de regreso a Goose Green y volver al cálido barracón del RAP donde había empezado mi día.

También hubo una coda Gurkha gemela para estos eventos el 6 de junio. Antes de que los QRF de Belbahadur *saheb* regresaran a Goose Green, habían logrado llegar a las inmediaciones de la estación re-bro en las alturas Wickham. Algunos de sus Gurkhas escucharon voces cercanas. Excitados, le informaron: '¡*Dush, saheb!*' El QGO llevó a cabo un reconocimiento final del objetivo antes del ataque inminente, pero su repentina cognición de que allí se hablaba inglés impidió que ocurriera un segundo 'azul sobre azul' ese día. Además, la pérdida del Gazelle estaba causando preocupación porque podía haber sido el resultado de la vulnerabilidad del código SCAN clasificado de la 5ª Brigada.[7] Pero nuestro RSO, el Capitán (Captain) Kit Spencer, salió con una simple solución para eliminar la ansiedad. Adjuntó Gurkhas de la misma localidad en Nepal a cada uno de los 30 miembros del Destacamento de Enlace de Retaguardia del Regimiento de Señales, que operaban equipos de radio Clansman PRC351 en las redes de radio del Batallón, para que pudieran actuar como 'criptografía manual' hablando en su lengua materna, Gurkhali.

Tekbahadur *saheb* había estado experimentando un tiempo más tranquilo en Darwin:

---

6. Más de cuatro años después, se hizo la confirmación oficial del preciso diagnóstico de Entwistle sobre la desaparición de Gazelle XX337. Después de una Junta de Investigación muy retrasada, el informe posterior del Ministerio de Defensa del Reino Unido publicado en noviembre de 1986 confirmó que el helicóptero había sido derribado por un misil tierra-aire. Sin embargo, este no era argentino, sino uno de los dos misiles Sea Dart disparados por el destructor de misiles guiados Tipo 42 HMS *Cardiff*. Los hallazgos de la Junta no se hicieron públicos hasta julio de 2008. Este incidente 'azul sobre azul' ocurrió porque el sistema IFF (Identificación, Amigo o Enemigo) del Gazelle había sido apagado porque estaba causando interferencia con las baterías de los misiles antiaéreos Rapier del Ejército. A la Royal Navy no se le había dicho que los helicópteros del Ejército estaban operando sin el sistema IFF. Por lo tanto, *Cardiff* había asumido que el XX337 era hostil.
7. SCAN se utiliza para codificar equipos criptográficos (es decir, el hardware conectado a equipos de comunicaciones para protegerlos de otros), aunque 'crypto' se usaba a menudo para describir tanto el hardware como el 'material clave' (anteriormente en papel, pero ahora electrónico, dentro de un dispositivo de llenado). Los códigos en papel todavía existían en 1982 para mensajes con clasificación de nivel superior.

Habían pasado otros tres días y noches. Durante este período, nuestra tarea principal era mantenernos alerta con el mínimo movimiento, tratar de mejorar las trincheras y mantener un OP doble montado en cada Sección. También sufríamos aumento del hambre. Unos días antes, nuestras raciones se habían agotado sin que el Batallón pudiera reabastecernos. Esto se debía a que el buque logístico, el SS *Atlantic Conveyor*, repleto de reabastecimientos, había sido hundido por el *dush* antes de nuestra llegada a Georgias del Sur.

Sin embargo, los asuntos operativos estaban ganando más impulso, porque ese día recibimos una orden de advertencia de ataque del Cuartel General de la División (LFFI) contra las áreas de defensa exterior e interior del enemigo al oeste de Stanley. En la Fase 1, en la noche del 9 al 10 de junio, la 3ª Brigada de Commandos atacaría Mount Longdon (3 Para), Dos Hermanas (45 Commando) y Mount Harriet (42 Commando). La fase 2 tendría lugar la noche siguiente (10/11 de junio) con tres objetivos: Wireless Ridge (2 Para), Tumbledown (2° Guardias Escoceses y 1er/7° Fusileros Gurkha) y Mount William (1er/7° Fusileros Gurkha). Durante toda la Fase 2, la Guardia Galesa estaría en reserva al suroeste de Mount Harriet. Finalmente, en la Fase 3, la 3ª Brigada de Commandos capturaría Stanley (incluyendo Sapper Hill). La necesidad de avanzar rápidamente hacia el este acababa de adquirir una urgencia adicional, cuando faltaban menos de noventa y seis horas para el inicio de la Fase 2.

Una Compañía proporcionó un grupo de trece fusileros para el entierro de los muertos argentinos en Darwin, mientras que otros 200 prisioneros fueron evacuados por aire. Como un equipo de zapadores había considerado que el barco de la Prefectura enemiga varado en bahía Button no estaba en condiciones de navegar, se decidió que se usaría al *Monsunen* para desplegar al este la Compañía D, al día siguiente. El Teniente Primero (Lieutenant)(QGO) Sange Tamang tuvo un roce con los 'espíritus del campo de batalla' que exhibieron otra medida encomiable de la compasión Gurkha por el enemigo muerto:

> Mientras estábamos en Goose Green, nuestra inteligencia [nos] informó que los argentinos atacarían desde la costa. En el Cuartel General del Batallón teníamos que permanecer alerta. Esa noche, WO2 Ramsing [...] y [yo] fuimos designados para ocupar un Puesto de Observación desde las 10 p.m. hasta la medianoche. El OP miraba hacia el mar. [Después de ser relevados], y mientras regresábamos a nuestra tienda, el Capitán (Captain) Khile Rai, que estaba patrullando el área, preguntó quiénes éramos. Cuando nos identificamos, [él] nos preguntó [si] estábamos bien. Le pregunté el motivo [de] su pregunta. Nos dijo que había visto a seis o siete hombres cruzar por sobre el tablón (de una cerca) y avanzar hacia nuestro [OP]. Había alertado a los miembros restantes de [...] Zero Bravo y los había enviado a sus puestos

designados. Por extraño que parezca, nadie vio las sombras y siguieron siendo un misterio. En la mañana supimos que un poco […] lejos de nuestra carpa había siete tumbas [de] soldados argentinos. Conectando el incidente de la noche anterior, asumimos que eran [las almas de los soldados muertos] buscando el pasaje al cielo… (Willis, 2017, 108-109)

Ya entonces, la unidad de Pino cerca de Mount William se había enterado de la presencia de Gurkhas en la isla Soledad. Describió la combinación de esto y los efectos de los bombardeos británicos:

A medida que avanzaban los días los bombardeos desde los barcos, aviones, artillería y algunos intercambios de disparos eran cada vez más frecuentes. Varias noches recibimos en nuestro sector soldados que habían sobrevivido a algún combate y se estaban replegando. Entonces ¿realmente íbamos ganando?

Y sobre todo esto, entre nosotros se corría el rumor de que los Gurkhas eran soldados asesinos, a los que poco les interesaba la vida. Que degollaban al enemigo y luego le cortaban la oreja como trofeo de guerra. Que eran capaces de zambullirse dentro de las trincheras argentinas con una granada en el pecho sin importarles su propia muerte.

Hubo noches donde se tiraba una bengala hacia un supuesto enemigo y hacia allí abríamos fuego.

Una noche en pleno bombardeo enemigo, las bombas caían tan cerca que con Cabral, estábamos cuerpo a tierra y nos reíamos mucho. ¡Temblábamos tanto que no sabíamos si era por la risa, si temblábamos del frio, o era la tierra que temblaba por efecto de las bombas!

Mientras la mitad de la Guardia Galesa completaba su traslado de San Carlos a Bluff Cove mediante el segundo buque de asalto anfibio HMS *Fearless*, y después de pasar la noche en Camilla Creek House, la Compañía D empezó a marchar nuevamente hacia el sur con las primeras luces del 7 de junio. Una vez que atravesaron los remanentes de la batalla librada diez días antes, llegaron finalmente al embarcadero de Goose Green y al amarrado *Monsunen*. El enemigo lo había utilizado como buque STUFT antes de encallarlo deliberadamente en la noche del 23 de mayo, después de ser interceptados por las fragatas Tipo 22 y Tipo 12 HMSs *Brilliant* y *Yarmouth* (Brown, 1987, 204). Ahora, con la Compañía D a bordo, el *Monsunen* evitaría con suerte cualquier avión enemigo, navegando durante las horas de oscuridad hacia Fitz Roy.

En el Reino Unido, ese mismo día, los periódicos nacionales publicaron más artículos sobre los Gurkhas, en parte como resultado de una sesión informativa que brindé a una docena de corresponsales de guerra del Reino Unido en el galpón de Goose Green, el 6 de junio. Uno fue el de A. J. McIlroy de *The Daily*

Telegraph y llevaba el título 'Kukris afuera mientras los Gurkhas se preparan' sobre una imagen de Gurkhas sonrientes y 'enmascarados'. El pie de foto era 'Dando apoyo mientras los soldados Gurkha se aplican crema de camuflaje, antes de emprender una patrulla especial en las Malvinas':

> Elementos de la Brigada de Gurkhas reconocían las colinas desoladas y cubiertas de niebla al noreste de Lafonia el pasado sábado por la noche en su primera acción de la Guerra de las Malvinas. Su misión era descubrir y destruir focos de fuerzas argentinas que aún representaban una amenaza real para el avance de las tropas británicas sobre Port Stanley.
>
> Lafonia es la porción sur —enorme y escasamente poblada— de Soledad, separada del resto de la isla por el angosto Estrecho de Choiseul. Los argentinos escondidos allí podrían estar esperando para unir sus fuerzas con un posible ataque en paracaídas que la Quinta Brigada anticipa aquí como un 'último espectáculo' ahora que las fuerzas de invasión están listas para atacar la capital.
>
> El Coronel (Colonel) [Comandante], que dirigía las tropas de asalto hacia dos helicópteros Scout, señaló las colinas circundantes con un bastón adornado por un mango de plata.[8] Carcazas chamuscadas de cazabombarderos Pucará están desparramadas en torno a la pista. Pero lo más inquietante es que quedan enormes pilas de napalm.
>
> Los Gurkhas, luchadores diminutos y feroces, buscan su primera víctima. Antes de abordar los helicópteros, hay un destello de acero frío mientras desenvainan ceremonialmente los kukris, los famosos cuchillos curvos que simbolizan a estos guerreros de Nepal.

Brian Hanrahan de la BBC TV también fue testigo de estos preparativos. Pero su artículo, también en *The Daily Telegraph*, contenía una descripción más discreta de las operaciones de patrullaje Gurkha en curso:

> Mientras tanto, a los Gurkhas se les asignó la tarea de proteger la retaguardia británica, y desde su base salen diariamente en helicópteros Scout del Ejército en misiones de búsqueda y destrucción, buscando grupos de soldados argentinos flanqueados en el avance principal.
>
> No se preocupan por dos o tres, solo por formaciones lo suficientemente grandes como para representar una amenaza. Observé a un grupo que se preparaba para su patrulla aerotransportada mientras era instruido por uno de sus oficiales, quien les hablaba en voz baja. Uno sacó su

---

8. Heredado de su padre, misionero médico, quien utilizó ese bastón durante la Rebelión de los Boxers en China, en 1900.

kukri y abrió un tubo de crema de camuflaje, que compartieron, untándosela en la cara e intercambiando bromas.

Después subieron a sus helicópteros y se fueron, aterrizando de vez en cuando para revisar una cabaña o una carpa abandonada. Pero esta patrulla, como las demás durante los últimos días, no pudo descubrir nada excepto armas y municiones abandonadas.

Sin embargo, ese día el tabloide *Daily Express* salió 'con todo' al mostrar como una proclama en la primera página 'Los cuchillos Gurkha están fuera' yuxtapuesta con esa imagen icónica de los diez Gurkhas afilando sus kukris en la rueda de piedra del HQ de la Compañía en Church Crookham el 5 de mayo. El subtítulo era 'Sacando filo: los Gurkhas se preparan para la acción', mientras que las oraciones iniciales del artículo ampliaban este tema agresivo del campo de batalla:

Equipos mortales de Gurkhas están sembrando el terror entre los argentinos. Las tropas, con sus famosos cuchillos reluciendo, encabezan el acoso nocturno al enemigo. Su misión es atacar a grupos de tropas extraviadas escondidas en las Malvinas, se reveló ayer. Es una perspectiva desalentadora para los argentinos sitiados, que esperan nerviosos en las sombras el avance británico sobre Port Stanley. El lema de los Gurkhas, que han luchado por la Corona Británica durante más de 167 años, es '*Es mejor morir que ser un cobarde.*'

Esto sirvió para reforzar nuestra 'operación psicológica' no oficial Gurkha, una semana antes de embarcarnos en QE2. Los dieciocho trabajadores chilenos de habla hispana en Stanley también prestaron una mano en la 'operación psicológica'. Según Phil Middleton, un maestro de escuela de Stanley que conocí veinticinco años después en la capital durante la '25ª Peregrinación a las Malvinas',[9] estos chilenos dieron información sobre nosotros a la guarnición argentina, después de escucharla en una transmisión de radio del Servicio Mundial de la BBC. Esto causó varias preocupaciones al enemigo. Uno era el mito de que, después de desenvainar su kukri, un Gurkha no podía volverlo a su vaina hasta que se hubiera derramado sangre; otra era que, debido a que los cordones de las botas de combate argentinas se ataban cruzándolos en diagonal (mientras que los británicos los cruzaban lateralmente), los Gurkhas se arrastraban por el suelo por la noche para localizar los cordones atados en diagonal antes de cortar con su kukri hacia arriba entre las piernas de su presa.

---

9. El 'Falklands 25 Pilgrimage' de 219 veteranos de combate británicos de la Asociación de Medallas del Atlántico Sur 82 y Combat Stress se llevó a cabo en las islas del 7 al 14 de noviembre de 2007.

También habría alguna acción operativa el 7 de junio, un hermoso día con cielo azul. Tekbahadur *saheb* estaba en su posición avanzada en Darwin Hill:

> Durante la mañana recibimos varias Alertas aéreas Rojas. En cada ocasión intentamos cubrirnos en nuestras trincheras, aunque la confiabilidad de su construcción estaba muy por debajo del estándar requerido. A mediodía se impuso otra Alerta aérea Roja. Corriendo de nuevo para cubrirme, escuché de repente tres fuertes explosiones lejos, hacia nuestro noreste.
> ¡Empezó el asalto aéreo! pensé. ¡Pronto atacarán también nuestra posición, por lo que debemos prepararnos ahora mismo!
> Unos minutos más tarde fui a consultar con el OP de nuestro Pelotón. Un Comandante de Sección agitado me dijo que un misil tierra-aire Rapier había derribado dos aviones Skyhawk que estaban molestando y que un tercero había escapado. Después de eso todo volvió a estar tranquilo y silencioso.

El Comandante de la Sección, sin embargo, acababa de presenciar las explosiones y la desintegración a una altitud de 39,000 pies de uno de los dos aviones Learjet 35A de reconocimiento fotográfico de alto nivel (sin armas) de la Fuerza Aérea enemiga, justo después de 12:10Z. La cola de este avión (Nardo 1) se había desprendido del fuselaje y ambas partes, pero no dos Skyhawks, cayeron en espiral hacia la tierra como hojas de higuera dejando un trazo de humo y estelas blancas. También otros vieron el macabro descenso final de Nardo 1. El cuerpo principal del avión se incrustó profundamente en la turba negra de Pebble Island, matando a los cinco miembros de la tripulación (Southby-Tailyour 1993, 333). Fue el segundo Learjet (Nardo 2), pero no un Skyhawk, el que escapó de regreso a su base continental, en Comodoro Rivadavia, y aterrizó allí noventa minutos después. Nardo 1 había sido derribado por uno de los dos misiles tierra-aire Sea Dart disparados por el HMS *Exeter* desde San Carlos Water, a cuarenta y ocho kilómetros de distancia. El Sea Dart superó ampliamente a nuestros demasiado optimistas artilleros, que enfrentaron al Learjet con el cañón bitubo antiaéreo Oerlikon de 35 mm enemigo recientemente capturado porque, aunque descargaba 550 disparos por minuto por tubo, su rango de tiro efectivo era solo 4,000 metros (13,000 pies).

Mientras, el Comandante del Pelotón de Reconocimiento Gurkha, Teniente (Second Lieutenant) Quentin Oates, y tres de sus Gurkhas habían sido desplegados en un helicóptero Scout al suroeste de Goose Green, hacia Lafonia. En sintonía con todos esos artículos periodísticos sobre los Gurkhas, tuvieron un éxito instantáneo al volar hacia una granja desierta conocida como Egg Harbour House. Desde una distancia de 500 metros vieron a un grupo de diez *dush* que salían corriendo del edificio. Después de aterrizar, Oates solicitó y recibió asistencia del Pelotón de la Fuerza de Reacción Rápida (QRF) de la

Compañía C en Goose Green. Siete *dush* fueron capturados y llevados de regreso a Goose Green con el QRF, dejando a Oates y sus Gurkhas en la granja.

Un poco más tarde, la Compañía D comenzó su embarque en el *Monsunen*. Zarpó a 18:00Z con su cargamento de 150 soldados, que comprendía nuestra Compañía D y el Escalón de retaguardia del 2º de Paracaidistas amontonados en la bodega, y con centinelas de defensa aérea proporcionados por la Compañía C. Una repetición en miniatura de la epidemia de mareos del *Norland* era posible en un alojamiento mucho más primitivo. Esa misma noche, el segundo contingente de la Guardia Galesa, de dos Compañías de fusileros; el Pelotón de Morteros de 81 mm y otros más embarcaron en el RFA *Sir Galahad* en San Carlos antes de que zarpara también hacia Fitz Roy. Al día siguiente se pondría a prueba al máximo el liderazgo, cuando nuestra Compañía D se viera involucrada en el peor evento masivo de pérdida de vidas británicas de toda la guerra.

Capítulo 8
Ataque aéreo enemigo y primeros 'entrantes' en Wether Ground

No olvidéis vuestros perros de guerra, vuestros grandes cañones, que son los argumentos más respetados de los derechos de los reyes.
Federico el Grande, Rey de Prusia

Al tiempo que comenzaba el viaje del *Monsunen*, continuaba la operación del Pelotón de Reconocimiento de la Sección Gurkha en Egg Harbour House. Cabo (Lance Corporal) Sukrim Rai:

> Cavamos trincheras a ambos costados de la casa. A la izquierda estaban Oates y Sitaram, a la derecha estábamos Budhi y yo [...] Alrededor de 14:30Z Budhi vio a lo lejos tres enemigos que venían hacia nosotros [...] me los indicó, e inmediatamente informé a Oates y Sitaram. Estábamos listos para disparar a matar y en posición en nuestra trinchera. Pero cuando los argentinos se acercaron a nuestra ubicación a cincuenta metros, empezaron a caminar lentamente porque no había movimiento alrededor de la casa. Ya sentían que algo había pasado, de ahí su cautela. Cuando llegaron a treinta metros de nosotros, Budhi me preguntó: '*Gurujee*, ¿puedo dispararles?'
> Pero yo respondí: '¡No dispares!', ya que no había necesidad de hacerlo. Quedáte en la trinchera y preparáte para dispararles en caso de que me disparen. Y si tu rifle no funciona, usá el mío', le dije. ¡Los voy a capturar con mi kukri!
> Me preparé para estar cómodo para la tarea quitándome las botas, el correaje y la parka, y le entregué mi rifle a Budhi. Entonces saqué mi kukri y esperé en una posición atenta cerca de la tranquera. Cuando llegaron, la salté y aterricé en medio de ellos. Sorprendidos, exclamaron '¡AAoo!', levantaron las manos, soltaron las armas y se rindieron. Se acostaron en el suelo y uno de ellos que era oficial dijo en inglés: '¡No nos despedacen! ¡No queremos pelear! ¡Nuestra moral es baja!' Era Jaime Ugarte, el oficial de la Fuerza Aérea. Llamando a Oates y Sitaram a nuestra posición, les informé que tres enemigos se habían rendido en mi ubicación, ¡y los que los retenía con mi kukri![1]

---

1. E-mail fechado el 10 de enero de 2021.

Con su acción determinada, Sukrim había aprovechado con éxito el poder inherente de las 'representaciones de guerra'. Pero Oates estaba más incómodo con los métodos poco ortodoxos de los Gurkhas. '¿Por qué no les disparaste?', exigió. En cambio, sus prisioneros recientemente adquiridos, el oficial y dos suboficiales de la Fuerza Aérea que componían un destacamento de misiles SAM-7 'Estrella Roja', fueron trasladados en un helicóptero Sea King a San Carlos para ser interrogados al día siguiente. Ugarte:

> Los Gurkhas son petisos, sesgados, muy disciplinados y muestran un respeto por los oficiales ingleses que raya en el miedo. Para ellos, pertenecer al Ejército británico parece ser un motivo de orgullo. Son místicos, exaltados y nerviosos. Yo creo que hasta que tuvieron dominio total, tanto los ingleses como ellos tenían más miedo que nosotros y me parece que los gritos que lanzaban eran para quitarse los nervios. (Carballo, 2004, 151)

En la tarde del 7 de junio, el *Monsunen* y su carga de Gurkhas de la Compañía D pasaron junto a la lancha patrullera de ochenta toneladas PN *Río Iguazú* (GC-83) de la Prefectura enemiga, que estaba varada. Con ruta hacia Goose Green, la embarcación había estado transportando dos obuses OTO Melara de 105 mm para esa guarnición de defensa. Se recuperó uno de ellos y se lo usó durante la batalla del 28 de mayo en esa locación. Pero todas las embarcaciones dentro del área eran vulnerables a ataques aéreos, como pronto descubrirían los británicos.

En Goose Green, el resto de los prisioneros fue trasladado a San Carlos, mientras que una patrulla de la Compañía A, comandada por el Capitán (Captain) (QGO) Hombahadur Gurung había sido trasladada Mount Usborne, dieciocho kilómetros al noreste de Goose Green. Su misión era buscar y localizar un presunto Puesto de Observación enemigo en este, el punto más alto de las islas, a 705 metros sobre el nivel del mar. Permanecerían en la ladera de la montaña todo el día siguiente para confirmar que allí no existía el tal OP.

En el Cuartel General del Batallón estábamos examinando nuestros mapas con respecto a las posiciones enemigas al oeste de Stanley. Dos objetivos de la 5ª Brigada y bastiones de la Armada Argentina eran obvios: Tumbledown y Mount William. Este último sería particularmente difícil de tomar. Una opción de ataque era un asalto con helicópteros estilo *coup de main* en las laderas del sur orientadas de cara al mar, con vistas a la carretera Darwin-Stanley. Nuestro oficial de Inteligencia, Teniente (Second Lieutenant) Paddy Redding, estudió las curvas de nivel e hizo cálculos de inter-visibilidad. Su resultado de 'no funciona' (suspiro de alivio) nunca fue cuestionado.

Al día siguiente, 8 de junio, la portada del periódico sensacionalista británico *Daily Mirror* informó *que habían muerto* sesenta soldados enemigos.

Aparentemente, este era el resultado de supuestas operaciones cerca de Stanley que incorporaron la participación de los Gurkhas:

> Unos 60 soldados argentinos han muerto en enfrentamientos con patrullas de marines y Gurkhas. Con la batalla por Port Stanley a punto de comenzar, las unidades de avanzada de los ejércitos británico y argentino están 'cara a cara'.
>
> Los argentinos fueron muertos en los últimos cinco días, en una serie de feroces batallas en los pantanos de 'tierra de nadie' en torno a la capital de las Malvinas.

Pero la realidad era que el *Monsunen* acababa solo recién de llegar a Fitz Roy después de una travesía difícil y helada que, sorprendentemente, no había causado ningún mareo. Después de una breve sesión informativa de un oficial de Estado Mayor de la 5ª Brigada al Mayor (Major) Mike Kefford, los pasajeros del *Monsunen* desembarcaron a toda prisa, atentos a la combinación de la luz del día que se aproximaba con la elevada amenaza aérea. Los Gurkhas estaban descansando en el Centro Comunitario local cuando el RFA *Sir Galahad* llegó sin previo aviso y fondeó cerca de su buque hermano, el *Sir Tristram*, en la bahía local.

Más tarde ese día, la Compañía D se trasladó a las colinas que dominan Fitz Roy para esperar más órdenes y, para el mediodía, todos estaban bien atrincherados y disfrutaban de las vistas despejadas. En atención a a la amenaza aérea en curso, las GPMGs se montaron en postes de soporte cubriendo un arco de casi 360 grados. También se desplegaron dos Secciones del Pelotón de Reconocimiento Gurkha en la costa oeste, para proporcionar una alerta temprana de la llegada de aviones enemigos. Habían avistado los cinco Skyhawk restantes de los ocho lanzados originalmente por el 5º Grupo de Cazas del 1er Escuadrón Aéreo A-4B con base en Río Gallegos que posteriormente atacaron al *Sir Galahad* y al *Sir Tristram*, pero la mala calidad de las comunicaciones de radio HF impidió que cualquier alerta de estos Gurkhas fuera recibida a tiempo. Las comunicaciones de radio entre el Cuartel General de nuestro Batallón y la Compañía D en la red del Batallón tampoco existían. Las transmisiones de la Compañía D se recibían solo de forma intermitente a través del enlace de retaguardia de la Brigada. La Compañía recibió Alertas aéreas Rojas, dos de las cuales resultaron ser falsas. Pero no se habían apostado centinelas aéreos. Fusilero Padambahadur Limbu (más tarde Mayor (Major) [QGO]), 10º Pelotón:

> [...] Hacia media tarde, dos o tres Skyhawks argentinos volaron rasantes sobre nuestra posición defensiva mientras nuestra Compañía [...] los miraba pasar sin saber si se trataba de aviones amigos o enemigos. Solo unos minutos después, se recibió el mensaje por radio de que en realidad eran

aviones enemigos y se dio la orden: '¡Fuego libre!', [es decir] Atacar si los jets enemigos regresan. Yo [...] preparé mi GPMG en su poste de soporte y esperé a que regresaran. Poco después, una segunda oleada de aviones enemigos sobrevoló nuestra posición. Toda [la] Compañía D [...] atacó a los Skyhawks con sus armas personales y también disparé mi arma en el modo de fuego rápido y gasté 150-200 tiros. Recuerdo las colinas de Fitz Roy cubiertas de balas trazadoras. Unos minutos más tarde vimos nubes de humo negro provenientes del *Sir Galahad* [...] anclado en Port Pleasant. Desde nuestra posición elevada, podíamos ver claramente el buque en llamas, rodeado de helicópteros y equipos de rescate que ayudaban en la evacuación. Solo pudimos mirar impotentes, ya que estábamos demasiado lejos para protegerlos. (Willis, 2017, 107)

Los Guardias Escoceses en Bluff Cove comenzaron a disparar contra la primera sección de Skyhawks que sobrevolaba sus posiciones. Posteriormente, volvieron a sobrevolarlas y los Guardias, alertados también por los Gurkhas, dispararon 18.600 tiros de armas menores contra las aeronaves en solo treinta segundos. Desde un ángulo de solo veinte a treinta grados, el Teniente Primero (Lieutenant) Jeremy McTeague, Comandante del 10º Pelotón, hizo seis disparos con su SLR a la segunda ola de Skyhawks que volaba a una altitud de tan solo 200 pies, pero ninguno dio en el blanco. Uno de los aviones dejó caer su tanque de combustible suplementario ya vacío, que aterrizó con terrible estruendo en un pequeño claro cerca de la posición de su Pelotón. Muchos Gurkhas pensaron que se trataba de una bomba de napalm o de un misil que no había explotado. Uno de los médicos del Real Cuerpo Médico del Ejército asignado al 10º Pelotón gritó que había sido herido, pero era solo un rasguño en su dedo meñique, adquirido al introducirse en su trinchera. El *Sir Tristram* también se volvió rápidamente una víctima del ataque aéreo y se podía ver el espeso humo que emanaba cuando se incendió. Hubo dos ataques iniciales separados, y seguramente otros más pudieron verse esa tarde.[2]

Cincuenta y cinco kilómetros hacia el oeste a lo largo de la costa, en Goose Green, nuestro Cuartel General de Batallón estaba recibiendo la visita del General de Brigada (Brigadier) Wilson y de Linda Kitson, la artista de guerra oficial británica. Durante casi una hora, mientras yo intentaba ponerlo al día

---

2. En Port Pleasant, tres bombas y fuego de cañones de 20 mm alcanzaron al *Sir Galahad* y dos bombas alcanzaron al *Sir Tristram*. Otros cuatro Skyhawk enemigos, en un raid antipersonal, atacaron el área de Port Pleasant/Fitz Roy a 19:35Z. Dos resultaron gravemente dañados por fuego terrestre, pero todos lograron regresar a su base en San Julián. Diez minutos después, otros cuatro atacaron la LCU *Foxtrot 4*. Tres fueron derribados por dos Sea Harriers y el cuarto regresó a su base en Río Gallegos. Una incursión final de seis Daggers desde Río Grande no llegó al área del objetivo.

sobre la situación en Fitz Roy a través de las transmisiones intermitentes de la red de radio de la Brigada, ella dibujó la escena tensa y, no menos, la creciente aprensión en el rostro de Wilson. Napoleón Bonaparte siempre consideró a la suerte como un atributo personal más que una cuestión de azar. Se alega que una vez le preguntó a su personal después de que le informaran las virtudes de un nuevo General: 'Todo eso está muy bien, pero ¿tiene suerte?' Una persona así vencería siempre sobre condiciones adversas, mientras que una sin suerte —aunque fuera un General experto en las técnicas de la guerra— estaba destinada a encontrarse con el fracaso y el desastre en el campo de batalla. Wilson figuraba en la última categoría. Cuatro cuestiones 'desafortunadas' estaban fuera de su control. Estas eran: el aterrizaje forzoso de un Harrier GR3 esa mañana en HMS *Sheathbill*, la base de operaciones avanzada (FOB) de Harriers en Puerto San Carlos, que destrozó gran parte de la pista de aluminio haciendo que la FOB quedara inservible para otros vuelos de Harrier hasta la noche; la decisión del Vicealmirante (Rear Admiral) Woodward de hacer navegar al HMS *Hermes* 100 millas más hacia el este para limpiar sus calderas, reduciendo así el tiempo de la patrulla aérea de combate de Sea Harriers sobre Soledad a menos de quince minutos; la falta de cobertura antiaérea puntual de Rapier sobre el acceso marítimo oriental a la bahía local de Fitz Roy, dado el daño causado a un lanzador de misiles durante su traslado —anterior, ese mismo día— desde el *Sir Galahad* a una posición que cubría esa aproximación específica utilizada por los Skyhawks enemigos; y finalmente la suspensión en Chile —ese día y por razones de mantenimiento— de la instalación radar de Punta Arenas, que permitía la alerta temprana de operaciones aéreas enemigas.

Pero la 'pared de plomo' de 4.000 disparos de la Compañía D había sido un 'primer Gurkha' histórico de combate contra aviones de combate, aunque con la desventaja de no haber logrado '*ek goli-ek dushman*' ('un tiro, un enemigo'). Posteriormente, el Pelotón de McTeague se sentó a discutir adónde habían estado apuntando a los Skyhawks. Él les recomendó que había que disparar hacia un lugar distante al menos veinte aeronaves hacia adelante para tener alguna posibilidad de acertar. Se habían aprendido numerosas lecciones de la situación. La continua existencia de la amenaza aérea *dush* dictó que debía llevarse a cabo un inmediato análisis *in situ*, con el reconocimiento de la necesidad fundamental de mantener centinelas aéreos y orientación sobre cómo apuntar y disparar con SLRs y GPMGs a aviones enemigos en rápido acercamiento. Eso no se había cubierto durante nuestro entrenamiento para la guerra. Había que considerar también la cantidad de tropas disponibles, los equipos, los recursos y el tiempo. Como líder, la tarea de McTeague era alentar y motivar a sus Gurkhas, que estaban bien calificados para cumplir la misión. Simplemente carecían de la experiencia de una situación que se desarrollaba tan rápidamente y tenían que aprender y reflexionar sobre sus errores, pero no detenerse a pensar en ellos.

El Comandante anotó en su Diario de Guerra las pérdidas de esa noche como el HMS *Plymouth* y las dos LSL hundidas con más de setenta bajas. Pero la niebla de la guerra se arremolinaba en torno a lo que escribía. Entre 17:00Z y 20:00Z, la fragata Tipo 12 HMS *Plymouth* fue dañada —no hundida— (frente a Chancho Point, en San Carlos Water) por cinco aviones Dagger. *Sir Galahad* (en Port Pleasant) y la LCU *Foxtrot* 4 (en Choiseul Sound) sufrieron graves daños, y el *Sir Tristram* (en Port Pleasant) recibió serios daños. Las bajas totales fueron 56 efectivos británicos muertos y 167 heridos. Tres aviones de combate enemigos Skyhawk fueron destruidos y dos resultaron gravemente dañados. El desastre fue un martillazo psicológico para la planificación de batalla y el liderazgo del Cuartel General de la 5ª Brigada. El General de Brigada (Brigadier) Wilson quedó fuera del proceso de toma de decisiones. También provocó un aplazamiento de cuarenta y ocho horas del ataque de la División británica.

Ahora, dos patrullas de combate nocturno de la Compañía Gurkha tomarían Tumbledown y Mount William la noche del 11 al 12 de junio. Si fallaban, entonces la Guardia Escocesa, con una tercera Compañía Gurkha bajo su mando, lanzaría un ataque con las primeras luces (el 12 de junio) a través de un difícil terreno cuesta arriba (que pronto se descubriría estaba densamente minado) y a través de un 'campo de muerte' cubierto por ocho ametralladoras enemigas. Estas incluían las tres ametralladoras pesadas Browning en Mount William. Una vez tomados ambos objetivos, los Guardias Galeses (bajo el mando de la 3ª Brigada de Commandos) avanzarían hacia el área sureste de Stanley, a pesar de que Wilson quería que tomaran Sapper Hill.

El Teniente Coronel (Lieutenant Colonel) Mike Scott, Comandante de la Guardia Escocesa, tenía que hacer uso del terreno de Tumbledown de una manera más eficiente. ¿Pero cómo? La clave estaba en neutralizar la ventaja que tenía el enemigo al ocupar el terreno elevado. Scott tuvo que revertir la inconveniencia de su actual posición inicial de baja cota reevaluando el terreno y extrayendo cualquier ventaja posible. Para esto, puso su confianza en su equipo central de planificación para que desarrollara un nuevo plan de batalla viable. El arquitecto fue el oficial de Operaciones Capitán (Captain) Tim Spicer, más tarde apodado 'Tumbledown Tim', quien propuso un ataque nocturno desde el oeste en lugar de desde el suroeste. Además, un ataque de diversión ideado por el Comandante de la Compañía del Cuartel General, el Mayor (Major) Richard Bethell, un ex oficial de SAS y más tarde Lord Westbury, mejoraría las posibilidades de éxito y la seguridad de los Guardias atacantes. Una vez que la parte principal de Tumbledown hubiera caído, nuestra Compañía B Gurkha se lanzaría al asalto para asegurar el abra y la saliente noreste, previo al asalto de la Compañía D sobre Mount William.

Mientras tanto, en Darwin, Tekbahadur *saheb* participaba de la planificación del próximo movimiento de la Compañía A:

En la noche del 8 de junio, el OC *saheb* Mayor (Major) Willis celebró un Grupo de Órdenes de Compañía. En él cubrió brevemente la recuperación de Stanley y los detalles del movimiento de la Compañía A a través de Goose Green hasta Bluff Cove, donde se estaba reuniendo el Batallón. Este tendría lugar al día siguiente por vía marítima, a bordo de la nave costera MV *Monsunen* de la Falkland Islands Company. Una vez que el OC terminó con sus órdenes, me apresuré a regresar al 1er Pelotón, donde el Sargento de Pelotón y el resto del personal estaban listos para recibir las mías.

Pero el siguiente cargamento del *Monsunen* desde Goose Green el 8 de junio comprendía a la Compañía B, el HQ Principal del Batallón y el Escalón A. Partieron esa noche hacia Fitz Roy a 20:30Z. Más tarde en la noche intentó remolcar a la *Foxtrot 4*, pero esta estaba haciendo agua que era imposible achicar. Por lo tanto, *Monsunen* la soltó a 03:00Z, poco antes de que se hundiera. En razón de la amenaza aérea en curso, este segundo viaje del *Monsunen* a Fitz Roy fue abortado y la nave regresó a Goose Green, llegando a 11:00Z.

El Comandante de Pelotón de Morteros de 81mm del BIM 5 enemigo, Suboficial Elvio Angel Cuñé, también había estado activo:

> Ya en los primeros días de junio, mientras patrullábamos en Mount William, tuve la oportunidad de encontrar y apreciar asombrado unas cuevas naturales en la cima de la montaña. Decidí entonces instalar un Puesto de Observación allí, conectado a mi puesto por medio de un teléfono fijo. Cuando estábamos en la cresta de la ladera, vimos un punto negro que se acercaba desde el oeste y un poco al sur de Mount Harriet. Unos segundos después pudimos ver como el avión enemigo viraba violentamente y comenzaba un ataque contra el área de Casa Amarilla y disparaba sus cohetes contra el cuartel de los Royal Marines [en Moody Brook]. Los misiles SAM-7 de los defensores no alcanzaron su objetivo. También pudimos observar y transmitir al Cuartel General del Batallón todo lo que sucedió en Fitz Roy [el 8 de junio]. La observación del desembarco de las tropas enemigas y el ruido de las explosiones de las bombas eran tan claros después de que dos de sus naves logísticas hubieran sido atacadas, que en un momento, ajustándome la boina, tuve la ilusión de que era el Mariscal de Campo Rommel. (Robacio y Hernández, 2004, 373)

En la mañana del 9 de junio, el periódico argentino *La Nación* publicaba un artículo con el título 'Pídese a Nepal que retire a los Gurkas'. Indicaba la preocupación que incluso la Junta Militar gobernante tenía ahora sobre el 1er/7° Fusileros Gurkha:

> El Gobierno argentino (la Junta Militar) habría instruido a Arnoldo Listre, el nuevo Representante Permanente de Argentina ante la ONU, para que enviara

una nota a su homólogo nepalés solicitando el 'inmediato retiro de las tropas nepalíes de las fuerzas coloniales británicas que atacan territorio argentino'.

¿Qué otra unidad de la Fuerza de Tareas británica había recibido un reconocimiento tan extraordinario de sus capacidades letales en el campo de batalla por parte de la Junta de Galtieri? La respuesta es simple: ninguna.. En Little Wether Ground, la Compañía D se había convertido en la Compañía de Patrulla de la Brigada y se estaba preparando para las operaciones. El *Monsunen* trasladaría una Compañía a Fitz Roy ese día; pero el Comandante pospuso eso hasta después del anochecer, cuando hubo escuchado el anuncio radial de —nada menos— que el BBC World Service News, sobre el despliegue planificado de la Compañía A. Durante el día, tanto el Pelotón de Reconocimiento como la patrulla del Capitán (Captain) (QGO) Hombahadur Gurung en Mount Usborne fueron recuperados hacia Goose Green. A pesar del frío y la falta de sueño durante la búsqueda del presunto OP, Hombahadur *saheb* y su patrulla habían establecido que no había presencia de *dush* en la montaña. Estaba justificadamente orgulloso de los esfuerzos de sus soldados, y otro tributo a la valentía y el destacado liderazgo de este QGO fue que no habían sufrido bajas durante su exigente misión. Un extrovertido, el QGO también era un prestidigitador aficionado, capaz de tragar bombillas eléctricas como parte de su acto o, durante las comidas de *bhat* (curry), masticar y tragar grandes chiles verdes como si fueran copos de maíz.

Mientras tanto, el movimiento anticipado del HQ Tac en helicóptero durante las primeras luces también se demoró. Pero nuestros planes pronto se alterarían rápidamente una vez más. La logística se convertiría en un reto para Tekbahadur *saheb*, quien, al final, lo resolvió con éxito:

A la mañana siguiente, el 9 de junio, inmediatamente después de ordenarse una pausa en la alerta, la Compañía A se preparó para trasladarse de Darwin a Goose Green para de allí moverse por mar a Bluff Cove. Esto se abortó inicialmente, por una Alerta aérea Roja. Finalmente, después de una dura marcha de media hora por un camino embarrado y resbaladizo, llegamos al asentamiento. Mientras nos quitábamos las mochilas Bergen, se nos informó repentinamente que nuestro modo de transporte había cambiado de mar a aire. Ya se había encargado a los Sea Kings para que la Compañía A volara a Bluff Cove, evitando así la posible repetición del fatal ataque aéreo del día anterior sobre los dos buques que estaban ahí. ¡Y estos helicópteros aterrizarían en breve en Darwin! Siendo el Pelotón líder, seríamos la primera subunidad de la Compañía en volar, por lo que teníamos que regresar rápido a Darwin. Por eso, tuvimos que dejar nuestras pesadas mochilas en Goose Green, bajo la supervisión del Sargento Ayudante de la Compañía (Company Sergeant Mayor).

Cuando llegué a Darwin, el 2IC (Segundo a Cargo) de la Compañía ya estaba allí para encargarse de los Pelotones sin ningún problema. También noté que los helicópteros se acercaban al lugar de aterrizaje. Una vez que el 2IC se percató de mi llegada, gritó de inmediato: '¡Rápido, 1er Pelotón! ¡Suban a ese primer helicóptero ahora mismo, sin demora!'

Dudé, porque en realidad aún no había llegado todo mi Pelotón, ni el resto de la Compañía. Todavía estaban esforzándose, muy atrás. Entonces le pregunté al 2IC: '¿Y qué hay con nuestras mochilas, las que dejamos en Goose Green?'

Con la pregunta yo pretendía lograr un poco de tiempo extra para esperar a los que aún no habían llegado. El 2IC gritó su respuesta: '¡No se preocupe por las mochilas! ¡Eso se resolverá según disponga la Compañía!'

Esto significaba que tenía que gritarle a mi Pelotón que se acercara más rápido, y en seguida traté de ahorrar tiempo formando un piquete de doce hombres sin importar de qué Sección vinieran los soldados. Con el ruido del motor del helicóptero y las aspas del rotor girando, y siendo el primer Comandante de piquete, le grité al Capitán (Captain) Narainprasad Rai: '2IC *saheb*, ¿puedo tener una referencia de grilla para el punto de destino?'

Pero él no la conocía exactamente y el OC estaba demasiado detrás como para preguntarle. Por lo tanto, el 2IC gritó: 'Simplemente contacte con el piloto y dígale 'Somos la Compañía A, 7GR. ¡Llévenos hasta Bluff Cove, cerca de la posición de la Compañía D 7GR!'

Esa fue de veras una corta sesión informativa para el vuelo. Se la repetí a mis subordinados del Cuartel General de Pelotón y a los Comandantes de Sección. Después cambié mi plan. Este era embarcar en el último vuelo. Haciéndolo así, podría informar a cada piloto por turno, porque la mayoría de mis suboficiales tenían deficiencias en su inglés. Durante toda esta actividad, finalmente llegaron nuestras mochilas, por lo que le grité al Sargento (Sergeant) Sibakumar Limbu, mi Sargento de Pelotón: '¡No deje que cada uno busque su propia mochila! ¡Para ahorrar tiempo, simplemente arrójenlas dentro de los helicópteros! ¡Podemos distribuirlas después de aterrizar en Bluff Cove!'

Entonces mi Pelotón se dividió en tres piquetes y voló a Bluff Cove con la confianza renovada. Después de todo, la mayoría de los pilotos sabían adónde llevar a nuestras tropas (a excepción de los grupos individuales).

Hacia el final del vuelo de quince minutos, quedamos brevemente atónitos al divisar los dos buques de la Real Flota Auxiliar gravemente dañados, que todavía estaban en llamas. Enormes nubes de humo se elevaban por sobre ellos donde, a bordo del *Sir Galahad*, treinta y dos valientes Guardias Galeses y otros habían quedado atrapados perdiendo la vida. Entonces aterrizamos cerca del área de la Compañía D. Mientras continuaba el ruido ensordecedor de las palas del rotor principal, que giraba rápidamente, el encasquetado Jefe de Carga del helicóptero señaló en mi mapa la ubicación exacta de la Compañía D y la nuestra. Después de que desembarcamos y verifiqué que podía comenzar la siguiente Fase, le di mi señal de 'pulgar hacia arriba' desde una posición bastante alejada del helicóptero. El reconocimiento del Jefe de Carga con el pulgar hacia arriba por 'todo está bien y seguro' precedió al despegue del Sea King de regreso a Darwin, para recolectar más de la Compañía A. Los pilotos eran brillantes. Sabían exactamente adónde llevarnos: pero *no era* Bluff Cove. Habíamos aterrizado cierta distancia al norte del asentamiento de Fitz Roy, en un lugar conocido localmente como Little Wether Ground, que estaba cubierto de pasto puna.

Una vez que mi Pelotón se reorganizó en un área segura, subí la colina cercana para encontrarme con la Compañía D y obtener información de ellos. Había muchas caras familiares y sonrientes. La mayoría expresó su felicidad por nuestra llegada como un bienvenido y fuerte refuerzo. Muchos estaban también ansiosos por describir los eventos del día anterior, es decir, cómo habían sido atacados por el Skyhawk argie que había lanzado un misil napalm con la intención de incendiar toda la Compañía D, pero que, afortunadamente, no llegó a explotar; cómo se habían enfrentado a ese Skyhawk y a otro con intenso fuego de armas pequeñas en un intento fallido de derribarlos; y cómo la primera Sección Skyhawk *dush* de tres aeronaves los había sobrevolado y luego pareció desvanecerse una vez al otro lado de la colina, solo para bombardear poco después su objetivo —el *Sir Galahad*— en la bahía local de Fitz Roy, aunque, podría agregar, el nombre correcto de esta última era, casi increíblemente, Port Pleasant (Puerto Agradable).

A última hora de esa tarde del 9 de junio, el Cuartel General Tac del Battalón, el RAP y los Pelotones de Morteros y Reconocimiento, volaron para unirse a la Compañía D en Little Wether Ground. Después de aterrizar, escuché en la red de radio de enlace de retaguardia de mi Brigada que el Pelotón de Reconocimiento de la Guardia Escocesa, ocupado durante las últimas cuarenta y ocho horas en Port Harriet y Seal Point con la llamada 'Operación Impunidad', diseñada para destruir dos cañones enemigos de 105 mm y un sitio de radar (aunque posteriormente se descubriría que ninguno existía) había soportado intenso fuego de armas menores y un mortero enemigo. Con fuerzas terrestres enemigas que parecían listas a atacar, tres miembros de la patrulla resultaron heridos cuando se retiraban de su aislada base avanzada en Port Harriet House, diecinueve kilómetros costa arriba de nuestra posición. Sin embargo, esta primera operación ofensiva de la guerra de la 5ª Brigada/Guardias Escoceses había indicado que 'el enemigo estaba desplegado para hacer frente a una amenaza lanzada desde el sur y a lo largo de la ruta que va desde Bluff Cove hasta

Stanley' (2SG Battlefield Tour, 1982, 3-4). Esta inteligencia alteraría radicalmente la dirección de los posteriores ataques de la Guardia Escocesa y de los Gurkhas.

Mientras tanto, el Comandante y el Mayor (Major) Mike Fallon habían volado al Cuartel General de la 5ª Brigada en Fitz Roy para asistir a un Grupo de Órdenes de Brigada en el que estaban presentes representantes de los medios. Pero pronto quedaron liberados, antes de que se llevara a cabo otro Grupo O (sin los medios). En la reunión, el Comandante dijo que no podía cumplir con los tiempos establecidos para el próximo ataque de la Brigada. Su opinión fue fuertemente apoyada por el Teniente Coronel (Lieutenant Colonel) Mike Scott, el oficial al mando de la Guardia Escocesa. Este Grupo O fue seguido por una reunión de planificación antes de que el Comandante y Fallon regresaran a Little Wether Ground. Allí se habían construido fortificaciones y casamatas de turba en previsión de una noche desagradable, húmeda y fría, pero sin bombardeos enemigos. El Cuartel General principal del Batallón y la Compañía B permanecieron en Goose Green, alojados ahora por la Compañía C. Se les habían asignado tres de nuestras ametralladoras pesadas para reforzar su potencia de fuego. Estas podrían haber sido necesarias, ya que durante las primeras horas de la mañana llegó un aviso de alarma sobre el desembarco inminente de paracaidistas enemigos o fuerzas helitransportadas desde Gran Malvina en el área de Goose Green/Darwin. Pero este informe era falso, su origen no era claro.

También se tomó la decisión de no volver a utilizar el *Monsunen*, dado el compromiso ocasionado por el BBC World Service News. Desde el mar, al sur de Little Wether Ground, el HMS *Yarmouth* comenzó a bombardear posiciones enemigas en los cercanos Two Sisters, Mount Harriet y Mount William, Sapper Hill y Moody Brook. Dejó de disparar a 04:00Z. La Compañía D menos sus mochilas Bergen —que después serían recuperadas por sno-cats prestados por 2 Para— se trasladó antes de las primeras luces a una posición diez kilómetros hacia el este, en la posición de grilla VC 2368. La intención era que la Compañía D llevara a cabo un agresivo patrullaje esa noche [10/11 de junio] en el área de Mount William desde esta nueva base de patrulla. El objetivo era desconcertar y hostigar al enemigo antes del ataque de la 3ª Brigada de Commandos, en veinticuatro horas, sobre las posiciones enemigas de Longdon, Two Sisters y Harriet.

A 10:00Z, el Comandante y el Mayor (Major) Mike Fallon volaron en helicóptero de regreso al Cuartel General de la 5ª Brigada en Fitz Roy para asistir a un Grupo de Órdenes formal de la Brigada mientras, ya en Buenos Aires, el diario *Clarín* había publicado un titular en su página 'Política' que decía: 'Los "gurjas", a la cabeza' con un artículo subtitulado 'Escándalo con los "gurjas"'. *Clarín* fue certero al informar sobre el avance Gurkha en curso, pero no estaba 'a la cabeza' de las fuerzas terrestres británicas, porque esa misma mañana del 10 de junio la Compañía B, el Cuartel General del Batallón, el Pelotón de Ametralladoras Pesadas y el Escalón A acababan de llegar en helicóptero desde Goose Green. Cuando el Comandante y Mike Fallon regresaron del Cuartel General de la 5ª Brigada a primera hora de la tarde, se recibió una Alerta aérea Roja, pero no hubo incidentes. Mientras, el Comandante ordenó a la Compañía D que cancelara su operación de patrullaje y se retirara aproximadamente 1.000 metros hacia el oeste para cumplir con una orden de la 5ª Brigada de 'no moverse más allá de VC23 Este' porque la Guardia Escocesa había descubierto un campo minado enemigo de dos kilómetros cuadrados al suroeste de Mount William. En consecuencia, la Compañía D retrocedió y comenzó a excavar en Wether Ground, donde la 29ª Batería de Campaña (Corunna), estaba estableciendo sus seis cañones ligeros de 105 mm. El movimiento de la Compañía tuvo consecuencias desafortunadas. Originalmente se habían movido sin ser observados hasta una posición cubierta segura; pero su retirada atrajo considerables disparos enemigos de 155 mm sobre los Gurkhas expuestos.

El avance de seis kilómetros que realizó el Batallón esa tarde y la llegada nocturna a Wether Ground se describieron oficialmente de la siguiente manera:

> El resto del Batallón, menos la Compañía C, estaba ahora reunido en Little Wether Ground y empezó a marchar hacia el este a las 14:00, para unirse a la Compañía D. Todo el equipo fue llevado por los hombres. Dado el excesivo peso de sus armas, el Pelotón de Ametralladoras Pesadas se quedó atrás para esperar MT (Transporte Mecánico) o helicópteros, junto al Escalón A. El Pelotón de Morteros y el Pelotón Antitanque, sin embargo, marcharon con sus armas al hombro. La munición de morteros quedó en redes para su helitransporte.
>
> Habiendo marchado aproximadamente siete horas sobre terreno muy accidentado, el Batallón encontró al Cuartel General del Batallón de la Guardia Galesa junto a las cabañas de algunos trabajadores de la construcción en GR [referencia de grilla] VC 206676. El Comandante se puso en contacto con el CO de la Guardia Galesa y se acordaron las posiciones para la noche. Se entendió que la Guardia Galesa avanzaría el 11 de junio y que, por lo tanto, sería necesario hacer algunos ajustes a las posiciones. Una tarea principal asignada al Batallón fue brindar protección local a la 29ª Batería del 4º Regimiento de Campaña de la Real Artillería, la mitad de la cual estaba en ese momento en posición en GR VC 230679. El Batallón continuó moviéndose mucho después de la última luz, y no fue hasta alrededor de 02:00Z del 11 de junio que la retaguardia de la columna se dispuso a pasar la noche. (Diario del Comandante 1/7GR, 10 de junio, 19-20)

Nuestro avance nos llevaría más cerca del imponente Mount Harriet, que 42 Commando asaltaría en treinta y seis horas. Más allá se encontraban nuestros objetivos de Tumbledown y Mount William. Cerca de este último, Pino describió algunas de las experiencias de su unidad allí hasta ese día:

> Desde el 1º de Mayo al 10 de Junio pasamos muchas noches entre las trincheras y las guardias. Los ingleses atacaban casi todos los días desde los barcos, artillería, aviones, y nosotros decíamos que los fines de semana atacaban con mayor intensidad porque cobraban doble. En esos días tuvimos un intercambio de disparos contra el avance de un grupo comando. Se colgó una bengala para identificar al enemigo que fue seguida por nuestros disparos.
> En otra oportunidad, una noche abrimos fuego contra un enemigo que estaba mucho más cercano. ¡Resultó que no eran ingleses! Eran unos soldados argentinos, que en medio de la noche, en busca de comida pasaron por delante de nuestras posiciones (ahí estaba Marcelo Vallejos). Afortunadamente no hicimos blanco en la propia tropa.
> Varias tardes, con rumbo al aeropuerto, nos sobrevolaban aviones Harrier que abrían ráfagas de ametralladoras sobre nuestras posiciones. Una de sus enormes balas picó en una piedra al lado de nuestra trinchera.
> Pasaban los días y la realidad iba superando las mentiras que nos contaban nuestros superiores. Cada vez más seguido recibíamos en nuestro campamento grupos de soldados que replegándose nos contaban del avance enemigo.

Una vez en Wether Ground, el 1er/7º Fusileros Gurkha llevaría a cabo sus preparativos de batalla iniciales mientras brindaba protección local a seis cañones ligeros de 105 mm de la 29ª Batería de Campaña (Corunna). Esta unidad de la Real Artillería ya estaba bajo el fuego de ese cañón Citer L33 de 155 mm fabricado por el enemigo, ubicado al este y justo al sur de Sapper Hill, que anteriormente había enfrentado a la Compañía D. Uno de los oficiales de la Batería, el Teniente (Second Lieutenant) Tom Martin, describió los eventos en Wether Ground ese día en su libro *Falklands Gunner*, que incluyó extractos de mi *Con los Gurkhas en las Malvinas*:

> Sin que lo supiéramos, los Gurkhas habían sido enviados adelante por el Cuartel General de la 5ª Brigada, con órdenes de proteger nuestra ubicación mientras continuaban los preparativos. La realidad era que estábamos tan adelantados que éramos vulnerables a un contraataque y, como constituíamos el veinte por ciento de la capacidad de la artillería de campaña, la Brigada necesitaba mitigar ese riesgo.
> De regreso en Bluff Cove, Mike Seear, un oficial Gurkha, estaba a punto de irse y moverse para unirse a nosotros. Este extracto de su libro habla de la marcha desde Bluff Cove hasta nuestra posición de artillería adelantada debajo de Mount Challenger. Los Gurkhas veían cómo los proyectiles argentinos de

155 mm caían más adelante. Les daba una indicación tanto de lo que les esperaba cuando avanzaran, como también de lo que estábamos pasando.

Espié con mis binoculares. Los proyectiles enemigos explotaban sobre una línea de cresta y columnas oscuras de turba y humo se elevaban a una altura sorprendente. Un minuto después, nubes de humo y ruidos sordos indicaron dónde se estaba estableciendo en Wether Ground la posición de los cañones de la 29ª Batería de Campaña (Corunna) del 4º Regimiento de Campaña, que se nos había encomendado proteger.

'Los resultados de este fuego de la Real Artillería fueron observados por una patrulla de reconocimiento Gurkha. Se produjeron más explosiones cerca de la 29ª Batería. Eran enormes.' (Martin, 2017, 167)

Pero Gus Pugh, el FOO Artillero de la Compañía A Gurkha, tuvo una experiencia inicial más cercana con esta bombardeo enemigo de 155 mm:

La Compañía A tomó la vanguardia desde el lugar de aterrizaje en Little Wether Ground hasta Wether Ground. Mientras se desplegaba en un clásico dos adelante, dos atrás, el espectáculo de una Compañía entera de Gurkhas avanzando no había pasado desapercibido para el enemigo. Un Observador de Artillería argentino [en Mount Harriet] abrió fuego de registro sobre la Compañía A. La conversación entre el Mayor (Major) David Willis (Comandante de la Compañía A) y Pugh registró la novedosa experiencia de ser el blanco y la falta de familiaridad [con] los efectos de la artillería. El tiro de ajuste inicial fue bastante corto y aterrizó aproximadamente 800 metros hacia el frente. La explosión del proyectil ofreció una vista impresionante cuando una pila de turba húmeda fue propulsada hacia el cielo y el ruido de la explosión llegó a la Compañía aproximadamente un segundo después.

Willis se volvió hacia Pugh y preguntó: '¿Artillería?', A lo que el FOO asintió. Enseguida se hizo una traducción rápida que se gritó a toda la Compañía. El resultado fue que la mayoría de los hombres sonrieron.

El segundo proyectil llegó unos dos minutos después, y esta vez cayó más cerca. Nuevamente, sonrisas por todas partes, lo que provocó asombro en el grupo del OP y reforzó aún más la leyenda de la valentía e invencibilidad Gurkha entre los Artilleros.

El tercer proyectil estaba mucho más cerca y pedazos de tierra cayeron entre los dos Pelotones delanteros. Willis inmediatamente ordenó a Pugh que 'lo mantuviera a esa distancia frente a las tropas de primera línea'.

Pero la respuesta lacónica de Pugh de '¡No es mi fuego!' produjo un rápido parloteo Gurkhali. No hubo demasiadas sonrisas esa vez y nos mantuvimos bien dispersos mientras avanzábamos entre el hostigamiento del fuego.

Tekbahadur *saheb* describió también sus experiencias de esa tarde:

> Temprano el 10 de junio, y de acuerdo con el informe de nuestro OC Mayor (Major) Willis *saheb*, nos preparamos para movernos hacia el este hacia el Mount Challenger como la subunidad líder del 1er/7º Fusileros Gurkha. Pero la amenaza de un inminente ataque argie a la Compañía C en Goose Green nos produjo un retraso. Esto significaba que podríamos tener que reforzar esta última en caso de una situación de esa prioridad. Por lo tanto esperamos hasta las primeras horas de la tarde cuando, en ausencia del ataque, todas las subunidades Gurkha en Little Wether Ground comenzaron la marcha hacia el este a 14:00Z.
>
> Como el objetivo de Mount Challenger estaba a siete kilómetros de distancia, nos movimos lo más rápido posible, pero al cabo de dos kilómetros y casi dos horas después, el enemigo empezó a bombardearnos esporádicamente con un cañón de 155 mm. Estábamos en el extremo del alcance efectivo de este arma (veinte kilómetros). La situación era desagradable porque el bombardeo intermitente cubría toda el área frente a nosotros y, por supuesto, interrumpía nuestro avance. Esto presentó un desafío de liderazgo mucho más exigente que el del día anterior en Darwin. El fuego errático de artillería tuvo un efecto desmoralizador sobre nosotros, ya que era imposible contrarrestarlo. Cada proyectil llegaba silbando a intervalos irregulares desde un lugar totalmente fuera del alcance de cualquier respuesta de fuego de las armas menores Gurkhas. Las explosiones resultantes eran enormes. También era imposible encontrar cubierta a nivel del suelo y observar el impacto de cada proyectil disparado.

El HQ Tac también fue sometido a este *hors d'oeuvre* de disparos de 155 mm *dush* cuando estaba en el Cuartel General de la Guardia Galesa y su Sala de Operaciones temporaria, en un refugio portátil para trabajadores al costado de la ruta Darwin-Stanley. Esto nos obligó a refugiarnos brevemente en una cantera cercana antes de que el cañoneo se tomara una pausa. El Comandante del Pelotón de Morteros de 81 mm del BIM 5 enemigo también estaba funcionando como FOO de artillería improvisado. Capitán de Fragata Robacio, CO del BIM 5:

> [...] Cuñé [...] tenía el trabajo de controlar los fuegos de [...] dos cañones [de 155 mm] con un alcance de 20 kilómetros, reduciendo así la carga de una concentración de tropas y material al suroeste de Mount Harriet. Apenas unos días antes del comienzo de la batalla, la artillería inglesa no nos daba respiro. Y así, sabiendo la inminencia de lo que pasaría, decidimos reunir a los Comandantes responsables y dar las directivas finales para enfrentar la ferocidad de lo que se avecinaba. (Robacio y Hernández, 2004, 373)

Aproximadamente en este momento, Cuñé también experimentaba un ataque de Sea Harrier con bombas de racimo:

> Era casi imposible moverse, pero, después de que el Puesto de Comando del Batallón me informara que había correo [...] mandé al conscripto Emerio Pelzer para que oficiara de cartero. Al cabo de un par de horas, cuando regresaba, atacaron dos Sea Harriers y uno de ellos dejó caer un gran tambor que al desintegrarse disparó multitud de 'Belugas' justo sobre Pelzer, a quien perdimos de vista entre el polvo y las explosiones. Pensé: '¡Lo mataron!' Pero [...] Pelzer salió del polvo, sacudiendo su ropa. Iliego y yo corrimos a nuestra posición. Dejándose caer, entre el susto y la sonrisa, Pelzer dijo: 'Esta cosa del cielo tuvo vida un rato y su metralla me salpicó por todos lados... ¡pero los gringos no tuvieron suerte!' (Robacio y Hernández, 2004, 374).

Al final del día continuamos nuestro avance sobre la ruta Darwin-Stanley durante otros dos kilómetros, antes de llegar a la posición semi-preparada de la 29ª Batería. Martin:

> Yo estaba de servicio (CPO – Command Post Officer) en el Puesto de Comando durante lo que era una noche relativamente tranquila, y parecía temprano cuando, después de que se escucharan voces apagadas afuera, una cabeza camuflada y con casco asomó a través de la puerta de la carpa.
> 'Hola, me preguntaba si podría ayudarme', dijo en un tono bastante animoso.
> '¿Quién es usted?', respondí.
> 'CO 1er/7º Gurkhas. ¿Quién es usted?'
> 'CPO de la 29º Batería y esta es la posición de mis cañones.'
> 'Excelente, o sea que usted conoce la disposición del terreno y, con suerte, puede ayudarme. Nos han enviado aquí para establecer una posición defensiva, ¿dónde recomendaría ubicarla?', Continuó el CO con el mismo modo afable.
> 'Disculpe, Coronel (Colonel), no tenía ni idea. ¿Puedo sugerir que los coloque rodeándonos?'
> 'No puedo hacer eso, me temo. ¿Cómo es el terreno por aquí?'
> En ese momento salimos y, aunque estaba helado, estaba bastante tranquilo y con cielo despejado. La luz ambiental de las estrellas, dominada por la Cruz del Sur, nos era suficiente para ver la disposición del terreno. Le expliqué la topografía y que los proyectiles habían estado cayendo en el valle justo al sur. Poco después de dejar el Puesto de Comando, el CO, Teniente Coronel (Lieutenant Colonel) David Morgan y yo encontramos al Teniente Primero (Lieutenant) Bill Moore (el Oficial de Posición de

Armas – GPO), quien entonces tomó la iniciativa de ayudar al CO con su solicitud. Bill pintó la imagen [...] de que estábamos bien ubicados en una pendiente inversa, a unos cientos de metros de la línea de la cordillera que se extendía a ambos lados del camino, con un terreno llano inmediatamente al norte, antes de que se elevara bastante escarpado hacia las montañas de más allá. Como reflexionó Bill Moore: 'Cuando te encuentras con miembros de la Batería, incluso ahora, lo único que hablan es de cómo la cresta los salvó.'

El CO hizo una evaluación rápida y nos informó que iba a establecer sus posiciones en el terreno unos 100 metros más allá de nuestra línea norte hasta la línea de la cordillera. Después nos agradeció nuestra ayuda y desapareció en la noche. 'De hecho, se trasladaron a la cresta justo en frente de nosotros', continuó Bill Moore, y procedió a prepararse un té, aún en la oscuridad, lo que demandó una respuesta del 155 mm argentino.

Me quedé en la carretera y con la luz ambiental de las estrellas proporcionando tanta iluminación como la luna llena, observé a esta aparentemente interminable serpiente de hombres pasar frente al Puesto de Comando. Lo que fue divertido fue notar que, aproximadamente cada treinta hombres, pasaba una forma considerablemente más alta que solo llevaba el cinturón reglamentario y un arma. Este era el oficial, seguido por una montaña de equipo, que resultaba ser su 'sherpa'. (Martin, 2017, 167-68)

Nuestra última formación defensiva en Wether Ground a medianoche era la Compañía B en la retaguardia, la Compañía A al frente derecho, la Compañía D al frente a la izquierda y el Cuartel General Tac encaramado en un pequeño montículo rocoso frente a la Compañía B. Tekbahadur *saheb*:

Eventualmente, la oscuridad creciente que comenzó con la última luz y terminó con la oscuridad final de la noche nos vendó los ojos por completo. Más tarde, la Compañía A alcanzó nuestro objetivo al sur de Mount Challenger. Esta era un área conocida como Wether Ground, donde una Batería de Campaña de la Real Artillería estaba todavía en proceso de instalar sus seis cañones. También fue aquí donde empezamos a cavar nuestras trincheras individuales. Pero, otra vez, una dificultad similar a nuestras experiencias de Darwin fue causada por el suelo húmedo y la roca sólida bajo el piso de cada trinchera que se estaba excavando. Aunque estaba oscuro y frío, este trabajo hizo que el cuerpo y los pies de todos los Gurkhas que trabajaban, envueltos en capas de ropa gruesa y calcetines de lana que estaban a su vez cubiertos por capas exteriores impermeables y gruesas botas árticas de goma, se sumergieran en rachas interminables de sudor. Pero afortunadamente, a medianoche, noté que el bombardeo *dush* estaba disminuyendo.

El RMO, Capitán (Captain) Martin Entwistle, describió cómo se estableció en su ubicación RAP en la retaguardia del HQ Tac:

> Llegamos a Wether Ground después de una marcha prolongada de 'adelante/detenerse' a lo largo de la ruta entre Darwin y Stanley. La marcha había estado interrumpida por debates sobre nuestro destino, pero su ubicación fue una sorpresa porque la topografía con el terreno en pendiente hacia arriba nos exponía cuando se lo observaba desde las colinas circundantes. Más importante todavía, era pantanoso y estaba lleno de pasto puna, por lo que moverse una vez fuera de la ruta era difícil. No obstante, nos dispersamos y empezamos a cavar. Mi basha, excavada al costado de un barranco de aproximadamente un metro y medio de profundidad, aceptó el riesgo de quedar expuesta por un lado antes que tener que cavar un pozo de zorro y tener que lidiar después con vivir en un baño frío.

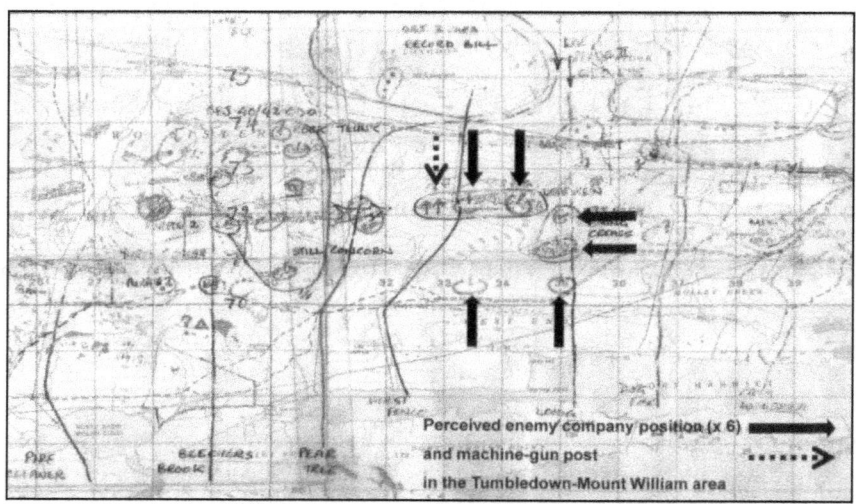

Mapa 2 – Posiciones enemigas (el 10 de junio, a 17:00Z) marcadas en el mapa original de inteligencia del HQ de la 5ª Brigada de Infantería.

Como ya se dijo, el Comandante y el Mayor (Major) Mike Fallon habían asistido a un Grupo de Órdenes del Cuartel General de la 5ª Brigada durante toda la mañana del 10 de junio. Un mapa que Fallon dibujó posteriormente (con grupo fecha/hora 10 de junio/17:00 Z) de fuentes de la 5ª Brigada llegó más tarde a mi poder. Este indicaba que la unidad enemiga BIM 5 estaba posicionada con una fuerza considerable en el área de Tumbledown-Mount William-Pony's Pass-Sapper Hill. Consistía en dos puestos de ametralladoras inmediatamente al oeste de Tumbledown; dos Compañías de fusileros en la cordillera de 1,8 kilómetros de Oeste a Este de Tumbledown; otra en el abra occidental entre Tumbledown y Mount William; otra en Mount William; otra un kilómetro al sur de Mount William; y aún otra más dos kilómetros al sur de Tumbledown, en Pony's Pass. También había una subunidad desconocida a un kilómetro al este de Mount William; un Pelotón de Morteros al noreste de Tumbledown; una Compañía de fusileros en Moody Brook y otra en Sapper Hill. La misión que nos esperaba sería un desafío difícil, agravado por la naturaleza gravemente defectuosa de la inteligencia representada en el mapa. El verdadero total de las fuerzas enemigas que enfrentaban a la 2ª Guardia Escocesa y al 1er/7° Fusileros Gurkha era de aproximadamente 900 soldados en el área de Tumbledown-Pony's Pass-Mount William-Sapper Hill. Los Batallones del Ejército británico de la Segunda Guerra Mundial solían tener un perímetro de defensa de hasta 2,2 kilómetros, pero las tres Compañías enemigas del BIM 5 tenían un perímetro de *dieciséis* kilómetros.

Las siguientes subunidades estaban en esta enorme Área Táctica de Responsabilidad (TAOR) (ha de tenerse en cuenta que un Pelotón de la Infantería de Marina argentina tenía una fuerza de cincuenta y cinco hombres, mientras que la de un Pelotón de fusileros del Ejército era de cuarenta y cinco): en Tumbledown (no había puestos de ametralladoras en el montículo rocoso inmediatamente al oeste de Tumbledown) había cuatro Pelotones de la Compañía N (Nácar) del BIM 5 (es decir, en el extremo oeste), un Pelotón disminuido de Ingenieros Anfibios y un Pelotón disminuido de Infantes de Marina, reforzado más tarde con algunos soldados del Ejército; en la saliente noreste, un Pelotón de Infantería de Marina en fuerza completa; y, entre Tumbledown y Mount William, un cuarto Pelotón de Infantería de Marina (no dos Compañías de fusileros). En el abra este entre Tumbledown y Mount William, había un Pelotón de Morteros de 81 mm de la Infantería de Marina (no una Compañía de fusileros); en el centro este de Tumbledown, una Sección de Morteros de 60 mm y, al noreste de Tumbledown, un Pelotón de Morteros de 106,6 mm de la Infantería de Marina.

Luego, en Mount William, había un Pelotón de Infantería de Marina reforzado (no una Compañía de infantería). Incluía tres ametralladoras pesadas Browning, dos puestos de disparo de misiles guiados por cable antitanque Bofors Bantam y dos cañones antitanque sin retroceso de 105 mm (pero al sur de Mount William no había ninguna Compañía de fusileros). La fuerza de la Compañía N era de 224 infantes de marina; en Pony's Pass, al sur de Tumbledown, estaba la Compañía O (Obra) del BIM 5 con una fuerza de 88 infantes de marina; en el hombro este de Mount William estaba el Cuartel General de la Compañía C del RI 3 y dos Pelotones de fusileros más un Pelotón de Morteros de 120 mm del RI 6; en Moody Brook estaba el Grupo de Batalla de la Compañía B del RI 6; y, finalmente, en Sapper Hill, estaba la Compañía M (Mar) del BIM 5, con una fuerza de 177 infantes de marina. El Puesto de Comando del Batallón estaba ubicado cerca de Felton Stream, al noroeste de Sapper Hill.

Y, por supuesto, el mapa de Mike Fallon no mostraba la ubicación en Felton

Stream de la Batería B del 1er Batallón de Artillería de Campaña enemigo de la Infantería de Marina, que constaba de seis obuses ligeros OTO Melara de 105 mm para apoyo directo al BIM 5, con otros treinta y dos obuses ligeros ubicados al sur de Stanley (3er Regimiento de Artillería – GA 3) y al oeste en la pista de carreras de Stanley (4° Regimiento de Artillería Móvil Aérea – GAA 4) en apoyo, más cuatro cañones de 155 mm (bajo el mando de GA 3). Abordar semejante 'misión imposible' con los limitados recursos disponibles que tenía en este TAOR, requirió de Robacio un grado de liderazgo dinámico.

Después de nuestro avance hacia el este, ahora estábamos mucho más cerca del imponente Mount Harriet, que 42 Commando asaltaría treinta y seis horas más tarde. Al este de Harriet estaban Tumbledown y Mount William. Otros que estuvieron atareados esa noche del 11 de junio fueron los HMS *Active* y *Arrow*, que realizaban fuego naval desde la línea de cañones al sur de Stanley. *Active* atacó blancos en Harriet, mientras que *Arrow* bombardeó el camino asfaltado entre Stanley y Moody Brook. Tom Martin describió lo que la 29ª Batería de Campaña (Corunna) ya había experimentado en Wether Ground antes del 11 de junio:

> Claramente, los Puestos de Observación Argentinos tenían una comprensión [de] lo que estaba pasando en nuestra nueva ubicación. Habían visto un número considerable de helicópteros con cargas suspendidas volando valle arriba hasta un punto justo fuera de su vista detrás de la cresta, solo para reaparecer momentos después 'vacíos'. Esto fue lo que proporcionó el catalizador para el fuego de hostigamiento de 155 mm.
>
> El estallido de un disparo de 155 mm [era] a la vez fuerte y característico y el ruido se transmitía con el fuerte viento predominante del oeste. Teniendo una idea de dónde estaba ubicado, pudimos calcular el tiempo aproximado de vuelo para las salvas entrantes. Hacia el final de ese intervalo, el silbido distintivo del proyectil [era] el presagio de su impacto inminente, al que se sumaba la lotería de dónde aterrizaría. Sin embargo, normalmente era tiempo suficiente para permitirte […] encontrar algún tipo de cubierta a mano, o al menos tirarte al suelo. Los proyectiles entrantes de 155 mm eran una mezcla de explosiones en tierra y en el aire, estas últimas eran claramente espoletas mecánicas de tiempo, lo que era evidente por la naturaleza errática de las explosiones ahí arriba. Eran las explosiones en el aire las que nos alcanzaban, ya que el tiempo que uno tenía para escuchar el silbido era muy corto. (Martin, 2017, 169-70)

Debido al sexto sentido inherente a los fusileros Gurkha, el Mayor (Major) David Willis ya había tomado medidas preventivas después de llegar cerca de la 29ª Batería de Campaña (Corunna):

La Compañía A avanzó hacia un puesto de apresto en Wether Ground y tomó posición defensiva a lo largo de la vía motorizada [Darwin-Stanley] justo al este de una Batería de Artillería que estaba ocupada configurando su línea de cañones. Yo había divisado inicialmente al 3er Pelotón al sur de la ruta, detrás de una línea de cresta baja pero, más tarde esa noche en el Grupo [de Órdenes], el Comandante del Pelotón mencionó que uno de sus fusileros le había advertido que una roca muy grande con la parte superior plana en la posición 'me da un mal presentimiento, no es un buen lugar para quedarse'. Por alguna razón, decidí reubicar el Pelotón, moviéndolo unos 100 metros hacia atrás. Al día siguiente [el 11 de junio], un Puesto de Observación argentino, probablemente en Mount William,[3] intentó hacer fuego de artillería contra la Batería británica, que habría sido identificada porque sus armas y municiones habían sido transportadas en helicóptero. Desafortunadamente, gran parte del fuego entrante tendía a caer en un flanco (sobre la Compañía B) o quedarse corto (cayendo sobre nosotros). La posición evacuada por el Pelotón lo absorbió, y los otros Pelotones y el HQ de la Compañía, que no se habían movido, recibieron su parte más tarde ese día, aunque sin sufrir bajas. (Willis, 2017, 109)

Pero antes que eso, la Compañía A aparentemente había 'dejado caer la pelota' momentáneamente en sus habitualmente elevados estándares de *kaida* y liderazgo. Martin:

Presencié el escape afortunado de unos pocos soldados Gurkhas que desayunaban poco después del amanecer. En ese momento, Bill y yo nos 'sorprendimos' al ver a los Gurkhas encender sus hornillos de hexamina antes de que amaneciera y la visión de estos pequeños fuegos fue justo la señal para que los Observadores Avanzados Argentinos se concentraran sobre nosotros.

En la oscuridad como de tinta de las Malvinas, la disciplina de luces es vital y nos sorprendió verlos tan tranquilos al respecto. Dio la casualidad de que estaban a punto de aprender una dura lección. Una salva de 155 mm aterrizó en el borde de la cresta, justo al este de la colección de pequeños 'sangares' de turba de su Pelotón, adyacente a nuestra posición. Un número considerable de cabezas apareció por encima de estos 'sangares', tratando de entender lo que acababa de pasar. Pronto desaparecieron de la vista y volvieron a la tarea que los ocupaba, presumiblemente descartándolo como una ocasión aislada. Unos minutos más tarde, una segunda salva aterrizó

---

3. También se había establecido un Puesto de Observación de Artillería en Mount Harriet. Era el OP principal que dirigía el fuego de 155mm.

aproximadamente a la mitad de distancia de la caída del disparo original, hacia el 'sangar' del Pelotón líder. Esto nuevamente hizo que los ocupantes tomaran nota, y los que estaban en el 'sangar' más cercano se dieron cuenta claramente de que las rondas se estaban ajustando hacia ellos.

No queriendo correr riesgos, 'desocuparon' su 'sangar' y se instalaron en el siguiente 'sangar' a retaguardia. Una vez más, unos minutos más tarde, entró una salva y aterrizó casi dentro de su antiguo 'hogar' recientemente desocupado, aparentemente destruyéndolo y con él todas sus posesiones. Un soldado Gurkha se quedó [...] con la ropa que llevaba puesta y la taza que sostenía. (Martin, 2017, 169-70)

Sin embargo, este esporádico bombardeo *dush* de 155 mm continuaría durante ese día del 11 de junio en Wether Ground. Tekbahadur *saheb* observó el efecto en sus vecinos de la Compañía B:

Durante un tiempo, la situación estuvo tranquila hasta que el *dush* empezó a disparar proyectiles en nuestra ubicación nuevamente a partir del mediodía. Unos minutos más tarde cambiaron de dirección y se concentraron, en cambio, en la posición de la Compañía B, ubicada inmediatamente al oeste detrás de nosotros. Esta dominaba el terreno ligeramente más bajo, a no más de 400 o 500 metros de distancia. Como si estuviéramos viendo una película de guerra, vimos claramente a la Compañía B reaccionar cuando estos proyectiles de 155 mm impactaron y explotaron. Los soldados tuvieron grandes problemas para tratar de encontrar un lugar donde pudieran protegerse de los proyectiles que volaban silbando directamente sobre nuestra ubicación. Cada vez que uno impactaba en el área de la Compañía B, había un destello cegador y humo de las explosiones que arrojaban enormes columnas de tierra y polvo.

Capítulo 9
Primeras bajas, despliegue del Grupo de Reconocimiento y planeamiento de la batalla

El coraje es una cualidad necesaria al liderazgo.

Sir Winston Churchill

Aunque generalmente imprecisas, las enormes explosiones de los proyectiles de 155mm alcanzaron eventualmente a varios Gurkhas en Wether Ground. Uno de ellos fue el Cabo (Lance Corporal) Gyanendra Rai:

> [...] Yo era el Comandante del destacamento de la Compañía B [...] responsable de la GPMG (SF) [ametralladora de propósito general en función de fuego sostenido] que es un [arma] pesada [10 kg] de 7,62 mm. Puede disparar hasta 750 proyectiles por minuto, con un [alcance máximo de] 1800 metros [...]. Además de ser utilizada por la infantería en el terreno [operada por dos hombres y sobre un trípode], la GPMG (SF) a veces se monta en helicópteros y vehículos blindados. Se me encomendó usar esta arma para apoyar y proteger las posiciones de las tropas británicas y Gurkhas y establecer fuego de supresión en caso de contraataques argentinos en ruta a Stanley. Además de [...] la GPMG (SF), [yo] y los nueve Gurkhas bajo mi mando teníamos que llevar pesadas [cintas] de municiones. Como yo, había otros dos Gurkhas especialmente entrenados en el uso de [esta arma].
>
> [El 10 de junio], la noche antes de que me hirieran, recibimos fuego de artillería desde las posiciones argentinas en Sapper Hill, cerca de Stanley. La artillería provenía de los cañones argentinos, ubicados aproximadamente a 15.000 metros de nuestra posición [...]. Por suerte, en esa ocasión los proyectiles pasaron por encima de nuestras cabezas y explotaron a unos metros de distancia. Nadie resultó herido durante este ataque. Sin embargo, esta fue la primera vez que sufrí un bombardeo a gran escala en el campo de batalla. Mi Compañía hizo una retirada táctica a terreno más seguro en caso de que los observadores argentinos acercaran el fuego de artillería a nuestras posiciones. Cavamos y construimos trincheras. Fue un trabajo muy duro. Justo debajo de la superficie fangosa y pegajosa había rocas grandes y [la tabla de agua]. Por lo tanto, nos parábamos en trincheras llenas de agua helada, que cubría nuestras botas llenas de barro. Sin embargo, las trincheras de los Gurkhas eran tan buenas que incluso diez años después,

durante ejercicios militares en las Malvinas, los soldados británicos informaron que todavía estaban allí.

En la mañana del 11 de junio [estábamos] asegurando la posición de nuestras trincheras [cerca] de Bluff Cove cuando escuché un zumbido y un silbido en el cielo sobre mí. Inmediatamente reconocí que era otra salva [entrante] de la artillería argentina. Dos proyectiles explotaron cerca de nosotros, pero ninguno de mis hombres [resultó] herido cuando nos refugiamos. Era muy parecido a una escena de la Primera Guerra Mundial, mientras nos resguardábamos en y alrededor de nuestras trincheras barrosas e inundadas. Luego escuché el silbido familiar de otra salva de artillería [entrante]. Esta vez, [explotó] a unos cinco o seis metros de mí y de mis hombres. Todo lo que puedo recordar de la explosión inicial fue un estallido masivo que inmediatamente me dejó sordo [durante unos diez minutos]. Se vació el aire de mis pulmones y me costaba respirar. Todo se volvió negro y no podía ver. Estaba totalmente desorientado [...] y mi cabeza daba vueltas.

Al principio no sentí ningún dolor, aunque recuerdo oler humo y carne quemada. Creo que quedé inconsciente o aturdido por el impacto del proyectil. Empecé a mirar en torno de mí para ver si mis hombres estaban heridos, pero [...] no podía moverme. Podía ver que el lado izquierdo de mi uniforme camuflado estaba desgarrado y [...] cubierto de sangre de color rojo oscuro. Uno de mis compañeros Gurkhas me gritó, pero no pude escucharlo porque me había quedado temporalmente sordo. El soldado señalaba mi espalda. Noté que mi uniforme estaba roto, ardiendo y chamuscado. Usé mi mano para sofocar cualquier tela que ardiera, ya que pensé [que] podría incendiarme. Fue entonces cuando noté que las esquirlas del proyectil me habían arrancado el lado izquierdo de la espalda. Intenté gatear, pero [...] simplemente no podía moverme. Estaba incapacitado y, a estas alturas, empapado en mi sangre. Además, había sufrido otra laceración por esquirlas en el hombro derecho, pero esto era menos grave que la herida probablemente mortal en la región lumbar izquierda.

[En ese momento] estaba absolutamente convencido de que iba a morir. Sabía que estaba gravemente herido y pensé en el templo de Pashupatinath, que es el templo hindú más sagrado del mundo. [Está] en Katmandú, en mi tierra natal de Nepal. Sabía que, si pensaba en este templo, mientras agonizaba en el campo de batalla, [entonces] definitivamente iría al cielo.

Sin embargo, mis pensamientos de una muerte rápida pronto se hicieron añicos. En cuestión de segundos, otra salva de artillería argentina silbó en el cielo y supe que estábamos siendo atacados por [esta] cuarta, disparada hacia nuestro sector. El proyectil cayó a solo dos metros [...] de [mis hombres y de mí]. Sin embargo, fue nuestra buena fortuna que no explotó. Mis nueve hombres habrían muerto si el proyectil hubiera explotado tan cerca de nosotros. Recuerdo, mientras yacía en un charco de mi propia sangre, que miré el proyectil de artillería fallido y pude ver 155 mm marcados en el costado. Pensé [...] por lo menos ahora sabía qué tipo de artillería están usando los argentinos contra nosotros, y qué precisamente me había herido.

Mientras miraba alrededor de mí, pude ver que el proyectil [que] me había derribado también había herido a dos de mis camaradas Gurkha. Uno [de ellos, [el fusilero Baliprasad Rai] tenía la cara, el cuello y el cabello cubiertos de sangre. Pedazos de metralla habían alcanzado su casco y atravesado la parte trasera. Afortunadamente, la velocidad de las esquirlas fue suficientemente atemperada por el casco, por lo que no resultó mortalmente herido. Sin embargo, creo que, si no hubiera estado usando casco, [entonces] la metralla definitivamente le habría arrancado la cabeza. Noté [entonces] otro [fusilero Pranaya Rai] tirado en el suelo sosteniendo su pierna. Había sido [alcanzado por] la metralla justo encima de una de sus rodillas (no recuerdo en cuál rodilla, ya que [en ese momento] estaba entrando y saliendo de mi conciencia). La pierna de mi camarada, [...] la pernera del pantalón de combate y [...] la bota estaban cubiertas de sangre roja y espesa.

Les dije a mis hombres que no estaban heridos que se retiraran a posiciones seguras para protegerse del continuo bombardeo de artillería. Estaba claro que los argentinos ya habían [obtenido] nuestra distancia. Entonces pienso [que quedé] inconsciente. Sin embargo, [...] tomó alrededor de quince a veinte minutos para que una ambulancia del Ejército británico con una gran cruz roja en el costado,[1] llegara hasta nosotros en el campo. Más tarde me enteré de que el Ejército británico no podía [solicitar] apoyo de helicópteros [para] nosotros, ya que no había helicópteros disponibles en ese preciso momento.

Cuando llegó la ambulancia, yo ya tenía intenso dolor y había perdido mucha sangre. Fue como si alguien me hubiera enterrado una maza en el costado de la espalda. Simplemente no puedo describir el dolor, ya que era tan insoportable. Sin embargo, noté que ni mis hombres ni yo estábamos gritando o aullando en esta etapa. Creo que todos habíamos aceptado, lo cual es típico de los Gurkhas, que íbamos a morir con honor en el campo de batalla.

Recuerdo un [médico] del Ejército[2] corriendo hacia mí. Inmediatamente me dio morfina y en cuestión de minutos el dolor se alivió. Cuando te dan

---

1. Una Land Rover de doble tracción.
2. Capitán (Captain) Martin Entwistle, 1er/7º Fusileros Gurkha, RMO.

morfina, te marcan una 'M' en la frente para que los cirujanos sepan que no deben darte más cuando llegues al Hospital de Campaña. Nunca llegué a agradecer a este hombre apropiadamente, pero le debo mi vida. Los médicos me levantaron, semiinconsciente, en una camilla [que] se llenó de mi sangre, tanto que estaba teñida de rojo oscuro cuando me llevaron a [la] [Estación Avanzada de Vendajes] de Fitz Roy, donde los cirujanos comenzaron a salvar mi vida [...]. Cuando me recuperé [me] dieron la esquirla que me habían quitado de la espalda. El fragmento de acero serrado medía aproximadamente [6 x 2] cm. Ahora lo guardo como un recuerdo especial del día en que casi muero durante la Guerra de Malvinas. (O'Rourke, 2007, 1-3)

Gyanendra Rai omitió mencionar una cuarta víctima: el Capitán (Captain) (QGO) Dalbahadur Sunwar, el 2IC de la Compañía B. Este último había abandonado la trinchera que compartía con el Comandante de su Compañía, el Capitán (Captain) Lester Holley, porque, de ocuparla ambos, se habrían perdido el comando y el control si un proyectil de 155 mm la hubiera alcanzado con un impacto directo. Cuando se trasladaba a una trinchera alternativa, Dalbahadur recibió un impacto de metralla en el muslo izquierdo. A pesar del peligro evidente, Holley corrió hacia nuestro Cuartel General Tac cercano, ubicado en el afloramiento rocoso de una pequeña colina, para informarme sobre la situación y solicitar ayuda al RMO, el Capitán (Captain) Martin Entwistle.

En el camino de regreso a su Compañía, Holley tuvo que ponerse a cubierto cuando dos 'entrantes' más explotaron. Finalmente, al llegar a su trinchera, descubrió que el borde frontal había recibido un impacto directo de la artillería. Esto no le impidió moverse rápido alrededor de la Compañía B para alentar a sus hombres a permanecer en posición, porque algunos habían abandonado sus trincheras para escapar del salvaje poder cinético de las explosiones de los proyectiles. Entwistle brindó un ejemplo paralelo de coraje y liderazgo ese día, cuando también recorrió la posición de la Compañía B, esquivando los proyectiles para vendar y administrar morfina a cada víctima en cuatro lugares separados. Más tarde se enfadó justificadamente conmigo por no haberlos recogido en su RAP, minimizando así el riesgo de que lo alcanzaran los proyectiles. '¿Puedo recordarle que solo hay dos médicos en el Batallón?', agregó. Sin embargo, debido a mi estupidez y su valentía, en la posguerra se le otorgó la condecoración de Mención en Despachos por eso, por su liderazgo y otros futuros trabajos para salvar vidas llevados a cabo en el campo de batalla. Casi cuarenta años más tarde, el ex 1/7GR RMO proporcionó a este ex oficial de Operaciones 1/7GR una ampliación de su estrategia y operaciones de gestión de bajas RAP:

> Mis preocupaciones con respecto a nuestra posición (en Wether Ground) se confirmaron rápido cuando estuvimos bajo fuego de artillería enemiga

de 155 mm durante aproximadamente una hora. Casi de inmediato comenzamos a tener bajas, cuatro en total, en el área de la Compañía B. Nuestro procedimiento operativo, ensayado en el ejercicio de Sennybridge, consistía en que los médicos de la Compañía trataran y luego evacuaran a las víctimas al RAP operado por mí y una concentración de médicos. Sin embargo, el movimiento de las víctimas a pie era tan problemático que el equipo RAP, incluyéndome, tuvimos que atravesar el campo de batalla y tratar a los heridos donde se encontraban inicialmente. Por casualidad, un proyectil había explotado a unos 250 metros del RAP, hiriendo al Cabo (Lance Corporal) Gyanendra Rai. Lo localizamos y lo tratamos sin demasiada dificultad. Las otras tres bajas de la Compañía B se manejaron de manera similar. En esta situación, la evacuación se vio facilitada por la proximidad del camino adonde se llevaba a las víctimas, se las trasladaba a retaguardia en vehículos y luego se las evacuaba a Fitz Roy.

Esta fue nuestra primera 'prueba de sangre' en el teatro y proporcionó una curva de aprendizaje pronunciada, que eventualmente resultó en la necesidad de realizar ajustes operativos. Se hizo evidente que el procedimiento de brindar primeros auxilios a nivel de Compañía y luego trasladar las bajas al RAP era difícil por tres razones. En primer lugar, trasladar víctimas sobre el terreno de las Malvinas era extremadamente desafiante y trabajoso [porque] requería de cuatro a ocho soldados por camilla [...] que tenían que rotar cada diez minutos debido a la fatiga. En segundo lugar, trasladar a las víctimas al RAP llevaba tiempo y, por lo tanto, se corría el riesgo de demoras importantes en el tratamiento. Y, por último, el terreno sin características hacía difícil la localización de cualquier posición específica.

Otro desafío importante era determinar la ubicación, naturaleza y alcance de las heridas de una víctima. Debido al clima y al medio, el personal estaba muy bien cubierto con varias capas de ropa. Por lo tanto, su examen médico era, por necesidad, superficial. No hubiera sido prudente quitar o cortar la ropa de alguien que luego tendría que soportar una evacuación prolongada y, por lo tanto, correr el riesgo de sufrir hipotermia. Pensé que también podría estar evacuando a personas que solo tenían heridas menores y, por lo tanto, las estaría sacando del campo de batalla innecesariamente. Sin embargo, me equivoqué por el lado de 'en caso de duda, evacuar'. Esta resultó ser una estrategia sabia. Por ejemplo, el Cabo (Lance Corporal) Gyanendra Rai no parecía malamente herido al principio. No obstante, había sido alcanzado por metralla de alta velocidad y no pude determinar el alcance de sus heridas. Más tarde se supo que tenía una herida penetrante en el abdomen posterior y requería cirugía, así como cinco pintas de sangre.

La situación respecto a ese bombardeo específico podría haber sido mucho peor. Si bien duró aproximadamente una hora, parecía intermitente e inconexo [...] También me informaron que el enemigo estaba teniendo dificultades para configurar las espoletas de sus proyectiles explosivas en el aire. Si se hubieran ajustado correctamente, sospecho que nuestra tasa de bajas habría sido mucho mayor. El terreno también estaba a nuestro favor. Dada su naturaleza pantanosa, los proyectiles que impactaban tendían a enterrarse un poco en la turba antes de explotar hacia arriba y, por lo tanto, limitaban el diámetro de la 'zona de muerte'.

Pero la 29ª Batería de Campaña (Corunna) era el objetivo principal del cañón enemigo de 155mm. Tom Martin:

[...] tuvimos miembros en la posición que fueron alcanzados por metralla en varias ocasiones, pero afortunadamente no hubo heridos, solo ropa destrozada.

La lluvia de metralla, cuyos efectos se amplificaban [al] escucharla rebotar en las rocas, mostró cuán vulnerables éramos. El deseo de ponerse a cubierto en tales circunstancias es perfectamente natural y comprensible; sin embargo, durante una Misión de Fuego y en acción, cuando llegan las salvas es algo que debe superarse. No hay escondites en la línea de cañones y tampoco lo había en el Puesto de Comando, ocupabas tu puesto como miles de artilleros antes que tú. Estar encerrado en una tienda de campaña hacía que la sensación de vulnerabilidad fuera más intensa y la idea de una cubierta de lona delgada ofrece cero confianza.

El Sargento (Sergeant) Walker describe cómo [...] 'Los proyectiles caían 100 metros por delante, por detrás, a la izquierda y a la derecha. Pero no pudieron acertar. Si lo hubieran hecho, nos habrían aniquilado. Estábamos allí pensando que el próximo podíamos ser nosotros y las reacciones de algunos fueron peores que otras. Podías ver el miedo en las caras de algunos de los muchachos más jóvenes, pero tenías que seguir haciendo tu trabajo y disparando el cañón.'

[...] Una ventaja imprevista del haber estado bajo fuego de artillería era el agujero que dejaba en el suelo. Estos cráteres demostraron ser letrinas ideales, que salvaban a uno del omnipresente 'reconocimiento con pala' y brindaban un elemento de seguridad, ya que uno está oculto de la vista. El premio era bautizar los cráteres. (Martin, 2017, 171)

Gus Pugh:

Preparamos posiciones defensivas a ambos lados de la rudimentaria ruta a Stanley con la Compañía D hacia adelante a la izquierda y la Compañía A hacia adelante a la derecha. Una característica de esta posición fue el uso indeterminado de fuego de hostigamiento de un cañón argentino de 155 mm; por lo general, consistía en entre seis y ocho salvas por hora y causó cuatro bajas en la Compañía B. Esta amenaza persistente y constante fue una característica de nuestra preparación para el asalto final. Tuvo un efecto levemente desmoralizador, aunque se notaba que el enemigo había calculado mal el tiempo de las espoletas con el resultado de que el estallido en el aire tenía lugar generalmente unos 200-250 metros demasiado pronto. Pero el sonido de las astillas de los proyectiles atravesando el 'diddle-dee'[3] nos dio motivos para pensar. Todavía no teníamos armas asignadas, pero preparamos listas de objetivos y observábamos nuestro frente desde una pequeña elevación en el terreno, a cierta distancia de la Compañía A que apoyábamos. Sin embargo, la necesidad de observación superaba las consideraciones tácticas.

Habíamos cavado una trinchera OP en la parte superior de un pequeño acantilado y usamos la base de este último para nuestra área administrativa. Después observé e informé sobre el movimiento dentro y alrededor de una cantera hacia nuestro frente y en respuesta se dirigió fuego indirecto hacia el objetivo. Este era un pequeño grupo de hombres que actuaban furtivamente, pero que resultaron ser zapadores de los Reales Ingenieros que buscaban utilizar parte de la planta abandonada allí. Pero los detalles de su misión no se habían transmitido a nosotros ni al FDC, una inacción probablemente típica del caos creado inmediatamente después del desastre del *Sir Galahad* tres días antes.

No estábamos solos en nuestra cresta expuesta mirando hacia el este de cara al enemigo. Un destacamento de Defensa Aérea (Blowpipe) también se había posicionado unos veinticinco metros más arriba sobre la pendiente. Este equipo constaba de un lanzador con dos operadores artilleros, todos bajo el mando de un suboficial. Yo había sido oficial de tropa con una batería de Blowpipes unos meses antes y, por lo tanto, fui a ver cómo les iba. Con un equipo de radio para comunicaciones, a este destacamento se le había encomendado la misión de defender Wether Ground contra cualquier posible ataque aéreo enemigo en el área ocupada por la 29ª Batería de Campaña (Corunna) y el 1er/7° Fusileros Gurkha. Esta tarea que lo abarcaba todo imponía una gran responsabilidad al suboficial, especialmente cuando el equipo parecía estar sufriendo las mismas privaciones de suministros que nosotros. Pero también tenían una ventaja. Su incapacidad para disparar el sistema de armas por la noche (no tienen miras de visión nocturna) les proporcionaba un 'tiempo de inactividad' más relajado en comparación con otros.

---

3. Diddle-dee es un tipo de arbusto bajo, parecido al brezo. Produce una baya azul que da sabor a las tortas y a los panecillos de las Malvinas.

No obstante, compartieron con nosotros los peligros del intermitente bombardeo enemigo. Mientras que la mayoría de los proyectiles explotaban a nuestra retaguardia, algunos empezaron a buscarnos a lo largo de nuestra línea de cresta expuesta. Aunque nuestra trinchera OP tenía un poco más de un metro de profundidad, el destacamento de Blowpipe estaba peor, sobre un espesor de terreno extremadamente delgado para excavar un refugio. Esta era una desventaja potencialmente letal, porque el método más efectivo para operar su sistema de armas requería que se mantuvieran erguidos, a la vista de cualquier avión atacante. Aunque optimizaba sus posibilidades de derribar a cualquiera de esos intrusos, también era mucho pedir a estos pequeños destacamentos compuestos por artilleros tan jóvenes.

Durante un período particularmente desagradable de bombardeo de 155 mm (cuando se disparaban aproximadamente ocho salvas por hora), un par de proyectiles impactó nuestra cresta. Si bien 'disfrutábamos' de la relativa seguridad de una trinchera básica y una pequeña pared de roca vertical a nuestra retaguardia, el destacamento de Blowpipe no tenía nada que los protegiera contra estos casi aciertos, uno de los cuales resultó particularmente cercano. Preocupado, visité el destacamento para confirmar que estaban ilesos, mientras me maravillaba por su escape por un pelo y por el efecto explosivo del proyectil, que había hecho añicos la roca. Esta experiencia negativa resultó en su sabio traslado a una posición más protegida. Nuestro turno estaba todavía por llegar.

El resto de las armas y municiones de la 29ª Batería de Campaña (Corunna) estaba siendo trasladado en helicóptero, una operación vital mencionada por Martin (citando nuevamente el primer libro del autor):

Las realidades de la disponibilidad de helicópteros y sus prioridades no pasaron desapercibidas para los Gurkhas, como comentó Mike Seear mientras observaba nuestro reabastecimiento desde el depósito de municiones delantero en Fitz Roy hasta nuestra posición: 'Un Wessex trajo el Cuartel General Táctico. Su tarea prioritaria era el avance de los tres cañones ligeros y proyectiles restantes de la 29ª Batería. Esa fue la razón por la que no habíamos recibido ningún reabastecimiento logístico. La prioridad de los helicópteros había sido para los artilleros debido a su consumo insaciable de municiones al proporcionar fuego de hostigamiento y contrabatería y fuego de apoyo a las subunidades de patrulla.'

Mike Seear continúa enfatizando el punto de cuánto esfuerzo se necesita para mover una Batería de cañones […] se precisan unos cuarenta y cinco viajes de Sea King para mover solo el mínimo de hombres, equipo y municiones; que […] por qué los helicópteros no estaban disponibles para movimientos de tropa. Se nota su frustración [:] 'Por ejemplo, se necesitaron tres días para que la 29ª Batería se mudara desde San Carlos. Llegó a Bluff Cove el 5 de junio, pero incluso entonces, seis días después, sus últimos tres cañones seguían siendo volados hacia Wether Ground' (Martin, 2017, 172).

Priorizar el movimiento de helicópteros de piezas de artillería, municiones y personal de los artilleros significó que nuestro Escalón A permaneciera en Little Wether Ground. Esto significó que no hubo reabastecimiento para los Gurkhas, por lo que ni nuestra munición para morteros de 81 mm ni el Pelotón de Ametralladoras Pesadas nos fueron enviados inmediatamente, a pesar de las repetidas solicitudes.

Esto no solo afectó la moral, sino que también resaltó una gran debilidad en la organización del Cuartel General de la 5ª Brigada: los equipos de operaciones y logística no estaban trabajando lo suficientemente unidos. También experimentamos un estándar inferior a la media en los encargados de guardia subalternos y la falta de un sub Comandante de Brigada para tomar decisiones y resolver prioridades pendientes (1/7GR, 1982, IDP). Existía un factor atenuante en el hecho de que el equipo del Cuartel General de la Brigada se había formado solo tres meses antes del inicio de la Operación Corporate. Sin embargo, eran las unidades bajo su mando las que ahora estaban pagando el precio de la incompetencia colectiva causada por la falta de un entrenamiento realista del equipo. Julio César declaró una vez: 'Sin entrenamiento, les faltó conocimiento. Sin conocimiento, les faltó confianza. Sin confianza, les faltó la victoria.' Pero, afortunadamente, ese resultado final negativo no sería el de la 5ª Brigada de Infantería el 14 de junio de 1982, porque el 1er/7° Fusileros Gurkha estaba en su orden de batalla. Pugh:

> Los días 11 y 12 de junio se utilizaron para alistarse para el ataque inminente de la 5ª Brigada sobre el último anillo de colinas sobre la entrada sur a Stanley. Anteriormente se nos había advertido que realizáramos tareas de patrullaje profundo para desestabilizar al enemigo, pero parecía que los aspectos prácticos de insertar una Compañía Gurkha en las áreas bien guarnecidas alrededor de Stanley estaban provocando un enfoque menos sutil. Nuestra Brigada había aceptado a los Royal Marines como refuerzos para ayudar a reforzar a los Guardias Galeses, y se estaba aplicando el pensamiento a un ataque frontal de dos Batallones sobre las laderas al sur de Tumbledown y Mount William. Tomar este terreno vital abriría el camino a Stanley y aceleraría el final de la guerra.
>
> Si bien esto sonaba bien desde una perspectiva simple de Comando y Control, me preocupaba que esta pareciera la forma obvia de hacerlo. También me preocupaba la falta de tiempo de preparación para observar el

objetivo y desarrollar un Plan de Fuegos. Se hizo evidente que también otros oficiales de mayor rango tenían sus dudas y se propuso un plan alternativo, que permitió suficiente tiempo para llevar a cabo los procedimientos de batalla adecuados y la distribución de municiones de artillería.

Un factor destacado fue que nuestra artillería había contribuido profundamente al éxito militar hasta esa fecha. El principal apoyo terrestre fue proporcionado por los cañones ligeros de 105 mm. Sus características y excelente desempeño me eran bien conocidas, ya que fue el arma que usamos en la práctica en Larkhill. Con un alcance impresionante de 17.200 metros, la naturaleza destructiva del proyectil y, específicamente, la sofisticación de la espoleta VT (Tiempo variable) de radar, todos eran atributos del arma que nos dieron una ventaja para atacar objetivos sobre la superficie blanda de turba en la mayoría de las islas. De hecho, las cinco Baterías de cañones ligeros de la Fuerza de Tareas británica atacarían y dispararían casi 17.500 salvas, con algunos cañones disparando casi 500 salvas en las últimas veinticuatro horas de la guerra.

Nuestro ataque había sido planeado originalmente para la noche siguiente, del 12 al 13 de junio. Pero hubo que posponerlo por veinticuatro horas, ya que la fecha original nos habría dado poco tiempo para preparar y ubicar con antelación munición suficiente para apoyar el ataque. También me resultaría evidente a través de informes de los sucesivos asaltos posteriores del Batallón, que suficiente apoyo de fuego era la clave para desquiciar las posiciones enemigas preparadas si se querían minimizar las bajas propias. Esta lección se aplicaría y la prioridad sería dada incluso a los escasos recursos de aviación para proveer municiones a las posiciones de los cañones.

Después de regresar desde Fitz Roy a última hora de la tarde del 11 de junio y luego de hacer un reconocimiento en las colinas con el Brigadier y el Comandante de la Guardia Escocesa, donde se obtuvo el permiso para posponer el ataque de la Brigada (para que pudiéramos ver nuestros objetivos a la luz del día), acordar el puente aéreo y resolver todos los problemas de suministro de Logística, el Comandante celebró el primer Grupo de Órdenes de Batallón. Este tuvo lugar bajo disparos esporádicos de proyectiles enemigos que explotaban en el aire, mientras se daban las órdenes preliminares para el asalto del Batallón. El FOO enemigo que dirigía este fuego desde Mount Harriet debe de haber estado al tanto de nuestra reunión, cuyo final estuvo marcado no solo por el '¿Alguna pregunta?' de costumbre por parte del Comandante, sino también por la explosión de un proyectil cerca de esa área rocosa. Esto hizo que la mayoría de los oyentes del Grupo O hicieran 'cuerpo a tierra' con una velocidad impresionante. A pesar de estas interrupciones, las órdenes del Comandante habían cumplido, sin embargo, con el requisito básico de liderazgo de informar y actualizar con frecuencia a los soldados en el terreno. También se incluyeron detalles para un reconocimiento temprano de nuestros dos objetivos: la saliente noreste de Tumbledown y Mount William. Esto se llevaría a cabo desde la supuesta seguridad relativa de Two Sisters, que sería uno de los tres objetivos en el ataque de la 3ª Brigada de Commandos de esa noche contra la Zona de Defensa Exterior enemiga alrededor de Stanley. Gus Pugh también fue transferido de la Compañía A para convertirse en el FOO de la Compañía B. Su misión era asaltar la saliente noreste y asegurar la Línea de Inicio de la Compañía D antes de que esta iniciara el asalto principal sobre Mount William.

El ataque de la 3ª Brigada de Commandos sobre Mount Longdon, Two Sisters y Mount Harriet tuvo éxito esa noche del 11 al 12 de junio, con bajas británicas y enemigas combinadas de 102 muertos y 314 heridos. Los tres asaltos estuvieron apoyados por cinco Baterías de Artillería (treinta cañones ligeros de 105 mm) y bombardeos intensivos de los HMSs *Avenger* y *Yarmouth* y del destructor misilístico 'County Class' HMS *Glamorgan*. Al igual que yo en el Cuartel General Tac del Batallón, la Compañía A del *saheb* Tekbahadur tuvo una noche sin sueño:

> Durante esa noche, el fuego de artillería de ambos bandos nunca cesó. El Cuartel General Tac de nuestro Batallón también nos advirtió sobre una Alerta aérea Roja y cinco helicópteros enemigos que se acercaban desde el oeste. Estarían arriba nuestro a 04:30Z. ¿Atacarían nuestra posición? Esperamos el resto de esa noche sin pestañear y en alto estado de preparación para contrarrestar la amenaza si fuera necesario; pero no pasó nada.

Yo había estado despierto durante horas mientras el ataque de la 3ª Brigada de Commandos continuaba implacable. La red de enlace de retaguardia de la Brigada también informaba importante actividad enemiga al oeste de Sapper Hill. La Alerta aérea Roja que había recibido y que transmití posteriormente a la red de enlace directo del Batallón era para un eventual bombardeo de alto nivel mediante aviones Canberra enemigos en el área de Mount Kent. Justo después de 05:00Z, con la línea de cañoneo de la Royal Navy al sur de Stanley lanzando más apoyo de artillería naval a los commandos atacantes, se informó de otros diez o quince helicópteros enemigos justo al suroeste de Mount Harriet y a solo siete kilómetros de nosotros. ¿Intentarían un ataque a nuestra ubicación? ¿O habían volado allí para intentar la evacuación de algunas de sus tropas derrotadas? Una vez más, introduje esta última información en la red de radio de enlace directo de vanguardia del Batallón. El fuego de artillería continuaba. Fue entonces, alrededor de 06:45Z, que un misil Exocet MM38 terrestre enemigo alcanzó al HMS *Glamorgan* cuando se retiraba de la línea de cañoneo de Stanley hacia el sur. Esta enorme explosión en el mar fue observada por el OC de Tekbahadur *saheb*, el Mayor (Major) David Willis, y el ataque del misil mató a catorce e hirió a trece miembros de la tripulación del barco. No obstante, la confirmación final que recibí a 08:30Z de que el ataque de la 3ª Brigada de Commandos había sido un éxito, pronto se celebraría en Wether Ground, según el Comandante del 1er Pelotón de la Compañía A, 'con alegría, pero con calma'.

Los eventos de esa noche también habían sido un anticipo aleccionador de nuestra siguiente operación, en treinta y seis horas. La subunidad RI 3 de Pino se vio afectada de manera similar:

> Y así transcurrían los días, hasta que lo peor llegó entre el 11 y el 14 de junio, días en que no dormíamos, donde delante nuestro veíamos las escenas de combate, el avance enemigo, la noche se hacía de día por efecto de las bengalas. Tuvimos un intercambio de disparos contra el enemigo que avanzaba por la ruta, a unos 200-300 metros de distancia.
>
> El fuego de ellos se veía perfectamente porque usaban munición trazante o trazadora. Se notaba que no era muchos por su poder de fuego. El nuestro lo repelía con mayor intensidad.
>
> Cambiábamos de trincheras varias veces en el día. Entre la habitual frente al mar, y en la de retaguardia que daba al Monte Tumbledown. Podíamos escuchar los gritos de asalto de alguno de los dos bandos.

Pugh y su equipo pasaron ahora a formar parte del Grupo de Reconocimiento del Batallón, que incluía, entre otros, a los Comandantes de Compañía y de Pelotón. 'El tiempo dedicado al reconocimiento rara vez se desperdicia' es un criterio de liderazgo a menudo atribuido al Mariscal de Campo Erwin Rommel, pero Sun Tzu es la fuente original. Era una profecía de lo que sucedería a continuación en Two Sisters (donde 'ellos' se refiere 'al enemigo'): 'Y así *hiérelos* y conoce el patrón de su movimiento y quietud. *Fórmalos* y conoce el terreno de la muerte y de la vida. *Evalúalos* y conoce los planes de ganancia y pérdida. *Sondéalos* y conoce los lugares de exceso e ineficiencia' (Sun Tzu, 2002, capítulo 6, 'Lo sólido y lo vacío').

El Ayudante, Capitán (Captain) Mark Willis, también sería incluido en el Grupo de Reconocimiento. Hablando Gurkhali con fluidez, manejaría la red de radio de vanguardia del Batallón durante la batalla mientras que yo, que no hablaba Gurkhali, estaría en la red de radio de enlace de retaguardia de la Brigada. Y también le llegó el 'turno' al FOO de la Compañía B con un proyectil enemigo de 155 mm. Pugh:

> Two Sisters había sido capturado de manera completa y astuta por el 45º Commando. Sin embargo, los argentinos seguían bombardeando el lugar cada vez que detectaban movimiento. Se me había ordenado estar listo para

trasladarme en helicóptero a Two Sisters a partir del amanecer del 12 de junio. Pero probablemente el cansancio me había hecho malinterpretar estas órdenes, con el detalle incorrecto anotado en mi cuaderno. Por eso, había trasladado todo mi equipo al lugar designado para el aterrizaje del helicóptero con las primeras luces del día, en lugar de permanecer en mi OP empacado y listo para moverme. Lady Luck (la Sra. Suerte) me sonrió ese día (o, más exactamente, fue mi ineptitud lo que nos salvó) porque, en nuestra ausencia, un proyectil de 155 mm tuvo un impacto casi directo en nuestra trinchera del OP. Quedó poco para ver, y es muy probable que los dos que estábamos de servicio no hubiésemos sobrevivido.

Pero nuestras posiciones en Wether Ground estaban siendo objeto de más bombardeos enemigos de 155 mm. Tekbahadur *saheb*:

> Desde temprano en la mañana, el enemigo comenzó nuevamente a bombardear nuestra área. La intensificación del fuego y los proyectiles entrantes obligaron a muchos a abandonar sus vulnerables trincheras y refugiarse detrás de una gran roca. Esta situación no causó pánico ni estrés en la Compañía A, pero sus posibles consecuencias se hicieron evidentes a todos los que querían evitar muertes en Wether Ground.

Este bombardeo destruyó cuatro mochilas Bergen de la Compañía A después de que esquirlas destrozaran el poncho del artillero Williams (de la partida de Pugh). Para entonces, el despliegue del Grupo de Reconocimiento del Batallón había comenzado, pero después de volar hacia un lugar justo al sur de Two Sisters, McTeague y su Sargento (Sergeant) del 10° Pelotón, Paulraj Rai, percibieron una tarea abrumadora para su Pelotón durante un reconocimiento 'binocular' del Mount William. No había cubierta allí, ni a lo largo de los más o menos 800 metros que llevaban hasta el lado norte de la montaña. Por lo tanto, era imperativo que el asalto se llevara a cabo durante las horas de oscuridad: una duplicación de las condiciones en las que habíamos entrenado específicamente en Sennybridge. Sin embargo, los campos de visión y fuego del enemigo parecían ser excelentes, lo que contribuía aún más al pesimismo general sobre el resultado del asalto Gurkha. Su evaluación, sin embargo, no incluyó un factor de vital importancia. Todas las diecinueve trincheras del enemigo en Mount William miraban hacia el sur, no hacia el norte, y cubrían la ruta Darwin-Stanley. También habían ubicado dos cañones antitanque sin retroceso de 105 mm en el lado sur de Mount William, que también cubrían esa ruta. Fue desde allí que el enemigo había evaluado que se montaría un ataque británico, no desde la dirección de Tumbledown.

Sun Tzu proporciona también una visión alternativa de liderazgo en la apreciación del terreno, que revela no solo las limitaciones prácticas sino también las oportunidades: 'La Tierra es alta y baja, ancha y estrecha, lejana y cercana, empinada y nivelada, muerte y vida' (Sun Tzu, 2002, capítulo 1, 'Evaluaciones'). Y así, con su ojo analítico para evaluar el terreno antes de aplicar su experiencia como artillero, Pugh tuvo una experiencia positiva:

> La parte Gurkha del ataque de la 5ª Brigada requería una aproximación indirecta a lo largo del flanco norte de Tumbledown como consecuencia del éxito de la Guardia Escocesa en la captura del propio Tumbledown. La Compañía B con el Capitán (Captain) Lester Holley debía asegurar la saliente noreste de Tumbledown y la Línea de Inicio para el posterior asalto al Mount William. Mi equipo había sido asignado para apoyar el ataque de esta Compañía. Tuve la suerte de que el Comandante de nuestra Compañía fuera un ex-artillero: Lester Holley había comenzado su carrera en el Ejército con la Real Artillería y había sido comando artillero antes de iniciar su entrenamiento como oficial. Entendía, o yo esperaba que lo hiciera, el efecto de la artillería sobre las tropas al descubierto o en posiciones de defensa mal construidas y el efecto sobre la moral de los que observaban el bombardeo, no solo de quienes lo recibían.
>
> Nuestro primer vistazo al objetivo de la Compañía B de Two Sisters fue desde un ángulo oblicuo, a una distancia de aproximadamente cinco kilómetros. Un espolón rocoso sobresalía hacia Stanley y se conectaba con el extremo este de Tumbledown mediante un abra abierta y bastante ancha. Durante la primera media hora, más o menos, describí el objetivo con el Granadero (Bombardier) Dick Bowley e intercambiamos observaciones y nombramos los accidentes. Este diccionario de apodos descriptivos nos permitió una rápida orientación esa tarde, cuando nuestra observación del área objetivo confirmó la presencia del enemigo. Se vio movimiento en y entre las rocas del espolón, así como en el costado del abra más próximo a Tumbledown. Se evaluó que una Compañía enemiga (reducida) ocupaba las rocas en el extremo este de Tumbledown, así como el propio espolón. Aunque Mount William estaba en gran parte oscurecido por Tumbledown, podía definirse con un ajuste hecho sobre la masa central. Nuevamente, también se pensó que Mount William estaba en manos de una Compañía enemiga (reducida).
>
> Los FOO permanecieron con sus respectivos Comandantes de Compañía mientras se formulaban los planes de ataque. Para la Compañía B, este se basó en un asalto en un ángulo oblicuo al abra entre el final de Tumbledown y el espolón, con apoyo de artillería sobre el objetivo y suspendiéndolo en el último momento posible. El asalto se haría cuesta arriba y a través de un supuesto campo minado, pero se esperaba que el efecto del apoyo de la artillería y la hora del ataque (por la noche) igualarían las probabilidades de éxito. Se hicieron algunas suposiciones con respecto a

las probables disposiciones enemigas de acuerdo con el sentido táctico, como situar posiciones defensivas en pendientes orientadas hacia retaguardia para mitigar la observación directa y el fuego. Con respecto al objetivo de la Compañía B, esto llevó a que se usara una combinación de HE PD (alto explosivo, detonación puntual) y munición con espoletas de proximidad alteradas para ubicar el centro de la masa de fuego sobre la cresta del abra y un poquito detrás de ella.

Se obtuvo un conjunto razonablemente preciso de referencias de grilla a partir de los datos del mapa, aunque no había cañones disponibles para ajustar los objetivos y registrar los datos. Esta fue una grave omisión en el procedimiento de batalla y resultó en nuestro regreso a las mismas posiciones al día siguiente [13 de junio]. Sin embargo, el equipo del Mayor (Major) Mike Fallon produjo el Plan de Fuego 'Mighty Mouse' (Súper Ratón), calculó el uso probable de munición y luego lo entregó en mano al FDC del Regimiento para su distribución entre las baterías de apoyo.

Este Plan de Fuego actuó como una orden de advertencia para el 'sistema' de los artilleros, lo que permitió asignar recursos de acuerdo con su disponibilidad y evaluar el alcance y la detección. También se revisaron las escalas de municiones probables y se actualizaron los planes de reabastecimiento requeridos junto con la preparación de espoletas. 'Mighty Mouse' era la simplicidad misma. Todos los objetivos estaban 'a la orden' para evitar problemas con el tiempo, y los objetivos debían ser 'golpeados' hasta los últimos momentos seguros antes del asalto. Sin embargo, lo que preocupaba al BC y los FOO era la falta de suficientes disparos sobre el terreno como para confirmar el efecto deseado y, lo que era más importante, infundir confianza a los Gurkhas.

En general, la esencia de la planificación de fuegos es efectuar los disparos correctos al lugar correcto en el momento correcto. Para ese simple requerimiento, la campaña de Malvinas presentó varios desafíos que tuvieron que ser superados. Ya ubicado, como había mencionado Pugh, estaba el cañón ligero de 105 mm que demostró su versatilidad, precisión y confiabilidad bajo terribles condiciones. Por suerte, también fue el arma adecuada en el lugar y momento adecuados. Pugh:

> La planificación de fuegos debe involucrar un enlace cercano con la fuerza apoyada, en este caso nuestra Compañía B Gurkha, ya que es uno de los principales medios por los cuales se puede lograr una maniobra exitosa y el resultado deseado con un mínimo de bajas propias. Es una lección que a veces se olvida en los fuegos reales en tiempos de paz, donde se imponen restricciones por razones de seguridad. En cuanto al efecto, el proyectil HE estándar de 105 mm tenía varias opciones de espoleta para permitir [...]

explosión en el aire, detonación puntual en el impacto o detonación retardada después del impacto. La naturaleza del terreno de las Malvinas y las propiedades de absorción de energía de su turba húmeda significaban que el estallido en el aire o 'Proximidad' tenía su efecto en la supresión de la infantería atrincherada con limitada protección sobre la cabeza o al aire libre, mientras que la detonación puntual servía mejor cuando se disparaba sobre objetivos resistentes y posiciones entre rocas. Los artilleros también tenían proyectiles de humo para proporcionar oscurecimiento al apoyar las maniobras tácticas, así como bengalas de iluminación para usar por la noche.

La ubicación precisa del enemigo depende de un buen mapeo. En este caso, el enemigo resultó una ayuda al vincularse generalmente a características geográficas conocidas. Se necesitaba algo de interpolación, pero hacer esto fue relativamente fácil mediante el uso de técnicas probadas y confiables con brújula y retículas en los binoculares. Cualquier inexactitud sería eliminada por la artillería de apoyo durante el ajuste. De igual modo, las posiciones de la Batería de apoyo se conocerían con al menos seis cifras de la cuadrícula, es decir, 100 metros, y cualquier inexactitud aquí se eliminaría mediante el ajuste. La necesidad de este último ajuste es apremiante cuando se requiere precisión en la primera salva y cuando las condiciones meteorológicas adversas afectarán la trayectoria de un proyectil en vuelo.

La Real Artillería proporcionó la hora oficial para todas las acciones deliberadas [en las que] la artillería y otras armas de apoyo [estuvieron] involucradas. Propiamente, el tiempo fue sincronizado por el FDC que coordinaba los disparos de las baterías de apoyo. Esto, a su vez, se transmitiría a los Gurkhas a través del BC en el Grupo de Órdenes de Batallón final antes del ataque. Se reconocía que la velocidad de avance probablemente no seguiría ninguna norma establecida, por lo que solo se dieron tiempos aproximados, indicando las fases de Aproximación y Ataque. No se vinculó ningún fuego real con estos tiempos, aunque las armas de apoyo cambiarían y estarían disponibles de forma prioritaria para los Gurkhas en varias etapas. Todos los objetivos estaban 'a la orden' para los FOO según requerimiento.[4]

Detrás, en Wether Ground, Tekbahadur *saheb* tenía que lidiar con más 'entrantes' enemigos:

---

4. 'A la orden' significa exactamente eso: se debe dar una orden para atacar el objetivo. El FOO que 'solicita' un blanco debe asegurarse de que sea apropiado y necesario hacer fuego sobre él. En la mayoría de los casos, esto significa tener una buena observación y estar ubicado junto al Comandante de la Compañía apoyada.

Estábamos aterrorizados por el impacto sin precedentes de los proyectiles que obligaron a que la mayor parte de la Compañía A fuera expulsada de sus trincheras para refugiarse detrás de la gran roca. La Compañía no estaba sola en esta situación de tratar de evitar bajas. Teníamos una visión particularmente clara de la 29ª Batería de Campaña (Corunna) de la Real Artillería y sus puestos de cañones ubicados en un terreno bajo y plano frente a nosotros. Escondidos bajo redes de camuflaje, los artilleros y sus seis cañones ligeros de 105 mm proporcionaban continuamente apoyo de fuego, pero también eran acosados por proyectiles *dush* de 155 mm. Tuvieron que arriesgar sus vidas corriendo para esconderse de las enormes explosiones y la metralla que volaba cada vez que los proyectiles impactaban cerca de sus puestos de cañones. Después de cada explosión, volvían a allí, solo para repetir el proceso con un nuevo 'entrante' *dush*.

Una situación similar se dio, y se tomó el curso de acción apropiado, con la obstinada cantidad de helicópteros Sea King encargados de entregar municiones en cada puesto de cañones. Si los pilotos percibían que algún proyectil *dush* se aproximaba adonde estaban, reaccionaban rápidamente liberando con cuidado la pesada carga suspendida de proyectiles de 105 mm en el lugar apropiado, antes de escabullirse para recoger la siguiente en Fitz Roy. En algunos casos, los helicópteros volaban alto sin dejar caer su carga para evitar la explosión de un proyectil y, una vez que esta ocurría, descendían para soltarla a salvo en el lugar designado. Las acciones de estos helicópteros podrían compararse con las de bestias alertas, ágiles, fuertes y sensibles que trabajaron meritoriamente [...] para alimentar los puestos de armas. Solo podíamos observar todo esto con curiosidad.

De repente, un proyectil voló directo hacia nosotros y, justo frente a mi trinchera, explotó en la que estaba al lado de la del Sargento Ayudante de la Compañía (Company Sergeant Major) y el Furriel de la Compañía. La explosión arrojó pedazos de equipo y otras pertenencias hacia el cielo y de vuelta al suelo. Me sorprendió, anticipando que había destrozado y matado a los dos ocupantes. Pero la habían abandonado unos segundos antes y por lo tanto solo una gran parte de la trinchera y sus pertenencias resultaron dañadas.

No estábamos solos en tener que enfrentar esta amenaza del bombardeo intensificado de proyectiles de 155 mm. Su fragmentación en esquirlas mortales tampoco tuvo piedad en esa situación en cercanías de nuestra trinchera y nos obligó a abandonarla. Le dije al operador de radio y al mensajero del Pelotón que corrieran hasta detrás de una gran roca donde la mayoría de la Compañía ya se había puesto a cubierto como espectadores en un lugar seguro, observando cada proyectil que impactaba con una gran explosión. Se sorprendieron de mi tardanza en unirme a ellos. Inicialmente [no] sabía que toda la Compañía estaba allí hasta que vi al OC *saheb* y al

2IC *saheb* [Capitán (Captain) (QGO) Narainparsad Rai]. Ahí respiré hondo, porque habían visto que yo fui el último en retirarme de una trinchera.

Aproximadamente a las tres de la tarde, nos informaron por radio desde el Cuartel General Tac que la situación se calmaría pronto. Inmediatamente vimos dos Sea Harriers pasar a gran velocidad sobre nuestras cabezas a baja altura y hacia el este, para atacar el problemático cañón de artillería argie cerca de Sapper Hill. En cuestión de segundos oímos las explosiones. Entonces todos tuvieron la oportunidad de regresar a sus trincheras para tomar un té rápido y recibir sus raciones.

Ese cañón enemigo de 155 mm había sido objeto de mucha atención por parte de las fuerzas británicas. Dos aviones de ataque terrestre Harrier GR3 lanzaron un ataque con bombas de racimo en Sapper Hill en la tarde del 11 de junio (Pook, 2007, 156). Después, en esa noche del 11 al 12 de junio, el Grupo de Observación Avanzada del Capitán (Captain) Hugh McManners de la Batería de Observación Adelantada del Commando 148 (Meiktila) de la Real Artillería, ubicada en Beagle Ridge (al norte de Wireless Ridge), dirigió el fuego naval hacia ese cañón:

> Pudimos acertarle a la munición apilada alrededor del obús de 155 que ardió de repente, con una luz extremadamente brillante y feroz. [...] Los resultados del fuego de esa noche fueron muy buenos. El cañón de 155 mm había sido atacado y derribado, desafiando los esfuerzos de todo el día de su dotación para volverlo a la posición correcta. (McManners, 1987, 245-46)

Pero, contrariamente a las observaciones de McManners, el cañón de 155 mm (¿u otro?) permaneció activo el 12 de junio. El área de Sapper Hill fue entonces objeto de dos ataques durante esa tarde, ambos con bombas de racimo de Harrier GR3 (no de Sea Harrier) (Pook, 2007, 158). A partir de entonces, ni los Gurkhas ni la 29ª Batería de Campaña (Corunna) fueron sometidos a más bombardeos de 155 mm. Mientras tanto, el Cuartel General Tac del Batallón había recibido 87 prisioneros enemigos capturados en el ataque de la 3ª Brigada de Commandos durante la noche anterior y organicé su evacuación en helicóptero al área de San Carlos. Sin embargo, la información sobre la situación actual y las intenciones futuras del Cuartel General de la 5ª Brigada fue, como de costumbre, mínima. A solo pocos días desde nuestro desembarco en San Carlos, esto nos había llevado a rebautizar la Operación Corporate como 'la Guerra de los Hongos' en la que la mala transmisión de información 'desde arriba' había generado rumores constantes, baja moral y pérdida total de confianza en el mando superior. Sin embargo, la simple iniciativa de transmitir 'SITREPS' (informes de situación) dos veces al día desde la sede central habría contribuido en gran medida a promover un liderazgo efectivo y aliviar todos esos problemas de información en el 'nivel inferior' (1/7GR, 1982, IDP).

Mientras tanto en Two Sisters, Gus Pugh había trabajado duro en la planificación de sus fuegos, pero no estaba preparado para la indicación y subsiguiente descripción del Granadero (Bombardier) Bowley sobre 'un sembrado de minas en curso' justo antes del anochecer del 12 de junio:

> Esto involucraba a soldados enemigos que cruzaban campo abierto dirigiéndose hacia el frente derecho del objetivo. Llevaban consigo objetos que resplandecían. Traté de recordar ejemplos de minas resplandecientes, cuando se me ocurrió que el enemigo sobre nuestro objetivo estaba preparando rancho en el frente. Fue la fila lo que delató la maniobra, con la cocina escondida bajo una roca protectora en el extremo este de Tumbledown.[5]
>
> Los soldados argentinos se reunían para recibir su cena caliente. Venían desde detrás del abra entre la saliente y el extremo final de Tumbledown. Dice mucho de su baja moral y de las terribles condiciones que soportaron [el que actuaran] de esta manera, considerando la proximidad de las fuerzas británicas. Habíamos notado ya la falta de equipo de cocina individual cuando encontré ejemplos de paquetes de raciones argentinas inadecuadas.[6]
>
> La cola para la cena fue posteriormente bombardeada. Era lo correcto, pero, en retrospectiva, no me dio ninguna satisfacción. Cuando la luz se desvaneció, también observé un helicóptero [despegar] del hipódromo [Stanley] y volar bajo y rápido a través de la bahía interior y a través de la brecha hacia la rada exterior. Otro despegó, usando obviamente la luz amortiguada como cubierta, y voló la misma ruta. En esa ocasión cronometramos el helicóptero desde el despegue hasta su paso por el desfiladero del puerto. Eso duró entre veintidós y veinticuatro segundos, y por lo tanto caía dentro del tiempo de vuelo de nuestras salvas. Un cálculo del ancho de la brecha y la estimación de la altura operativa indicó que teníamos una buena posibilidad de derribar un helicóptero con una espoleta de proximidad, si teníamos una Batería cargada y lista para disparar.

---

5. La cocina de campaña estaba todavía en su lugar (al menos hasta 2018). Un costado estaba perforado por la esquirla de un proyectil. La última comida cocinada había sido corned beef enlatado con salsa de tomate.
6. Los paquetes de raciones tenían una 'hornalla' de metal circular llena de alcohol en forma de gel. La hornalla tenía que abrirse con una bayoneta o un cuchillo, y los segmentos desplegados le servían de soporte. Daba calor durante aproximadamente 20 minutos, suficientes para preparar una comida caliente y una infusión.

Preparamos las órdenes y quedamos ahí, ya que la penumbra creciente nos impedía adquirir otra observación. ¡Ah, por un equipo decente de observación nocturna! Habría sido una misión agradable de cumplir.

Durante ese mismo día, en el extremo este de Tumbledown, el Teniente de Fragata IM Osvaldo Emilio Colombo, segundo al mando de la Compañía N del BIM 5, había estado observando los resultados del ataque de la 3ª Brigada de Commandos de la noche anterior mientras comenzaba los preparativos para el ataque previsto de la 5ª Brigada de Infantería en esa área. Originalmente, Colombo y otros dos oficiales de la Armada habían sido enviados a las Malvinas como oficiales de Control Aéreo Avanzado para guiar ataques aéreos cercanos en la línea del frente. Sin embargo, al llegar se les dijo que se trataba de un error y que, en su lugar, debían reportarse al BIM 5. Uno de los otros oficiales era el Teniente de Corbeta IM Carlos Daniel Vázquez, quien se convertiría en el Jefe del 4º Pelotón ubicado en el extremo oeste de Tumbledown. El informe de posguerra de Colombo contiene el relato de primera mano de esas sesenta horas siguientes, que terminarían con la eventual retirada de la Compañía N y el refuerzo de la Compañía B RI 6:[7]

> Con las primeras luces [del 12 de junio] pudimos ver movimiento enemigo en Mount Harriet. Tomaron la posición luchando contra el RI 4. Un soldado de esa unidad llegó al Cuartel General de la Compañía N (Nácar). Había visto a un amigo que había muerto tras recibir un disparo en la cara mientras bebía mate. Según este soldado, el enemigo atacó desde el sur/sureste con ametralladoras y gritos. También dijo que solo había un Pelotón de guardia y que el resto del Regimiento dormía en sus tiendas. Pudo escapar, porque salió de la tienda y se escondió entre unas rocas hasta la mañana y, después de eso, salió corriendo mientras le disparaban.
>
> Durante la mañana del sábado [12 de junio], la Compañía N recibió aproximadamente 160 hombres dispersos de RI 4, RI 6 y RI 12. El Puesto de Comando del Batallón ordenó que se quedaran con la Compañía N, y que la Compañía B del RI 6 tomara posición a la derecha. [al norte] de la Compañía [N] en Moody Brook Valley con el Mayor Jaimet como Jefe de la Compañía [B]. Según Jaimet, esa Compañía tenía aproximadamente 100 hombres que se habían retirado de Two Sisters casi sin combatir. Llegaron al Cuartel General de la Compañía N el sábado [12 de junio] aproximadamente a 13:00Z, después de una comunicación previa con el

---

7. Anexo al correo electrónico con fecha 10 de enero de 2015 enviado por Carlos Horacio Vázquez, Teniente de Fragata IM de la Armada Argentina, hijo del Capitán de Navío IM (RE) Carlos Horacio Vázquez, ex Jefe de 4º Pelotón de la Compañía N. Las experiencias de Colombo en Tumbledown continúan en los capítulos 10 a 13.

Puesto de Comando del Batallón para avisarles que los recibiríamos. Esta tarea había sido asignada al Teniente de Corbeta Miño [Jefe del 5º Pelotón]. Vi que el ataque a Mount Harriet tenía tres direcciones diferentes: (1) Desde la carretera SW, (2) Desde el NW (Goat Ridge), (3) Desde el SE: ese fue el ataque que alcanzó primero la cumbre de Mount Harriet.

El enemigo no solo había llevado municiones, tropas y artillería a Harriet, sino que también utilizó la carretera al oeste de Harriet, Goat Ridge y Two Sisters para distribuirlos por el frente utilizando helicópteros. Y así, cuando llegaron a Longdon, lo tomaron desde el camino Bravo hacia el oeste. (El sábado por la mañana, la pelea en Longdon había terminado).

Al mediodía, la Compañía observó movimiento de vehículos en la carretera de la playa (sur) cerca de Wall Mountain, por primera vez. Durante la mañana del sábado, mientras el Jefe de la Compañía B del RI 6 revisaba el estado de su Compañía, conversó con el Teniente de Navío IM Eduardo Villarraza [Jefe de la Compañía N] sobre las acciones en Two Sisters. Habían abandonado en el campo de batalla a un hombre que había perdido la mitad de una de sus piernas (según ellos era el único soldado que no estaba con ellos).

Aproximadamente a 13:00Z, la Compañía B, RI 6, se trasladó a una nueva posición, guiada por el 3er Pelotón [de la Compañía N] [que] le entregó un teléfono 'Verde 6' [para comunicaciones] al Jefe de la Compañía N con el código de llamada 'Ramón'. 'Verde 3' [Jefe del 3er Pelotón] movió también su Pelotón un poco hacia la izquierda [sur] para hacer suficiente espacio para la Compañía B. Mientras que esta última se trasladaba al lugar del 3er Pelotón, muchas mantas, bolsas de dormir, municiones y alimentos de los infantes fueron robados. El fuego de artillería [enemigo] en la línea del frente comenzó a 16:30Z. El 3er Pelotón recibió muchas granadas, pero no tuvo bajas.

El Jefe del 3er Pelotón hizo correcciones al fuego [de nuestra artillería] sobre Goat Ridge, en un lugar donde se suponía que estaban aterrizando helicópteros. Probablemente le acertaron, porque vimos mucho humo negro durante largo tiempo. El CO felicitó al Jefe del 3er Pelotón [Suboficial Lucero] por eso. Esta acción fue sobre el Punto 39, con fuego realizado por la artillería del Ejército. Pero eran demasiado lentos, por lo que muchos helicópteros que aterrizaron allí pudieron despegar antes de que los alcanzaran las salvas de la artillería.

Capítulo 10
Órdenes – Y una Rueda de Prensa 'Insertada' en el Campo de Batalla

Cuando daba órdenes o instrucciones verbales, las palabras de Jackson eran pocas y sencillas; pero eran tan claras, completas y directas, que ningún oficial podría malinterpretarlas y nadie se atrevía a desobedecerlas.
Teniente General (Lieutenant General) John B. Gordon, sobre el
Teniente General (Lieutenant General) Thomas J. 'Stonewall' Jackson

Los corresponsales de periódicos en el ejército son por regla general embrollones. Son lo más chismoso del mundo, recogen y venden al por menor el escándalo del campamento, y gradualmente se llegan hasta el Cuartel General de algún general al que le resulta más fácil hacerse una reputación en casa que en su propio Cuerpo o División. También se tientan en profetizar eventos y declarar hechos que, para el enemigo, revelan un propósito a tiempo para protegerse contra él. [...] Sin embargo, la gente en general está tan ávida de noticias de guerra, que es dudoso que un Comandante pueda prescindir de todos los reporteros sin provocar un alboroto que pueda poner en peligro su propia seguridad. El tiempo y la moderación deben aportar una solución justa a esta dificultad moderna.
General William T. Sherman

El análisis y la eventual compilación del plan de fuego de artillería de Gus Pugh en el apropiadamente llamado 'Mighty Mouse', en apoyo del asalto de la Compañía Gurkha B en la saliente y el abra al noreste de Tumbledown, es un trabajo clínico:

> Tuvimos suerte en el Grupo de Batalla Gurkha en cuanto a que nuestra preparación colectiva para la batalla nos permitió a Lester [Holley] y a mí observar y acordar el área del objetivo a la luz del día el 12 de junio. Yo ya había levantado un boceto del objetivo ese día. Le mostré esto a Lester más tarde y recibí su confirmación sobre dónde quería que cayeran los proyectiles y también su acuerdo con mis suposiciones con respecto al posible diseño de la posición defensiva enemiga. Tenía la sensación de que los argentinos se habían atrincherado considerando la profundidad de su defensa, y que posiblemente había un Pelotón ubicado detrás del abra. Por lo tanto, planifiqué el Punto de Detonación (PD) del HE (alto explosivo) sobre las pendientes delanteras y la cresta, con espoletas HE de tiempo

variable (VT) para la parte trasera, suponiendo que probablemente habría una cubierta superior menos efectiva en profundidad. El tamaño de la probable posición enemiga y la descripción de la fuerza de la Compañía dadas en un Informe de Inteligencia (INTREP) me hizo considerar una misión de fuego a nivel de Regimiento desde el principio.[1]

Ese modo de acción, respaldado por la sentencia 'De golpe, no con cuentagotas' (un principio aprendido en el estudio sobre el uso de la artillería alemana y rusa durante la Segunda Guerra Mundial), era el más apropiado.[2]

Pugh describió los detalles de 'Mighty Mouse', donde un ingrediente clave era el liderazgo conjunto 'desde el frente' con Lester Holley, el Comandante de la Compañía B:

> Mi idea sobre el Plan de Fuego 'Mighty Mouse' era de hecho la simplicidad misma: un objetivo principal a atacar con objetivos adicionales registrados y dos objetivos adicionales (uno a la izquierda y otro a la derecha) a ser integrados si se encontraba mayor resistencia desde los flancos. Era fácil de recordar y fijar en el pensamiento de todo el equipo. Traté de olvidar las técnicas un tanto artificiosas de planificación de fuegos que se enseñan en la Real Escuela de Artillería. Estas servían para introducir asuntos artificiales en aras de agregar complejidad. En cambio, me centré en los principios del uso de la artillería y confié en la antigua máxima de 'mantenerlo simple'.
>
> Mi plan era lo suficientemente sencillo como para producir el efecto deseado: el de golpear al enemigo con una cantidad de fuego suficiente para neutralizarlo y permitir que la Compañía B avanzara y atacara con mínimas bajas. Había visto de primera mano, y sentido, el efecto de la artillería mientras ayudaba en el Bombard OP en Larkhill.[3] Allí solía hacer participar

---

1. Una misión de fuego a nivel de Regimiento es cuando varias Baterías (tres o más) atacan el mismo objetivo al mismo tiempo. La zona batida (donde explotan los proyectiles al aterrizar) es de 200 x 200 metros en comparación con una misión de Batería, donde esta es de 70 x 70 metros.
2. La máxima 'De golpe, no con cuentagotas 'estaba pintada en una pared en el Cuartel General de la División de Artillería en Dortmund, Alemania Occidental, en 1981. Se adaptó de las palabras del General Heinz Guderian, uno de los pioneros iniciales del enfoque 'blitzkrieg' de su División de tanques Panzer durante la Segunda Guerra Mundial. 'Nicht Kleckern, sondern Klotzen' se traduce aproximadamente como 'Patéalos, no los salpiques'.
3. El Bombard OP en los Polígonos de Artillería de Larkhill está diseñado para permitir que todo el personal de armas experimente el bombardeo. El crescendo de la

tres unidades de fuego (2 cañones de 105 mm y 1 cañón de 5,5 pulgadas) a 100 metros de nuestra propia tropa. Era gratificante observar a todos los oficiales de armas en el OP presionando contra las ventanas de vidrio laminado, para luego retroceder y retirarse rápidamente a la parte trasera del búnker antes de hacer cuerpo a tierra mientras los proyectiles llovían a 100 metros de distancia y las chispas atravesaban los múltiples deflectores blindados. Entonces, calculé que el efecto de intenso fuego de artillería sobre tropas relativamente inexpertas y en posiciones defensivas mal construidas sería sumamente devastador.

No entraríamos en silencio, sino que usaríamos la artillería para maximizar nuestra ventaja en este ruidoso bombardeo previo de 'soltar todo el infierno'. Era decididamente un escenario de la Primera Guerra Mundial, pero, como dije más arriba, había muchas razones para creer en el impacto psicológico que causaría este peso de fuego. Además, estaba el valor impactante de lanzar a los Gurkhas de la Compañía B en el momento en que los defensores se estuvieran recuperando, por lo que resolví suspender el fuego en el último momento posible mientras se realizaba el asalto. Esto significaba que yo tendría que hacer esa llamada mientras acompañaba a los Pelotones a la cabeza del ataque. Sin peros, pero el conocimiento de mi rol como artillero y la importancia de mi responsabilidad para con los demás durante el asalto al abra y a la saliente, una vez finalizado el apoyo de fuego, serían factores clave.

Entonces empecé a disparar salvas de control con las unidades de bombardeo asignadas. Se realizaron ajustes en el centro de los dos puntos de detonación (PD) de HE para cubrir la cresta y las laderas delanteras. La unidad de fuego de proximidad (Tiempo Variable) HE se ajustó para permitir que las posiciones traseras (sospechadas) fueran alcanzadas y permitir el 'arrastre de proximidad' (la detonación prematura de espoletas radar cuando detectan esquirlas en el aire). Todos los datos se registraron antes de que, como ya se describió, atacáramos la cocina de campaña enemiga ubicada en el extremo este de Tumbledown.

Mi objetivo era formar la primera entrega del Plan de Fuego 'Mighty Mouse', que iniciaría a la Hora 'H'. El asalto al Mount William por parte de la Compañía D se haría a la Hora 'L', y el Capitán (Captain) Keith Swinton sería responsable de la selección y ajuste de los objetivos posteriores en apoyo del Comandante de la Compañía D Gurkha. Todos los tiempos debían ser 'a pedido', reconociendo la naturaleza fluida de la batalla que se

---

demostración normal es el enfrentamiento simultáneo de tres Baterías, designándolo como una Misión de Fuego 'a nivel de Regimiento' que probablemente equivalen a la acción y el efecto posterior mínimos empleados en esa época por el Ejército Rojo de la Unión Soviética en cualquier enfrentamiento en el Frente Central Europeo.

esperaba y la probabilidad de que apareciera algo imprevisto. Originalmente había pedido cuatro baterías para apoyar mi misión, pero al final se me asignaron tres. Eso seguía siendo el sesenta por ciento de la artillería de campaña británica disponible en las islas.

El Comandante y el Comandante de la Guardia Escocesa también habían estado con sus respectivos Grupos de Reconocimiento (en el caso de Scott, en Mount Harriet). Finalmente, nuestro Grupo de Reconocimiento voló de regreso a Wether Ground, donde el Comandante preparó sus órdenes formales para nuestra parte en la batalla que se avecinaba. También recibimos visitantes, los corresponsales de guerra Brian Hanrahan (BBC TV) y Mike Nicholson (ITN), junto a sus dos camarógrafos, Bernard Hesketh y John Jockell. Debían ser 'incluidos' con nosotros para el ataque, pero no aparecieron en el Grupo de Órdenes de Batallón posterior.

Éste proporcionó la información necesaria sobre cómo se llevaría a cabo el complicado ataque de los dos Batallones, el único de este tipo durante la guerra. También existía la posibilidad de que hubiera numerosos errores de coordinación. Todas las ideas sobre cómo se desarrollaría provenían de los dos Comandantes de Batallón. Todas fueron aceptadas por el Comandante de Brigada. El concepto de una finta hacia el sur (un ataque de diversión en Pony's Pass) seguido de un fuerte empuje hacia el este a lo largo de Tumbledown, provino de Scott. El Comandante optó por usar sus Gurkhas como 'sombra' sobre las laderas del norte de Tumbledown al movimiento de los Guardias hacia el este a lo largo de las laderas del sur. Entonces seleccionaría el momento correcto para 'lanzarse' hacia el sur con la Compañía D para tomar Mount William después de que la Compañía B hubiera asegurado su Línea de Inicio en la saliente noreste de Tumbledown. La Compañía A estaría en reserva. Pero antes, esta última establecería una base de fuego en Tumbledown para dar apoyo a las operaciones de las otras dos Compañías. El Comandante estaba seguro de que la batalla terminaría en combate cuerpo a cuerpo, una habilidad que los Gurkhas habían dominado a lo largo de su historia.

También tuvimos que soportar deficiencias importantes. Estas fueron la falta de fotografías aéreas (¡solo recibimos algunas, increíblemente, del aeropuerto de Stanley!), el que no hubiera tiempo para ensayos y la gestión del tiempo (1/7GR, 1982, IDP). Pero las grandes deficiencias logísticas, incluyendo el suministro de municiones, treinta y seis horas antes de la batalla, fueron un factor crucial que también provocó el aplazamiento del ataque de la 5ª Brigada. No se puede enfatizar suficientemente que el Comandante militar que exuda un liderazgo eficaz y optimista en un momento tan decisivo debe ser también consciente de que 'Murphy es un experto en logística: *tendrá* un impacto en el tiempo y en su plan.' Para ilustrar la verdad de esta sentencia, los Gurkhas tenían ahora doce desafíos logísticos críticos que resolver en esas veinticuatro horas adicionales. Estos eran: falta total de granadas de mortero de 81 mm; solo treinta y seis cartuchos de aumento (para aumentar el alcance de las granadas de mortero de 81 mm y poder así llegar hasta Mount William); ningún misil Milan; ninguna ametralladora pesada Browning ni municiones; ninguna granada de humo o de iluminación para mortero de 2 pulgadas; graves deficiencias en la munición para SLR y las cintas de munición de GPMG; ninguna batería de radio; falta de nuevas instrucciones de operación de señales; ningún suministro médico; nada de agua y sin raciones.

También era importante que los Comandantes usaran lenguaje verbal y corporal al alentar e inspirar a los hombres antes de esta exigente (y temible) misión única en la vida. En resumen, el Plan de Batalla de la 5ª Brigada tenía seis fases. La Fase 1 era un ataque de diversión por parte de un Pelotón mixto compuesto de veintinueve hombres de la Compañía HQ de los Guardias Escoceses y las tropas de Tanques de Reconocimiento Ligero de los Blues and Royals en Pony's Pass, dos kilómetros al sur de Tumbledown. La Fase 2 era la toma del montículo rocoso justo antes del extremo oeste de Tumbledown por parte de la Compañía G de los Guardias. Luego, su Compañía del Flanco Izquierdo atacaría el centro de Tumbledown en la Fase 3 antes de la Fase 4, cuando la Compañía del Flanco Derecho tomaría el extremo este. En la Fase 5, nuestra Compañía B despejaría el abra y la saliente noreste de Tumbledown, seguida por la Fase 6, el asalto de la Compañía D a Mount William.

Un líder al mando de tropas en una situación previa a la batalla, como era esta, debe dar órdenes inequívocas con aire de confianza incluso cuando las cosas se hayan puesto difíciles. El Teniente Primero (Lieutenant) Jeremy McTeague asistió al siguiente Grupo de Órdenes de la Compañía D en el que el Mayor (Major) Mike Kefford presentó su plan para el asalto al Mount William. Fue un gran ejemplo de la necesidad de comunicación eficaz, es decir, una 'calle de doble sentido'. Los participantes del Grupo O (Grupo de Órdenes) necesitaban entender con precisión lo que se les estaba explicando, la misión y los requisitos detallados para completarla; y el líder que presentaba las órdenes tenía que comprender y mostrar interés por lo que decía su audiencia cuando se la invitaba a hacer las preguntas finales más importantes. Las habilidades de escucha activa son de suma importancia y cuestan su esfuerzo, mientras que el tono de voz, la elección de palabras y los gestos físicos añadirán a la autoridad del líder y a la credibilidad percibida por sus oyentes con relación al éxito eventual. Las emociones también juegan un papel en la comunicación, por lo que el líder también debe observar *cómo* se dicen las cosas y, si es necesario, intervenir adecuadamente.

Los otros dos Comandantes de Pelotón presentes en el Grupo O eran oficiales nepalíes de los Gurkhas de la Reina. Una experiencia de esta gravedad concentra mucho la mente del Comandante/líder y, según McTeague, 'cómo manejar el miedo en uno mismo y en los otros'. Calculó que había un total de

'157 infantes de marina enemigos atrincherados tanto en el propio Mount William como también justo al noreste y noroeste de este objetivo, respectivamente. [Ellos] superaban en número a la Compañía D y [eran] similares en fuerza a los que enfrentaban a los Guardias Escoceses' (García Quiroga y Seear, 2009, 56).

Pero había muchas otras subunidades enemigas en el área de Mount William, además de los tres Pelotones del BIM 5. En el monte William, de 213 metros de altura, estaba el 1er Pelotón reforzado de la Compañía N. Los refuerzos a los cincuenta y cinco infantes de marina de este Pelotón eran quince infantes de marina que manejaban los dos cañones antitanque sin retroceso de 105 mm, otros quince en tres ametralladoras pesadas Browning y diez más en dos lanzadores de misiles antitanque Bofors Bantam, más dos soldados del Ejército: un gran total de 95 hombres. Al noroeste, entre Tumbledown y Mount William, estaba el 2° Pelotón. Sin embargo, el supuesto 3er Pelotón de la Infantería de Marina justo al noreste de Mount William era, en realidad, dos Pelotones de fusileros del RI 3 y su Cuartel General de la Compañía C, más el Pelotón de Morteros de 120 mm del RI 6 (aunque dos de sus cuatro morteros habían sido retirados hacia Stanley después del ataque de la 3ª Brigada de Commandos a la Zona de Defensa Exterior durante la noche del 11 al 12 de junio). También (pero sin que McTeague lo advirtiera), estaba el Pelotón de Morteros de 81 mm del BIM 5, ubicado en el 'terreno muerto', sobre el lado este del abra que conecta Tumbledown y Mount William. En resumen, el 12 de junio había casi 350 tropas enemigas en el área de Mount William, más del doble de la estimación de McTeague. Superaban en cantidad a nuestra Compañía D por tres a uno. El plan de ataque de esta última podría describirse mejor como un movimiento de corte de tijera en fases, donde el 'ganador de la batalla' elegido en nuestras tácticas sería el Arma Ligera Antitanque (LAW) de 66 mm, a pesar de que solo cuatro eran llevadas por cualquier Sección Gurkha de ocho hombres, que también tendrían que suplir la carestía de disparos reales con cohetes realizados en tiempo de paz (1/7GR, 1982, POR).

El 10° Pelotón de McTeague estaría en reserva para el asalto. Pero la ansiedad del joven *gora saheb* aumentó cuando escuchó su letanía de tareas detalladas. El asalto comenzaría con un gancho derecho hacia el oeste por parte del 12° Pelotón para tomar el lado norte del Mount William. En la Fase 2, apoyarían el gancho izquierdo hacia el este del 11° Pelotón durante la Fase 3 sobre el lado sur del Mount William, mientras que el 10° Pelotón permanecería en reserva. El subalterno registró sus notas. Existían ambigüedades (fases 2 y 3, ¿juntas o una después de la otra?) y superposiciones potencialmente confusas en la carga de tareas del 10° Pelotón si el asalto iba a conducirse 'hasta el final', con combates 'hombre a hombre' para reorganizarse después del asalto al amparo del certero fuego de artillería. Se le habían asignado tres tareas: comprometer Secciones para apoyar a los otros dos Pelotones, más (superpuestas) una Sección para proteger a los prisioneros y otra para evacuar a los heridos. Todos debían llevar munición extra y la GPMG (SF) del Pelotón debía pasar a la Compañía A (García Quiroga y Seear, 2009, 57). Existían todas las razones para sentir 'miedo y desesperanza'. La máxima de Sun Tzu, 'La invencibilidad es defensa [...] ataque y uno es insuficiente' (Sun Tzu, 2002, capítulo 4, 'Forma') era relevante para la misión de la Compañía D. El Grupo de Órdenes había agitado las emociones de McTeague. Son exactamente estas cualidades las que hacen eficaz y valiente a un soldado. McTeague lucharía para sobrevivir.

De regreso en nuestro Cuartel General Tac, después del arribo del Pelotón de Ametralladoras Pesadas y diez cajas de raciones 'compo' (compuestas, suficientes para diez hombres) antes del anochecer, entendí que mi próxima tarea era estar con los corresponsales de guerra recién llegados y su equipo de cámaras de televisión. Este tiempo tenso antes de una batalla incluía la necesidad de informarlos y 'conducirlos' porque luego publicarían sus impresiones sobre nuestra unidad. Pero primero tenían que recibir información sobre nuestras próximas actividades y un poco de liderazgo 'inclusivo' de mi parte, un novato absoluto en el manejo de este tipo de profesionales. Nicholson expresó su deseo de 'integrarse' al HQ Tac, una mala idea. Podrían obstruirnos sin querer durante la coordinación de un complicado ataque nocturno del Batallón. Además, la oscuridad impediría cualquier adquisición de imágenes con kukris. En cambio, aceptaron mi sugerencia de que acompañaran al Cuartel General principal del Batallón. Nicholson me agradeció. Una perspectiva privilegiada estaría disponible para ellos eventualmente en el extremo sureste de Two Sisters.

Siguiendo la experiencia de 'H' Jones cuando los medios informaron sobre su posición inmediatamente antes del ataque a Goose Green, existía una falta de confianza de los militares hacia los medios en general. Por eso, los dos corresponsales de guerra parecieron sorprenderse por mi ayuda. No obstante, el resultado final fue perfecto y, diez semanas después, en mi alojamiento para casados en Church Crookham, vi con satisfacción el octavo episodio del documental *Task Force South* de la BBC TV. Incluía escenas de los oficiales de la 132ª Batería y nuestro Cuartel General principal en Two Sisters South, grabadas el día después de mi sesión informativa. Los tres artilleros estaban celebrando una reunión de coordinación con sus tableros de datos amarillos bajo el fuego de la artillería enemiga. Esta 'representación de la guerra' fue reforzada por otra, tres Gurkhas comiendo su 'almuerzo de picnic' de raciones compo mientras observaban tranquilamente algunas explosiones cercanas de 'entrantes'. Nicholson entrevistó al Mayor (Major) Bill Dawson, el 2IC del Batallón, pero sería el más aprensivo Brian Hanrahan de la BBC y su comentario parcialmente entrecortado lo que proporcionó la 'atmósfera' mientras los proyectiles silbaban sobre su cabeza:

Ahora estamos entre las dos líneas de cañones y hay un duelo de artillería bien a la antigua entre ellas. Desafortunadamente para nosotros, esta es el área donde los Gurkhas se han reunido, y claramente alguien los ha visto en el horizonte. Van a trepar hasta la cima y bajarán por el otro lado para tomar la colina frente a nosotros en la oscuridad. Pero nos han visto, y ya hemos estado bajo bombardeo bastante continuo durante algún tiempo.

Esos son los británicos contraatacando. No pueden hacer fuego sobre el cañón que nos dispara porque creemos que está en el medio de Port Stanley, que está fuera de los límites en lo que respecta a nuestros artilleros. Así que tenemos una tarde muy tensa mientras estamos aquí y esperamos para partir al amparo de la oscuridad.

Esto era también una prueba de que, se los quiera o no, los medios manejan la 'guerra de información'. Por eso es mejor formar una alianza que enfrentar una retroalimentación de relaciones públicas posterior a las operaciones, lo que podría causar una degradación de la reputación de la unidad.

Esa misma tarde (12 de junio), el 2IC en la Compañía N enemiga comenzó a realizar los preparativos finales para la batalla, que continuarían hasta el día siguiente. Colombo:

Le pregunté al Jefe de la Compañía N si mi posición de combate sería en el Cuartel General de la Compañía o en el Puesto de Observación de la Compañía [OP]. Me dijo que, como sería un ataque nocturno, iba a ver las mismas cosas desde ambos lugares, por lo tanto, era mejor que me quedara con él para poder ayudarlo. En el [OP] había parte de una línea telefónica que conectaba los Centros de Comunicación y, a cincuenta metros, había otras tres líneas distintas al Batallón. Creo que esas no estaban operativas, porque nunca fueron revisadas excepto una vez, durante un ejercicio con la artillería y los morteros.

Hablé por teléfono con el Jefe del RI 6 y le informé sobre el estado de su Compañía B y los artículos que necesitaba 'Ramón' (municiones, frazadas y comida). Dijo que iba a hacer todo lo posible por conseguir esas cosas y que enviaría siete soldados de su Compañía al pueblo.

Aproximadamente a 20:00Z, el NCO Monzón [en Mount William] se comunicó por radio fija con el Pelotón de Morteros de 81 mm. De acuerdo con las órdenes del Jefe de la Compañía N, este suboficial, Jefe de los cañones antitanque sin retroceso 105mm; el Suboficial Principal Taborda, Jefe de la ametralladora pesada de 12,7mm y el Suboficial Principal Gómez, Jefe de los [Bofors] Bantam, debían permanecer en el lado suroeste de Mount William. Estaban autorizados a ocupar esa posición porque el viernes por la noche [11 de junio] el fuego de artillería había destruido los [dos] cañones antitanque de 105 mm y dos de las ametralladoras pesadas de 12,7 mm (la tercera estaba averiada). Además, los Bantam [lanzadores de misiles filoguiados] tenían fallas: pero no recuerdo [qué eran estas] exactamente. Y así, reconstituyeron a sus infantes de marina como un pequeño Pelotón de fusileros. Aproximadamente entre treinta y cuarenta efectivos del Ejército que se habían retirado de Two Sisters fueron con un Cabo hasta el lado noroeste de Mount William.

A 23:00Z, el CO del BIM 5 dio detalles sobre el ataque a las posiciones del RI 4 [en Mount Harriet]. El [enemigo] eliminó primero a los centinelas con 'armas blancas [de combate cuerpo a cuerpo]' y, después de eso, comenzó un ataque desde el suroeste con apoyo de artillería y despliegue de personal en helicópteros. Simultáneamente, por primera vez, se llevó a cabo fuego de apoyo naval [enemigo] desde el norte y el sur simultáneamente. Nuestra artillería disparó a veces durante la noche. El fuego naval continuó hasta el domingo [13 de junio], aproximadamente a 09:00Z.

La Compañía A del 1er/7° Fusileros Gurkha había celebrado su último Grupo de Órdenes antes de dejar Wether Ground al día siguiente. Éste contenía un grado de clarividencia con respecto a 'retraso' y 'colisión'. Tekbahadur *saheb*:

> Como de costumbre, el Grupo de Órdenes del OC *saheb* de esa noche [12 de junio] trató el asalto del Batallón a Mount William. Mientras que la Compañía A proporcionaría el apoyo de fuego, las Compañías B y D tomarían Mount William, comenzando por el área del espolón noreste de Tumbledown. Cuando empecemos nuestro traslado a Tumbledown, la Guardia Escocesa estará todavía atacándolo. Dependiendo de la situación, podrían retrasarse en esta acción y, por lo tanto, podríamos encontrarnos con ellos temprano en nuestra ruta hacia allí. Por eso, debíamos usar la contraseña que nos darían para evitar cualquier posible colisión. Las órdenes de confirmación se emitirían en el área de reunión del Batallón. Nuestra Compañía también volaría primero hasta Mount Harriet en helicópteros y luego se trasladaría a pie hacia el norte hasta Two Sisters [Sur].

Al salir de mi saco de dormir después del amanecer a 10:00 Z el 13 de junio, me di cuenta de que había caído una ligera nevada. Como de costumbre, una corriente continua de adrenalina era la razón por la que dormía poco, pero empeoraría durante las próximas y últimas treinta y seis horas de la guerra, las más mentalmente castigadoras de mi vida. Algunos han afirmado que el ataque de la 5ª Brigada a Tumbledown (y el ataque de diversión inicial en Pony's Pass) llevado a cabo principalmente por la 2ª Guardia Escocesa, seguido del asalto del 1er/7° Fusileros Gurkha sobre el largo ramal nororiental de Tumbledown y el asalto planeado sobre Mount William, eran innecesarios. La *raison d'être* promovida por 'The Green Machine' (La Máquina Verde)[4] era demasiado simple, a saber, que estos objetivos se le habían dado a la 5ª Brigada solamente por su deseo de tener 'parte en la acción'. Más aún, algunos afirmaron que el ataque simultáneo de la 3ª Brigada de Commandos llevado a cabo por el 2° de Paracaidistas en Wireless Ridge —dos kilómetros al norte de Tumbledown a través de Moody Valley— sería suficiente porque, una vez alcanzado el antiguo cuartel de los Royal Marine Commandos en Moody Brook en el este, la puerta a Stanley quedaría abierta.

Pero en el terreno, Tumbledown domina Wireless Ridge, y el 2° de Paracaidistas habría experimentado dificultades si hubiera atacado este último sin que los defensores enemigos en Tumbledown estuvieran seriamente preocupados al mismo tiempo por un asalto de infantería de dos Batallones apoyados por tres Baterías de Artillería (dieciocho cañones) en apoyo. Así, esta acción al sur evitó cualquier contraataque de flanqueo sobre 2 Para, lo que le permitió trasladarse rápidamente de Oeste a Este a través de Wireless Ridge. Por lo tanto, era necesario tener a la 5ª Brigada en Tumbledown y Mount William. El enemigo no estaba al tanto de la disfuncionalidad de la Brigada y, al menos, su plan de batalla multidireccional sin duda le plantearía serios desafíos. Posteriormente, el General de Brigada Mario Benjamín Menéndez, ex Gobernador Militar Argentino de las Islas, comentó: 'Tumbledown fue la batalla decisiva. La montaña tenía que ser retenida si Stanley no iba a caer. Una vez tomado Tumbledown, el juego terminaba si mis hombres no iban a ser masacrados' (Messenger, n.d.).

En Wether Ground, Hanrahan y Nicholson estaban con uno de sus camarógrafos mientras filmaban la Tropa 4 del Escuadrón B, Blues and Royals, en dos tanques ligeros Scimitar y dos Scorpion. Me paré detrás de los corresponsales y observé el avance de la Tropa hacia el este a lo largo de la ruta de Darwin a Stanley antes de participar en el ataque de diversión del Pelotón Compuesto de la Guardia Escocesa (veintinueve hombres) de esa noche, contra la posición enemiga de la Compañía O del BIM 5 en Pony's Pass. Más tarde organicé el 'vuelo de salida' de 467 Gurkhas en ocho helicópteros en sesenta y cuatro piquetes, a un Área de Reunión al sur de Two Sisters. Los primeros en salir en un helicóptero de transporte ligero Gazelle de cinco asientos fueron el Comandante y el Capitán (Captain) Mark Willis, seguidos por la Compañía A, que incluía a Tekbahadur *saheb*:

> Al mediodía del 13 de junio, nos reunimos en el sitio de despegue y aterrizaje de helicópteros en Wether Ground. Allí tuvimos la oportunidad

---

4. Un apodo autoimpuesto del Royal Marine Commando.

de ver a la mayoría de los rostros familiares del Batallón. Todos parecían tener prisa por intercambiar saludos y [compartir] su euforia, aunque el tiempo era limitado antes del despegue. También notamos que la artillería enemiga había comenzado un fuerte bombardeo cerca de Mount Harriet que, solo el día anterior, había sido tomado por los Royal Marines del 42º Commando. Quizás los argies sabían que estábamos a punto de desplegarnos en el área para la acción. No obstante, y de acuerdo con las órdenes, el vuelo comenzó puntualmente a 14:00Z.

Una vez que nuestros helicópteros, con el 1er Pelotón a bordo, llegaron al área cerca de Mount Harriet, observamos el fuerte bombardeo que levantaba humo y polvo en la mayor parte del sitio de aterrizaje (LS) planeado por la Compañía. Dado el bombardeo enemigo que batía toda el área, nuestro piloto y copiloto pugnaban para dejarnos exactamente en el LS correcto. Pero me di cuenta de lo hábilmente que elevaban al cielo el Sea King para evitar los proyectiles que impactaban en el suelo y [evitar] el peor escenario de ser alcanzados al intentar aterrizar. Repetían esta maniobra después de cada explosión, no una sino varias veces. Finalmente, seleccionaron un área segura y lograron aterrizarnos. Estas reacciones imprevistas de su parte produjeron un extremo agotamiento nervioso y mucha piel de gallina entre los ocupantes de la cabina. También había un molesto olor a pólvora [nitroglicerina, aserrín y grafito] que se arremolinaba en el aire. Ya en el suelo había muchas otras tropas ampliamente dispersas, buscando refugio del bombardeo. Por esto aterrizamos bastante lejos de nuestra exacta Área de Reunión, que estaba en un terreno más bajo cerca de Two Sisters South. Esto estaba al norte, al otro extremo de muchos senderos de piedra cubiertos de hielo. Hubiera sido mejor evitarlos, ya que resultarían difíciles de cruzar.

El Mayor (Major) Willis, el OC *saheb*, dirigió entonces una partida de reconocimiento compuesta principalmente por el elemento de comando de la Compañía A para observar el terreno donde se encontraba el enemigo. Este reconocimiento apresurado tendría lugar ligeramente por encima de la cresta más alta de Two Sisters South. La oscuridad no estaba muy lejos cuando llegamos a esta altura. Desde allí señaló las áreas de defensa del enemigo en Tumbledown y Mount William que debían ser neutralizadas mañana, antes de los asaltos de las Compañías B y D. Desgraciadamente, la visual que teníamos de estos objetivos era muy borrosa. En algún momento antes de 20:00Z, el OC nos dejó para asistir al último Grupo de Órdenes del Batallón en el Cuartel General Tac cercano. Después regresaría para dar sus órdenes confirmatorias.

Nuestros artilleros agregados de la 132ª Batería fueron de los primeros en llegar ese día al área de reunión del Batallón. Pugh:

Si bien los ajustes iniciales se habían realizado en la tarde del 12 de junio, la falta de salvas de 'verificación' confirmatorias a ser disparadas cerca del momento del asalto a los dos objetivos de la Compañía [Gurkha] era preocupante. Las condiciones meteorológicas adversas tienen profundo efecto en el trayecto de proyectiles en vuelo y es una buena práctica establecer ese error antes de emprender cualquier operación [que] requiera proximidad a los proyectiles propios. El retraso de veinticuatro horas en el ataque final significó que el BC, Mayor (Major) Mike Fallon, solicitara con éxito el uso de un helicóptero para llevar a los equipos OP del Capitán (Captain) Keith Swinton y mío a Two Sisters esa mañana del 13 de junio, para permitirnos realizar disparos de reglaje.

A plena luz del día, nuestro acercamiento final a pie por la ladera occidental se podía ver y, por lo tanto, recibimos fuego de artillería. La tentación era ocultarnos de la visual del enemigo, pero esto nos habría puesto en la zona batida por los proyectiles. Paradójicamente, entonces, era más seguro subir a la cresta a la vista del enemigo, aunque sus proyectiles pasaran muy cerca de nosotros o cayeran sobre la empinada pendiente debajo de nosotros. Este movimiento hacia nuestra posición de observación y la subsiguiente actividad de planificación de fuegos con Mike, Keith y yo discutiendo la asignación de municiones, etc. fue capturado por el equipo de BBC TV/ITN. Fue bueno ver que Nicholson y Hanrahan habían llegado antes que nosotros a nuestras posiciones en Two Sisters y grabaron después a mi equipo realizando disparos de reglaje y atacando objetivos de oportunidad durante el resto del día. Además, el Mayor (Major) Anwyl Hughes, un Controlador Aéreo Avanzado (FAC) cuyo indicativo de radio era 'Rubber Duck' ('Patito de hule'), también se encontraba en Two Sisters. Por eso, seríamos testigos de una demostración de 'bombardeo de lanzamiento' sobre el enemigo realizado por su Laser Target Marker (Indicador de Fuego Láser) y un RAF Harrier GR3 armado con dos bombas guiadas por láser (LGB).

Así las cosas, el objetivo de la Compañía B tenía ahora tres Baterías asignadas, y los datos del objetivo distribuidos entre el 4° Regimiento de Campo y el 29° Regimiento de Commandos llevaban la designación de objetivo ZU. El mismo prefijo se aplicó al objetivo siguiente de la Compañía D (Mount William). Habíamos decidido asignar en secuencia el peso máximo de fuego. Sospecho que esto puede haber tenido algo que ver con el hecho de que Mike, Keith y yo estábamos acostumbrados a hacer fuego con artillería en demostraciones y entrenamientos en la Real Escuela de Artillería, y que una de mis responsabilidades era el Bombard OP que ya se ha mencionado.

La misión LGB Paveway II presenciada por los artilleros fue el primer 'lanzamiento' LGB exitoso de la guerra. Volado por el Vicecomodoro (Wing

Commander) Peter Squire a 14:00Z contra 'una posición de Cuartel General de Compañía' (Pook, 2007, 159), ni ese LGB ni un segundo lograron alcanzar sus objetivos.[5] Un ataque con bombas de racimo del segundo Harrier GR3 en el extremo oeste de Tumbledown también fracasó en alcanzar a los Pelotones 4 y 5 de la Infantería de Marina enemiga.

Mientras tanto, la Compañía N enemiga había estado en el extremo receptor de los esfuerzos de nuestros artilleros adjuntos cuando estos últimos estaban en Two Sisters ese día. Colombo:

> El domingo por la mañana [13 de junio, yo estaba] con el Subteniente [del Ejército] que estaba en la posición del Teniente de Corbeta Vázquez [4° Pelotón, en el extremo oeste de Tumbledown]. Otros 30 soldados [que se habían replegado desde Two Sisters y Mount Harriet] al mando del Subteniente [del Ejército, Oscar] Silva ocuparon una posición entre el 4° y el 5° Pelotón [estos últimos eran Ingenieros Anfibios de la IM, comandados por el Teniente de Corbeta IM Héctor Omar Miño]. Con Silva había otro Subteniente [del Ejército] cuyo apellido era difícil de recordar. [Pero] la mayoría de los soldados que habían estado con Silva [...] se replegaron [a 'Puerto Argentino'] porque no tenían armas, ni municiones, o estaban heridos. Esto fue después de que Vázquez los contactara y les preguntara.

El encuentro inicial de este último con Oscar Augusto Silva se produjo al mediodía. Vázquez:

> Silva venía de una posición [en Two Sisters] que había caído la noche anterior. Llegó a la mía en medio de un bombardeo enemigo. Yo estaba cubriéndome [...] detrás de una gran roca. Minutos antes, habíamos localizado a los hombres que, con Silva, ocupaban los pozos de zorro que teníamos en la posición para resguardarnos del fuego enemigo. Pero en lugar de ir al pozo que le había indicado, Silva se llega hasta el lugar donde yo estaba, al descubierto. Se tira al suelo a mi lado y me pregunta de manera nada militar: 'Hola, ¿cómo estás?'
>
> Lo miro y pienso, SUBTENIENTE... yo tenía un grado más que él y cuatro más como oficial, pero en ese momento me dije: 'Bueno... es la

---

5. Dos décadas después, Squire se convirtió en el Brigadier General (Air Marshal) Sir Peter Squire. Su objetivo el 13 de junio de 1982 era el Cuartel General de la Compañía de Ingenieros Anfibios de la Infantería de Marina, que compartía la posición con el Puesto de Comando del BIM 5 y el Área de Apoyo Logístico, en Felton Stream. A pesar de que la RAF declaró un impacto directo, el segundo LGB tampoco acertó, pero 'solo' por 200 metros, según relató el Contraalmirante IM (Ret.) Carlos Hugo Robacio al autor, a través de un intérprete, en la Universidad de Nottingham, el 15 de noviembre de 2006.

guerra, te perdono... estamos bajo fuego de artillería y al descubierto.'

Silva me vuelve a hablar en medio del alboroto: 'Mira dónde vengo a encontrarte...'

'Mmm, esto ya es casi demasiado', pienso... y agrego una frase muy original: 'Y... es la guerra...'

A lo que Silva respondió: '¿Tu cuñado está aquí o está en tierra firme?'

Ahí entré en pánico... este tipo me conocía... porque mi cuñado era oficial del Ejército y éste era su compañero de promoción. Claro, hice como si lo conociera. Ahora no le iba a preguntar, '¿Quién sos?' La cortesía se mantiene en la guerra, y el papeleo también.

Cuando termina el bombardeo de la artillería, le digo: 'Tengo órdenes de retener en mi puesto a todos los que tienen armas y están en condiciones de pelear.'

A esto Silva responde: 'Carlos, lo único que te pido es que me permitas desquitarme por lo que nos hicieron allí.'

Se refería a su posición anterior con el RI 4 [...]. Un hombre cuya unidad había sido derribada, que había perdido su posición y ahora, con la posibilidad de replegarse a retaguardia, decidía por propia voluntad quedarse y luchar tiene algo de... CORAJE... que soy incapaz de explicar. El Subteniente Silva... LO TENÍA... Antes de ingresar al *Colegio Militar de la Nación*, el Subteniente Oscar Silva había sido cadete de la Escuela Naval Militar en la promoción 107. (*Defensa y Seguridad*, 2015, 61)

Un total final de dos Cabos y diez soldados del RI 12 y del RI 4 recibieron municiones y se distribuyeron dentro de la posición. Estos, más Silva, aumentaron los veintiséis hombres originales del 4° Pelotón de dos Secciones, que se había establecido como una subunidad del BIM 5 solo después de su arribo a isla Soledad. Esto había significado varios desafíos de liderazgo para el Jefe del 4° Pelotón. Vázquez:

> Yo no conocía a nadie del Batallón, y el Batallón no me conocía. Por esto y por el hecho de que no éramos un Pelotón orgánico del Batallón, el Comandante del Batallón nunca me tomó en consideración. Por eso, no se me envió ninguna mejora para las raciones de mis hombres ni [...] apoyo logístico en la misma cantidad o calidad que al resto del Batallón. A excepción de los dos suboficiales (que me conocían de otro Batallón), ninguno de mis soldados me conocía. No sabían si podían confiar en mí o no. Los suboficiales se odiaban y no hablaban entre sí. Esta rivalidad se transmitió a los soldados de ambas Secciones. Además, también había un desprecio extremo del uno por el otro [que persiste hasta el día de hoy]. El motivo era el origen de estas Secciones en el Batallón. El de la izquierda [de diez soldados] era del Pelotón de Reconocimiento del Batallón. Eran

soldados disciplinados, bien entrenados y con iniciativa, pero despreciaban a su egoísta Jefe de Sección y no seguían sus órdenes. La Sección de la derecha [también de diez soldados] era de la Compañía de Servicios Logísticos del Batallón. [Tenía] poca cohesión y, con pocas excepciones, un bajo nivel de formación. Sin embargo, el Suboficial Julio Saturnino Castillo era muy protector de sus hombres y lo respetaban mucho. [Pero] ninguno de los soldados realmente creía que el combate los alcanzaría, por lo tanto, era difícil imponerles disciplina de combate, camuflaje de huellas, mantenimiento de armas, fortificación de posiciones, etc.[6]

A los cuatro soldados del RI 4 y a uno del RI 12 (comandados por Silva) se les asignó una posición elevada detrás y al centro de la posición defensiva, a unos 20 metros de la cresta topográfica de la montaña. Su tarea sería cubrir cualquier retirada eventual del 4º Pelotón. El resto se unió a las dos Secciones de primera línea. Tampoco fue una tarea de liderazgo fácil incorporar soldados del Ejército al 4º Pelotón de Infantes de Marina. Vázquez:

> Yo no los conocía, y ellos no me conocían. Tenían costumbres, tradiciones y disciplina muy diferentes a las de la Armada, y había entre ellos soldados, suboficiales y oficiales de diferentes unidades y subunidades. La mayoría no se conocía, es decir, no había cohesión. Salvo Silva y algunos más, la mayoría no quería seguir luchando. Los obligué a permanecer en mi posición mientras otros fueron enviados a retaguardia porque estaban heridos o no tenían armas. Eso aumentó su descontento.

Colombo:

> A 11:45Z comenzó el fuego de artillería pesada sobre todas las posiciones de la Compañía N. El Guardiamarina [Carlos Ricardo Bianchi] que estaba al mando en Mount William recibió sus órdenes y regresó a Mount William. (Creo que le gustaba inventar historias, porque estaba contando su aventura de cuando estaba solo con dos ametralladoras en Goat Ridge tratando de detener el ataque del noroeste sobre Mount Harriet). El Jefe de la Compañía B [RI 6] llegó al HQ de la Compañía N para usar el teléfono porque necesitaba descifrar un mensaje que había recibido por radio. Tuvo que ponerse en contacto con la Compañía Z, que estaba al otro lado del valle, para coordinar la defensa de ese acceso. Se fue al mediodía.
> Cuando cesó el [fuego] de artillería, el Jefe de la Compañía N convocó a los Jefes de los Pelotones 2, 3 y 4 y a mí para darnos las órdenes finales y

---

6. E-mail fechado el 3 de agosto de 2021.

[decir] lo que esperaba de su Compañía. Los presentes en esa reunión debían informar a las subunidades que tuvieran cercanas de lo que habían hablado. Debían defender las posiciones con honor, dignidad y no quebrantar el espíritu de la unidad. Si no podían permanecer más tiempo en sus posiciones, debían informarle para que tomara la decisión. Sobre esto, pidió lealtad a la hora de dar información sobre la situación. Les deseó suerte a todos y, a la salida del 'Triángulo' [nombre que habíamos dado a este refugio del fuego británico], el Jefe del 4º Pelotón también les deseó suerte a todos.

En el doble contexto de la dimensión de liderazgo de este Grupo de Órdenes y los hechos posteriores vividos en las siguientes veinticuatro horas, el informe oficial de esta reunión elaborado por el Teniente Villarraza describió sus instrucciones finales a sus Jefes de Pelotón y cómo interpretó la forma en que en la que manejarían el combate inminente y mantendrían el control, independientemente de las instrucciones muy estrictas de su Comandante de Batallón. Bien podría haber impedido que el jefe de la Compañía N recibiera una condecoración de posguerra:

> De un rápido análisis de la forma en que operaban los ingleses, el orden de batalla y el extenso frente que ocupaba la Compañía, yo había concluido que sería muy difícil mantener esas alturas (Tumbledown y William) de forma permanente. Es a raíz de este análisis que en una pausa llamo a los Jefes de la 2da. Sec. – 3ra. Sec. – 4ta. Sec., 2 Jefe de Ca. y Suboficiales y Cabos del Cdo. Ca., para impartirles las últimas directivas.
>
> En su momento consideré importante reunirlos y tener contacto personal ya que consideraba que era la última vez que lo haríamos hasta pasado el combate. La intención de esta reunión era dar las últimas directivas y fundamentalmente transmitirles cual (era) mi pensamiento y lo que pretendía de cada uno de ellos. En síntesis, los temas consistieron en defender las posiciones con valor, dignidad, etc., que fueran leales en la información que me daban, que esta información [no fuera] ni aumentada ni disminuida, es decir que fuera lo más objetiva posible. Hablo también que no quería héroes muertos sino hombres que lucharan con valor, honor etc. etc. Esto está relacionado con lo anterior en el sentido que me dieran la información los más exacta posible, evaluar[an] la situación y ordenar[an] o no el repliegue.
>
> Dije que no quería muertos inútilmente y que si fuera necesario ordenaría el repliegue para reunir fuerzas en otros puntos. Les comento esto a los Jefes de Sección a colación de lo que había ordenado el Comandante, de no abandonar las posiciones hasta no haber consumido la totalidad de la munición o haber sufrido bajas de las 2/3 partes de la fuerza efectiva. Sabía

> que estaba transgrediendo las órdenes dadas por el Comandante, pero era consciente también que nuestras posiciones defensivas no eran fuertes en función —frente a cubrir y cantidad de personal— sabíamos también que era la última línea defensiva... (Burzaco *et al.*, 2015, 33-34)

La reacción de Vázquez, Jefe del 4º Pelotón, al contenido de las órdenes del Jefe de su Compañía es digna de mención, sobre todo porque pronto estaría en medio de la lucha en el extremo oeste de Tumbledown contra la Compañía del Flanco Izquierdo de los Guardias Escoceses. Pero el Subteniente del RI 12 que estaba con Vázquez se encontraba en un estado extremo de estrés postraumático después de la batalla de Mount Harriet. Su incapacidad para luchar hizo que pasara toda la noche temblando en el fondo del pozo de zorro de Vázquez. Para complicar aún más las cosas, el suboficial de la Sección Izquierda del 4º Pelotón también se negó a luchar. Fue puesto en el pozo de zorro de Vázquez y se le ordenó manejar la radio mientras Vázquez asumía el mando directo de su Sección. El criterio de liderazgo es simple: para evitar el contagio de cualquier actitud negativa, los descontentos deben mantenerse cerca del líder en una situación de combate. Vázquez:

> El Jefe de Compañía nos mandó a llamar para tener una reunión con todos los Jefes de Sección; no acudimos todos ya que debía quedar alguno cubriendo el sector, yo fui en representación de mi sección y de la 5ta. En la reunión dio las últimas órdenes con respecto a lo que debíamos hacer y nos recomendó ser lo más fieles posibles en cuanto a la información que pasaríamos al Puesto de Comando. Que no quería muertes inútiles y que él daría las órdenes de repliegue en caso de ser necesario. Esto me trajo una gran tranquilidad, ya que desde hacía un largo tiempo por el canal táctico del Batallón, el Comandante del mismo nos leía diariamente el Código de Justicia Militar y nos remarcaba los porcentajes de bajas y de consumo de munición para replegarse o rendirse. El hecho de saber que nuestro Jefe de CA, aún desobedeciendo las órdenes del Comandante del Batallón, asumiría la responsabilidad de impedir una masacre innecesaria, tal cual lo expresó, me dio una serenidad muy grande ya que en sus comunicaciones el Comandante demostraba poco aplomo y yo no confiaba en sus decisiones en esa condición anímica. (Burzaco *et al.*, 2015, 34)

Colombo:

> Villarraza permitió que los Jefes de Pelotón dejaran volver a algunos soldados a recoger más víveres porque la situación no permitiría llevar víveres más tarde a las posiciones. Se llevaron duraznos, dulces, chocolate, queso, etc. Después de una pausa en el fuego de artillería, comentamos de

manera jocosa que ellos [los británicos] habían dejado [de disparar] para comer, dada la hora. A [16:30Z] empezaron a disparar de nuevo y era casi imposible estar afuera de la posición. Comenzaron a producirse bajas, con nueve soldados de la Compañía B RI 6 y dos del 3er Pelotón.

Antes, el Comandante del 1er/7° Fusileros Gurkha y el Capitán Mark Willis habían aterrizado en su Gazelle en el Punto de Entrega del Batallón (DOP) justo al sur de Two Sisters. Había fuertes bombardeos en el Área de Reunión (donde también se encontraba el Commando 45) antes del aterrizaje. Pero la posterior llegada de los helicópteros de nuestro Batallón no fue fácil, debido a la falta de comunicación directa con los pilotos de los helicópteros. Los piquetes fueron depositados en lugares incorrectos y el grupo de nuestro oficial de Inteligencia recibió bombardeo de morteros durante su aterrizaje. Nuestra línea de morteros también estaba ubicada al sur de Goat Ridge, una larga formación rocosa que se extiende de Oeste a Este y una indicación natural hacia el extremo oeste de Tumbledown. También se iba a celebrar, a 13:00Z y cerca de la curva de nivel 500 (justo al oeste de Goat Ridge), una reunión de coordinación final entre el Comandante de la Brigada, el Comandante y el Comandante de la Guardia Escocesa.

Pero el General de Brigada (Brigadier) no apareció y tampoco lo hizo una radio, por lo que los dos COs llevaron a cabo sin él esa vital coordinación adicional de sus planes de batalla. Por ejemplo, como nuestro Pelotón de Reconocimiento había recibido la nueva tarea de actuar como camilleros, el Teniente (Second Lieutenant) Quentin Oates, Comandante de ese Pelotón, estaría adscrito al Cuartel General Tac de los Guardias Escoceses como oficial de Enlace. Otro tema discutido, pero no en profundidad, fue la incertidumbre de el sitio preciso de un campo minado enemigo ubicado en algún lugar de la ladera norte de Tumbledown. Esto era importante, porque estaba en nuestra línea de marcha planificada. Pero no se pudo proporcionar información definitiva. El Comandante, sin embargo, había encontrado útil la reunión y se fue caminando hacia el Área de Reunión.

Además, los oficiales de la Guardia también habían omitido informarnos que usarían boinas, no cascos, en la batalla (una decisión extraña, porque al menos tres Guardias recibirían un disparo en la cabeza, con uno muriendo en el acto); y, en segundo lugar, que cualquier persona vista usando un casco sería, por definición, enemiga y, por lo tanto, un objetivo *bona fide*. Pero los Gurkhas con casco no habían sido incluidos en esta ecuación. En 'la mezcla' también había un lío de contraseñas. Su origen era los motes coloquiales de los 'Jimmies' de Escocia y los 'Johnnie Gurkhas' de Nepal y que la pronunciación española de la letra 'J' por parte del enemigo llevaría a los nombres de 'Himmie' y 'Honnie'. Por lo tanto, cualquier llamado de los Guardias sería: '¡Hey, Jimmie!', mientras que nosotros responderíamos, '¡Hey, Johnnie!' Por otro lado, si llamábamos primero, entonces sería, '¡Hey, Jimmie!', con la respuesta recíproca: '¡Hey Johnnie!' La respuesta de un guardia invertiría estas contraseñas, por lo que '¡Hey, Johnnie!' debería producir una respuesta Gurkha de '¡Hey, Jimmie!' Sin embargo, en nuestro grupo de órdenes final, la única contraseña mencionada era '¡Hey, Johnnie!' Por eso se debe prestar atención a información detallada emitida por líderes fatigados y estresados. Una aplicación rígida del acrónimo 'KISS' ('Keep It Simple, Stupid') ('Mantenlo simple, estúpido')[7] es de suma importancia.

Después surgió de nuevo la cuestión no resuelta del campo de minas enemigo. El Teniente Primero (Lieutenant) Peter McManners, Ingeniero Real del 9º Escuadrón Para y hermano menor del Capitán (Captain) Hugh McManners, informó al Comandante en términos inequívocos que su plan (del Comandante) de mover el Batallón a lo largo de la ladera norte del Tumbledown para eventualmente asaltar el monte William desde esa dirección era 'imposible'. 'Su razonamiento se basaba en la ubicación del supuesto 'campo minado argie' en relación a nuestra ruta de marcha. El Comandante tenía dos opciones, moverse más al norte rodeándolo, o acercarse a las rocas Tumbledown. Demasiado tarde para cambiar el plan, había que tomar una decisión. No queriendo arriesgarse a quedar envuelto en la batalla de Wireless Ridge o extraviarse, el Comandante eligió la alternativa de 'las rocas'. También sería la más rápida. También eligió al Sargento (Sergeant) Ron Wrega que comandaba el grupo RE adjunto al 9º Escuadrón Para para guiar nuestro Batallón junto con dos de sus zapadores que, para detectar minas, clavarían repetidamente 'sensores' de alambre doblado en el terreno.

Pero el 5º Pelotón de Miño, de 28 hombres, todavía estaba en la cima oeste de Tumbledown. Disponían de un excelente campo de tiro con vistas al falso campo de minas marcado por Miño a lo largo de la ruta Gurkha prevista. Nuestro golpe de suerte se materializó más tarde esa noche, antes de llegar al 'campo minado', cuando Miño retiró unilateralmente su Pelotón al extremo este de Tumbledown. Esta extraña decisión fue causada por su percepción del 'abrumador' fuego con trazantes del cañón Rarden de 30 mm de un Scimitar de los Blues and Royals durante el ataque del 2º Para a Wireless Ridge además de, aunque en menor grado, fusilería similar en Pony's Pass durante el ataque de diversión de los Guardias Escoceses.

---

7. Este 'principio' se atribuye a Kelly Johnson, ingeniero principal de Programas de Desarrollo Avanzado en la firma Lockheed Martin.

Fotografías

Prólogo

El Teniente Coronel (Lieutenant Colonel) (Ret.) Gareth Pugh, azotado por el viento en Wireless Ridge, isla Soledad, durante el Ejercicio Atlantic Legacy, Marzo de 2018. (Fotografía por cortesía de Gareth Pugh.)

Capítulo 1 – La entrevista

Cabo (Lance Corporal) Sukrim Rai – Pelotón de Reconocimiento, 1er/7º Fusileros Gurkha en 1982. (Fotografía por cortesía de Sukrim Rai.)

Capítulo 2 – De Sandhurst a Church Crookham

Real Academia Militar, Sandhurst.
(Dibujo de la madre del autor, Kay Seear, ya fallecida.)

Capítulo 3 – Cuando al mando, hacerse cargo

Teniente Coronel (Lieutenant Colonel) David Morgan, Comandante del 1er/7° Fusileros Gurkha. (Fotografía del autor.)

Capítulo 4 – Liderazgo proactivo continuado

Capitán de Fragata IM Carlos Hugo Robacio,
Comandante del Batallón de Infantería de Marina N° 5 (BIM 5).

Un Gurkha del Pelotón de Antitanques Milan del 1er/7º Fusileros Gurkha usando su kukri para cortar un cordón en el contenedor de un misil durante el Ejercicio Welsh Falcon, 25-28 de abril de 1982. (Fotografía por cortesía de Paul Haley, *Soldier Magazine*. Contiene información del sector público bajo Licencia de Open Government License v3.0

El Pelotón de Morteros de 81mm del 1er/7º Fusileros Gurkha en acción durante la demostración de poder de fuego en el Ejercicio Welsh Falcon FTX en Sennybridge, 27 de abril de 1982. (Fotografía por cortesía de Paul Haley, *Soldier Magazine*. Contiene información del sector público bajo Licencia de Open Government License v3.0

Capítulo 5 – En alta mar

Rumbo a la guerra – 1er/7° Fusileros Gurkha en formación en Church Crookham antes de partir hacia Southampton, 12 de mayo de 1982. (Fotografía del autor.)

Capitán (Captain) Martin Entwistle, Real Cuerpo Médico del Ejército (1er/7° Fusileros Gurkha RMO) en Church Crookham, 12 de mayo de 1982. (Fotografía del autor.)

El *QE2* amarrado al muelle No. 38, Southampton Docks, 12 de mayo de 1982. El Astillero Vosper Thornycroft había construido el helipuerto de popa la semana anterior. (Fotografía del autor.)

Rumbo a la guerra – Zarpada del *QE2* desde Southampton, 12 de mayo de 1982. (Fotografía por cortesía de Richard Hieron, DIPR – Copyright 1, MoD Abbey Wood y Paul Haley, *Soldier Magazine*. Contiene información del sector público bajo Licencia de Open Government License v3.0.)

Rumbo a la guerra – El 2IC del Batallón, Mayor (Major) Bill Dawson verifica una ametralladora pesada Browning del 1er/7° Fusileros Gurkha a bordo del QE2, 15 de mayo de 1982. (Fotografía del autor.)

Rumbo a la guerra – Festejo del 80° cumpleaños del Regimiento del 1er/7° Fusileros Gurkha en la cubierta de Deportes del QE2, el 16 de mayo de 1982. (Fotografía por cortesía de Paul Haley, *Soldier Magazine*. Contiene información del sector público bajo Licencia de Open Government License v3.0.)

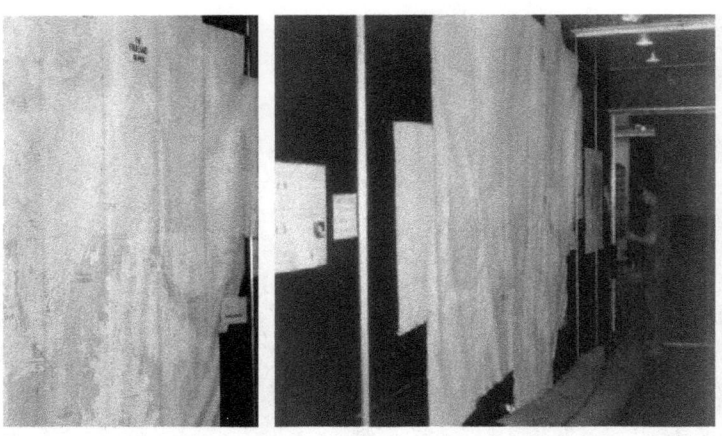

Rumbo a la guerra – Toldilla (escala azul) con mapas de las islas Malvinas, 15 de mayo de 1982. (Imágenes del autor.)

Rumbo a la guerra – *Soldier, semanario del Ejército Británico*, Número del 17-30 de mayo de 1982. (Imagen cortesía de Richard Hieron, DIPR – Copyright 1, MoD Abbey Wood y Paul Haley, *Soldier Magazine*. Contiene información del sector público bajo licencia de Open Government License v3.0.)

Rumbo a la guerra – Pipes and Drums del 1er/7º Fusileros Gurkha ensayan para un concierto de la banda del QE2, 18 de mayo de 1982. (Imagen cortesía de Narainprasad Rai.)

Capítulo 6 – Transición a las operaciones

A 90 millas náuticas al norte de Georgias del Sur, el 27 de mayo de 1982, el HQ de las Fuerzas Terrestres Falkland Islands (LFFI) y el HQ de la 5ª Brigada de Infantería trasbordan por mar y aire desde el QE2 hasta el destructor de misiles guiados 'Clase County' HMS *Antrim*. (Imagen del autor.)

'¡Que vengan los Gurkhas!' – *Crónica* (diario argentino), 28 de mayo de 1982. (Imagen por cortesía de Sukrim Rai.)

'The Great White Whale' (La Gran Ballena Blanca) (SS *Canberra*) fondeado frente a Grytviken, Cumberland Bay East, Georgias del Sur, el 28 de mayo de 1982. (Imagen del autor.)

El remolcador RMAS *Typhoon* cruzó Gurkhas desde el *QE2* (en la distancia) hasta el MV *Norland* fondeado en Cumberland Bay East, Georgia del Sur, el 28 de mayo de 1982. (Imagen por cortesía de David Willis.)

'Alerta aérea Amarilla' a bordo del MV *Norland* después del fallido ataque de un Hércules C-130 enemigo contra el petrolero MV *British Wye*. Los ocho centinelas antiaéreos ubicados en la cubierta superior son informados por el Capitán (Captain) Steve Crowley que corre hacia el autor, 29 de mayo de 1982. (Imagen del autor.)

Capítulo 7 – Consolidación e iniciando (finalmente) el avance hacia el este

La Compañía D y el Grupo OP de la 132ª Batería (The Bengal Rocket Troop [Tropa de Cohetes Bengalí]), de la Real Artillería adjunta antes de desembarcar de su LCU en Blue Beach (Playa Azul) 2, San Carlos, el 1º de junio de 1982. Esta fue la segunda LCU en desembarcar el Batallón en San Carlos. El artillero más cercano al fotógrafo, Granadero (Bombardier) Ken Henderson es el Granadero (Lance Bombardier) Tony Neil. (Imagen por cortesía de Ken Henderson.)

El muelle en Blue Beach 2, San Carlos, marzo de 2018. (Imagen del autor.)

Un avión enemigo de ataque terrestre y contrainsurgencia FMA IA58 Pucará dañado y abandonado en la pista de aterrizaje de Goose Green, 1 de junio de 1982. (Imagen del autor.)

Algunos de los despojos de la batalla de 2 Para cerca de la pista de aterrizaje al noreste del asentamiento de Goose Green, 1 de junio de 1982. (Imagen del autor.)

Una compañía excava en Darwin Hill, 3 de junio de 1982.
(Imagen por cortesía de Narainprasad Rai.)

Capitán (Captain) Tek bahadur Limbu Engden en el Museo Gurkha, Winchester y (a principios de junio de 1982) en su cuartel general del 1er Pelotón Compañía A, en Darwin con (der.) el operador de radio, fusilero Tanka Rai y el mensajero, fusilero Punendra Limbu.
(Imagen cortesía de Tek bahadur Limbu Engden.)

Artilleros de la 132ª Batería (The Bengal Rocket Troop [Tropa de Cohetes Bengalí]) de la Real Artillería trabajando en un cañón antiaéreo Rheinmetall de 20 mm enemigo capturado, para volver a ponerlo en servicio en la pista de aterrizaje de Goose Green, el 4 de junio de 1982.
(Imagen cortesía de Gareth Pugh.)

Capítulo 8 – Ataque aéreo enemigo y primeros 'entrantes' en Wether Ground

En el galpón del Cuartel General del 1ᵉʳ/7° Batallón de Fusileros Gurkha en Goose Green, isla Soledad, el 8 de junio de 1982. El autor actualiza al General de Brigada (Brigadier) Tony Wilson sobre los ataques aéreos enemigos en Port Pleasant y en Choisel Sound sobre los RFA *Sir Galahad* y *Sir Tristram*, y la LCU *Foxtrot 4*. (Imagen cortesía de Linda Kitson, artista de guerra del Imperial War Museum y Fleet Air Arm.)

Capítulo 9 – Primeras bajas, despliegue del Grupo de Reconocimiento y planeamiento de la batalla

Dos cañones ligeros L118 de 105 mm de 29ª Batería de Campaña (Corunna) de la Real Artillería en Wether Ground. Justo por encima de la línea de la cresta (izq.), el humo asciende desde el buque de desembarco logístico RFA *Sir Galahad*, gravemente dañado. (Imagen cortesía de Richard Hieron, DIPR – Copyright 1, MoD Abbey Wood y Paul Haley, *Soldier Magazine*. Contiene información del sector público bajo licencia de Open Government License v3.0.)

Un cañón ligero L118 de 105 mm de la de la 29ª Batería de Campaña (Corunna) de la Real Artillería en Wether Ground. (Imagen cortesía de Richard Hieron, DIPR – Copyright 1, MoD Abbey Wood y Paul Haley, *Soldier Magazine*. Contiene información del sector público bajo licencia de Open Government License v3.0.)

Artilleros de la 29ª Batería de Campaña (Corunna) en Wether Ground cargan su cañón ligero de 105 mm. (Imagen por cortesía de Richard Hieron, DIPR – Copyright 1, MoD Abbey Wood y Paul Haley, *Soldier Magazine*. Contiene información del sector público bajo licencia de Open Government License v3.0.)

El OP del FOO de la Artillería adjunta Capitán (Captain) Gareth 'Gus' Pugh en Wether Ground mirando hacia Mounts Harriet y William, 11 de junio de 1982. Al amanecer del día siguiente, recibió un impacto casi directo de un proyectil de artillería enemigo de 155 mm. Afortunadamente, nadie estaba en el OP en ese momento. (Imagen por cortesía de Gareth Pugh.)

Un cañón ligero de 105 mm de la 29ª Batería de Campaña (Corunna) en Wether Ground, 12 de junio de 1982. La red de camuflaje del cañón se ha hecho trizas por el viento predominante y el alto ritmo de fuego. Un grupo de prisioneros argentinos esperan junto a la carretera Darwin-Stanley a que un helicóptero británico los evacúe. (Imagen por cortesía de Tom Martin.)

Capítulo 10 – Órdenes – y una Rueda de Prensa 'insertada' en el campo de batalla

Primer plano: Stanley oeste, plano medio (izq.): el extremo este de Tumbledown con su abra al noreste y su saliente que se inclina al norte hacia Moody Brook, y en el plano lejano (der.): Two Sisters. (Imagen por cortesía de Gareth Pugh.)

Capítulo 11 – Preparativos para la batalla final... combate, luego demora

El punto más extremo al oeste de Tumbledown, en febrero de 2014. Tres cuartos hacia arriba de la imagen y tres cuartos hacia la derecha está la enorme roca que fue el sitio del segundo RAP eventual del 2º SG (Guardias Escoceses). (Imagen por cortesía de Jim Peters.)

Capítulo 12 – 'Lucha, repliegue o congelamiento'

El extremo este de Goat Ridge (primer plano). A lo lejos, (izq.) Tumbledown y (der.) Mount William, noviembre de 2007. (Imagen del autor.)

Subiendo la empinada reentrada hacia la cordillera este de Tumbledown, marzo de 2018. (Imagen del autor.)

El ex guardia Jim 'Pasty' Peters del 2º Batallón, Compañía del Flanco Izquierdo de la Guardia Escocesa, en la ruta que tomó durante la batalla hacia la cumbre este de Tumbledown el 14 de junio de 1982. En la distancia media está la loma rocosa y, a lo lejos (izq.) Goat Ridge y (der.) Two Sisters.
(Imagen, tomada en febrero de 2017, cortesía de Jim Peters.)

Capítulo 13 – Refriega, ataque de morteros y 'azul contra azul'

El 'Área de alojamiento' (últimos 500 metros al este) de Tumbledown donde la Compañía del Flanco Derecho, 2º SG (Guardias Escoceses) llevó a cabo un ataque de flanqueo derecho sobre el 5º Pelotón de la Compañía N del BIM 5 y el 3er peloton de la Compañía B del RI 6. En la distancia se ve Stanley. (Noviembre de 2007.) (Imagen del autor.)

El Cuartel General Tac del 1er/7º Fusileros Gurkha, bajo fuego cerca de la cumbre este de Tumbledown, 14 de junio de 1982. (Imagen del autor.)

Capitanes (Captains) Steve Crowsley (izq.) y Mark Willis (der.).
(Imágenes del autor: tomadas (i.) el 12 de mayo de 1982 y (d.) julio de 1982.)

Capítulo 14 – Asalto a la saliente noreste; después Mount William. El Grande…

Capitán (Captain) Gareth 'Gus' Pugh, el FOO de la 132ª Batería (The Bengal Rocket Troop [Tropa de Cohetes Bengalí]) de la Real Artillería, adjunta a la Compañía B del 1er/7º Fusileros Gurkha en la saliente noreste de Tumbledown, cinco minutos después del Alto el Fuego *de facto* (15:35Z), el 14 de junio de 1982. (Imagen por cortesía de Gareth Pugh.)

Fusiles FAL argentinos abandonados en el extremo este de Tumbledown, 14 de junio de 1982. (Imagen del autor.)

Mount William visto desde el 2° Pelotón, Compañía N, la previa ubicación de BIM 5 en las laderas sureste de Tumbledown, noviembre de 2007. El mástil de radio (centro) no existía en 1982. (Imagen del autor.)

Infantes de Marina del 1er Pelotón, Compañía N del BIM 5 en Mount William, mayo de 1982.

Tumba del conscripto Juan José Acuña, del RI 4, muerto en Mount William (14 de junio de 1982) y luego enterrado en el Cementerio Militar Argentino, Darwin. (Foto tomada en marzo de 2018.) (Imagen del autor.)

El autor y muchos gurkhas soportan temperaturas en picado y múltiples ventiscas de nieve mientras esperan ser trasladados en avión desde Mount William, el 15 y 16 de junio de 1982. (Imágenes del autor.)

Después de las hostilidades, el Teniente Jeremy McTeague visita Stanley, el objetivo británico por excelencia.
(Imagen por cortesía de Jeremy McTeague.)

Capítulo 15: Consecuencias y buena voluntad entre veteranos de combate...

El Teniente Coronel (Ret.) Tomás 'Tommy' Fox', el FOO argentino en Mount Harriet que había dirigido el bombardeo de artillería de 155 mm contra el 1er 7º Fusileros Gurkha y la 29ª Batería de Campaña (Corunna) de la Real Artillería en Wether Gound, recibe una copia del primer libro del autor sobre una taza de té en el departamento de 'Tommy' en Buenos Aires, en septiembre de 2003. (Imagen cortesía del difunto Alberto Peralta Ramos.)

Los restos de parte de la posición del Pelotón de Morteros BIM 5 de 81 mm ubicada en el abra entre Tumbledown y Mount William, noviembre de 2007. (Imagen del autor.)

El autor y el ex Jefe del Pelotón de Morteros de 81 mm, el difunto suboficial Elvio Cuñé, comentando experiencias de guerra en Buenos Aires a través de su intérprete, el Dr. Eduardo Gerding (izq.), el 25 de marzo de 2007. (Imagen del autor.)

El veterano de combate argentino conscripto Esteban Pino (Compañía C, 3er Regimiento de Infantería) mirando hacia el mar desde su antigua trinchera en Mount William, marzo de 2009. (Imagen cortesía de Esteban Pino.)

El Coronel Esteban Vilgré La Madrid y el autor, antiguos adversarios de Tumbledown, se reúnen en Buenos Aires, marzo de 2013. (Imagen cortesía del Dr. Eduardo Gerding.)

Capítulo 16 – … prolongado en Buenos Aires y *Minefield/Campo minado*

Una bufanda de piloto de A-4B Skyhawk del 1er Escuadrón Aéreo cedida por el Brigadier (Ret.) Vicente Autiero (centro) es entregada por el Brigadier Mayor (Ret.) Rubén Gustavo Zini (der.) al Capitán (Flight Lieutenant) (RN) (Ret.) John Hopkins en el '*Sherantoncito*', Club de Oficiales de la Fuerza Aérea, Buenos Aires, el 4 de octubre de 2015. (Imagen del autor.)

La imagen final de la 'reunión y almuerzo de buena voluntad entre veteranos' en el Club de Oficiales de la Fuerza Aérea Argentina, Buenos Aires, el 4 de octubre de 2015. Fila trasera (de izquierda a derecha) General de Brigada Sergio Fernández, Brigadier Mayor Rubén Gustavo Zini, Nicolás Kasanzew, Teniente de Navío Owen Crippa, Capitán de Navío Juan José Membrana, Brigadier Vicente Autiero. Primera fila (de izquierda a derecha) el Brigadier Alberto Fillipini, el autor y el Capitán (Flight Lieutenant) (RN) John Hopkins. (Imagen del autor.)

Una entrevista de dos horas con el autor sobre los Gurkhas en la guerra de 1982 se realizó en la estación FM Radio *Soldados* del Ejército Argentino en Buenos Aires, el 7 de octubre de 2015. (Imagen por cortesía del Coronel [Ret.] José Ramón Negretti y Ana Cejas, Radio FM *Soldados*.)

El autor realiza una presentación de tres horas (a través de su intérprete el Dr. Eduardo Gerding) sobre la guerra de 1982 ante sesenta veteranos argentinos y sus familiares en el Centro Conjunto de Salud Mental de las Fuerzas Armadas 'Veteranos de Malvinas' en Buenos Aires, el 9 de octubre de 2015. (Imagen cortesía de Coronel Esteban Vilgré La Madrid.)

Sukrim Rai simula su captura de tres argentinos (representados por el veterano de guerra conscripto Marcelo Vallejo del RI 6 en Egg Harbour House durante un ensayo de *Minefield/Campo minado*. Observando la acción está Lou Armour. (Imagen por cortesía de Sukrim Rai.)

Epílogo

El Jefe del Estado Mayor General de la Armada Argentina, Almirante Gastón Erice, entrega la condecoración «*Al Heroico Valor en Combate*» al Capitán de Navío IM (Ret.) Carlos Daniel Vázquez" en el Estado Mayor General de la Armada, en Buenos Aires, el 25 de noviembre de 2015.
(Imagen por cortesía de Gastón Erice.)

Después de la ceremonia (25 de noviembre de 2015), tres veteranos retirados de la guerra de 1982 de la Compañía N del BIM 5 se encuentran: (de izquierda a derecha) Capitán de Fragata IM Carlos Ricardo Bianchi, Capitán de Navío IM Carlos Daniel Vázquez" y Contraalmirante IM Osvaldo Emilio Colombo.
(Imagen por cortesía de Ricardo Burzaco.)

Capítulo 11
Preparativos para la batalla final... Combate, luego demora

El líder establece el tiempo de la batalla con ellos,
Como subir alto y quitar la escalera.
El líder se adentra con ellos en la tierra de los señores feudales,
Tirando del gatillo.

Sun Tzu, 2002, capítulo 11, 'Los Nueve Terrenos'

Después de hablar con algunos commandos del 42º Commando que habían tomado Goat Ridge en la noche del 11/12 de junio, el CO de la Guardia Escocesa, Teniente Coronel (Lieutenant Colonel) Mike Scott, creyó inicialmente que completaría su misión en Tumbledown para la medianoche del 13/14 de junio.[1] Si fallaba, el Comandante de la Brigada ya había designado al 9º Escuadrón Para RE para un segundo ataque la noche siguiente. La Guardia Escocesa había preparado el terreno marcando la Línea de Inicio, el Área de reunión y el Lugar de formación (FUP) con el extenso Goat Ridge convirtiéndose tanto en una característica crítica de planificación en el terreno como en una señal natural para Tumbledown y Mount William.[2] Pero con todos los Gurkhas ya aerotransportados al Área de reunión justo al oeste de Goat Ridge, y una Alerta aérea Roja anunciada en mi radio de enlace de retaguardia de la Brigada, lo que atrajo mucha atención fue el ataque LGB del Harrier GR3 del Líder de Escuadrón de la RAF Jerry Pook (el segundo del día) sobre Tumbledown.

Su aproximación al objetivo fue desde el área de Bluff Cove. Le brindó cubierta el GR3 del Capitán (Flight Lieutenant) Mike Beech, como un 'vigía SAM'. Una vez que lanzó la LGB, vi directamente debajo del GR3 de Pook el evento surrealista de las aletas estabilizadoras de la bomba expandiéndose. En seguida, un cabeceo delicado para adquirir el reflejo del láser del objetivo pareció ser la señal para que Pook comenzara su escape hacia el oeste. Su Controlador Aéreo Avanzado en el Cuartel General Táctico de la 5ª Brigada, ubicado en un afloramiento rocoso justo al norte de Mount Harriet, reclamó entonces un 'Delta Hotel' (Direct Hit, o impacto directo) sobre 'una posición de artillería en la base de Mt Tumbledown' (Pook, 2007, 160). Sin embargo, no había ninguna pieza de artillería en o cerca de Tumbledown, no al menos en su sección central, donde había hecho impacto la LGB. Después de reposicionarse

---

1. E-mail fechado el 19 de octubre de 2006.
2. E-mail fechado el 21 de octubre de 2006.

para un segundo ataque y habiéndolo llevado a cabo, Pook señaló en su posterior informe de combate que 'la siguiente LGB se quedó corta por 400 yardas' (Seear, 2003, 238).

Otro testigo fue el Mayor (Major) Chris Davies, Comandante del 9º Escuadrón de Reales Ingenieros Para, que también estaba en el Cuartel General Tac de la Brigada. Décadas más tarde me dió su impresión de los ataques de Pook y la ubicación de los impactos de las LGB entrantes desde el oeste. Parecían estar entre 500 y 1000 metros al oeste de los objetivos previstos, en la posible posición de un Pelotón o de una ametralladora ubicada en el promontorio rocoso justo al oeste de Tumbledown.[3] Pese a esto, el entonces Teniente de Corbeta IM Carlos Daniel Vázquez, Jefe del 4º Pelotón del BIM 5, negó, en nuestro extenso intercambio de correos electrónicos veinticinco años más tarde, que hubiera colocado a alguno de sus hombres o armas en ese lugar. Por lo tanto, no sorprende que la Compañía G de los Guardias Escoceses la capturara sin oposición durante el exitoso ataque de diversión con el Pelotón Compuesto de veintinueve hombres de su Compañía HQ más tarde esa noche, más al sur en Pony's Pass.

Y así, un gran total de cuatro LGB se lanzaron ese día, pero todas fallaron en alcanzar sus objetivos, aunque Pook escribió más tarde: 'De ahora en adelante, podemos acertar con una precisión devastadora cualquier blanco que los FAC puedan marcar' (Pook, 2007, 161). A él también le habían disparado los Guardias Escoceses de gatillo fácil (después del desastre de Port Pleasant) durante sus dos aproximaciones al Punto de Partida desde el área de Bluff Cove. La realidad es que el 13 de junio no había sido el mejor día para la RAF. La misión no se había definido con precisión ni se habían fijado claramente los objetivos. Eso llevó a la confusión entre los recursos aéreos y terrestres involucrados. El conocimiento del HQ de la 5ª Brigada sobre apoyo aéreo ofensivo (OAS) era deficiente. Dieciocho misiones estuvieron disponibles en el HMS *Hermes* durante las últimas cuarenta y ocho horas de la guerra, pero solo se lanzaron tres. Se podrían haber evitado algunas bajas británicas si se hubieran utilizado más LGB de manera efectiva (1/7GR, 1982, IDP). La confusa inteligencia militar había desperdiciado los efectos de los ataques LGB de Pook, contribuyendo en gran medida a la 'niebla de guerra'.[4]

La Alerta aérea Roja de la tarde había sido provocada por un grupo de siete Skyhawk enemigos que cruzaron la línea de costa cerca de Bluff Cove. Cuatro ametrallaron y bombardearon el Cuartel General Principal y el Táctico de la 3ª

---

3. E-mails fechados el 24 y el 25 de mayo de 2010.
4. La 'niebla de guerra' también empañó la descripción que el autor hizo de esta misión en su libro *With the Gurkhas in the Falklands*, al intentar acreditar la misión LGB de esa mañana a 'Red Dragon' (el Mayor (Major) Mike Howes, FAC) y la misión de la tarde a 'Patito de Hule' (el Mayor Alwyn Hughes, FAC).

Brigada de Commandos en Bluff Cove Peak, que se encontraba al oeste de Mount Kent, a solo siete kilómetros de nuestra posición. A pesar de que tres helicópteros ligeros resultaron dañados, no hubo víctimas. El General de Brigada (Brigadier) Wilson llegó en helicóptero para desearnos suerte en esa noche y solucionar cualquier problema pendiente. De pronto, un GR3 del ataque LGB pasó aullando sobre nosotros a una altura de veinte metros. Wilson cayó al suelo, pero no apreció mi comentario: '¡Estamos acostumbrados a esto aquí en el extremo afilado, señor!'

Un mejor ejemplo de liderazgo y contacto personal fue el del General de División (Major General) Moore, quien caminó esa tarde por el Área de reunión bajo el acoso del fuego de la artillería enemiga, alentando a aquellos que lucharían en el inminente ataque nocturno. Su presencia fue un refuerzo moral porque, como líder, tenía que estar frente a los subordinados compartiendo su suerte común. El mensaje subyacente era muy claro. Nunca le pida a un subordinado que haga algo que usted, el líder, no haría.

Unas horas más tarde, otro, el Capitán (Captain) Gus Pugh, también estaba en movimiento:

> Con la última luz, conduje a mi equipo OP por Two Sisters y me conecté con la Compañía B. Compartimos una taza de té ya que había poco apetito por la comida. Mi principal preocupación esa noche era que se levantara viento: pero noté que era poco probable que alterara mucho la dispersión de las salvas. Sin embargo, me puse adelante con Lester cuando lanzamos la misión, en caso de hubiera algún problema.

Esa tarde, otro oficial más, el Teniente Primero (Lieutenant) Jeremy McTeague y sus Gurkhas, tuvieron un vuelo en helicóptero sin incidentes hasta el Área de reunión. Ahora, mientras el equipo OP de Pugh se trasladaba, el 10º Pelotón de McTeague estaba llevando a cabo los preparativos finales de la batalla. Cinco de los hombres habían estado también escribiendo mensajes de despedida y deseos a sus familiares en el lejano Nepal. Estas cartas personales que, en el caso de muerte, serían enviadas más tarde por él (McTeague) a los destinatarios previstos, se encomendaron a su *gora saheb*. De hecho, la mera aceptación de estas cartas, independientemente de su destino y entrega final, la inmediata satisfacción de los deseos del Pelotón por parte de su Comandante, ya completaba los requisitos de la tercer 'bolilla' de liderazgo de Sandhurst, 'Necesidades individuales'.

Se acercaban las 20:00Z, hora en que el Comandante iniciaría su Grupo de Órdenes confirmatorio y final. Los tres Comandantes de Compañía comenzaron a moverse hacia nuestro Cuartel General Tac en Two Sisters South. En el orden de marcha utilizado más tarde esa noche, estaban el Mayor (Major) David Willis (Compañía A), el Capitán (Captain) Lester Holley (Compañía B) y el Mayor (Major) Mike Kefford (Compañía D). En el Cuartel

General Tac estaba otro oficial clave: Mike Fallon, el Comandante de la Batería. Su posición en la columna del Batallón esa noche sería directamente detrás de la Compañía A. La información de Fallon del programa de Apoyo de Fuego de Artillería a la 5ª Brigada era vital, e incluía el Plan de Fuego de la Guardia Escocesa 'Johnny Rook', así como nuestro 'Mighty Mouse'. Habría cinco objetivos principales para el ataque de la Brigada: el extremo oeste, el centro, el extremo este y el espolón noreste de Tumbledown, y Mount William. Tres baterías de artillería (dieciocho cañones ligeros de 105 mm) apoyarían tanto los planes de fuego como la llamada prioritaria al indicativo 49 (Fallon) del 1/7GR. Se trataba de la 29ª Batería (Corunna) del 4º Regimiento de Campo, ubicada todavía en Wether Ground, y la 97ª Batería (Lawson´s Company). Esta se había desplegado desde su ubicación inicial en Head of the Bay House al sur de San Carlos hasta Fitz Roy Bay el 7 de junio y luego desde allí, el 10 de junio, en veinticinco viajes de helicóptero (de los cuales cinco fueron para municiones) a Port Harriet House, cinco kilómetros al suroeste de Tumbledown.[5]

Finalmente, la 7ª Batería (Sphinx), del 29º Regimiento de Commandos RA, también estaría apoyando desde el área de Mount Kent. A pesar de tener disponible menos de la mitad del número de piezas de artillería que el oponente, el cañón ligero superaba el alcance del obús italiano OTO Melara enemigo en más de 5.000 metros. Sería un factor decisivo. De los 7.000 proyectiles que se dispararon, la Real Artillería dispararía 4.500, el equivalente a la asignación de municiones de entrenamiento de un Regimiento de Artillería durante cuatro años. Además, estaban disponibles veintidós morteros de 81 mm de los Gurkhas, los Guardias Escoceses, los Guardias Galeses y el 42° Commando. Este último también dispararía dos morteros de 120 mm enemigos, capturados sobre Mount Harriet.

El fuego de apoyo naval estaría en la línea de cañones del norte de Berkeley Sound, a catorce kilómetros de distancia. Se prefirió esto en lugar de la línea de cañones del sur de Stanley donde, dos noches antes, el HMS *Glamorgan* había sido alcanzado y dañado por un Exocet MM38 enemigo lanzado desde tierra. Los HMS *Yarmouth*, *Active* y *Avenger* dispararían eventualmente 504 salvas en apoyo de nuestros ataques de doble Batallón, con el abra Tumbledown-Mount William (adonde se encontraba el Pelotón de Morteros de 81 mm enemigo) y Mount William previstos a ser bombardeados entre 02:00Z-03:00Z y 03:00Z-04:00Z.[6] Las fragatas Tipo 21 HMs *Ambuscade* y *Yarmouth* también apoyarían el ataque de 2 Para en Wireless Ridge, además de la 8ª (Alma) y 79ª (Kirkee) Baterías de Commando del 29º Regimiento de Commandos de la Real Artillería. Otras dieciséis salidas de Harrier GR3 LGB también estaban disponibles. El

---

5. Luego del Alto el Fuego del 14 de junio, las baterías 29 y 97 se reagruparon en Fitz Roy con otras sub-unidades de 4º Regimiento de Campaña.
6. Programa de Apoyo de Fuego de la 5ª Brigada de Infantería, 13 – 14 de junio.

fuego se concentraría sobre los ocho kilómetros cuadrados que contienen Tumbledown y Mount William. Sumando la artillería y los morteros enemigos, allí estallarían más de 16.000 proyectiles durante las próximas veinticuatro horas. El ruido desafiaría toda descripción.

Sin embargo, la sesión informativa —mucho más corta— de Mike Fallon acerca de 'Mighty Mouse' fue muy efectiva, al igual que el trabajo de su FOO:

> El Capitán (Captain) Gus Pugh también había estado ocupado durante esa tarde de fuego intermitente de la artillería *dush*. Este oficial con pasamontañas estaba adecuadamente armado con una escopeta de repetición para la esperada acción nocturna en las rocas Tumbledown y Mount William, y había entretenido su tiempo ajustando el fuego sobre objetivos de oportunidad desde su posición vulnerable en 'Long Toenail' [nombre en clave para Dos Hermanas Sur]. Después de la sesión informativa de Mike, [Pugh] describió sucintamente el clímax. 'Por el tamaño y la fuerza de la hoguera', reflexionó el eufórico FOO, 'estoy seguro de que debe haber sido un depósito de combustible argie'. (Seear, 2003, 239)

Su experiencia para el asalto de la Compañía B por el abra y la saliente del noreste era crucial, porque este accidente se usaría como la Línea de Inicio de la 3er Brigada de Commandos en su siguiente fase (después de Wireless Ridge) hacia Stanley. Pero de repente, justo antes de 21:00Z, el último Grupo O del Batallón llegó abruptamente a su fin cuando tres o cuatro proyectiles enemigos disparados al azar explotaron a unos incómodos 100 metros de nosotros. Los tres Comandantes de Compañía regresaron entonces a sus respectivas posiciones, donde darían sus últimas órdenes de confirmación antes de los preparativos finales de la batalla. Tekbahadur *saheb* de la Compañía A escuchó atentamente las órdenes de su OC:

> Estas fueron bastante detalladas. Repitió el hecho de que la Compañía A era la Compañía de apoyo de fuego, mientras que las Compañías B y D tomarían Mount William. Por lo tanto, teníamos que recolectar la máxima cantidad posible de munición del área de concentración del Batallón para nuestra tarea. La Compañía A guiaría a las Compañías B y D hasta Tumbledown. El orden de marcha de la Compañía hacia el RV [rendezvous] de la Compañía sería el 2º Pelotón seguido del 1er Pelotón, el HQ de la Compañía y, en la retaguardia, el 3er Pelotón. El RV también sería el Punto de Partida para los Pelotones individuales. El Pelotón independiente (el 1er Pelotón) se desplegaría desde allí y tomaría y mantendría la ubicación de la Compañía a la hora H a 10:00 Z, mientras que el 2º Pelotón se desplegaría sobre la cresta inferior del lado izquierdo. El 1er Pelotón ocuparía entonces la parte superior de Tumbledown con sus armas adjuntas; mientras que el 3er Pelotón debía hacer lo mismo con el área del lado derecho.

Una vez que ocupara completamente su área durante la fase uno, el 1er Pelotón debía dar fuego de cubierta hacia el norte junto con el 2° Pelotón en la cresta izquierda para despejar ese área (es decir, la saliente noreste de Tumbledown) para la Compañía B. En la fase 2, el 1er Pelotón debía dar fuego de cubierta hacia el sur junto con el 3er Pelotón a su derecha disparando hacia Mount Harriet, proporcionando así acceso a la Compañía D para despejar su área.

Cuando el OC *saheb* hubo completado sus órdenes, me apresuré en la oscuridad hasta la ubicación del 1er Pelotón, donde mi Sargento de Pelotón y otro personal clave recibirían las mías. En el poco tiempo disponible era importante que todos entendieran cómo podíamos contribuir en esta complicada tarea de montar y operar la base de fuego de la Compañía.

Después iniciamos la marcha a 23:00Z en la noche sombría. Cruzando Goat Ridge, llegamos a una pequeña colina de curva de nivel 500. Esta era el área de concentración del Batallón. Ahí, el 1er Pelotón recogió la máxima cantidad posible de municiones para nuestro fuego de apoyo y algunas para nuestras armas adjuntas. Estas eran un destacamento de misiles antitanque Milan, una ametralladora pesada antiaérea Browning y una GPMG en modo SF. Cada fusilero tenía que llevar entre 50 a 100 tiros de munición eslabonada para la ametralladora pesada y de 100 a 150 tiros de munición eslabonada para la GPMG (SF).

Pero esa noche se puso muy fría, con una temperatura del aire de menos seis grados centígrados y viento del oeste de Fuerza 6, lo que creó un factor de enfriamiento de menos veintidós grados. Una ventaja para nosotros era que soplaría en la cara del enemigo. También hubo chubascos de nieve ligeros y, más arriba en Tumbledown, algunas ventiscas. Todo esto provocaría hipotermia severa a diez guardias escoceses y dos Gurkhas. La entrada posterior del Diario de Guerra del Comandante señaló que (él) 'luego se sentó nervioso, enfriándose cada vez más hasta la partida a 02:15Z'. Esto representó una espera de alrededor de cinco horas.

La mayoría en el HQ Tac intentó entonces dormir algunas horas. Más tarde escuché varios ronquidos suaves. Pero mis lamentables nueve horas de sueño en las noventa que habían pasado no aumentarían, ya que mi flujo personal de adrenalina continuaba. Hice contacto de radio con el Observador Avanzado de apoyo de fuego naval y finalmente me reuní con él para el ataque de la noche. En términos de camuflaje viable, vestía un grueso suéter de lana blanca con cuello alto totalmente inapropiado, que traté de ignorar. 'Bienvenido a los Gurkhas', le dije mientras le estrechaba la mano, y luego lo guié hasta Mike Fallon para que discutieran las complejidades del Plan de Fuego 'Mighty Mouse'.

En 2020, una revista militar del Reino Unido me entrevistó sobre la segunda edición de bolsillo de mi primer libro (*Con los Gurkhas en las Malvinas*), publicado tres años antes. No hubo ningún requisito de refrescar mi memoria con ninguna lectura previa a la entrevista. Describí de la siguiente manera mis siguientes horas en Two Sisters South al editor de reportajes, para su subsiguiente artículo 'Gurkhas on Tumbledown':

> Fue un tiempo en el que la espera y el creciente miedo a lo desconocido eran lo peor. Sin embargo, tuve suerte de ser el oficial de Operaciones del Batallón, porque me involucré en una discusión importante con el Cuartel General de la Brigada sobre la ubicación del sitio del helicóptero de evacuación de heridos. Este se había ubicado a seis kilómetros de Tumbledown y le dije: 'Esto es inútil. ¡Cualquier helicóptero debe acercarse mucho más para recoger a las víctimas! '
> Estuve codificando y decodificando referencias de cuadrículas de mapas y discutiendo como un loco durante dos horas con un tipo de guardia en la Brigada [que parecía] totalmente despistado. Sin embargo y por el contrario, eso fue genial porque ocupó mi tiempo y energía en lugar de dejarme pensar en el ataque inminente. Cuando más tarde me trasladé al Área de reunión en Goat Ridge, entré en 'piloto automático' y el adiestramiento tomó control. (Garner, 2020, 40)

Otro problema de 'Necesidades individuales' fue el hecho de llevar excesivo equipo personal al ataque. Debiera haberse reducido a ocho artículos esenciales de supervivencia: pala/pico, bayoneta, botella de agua, cargadores, municiones, SLR, vendajes de campo (2), raciones/latas, más el inevitable kukri. Finalmente, se atendieron las 'Necesidades individuales' finales organizando el Pelotón de Reconocimiento en ocho equipos de camilleros de dos hombres cada uno, liderados por el Sargento Primero (WO2) Damber Bhahadur Limbu, que incluían al Cabo (Lance Corporal) Sukrim Rai y al fusilero Budhi Rai. Posicionados en el mismo sitio junto a los dos médicos del Batallón en el RAP, todos estarían ocupados más tarde esa noche.

La Compañía A era también la Compañía de Reserva del Batallón. Además de proporcionar apoyo de fuego integral, una vez que la Compañía D hubiera tomado Mount William, 'explotaría adelante hacia el área de la carretera [Darwin a Stanley]'[7] al sur del objetivo de la Compañía D, aunque no se sabía en ese momento que este área estaba extensamente minada. La Compañía A también poseía tres ametralladoras pesadas Browning, seis puestos de tiro de misiles antitanque Milan, siete GPMGs (SF), tres controladores de fuego de mortero y una Sección RE del 9º Escuadrón Para para despejar cualquier campo minado que se encontrara.

---

7. E-mail fechado el 22 de octubre de 2006, enviado por el entonces Comandante de la Compañía A.

Esencialmente, el 1ᵉʳ Pelotón debía apoyar el asalto de la Compañía B en la saliente noreste de Tumbledown con dos ametralladoras pesadas, dos puestos de tiro de Milan y tres GPMGs (SF). El 3ᵉʳ Pelotón apoyaría entonces a la Compañía D (Mount William) más las armas de apoyo de fuego restantes, con el 2° Pelotón (después de liderar el avance inicial de la Compañía A) adelante, en reserva. Además, después del asalto de la Compañía B, las armas de esta última también debían reubicarse en la parte superior del lado sur de Tumbledown para reforzar el apoyo a la Compañía D.[8] Pero el Cuartel General Tac de la Brigada estaba preocupado por el resultado y la posibilidad de estar subestimando al enemigo. Davies también mencionó que 'los Guardias Galeses irían hasta Sapper Hill y la capturarían al amanecer, antes de que se hiciera muy claro, el 14 de junio'.[9] Sin embargo, este último objetivo pronto devendría en un asunto discutido, por la (¿deliberada?) falta de coordinación entre el HQ de la 5ª Brigada con el HQ de la 3ᵉʳᵃ Brigada de Commandos.

Mientras tanto, cerca de Mount William, 'Pino' también se preparaba para la batalla:

> La noche del 13 de Junio, ya totalmente agotados nos ordenan ensamblar el sable bayoneta porque el enemigo estaba muy próximo y había que prepararse para el combate cuerpo a cuerpo. Yo no podía acreditar lo que estaba escuchando. Para mí mismo pensaba que no podía estar pasándome eso. ¿Entrar en combate como en la primera guerra mundial? Viendo al enemigo cara a cara, preparándome para matar o morir. Era muy duro aceptarlo, pero ensamblé mi sable bayoneta y me propuse no morir. Muy afortunadamente, ese combate no se dio. Esa noche estábamos esperando el ataque de los Gurkhas…

En Tumbledown, la Compañía N soportaba el fuego de artillería británico. Colombo:

> A 20:30Z empezó a nevar hasta 01:00Z. El Suboficial Lucero [Jefe del 3ᵉʳ Pelotón] informó que los británicos estaban disparando con artillería sobre su posición porque, la noche anterior, los soldados del Ejército habían hecho un fuego porque tenían frío. Dos de los heridos estaban graves y el suboficial médico dijo que usaría dos de las diez jeringas de morfina que teníamos. El Jefe de la Compañía N autorizó el uso del Land Rover (ambulancia) para acudir con seis hombres, mientras otros cuatro caminaban hasta el puesto médico. Llegó la noche y el fuego de artillería continuó.

---

8. E-mails fechados el 1° y el 22 de octubre de 2006, enviados por el entonces Comandante de la Compañía A.
9. E-mail fechado el 25 de mayo de 2010.

De regreso al Área de reunión del Batallón Gurkha, la Compañía A se preparó para llevar sus tres ametralladoras pesadas Browning a 6500 metros por sobre el terrible terreno y hasta cerca de la cumbre este de Tumbledown. El arma de 58 kg, incluido su trípode, fue dividida en cuatro partes y se asignaron 4.500 tiros eslabonados por arma. Cada Gurkha llevaría 100 tiros de calibre de 0,5 pulgadas, pero el peso adicional resultó imposible y, por lo tanto, la carga se redujo a 50 tiros por hombre. Llevado en una bandolera, este peso extra era de 7 kg por hombre, ilustrando a la perfección el eterno dilema del soldado de infantería de 'ventaja en potencia de fuego del arma' versus 'desventaja en el peso del arma' (1/7GR, 1982, POR). En comparación, los Guardias Escoceses eligieron la mucho más fácil pero más ineficiente opción de disparar sus seis ametralladoras pesadas desde Mount Harriet.

A retaguardia de la columna Gurkha estaría la Compañía D, incluido Jeremy McTeague. Su Pelotón había centralizado sus mochilas Bergen en el Área de reunión antes de realizar ajustes de última hora en el equipo y marcharse. El combate le había provocado el deseo de aprender más sobre los trucos de su oficio de Jefe de Pelotón. Esto también estaba provocado por el comportamiento de sus Gurkhas, que se volvió más errático e intenso al enfrentar un peligro creciente. Por lo tanto, tuvo que aumentar su enfoque sobre cómo manejar personas con empatía o autoritarismo (o cualquier cosa intermedia) cuando había algún cambio en la situación operativa. El autoexamen permanente de su propio comportamiento era de extrema importancia para asegurar que se mantuviera lo más consistente posible.

Nuestro Pelotón de Morteros había estado transportando cargas de más de 60 kg y había apilado muchas cajas de municiones que contenían 800 bombas de humo y explosivos en Goat Ridge. El Capitán (Captain) Nigel Price y su 2IC, el Teniente Primero (Lieutenant)(QGO) Bhimbahadur Gurung, avanzarían hacia Tumbledown en HQ Tac, dejando dos Secciones de cuatro morteros en Goat Ridge bajo el mando de los Sargentos (Sergeants) Parsuram y Janak para operar los 'tubos'. La tercera Sección defendía Goose Green. El alcance de los morteros apenas llegaba al área delantera de Tumbledown, y Mount William presentó un problema similar. Para complicar aún más las cosas, apenas había cartuchos de aumento que podrían haber incrementado el alcance de los morteros, por lo que solo los cañones ligeros de 105 mm de la artillería poseían la capacidad de alcanzar objetivos de profundidad. Por último, no había lugar alternativo donde pudieran emplazar los morteros y permanecer en una pendiente inversa para no revelar su posición.[10]

Mientras tanto, en el extremo oeste de Tumbledown, dos o tres horas antes

---

10. E-mails fechados el 6 de mayo y el 31 de julio de 2006, del ex Jefe de Pelotón de Morteros de 81mm (Price).

de que comenzara el ataque de la Guardia Escocesa, y sin que Vázquez lo supiera, uno de los dos Cabos del Ejército se movía a través de la posición del 4º Pelotón, hablando con todos los defensores atrincherados. Dos años después (en 1984) uno de estos últimos le contó a Vázquez lo que había estado diciendo este Cabo. Vázquez:

> [Les estaba] pidiendo a mis soldados que, cuando comenzara el ataque, depusieran las armas y corrieran todos juntos hacia retaguardia con las manos en alto. De esta manera, él [se aseguraría] de que ustedes [los británicos] no los matarían y que yo no podría retenerlos solo. [...] Además, algunos de los soldados del Ejército [incluido uno de los Cabos] intentaron escapar de la posición antes de que comenzara el combate.[11]

Esto hizo que el liderazgo efectivo de Vázquez sobre su Pelotón fuera aún más notable en las siguientes treinta y seis horas antes del combate y después durante la batalla. Mientras tanto, el Cuartel General de la Compañía N se había puesto en alerta máxima. Colombo:

> A 23:00Z empezó el apoyo naval, y pensamos que comenzaría el ataque. Todos en el Cuartel General de la Compañía habían ocupado sus posiciones de combate, como lo habíamos hecho las dos noches anteriores después de 20:00Z. A 00:30Z comenzaron las comunicaciones radioelectrónicas. Todas las comunicaciones telefónicas fijas se perdieron a causa del fuego de artillería. Sólo existían comunicaciones telefónicas entre Verde 3 y 'el Triángulo'. Yo estaba allí con todos los heridos.
>
> A 01:00Z, el enemigo atacó a la Compañía O [en Pony's Pass, dos kilómetros al sur de Tumbledown]. El 4º Pelotón vio luces en la carretera del sur que podrían haber sido vehículos con personal y material. Se solicitó fuego de artillería, pero cuando comenzó algunos vehículos partieron. También escuché al Jefe del 2º Pelotón decir que el fuego de artillería era bastante bueno donde los vehículos se detenían. Más tarde, se disparó algo de artillería en las laderas sureste del monte Harriet. El ataque a la Compañía O continuó con artillería y morteros.
>
> Dejé los teléfonos porque llegaban los heridos de la Sección de Morteros de 60mm. Cinco infantes de marina estaban heridos, uno muy grave [...] que [luego] falleció a 07:30Z. Se trataba del infante de marina Ferreyra, que presentaba diez heridas en la pierna derecha, tenía destrozada la mano derecha y tenía una herida en el rostro por debajo del casco. Sufría mucho, por lo que utilizamos la tercera jeringa de morfina.

---

11. E-mails del ex Jefe del 4º Pelotón, (Vázquez) fechados el 10 y el 14 de julio de 2021.

En 'el Triángulo', el Suboficial Segundo de la Compañía me trajo todos los papeles oficiales del [Teniente] Villarraza. Quemé todo: frecuencias de radio, cantidad de municiones, personal, SOPs, etc. Volví a tomar el teléfono y escuché que estaban atacando al 4° Pelotón. Era [...] justo después de 02:00Z. También se detectó un ataque al 5° Pelotón. Comenzaron los fuegos de apoyo. Me llamó Villarraza y me dijo que iba a llegar un Pelotón del Ejército [RI 6] [comandado por el Subteniente La Madrid de la Compañía B] con el Teniente de Fragata Aquino de Casa Armarilla [el Área de Apoyo Logístico de la IM]. Desplegué a todos los [nueve restantes] soldados de la Sección de Morteros de 60 mm alrededor del Cuartel General de la Compañía N. Las comunicaciones con el 4° Pelotón se recibieron a través del 2° y 3er Pelotones.

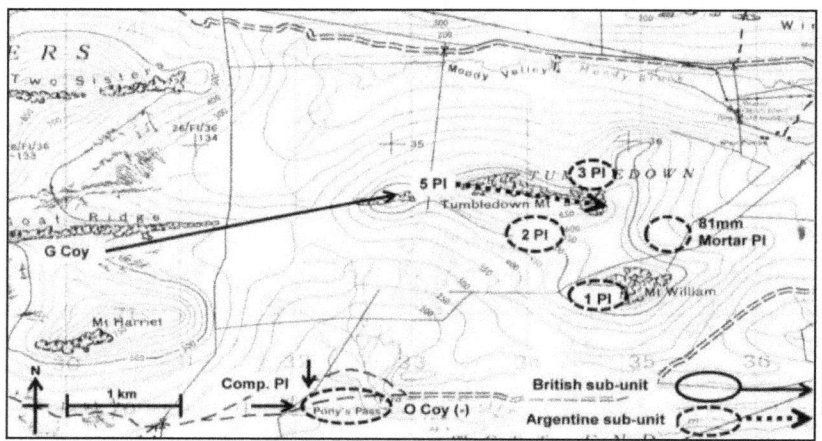

Mapa 3: (01:00Z-02:30Z) El Pelotón Compuesto (2SG) ataca a la Compañía O (-) (BIM5) en Pony's Pass. La Compañía G (2SG) toma el montículo rocoso al oeste de Tumbledown. El 5º Pelotón (BIM5/N) se retira de la cima oeste de Tumbledown hacia el extremo este.

Justo después de 02:00Z fue un alivio empezar a trepar con el personal del Cuartel General Tac desde el sur de Two Sisters, a través de esas doce traicioneras pistas de hielo. Las bengalas iluminaban nuestros esfuerzos a medida que nos acercábamos lentamente al FUP del Batallón en el extremo oeste de Goat Ridge. La enérgica y agotadora actividad triunfó sobre cualquier pensamiento sombrío. Las estrellas en el cielo habían estado inusualmente brillantes en las tres noches anteriores debido a la ausencia de contaminación del aire en esta región austral; y las cinco estrellas de la constelación de la Cruz del Sur habían sido fáciles de descubrir. Sus dos estrellas más brillantes, Acrux y Gacrux, señalan el camino hacia el Polo Sur celeste. Este asterismo también se había convertido en un recordatorio de mi mortalidad. Pero, aunque ahora había nubes y la amenaza de nieve que oscurecían este patrón de estrellas —el más familiar del hemisferio sur— yo tenía todavía ese pensamiento (¿o era un ruego?) de: si sucede, que sea rápido. ¿Cómo sería entonces mi viaje a la Cruz del Sur? Pero la breve contemplación se desvaneció rápidamente cuando hubo que atravesar la siguiente terrible pista de piedras.

Quentin Oates ya se había mudado para unirse al Cuartel General Tac de los Guardias Escoceses en Goat Ridge. Él y el Cabo (Lance Corporal) Sitaram Rai tenían dos radios Clansman, Oates en la Red de Comando de la Guardia Escocesa y Sitaram en la Red Gurkha. El ataque de diversión sobre Pony's Pass ya había comenzado y la Compañía G había avanzado hasta el montículo rocoso al oeste de Tumbledown. Era simplemente un preludio a la considerable cantidad de trazadores e iluminación que se dispararon, además del fuego de mortero, el apoyo de fuego naval y el fuego de artillería.

La Compañía G de los Guardias Escoceses había tomado el montículo rocoso ubicado justo antes del extremo oeste de Tumbledown y se había 'afincado' cerca de él. Entonces avanzó la Compañía del Flanco Izquierdo, solo para que su 15º Pelotón fuera atacado intensamente por el 4º Pelotón enemigo atrincherado. El guardia Jim 'Pasty' Peters era el artillero No. 1 de la GPMG de la 1ª Sección, 15° Pelotón:

La Compañía G estaba delante de nosotros. Su posición era el primer objetivo, pero, como no estaba seguro de cuán adelantados estaban, deseaba en secreto que hicieran su parte y entonces el enemigo se rindiera. De repente, un par de proyectiles cayó cerca de nosotros. Uno aterrizó casi encima de mí, tal vez a tres o cuatro pies de distancia. Por suerte [...] no explotó, sino que simplemente se hundió en el suelo de turba blanda. No podía esperar para alejarme de el área, pero [...] estaba tan ansioso que no vi un gran pozo lleno de agua, así que me hundí en él hasta la cintura. Pero a pesar de que era una noche fría, estar empapado hasta los huesos no me molestó. Para ser honesto, apenas lo noté.

Llegó la noticia de que nos acercábamos a la Compañía G. Su objetivo ya no estaba allí, así que pasaríamos a través de ellos y avanzaríamos hacia el nuestro. Todo parecía muy secreto, y estaba pensando que íbamos a tener tanta suerte como la Compañía G [y] no encontraríamos resistencia. Luego, sin previo aviso, toda el área frente a nosotros se llenó de fuego de armas menores. Era como si alguien hubiera hecho estallar muchos petardos. El ruido era ensordecedor, con explosiones a nuestro alrededor. Corrí hacia una roca y arrojé el arma sobre ella y abrí las piernas (del bípode). Parecía que la única forma de evitar que nos dispararan era devolverles el cumplido [...] Disparé mucho y le grité a Archie Stirling, mi atillero No. 2. que eslabonara algunos proyectiles más en la cinta de mi arma. Realmente no tenía miedo, estaba más bien excitado, y no notaba los disparos que golpeaban las rocas a mi alrededor, [pero entonces] lamentablemente, Archie recibió un tiro en la cabeza y murió instantáneamente. Mientras una tonelada de balas seguía martillando las rocas a mi alrededor, me protegí colocándome detrás de la piedra desde la que había estado disparando. Las balas golpeaban y la emoción se convirtió en miedo, pensando que cada una que pasaba zumbando iba dirigida a mí [...] En este punto solo quería que la tierra me tragara [...].

El Comandante de mi Sección, el Sargento (Lance Sergeant) Alan Dalgleish, dio la orden de avanzar y enfrentarnos al enemigo. Yo estaba hecho pedazos. Acababa de ver morir a Archie [...] pero ahora tenía que ir al frente con mi arma y dar fuego de cubierta. Reuniendo toda mi munición, agarré el arma y corrí hacia adelante, saltando de roca en roca para cubrirme, eventualmente encontrando un lugar adecuado para instalarla y disparar un poco sobre el enemigo. Sentía que mi corazón latía con fuerza como si estuviera a punto de estallar a través de mi chaqueta, y movía continuamente la cabeza en todas direcciones, tratando de captar cualquier movimiento.

Mientras disparábamos, treinta metros a mi izquierda y adelante, dos sombras se adelantaron levemente con las manos levantadas [...] Mi corazón se aceleró un poco. Instantáneamente decidí no dejar que se rindieran y posiblemente me dominaran, así que abrí fuego y le di a la sombra de la derecha. Se desplomó al suelo, pero no vi muy bien qué le sucedió al otro, ya que se había dejado caer rápidamente.[12] Me sentí más seguro y menos asustado, pero esto duró poco, ya que se ordenó a la Sección que nos retiráramos treinta metros hasta un gran grupo de rocas. Yo tenía que dar fuego de cubierta, y luego la Sección cubriría mi retirada. Eso fue muy aterrador, pero lo fue aún más cuando un par de bengalas se dispararon hacia el cielo e iluminaron todo el campo de batalla [...]. Entonces empecé a zigzaguear mientras corría como el diablo hacia retaguardia, todo el tiempo con la esperanza de que no me dieran. Después, una vez detrás de una enorme pila de rocas, decidí ponerme algo de ropa impermeable, porque había comenzado a nevar. También comí algo.[13]

Con sus comunicaciones fijas cortadas en varios lugares por el fuego de la artillería británica, Vázquez también había experimentado un comienzo de batalla traumático:

---

12. Una investigación realizada en 2013 por el autor y el Dr. Eduardo Gerding, Coordinador Médico de los Veteranos de Guerra de Malvinas, estableció a partir de tres fuentes confiables de veteranos que no se habían producido bajas argentinas allí tan temprano en la batalla.
13. E-mails fechados el 2 y el 4 de julio de 2013.

La transmisión de las órdenes y las comunicaciones dentro de la posición defensiva se realizaban a viva voz, y se retransmitía pasando la voz de pozo en pozo, es así que me avisan que el conscripto Khin, del grupo de la izquierda, había sido herido por una esquirla de artillería. Dejo mi fusil en el pozo para poder correr más rápido y me dirijo hacia donde estaba Khin, casi llegar lo veo fuera de su posición expuesto al fuego de artillería, tomándose el vientre. Como venía a la carrera, lo empujo y caemos dentro de su pozo donde estaba otro conscripto. En la oscuridad [...] palpé su vientre para saber dónde estaba herido y noto que toco sus órganos internos, los meto para adentro con mis manos y le pido el paquete de curaciones al otro soldado, con el alfiler de gancho de paquete uno las paredes superior e inferior del corte para impedir que se le vuelvan a salir y comienzo a aplicarle un vendaje. Mientras realizaba esto percibo que la artillería había dejado de tirar. [...] Escuché el disparo de un arma automática [...] El asalto había comenzado y yo estaba fuera de mi Puesto de Comando y sin mi fusil. En ese momento Khin comenzó a gritar del dolor, le dije 'Gringo calláte que nos matan a todos', le ordené a su compañero de pozo que continuara con el vendaje, que yo me iba a mi posición a comandar la defensa. Tomé una granada de mano, le quité los dos seguros y con la otra agarré mi pistola, salí de pozo y empecé a correr hacia mi posición. Me crucé con tropas británicas que atravesaban toda nuestra posición en dos olas, una de sur a norte y otra de Oeste a Este. Todos estábamos sorprendidos ya que nos cruzábamos a una distancia no mayor a cinco metros [...] Antes de llegar a mi Puesto de Comando se encendió el cielo con una bengala iluminando todo el campo de batalla, en ese instante me tiré al piso tratando que el enemigo me creyera muerto [...] (Burzaco *et al.*, 2015,35)

¿Fue Vázquez a quien Peters vio? El primero describió el ataque de la Guardia Escocesa:

El combate era feroz y generalizado. Los británicos estaban dentro de nuestra zona y se combatía hacia el frente y hacia retaguardia de la Sección. Algunos nos habían sobrepasado. Su táctica era arremeter contra un pozo disparando hasta llegar al mismo y emplear la bayoneta si fuera necesario [...] Transcurrieron aproximadamente dos horas de combate y ambos [lados] continuaron entablando un combate cuerpo a cuerpo sin obtener ninguna ventaja sobre el otro. (Burzaco *et al.*, 2015, 36)

Simultáneamente, Quentin Oates, todavía en el Cuartel General Tac de los Guardias Escoceses y soportando el fuerte viento, el frío y la nieve, se había convertido en testigo de un gran problema de artillería con un 'cañón rebelde'. Este fue un ejemplo de las experiencias del General Mayor prusiano del siglo

XIX Carl von Clauzewitz de que 'Todo en la guerra es muy simple, pero lo más simple es difícil. Las dificultades se acumulan y terminan por producir una especie de fricción que es inconcebible a menos que uno haya vivido la guerra...' (Tsouras, 2004, 213). Los desesperados intentos del Comandante de la Batería para resolverlo provocarían la agonizante demora de nuestro Batallón en iniciar su 'Tab' (avance táctico a la batalla) de dos kilómetros de Oeste a Este a lo largo del Goat Ridge, más otro kilómetro antes de llegar al noroeste de Tumbledown. Los recursos del Mayor (Major) Roger Gwyn, el oficial de la Real Artillería en cuestión, tuvieron que estirarse puesto que tenía solamente dos equipos OP, y esto se acentuó después, cuando uno de sus FOO, el Capitán (Captain) Nichol, se separó inicialmente del HQ de la Compañía del Flanco Izquierdo. Este último se encontró con el 13er Pelotón, que había sido atacado por el 4º Pelotón de Vázquez en el extremo oeste de Tumbledown. La combinación del ruido ensordecedor de la artillería y la desorientación exacerbó el problema. Después de finalmente reincorporarse al HQ de la Compañía del Flanco Izquierdo, Nichol experimentó grandes dificultades para producir una referencia de cuadrícula segura para abrir fuego sobre la posición al frente de Vázquez. Finalmente, se consideró que un cañón (entonces aún no identificado específicamente) no estaba disparando en paralelo con los otros seis en la Batería de Campaña utilizada por Nichol. Intentó resolver el problema aislando esta arma 'rebelde' con procedimientos de artillería esotéricos, como iluminar el área para ver la 'caída del disparo' con mayor claridad; luego disparando cada arma por separado con un procedimiento de 'iluminación coordinada' en el que se dispara una salva de iluminación junto con una de HE (alto explosivo); y luego escalando esto todavía más mediante el uso de un procedimiento especial de 'cercanía de peligro' combinado con el de 'iluminación coordinada'. No podía hacerse más difícil en esas circunstancias de gran estrés.

Mientras, quien sería en el futuro Director General de la Academia de Defensa del Reino Unido y Presidente de la Real Legión Británica, el Teniente General (Lieutenant General) Sir John Kiszely, pero que en ese momento era el Comandante de la Compañía del Flanco Izquierdo de la Guardia Escocesa, decidió esperar hasta que se resolviera el problema del 'cañón rebelde'. En la Compañía B Gurkha, Gus Pugh estaba al tanto de estos esfuerzos para localizar ese 'cañón loco'. Determinó que, si esto le sucediera a la Compañía B, entonces su plan de juego sería el siguiente:

> La Guardia Escocesa se enfrentaba a un enemigo decidido y bien atrincherado. Su plan de ataque implicaba que las Compañías se adelantaran entre sí dando 'saltos de rana' debido al limitado espacio de maniobra, con apoyo de fuego de artillería en proximidad de las propias tropas que avanzaban. Desafortunadamente, uno de los cañones de apoyo estaba disparando corto y esto requirió un procedimiento para identificar el cañón,

haciéndolos disparar en secuencia. Es un procedimiento tortuoso en el mejor de los casos, especialmente de noche y cuando el enemigo está disparando proyectiles del mismo tamaño. Me preguntaba si tendría el lujo del tiempo y la capacidad de convocar una misión tan complicada y realizar un análisis en tiempo real de los defectos de cada cañón individualmente. Esperé, escuché y resolví que, si esto sucedía con nuestro ataque, sería mejor que siguiéramos adelante sabiendo que vacilar generaría invariablemente más bajas.

Enfrentado a una situación tan exigente, Pugh era claramente un sensato defensor del principio KISS ('mantenlo simple, estúpido'). Sin estos problemas de los artilleros, el oficial al mando de la Guardia Escocesa insistió que su Compañía de Flanco Izquierdo habría podido lanzar su asalto antes con apoyo de fuego indirecto cercano.[14] El fuego de apoyo naval se intensificó con el arribo, a 03:17Z, de los buques HMS *Active*, *Avenger* y *Ambuscade* para unirse al *Yarmouth* en la línea de cañoneo de Berkeley Sound. *Active* estuvo a la altura de su nombre con su cañón Mark 8 de 4,5 pulgadas. Con su alcance máximo de 24.000 metros y un ritmo de fuego de veinticuatro salvas por minuto, lanzó 220 proyectiles de 21 kg en el área de Tumbledown durante los siguientes cincuenta y siete minutos. Entonces *Active* dejó de disparar porque su cañón empezó a mostrar defectos, a pesar de su computadora digital y sistema de carga automática.

Pero ni siquiera eso dejó de afectar el creciente retraso de los Gurkhas. Tendríamos que esperar en nuestra FUP otras dos horas. Sería una noche ajetreada para nuestro RMO, el Capitán (Captain) Martin Entwistle, quien ahora descubrió algo de movimiento más adelante:

Estábamos alineados en orden de marcha en nuestra FUP en el extremo occidental de Goat Ridge cuando, de repente, de la oscuridad apareció un pequeño grupo de hombres. Inicialmente pensé que debían ser SAS regresando de un reconocimiento para nuestro avance inminente, pero mi suposición resultó ser incorrecta. Eran el General de División (Major General) Jeremy Moore y parte de su Estado Mayor, que habían estado hablando con las tropas a punto de entrar en la batalla. Me impresionó mucho que el Comandante de las Fuerzas Terrestres en las Malvinas estuviera dando vueltas en la oscuridad de la noche, cerca de la línea del frente, y animando de esa manera a sus hombres. Eso era, en pocas palabras, un perfecto ejemplo de verdadero liderazgo.

Yo no vi al CLFFI ni a su séquito. Toda mi atención estaba ahora concentrada en escuchar las actualizaciones de radio sobre el agonizante progreso de

14. E-mail fechado el 13 de marzo de 2009.

extracción del Pelotón Compuesto de la Compañía del Cuartel General de la Guardia Escocesa después de su exitoso ataque de distracción contra la Compañía O enemiga en Pony's Pass. Ahora se encontraban en un campo de minas antipersonal. Dos guardias habían perdido un pie cada uno y cuatro más tenían heridas colaterales en las piernas. Con otros dos muertos y seis heridos en la acción inicial de cuarenta y cinco minutos, la tasa de bajas de ese Pelotón fue de casi el cincuenta por ciento. Pero el destacado liderazgo del Comandante del Pelotón, el Mayor (Major) Richard Bethell, ya había explotado la sorpresa en el objetivo. Aunque herido, su liderazgo ahora se elevó para superar esta nueva emergencia, lo que permitió que su maltratado Pelotón finalmente llegara a un lugar seguro. Habían sentado las bases para el éxito final del Batallón, que ocurriría poco después del amanecer.

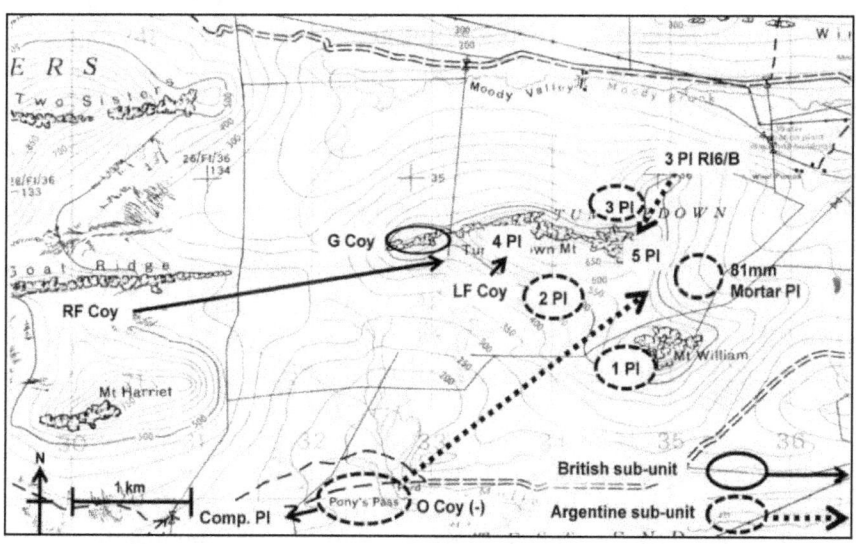

Mapa 4: (02:30Z-04:30Z) La Compañía del Flanco Izquierdo (2SG) se enfrenta a 4 Pelotones (BIM5/N). El 3ᵉʳ Pelotón (RI6/B) avanza por la saliente nororiental de Tumbledown. El Pelotón compuesto (2SG) y la Compañía O (BIM5) se retiran de Pony's Pass. Información recibida del HQ de la 5ª Brigada de Infantería (a través de un SAS OP en Seal Point, 5 km al sureste de Pony's Pass) de que el enemigo (¿Compañía O?) había reforzado Tumbledown. Pero la Compañía O (BIM5) solo se había retirado a lo largo de la ruta Darwin-Stanley (sureste de Mount William) hasta Sapper Hill.

De hecho, el Teniente de Fragata Carlos Calmels, Jefe de la Compañía O, estaba convencido de que ese había sido el principal avance británico. En nuestro intercambio de correos electrónicos treinta años después, el Capitán de

Navío IM Calmels se negó a cambiar su opinión de que 180 miembros de la Guardia Galesa (!) habían atacado su posición. Que solo un Pelotón de la Guardia Escocesa (seis veces más pequeño) haya sido el responsable era simplemente 'una falacia'. Su percepción defectuosa había reforzado la creencia (incorrecta) del Capitán de Fragata IM Robacio de que la dirección de ataque de la 5ª Brigada sería, y era, a través de Pony's Pass. Y así, el CO del BIM 5 nunca visitó la posición del 4° Pelotón en el extremo oeste de Tumbledown, durante toda la guerra. Esto debe haber tenido un efecto negativo en la moral, pero también había una mayor lección de liderazgo. Evite la fijación en objetivos menores. Concéntrese en cambio en la perspectiva más amplia. ¿Por qué? Porque contiene la clave tanto del problema como de la solución.

Con la primera luz a 10:00Z, nuestros asaltos nocturnos de las Compañías B y D estaban ya en peligro. Las temidas alternativas a la luz del día eran ahora más probables. En el HQ Tac de los Guardias Escoceses, Oates continuó actualizando al Comandante con el progreso de los Guardias Escoceses o más bien con la falta de él. Iluminadas por bengalas, sus Compañías se movían en línea extendida pasando frente a él con las bayonetas caladas, mientras que obtener información de su ocupado CO resultó ser una tarea muy difícil. Entonces, de repente, los Gurkhas llegaron en fila india y pasaron junto a su joven Comandante de Pelotón de Reconocimiento, a quien rápidamente se le negó el permiso para unírseles.[15]

Había sido a 04:45Z, después de haber sido retenidos durante casi dos horas, que los 406 Gurkhas y las filas británicas adjuntas comenzaron su avance táctico en una sola fila a la batalla (el 'Tab') desde el extremo oeste de Goat Ridge. Y ante la creciente preocupación de todos los Comandantes de las subunidades, nos habíamos movido con terrible lentitud a lo largo de su lado sur. El progreso de la oscuridad se había vuelto crítico porque se suponía que las Compañías B y D habían realizado ataques nocturnos. La observación de Napoleón Bonaparte de que 'La pérdida de tiempo es irrecuperable en la guerra; las excusas que se presentan son siempre malas, porque las operaciones salen mal solo debido a los retrasos' (Tsouras, 2004, 475) describía perfectamente este enemigo siempre presente para el liderazgo y nuestra situación actual.

Aproximadamente a esa hora (04:30Z) Vázquez, en el extremo oeste de Tumbledown, decidió tomar medidas drásticas para intentar eliminar a los Guardias Escoceses. Fue otro ejemplo de liderazgo asumiendo responsabilidad, en este caso ante su Pelotón. Vázquez:

---

15. E-mail fechado el 11 de noviembre de 2006, enviado por el ex-Jefe del Pelotón de Reconocimiento, (Oates).

El enemigo estaba entremezclado en nuestra posición y aprecié que si no nos lo sacábamos de encima seríamos derrotados por la superioridad numérica con la que contaban.

Ordeno al Dragoneante Rotela, Jefe del mortero de 60mm que se encontraba a la izquierda de la posición, que retire el afuste del arma y que sosteniéndola con las manos lance todos los proyectiles remanentes hacia arriba para que caigan sobre nuestra posición. Como los británicos estaban al descubierto y nosotros podíamos protegernos dentro de nuestros pozos, las posibilidades de sobrevivir al fuego de mortero estaban de nuestro lado. Pasé la voz para que todos se cubrieran y se lanzaron los 54 proyectiles de 60mm dentro de la posición. [...] El enemigo se sorprendió por ese fuego de apoyo que no esperaba y rápidamente se retiraron de encima de nosotros. (Burzaco et al., 2015, 36-37)

Conscripto Alejandro Guida:

En un principio, teníamos problemas porque estábamos todos juntos y el Dragoneante Rotela [...] quería tirar cuidando todos los detalles del procedimiento; el Teniente Vázquez, nos gritaba porque tardábamos tanto en tirar. Al final nos organizamos. Pérez preparaba la munición, se la pasaba a Navarro y este me la pasaba a mí, que era el cargador del arma. El bípode no lo pudimos despegar del piso por el hielo, [...] el arma apuntaba al sur y la orden era tirar al oeste. Por otra parte [...] el ángulo de elevación del arma [...] era prácticamente vertical y los proyectiles calan a no más de 100m, inclusive sobre las proximidades de las mismas piezas a 15/20m. [...] Al oeste del grupo [de] Castillo, hasta nuestro sector, pasando también por el límite norte de la sección, tirábamos sosteniendo el mortero con la mano y con la ayuda de un cajón de munición. El teniente Vázquez corregía el tiro, pero era relativo, tirábamos sin [hacer] puntería. [...] Consumimos toda la munición explosiva (54 proyectiles), aún nos quedaban 4 o 6 iluminantes. Informamos al Teniente Vázquez ¡munición consumida! Hubo una pausa en el combate y el Teniente Vázquez nos grita que nos quedemos tranquilos, que vendrían refuerzos. Inutilicé el mortero golpeándolo contra una roca y abollando la boca. (Burzaco et al., 2015, 37)

Mientras tanto Colombo, en el HQ de la Compañía N, estaba siendo actualizado sobre la lucha:

A 04:30Z, el Guardiamarina IM De Marco [FOO de la Batería B, 1er Batallón de Artillería de Campaña de la Infantería de Marina adjunto al 5° Pelotón] llegó al 'Triángulo' y dijo que se había detectado un Pelotón [enemigo] que avanzaba, a retaguardia del 4° Pelotón,. También había disparado a cuatro o cinco hombres con su fusil.[16] En ese momento Miño dijo que se iba a replegar, por lo que De Marco le entregó su radio y su láser porque iban a ser destruidos, además de su radio. Pero nunca escuchó la detonación de los explosivos. Regresó para ver si todavía había quedado alguien allí. De Marco dijo que habían dejado a Vázquez solo; en la guerra fueron buenos amigos.

A 05:00Z llegaron cuatro infantes de marina heridos. Dos tenían heridas graves, así que le pedí al Jefe de la Compañía N usar el segundo de los tres vehículos para evacuar a los heridos. Me dijo que averiguara dónde estaba el primer vehículo. Lo llamé y me respondieron que se había impedido al camión regresar a Tumbledown. Villarraza autorizó a un vehículo Dodge a salir con más heridos. Los conductores no querían conducir, por lo que el mensajero de la Compañía se ofreció como voluntario. Salieron finalmente con dos hombres en el asiento trasero y dos en el suelo. El Suboficial Segundo de la compañía ayudó y envió también a dos soldados del Ejército caminando de regreso. Le pedimos al conductor que trajese de nuevo las camillas porque se habían perdido desde el primer camión. Pasamos junto a nuestros morteros de 81 mm y su reserva cada vez menor de 800 bombas.

El Pelotón de Morteros de 81 mm enemigo también había estado ocupado. Cuñé:

> Hubo que disparar casi todas las misiones con cartuchos de aumento para lograr mayor altura de vuelo hacia el objetivo, especialmente en las circunstancias difíciles en que el enemigo [...] estaba mezclado con las tropas en la línea del frente. El comportamiento de los morteros fue muy bueno a pesar de las altas cadencias de fuego a las que se los sometió, y en particular de los mecanismos de disparo. [El] lubricante ligero que usamos fue el inglés, que afortunadamente respondió bien a la fricción y al frío helado. (Robacio y Hernández, 2006, 375)

Más de 1.000 proyectiles de artillería naval y de campaña británica impactarían en las inmediaciones del Pelotón de Cuñé. La primera misión de este último durante la batalla se hizo sobre una unidad británica que se acercaba desde Mount Harriet hacia Mount William con la última luz del 13 de junio[17] antes de

---

16. El Guardiamarina IM Marcelo De Marco disparó y mató al Sargento (Sergeant) John Simeon y al guardia Ronnie Tambini de la Compañía del Flanco Izquierdo. También hirió al guardia Tim Shaw y al Sargento Ayudante (Company Sergeant Major) Bill Nicol.
17. Probablemente un Pelotón de Reconocimiento de tres hombres, para el ataque de diversión de los Guardias Escoceses en Pony's Pass más tarde en esa noche.

apoyar el combate de la Compañía O (-) en Pony's Pass. Entonces todos sus esfuerzos se dirigieron hacia la Compañía N en Tumbledown. Cuñé:

> [Para] repeler a los atacantes ingleses, se realizaron disparos 'sostenidos' que ofrecieron varias oportunidades. La velocidad de la acción obligó a descartar el ploteo. Las misiones se realizaban con órdenes rápidas y precisas basadas en el conocimiento [...] del terreno [después de haber] estudiado la zona. Pero el excelente resultado se debió más a lo vivido en la zona de Río Grande, cuando la unidad entrenó con munición real disparando por encima y al frente de tropas en movimiento. Esto obligó a todos mis hombres a darse cuenta de que no había lugar [...] para el error en lo que hacíamos. Todos sabían que estaba en juego la vida de nuestros compañeros [...] (Robacio y Hernández, 2006, 376)

Por primera vez desde 01:00Z, hubo una pausa en la lucha en el extremo oeste de Tumbledown. Aliviando sus tensiones, los defensores del 4º Pelotón comenzaron a gritar a sus atacantes. Vázquez había demostrado una vez más que el liderazgo inspirador es un eficaz multiplicador de fuerzas:

> En ese momento sentí un sensación especial. Habíamos estado combatiendo durante horas en forma ininterrumpida. Durante ese tiempo veía que los proyectiles enemigos me pasaban por arriba, pegaban a mi lado pero no me daban, habían hecho fuego con cohetes o misiles, pero ninguno me había dado, sentía una sensación de poder infinito. Me dispararon con todo lo que tenían y no me habían ni siquiera herido, había ordenado que nuestro mortero hiciera fuego sobre nosotros mismos y tampoco fui alcanzado por una esquirla. No sentía miedo, frio, dolor, angustia, hambre, no sentía nada, solo que creía que era inmortal. Las balas enemigas habían pegado en las paredes de mi pozo y nada, seguía sin un rasguño, nos habían tirado con todo lo que tenían y seguía vivo... poderoso, inmortal. (Burzaco et al., 2015, 37)

Pudo hablar por radio con Robacio, quien estaba en su puesto de mando:

> Robacio: '¿¿Quiere quedarse o quiere replegarse?'
> Vázquez: 'Señor, no controlo la situación, pero los ingleses tampoco, si me envía refuerzos, puedo resistir...'
> Después de unos segundos de deliberación, Robacio respondió: 'Aguante con refuerzos.'
> En ese momento el Subteniente Silva [Ejército] se acercó a mi pozo y me informó que los que estaban detrás [de él] se habían ido, refiriéndose al 5° Pelotón. Los británicos habían atrapado [a los cinco conscriptos de

Ejército de Silva [colocados como una línea de 'tapones' a retaguardia] por detrás, matándolos,[18] pero él había sido capaz de cortar hacia adelante. Le ordené que fuera hasta el centro de la Sección de la derecha a [...] donde [...] las posiciones se curvaban hacia el norte, y controlara el FAP [...]. Gritaba constantemente, dando aliento y coraje a los soldados que estaban cerca de él [y] también estaba a cargo de conseguir relevos para el fusil FAP, ya que al menos dos o tres servidores de ese arma murieron entre 02.00 (05:00Z) y 04.00 (07:00Z). (Burzaco *et al.*, 2015, 37-38)

Vázquez también presenció, a la derecha de su pozo de zorro, el bayonetazo fatal al Dragoneante José Luis Galarza y la muerte del Suboficial Julio Saturnino Castillo, que recibió un tiro en el pecho.

A 05:45Z, el 'Tab' Gurkha continuaba a lo largo de Goat Ridge. Se avistó Mount William y luego Tumbledown, donde todavía se disparaba mucha munición trazadora durante la escalada de la crisis de Vázquez. Colombo:

El Jefe del 4° Pelotón [había] pedido fuego con todo [morteros y artillería] contra el enemigo. Ellos [el Cuartel General (HQ) de la Compañía N] necesitaban hacer esto con urgencia porque [el 4° Pelotón] tenía soldados enemigos en sus posiciones y era difícil de defender. Pidió fuego sobre su posición y quería saber qué había pasado con los refuerzos. Le dijeron que ya habían salido. Luego preguntó cuánto tiempo tardarían [en llegar a él]. Pero nuestra respuesta fue que no lo sabíamos, porque se desconocía el tamaño del enemigo. En ese momento comencé a usar la radio de Villarraza. [Aproximadamente a 06:00Z] se hizo un disparo preciso [de quince bombas] con nuestros morteros de 81 mm.

Pero la Guardia Escocesa simplemente se cubrió en los pozos de zorro enemigos vacíos y permaneció en la posición. Cuñé:

El combate final parecía un Tsunami. Todo iba terriblemente rápido [...], la alegría de dar rápido en el blanco, recibir la información de que habíamos logrado no fallar. [...] ¡Cambie el blanco! Los gritos en la posición, ¡dos vueltas de manivela y tire! ¡Mierda, no se rinda! (Tenía que luchar contra el cansancio.) Pero de repente todo tembló, ya no por culpa de nuestros disparos. Nos estaban disparando. Pensé que nuestro fuego de artillería

---

18. De hecho, dos de estos cinco conscriptos del Ejército con Silva habían escapado a Puerto Argentino. Los cinco eran: conscripto Alfredo Gregorio (RI 4) – (Muerto en Combate); conscripto Adolfo Víctor Vallejos (RI 4) – (Muerto en Combate); conscripto Ramón García (RI 12) – (Muerto en Combate); conscripto Ramón Aguirre (RI 4) – escapó; conscripto Carlos Benjamin Do Santos – escapó.

[contrafuego] estaba cayendo corto.

Hice una llamada desesperada [por radio] al Capitán Pernías [el oficial de Operaciones del BIM 5]. '¡Señor, por favor alargue su fuego, no deben alcanzarnos!'

'Pero Cuñé... si es un buque enemigo lo que los sacude. ¡No dispare! ¡También ellos recibirán su parte!

[...] Así, el conscripto Hugo Alberto Ciacci se encargaba de anotar el tiempo desde [...] que sonaban los disparos de la fragata hasta que [sus] proyectiles impactaban, que era cuando disparábamos nuestras salvas [de contrabatería]. Estábamos en medio del infierno, pero esa no fue razón para que el conscripto José Rubén Núñez, alias 'el Castor', no saliera a reparar las líneas [de teléfono fijo]. La metralla que nos había afectado tanto, ya no lo hacía. ¡Nos habíamos acostumbrado demasiado! (Robacio y Hernández, 2006, 376-77)

Capítulo 12
'Lucha, repliegue o congelamiento'

A primera vista, uno difícilmente esperaría encontrar que el comportamiento de un tramo de espagueti cocido sea una ilustración de liderazgo exitoso en el combate. [...] apenas hace falta una demostración para comprobar cuánto más fácil es TIRAR de un tramo de espagueti cocido en una dirección dada a lo largo de un eje principal que EMPUJARLO en la misma dirección. Además, la dificultad aumenta con el tamaño del espagueti o del comando.

General George S. Patton, Jr.

'Jackson está con ustedes [...] Reúnanse, hombres valientes, y sigan adelante. Su General los guiará. Jackson los guiará. ¡Síganme!'
Teniente General Thomas J. 'Stonewall' Jackson, arengando a sus tropas destrozadas en la Batalla de Cedar Mountain, 9 de agosto de 1862

El 'Tab' Gurkha continuó por el lado sur de Goat Ridge a 06:15Z, mientras el cañón 'rebelde' británico continuaba disparando. Cada vez que las bengalas disparadas por nuestras fuerzas o por las Baterías de Artillería enemigas desde las afueras de Stanley y al sur de Moody Brook estallaban en la oscuridad, nos deteníamos y nos quedábamos helados. Con un ojo cerrado para preservar la visión nocturna, observábamos las bengalas suspendidas por pequeños paracaídas mientras flotaban hacia abajo. Hacían que las sombras a nuestro alrededor saltaran de manera surrealista hacia arriba y hacia abajo.

Mientras, los bombardeos, el cañón rebelde y las condiciones de congelamiento aumentaban la presión sobre la Compañía del Flanco Izquierdo de los Guardias Escoceses, el liderazgo de Kiszely y las demoras. Pero Kiszely era muy consciente del efecto dominó que las demoras causaban en todos estos problemas. Permanecer detrás de la enorme cubierta de roca que tanto su Cuartel General (HQ) como algunos del 15° Pelotón incluyendo al guardia Jim Peters habían tomado, también aumentaría las posibilidades de ser alcanzados. Se estaba formando un 'atasco de tráfico' de otras subunidades y unidades con más 'trabajos' que hacer en Tumbledown, Mount William y Sapper Hill. Era cada vez más probable que muchas de estas tareas tuvieran que llevarse a cabo a la luz del día en lugar de en la oscuridad, preferida por razones obvias. Las bajas temperaturas y el inicio de una nevada también aumentaban la amenaza de hipotermia. Kiszely estaba en constante contacto de radio con su 'tranquilo, firme y lógico' oficial al mando, a pesar de que este último estaba bajo presión del Comandante de la Brigada. Había confianza entre el optimista Comandante de Compañía y su oficial superior mientras el primero esperaba elegir el momento adecuado para atacar al Pelotón enemigo que tenía enfrente. La impaciencia solo llevaría a triplicar las posibles bajas. Kiszely se fortaleció con el liderazgo y la confianza de Scott. Esto llevó, a su vez, a que el primero usara un tono de voz similar para beneficio de sus subordinados en la red de radio de la Compañía.

Vázquez era ahora el blanco de una GPMG de la Guardia Escocesa colocada en la parte superior del alto muro de granito a retaguardia de su posición. Para dar sus órdenes tenía que sacar la mitad del cuerpo fuera del pozo de zorro para que su voz pudiera ser escuchada. Cada vez que hacía esto, la GPMG le disparaba. También recibió malas noticias:

> Se aproximó a mi pozo un conscripto del EA aproximadamente a la 03:30, que venía desde la posición del Subteniente Silva. En ese momento yo combatía hacia el sector izquierdo de la Sección y ese hombre cuyo nombre nunca supe me dijo:
> 'Mi capitán, mi capitán. Le dieron a mi Subteniente'.
> 'Donde le dieron?'
> 'Le dieron en el pecho del lado izquierdo y tira mucha sangre por la boca'.
> Asumí que Silva había muerto y le ordené al conscripto que intentara regresar a su pozo o a cualquiera que pudiera alcanzar, ya que en ese momento entre nuestro pozos habia enemigos parapetados en la piedras quienes combatían mezclados con nosotros. (Burzaco et al., 2015, 39)

Nuestra Compañía A había llegado ahora al extremo este de Goat Ridge, donde se encontraban el HQ Tac de los Guardias y el RAP para bajas. Sentados en la parte trasera del HQ Tac, donde se estaba llevando a cabo gran parte del trabajo de coordinación, esperaban la orden de avanzar mientras observaban las líneas de trazador rojo que se disparaban y escuchaban explosiones en Tumbledown hacia el este y la batalla paralela de 2 Para en Wireless Ridge al norte. Había nieve en el aire y las bengalas de mortero hacían bailar las sombras en esta escena fantasmal.

Colombo estaba ocupado en el 'Triángulo' y en el HQ de la Compañía N del BIM 5, pero la aparente falta de un plan de contingencia detallado contribuyó a aumentar la confusión:

> Aquino llegó y habló con Villarraza [en el HQ de la Compañía N]. Después se llegó al 'Triángulo' y me dijo que fuera a ver a Villarraza. El Pelotón de Aquino tomó posición en la carretera de camiones al sureste de Tumbledown y esperó órdenes. Cuando llegué al Cuartel General de la

Compañía N, vi a Miño: hasta ese momento no lo había visto. Entonces Villarraza me dio órdenes. De ahí volví al 'Triángulo' con Miño y Aquino y les dije que avanzaran a las posiciones de Vázquez. (Según Villarraza, Miño estaría al mando).

Con los mapas, traté de orientar a Aquino, que no conocía la zona. Éste, con el Suboficial Adjunto de Compañía y el Pelotón del Ejército, se desplazaría por el corredor superior. Miño dijo que no tenía radio, entonces Villarraza le había dicho que usara el de Aquino [...] Yo [llamé] a Villarraza [y] le pregunté por qué la unidad que iba a avanzar por el corredor superior no se había movido todavía, ya que yo los veía todavía en sus posiciones iniciales.

Cuando regresé al Cuartel General de la Compañía N, me dijeron que el Teniente de Fragata Calmels [de la Compañía O, en Pony's Pass] había tomado las responsabilidades del Teniente Quiroga y [...] se había replegado al sur de Mount William. El 4° Pelotón estaba todavía bajo ataque, y estaban usando todo el fuego de apoyo [indirecto] para ayudarlos. Escuché en la radio que Calmels tenía bajas. Las dejaría en la cantera y el Batallón enviaría una ambulancia para allá.

Yo estaba todavía en el Cuartel General de la Compañía cuando llegó Aquino, diciendo que era imposible avanzar. Había dejado a todos sus soldados en el Área de Apoyo Logístico de la IM en Casa Amarilla sin oficial al mando y pidió permiso para volver allí porque probablemente lo necesitaban. Él solo había venido para guiar a la gente del Ejército. Un Subteniente [Vilgré La Madrid] estaba ahora al mando de los soldados del Ejército. Después de eso llegó Miño, diciendo que había desplegado ambos Pelotones cerca del OP: con el de Infantería de Marina mirando de norte a noroeste, y el Pelotón del Ejército de sur a suroeste. Miño había avanzado un poco más, pero era imposible continuar porque el enemigo estaba [ahora] en las posiciones de la Sección de Morteros de 60 mm.

Nuestro HQ Tac estaba en Goat Ridge y detrás de la Compañía A. Nos habíamos detenido una vez más. Esperar para seguir adelante y entrar en un combate potencial era muy estresante, y tal vez la razón, en mi vida posterior, de mi impaciencia —al borde de convertirse en ira— cada vez que estoy parado en una cola. Es todavía peor cuando existen plazos, como esa noche de Goat Ridge cuando monitoreaba la frecuencia del enlace radial de retaguardia de la 5ª Brigada. El Comandante de la Brigada estaba requiriendo del oficial al mando de la Guardia Escocesa (que enviase) SITREPS (informes de situación) y sugiriendo de forma provocativa cómo podría avanzar el ataque de este último. Distraído por estas 'intervenciones de liderazgo' que interferían, eran ineficaces y hacían perder el tiempo, alguien en el HQ Tac de los Guardias Escoceses 'desconectó' finalmente la red radial de retaguardia del HQ de la Brigada. Nuestra Compañía A era considerada por los Guardias Escoceses como su reserva, aunque el Comandante de la Compañía, el Mayor David Willis, no recordaba que ese fuera el caso.[1]

Una gran preocupación debe haber estado pesando en la mente de Scott. La Compañía del Flanco Izquierdo y el resto de su Batallón continuaban detenidos por el problema del 'cañón rebelde' y solo treinta y seis defensores enemigos del 4° Pelotón, liderados de forma inspiradora por Vázquez. Sin que el 13° Pelotón de la Guardia Escocesa lo supiera, Miño, el Jefe del 5° Pelotón enemigo, los había asistido a 02:30Z al tomar la decisión unilateral de retirar su Pelotón de su posición crucial en el noroeste de Tumbledown y regresar al HQ de la Compañía N, a pesar del plan de repliegue conjunto acordado con Vázquez en caso de que se presentase el peor de los casos. Este fracaso de liderazgo se produjo después de la retirada de la Sección de Morteros de 60 mm enemiga en el centro-este de Tumbledown. No realizó ningún disparo, ya que fue alcanzada por la artillería británica que mató a un servidor de mortero e hirió a otros cinco.

Entonces, ¿cuáles eran las alternativas si la Guardia Escocesa tenía que retirarse de Tumbledown al amanecer? Según el Comandante, él y su homólogo sostuvieron una breve discusión para encontrar una solución. Tal vez desconocían la opinión del Mariscal de Campo prusiano del siglo XIX, Helmuth Karl Bernhard Graf von Moltke 'el Viejo': 'Ningún plan de operaciones se extenderá jamás con algún tipo de certeza más allá del primer encuentro con la fuerza principal hostil. Sólo el profano cree percibir en el desarrollo de cualquier campaña la ejecución consistente de un plan original preconcebido que ha sido pensado en todos sus detalles y cumplido hasta el final' (Tsouras, 2004, 356). Esto fue ejemplificado más arriba en las rocas del extremo oeste de Tumbledown por el 13º Pelotón de la Guardia Escocesa, atacando la retaguardia del 4° Pelotón enemigo con fuego de GPMG, cohetes portátiles LAW de 66 mm y granadas de mano. Un líder debe ser proactivo, pensar en el peor de los casos y tener un Plan B viable: pero, aunque ansioso por enviar a sus Gurkhas a la batalla, el Comandante ejerció coraje moral al rechazar la solicitud de ayuda del CO de la Guardia Escocesa. Un importante incidente de 'azul sobre azul' habría sido el probable resultado de cualquier maniobra compleja no ensayada en la oscuridad.

Eventualmente, nuestra Compañía A continuó su 'Tab' hacia el este. A 06:45Z cruzamos hacia el lado norte de Goat Ridge, donde la Compañía tuvo que cruzar una cerca de alambre para ovejas. Fue un proceso lento y de lo más molesto porque los cortadores de alambre de la Compañía habían quedado con sus mochilas en el Área de reunión. La gravedad general de la situación se reflejó en las transmisiones de radio que yo monitoreaba en la frecuencia de enlace de retaguardia de la Brigada. El tiempo se estaba acabando. Oates también

---

1. E-mails fechados el 18 y el 22 de octubre de 2006.

experimentó una crisis. Su asistente, el Cabo Segundo Sitaram Rai, no estaba, pero una búsqueda rápida lo descubrió durmiendo en la nieve.

Las emociones también se agitaban en el extremo oeste de Tumbledown, cuando Vázquez se enfureció con sus superiores:

> La presión era demasiado fuerte, aprecié nuevamente que no teníamos salida, le solicité al Comandante que tire sobre mi posición con la artillería de campaña. Apreciaba que era cuestión de tiempo para que todos muriéramos. El Teniente de Navío Pagani, oficial de artillería del BIM5, me preguntó por radio donde estaba yo. Me enfurecí y le contesté:
> '¡Gordo hijo de puta! ¡Hace dos meses que estoy acá y ahora me preguntás adónde estoy!'
> Luego de un largo rato me llamaron por radio avisando que la artillería iba a batir mi posición. Respondí que yo reglaría el tiro. El primer disparo no lo vi. El segundo cayó muy lejos y mandé una importante corrección.
> Aquí se produce un tenso diálogo [...]:
> Vázquez: 'Mando corrección. Alargar 900, derecha 500'.
> Robacio: '¡Tranquilícese Vázquez! Esa corrección es imposible'.
> Vázquez: '¿Que esperan? ¡Tiren, tiren! ¡Nos están haciendo pelota!'
> El siguiente tiro pegó largo, lejos de la posición.
> Vázquez: 'Pero ¡artilleros de mierda, no sirven para un carajo! ¡Métanse los cañones en el culo!'
> El siguiente disparo pegó dentro del dispositivo de la sección.
> Vázquez: 'Bien. ¡Así, así...! ¡Bien, Señor! ¡Así! ¡Eficacia! ¡Eficacia! ¡Eficacia!' (Burzaco *et al.*, 2015, 39)

Pero, aunque este fuego de artillería de la Batería B del 1er Batallón de Artillería de Campaña y del GAA 4 fue preciso, no produjo el efecto deseado. Vázquez:

> Nuevamente, me comuniqué con el Comando preguntándoles por los refuerzos, recibiendo la respuesta:
> Robacio: 'Ya están en camino, de un momento a otro entran en contacto con usted'.
> Vázquez: '¿Cuál será la señal de reconocimiento? ¡Estamos combatiendo en los 360 grados y los vamos a batir con nuestros fuegos!'
> Robacio: 'Quédese tranquilo, ya los va a reconocer'
> Progresivamente comencé a perder contacto con la posición. A las 04:00 aproximadamente, comencé a notar que perdía el control de la Sección, a la vez que noté un incremento de la presión por parte del enemigo. El combate comenzó a desarrollarse casi en forma individual, cada uno peleaba por su sector. (Burzaco *et al.*, 2015, 39)

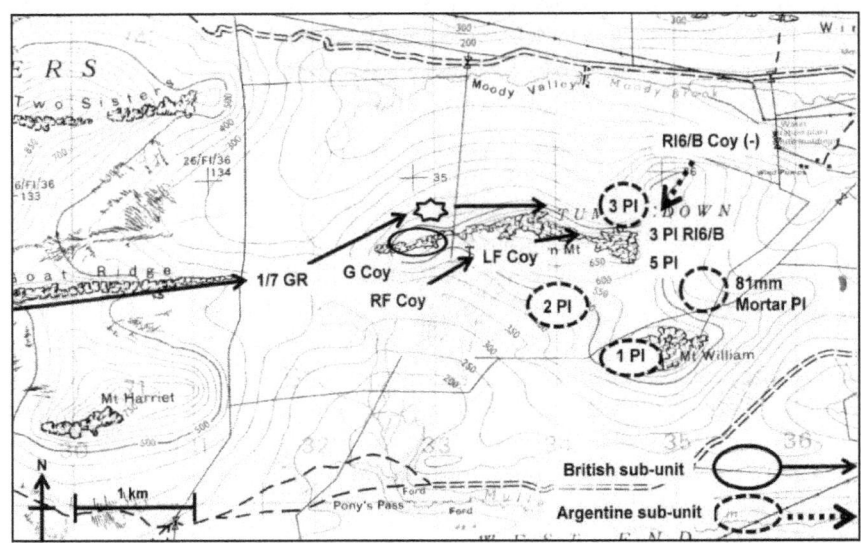

Mapa 5 – (07:45Z-10:00Z) Mientras avanza a lo largo de las laderas del norte de Tumbledown, 1/7GR es bombardeado por artillería enemiga y fuego de mortero durante una hora. Posteriormente el Batallón continúa su avance. Nótese que el Pelotón de refuerzo enemigo que ha subido por la saliente noreste es el 3er Pelotón de B Coy, RI 6.

En nuestro 'Tab', los Gurkhas estaban a punto de ingresar al 'tazón' debajo del extremo oeste de Tumbledown. Al norte, al otro lado de Moody Valley, los cañones Rarden de 30 mm de los tanques ligeros Scimitar de los Blues and Royals, que apoyaban el ataque de 2 Para en Wireless Ridge, arrojaban chorros de trazador rojo. Robacio ya debía haber desplegado su fuerza de reserva [Compañía M] en Sapper Hill para contraatacar en Tumbledown, pero su atención estaba en la batalla más cercana de Wireless Ridge, solo un kilómetro al norte de su Puesto de Comando, que estaba siendo atacado. Recién más tarde solicitó autorización al Cuartel General de la X^a Brigada de Infantería en Puerto Argentino para desplegar la Compañía M.

En el Cuartel General de la Compañía N, Colombo describió cómo se tomó la decisión de insertar un Pelotón de la Compañía B, RI 6, en la batalla. Su misión era contraatacar el extremo oeste de Tumbledown y relevar al Pelotón de Vázquez:

A 07:30Z, después de que Villarraza me llamara, le dije que el soldado Ferreyra (de la Sección de Morteros de 60 mm) había muerto. Hablamos de una solución para el 4º Pelotón porque el enemigo había hecho muchos ataques moviéndose sobre sus posiciones y disparando una ametralladora en su retaguardia, lo que hacía imposible [para el 4º Pelotón] salir. Villarraza pidió permiso para trasladar la Compañía B del RI 6. Lo autorizaron.

Con el Suboficial de Compañía, buscamos a un hombre que conociera la ubicación de la Compañía B, porque habían avanzado más allá de su posición original y no estaban usando el canal de radio táctico. Este soldado fue a buscarlos y regresó aproximadamente cuarenta y cinco minutos después [a 08:00Z] con la Compañía. Ambos Jefes de Compañía [Villarraza y Jaimet] hablaron y decidieron enviar un Pelotón con un Subteniente [La Madrid] al mando. Comenzó a avanzar para tratar de [aliviar la posición del 4º Pelotón].

Una hora antes, nuestro HQ Tac había llegado a la misma cerca para ovejas que ahora enfrentaba a la Compañía A. La sorteamos y continuamos hacia el 'tazón' bajo del extremo oeste de Tumbledown, mientras las Compañías B y D trepaban la cerca. A 07:25Z nos acercamos al montículo rocoso que había sido el objetivo de la Compañía G de los Guardias Escoceses. Diez minutos más tarde lo pasamos y continuamos hacia arriba a lo largo de la ladera noroeste de Tumbledown. Había algunos disparos de armas menores provenientes de la ladera suroeste. Los treinta o más guardias del HQ de la Compañía del Flanco Izquierdo y algunos del 15º Pelotón llevarían pronto a cabo una carga de bayoneta contra la posición del 4º Pelotón enemigo.

Después, alrededor de 07:45Z, nos enfrentamos abruptamente a un evento importante de 'lucha, huida o congelamiento'. Este tipo de respuesta al estrés es la reacción natural del cuerpo ante un peligro extremo percibido y lo ayuda a reaccionar. De repente, el corazón late más rápido, proporcionando un mayor flujo de oxígeno a los músculos principales, mientras que la percepción del dolor disminuye y la audición se agudiza. 'Congelarse' es 'lucha o huida en espera' cuando se hacen más preparativos de autoprotección. Implica cambios fisiológicos similares a los de 'lucha o huida', pero la persona afectada permanece completamente inmóvil y se prepara para el siguiente movimiento. Esa situación aguda en la ladera noroeste del campo de batalla de Tumbledown permanece grabada en mi mente con claridad y, sin duda, lo mismo vale para muchos otros allí. Todavía tengo 'flashbacks' ocasionales de la artillería enemiga entrante y el fuego de morteros explotando en ese área 1500 metros al noreste del DF PR26 (extremo este de Goat Ridge) enemigo. No cabe duda de que este fuego era dirigido sobre nosotros por el oficial de observación avanzada de la artillería de la IM, el Guardiamarina Marcelo Demarco, desde su posición avanzada en el extremo este de Tumbledown. Según el oficial de Estado Mayor de Operaciones (G3) del Cuartel General de la 10ª Brigada de Infantería enemiga, el Teniente Coronel Eugenio Dalton, en su informe posterior basado en el Diario de Guerra de la Brigada:

Había sido bombardeado al menos una vez antes de esa mañana justo después de 03:54Z por los catorce obuses de 105 mm del GAA 4.[2] Esta acción amplió el apoyo brindado por los dieciocho obuses ligeros del GA 3 que apuntaban a Goat Ridge porque este último estaba en la ruta más corta a Tumbledown. También se había percibido que más de un Batallón británico estaba atacando desde el sureste y del noroeste. Por lo tanto, Robacio había pedido autorización para desplegar la Compañía A, RI 3 y la Compañía B, RI 6 a Tumbledown, pero solo se aprobó el despliegue de la subunidad del RI 6. Además, el GA 3 y el GAA 4 ahora concentraban su fuego sobre el norte y el oeste de Moody Brook en previsión de un posible ataque británico desde el norte hacia el lado norte de Tumbledown. (Dalton, 1982, 2)

También tuvimos suerte. Si el 5° Pelotón de Miño no se hubiera replegado de la cima oeste de Tumbledown, entonces él podría haber capitalizado la ventaja de la altura atacando nuestro avance con fuego de armas menores, complicando gravemente nuestra situación. Robacio también había solicitado, pero posteriormente se le negó, autorización para desplegar la Compañía A del RI 3 en esta área de Tumbledown. Pero ahora, Tekbahadur *saheb* de la Compañía A estaba a punto de llevar a su 1er Pelotón hacia adelante y hasta la cima de Tumbledown:

> El bombardeo se intensificó rápidamente. Cuando los soldados individuales sintieron la avalancha de proyectiles y bombas de mortero, esta amenaza los obligó a separarse de sus grupos para encontrar un área segura y evitar convertirse en víctimas de las múltiples explosiones y la fragmentación letal que siguió. Esta situación diabólica se convirtió en un gran desafío para la capacidad de un Comandante de Pelotón de comandar y controlar a sus hombres en el campo de batalla, que es completamente diferente durante un ejercicio.
>
> En semejante confusión, alentar el avance, si era posible, era la única opción disponible. Y así, mientras empezaba a trasladarme desde el punto de largada de la Compañía hasta la posición de mi Pelotón en Tumbledown, escuché al OC *saheb* de animando a sus soldados en voz alta: '¡Compañía A *ko daju bhaiharu aunu hoc*!' ('¡Hermanos mayores y menores de la Compañía A, por favor avancen!').

---

2. DF (Fuego Defensivo de Artillería y Morteros): punto de referencia sobre el terreno para el fuego de artillería y morteros planificado previamente contra un enemigo que avanza. Cuatro de los dieciocho obuses ligeros de 105 mm de GAA 4 habían sido enviados por mar a Goose Green una semana antes de la batalla, para ubicarlos allí el 28 de mayo.

Todavía recuerdo su voz llena de simpatía en aquella noche oscura y fría, cuando estábamos cegados y ensordecidos por los destellos y explosiones de los obuses y las bombas de mortero.

Una unidad enemiga que indudablemente contribuyó a nuestra alarmante situación entonces fue la Batería B, 1er Batallón de Artillería de Campaña de la Infantería de Marina, en apoyo directo al BIM 5 y ubicada al noroeste de Sapper Hill en Felton Stream. La distancia a su objetivo (nosotros) era de solo 4.500 metros en línea recta hacia el oeste, a lo largo del lado norte de Tumbledown. El Jefe de la Batería, Teniente de Fragata IM Mario Abadal, experimentó la alta precisión del fuego continuo de la artillería británica después del ataque de la 3ª Brigada de Commandos el 11 y 12 de junio, pero su principal preocupación era que los obuses británicos de 105 mm superaban a los cañones de la Batería B por 5.000 metros. Además, su unidad había empezado la noche con solo cinco de sus seis obuses ligeros OTO Melara de 105 mm porque, durante la noche anterior, el ensamblaje de la pista de su cañón No. 1 se había hundido en el suelo y no se lo había podido recuperar. Otro oficial de la Batería B, el Teniente González, también estaba preocupado por los la acumulación de efectos negativos por la proximidad de los disparos, pero elogió la respuesta de los equipos en los cañones a su liderazgo enérgico:

Cada vez que disparábamos, y probablemente debido al frío y la alta humedad, parecía acumularse en la posición un humo tóxico que afectaba fuertemente a los hombres. No podíamos usar las máscaras antigás porque se habían acabado los cartuchos, y (de todos modos) solo teníamos tres máscaras por cañón. Los hombres sufrían acidez estomacal, irritación en los ojos y dolor en el pecho.

A pesar de todos estos inconvenientes y del fuego enemigo, el comportamiento de los hombres en combate fue excelente. [Para] cumplir con nuestras misiones de tiro, adoptamos el procedimiento de abrir fuego y luego correr inmediatamente a los refugios para esperar allí la respuesta del enemigo, después de la cual volvíamos a los cañones. Todo esto se llevó a cabo mediante órdenes verbales. Al principio, el Guardiamarina Máscolo y yo decidimos mostrarnos extra activos, casi violentos, con los hombres. Pero una vez que experimentaron nuestra acción inicial, siguieron la rutina sin dificultad.

De hecho, algo similar sucedía más adelante, al oeste de nosotros, con los artilleros del Ejército de la Batería C del GA 3, un poco más al oeste de Moody Brook. Aunque inicialmente nos pareció que estaban 'haciendo locuras', finalmente adoptamos la misma rutina. (Robacio y Hernández, 2004, 353)

A medida que la tormenta de proyectiles y bombas de mortero seguía cayendo sobre nosotros, hubo un caleidoscopio de impresiones personales y acciones de los oficiales y otros rangos de nuestra Compañía A, HQ Tac, RAP, Compañías B y D (en orden de marcha). Todos los componentes de la respuesta de 'lucha, huida o congelamiento' (enfatizados en cursiva) se evidenciaron en las siguientes quince experiencias individuales, en las que se mencionan treinta y cinco fusileros del 1er/7° Fusileros Gurkha y personal de la 132ª Batería, ya sea por nombre y/o función. Tekbahadur *saheb* y su OC *saheb* el Major (Major) David Willis (quien había *alentado el avance*), ya han sido mencionados. El primero había hecho un avance satisfactorio en la oscuridad mientras subía el empinado reingreso hacia el objetivo de su Pelotón:

> Una vez que llegamos al Punto de Partida del Pelotón Independiente, el OC *saheb* me mandó al Área de ocupación, aproximadamente 400 metros más arriba en la parte superior de Tumbledown. Subí unos 200 metros con mi operador de radio y mi mensajero y ahí esperamos la llegada de todo el Pelotón, que todavía estaba muy atrás, mezclado en el Punto de reunión de abajo. Como mi intento de llamarlos por radio había fallado, envié a mi mensajero colina abajo para guiarlos hacia arriba. Obedeciendo, desapareció en la oscuridad cerca del Punto de Partida. De repente, una bomba de mortero enemiga aterrizó en esa zona con un destello de luz cegador, una lluvia de polvo y [...] una explosión ensordecedora. En uno o dos segundos se escucharon terribles gritos de agonía en la oscuridad, que rogaban por la vida.
> ¡Oh, no! ¡Alguien ha sido muy mal herido ahí abajo! Pensé.
> Simultáneamente me asaltó un enorme sentimiento de culpa. ¿Seguramente esa víctima mortalmente herida que ahora grita por su vida era mi mensajero, a quien [yo] había enviado colina abajo? Eso fue algo que no debí haber hecho. Entonces el Capitán (Captain) (QGO) Narainprasad Rai, 2IC de la Compañía, me pidió de repente por radio (que enviara) una Sección para llevar a cabo la evacuación de heridos.
> Naturalmente, como no quería que ningún soldado de mi Pelotón se viera involucrado en una situación crítica, y [sintiendo] la necesidad de aclarar la situación, le pregunté con ansiedad: '¿Quién es el herido? ¿Hay otros?'
> Respondió secamente: 'Solo uno. El Cabo Primero (Corporal) del kote de armas.'
> Me envolvió un inmenso alivio. Mi mensajero no había resultado herido. Aprovechando su proximidad al HQ de la Compañía, ordené que la 3ª Sección se moviese inmediatamente y reportarse al 2IC para su tarea 'casevac'. El resto del Pelotón siguió avanzando cuesta arriba en el frío extremo y la oscuridad.

Pero el OC de la Compañía A también había enviado su 2IC para ocuparse no solo de una, sino de dos bajas al final de la columna de la Compañía, siendo la segunda víctima el fusilero Harkaraj Gurung, que tenía heridas de metralla en la pierna izquierda. Capitán (Captain) (QGO) Narainprasad Rai:

> La Compañía A encabezaba el movimiento del Batallón hacia Tumbledown. La tarea de la Compañía era dar apoyo de fuego a las Compañías B y D para sus ataques. Cuando llegamos al [Punto de Partida para ascender a Tumbledown], la artillería argentina disparó [sobre un DF cercano, planificado previamente] y sufrimos un fuerte bombardeo. Sin embargo, *seguimos avanzando hacia el objetivo*. Aproximadamente a mitad del camino al [Punto de Partida], una bomba de mortero aterrizó de repente muy cerca de nosotros [HQ de la Compañía] y explotó. Justo cuando *grité* '¡Abajo!', sentí una vibración que levantó mi cuerpo. Después de que explotó la bomba, *me puse de pie y comencé a revisar a mis hombres* y alguien gritaba: '¡2IC *saheb*... 3/4 MARÉN! ¡MARÉN! (¡No muerto! ¡No muerto!) ...'
>
> Corrí a buscar al Cabo Primero (Corporal) Gyanbahadur Rai, que estaba gravemente herido. *Traté de moverlo* a un lugar seguro, pero pesaba demasiado, así que pedí ayuda. Aparecieron tres hombres, el Cabo (Lance Corporal) Arun Limbu (un asistente médico), el Cabo (Lance Corporal) Rambahadur Gurung y el fusilero Ransher Rai, y conseguimos *trasladar nuestros heridos* a una cueva. Entonces llegó un equipo de recogida de heridos, los entregamos y nos pusimos en marcha otra vez hacia nuestro objetivo. (Willis, 2017, 109)

Sargento (Sergeant) Sarankumar Limbu (Sargento de Adiestramiento del Batallón, con tres ametralladoras pesadas Browning – Compañía A):

> Justo debajo de [...] Tumbledown, yo estaba cerca del Cabo Primero (Corporal) Gyanbahadur Rai de la Compañía A, caminando por terreno abierto e inclinado, y puede que estuviera en mi subconsciente el deseo de llegar rápido hasta donde había grandes rocas para cubrirme contra el fuego de morteros. Apenas me había alejado 8-10 metros de él cuando una bomba de mortero cayó sobre su pie izquierdo, y salió volando por los aires a una altura de al menos dieciocho pulgadas por sobre el suelo, y la parte inferior de su espalda se incendió. Afortunadamente, como aterrizó sobre su espalda, eso ayudó a extinguir el fuego. El Cabo (Lance Corporal) Gyanbahadur gritó: '¡2IC *saheb*, no estoy muerto!, 2IC *saheb*, ¡no estoy muerto!', antes de que el Capitán (Captain) Narainprasad Rai *corriera hacia él* bajo el continuo fuego de mortero enemigo, para hacer todo lo posible para salvarlo. *Llamó al médico*, que brindó los primeros auxilios y (finalmente) el equipo de evacuación de heridos llevó al Cabo (Lance Corporal) Gyan al Hospital de Campaña, donde lo operaron. Sobrevivió [...].

> El Capitán (Captain) Narainprasad Rai arriesgó su vida para salvar al Cabo (Lance Corporal) Gyan, fue el combatiente más valiente, arrojado y heroico. (Willis, 2017, 110)

El Sargento (Sergeant) Saran, como se lo conocía, acababa de presenciar que el liderazgo Gurkha también surge para manejar emergencias.

Habría otros ejemplos en esa hora de grandes torrentes de adrenalina. En el HQ Tac, un proyectil impactó a solo ocho pies del Comandante y lo levantó unas seis pulgadas. Describiendo esta sensación más tarde como '¡muy emocionante!',[3] su pensamiento inicial fue muy diferente: '¡Cristo, he estado al mando durante solo ocho meses y, sin embargo, he eliminado a todo el maldito Batallón en una noche!' (Ver, 2003, 262-63). Pero tuvimos suerte. La turba malvinera había absorbido en parte el efecto de la explosión de los proyectiles y las bombas de mortero, lo que limitó en gran medida nuestras bajas.

Mi entrevista en 2020 con la revista *History of War* también incluyó un vívido recuerdo de esa hora desesperada en Tumbledown que el Mayor Mike Seear, oficial de Operaciones, HQ Tac, no disfrutó en absoluto:

> Los Gurkhas avanzaron a lo largo de la ladera norte de Tumbledown mientras que la Guardia Escocesa atacaba el extremo oeste. 'Mientras avanzábamos hacia la cumbre oriental donde (eventualmente) estableceríamos nuestra Base de fuego de Batallón y el HQ Tac, fuimos bombardeados durante una hora por proyectiles de artillería de 105 mm y bombas de mortero. Ocho hombres resultaron heridos, y nunca olvidaré el bombardeo inicial que cayó sobre nosotros. Dos proyectiles cayeron a unos quince metros de nuestro HQ Tac, pero no explotaron. Si lo hubieran hecho, no estaría aquí dando esta entrevista.'
>
> Este período de la batalla en Tumbledown fue una experiencia aleccionadora. 'Me sentí como si fuera el conejo blanco de Alicia en el País de las Maravillas, tratando *de meterme* en una madriguera inexistente para ponerme a cubierto. En cambio, *me eché* sobre el suelo helado esperando que los proyectiles y las bombas de mortero fallaran mientras la metralla volaba silbando en el aire. Fue muy desagradable.' (Garner, 2020, 41)

En el estrés de tirarrme al suelo, también había *gritado* en mi auricular de radio y hacia el enlace de retaguardia del HQ de la Brigada: '¡Usted debiera haber estado aquí!' Esta, mi proclamación de que había dado a luz a una autoridad existencial, y no menos respecto al propio Comandante de Brigada, fue correspondida por el Capitán (Captain) Nigel Price, el Oficial de Morteros en HQ Tac. Tuvo *un*

---

3. De una carta (fechada el 19 de junio de 1982) enviada al Teniente Coronel (Lieutenant Colonel) Tom Blackford, el Comandante anterior del 1er/7º Fusileros Gurkha.

pensamiento clave que también cruzó su mente como reacción a un evento semejante único en la vida, a pesar de que estaba lejos de ser positivo. Este equivalía a la realización instantánea de *satori* (es decir iluminación, comprensión, discernimiento) por parte de los budistas japoneses.[4] Puede conducir a una mentalidad de autoridad existencial que, a su vez, los civiles podrían percibir como amenazante. Y así, no estaba solo.

Dos Gurkhas en el HQ Tac habían sido alcanzados. Uno fue el Cabo (Lance Corporal) de comunicaciones Gauriman Limbu de la Compañía del HQ, quien recibió graves heridas de metralla en el pecho y el abdomen. El oficial de Inteligencia del Batallón, el Teniente (Second Lieutenant) Paddy Redding, estaba justo detrás de él. La otra víctima fue el fusilero Bhairabahadur Rai, también de la Compañía del HQ, que recibió heridas de metralla en la pierna derecha. A medida que continuaba el fuego *dush*, el 'cañón rebelde' británico también empezó a dispararnos. Redding observó la acción del Mayor (Major) Mike Fallon, quien intentó *ajustar la caída de los disparos de esa arma*.[5] La iniciativa de Fallon puede muy bien haber sido responsable esa noche por haber rendido inoperativo el cañón número 2 de la Batería B enemiga, resultante de la destrucción de su cureña, mientras que el cañón número 4 sufrió el mismo destino, con un impacto directo en su mecanismo de guías. Esa Batería tenía ahora solo tres armas operativas. Además, a 08:30Z, el GAA 4 fue atacado severamente por los británicos y su posición se estaba volviendo insostenible.

Mientras, el Granadero Segundo (Lance Bombardier) Alan Gibson y el Granadero (Bombardier) 'J.B.' John Bachelor del grupo BC, HQ Tac, habían estado experimentando una situación similar durante los últimos treinta minutos debido al preciso fuego de mortero enemigo. También estaban el frío, el viento y la nieve. Y estaban mojados, cansados y muy asustados mientras intentaban ponerse a cubierto. Pero el Capitán (Captain) Kit Spencer, el RSO, acudió en su ayuda con *humor*, una petaca de '*tato pani*' y una profusa disculpa por no tener un poco de ron. Cuando Gibson se dio cuenta de la 'buena fe' de la oferta del RSO, se disculpó profusamente y luego se comprometió a acostarse en la ladera norte de Tumbledown y *echarse un trago* de whisky 'surrealista' con la esperanza de que la tormenta de metralla cesara pronto. También admitió estar 'más que feliz' de enfrentarse a un consejo de guerra por haber lanzado improperios al cerebrito de la radio Clansman del Batallón. Esa sería la prueba definitiva de que había sobrevivido. Más adelante en su vida, le vendrían lágrimas a los ojos al contar esta

---

4. E-mail fechado el 2 de diciembre de 2011.
5. De la conversación del Mayor Paddy Redding y el autor, durante la reunión del vigésimo quinto aniversario del buque hospital SS *Uganda*, Falklands War, de la Fuerza de Tareas Británica en Southampton, el 20 de abril de 2008.

historia a amigos civiles.[6] Las acciones del RSO también fueron ejemplos encomiables de un líder que apacigua la tensión usando el humor en una situación de alto estrés. Pero este no fue el caso del RAP. Capitán Martin Entwistle:

> En el orden de marcha del Batallón, nuestro RAP estaba detrás de la Compañía A y del HQ Tac, pero por delante de las Compañías B y D. Probablemente habíamos entrado en un DF (fuego defensivo) planificado previamente, porque nos encontramos bajo un intenso fuego de morteros y artillería. En esta ocasión, pero a diferencia de nuestras experiencias en Wether Ground, el fuego estaba mucho más concentrado. Como quiso la suerte, el RAP parecía estar en el centro del área de impacto y el Batallón sufrió bajas inmediatamente. El primer proyectil cayó a unos veinticinco metros de mí, con la silueta de un soldado apareciendo momentáneamente en la explosión posterior. Mi pensamiento inmediato fue: ¡está perdido! – solo para escuchar un fuerte alarido. Entonces se levantó y corrió hacia el norte, hacia lo que nos habían advertido que era un campo minado. Le *encargué* a uno de los miembros del personal de RAP que *rescatara* al soldado y luego nos lo *trajera*. Eso se hizo con éxito.
>
> Los proyectiles y las bombas de mortero continuaron cayendo a nuestro alrededor, causando más bajas. El RAP estaba en la zona cero y esto significó que la mayoría de las bajas ocurrieron en nuestra vecindad. El desafío era *encontrarlas* y *tratarlas* en la oscuridad. Por lo tanto, el personal del RAP *atravesó* el área inmediata del campo de batalla en su misión de búsqueda. A pesar del peligro evidente de utilizar luz blanca, no teníamos más remedio que *usar* nuestras linternas de campo para *inspeccionar* las bajas y *tratar* las heridas con la esperanza de que no hubiera francotiradores cerca. El RAP también se concentró en la *gestión* de la situación inmediata general. Se pensó poco en el planeado asalto nocturno del Batallón sobre Mount William, excepto por la continua conciencia, como telón de fondo, de que ahora estábamos todavía más atrasados [en] la línea de tiempo que teníamos planeada. También podía escuchar la batalla de la Guardia Escocesa en el lado sur de Tumbledown.
>
> Por casualidad, el RAP había estado pasando una roca en forma de hongo cuando comenzó el bombardeo, por lo que la *designamos* como nuestra ubicación para la estación de víctimas. Tenía la doble ventaja de ser fácilmente identificable para *dirigir* a los soldados y proporcionar un grado de protección. No obstante, el destello de la explosión de un proyectil me permitió ver por un momento una imagen clara de los heridos que se agazapaban por todos lados cerca de la roca. Evocó la idea espantosa de las consecuencias en caso de que un proyectil de 105 mm impactara sobre ellos.

6. E-mail fechado el 10 de enero de 2008.

Sin embargo, el Capitán Gus Pugh, FOO de artillería, Compañía B, estaba destinado a soportar la peor prueba de ser herido y luego intentar ejercer sus habilidades de liderazgo:

> El desastre ocurrió cuando salimos de la relativa seguridad de la sombra de Goat Ridge. El enemigo había marcado sabiamente este extremo de esta saliente como una probable línea de avance y había planificado previamente una misión de fuego defensivo allí, que también cubría una brecha en el campo minado. Los proyectiles de una Batería enemiga de 105 mm dieron en el blanco cuando la cabeza de la columna Gurkha cruzaba el terreno abierto hacia la base de Tumbledown Ridge. El fuego [inicial] fue de solo unos veinte proyectiles, pero surtieron su efecto, ya que un proyectil cayó a unos pies de mi equipo. La explosión me hizo perder el conocimiento e hirió al Granadero (Bombardier) Richard Bowley y al artillero John Williams. La naturaleza del suelo de turba húmeda nos salvó probablemente la vida, ya que el proyectil habría penetrado en la superficie antes de explotar. Dicho esto, algunas esquirlas se alojaron en la parte posterior de la cabeza de Williams, cegándolo, mientras que otra atravesó el brazo derecho de Bowley. Esta tormenta de esquirlas también dañó nuestros equipos de radio, dejándolos inoperables.
>
> Los recuerdos de esos pocos momentos *tirado en el suelo* mientras recibíamos fuego de artillería han quedado conmigo. No era la primera salva que nos golpeaba, y recuerdo el sentimiento total de impotencia cuando los proyectiles explotaban en torno nuestro y los primeros gritos cuando otros soldados eran heridos a mi alrededor. Simplemente no había nada que uno pudiera hacer y la sensación de ser impotente para actuar fue un golpe salvaje. Todavía recuerdo, casi, una sensación de intenso calor antes de perder el conocimiento por unos momentos, solo para encontrarme severamente sordo al volver en mí. Esto me iba a dar problemas, ya que podía hablar, pero no escuchar. A la luz de linternas atenuadas, *vendamos* la cabeza del artillero John Williams y aplicamos un vendaje circular alrededor de la astilla que sobresalía. Mientras yo atendía a los heridos, el artillero Steve Crisp se las arregló para *improvisar* con las partes funcionales de nuestras radios restantes hasta producir un equipo funcional con una antena de seguimiento. Mantuvimos nuestra única radio en funcionamiento en la red de Artilleros. Dejamos atrás a los dos heridos y se me unió el Granadero Segundo (Lance Bombardier) Neill, que actuaría como 2IC del equipo OP.

El criterio de liderazgo de Sun Tzu 'La lucha es caótica, pero uno no es vasallo del caos [...] La forma de uno es redonda y uno no puede ser derrotado' (Sun Tzu, 2002, capítulo 5, 'Shih'), es relevante cuando el caos ofrece aperturas y posibilidades continuas que el equipo OP de Pugh, a pesar de su situación, había explotado con eficacia. Pero Pugh no recibió primeros auxilios. Según él, 'El RMO tenía las manos llenas de heridos, así que dejé a Bowley y Williams juntos y seguí adelante con Lester Holley.' También había dos bajas más de la Compañía B. Habiendo recibido una herida de metralla en el brazo derecho, el fusilero Tilbur Limbu fue atendido en el lugar y devuelto a la Compañía, mientras que el fusilero Jitbahadur Limbu recibió una herida de metralla en la parte posterior de la cabeza y tuvo que ser evacuado.

Y además estaba el 10º Pelotón de la Compañía D. Apenas detrás del extremo occidental de Tumbledown, avanzaba a través del supuesto campo minado enemigo con su entrada marcada, cuando les cayó encima el bombardeo enemigo. Los Gurkhas del Teniente McTeague solo tenían una opción: *tirarse al suelo, ponerse a cubierto y esperar*. Pero entonces él sintió una *impotencia* absoluta para protegerlos todavía más. La sensación de incompetencia que siguió fue igualmente espantosa y después se convirtió en una gran preocupación. ¿Lo considerarían sus hombres un ineficaz, sobre todo en el contexto del asalto inminente al Mount William? Más tarde concluyó que se debe enseñar a todos los comandantes que se producirán casos de impotencia en el campo de batalla. Su conocimiento subsiguiente de ese regla proporcionaría una oportunidad mucho mejor de afrontarla. Pero ahora, solo unos pocos proyectiles enemigos explotaban cerca de ellos. Después de casi una hora, el Pelotón siguió adelante, su motivación indiscutible y su actitud inexpresiva intactas, sin que ningún suboficial los instara (García Quiroga y Seear, 2009, 55).

Allí cerca estaba el fusilero Dilkumar 'Dil' Rai, en el 12º Pelotón de la Compañía D. Era primo del fusilero de la Compañía B, Baliprasad Rai, que había sido herido tres días antes en Wether Ground. Un proyectil '*dush*' que aterrizó ahora cerca del frente del 12º Pelotón no explotó. Salvo el francotirador fusilero Jhandiram Rai, el Comandante de Sección, el Cabo (Lance Corporal) Prithibahadur Rai y 'Dil', esto hizo que el resto del Pelotón pegara *la vuelta* y *huyera* sin control. Los tres Gurkhas que quedaron simplemente dormitaron en el suelo durante diez o quince minutos. Cuando se despertaron estaban desconcertados, solos y perdidos; pero finalmente *descubrieron* adonde estaba su Pelotón y se *reagruparon*. Al sentir el frío *se pusieron* ropa más abrigada, solo para quitársela después de recibir la orden de continuar el avance.

El Capitán (Captain) (QGO) Bhuwansing Limbu, Comandante del 12º Pelotón de la Compañía D, también tuvo que tomar medidas evasivas de los interminables 'entrantes':

> En la mañana del 14 de junio de 1982, la Compañía D se dirigía hacia su objetivo, Mount William. Cuando estuvimos bajo el bombardeo de la artillería pesada argentina, me *refugié* debajo de una gran roca que tenía

[espacio] suficiente para dos personas. Vi a mi Comandante de Compañía, el Mayor (Major) M.H. Kefford, que se arrastraba desde el lado opuesto de la roca. Charlamos unos momentos mientras continuaba el bombardeo del enemigo. Saqué mi última barra de chocolate Bounty relleno de coco y la compartí con él.

El sabor de ese chocolate era tan bueno y permanece en la punta de mi lengua. Cada vez que veo chocolates Bounty en las tiendas, mi mente vuela de regreso a las Malvinas. (Willis, 2017, pp. 106-107)

El Teniente (Second Lieutenant) Quentin Oates en el HQ Tac de los Guardias Escoceses también seguía monitoreando la red de radio de su Batallón. Había bajas, la munición era escasa, el 'cañón rebelde' seguía sin detectarse y las condiciones climáticas empeoraban. En la red de radio del Batallón Gurkha, escuchó que la Compañía D estaba ahora bajo preciso fuego de artillería. Un operador de radio de la Compañía D se había separado de todos cuando *todos se dispersaron bajo el fuego de artillería* en la oscuridad y la nieve. *Mientras reagrupaba* a su Compañía dispersa, el Mayor (Major) Mike Kefford también logró *calmar* al excitado operador de radio y, en Gurkhali, *lo convenció* de regresar a la Compañía.[7] Eventualmente, la Compañía D se reagrupó y *comenzó a avanzar* de nuevo. Entwistle:

Algún tiempo después, el Mayor (Major) Mike Kefford pasó junto a nosotros. Me preguntó: '¿Está bien?' Le respondí con optimismo: 'Estamos bien, ¡pero será mejor que ustedes se larguen de aquí!'

Inmediatamente, él y su Compañía, los últimos en el orden de marcha del Batallón, desaparecieron hacia el este. El RAP y sus heridos ahora estaban abandonados [...]. Sin embargo, la eliminación de concentraciones de tropas probablemente fue algo bueno y, no mucho después, el bombardeo disminuyó y luego cesó, justo antes del amanecer. Con las primeras luces, vi un camino despejado desde nuestra ubicación hacia el noreste. Esto me dio cierta preocupación de que, si el enemigo contraatacaba, el RAP estaría en la línea de fuego directa.

Una vez reunidos los heridos del RAP era preciso discriminarlos. Pero la identificación de la naturaleza y extensión de las heridas era difícil en individuos cubiertos por múltiples capas de ropa. Entonces los tratamos pragmáticamente, asumiendo que las heridas podrían ser peores de lo que parecían, y evacuamos a todos para que pudieran ser evaluados

---

7. E-mail fechado el 10 de octubre de 2006. Oates permaneció con el HQ Tac hasta que hicieron contacto con las compañías de vanguardia de los Guardias Escoceses en Tumbledown. Tanto él como Sitaram se reintegraron al 1er/7º Fusileros Gurkha allí, más tarde en la mañana.

adecuadamente. Les administramos morfina para calmar el dolor, marcamos una 'M' en las frentes con un lápiz de cera y completamos un registro médico de campo para cada individuo (el registro era como una gran etiqueta de equipaje que luego se fijaba al ojal del bolsillo del pecho del soldado).

Como íbamos bien adelantados, siete de nuestros ocho Gurkhas y dos artilleros heridos de la Real Artillería tuvieron que ser evacuados mediante camilleros porque, en ese momento, no había actividad de helicópteros en nuestra área. Por tanto, la evacuación manual de heridos fue una tarea importante no solo por la nieve y el terreno de tosca helado, sino también por el hecho de que solo había dos soldados del Pelotón de Reconocimiento Gurkha disponibles por camilla. El renombrado atributo Gurkha de aptitud física y fuerza que les permite el transporte de cargas pesadas a largas distancias se probaría ahora al máximo en su tarea de evacuación de heridos de regreso al RAP de la Guardia Escocesa, en el extremo este de Goat Ridge.

El Pelotón de Morteros de 81 mm enemigo ya había comenzado a retirarse de su posición en el abra entre Tumbledown y Mount William. Suboficial Cuñé:

> Como a las cinco de la mañana [08:00Z], disparamos las últimas tres bombas de mortero. Fue entonces cuando todos empezamos a sentirnos realmente solos. Las comunicaciones habían sido cortadas y teníamos la sensación de estar aislados. Clavamos los morteros. Di la orden de rearmarse como unidad de infantería y reunirse con el personal de Monzón [cañón antitanque de 105 mm] en la cima del monte William. Fuera de los refugios de mortero, ahora se sumaba el fuego de las armas automáticas enemigas. Ya amanecía, pero conocíamos el terreno y aprovechamos una pausa en el combate para llegar a la unidad de Monzón. Cuando nos abrazamos, me dijo: 'Hermano... es increíble que hayas salido vivo de esa lengua de fuego. Les tiraron desde todos los lados. ¡Estoy orgulloso de todos ustedes!' Nos interrumpió el inefable Collazo [...] había logrado hacer funcionar la radio y pudo evitar la interferencia enemiga y, por una frecuencia alternativa, se comunicó con el Puesto de Comando [del Batallón]. Nos ordenaron retirarnos a Sapper Hill. (Robacio y Hernández, 2006, 377-78)

Robacio:

> [El Pelotón] cumplió cabalmente su misión, ejecutando [esta última] en medio de salvas de explosiones enemigas [...]. A pesar de haber sido detectados [...] desde la primera hora del 14 de junio, no sufrieron bajas

[...] La actividad de disparo de los morteros de 81 mm fue tan intensa que sus placas base se doblaron por completo en forma de copa. Casi todos los morteros estaban enterrados hasta la boca del tubo justo antes de que los destruyeran. Apenas había un momento para tomar aire [...] porque siempre había que reparar o recolocar un mortero porque se había hundido en el suelo a pesar de las bases de piedra que les colocaban como apoyo. (Robacio y Hernández, 2006, 374-75)

El resto de nuestro 1er Pelotón en la vanguardia del avance renovado de la Compañía A, había estado haciendo progresos por la empinada entrada hacia el objetivo de su Pelotón, a pesar de algunos descubrimientos potencialmente sombríos. Los dos oficiales británicos mencionados fueron el Capitán (Captain) Steve Crowsley (Comandante del Pelotón de Ametralladoras Pesadas) y el Teniente Primero (Lieutenant) John Palmer (Comandante del Pelotón de Antitanques Milan). Tekbahadur *saheb*:

En ruta hacia la cima de Tumbledown tocamos a algunas personas que yacían incómodamente en sacos de dormir. No tenía ni idea de si eran cadáveres, heridos o miembros de la Guardia Escocesa que simplemente descansaban en nuestra área después de haber tomado Tumbledown.
Finalmente, a 10:00Z llegamos al lugar de despliegue del Pelotón con mi mensajero y mi operador de radio. Al mismo tiempo, noté que dos oficiales británicos nos seguían a cierta distancia. No estaba seguro de su identidad, pero nunca se atrevieron a adelantarme a pesar de que traté de dejarlos pasar.
Entonces llamé primero al personal de armas adjunto (antitanques Milan, ametralladoras pesadas Browning y GPMGs SF) que ya estaba siguiéndome.

Este avance entrecortado de los Gurkhas a lo largo de la ladera del norte de Tumbledown se había llevado a cabo en paralelo con las explosiones y los disparos del asalto retrasado de la Compañía del Flanco Izquierdo de la Guardia Escocesa sobre el extremo oeste de Tumbledown. Kiszely había empleado el liderazgo de 'yo hago, tú haces' con la treintena de guardias, realizando una carga de bayoneta contra la posición del Pelotón de Vázquez. Esto, y las acciones posteriores de Kiszely y seis de sus guardias que avanzaron hacia el este durante otro kilómetro hasta la cumbre este de 229 metros de altura, fue descrito más tarde por uno de ellos, Jim 'Pasty' Peters:

Mientras estaban en las rocas llamaron adelante al FOO. Hubo conversaciones y escuché referencias [de cuadrícula]. Un par de minutos después, las salvas disparadas [...] casi caen entre nosotros. Entonces escuché una voz algo asustada que daba órdenes, 'Suba 20' o algo similar. Después de algunas salvas [más], el mayor Kiszely nos informó que, después de las siguientes tres, fijaríamos bayonetas y cargaríamos contra el enemigo. Este era el momento de la verdad. ¿Podría correr hacia adelante? ¿O me congelaría? Pero no pensé mucho en esto hasta que llegó la tercera salva y se dio la orden de cargar. Incluso entonces pensé 'No, está bromeando'. Pero gritó: '¿Están conmigo, Flanco Izquierdo?' Al principio se hizo un silencio, pero [entonces] sonó como si Findlay gritara: '¡Sí! ¡Estoy hasta el c... con usted, señor!' Entonces, como en la escena de la lapidación en *Life of Brian* [de Monty Python], todos respondimos '¡Sí!'

A esta altura [aproximadamente 08:20Z] yo estaba absolutamente petrificado. Sabía que el enemigo estaba atrincherado delante de nosotros. Sabía que tenían muchos hombres y armas, y aquí estábamos a punto de hacer una carga al estilo Primera Guerra Mundial. Algo dentro de mí me hizo avanzar; la adrenalina bombeando, sentí que yo era el único allí que corría. Estaba tratando de disparar mi ametralladora desde la cadera, pero con pequeñas ráfagas, sobre lo que creía que eran posibles trincheras, parapetos y rocas donde [el enemigo] podría haber estado. Mi arma se había estado trabando con munición atascada a lo largo de toda la noche. Esto se debía a la falta de cuidado de las bandoleras de municiones repartidas entre la Sección. Se atascó [una vez más], así que me agaché para despejarla. Mientras me echaba, mi mente jugaba conmigo diciéndome que, si me incorporaba otra vez, moriría. Unos diez segundos después de ese pensamiento, sentí que tocaban mi hombro.

'¿Está bien?' preguntó el mayor Kiszely.

Respondí: '¡No, estoy limpiando mi arma!'

Y entonces todos comenzamos a subir la montaña.

Tropecé con Gary Brown y Tim Smart. Gary sostenía un fusil y Tim tenía la GPMG de Gary. Le pregunté por qué y Gary dijo que el regulador de gas del arma estaba roto. Habían intercambiado armas, y creo que Tim debe haber estado en estado de shock con el problema del regulador de gas. Le dije que tirara el arma y buscara un fusil, ya que no tenía sentido llevar una pieza de metal inútil. Durante toda esta etapa de la batalla, me sentí bastante tranquilo, y [aproximadamente a 08:50Z] me dirigí otra vez hacia la cumbre [este]. Entonces me crucé con el Cabo (Lance Corporal) Rick Crookdake. Me alegró mucho encontrarlo y esperaba que pudiera ayudarme a elegir algunos blancos para no darle a ninguno de los nuestros. Los dos trepamos juntos a la montaña casi sin oposición, disparando solo un par de veces a los pozos de zorro que habían sido despejados o de donde sus ocupantes habían escapado. Señalé muchos cables en el suelo y por un momento sentí miedo al pensar que se trataba de trampas cazabobos. Pero pronto me di cuenta de que estaban dispuestos como cables de comunicaciones.

Cuando llegamos a nuestro objetivo, solo éramos unos siete: Kiszely, Mitchell, Crookdake, Findlay, McNeill, MacKenzie y yo, todos echando un vistazo a Stanley. Me sentía bastante tranquilo, ya que ahí había dos oficiales y al menos un suboficial. Uno de los oficiales admitió tener una granada sin seguro y se decidió que tenía que lanzarla lejos de nosotros por razones de seguridad. Tan pronto como la arrojó, nos atacaron. De repente, Crookdake giró, porque había recibido un disparo en la mano, y un oficial [el Teniente Primero (Lieutenant) Mitchell] gritó cuando le dieron en el hombro y en ambas piernas y luego cayó al suelo. No tuve mucho tiempo para pensar, así que salté sobre él y puse mi arma en lo que parecía una pequeña roca. Tuve suerte de que las patas del arma quedaran encajadas entre otras dos rocas pequeñas. Actuaron como un gancho de agarre porque, cuando me arrojé al suelo, mis piernas quedaron colgando sobre un precipicio. Para agregar a la diversión, cuando devolví el fuego, quienesquiera que fuera que estaban en el fondo del acantilado pensaron que les disparaba a ellos y también me atacaron [con fuego].

No tenía otra opción [que] soltar el arma y dejarme caer unos diez pies sobre una repisa debajo de mí. Después de avanzar unos ocho o diez metros, escalé el acantilado un poco más a mi izquierda. Cuando llegué a la cima, me asusté mucho de que mis propios hombres tuvieran el gatillo fácil y pensaran que yo era un enemigo. Entonces, grité: '¡No disparen, no disparen, es Pasty!' Cuando llegué, alguien me entregó un fusil, pero la pelea ahora estaba en manos del 14º Pelotón.

Para entonces, el pequeño tiroteo parecía haber terminado. Aunque estaba menos asustado, todavía era consciente de que podríamos ser atacados [en] cualquier momento. Por lo tanto, lo que quedaba de nosotros y los demás que llegaban lentamente a nuestro objetivo, [...] todos nos arrojamos al suelo sobre una roca plana y esperamos apoyo. Entonces, de la nada, hubo una fuerte explosión en la distancia, seguida de muchos gritos provenientes de las rocas a unos cincuenta metros frente a nosotros. Un oficial gritó en la dirección de la explosión: '¿Quién es ese?' [...] Una granada había caído en la trinchera de un pobre tipo y [él y su compañero] habían resultado heridos. Estaba llorando por su madre y revelando su posición, además de su nombre y jerarquía. En términos inequívocos, se le pidió que se '¡callase la p... boca!' Entonces alguien se llegó hasta ambos y atendió sus heridas.

Finalmente, Gary Brown me alcanzó y nos arrojamos juntos al suelo sobre esta enorme roca plana con una mejor cubierta, esperando a que la Compañía del Flanco Derecho pasara a través de nosotros y tomara su objetivo. Cuando finalmente llegaron para relevarnos, lentamente nos abrimos paso hacia una roca gigante con mejor cubierta y [entonces] comenzamos a reagruparnos y ordenar a nuestros heridos.[8]

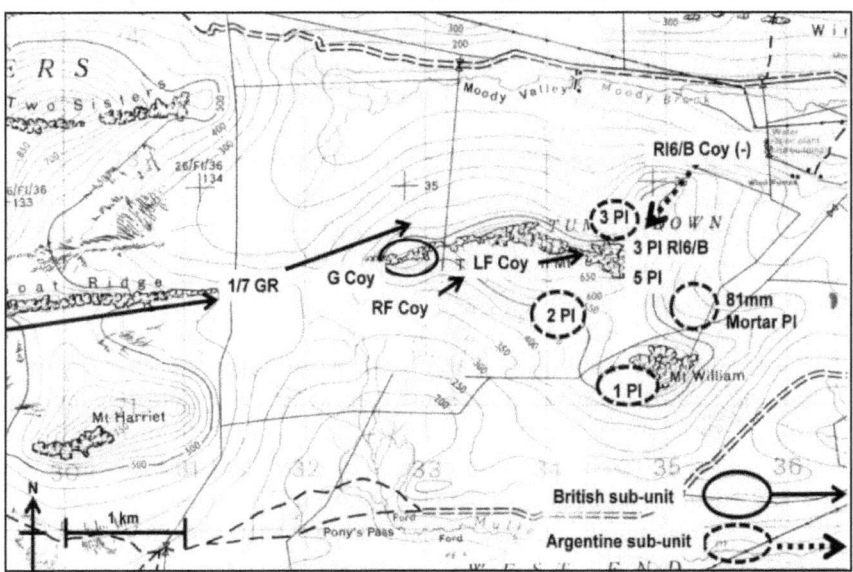

Mapa 6 – (08:00Z-10:00Z) Alrededor de treinta guardias de la Compañía del Flanco Izquierdo y el 15º Pelotón (2SG) habían asaltado al 4º Pelotón (BIM5/N) en el extremo oeste de Tumbledown. Algunos avanzaron después por el lado sur, para tomar la cumbre este.

La Guardia Escocesa tenía ahora bien aferrado su objetivo. Pero la falta de un plan de contingencia del BIM 5 para montar un contraataque rápido en Tumbledown con su Compañía M actualmente ubicada en Sapper Hill, pronto se haría evidente. A 08:35Z, según Eugenio Dalton:

> [El] CO del BIM 5 [había] informado [al Cuartel General de la 10ª Brigada de Infantería] que enfrentaba el ataque de más de un Batallón, pero cuando se le solicitó ampliar esta información, respondió que el ataque venía del oeste, mientras todavía no estaba comprometido en su flanco norte. Unos minutos más tarde, para ser exactos a 08:49Z, Robacio informó [nuevamente] al Cuartel General de la [...] Brigada que [el] enemigo había tomado el extremo occidental de Tumbledown con un ataque masivo y [él] ordenó (por radio) directamente al oficial al mando de la [Compañía B] RI 6 (a esta altura menos el Pelotón de La Madrid) que realizara un

---

8. Basado en dos e-mails fechados el 2 y el 4 de julio de 2013, y en otro relato separado de sus experiencias de combate.

contraataque sobre (esa) cumbre. El Comandante de la Brigada [General de Brigada Oscar Jofre] ordenó que la [Compañía B] RI 6 quedara a partir de ese momento a disposición del Batallón. Debido a la solicitud de apoyo de fuego del OC de esa unidad [...] se dio la misión al GA 3, ya que al GAA 4 le quedaban solo catorce tiros por tubo.

[...] A [08:59Z], el CO del BIM 5 informó que si [la Compañía C] RI 3 y [la Compañía B] RI 6 se mantenían firmes, intentaría contraatacar desde Sapper Hill con [Compañía M] BIM 5 para recuperar la cima [oeste] de Tumbledown. El Comandante de Brigada registró y aprobó esta intención, una reacción ofensiva que debió estar incluida en el plan de combate de esa unidad. Todo lo que se requería era conocer la decisión, su Punto de partida y el resultado de la misión.

[... Para las 09:01Z, debido] al fuego enemigo, el GAA 4 quedó con solo dos cañones, con el resto volcado o inutilizado por la violencia del fuego. Mientras tanto, el GA 3 seguía disparando contra Tumbledown (Dalton, 1982, 11, 17, 18).

Capítulo 13
Refriega, ataque de morteros y 'azul contra azul'

El peligro es parte de la fricción de la guerra. Sin una concepción precisa del peligro no podemos entender la guerra.

General de División Karl von Clausewitz

Comandada por el Mayor (Major) Simon Price, la misión de la Compañía del Flanco Derecho era apoderarse del extremo este de Tumbledown al amanecer [11:00 Z]. Aunque solo intercambió fuego brevemente con el 5° Pelotón de Miño, sus guardias tendrían un intenso tiroteo con el 3er Pelotón de la Compañía B del Subteniente Esteban Vilgré La Madrid, RI 6, durante el ataque de los Guardias sobre el flanco derecho, desde el sur hacia el extremo este. Vilgré La Madrid tenía veintiún años. Su madre era inglesa, y él acababa de egresar del Colegio Militar de la Nación en El Palomar, Buenos Aires. Un líder con algo de eso que se llama personalidad, sus soldados podían pensar en él como en uno de ellos. Pero sus radios PRC y TRC[1] no tenían baterías que funcionaran, por lo que las comunicaciones con el HQ de la Compañía N serían imposibles, lo que afectaría severamente un requisito vital para mantener el liderazgo por Comando y Control. Dada la tarea casi imposible de bloquear la penetración de la posición del 4° Pelotón, su inexperiencia se compensaría parcialmente con algo de liderazgo 'directo'. Vilgré La Madrid:

> El día anterior había sido rechazado un ataque en el sector Ponys Pass y siendo las 22:30 del 13 de junio, la Compañía del Flanco Izquierdo de la Guardia Escocesa había sobrepasado a la Compañía G de la misma unidad lanzando el primer ataque sobre las posiciones de la Sección de Ingenieros Anfibios y la 4a Sección de la Ca. Nácar del BIM 5, el que inicialmente fue rechazado [...]. En las primeras horas del 14, lanzaron un segundo ataque sobre las posiciones del Teniente Vázquez y el Subteniente Silva, que fue feroz. Desde sus posiciones de espera [cerca de Moody Brook, a dos kilómetros en línea recta desde el noroeste de la cumbre este de

---

1. PRC (Portable Radio Communications) y TRC (Transportable Radio Communications). Este último es un equipo de radio más pesado y que no se puede operar mientras se transporta, tanto por sus grandes requisitos de antena HF (alta frecuencia) y al hecho de que el modo de transmisión es únicamente de CW (onda continua).

Tumbledown, de 229 metros de altura], el Jefe de Compañía B del RI 6, Teniente Primero Abella, recibió la orden del Mayor Jaimet [Comandante del Grupo de Batalla de la Compañía B] de alistar una fracción para bloquear la penetración en el sector de la 4ta Sección de Infantes de Marina. El soldado Carlos Daniel Britos llegó hasta donde se encontraba la 3ra Sección a mis órdenes y concurrí hasta el Puesto Comando donde se me ordenó prepararme para recibir la orden del Jefe de la Compañía Nácar del BIM 5, TN Villarraza,

Regresé a mis posiciones de muy mal humor por haber sido nuevamente elegido para una misión extrema [después de la batalla de Two Sisters] y lo comentamos con mi segundo, el Sargento Primero Jorge Daniel Corbalán. Al llegar les pedí a Marcelo Di Sciullo y a Minutti que pasasen la voz, especialmente a los más alejados; en menos de 5 minutos TODOS estuvieron presentes. Les dije estas breves y heroicas palabras: 'Tiren a la mierda todo lo que les sobre, que ahora vamos a combatir'. Los soldados Horisberger y Poltronieri me pidieron ir a recuperar sus ametralladoras (que estaban guardadas bajo unas capas poncho) y sin decir más, se encolumnaron detrás mío en dirección donde se encontraba el Mayor Oscar Jaimet. Este fue muy breve en su orden: 'El Batallón tiene una fracción empeñada y usted le va a dar una mano'.

Me presenté al valiente Teniente Carlos Waldemar Aquino (oficial de logística del BIM 5), quien me saludó y me comunicó que sería mi guía (¡y vaya si lo fue!). Comenzamos a subir el cerro Tumbledown, las explosiones nos acompañaban y cada tanto un proyectil estallaba a nuestro lado. Aquino me impuso rápidamente de la situación difícil en primera línea y escuchó con paciencia mis insultos de que justo mi fracción fuese seleccionada para esa misión. Al llegar a la posición del Jefe de la Compañía Nácar, éste me ordenó bloquear una penetración [en el extremo oeste de Tumbledown]. ¡En ese momento, ni él ni yo sabíamos que se trataba nada menos que del ataque principal! ¡El más importante de la fecha, el que definiría la guerra!

'Previo sustraerle dos jugos 'Delifrú' que se encontraban junto al cajón de munición que hacía de mesa, salí de su Puesto de Comando. La misión era clara ... y difícil ... fue el último momento de serenidad, aspiré aire y miré hacia el cielo: explosiones de artillería naval y terrestre, de morteros livianos y pesados, de cohetes antitanque y otras armas hacían temblar el suelo ... cada explosión iluminaba el lugar y hacia caer piedras encima nuestro, el suelo se movía y para hablar, teníamos que hacerlo casi al oído; con gritos. Las bengalas iluminaban el cerro, las ráfagas [de las] trazadoras pasaban por encima nuestro y se perdían en el horizonte; me sentía desconcertado al salir de la cueva, pero la mirada de mis soldados y Jefes de Grupo (y la certeza que debíamos salir de allí cuanto antes), me llevó a decir; ¡Seguirme!' sin saber con certeza si eso era lo que quería decir...'

'Los que estaban arrodillados o sentados se levantaron y la Sección de infantes, cuando lo mejor era retroceder, avanzó hacia el enemigo. [...] Seguíamos en [...] columna al Teniente Aquino y al Infante de Marina Vélez y a otro infante del PC de la Nácar; cada tanto una bengala nos iluminaba y nos quedábamos tiesos hasta que se apagara para no ser detectados, luego continuábamos bordeando el cerro hacia el puesto más alto, cada vez más lejos... y solos. Al llegar, observamos hacia el sector donde se combatía; ya no se oían muchas bocas de fuego y las ráfagas venían de todos lados, desde ese lugar deberíamos bloquear al enemigo pero yo quería tomar contacto con los infantes al frente para coordinar. Junto con el soldado Arrúa y el infante Vélez, nos adelantamos a tomar contacto unos 400 metros [en realidad, Vázquez estaba al menos a otros ochocientos metros del lugar]. En ese momento, el jefe británico, Mayor (Major) Kiszely, estaba tomando cuerpo a cuerpo la posición del Teniente Vázquez (el Subteniente Silva junto con sus soldados y un soldado del RI 12 habían ya muerto en la acción, junto a varios infantes de marina).'

[KIszeli y algunos de sus guardias llevaron a cabo entonces un rápido avance hacia la cumbre este.] Al alcanzar la cumbre, el jefe del Batallón escocés la creyó limpia y ordenó el sobrepasaje a la Compañía del Flanco Derecho para que continu[ara] la misión ... se reunieron sobre una altura los dos jefes británicos y cerca de ellos (y sin saberlo) los cuatro que buscábamos a los infantes de marina los observábamos con el visor nocturno de Vélez quien me detuvo y me dijo: 'Creo que hay de 6 a 10 ingleses en ese sector, Señor'. El Mayor (Major) Price, que se estaba haciendo cargo, le preguntó a Kiszely 'Esos... ¿quiénes son?' señalando hacia nuestra zona, a lo que respondió: 'Deben ser argentinos extraviados, un par de tiros y huyen'. Mientras esto ocurría yo me asusté; estaba solo, lejos de mis soldados y había cometido un grave error.' No tenía mucho tiempo ni posibilidades, así que cargué una granada de fusil, la disparé, mis compañeros abrieron el fuego y pudimos regresar con nuestra gente, pese a que los británicos nos disparaban. Apenas llegamos, los británicos comenzaban a avanzar sobre nuestro sector,

Aquino se paró en una roca y abrió el fuego; de inmediato la ametralladora de Horisberger, Gonzalez y Andreacola (donde me había instalado), comenzó a abrir el fuego y comenzamos a disparar junto con Di Sciullo, Corbalan y Minutti, además de Vélez. En ese momento el ataque británico no prosperaba de acuerdo a lo esperado, habían chocado además con una fracción de ingenieros a cargo del Teniente Miño. Lo encabezaban dos Jefes de Pelotón (Dalrymple y Mathewson). Kiszely le había comentado a Price momentos antes del relevo que [a] unos 300 metros de donde estaban, una ametralladora y algunos fusileros le habían infringido cuatro bajas. ¡Nuestro fuego había sido efectivo! (Las ametralladoras del soldado Horisberger y [d]el soldado Poltronieri habían funcionado bien)... incluso uno de los Jefes de Pelotón escoceses, el Teniente Mitchell, había sido alcanzado.

En la incertidumbre de la noche y el combate, yo ignoraba esto como también ignoraba que mi granada había hecho efecto provocando bajas y que uno de nuestros disparos o una esquirla había rozado la brújula del mismísimo Jefe de Compañía. ¡Cinco heridos antes de empezar el combate, contra ninguno nuestro! Price detuvo un momento el asalto a nuestras posiciones; se acercaba el día y debía coordinar bien: ordenó a sus Jefes de Pelotón, a su segundo y al Observador Adelantado que fijaran bien el objetivo, la cercanía de los Gurkhas hizo imposible el empleo de artillería pesada en ese sector. Decidió avanzar por la derecha [sur, hacia el norte] que tenía mejores cubiertas, ordenó a Dalrymple, Jefe del 1er Pelotón, establecer una base de fuego en la posición conquistada por la Compañía del Flanco Izquierdo. Los lanzacohetes de 84 y 66mm debían utilizarse antes del asalto para suplir las armas pesadas y los colocaron en posición.

Mientras los enemigos iniciaban su avance, nosotros no distribuimos en las rocas; el Cabo Fernández a la derecha con su Grupo (en la parte más baja) el Grupo del Cabo Polomo en el centro, mezclado con el Grupo del Cabo Primero Zapata. Yo me quedé con la ametralladora de Horisberger y comencé a referirle blancos. El Sargento Echeverría estaba con la MAG de Poltronieri. Mi segundo al mando, Sargento Primero Corbalán, se colocó en el centro y más arriba a cargo de dos Grupos (más tarde, esto sería salvador para todos). El fuego arreciaba y los escoceses no lograban avanzar; el Capitán (Captain) Brydon, segundo de la Compañía británica junto con el Teniente Primero (Lieutenant) Lawrence y 12 hombres logaron establecer una base de fuego siguiendo la línea de alturas cercana a nuestra posición, pero su movimiento fue detectado y los detuvimos. El [2º] Pelotón del Teniente Primero (Lieutenant) Mathewson avanzó por la parte más baja, derecho hacia la posición del Cabo Fernández, pero se vio detenido también.

El ataque principal, con una abrumadora superioridad numérica, se veía detenido por el fuego ubicado en el centro de nuestro dispositivo. El escocés Pengelly trató de alcanzarnos para arrojar granadas, pero fue detenido de un disparo. Nuestras ametralladoras disparaban con precisión y Horisberger cambió por primera vez [el] cañón [de su arma], recalentado por las ráfagas. El Capitán (Captain) Bryden (que había sido detenido un rato antes) pudo avanzar por el centro con el Pelotón del Teniente Primero (Lieutenant) Lawrence, pero el fuego detuvo su avance. Los soldados escoceses McEnteggart, Harkness, y el mismísimo Teniente Primero (Lieutenant) Lawrence cayeron heridos (este último gravemente). El Sargento (Sergeant) McDermid y el Cabo Primero (Corporal) Richardson abrieron el fuego exponiéndose para poder recuperar a los heridos, entre ellos el Cabo (Lance Corporal) Ian Morton, que también cayó herido en ese movimiento. Los soldados de la 3ra Sección, lejos de asustarse, mantenían la posición y administraban exitosamente su munición. El aire parecía caliente, las explosiones y ráfagas [de las] traza[doras] se cruzaban y las explosiones que provocaban los lanzacohetes británicos parecían bolas de fuego, pero nadie retrocedía. El Jefe de Batallón escocés, Teniente Coronel (Lieutenant Colonel) Mike Scott comprendió que debía evitar la llegada de la luz, el ataque estaba retrasadísimo y peligraba; aun debía hacer su sobrepasaje el 1er Batallón del 7º Regimiento Gurkha hacia Monte William y el 1er Batallón de Guardias Galeses avanzar sobre Sapper Hill y él no lograba abrirles camino.

Decidió armar una base de fuego con el Pelotón de Ametralladoras de todas las Compañías y reforzó al segundo Pelotón con una Sección de fusileros de la Sección de Dalrymple; esta acción abrió el camino al 2do Pelotón al mando del Sargento (Sergeant) Robertson, quien logró acercarse para lanzar granadas. Desde la ametralladora de Horisberger, observamos el movimiento y los cohetes que disparaban que nos pegaban demasiado cerca y sentíamos su calor; me corrí un par de metros [hasta] donde se encontraba el soldado Gómez con un apuntador de lanzacohetes de 90mm y le referí el blanco, este me dijo que ya no le quedaban más proyectiles, por lo que le contesté 'Entonces tirálo a la mierda y empezá a tirarles a estos hdp'. Volví a la ametralladora justo cuando nos llegaba una ráfaga, Horisberger estaba regulando los gases porque se ametralladora estaba empezando a fallar, nos agachamos y al pasar la ráfaga y los cohetes, observé que Horisberger no se levantaba para responder; Segio G. me informó que este estaba herido, me acerqué cuando emitía sus últimos suspiros… lo corrimos hacia un costado. González se hizo cargo de la MAG y perdimos contacto con Andreacola. Traté de distraerlos gritándoles en inglés pero no tuve resultados.

El fuego quedó a cargo de la segunda ametralladora, la del soldado Poltronieri, que se encontraba más hacia la derecha, cada una de sus ráfagas era replicada por otra de la ametralladora del Cabo (Lance Corporal) Campbell. El Jefe de Ca. británico, Mayor (Major) Price, había reforzado la posición con gente de los dos Pelotones restantes. Los ingleses alcanzaron nuestras posiciones y no nos quedaba casi nada de munición, ningún cohete para los lanzadores de 90mm y tampoco granadas de mano ni apoyo de fuego de morteros. La superioridad [del] enemigo era ya absoluta. En su posición cayó el soldado Becerra (que era apuntador de FAP y al tirar en automático, lo confundieron con otra MAG), alcanzado por un cohete disparado por el Sargento Robertson. En el centro, cayeron heridos Duarte, Peralta y Adorno. Nadie retrocedía, pero los escoceses ya habían ganado la partida. Comenzamos el repliegue lo más organizad[amente] que pudimos, el soldado Juan Domingo Rodríguez le pidió al soldado Torres que lo cubriese mientras regresaba a recoger algunos elementos a su posición anterior, mientras avanzaba, disparó a su izquierda pero una ráfaga del Pelotón del Teniente Primero (Lieutenant) Mathewson desde la izquierda lo mató en el acto. [Torres fue hecho prisionero].

El sector donde me encontraba (la izquierda del dispositivo) había sido superado y estábamos aferrados, merced a la tenacidad y tremendo coraje de los guardias escoceses: ahora el sector derecho, solo, debía sostener la posición y el repliegue. El soldado Bordón fue el último en caer, muerto en acción mientras soldados del Pelotón de Lawrence (ya herido) alcanzaban su posición. Pedeuboy cayó herido cerca de Bordón con su fusil en la mano y [también] el negro Ramos mientras trataba de desprenderse. Tampoco pu[dieron] hacerlo [ni] el flaco Delfino ni Polizzo y quedaron aferrados sin poder desprenderse y sin munición. Nuestra situación, vista desde el sector de nuestra Compañía, se veía claramente desesperante, [por lo que] el Mayor Jaimet envió a la segunda Sección a intentar desaferrarme.

Mientras tanto, personal de nuestra Sección de Morteros, sin munición [entonces], subió hasta nuestro sector (esa Sección ya se había empeñado heroicamente en Cerro Dos Hermanos [(Two Sisters)] e incluso uno de sus Cabos, Barroso, había sido de los últimos en replegarse con dos voluntarios [después de disparar contra los Royal Marine Commandos de la Compañía Y, 45 Commando]). El Subteniente Robredo, el soldado Beto Brito y otros más, ocuparon una posición en el puesto observatorio para cubrir nuestro repliegue. Este último accionar posibilitó el desprendimiento de los que pudimos [replegar]. Cuando no encontraba como replegarme entre las ráfagas y explosiones, escuché la voz del Sargento Primero Corbalán gritando '¡por acá!'. Una vez que cruzamos hacia la pendiente descendente, los disparos no nos alcanzaban. Mas atrás, en la 'silla' entre William y Tumbledown, el Grupo Morteros [de 120 mm] del Regimiento 6 comenzaba su repliegue, mientras observaba al enemigo y trataba de rescatar municiones para utilizar después.

Cayó herido (junto a sus camaradas Figueroa, Fragatti y Vallejo) el valiente Azcárate, muriendo instantes después. Nosotros empezamos a descender al valle protegidos por Robredo, Brito y Corbalán. Apenas conquistado el objetivo, el Observador de Artillería británico, Capitán (Captain) Miller, subió a nuestra posición abandonada para referir blancos a la artillería británica. Cuando llegó el [...] Teniente Coronel (Lieutenant Colonel) Scott y pudo ver que los argentinos se replegaban, ordenó, como un caballero, un Alto el Fuego. Eran aproximadamente las 08:15 del 14 de junio. El Capitán (Captain) Bryden, segundo Jefe [de la Compañía del Flanco Derecho], quedó a cargo de la recolección de los heridos y de los prisioneros; los que podían caminar fueron llevados al Puesto de Socorro en Goat Ridge y los más graves [fueron evacuados] en helicóptero a San Carlos [Ayax Bay]. Cinco soldados de la Sección habían muerto en combate y 14 habían caído prisioneros (algunos heridos). (Vilgré La Madrid, 2015, 29-33)

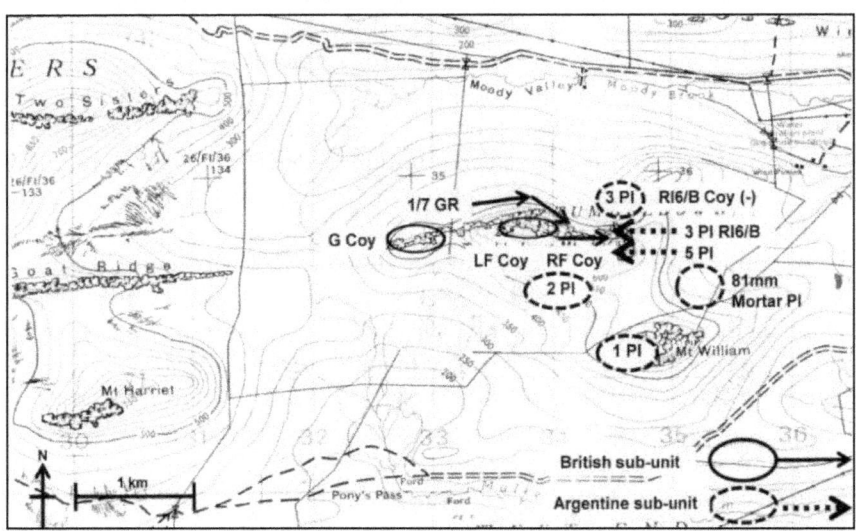

Mapa 7: (09:30Z-11:00Z) La Compañía del Flanco Derecho (2SG) asalta el extremo este de Tumbledown (3erPelotón, RI6/B y 5º Pelotón, BIM5/N). El 1er/7º GR avanza.

El desgaste del Pelotón de Vilgré La Madrid había sido severo. Poco más de la mitad de ellos se retiraron finalmente de Tumbledown debido a la cantidad de víctimas.

También hubo una acción paralela de la Compañía B, RI 6. Eugenio Dalton:

> Destinado en última instancia a facilitar la liberación de la Compañía N, BIM 5, [este] intento de contraataque [...] (que en realidad se convirtió en una acción de bloqueo) [en el extremo este de Tumbledown] fue realizado por los dos Pelotones de fusileros restantes y una Sección de (cuatro) ametralladoras. Cuando llegaron a los afloramientos rocosos de Tumbledown y, después de que Jaimet se pusiera en contacto con el Jefe de la Compañía N, tomaron posiciones y abrieron fuego (sobre la Guardia Escocesa) [Compañía del Flanco Derecho]. Esto continuó hasta que el B/RI 6 se quedó sin municiones. Según sus informes, la defensa estaba (para entonces) comenzando a desmoronarse. Como resultado secundario, esta intervención de [esta subunidad] les permitió reunirse con el Pelotón del Subteniente La Madrid. (Dalton, 1982, 14)

Más tarde esa tarde, otros dos miembros del Pelotón de Vilgré La Madrid, Echave y Balvídares, fueron muertos por disparos (en el cuello y el pecho respectivamente) de un francotirador británico cerca de la carretera que conducía tres kilómetros hacia el este hasta Puerto Argentino. En contraste, la Compañía del Flanco Derecho tuvo solo cinco heridos. Vilgré La Madrid había hecho todo lo que requirió de quienes estaban bajo su mando y trató valientemente de lidiar con los problemas insalvables. Pero su destrozado Pelotón había soportado una experiencia que permanecería con ellos por el resto de sus vidas. Siendo poco probable que se borrara de sus recuerdos, también podría causar amargura. Este breve pero mortal encuentro de infantería en el que la Compañía del Flanco Derecho había superado en número a los Pelotones de Vilgré La Madrid y Miño por casi 2 a 1, había planteado muchos desafíos insuperables. El Pelotón también sufrió por la ausencia de radiocomunicaciones en el campo de batalla porque no tenían baterías de radio cargadas, no tenían coordinación (y por lo tanto ningún plan) con el 5º Pelotón de Ingenieros Anfibios de Miño (que no disfrutaban su misión como infantes) y, por último, la falta de munición. Ir a la batalla con tales desventajas es, por decirlo suavemente, cortejar el fracaso. Todo esto impactó en el liderazgo efectivo porque, una vez más, las comunicaciones son la madre y el padre del Comando y Control. Galardonado con la medalla *'El Ejército Argentino al Esfuerzo y Abnegación'*, Vilgré La Madrid enseñaría después, en el Colegio Militar, esas muchas lecciones aprendidas en Tumbledown.

Justo antes de que su maltratado 3er Pelotón se replegase, nuestra Compañía A estaba escalando el re-acceso a la cima de Tumbledown. Esto evitó una subida empinada a lo largo del borde noreste de Tumbledown, que bloquea el acceso a su cumbre este. Una estampida de caballos salvajes había resultado en el nombre de Tumbledown. El encuentro con grupos peregrinos de guardias en la oscuridad era desconcertante, sobre todo porque no conocían nuestros planes de movimiento. También estaba la creciente ansiedad de que los asaltos de las Compañías B y D sobre la saliente noreste y Mount William ocurrirían ahora a la luz del día. El Cuartel General (HQ) de la Compañía A se estableció cerca de la parte superior de este reingreso, mientras que los tres Pelotones y las armas de apoyo de fuego emergieron a sus posiciones finales al oeste de la Compañía del Flanco Derecho de la Guardia Escocesa. Más tarde, el momento más conmovedor sería el descubrimiento del cuerpo del Sargento Segundo (Lance Sergeant) de la Guardia Escocesa, Clark Mitchell, ubicado ligeramente por encima de la posición de la Compañía A. Miembro del 15º Pelotón de la Compañía del Flanco Izquierdo, había estado en el pequeño grupo que se había apresurado desde el extremo oeste de Tumbledown hasta la cumbre este, liderado por el Mayor (Major) Kiszely. Nunca la alcanzó, y murió por la pérdida de sangre, no solo, sino en los brazos de otro miembro de la Guardia que atendió su herida (la de Mitchell) después de que recibiera un disparo en el estómago y la columna vertebral por un proyectil de alta velocidad. Un Gurkha tapó la cara de Mitchell con su boina como señal de respeto.

Anteriormente, a 09:10Z, el Capitán de Fragata IM Carlos Hugo Robacio, Comandante del BIM 5, [...] había comunicado por radio [al Cuartel General de la 10ª Brigada de Infantería] que su Puesto de Comando estaba combatiendo contra subunidades enemigas que avanzaban desde el norte. Este combate solo pudo ser el bombardeo [bajo el que estaban], dado que no había evidencia hasta el momento de que el enemigo hubiera descendido hacia Moody Brook e incluso más al este. Casi una hora más tarde, a 09:55Z, este CO comunicó por radio que se mantenía firme, así como la Compañía B, RI 6 [...] En cuanto al contraataque llevado a cabo por la Compañía M, BIM 5, no había, hasta el momento, noticias. (Dalton, 1982, 19)

En el extremo oeste de Tumbledown, Vázquez estaba monitoreando una situación imposible:

Entre las 05:00 y las 07:00, cada hombre que quedaba combatía solo por su pozo, casi no existía posibilidad de apoyo mutuo y no se respondía a mis órdenes. Nuevamente llamé desesperado y personalmente al comando del Batallón, preguntando por los refuerzos y recibí como respuesta:
'De un momento a otro entran en contacto con usted'.
Alrededor de las 10:00Z la situación era la siguiente:
Casi no había disparos.
Nadie respondía a mis órdenes.
Veía pocos británicos entre nosotros.
Solo quedaban mi pozo de la izquierda y mi pozo de la derecha (ambos dobles). El pozo de la derecha se quedó sin munición y ambos soldados se metieron dentro del mismo.
A esa hora me comuniqué nuevamente con el comando y mantuve el siguiente diálogo.
Vázquez: 'Señor, nadie responde a mis órdenes, no sé si están todos muertos o no me obedecen. Ya casi no hay combate. ¿Dónde están los refuerzos?'
Robacio: 'Aguante, ya van a salir para allá...'
Vázquez: ¡Asesino hijo de puta! ¡Váyase a la puta madre que lo parió!
(NdR: El insulto fue escuchado por la totalidad del canal táctico de las fuerzas argentinas, incluyendo personal de unidades del EA.)
De [la] furia, arranqué el microteléfono de la radio con un golpe y me dejé caer en el pozo. (Burzaco *et al.*, 2015, 40)

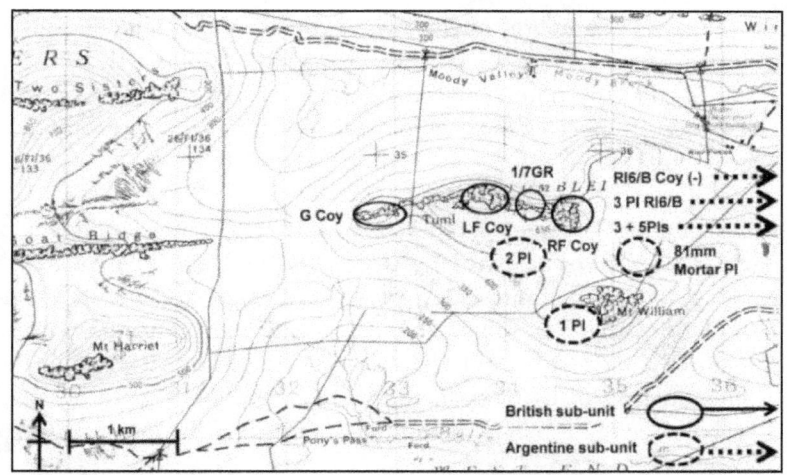

Mapa 8 – (11:00Z-12:30Z) 3er Pelotón (BIM5/N), HQ Compañía N (BIM5), 5º Pelotón (BIM5/N), 3er Pelotón (RI6) y RI6/Compañía B (-) se repliegan hacia el oeste hasta Moody Brook/Sapper Hill. 1er/7ºGR sube Tumbledown cerca de la cumbre este.

Abatido y sin esperanzas, Vázquez decidió rendir lo que quedaba de su Pelotón e informó al Cuartel General de la Compañía N de sus intenciones. Vázquez:

> Mientras esto ocurría, se escucha una fuerte explosión bajo la tierra, muy próxima a mi pozo. El enemigo había alcanzado a mi pozo de la izquierda, le pusieron dentro una granada de mano de fósforo, que al estallar hizo salir a ambos heridos afuera donde uno de ellos además, recibió un disparo de Sterling por la espalda cuando salía arrastrándose con severas quemaduras en el cuerpo.
>
> Resolví asomarme fuera del pozo para ver qué e[ra] lo que pasaba. Cuando comienzo a sacar el cuerpo, me encuentro con tres británicos que estaban rodilla tierra apuntándome a la cara en la boca del pozo, esperando mi salida. Dos de ellos con FAL y uno con Sterling. Dejando ambas manos en el borde del parapeto, bajé la cabeza y le dije a Fochessato:
>
> 'Voy a salir. Si me matan a mí, también lo harán con usted, así que agarre mi fusil y mátelos a ellos'.
>
> Salí del pozo con las manos en alto y en mi rudimentario inglés me identifiqué como Jefe de todos los soldados que combatían en ese sector y pedí permiso para hablar con mis hombres.
>
> '¡Prestar atención la Cuarta Sección, soy el Teniente Vázquez! El combate ha terminado. Dejen sus armas y vengan hacia mi pozo. Quédense tranquilos, las vidas van a ser respetadas'.
>
> Solo se acercaron a mi pozo seis hombres. (Burzaco *et al.*, 2015, 40)

De los treinta y seis hombres originalmente en el 4º Pelotón, doce murieron, cinco fueron heridos y hubo cuatro desaparecidos. (Robacio y Hernández, 1996, 169-72). El conscripto Pablo Rodríguez había luchado en la Sección de la derecha. Pasó una noche difícil, pero luego describió el efecto que tuvo el liderazgo de Vázquez en él:

> El día anterior al combate, un par de soldados del Ejército (que tenían un dato tentador) y yo decidimos ir, sin autorización alguna, a buscar golosinas en posiciones ya controladas por el enemigo. A nuestro regreso encontramos algunos soldados británicos e intercambiamos disparos. Mataron a uno de [nuestros] soldados y me alcanzaron en la pierna. En los últimos metros, otros compañeros soldados me ayudaron a llegar a mi posición. Vendé mi herida, pero no le dije nada al Teniente de Corbeta Vázquez.
>
> La lucha del 14 de junio fue muy dura y larga. Me alcanzaron en el pecho y en un brazo. Cuando finalmente salí de mi pozo de zorro, los soldados escoceses me descubrieron alrededor de las 10 (13:00Z) de la mañana. Me llevaron unos 100 metros hasta donde ya tenían varios presos y ahí vi a mi jefe, el *señor* Teniente Vázquez, que estaba custodiado por un par de soldados enemigos. Nunca en mi vida olvidaré la cara de Vázquez. Sus ojos parecían dos piezas de oro inyectadas en sangre. Su mirada era dura, difícil de describir. Sin embargo, inmediatamente razoné que mi Jefe de Pelotón estaba allí, que había luchado con nosotros hasta el último disparo, que no nos había abandonado. A partir de ese momento Vázquez pasó a ser mi *Señor* Teniente [...] Por haber recibido tres disparos, Pablo Rodríguez ostenta la medalla 'La Nación Argentina al Herido en Combate'. (*Defensa y Seguridad*, 2015, 62)

En el extremo este de Tumbledown, había una confusión creciente en el Cuartel General (HQ) de la Compañía N. Colombo:

> Se cortaron las comunicaciones [con Vázquez]. Villarraza transmitió ese mensaje [la rendición del 4º Pelotón] a Robacio. Los soldados del Ejército empezaron a retroceder buscando al Mayor Jaimet [de la Compañía B] con un mensaje del Subteniente [Vilgré La Madrid] diciendo que el enemigo se había infiltrado por el corredor superior y por el que conducía al 'Triángulo'. El CO del BIM 5 preguntó qué estaba pasando. Villarraza dijo que estábamos peleando a 100 metros del Cuartel General de la Compañía N. El Mayor [Jaimet] le preguntó a Villarraza qué era lo que íbamos a hacer, y entonces éste fue a ver si había llegado el 3er Pelotón. Estábamos bajo fuego de morteros. Habrían sido aproximadamente las 08:15 [11:15Z] y era imposible saber cuáles soldados eran enemigos y cuáles eran nuestros. Los

Pelotones 1 y 2 [en las laderas sureste de Mount William y Tumbledown, respectivamente] dijeron que podían ver al enemigo en Tumbledown. Luego llegó el 3er Pelotón [Lucero] y tomó posición mirando hacia el oeste, cerca de la cocina de campaña. Villarraza ordenó que los soldados que bajaban desde el nivel más alto se mantuvieran cerca del 3er Pelotón. Inmediatamente el CO preguntó por la situación. No pude responder de inmediato porque escuché gente cerca de mi posición disparando con algo que sonaba como una ametralladora.

El Mayor [Jaimet] preguntó qué íbamos a hacer. Villarraza dijo que íbamos a intentar salir y el Mayor sugirió que nos rindiéramos. Dijo que era una tontería continuar. Ambos cargaron sus armas y se dirigieron a las rocas cercanas. Los seguí con un suboficial de Señales, y entonces vimos soldados enemigos [de la Guardia Escocesa] a setenta metros de nosotros.

Vázquez recibió un trato impecable por parte de la Guardia Escocesa tras su rendición. Pero ese mismo día, unos cuantos más de otra unidad (que no merecen llamarse soldados) lo sometieron a un simulacro de ejecución, con munición real, además de maltratarlo físicamente. Quizás incidentes peores habían ocurrido durante la guerra, pero, sin embargo, acciones tan incomprensibles violaban la Tercera Convención de Ginebra de 1949 relativa al trato de los prisioneros de guerra. La posterior discreción de Vázquez sobre este desagradable episodio dice mucho de sus destacadas cualidades como soldado, líder y persona, que sigue describiendo a la Guardia Escocesa como 'verdaderos hermanos de armas'. Pero fue solo el primero de los eventos inquietantes que también soportó después de su repatriación a Argentina (descrito en Seear, 2014).

El RAP de la Guardia Escocesa trató a la mayoría de nuestras bajas Gurkhas por el intenso bombardeo enemigo dos horas antes. Fueron evacuados en un helicóptero Sea King a la Estación Avanzada de Vendajes (ADS) del 16º Ambulancias de Campo en Fitz Roy para recibir tratamiento adicional. Previamente, el personal del RAP había estado sujeto a un posible incidente de 'azul contra azul' después de salir a recoger estas bajas del campo de batalla. Una bomba de mortero de 81 mm disparada desde la cercana línea de morteros Gurkha atravesó la pala del rotor principal de su Sea King sin tocarla. Con eso cesó la evacuación en helicóptero, pero el Cabo Primero (Corporal) Gyanbahadur Rai, gravemente herido por la metralla en la espalda, el pecho, la pierna y el pie izquierdos, estaba todavía en el campo de batalla. El piloto de helicóptero Scout de las 'Teeny Weenie Airlines',[2] Capitán (Captain) Sam Drennan (ex-Guardias Escoceses) voló después en la noche sin luna desde Fitz

---

2. El apodo (TWA) del 656º Escuadrón (Cuerpo Aéreo del Ejército, Helicópteros) de la 5ª Brigada de Infantería.

Roy con su copiloto/artillero para evacuar a Gyanbahadur (todavía con sus camilleros, los Cabos (Lance Corporals) Panchabir Rai y Ramkumar Gurung) del campo de batalla de Tumbledown, bajo fuego de artillería esporádico y a una baja de la Guardia Escocesa en Fitz Roy para una cirugía ADS inmediata. Posteriormente, Gyanbahadur fue trasladado al buque hospital de la Fuerza de Tareas, el SS *Uganda*. Lo acompañó el Cabo (Lance Corporal) Ramkumar Gurung, que regresó a Tumbledown más tarde ese día, para gran alivio del Cabo (Lance Corporal) Sukrim Rai y el fusilero Budhi Rai quienes, después de rescatar al Cabo (Lance Corporal) herido Gauriman Rai, habían pasado mucho tiempo buscando a Ramkumar y Panchibir en el campo de batalla.

Mientras, los Capitanes (Captains) Lester Holley y Gus Pugh estaban muy por delante de la Compañía B. Pugh:

> El tiempo que se tomó para resolver el problema del 'cañón rebelde' y completar el ataque a Tumbledown significó que el amanecer se acercaba rápidamente cuando bordeamos las rocas al norte de la cresta y nos acercamos a nuestro FUP previsto para el asalto de la Compañía B. En esta etapa, solo Lester Holley, mis señaleros sobrevivientes y yo logramos llegar a un pequeño montículo en el terreno a 12:00 Z y observamos nuestro objetivo a 200 metros de distancia. Nuestro avance a la luz de la mañana nos permitió detectar cables trampa conectados a municiones enterradas. Pero el retraso del cuerpo principal de la Compañía B hizo que se dispersaran y aún estuvieran a cierta distancia de su Línea de Inicio.

La hora de inicio [H-Hour] para el asalto Gurkha sobre la saliente noreste de Tumbledown, a lo largo de la que el 3er Pelotón de Vilgré La Madrid se había movido durante la noche, estaba planeada para 14:00Z. Mientras tanto, a partir de 10:00Z en adelante, la Compañía A había estado instalando su base de fuego cerca de la cumbre este de Tumbledown de la siguiente manera: el 2º Pelotón se desplegó en la cresta inferior izquierda para despejar el área inmediata para la Compañía B y estar en reserva; el 3er Pelotón ocupó el área hacia la derecha, donde inicialmente tendrían acceso a la Compañía D; en el centro, el Teniente Primero (Lieutenant) (QGO) Tekbahadur Limbu estaba ubicando su 1er Pelotón y las armas de apoyo adjuntas. Orientadas hacia el norte, estas consistían en un puesto de tiro de antitanques Milan, una ametralladora pesada Browning y una GPMG (SF). Mirando hacia el sur, el 3er Pelotón ocupó el área de la derecha, desde donde podrían cubrir Mount Harriet y apoyar luego el asalto de la Compañía D sobre Mount William.

El Capitán (Captain) Steve Crowsley y el Teniente Primero (Lieutenant) John Palmer también participaron activamente en la ubicación de todas las demás armas de apoyo. Se destinó un total final de dos ametralladoras pesadas, dos puestos de tiro de Milan y tres GPMG (SF) para apoyar el asalto de la

Compañía B a la saliente noreste. Posteriormente, estas armas serían reubicadas 180 grados hacia el sur para reforzar el apoyo de fuego para el asalto de la Compañía D sobre Mount William. Este consistiría entonces de tres ametralladoras pesadas, seis puestos de tiro de Milan y siete GPMG (SF), en total dieciséis unidades de fuego. Ninguna otra unidad británica en la guerra había reunido una capacidad tan letal en una base de fuego específica. Tekbahadur *saheb*:

> Al llegar a mi área a 10:00Z con mi operador de radio, mi mensajero y tres armas de apoyo adjuntas, vi cuatro enemigos muertos, así como una serie de cables trampa. No solo fue difícil ubicar las armas de apoyo adjuntas de mi Pelotón con respecto a cubierta y visibilidad, pero también las de la Sección y las individuales también. El área en sí era montañosa y compacta y comprendía acantilados, terreno irregular y grupos de rocas. Di una vuelta tratando de encontrar buenas posiciones de despliegue, pero me faltaba mano de obra, porque mi 3ª Sección había quedado atrás en la base de Tumbledown para ayudar con la evacuación de heridos bajo el mando del 2IC de la Compañía.
>
> Mientras llevaba a cabo mis tareas en la madrugada, una Compañía del 2º de Paracaidistas estaba atacando Wireless Ridge, frente a mí, al noreste.[3] Fue entonces [que] vi a la 2ª Sección abrir fuego contra esos paracaidistas. Llamé al Jefe del Pelotón por radio y le dije que cesara el fuego de inmediato. Así lo hizo, respondiendo que había pensado erróneamente que eran enemigos que huían de sus trincheras.

También al amanecer, la Batería B enemiga, 1er Batallón de Artillería de Campaña de la Infantería de Marina, que había causado nuestras ocho bajas Gurkha menos de tres horas antes, sufrió una cuarta pérdida de armas cuando la explosión de un proyectil británico destruyó el montaje del cañón No. 5. Pero sus cañones supervivientes, los números 3 y 6, lucharon hasta el final en Felton Stream, a pesar de que un suboficial de la Infantería de Marina murió en su posición en el cañón No. 3. Suboficial Jorge Hernández:

> Durante las últimas dos horas de combate, teníamos la impresión de que los ingleses nos estaban bombardeando con tres o quizás con cuatro cañones de 105 mm. Podíamos deducirlo por las explosiones y la cadencia. Ubicamos las Baterías inglesas al sur del monte Challenger, al norte del monte Kent, al noreste del monte Longdon y al sureste del monte Wall. (Robacio y Hernández, 2006, 352-53)

---

3. Probablemente la Compañía D, 2 Para, que acababa de rechazar el contraataque final de la Compañía A del RI3 en el área de Moody Brook.

Una situación similar existía en la zona vecina a Robacio. Eugenio Dalton:

> Entre 11:00Z y 11:10Z, el CO del BIM 5 informó que todavía se estaban produciendo feroces combates entre las cumbres de Tumbledown y Mount William y que la posición se mantenía con dificultad. Su Puesto de Comando estaba bajo fuego de artillería y morteros y algunas tropas ya estaban en combate cuerpo a cuerpo. El contraataque lanzado sobre Tumbledown (la información no especificaba el número ni el origen de las tropas) había sido repelido con éxito. La situación incierta de la unidad era muy poco clara para el Comandante de Brigada (por falta de información). (Dalton, 1982, 20)

Aproximadamente en ese momento después de la primera luz, el HQ Tac de la 5ª Brigada, ubicado todavía junto al afloramiento rocoso entre Mount Harriet y Goat Ridge, recibió la visita del Contraalmirante (Brigadier) Thompson, que había sido convocado (bajo protesta) por el General de División (Major General) Moore. El primero fue recibido por el General de Brigada (Brigadier) Wilson y, aparentemente, 'se quedaron un momento observando a los Gurkhas entrar en Mount William mientras esperaban al General Moore' (Thompson, 2014, 181). Pero en ese momento, incluso nuestra Compañía B no había llevado a cabo aún su asalto sobre la saliente noreste para asegurar la Línea de Inicio de la Compañía D. Dado que estos oficiales superiores estaban a cuatro kilómetros al oeste del extremo este de Tumbledown y su 'pata de perro' final de 500 metros hacia la izquierda, alrededor de la cual nuestra Compañía D eventualmente se movería, era más probable que estuvieran observando la retirada del enemigo a Stanley, entonces en curso. También en el HQ Tac de la Brigada estaba el Mayor (Major) Chris Davies, el Comandante del 9º Escuadrón RE del Escuadrón Para. Él dirigiría el fuego de artillería esa mañana hacia las laderas más bajas del Mount William, donde las tropas enemigas se movían totalmente al descubierto.[4] Entonces llegó Moore. Thompson:

> Siguió [una] breve discusión sobre el asunto de quién asumiría el mando de la Guardia Galesa durante la próxima batalla [de cuatro fases] [que involucraría al 3 Para, el 45 Commando, el 42 Commando y la Guardia Galesa esa noche, 'para capturar Port Stanley']. Wilson dijo que tenía la intención de tomar Sapper Hill con los Guardias Galeses. Le recordé a Moore que yo ya había dado a los Guardias Galeses sus tareas para la noche siguiente, que no incluían Sapper Hill, que (ese) era el objetivo del 45

---

4. E-mail fechado el 24 de mayo de 2010.

Commando y, que, además, él tenía una copia de esas órdenes. Yo tenía entendido que el Batallón volvería a estar bajo mi mando esa mañana. Se acordó que el Batallón estaría bajo la 3ª Brigada de Commandos para la batalla de la noche siguiente y que su objetivo sería el que ya se les había asignado [es decir, atacando y tomando las posiciones al sureste de Stanley, que cortarían el camino al aeropuerto]. (Thompson, 2014, 181)

Además, el 45 Commando debía apoderarse de Sapper Hill avanzando desde su Línea de Inicio al noreste de Tumbledown, ¡es decir, el objetivo de nuestra Compañía B!

A 11:31Z llegaron más malas noticias al Cuartel General de la 10ª Brigada de Infantería enemiga. Dalton:

> Según el CO de la unidad, la situación de BIM 5 era aún incierta, ya que todavía estaba tratando de reorganizar una Compañía para realizar un nuevo contraataque. El enemigo estaba empujando y él estaba sufriendo muchas bajas [...], pero a 11:45Z [Robacio] informó que sus subunidades en el área de Tumbledown y Mount William estaban siendo repelidas por el enemigo y por lo tanto se retiraban hacia el este. En medio de esta confusión, se lo dirigió hacia Sapper Hill. Este repliegue fue exitoso gracias al apoyo de la Compañía O del BIM 5, a las tropas del Ejército que se habían organizado alrededor del área del Puesto de Comando del Batallón y a la Compañía C del RI 3 al mando del Capitán Varela, que para entonces estaba en su posición original mirando al oeste casi frente a Sapper Hill. (Algunos pelotones de la Compañía B del RI 6 estaban cerca del puerto). (Dalton, 1982, 22-23)

Tekbahadur *saheb* describió lo que vio a continuación desde su punto de observación en Tumbledown:

> Después de que esos paracaidistas [del 2 Para] hubieron despejado su área en Wireless Ridge, un helicóptero Scout apareció sobre ella y disparó un misil filoguiado antitanque SS 11 hacia Stanley en la lejanía. [...E]l misil alcanzó su objetivo con un destello cegador y una nube de humo. Esto fue seguido, después de dos o tres segundos, por una gran explosión. Envuelto en llamas y humo estaba el bulto de un obús ligero de 105 mm en el hipódromo de Stanley.[5] Un bombardeo de artillería pesada británica y la explosión de los misiles hizo que la mayoría del enemigo desalojase sus

---

5. El 14 de junio, los helicópteros Scout dispararon diez misiles SS.11. Nueve encontraron el blanco en los alrededores al suroeste de Stanley. Uno falló porque se cortó el cable de filoguiado.

lugares de protección en el área de Fenton Stream, a unos 1500 metros de mi posición, justo antes de 12:00Z. Corrían por sus vidas, buscando un lugar seguro para refugiarse. Los proyectiles impactaron exactamente donde quedaron expuestos muchos argentinos. Vi claramente a algunos de ellos sosteniendo objetos blancos que parecían imitaciones (réplicas) de banderas como pañuelos o toallas mientras caminaban solos o en grupos de cinco o seis.

Mientras tanto, el 2º Pelotón volvió a abrir fuego, esta vez con una GPMG, contra el helicóptero Scout. Una vez más tuve que llamar por radio al Comandante del 2º Pelotón para decirle que cesara el fuego. Simultáneamente, le grité también al equipo de ametralladoras pesadas que dejaran de disparar al mismo objetivo amigo. Pero el suboficial al mando no me escuchó y el artillero siguió disparando. Corrí hacia él y, dándole una palmada en la espalda, le grité: '¿Quién diablos le dio la orden de dispararle a ese helicóptero?'

Como señaló hacia su Comandante que, por radio, le había dado la orden de disparar, le advertí: '¡A menos que yo le dé la orden, no haga fuego!'

Después de haber visto ondear esas imitaciones de banderas blancas, envié un informe de situación (SITREP) por radio al Comandante de la Compañía A, esperando que visitara mi posición y viese esta desafortunada situación para el enemigo. No tendríamos la oportunidad de verla otra vez. Pero tenía otros compromisos y no pudo venir.

En el Cuartel General (HQ) de la 10ª Brigada de Infantería enemiga crecía la preocupación. Dalton:

> Aproximadamente a 12:00Z, un sol débil brillaba a través de las nubes frías de la mañana y la nieve caía de forma intermitente. Se hizo imperativo saber qué estaba pasando con el BIM 5, porque no se había recibido ningún mensaje durante los últimos veinte minutos. Entonces, a 12:05Z, el Comandante de la Brigada le dijo al CO [del BIM 5] que informara sobre su situación. Respondió que todavía ocupaba su posición con cuarenta hombres, mientras apoyaba la retirada de sus subunidades. [El Comandante de la Brigada respondió]: 'Está bien, tome su Cuartel General y repliéguese a Sapper Hill.' [El CO del BIM 5 respondió:] 'Así lo haré, señor, tan pronto como la última de mis subunidades haya pasado por mi posición.' [El Comandante de la Brigada respondió con impaciencia,] 'Sí, está bien, lo entiendo. ¡Pero lo necesito en Sapper Hill!' (Dalton, 1982, 27)

Pero en el Cuartel General de la Compañía N enemiga, el Teniente Villarraza ya había tomado una decisión crítica. Colombo:

Nuestras tropas continuaron llegando al Cuartel General (HQ) de la Compañía N. Estas eran en su mayoría del 5º Pelotón y de la Compañía B [RI 6] que, en ese momento, no contaba con más de cincuenta hombres en total. Creo que el resto ya se había replegado. Del Pelotón del Ejército que había estado con Aquino, ya no quedaba casi nadie. Algunos infantes de marina me dijeron que los vieron huir en pequeños grupos. Villarraza decidió replegarse, y el enemigo se desplegó en el punto más alto de Tumbledown. Vi a Villarraza y su Suboficial de Compañía tratando de organizar la retirada, pero los soldados empezaron a correr. Sin embargo, 100 metros más adelante logramos reorganizar a algunos soldados y empezamos a retirarnos. Perdí el contacto visual con Villarraza. El enemigo nos disparaba con morteros y ametralladoras. Dos ametralladoras en Tumbledown disparaban por sobre nuestras cabezas (¿intentaban salvarnos la vida?).

Traté de hacer contacto por radio con Villarraza usando la radio del 3er Pelotón. Pero era imposible. No pude comunicarme tampoco con el 1er y 2º Pelotones. [Eventualmente] llegué a la posición del Pelotón de Morteros de 106,6 mm [al noreste de Tumbledown, cerca del Área Logística de Apoyo y Casa Amarilla] y al [Jefe del Pelotón] Teniente de Fragata Rubén Galliusi, quien estaba con el Teniente de Corbeta Aquino. Me preguntó qué había pasado y le [informé]. [Galliusi entonces] propuso disparar la última munición de mortero sobre Tumbledown, y le dije que disparara a larga distancia porque nuestros soldados todavía venían de allí.

Inicialmente, Galliussi tenía 450 cajas de bombas de mortero de 106,6 mm. Cada caja contenía dos bombas. Algunas de estas (pero no las bombas de 120 mm, como se suponía en ese momento) fueron disparadas justo antes de 12:04Z.[6] Cayeron sobre dos camilleros y sus escoltas de la Compañía del Flanco Izquierdo de los Guardias Escoceses en las laderas suroeste de Tumbledown. Dos guardias, James Reynolds y David Malcolmson, murieron. Otros ocho resultaron heridos. Esta era una amenaza continua que afectaba a todos los soldados británicos y Gurkhas en Tumbledown después del amanecer. El relato del Guardia Jim 'Pasty' Peters sobre el incidente y su salida de Operation Corporate es, por lo tanto, relevante:

---

6. Los dos 'tubos' restantes del Pelotón de Morteros de 120 mm del RI 6, ubicados cerca del hombro oriental del Mount William bajo fuerte fuego de artillería británico, habían recibido la orden de retirarse en la mañana del 14 de junio. Los otros dos 'tubos' del Pelotón ya habían sido trasladados otra vez a Puerto Argentino (Stanley) cuarenta y ocho horas antes.

Finalmente, todos nos protegimos bajo una enorme roca. Era el mejor lugar de la tierra. Por fin me sentí seguro y comencé a hablar con Jim Reynolds. [Él] había sido herido en la mano [pero] lo estaba tomando a la ligera mientras liaba un cigarrillo con una mano. El Comandante de mi Sección estaba buscando voluntarios para el servicio de camilleros. Me vio e hizo un gesto como diciendo '¡Ayuda!', así que me adelanté y fuimos hacia las dos camillas donde esperaban los heridos [...] El Teniente Primero (Lieutenant) Mitchell [estaba] en la delantera y Crookdake en la otra. Asumí mi posición como el (desafortunado) portador trasero derecho de esa. Pero no me molestó porque estaba pensando en bajar de la montaña, una buena taza de té y algo para comer. Frente a mí estaba Davy Malcolmson. Unos dieciséis de nosotros partimos montaña abajo, algunos caminando heridos y otros armados con fusiles para proteger al grupo de camilleros. El transporte era difícil [...] Durante el descenso tuvimos que cambiar de lado con bastante frecuencia para descansar los brazos.

Jim caminaba entre las camillas. Se detuvo con nosotros por un rato y entabló una conversación. Estábamos de buen humor porque la lucha había terminado para nosotros. De repente hubo una explosión a nuestra derecha. Luego otra. Luego otras más. Parecían estar cada vez más cerca. Era como estar en una jaula. Sin lugar a donde ir y sintiendo que este era el final. ¡Estábamos a punto de ser alcanzados!

Entonces Davy dijo exactamente eso: '¡Nos van a alcanzar aquí!'

Aunque igual de asustado, respondí: 'Vamos a estar bien', pero la expresión de su rostro era de puro horror y aceptación de que algo malo estaba por suceder.

La siguiente explosión fue silenciosa. Esa fue la que nos alcanzó. El suelo se abrió y me sentí caer en él. Entonces comencé a dar vueltas. No tenía idea de lo que estaba pasando. Todo lo que podía ver y sentir era mi cuerpo volando en cámara lenta por el aire y luego, mientras miraba desde abajo, yo mismo esperando un aterrizaje suave.

Aterricé y estaba vivo. Pero entonces, asustado de que tal vez algo más me alcanzara, trepé sobre mis manos y rodillas hacia un grupo de rocas más adelante. Al llegar a ellas bajé la mano hasta donde me dolía la pierna derecha. Pareció hundirse y deslizarse dentro de la herida, y entonces sentí mucha sangre caliente y pegajosa. Esto me hizo creer que me faltaba la pierna y entré en shock. Aunque me sentía molesto, no pensé cómo sería la vida sin mi pierna. Me di la vuelta para ver qué había sido del resto del grupo de camilleros, pero mi visión empezó a oscurecerse hasta que ya no pude ver.

Aunque me creía muerto, la realidad era como estar en paz y sin miedo. No todo parecía estar mal ahora. Sin mucho dolor, mi incapacidad para ver u oír duró tal vez entre treinta segundos y un minuto. Entonces mi vista comenzó a regresar y vi a Gary Brown y Tim Smart que corrían hacia mí. Habían venido a salvarme. Yo estaba feliz, de hecho, eufórico. Gary se metió debajo de uno de mis hombros y Tim me sujetó por la cintura. Alistair Mitchell, el herido en la primer camilla, tomó entonces el fusil del guardia Findlay. Pensé que este valiente estaba a punto de abrir fuego contra la sección de morteros enemiga que acababa de bombardearnos. Pero mi corazón se hundió cuando encajó la culata bajo de su axila como una muleta improvisada.

Después de llegar al RAP [que, para entonces, se había reposicionado a sotavento de una enorme roca mirando hacia el oeste en el extremo oeste de Tumbledown, justo detrás de la posición de la Compañía G] descansé mientras esperaba el turno para que me emparcharan. Alex Hamilton y Walter Campbell estaban mirando mi tobillo, y Alex hizo un gesto para indicar [que] iba a perder el pie. Lo maldije y le dije que se callara. Se disculpó. Un George Guthrie muy alterado pasó junto a mí, diciendo que su grupo de camilleros estaba muerto. Entonces alguien vendó mis heridas. Después me llevaron en camilla hasta un helicóptero cercano, me pusieron en una fijación lateral externa y me llevaron a Fitz Roy. Pero durante todo este vuelo estuve petrificado por ser alcanzado de nuevo. Una vez en la Estación Avanzada de Vendajes y en una unidad de cirugía improvisada, me acostaron en una cama en una habitación con unas treinta víctimas más.

El médico preguntó: '¿Tiene dolor?' A lo que respondí: 'Solo un poco.'

Entonces, apuñalado con morfina, su efecto fue casi instantáneo: me fui a la tierra de los sueños.[7]

Esto llevó el total final de bajas de la Compañía del Flanco Izquierdo de los Guardias Escoceses a siete muertos y veintiún heridos.

Mientras tanto, nuestra Compañía D ahora se estaba moviendo hacia la base de fuego de la Compañía A mientras el HQ Tac establecía su posición entre los riscos detrás. La entrevista del autor en 2020 con la revista *History of War* también incluyó una descripción de las acciones inmediatas allí, con la ayuda de dos señaleros del Destacamento de Enlace con Retaguardia del HQ Tac del 30º Regimiento de Señales:

A pesar de estar todavía bajo fuego, Seear y algunos de sus hombres se tomaron una pausa para refrescos. 'Tenía dos comunicantes británicos eficientes y cuando llegamos a la cima de Tumbledown, uno de ellos preguntó: 'Oiga, señor, ¿le gustaría un té?' Dije '¡Sí, excelente!' Así que disfrutamos de una taza de té caliente mientras instalábamos el HQ Tac del

---

7. E-mails fechados el 2 y el 4 de julio de 2013.

Batallón, mientras el fuego de mortero enemigo seguía cayendo. Era típico que el té británico demostrara su valía en medio de una batalla, ¡y sentir algo caliente cayendo por el cuello fue un impulso moral! (Garner, 2020, 42)

La Compañía D, incluido el 10º Pelotón de McTeague, siguió a través de la misma área y pasó junto a un exhausto y silencioso 1ᵉʳ Pelotón de la Compañía del Flanco Derecho de la Guardia Escocesa. Sentados sobre rocas, algunos de ellos comían. Habían hecho su trabajo. Su intenso fuego de apoyo había contribuido eficazmente al exitoso asalto de su Compañía por el flanco derecho contra los Pelotones de Vilgré La Madrid y Miño en el extremo este de Tumbledown, también conocido como el 'Área de alojamiento'. La Compañía D ahora esperaba la orden de moverse hacia su Línea de Inicio en el ramal noreste.

Antes de eso, el Pelotón enemigo de Morteros de 81 mm del BIM 5 se había estado preparando para salir de Mount William y replegarse tres kilómetros hacia el este hasta Sapper Hill. Cuñé:

Ahora éramos nosotros los que teníamos que emprender el viaje por ese terrible terreno lleno de cráteres en medio de las constantes salvas enemigas. En ese trayecto quedaría el conscripto Ricardo Ramírez, para no levantarse nunca más. A pesar de todo, la suerte o un milagro nos acompañó. Ya estábamos cerca de Sapper Hill cuando varias explosiones envolvieron al Pelotón. Un calor abrasador nos envolvió y rodeó el lugar. Cuando encontré al conscripto Norberto Toffoli, se quejaba de dolor. Su brazo derecho había sido destruido por los efectos de la metralla y estaba perdiendo mucha sangre. Lo llevé sobre mis hombros.

Mientras íbamos cargados colina abajo, un Cabo médico disparó su fusil para llamar mi atención. Traté de subir la colina, pero una gran losa me lo impedía. Estaba resbalando en la nieve. ¡Estaba agotado! Vinieron hacia nosotros y nos ayudaron a trepar. Toffoli fue atendido de inmediato. Pedí un ordenanza y, con él y el conscripto Sergio Pantano, fuimos en busca de Ramírez. Lo encontramos muerto. Tenía una herida en la espalda y cuando le di la vuelta hizo un ruido. Parecía como si me estuviera hablando, pero no. Era solo aire.

Lo llevamos a la cima de Sapper Hill [y] ahí me encontré con otro hombre herido, el 'Negro' Valle. Tenía un corte en el antebrazo y sangraba mucho, [pero] logramos evacuar a los tres al hospital. Los llevó el siempre presente Guardiamarina Pellegrino. Pero al romper el contacto con el enemigo, el Pelotón había perdido a otro hombre, el que inicialmente figuraba como 'desaparecido'. Cuando abandonamos la posición después de destruir los morteros, el conscripto Moussasein, que había estado de guardia en el extremo norte de la posición para cubrir a los demás, tardó demasiado en abandonar su trinchera. Mientras lo intentaba, los británicos lo tomaron prisionero. (Robacio y Hernández, 2006, 378-79)

La experiencia de repliegue de Pino del área de Mount William fue similar:

Muy afortunadamente, ese combate no se dio. Esa noche estábamos esperando el ataque de los Gurkhas, que se dio al día siguiente cuando nosotros habíamos abandonado las posiciones rumbo a Puerto Argentino para dar la batalla final.

Destruimos el material que pudimos para no dejarlo en manos enemigas y nos dirigimos rumbo al Sapper Hill. Ese trayecto fue muy duro. Era difícil avanzar, no solo por el fuego enemigo: caían las bombas, veíamos los helicópteros arriba nuestro [y] desde el mismo monte las fuerzas amigas nos disparaban para que no nos replegáramos. Era algo surrealista!

Nos tomó largo rato poder llegar a cercanías de Puerto Argentino. En el camino vimos muchas bajas. Yo durante todo el conflicto tenía mucho miedo de quedarme sin municiones. Por eso conmigo llevaba muchos cargadores, los cuales fui tirando durante el repliegue, porque me pesaban e incomodaban. También dejé una manta, que llevaba para abrigarme, a un soldado que estaba herido.

Llegó un momento donde ya no me tiraba cuerpo a tierra cada vez que escuchaba el silbido de las bombas. Pensaba que si lo hacía iba a perder mucho tiempo, me costaba incorporarme. Además, pensaba, si tenía que ser alcanzado por una esquirla lo iba a ser de todos modos.

Yo sufría de pie de trinchera, por lo que me era difícil caminar por la turba y las rocas sin mirar donde estaba pisando. Semanas antes, había pasado por el Hospital de Campaña por este tema, pero no era un lugar agradable para estar descansando ante la gravedad de los otros soldados heridos que se quejaban a los gritos de sus dolores.

Con solo dos armas operativas disponibles y la mayor parte de Tumbledown tomado por la Guardia Escocesa, la retirada de la Batería B de la Infantería de Marina enemiga desde el área de Felton Stream también era inevitable. Hernández:

La Batería disparó un total de 1.310 proyectiles antes de recibir la orden de retirarse, aproximadamente a 09:30 horas [12:30Z] del 14 de junio. Después de destruir todo el material utilizable, se organizaron dos Pelotones de fusileros al mando del Teniente González y el Guardiamarina Máscolo, y se trasladaron a Sapper Hill, donde el BIM 5 libraba el combate final. (Robacio y Hernández, 2006, 354)

Pero una situación todavía peor para el GAA 4 en el hipódromo de Stanley encontró admirable estoicismo por parte de sus oficiales. Dalton:

> El Teniente Coronel [Carlos] Quevedo había informado por la red de radiocomando que el enemigo se retiraba de los alrededores de Moody Brook, y solicitó autorización para retirar a su personal de los cañones para seguir disparando solo con [ayuda de] sus oficiales utilizando el único obús aún operativo. El Comandante de la Brigada respondió (emocionado): 'Autorizado, Carlos. Los felicito tanto a usted como a su grupo.' Como tal, esta unidad de apoyo de fuego estaba a punto de desaparecer. De hecho, con un solo obús de 105 mm, ya podría darse por desaparecida, pero su compromiso, su espíritu y su deseo de permanecer al pie del cañón' hicieron imposible negar tal solicitud. Ese honor se extendió también a la Batería C del GA 3 que, como se recordará, se había unido al GAA 4 después de replegarse de su anterior posición al oeste de Moody Brook. Mientras tanto, el GA 3 (-) [comandado por el Teniente Coronel Martín A. Balza] continuó su misión de fuego en Moody Brook, manteniendo una Batería disparando sobre Mount William. (Dalton, 1982, 24)

La Compañía D seguía esperando, no menos porque su hora H se vería sujeta a una serie de aplazamientos, de 14:00Z a 14:30Z, luego a 14:40Z y, finalmente, a 15:00Z.

Al mismo tiempo, seguían llegando más malas noticias al Cuartel General de la 10ª Brigada de Infantería enemiga. Dalton:

> A 12:35Z, el CO del BIM 5 informó que se replegaba junto con la Compañía B/RI 6 que, agregó, 'se mantuvo firme hasta el final'. Esto no coincidía con su información de 11:15Z, según la cual esa subunidad, a pesar de un excelente desempeño durante la batalla, había retrocedido finalmente de manera totalmente desorganizada. ¿Seguramente este informe anterior había sido producto de la confusión del combate, o también puede ser que lo haya recibido de un subordinado?
>
> A lo largo de su ruta de repliegue, el B/RI 6 usó granadas de mano para destruir los mecanismos de bloqueo de las armas abandonadas (incluidos sus morteros), un jeep abandonado que encontraron, un camión de comunicaciones de la Infantería de Marina e incluso un helicóptero perteneciente a la Prefectura Naval que se encontraba estacionado cerca de la Casa [de Gobierno] del Gobernador y había estado sin uso durante mucho tiempo. También se arrojaron ametralladoras a las aguas de la bahía interior. (B/RI 6 también brindó apoyo a las tropas que se retiraban de Wireless Ridge y Tumbledown).
>
> El encuentro del oficial al mando y el CO del B/RI 6, Teniente Primero

Abella y Mayor Jaimet respectivamente, con un grupo de hombres que incluía al CO del BIM 5, Capitán de Fragata IM Robacio, se produjo en las afueras de la ciudad. El camino entre Moody Brook y Puerto Argentino estaba bajo fuego de artillería enemiga. Al ser alcanzado, un edificio explotó y se derrumbó porque albergaba explosivos pertenecientes a una unidad de Ingenieros. El fuego fue tan intenso que los hombres del B/RI 6 se vieron obligados a ir de casa en casa (para evitar sus efectos). Hubo muchos heridos que finalmente fueron cargados en un camión de la Fuerza Aérea Argentina (para transportarlos al hospital). (Eso no lo vi, porque mi repliegue tuvo lugar más cerca del puerto y había perdido el contacto con Jaimet. Hablando sinceramente, en ese momento solo me preocupaban mi propia vida y la vida de los que estaban todavía conmigo).

Ya eran las 13:30Z, y tras la retirada del BIM 5, B/RI 6, C/RI 3 y RI 4, más las tropas que se habían incorporado para combatir junto a esas unidades, comenzó una aparente disminución de la actividad combativa. [Más tarde] llegó a un Alto el Fuego *de facto* iniciado por los británicos, a quienes se les había ordenado disparar solo si se les disparaba antes. La artillería amiga, es decir, lo que quedaba del GA 3, ascendía a no más de siete cañones en funcionamiento, el resto se había inutilizado. Las municiones restantes alcanzaban a solo ocho tiros por arma. (Dalton, 1982, 28-32)

En Tumbledown, la acción, aunque contra fuerzas de infantería amigas, también sería presenciada por Tekbahadur *saheb*:

En la radio a 13:00Z había indicaciones de un posible Alto el Fuego. Algunos individuos de la Compañía de Apoyo en la parte superior de Tumbledown celebraron disparando sus armas menores hacia Stanley, pero de repente, alrededor de 13:45 Z, fuimos atacados por francotiradores inmediatamente hacia nuestro frente, desde una distancia de aproximadamente 100 metros. Dispararon cuatro o cinco tiros individuales. Sin embargo, era muy difícil localizar al francotirador por el enorme acantilado y las muchas piedras y rocas, que obstruían la visual y proporcionaban cubierta. Les advertí a todos los que estaban cerca que se aseguraran de no hacer ningún movimiento innecesario. Luego, el disparo de un francotirador dirigido al puesto de tiro de Milan dio en la pared de roca detrás y un metro por encima de éste. A continuación, vi al sirviente de la ametralladora pesada que salía de su posición para estirar las piernas. le grité que se pusiera a cubierto. Me miró y volvió a meterse en ella cuando un cohete LAW de 66 mm alcanzó el área donde había estado parado. Explotó, pero la acción evasiva del soldado le salvó la vida literalmente por un segundo. Me mantuve alerta mientras intentaba localizar la posición del francotirador.

Entonces noté un movimiento inmediatamente hacia el fondo, cerca de una gran roca a no más de cincuenta metros de distancia. Emergió una figura humana, ignorante del fuego de francotiradores en curso y el incidente del cohete de 66 mm.

Pensando que era uno de mis soldados, inmediatamente le grité: '¡Hoi loki ja!' Por su acción, supuse que me había oído, pero si entenderme. Rápidamente repetí el mensaje y eventualmente vi su rostro. Era el Comandante *saheb*.

De nuevo, grité: '¡Francotirador al frente!'

De repente, un disparo dio a su derecha, al nivel del casco. El proyectil dio en la roca inmediatamente detrás de él, a solo seis pulgadas de distancia. Un rebote alcanzó su casco y luego los escombros de roca y el polvo del impacto cayeron sobre él. Por fin, se dio cuenta del peligro y, sacando su pistola Browning de la pistolera y señalando la dirección desde donde había disparado el francotirador, gritó: '¡Vamos, persíganlos!' Entonces retrocedió rápidamente cubriéndose detrás de la roca de donde había aparecido. Me sorprendió. No sabía que el HQ Tac estaba allí en mi área.

Entonces tuvo lugar un incidente terrible. Vi detrás de nosotros una gran figura negra encapuchada [con un pasamontañas] que apareció en la misma área. le grité. Respondió, pero no entendió lo que estaba diciendo. Fue muy tarde. No pude evitar que le dispararan. El francotirador disparó una trazadora roja frente a nosotros, a no más de cincuenta metros por delante de mí, en la zona ya apuntada. Dio en el blanco y penetró el pecho de su objetivo, luego dio en una roca no muy lejos detrás de él. Un rebote de la trazadora salió disparado hacia el cielo y cayó sobre el suelo rocoso. La figura cayó lentamente al suelo. Yo estaba en un dilema. Era como ver una película. Era uno de nuestros FOO adscritos al Cuartel General Tac, donde también se encontraba el Comandante *saheb*. Los tres incidentes habían ocurrido en el espacio de un minuto.

No pasó mucho tiempo antes de que un Capitán (Captain) Crowsley *saheb* hiciera contacto verbal con los 'francotiradores'. Se revelaron como un Puesto de Observación de primera línea del Pelotón de Reconocimiento de la Guardia Escocesa. Los Guardias simplemente se habían olvidado de replegarlos. Pronto llegó su Comandante de Pelotón y pidió ver al Comandante del Pelotón Gurkha responsable del área. Me presenté. Explicó brevemente por qué el OP había abierto fuego contra nosotros y luego, sin esperar, se fue a reunir al personal de su OP.

Nuestro Cuartel General Tac había sido atacado por uno de esos tres guardias escoceses. Mike Fallon, el BC, registró en sus notas de entonces que 'los francotiradores enemigos y la Guardia Escocesa estaban frente a nuestra posición y los Gurkhas disparaban hacia el francotirador enemigo. ¡Tiros por todas partes!' (Fallon, 1982). El Capitán (Captain) Keith Swinton había recibido un impacto en el lado izquierdo del pecho aproximadamente a 13:50Z. El BC acababa de informarle sobre la hora de inicio probable (hora L a 15:15Z) para el asalto al Mount William, y se estaba preparando para efectuar disparos de control sobre el objetivo.[8] Nigel Price había estado de pie junto a Swinton, que '[se hundió] en el suelo, diciendo con una calma impresionante que pensaba que lo habían alcanzado. Efectivamente lo habían hecho' (Price, 2018, 116-17).

El Pelotón de McTeague también estuvo casi involucrado en este incidente cuando el Comandante, molesto por el zumbido en sus oídos después de que el rebote alcanzara su casco, ordenó al Capitán (Captain) Steve Crowsley que 'resolviera el problema'. Este lo hizo maldiciendo en voz alta y gesticulando hacia los miembros de la Guardia Escocesa mientras que la herida de Swinton hizo que uno de sus pulmones colapsara. Una pulgada había marcado la diferencia entre la vida y la muerte, ya que el rebote había atravesado el área de una pulgada y media de diámetro en su pecho donde no hay órganos vitales. Con el inminente asalto de la Compañía B a la saliente noreste, este incidente había ocurrido en el momento más inconveniente. Pero el papel de FOO de la Compañía D de Swinton fue asumido sin problemas por el Granadero Segundo (Lance Bombardier) Henderson. Otros miembros del HQ Tac atendieron al oficial herido mientras nuestro RMO fue notificado del incidente. Entwistle:

> Mientras estaba sentado y entablando una conversación informal con David Willis, Comandante de la Compañía A, bajo el refugio de la cresta de Tumbledown y después de declarar nuestras bajas por el bombardeo de artillería enemiga de la noche, se me pidió que atendiera al Capitán (Captain) herido Keith Swinton. Inmediatamente, con dos fusileros Gurkha como apoyo, me abrí camino hacia la ubicación indicada cerca del extremo este de Tumbledown. Subiendo un barranco con paredes de roca a ambos lados, pasamos junto a algunos soldados muertos. Eran argentinos y un solitario Sargento Segundo (Lance Sergeant) de la Guardia Escocesa armado con un fusil de francotirador. Tenía un goteo IV[9] pero, lamentablemente, no había sido posible evacuarlo.
>
> Encontramos a Keith sin mucha dificultad. Lo observé durante unos

---

8. Los disparos de control eran un intento de calcular cualquier cambio requerido por las condiciones meteorológicas sobre la posición de grilla del objetivo, para permitir así que nuestras tropas se acercasen más a nuestro fuego propio.

9. IV = goteo intravenoso, una línea en una vena a través de la cual se administran líquidos (como solución salina, para mitigar el shock hemorrágico) o sangre. Se inserta una cánula intravenosa (que es una aguja de gran diámetro) en la vena y luego se pega con cinta adhesiva a la piel para mantenerla en su lugar. El tubo de plástico, conectado a cualquier fluido que se vaya a administrar, se ajusta al extremo abierto de la cánula para que el líquido pueda correr desde la bolsa o el recipiente hacia la vena.

veinte o treinta segundos mientras, aunque comprensiblemente en shock, entablaba una conversación conmigo. Le habían disparado en el lado izquierdo del pecho, que es de rara sobrevivencia, por eso mi reacción inicial fue esperar lo peor. Pero comencé de inmediato los primeros auxilios, inserté un goteo intravenoso y llamé a casevac en la red de radio de vanguardia del Batallón.

La solicitud del helicóptero casevac del RMO se recibió en el HQ Tac y me conecté a la red de enlace de retaguardia de la Brigada para solicitarla. Mis pensamientos eran sombríos. La discusión de dos horas de la noche anterior sobre los sitios de aterrizaje de helicópteros 'casevac' con ese despistado de guardia en la Brigada se reivindicaba. Salvo la finalización segura de la operación casevac de Entwistle (que estaba) en curso, debido al inminente bombardeo de la Misión de Fuego del Regimiento (por parte) de la Compañía B y (al) asalto de la saliente noreste de Tumbledown seguido por el asalto de la Compañía D sobre Mount William, las secuelas de 'azul sobre azul' ya habían terminado. Gurkhas con cascos de la Guardia Escocesa (definidos como 'enemigos') y el defectuoso sistema de contraseñas aún no se habían mencionado. De todos modos, el uso de intercambios de contraseñas a una distancia de 100 metros no era realista y habría violado la seguridad. Tekbahadur *saheb*:

> El oficial de la Guardia Escocesa me había dicho que su OP había abierto fuego porque pensaban que todavía había argentinos en la retaguardia disparándoles. Entendí lo que estaba diciendo, pero no tuve oportunidad de responder porque el tiempo era más importante que una conversación. Más tarde pensé que lo que decía era posible. Después de todo, antes de esos incidentes 'azul sobre azul', el 2º Pelotón había disparado contra 2 Para en Wireless Ridge, una GPMG del 2º Pelotón y nuestra ametralladora pesada habían disparado contra el helicóptero Scout y, finalmente, el fuego de armas menores de la Compañía de Apoyo hacia Stanley, celebrando un posible Alto el Fuego, podría haber pasado por sobre el OP de la Guardia Escocesa. Todo esto podría haber sido interpretado por ellos como acciones enemigas. Es por eso que todavía tengo ganas (y [es] un sueño mío) de reunirme nuevamente con ese oficial de la Guardia Escocesa para darle las razones operativas [...] por las que estábamos en la cima de Tumbledown.

Capítulo 14
Asalto a la saliente noreste; después Mount William. El Grande ...

Tomar un ejército completo es superior.
Destruirlo es inferior a esto. [...]
Por lo tanto, cien victorias en cien batallas no es lo más hábil.
Someter al ejército del otro sin batalla es lo más hábil.
Sun Tzu, 2002, capítulo 3, 'Estrategia de ataque'

En el FUP de la Compañía B del 1er/7° Fusileros Gurkha ubicado en el pequeño montículo 200 metros antes de su objetivo del abra y la saliente noreste de Tumbledown, la flexibilidad de liderazgo de Lester Holley y Gus Pugh había sido sometida a una dura prueba. Pero ahora, justo antes de la tercera revisión de la Hora H (ahora fijada para las 15:00Z), estaban a punto de intercambiar algunas palabras finales antes de que comenzara el asalto. Pugh:

> Mi equipo estaba en silencio pero todavía conmigo mientras nos recostamos y nos preparamos para el asalto de la Compañía B. Yo estaba todavía en mi cápsula mayormente silenciosa, como resultado de la detonación cercana del proyectil. Toda la enormidad de lo que estaba a punto de suceder me impactó, pero debe haber permanecido en gran medida ignorado por los muchachos. Nunca habíamos practicado misiones de fuego de esta magnitud y duración, y nunca tan cerca. Todo esto y además un enemigo. Miré el objetivo, reconfirmando la izquierda y la derecha del arco al equipo y repitiendo verbalmente las designaciones de blancos. También traté de calcular la probabilidad de los lugares de caída de los disparos con respecto a nuestra propia posición. Mientras nos manteníamos ocupados y emitíamos el patrón familiar de órdenes e instrucciones, había pausas y un silencio sombrío entre nosotros.
> Lester observaba y escuchaba mientras el artillero Steve Crisp transmitía información en la red de Artilleros. La conversación lacónica y un tanto surrealista que siguió entre Lester y yo puede no haber sido del estilo aprobado por los artilleros, pero reflejaba la relación fácil que se había desarrollado entre nosotros. También encajaba perfectamente con nuestra posición actual y ciertamente alivió la tensión que nos sentíamos. Estoy seguro de que fue diseñada para hacer precisamente eso, y ese momento de intimidad compartido entre soldados que enfrentan la muerte tuvo larga vida en en mi memoria.

Fue a 14:58Z cuando Lester informó: 'Listo para empezar.' Entonces, cuando me preguntó si el Plan de Fuego estaba listo, asentí y respondí: '¿Cuándo lo quieres?', a lo que Lester respondió: 'Bueno, ahora ', reconociendo que, aunque su Compañía B todavía tenía que alcanzarlo y formarse, era necesario golpear al enemigo con fuerza antes del amanecer. Su objetivo era neutralizar al enemigo que aún estaba en el lugar y proporcionar una medida de cubierta para el avance de la Compañía.

Mi respuesta, 'OK', y un guiño al artillero Steve Crisp desataron las armas.

Esta Misión de Fuego de Regimiento consistió en tres Baterías que se enfrentaron a sus objetivos previamente registrados con seis salvas de efecto por cada cañón, seguidas de Tasa 2, es decir, dos proyectiles por minuto por cada cañón. Dos Baterías dispararon espoletas HE PD (Alto explosivo, detonador de punta), mientras que la tercera atacó la pendiente trasera con HE VT (Alto explosivo, tiempo variable). Dos de las tres Baterías enfrentadas disparaban en ángulo con respecto a nuestra línea de avance, pero nuestra línea de asalto estaba cerca de la línea arma-objetivo de la tercera Batería. Esto era un problema, ya que no es raro que algún proyectil caiga fuera de la zona batida prevista, siendo esta una característica del fuego de artillería. El dilema era suspender el fuego demasiado pronto durante el avance, lo que permitiría al enemigo recuperarse y atacar desde sus posiciones de fuego.

Había cierto grado de nerviosismo mientras esperábamos la llegada de los proyectiles. Estábamos echados en la punta de la Compañía B, que se estaba reuniendo detrás de nosotros. Todo pareció detenerse durante esos pocos segundos entre la orden de disparar y sentir el paso de los proyectiles sobre la cabeza. Quería convencerme de que estaba rumiando pensamientos nobles y edificantes en esos minutos cuando los proyectiles hicieron blanco a unos 150 metros frente a nosotros. En verdad, quedé casi inmóvil y entumecido por el puro salvajismo de lo que yo había comenzado y por el repentino discernimiento de que un proyectil que aterrizara corto haría que esos pensamientos fueran irrelevantes. Revisé los arcos de fuego y noté como el 'VT creep'[1] hacía retroceder la línea cañón-blanco. Incluso en mi estado de sordera podía sentir el suelo temblar cuando los proyectiles caían.

Esta Misión de Fuego fue impresionante para los estándares de la guerra hasta la fecha. Un total de 108 proyectiles impactaron en el objetivo en los primeros treinta segundos, y luego un proyectil cayó allí cada dos

---

1. El acortamiento VT (VT Creep) es causado por las espoletas radar que recogen ecos de esquirlas de los proyectiles previamente disparados, provocando una detonación anterior a la graduada, a unos diez metros sobre el terreno.

segundos. Estaba bien 'enganchado', con otros 300 proyectiles en el blanco. Para aquellos que yacían boca abajo en la Línea de Inicio, esta fue una experiencia saludable y conmovedora tanto para los artilleros como para los Gurkhas, mientras el vuelo de los proyectiles desgarraba el aire y las tropas sentían los efectos de la concusión de las detonaciones. Ciertamente, una completa exposición a los efectos de bombardeo no se practicaba en tiempos de paz y, con razón, yo estaba en la Línea de Inicio para para hacer los ajustes necesarios. Un liderazgo tan decisivo y práctico también era muy necesario para inspirar la confianza y el trabajo de equipo efectivo entre los soldados que esperaban, mientras yo notaba el crujido de los estallidos de las espoletas de proximidad y el desplazamiento hacia atrás[2] del efecto de las explosiones en el aire a lo largo de la posición. Yo había tenido en cuenta esto, pero era difícil de discernir en la vorágine de tierra y humo.

Fue durante la misión de fuego que la Guardia Escocesa informó de un 'azul sobre azul'. Habían sufrido dos bajas en el extremo este de Tumbledown y las habían atribuido a la misión de fuego Gurkha en curso. Yo estaba profundamente sordo en ese momento y no en la radio. La esencia de la conversación del FDC que me transmitió el artillero Steve Crisp fue que los proyectiles 'habían herido a dos amigos'.

Luego me dijeron: 'Confirme que sus proyectiles están cayendo sobre el objetivo.'

Yo había estado observando la caída de los proyectiles e incluso había notado el deslizamiento de la proximidad por el efecto de cañón frío. El mensaje se transmitió durante la etapa 'Fuego de Efectividad', es decir, ahora estaba observando unas treinta y seis salvas por minuto que impactaban en el objetivo. Aunque difícil, también se estaba calculando la masa de fuego y el centro del patrón.

Mi respuesta a Crisp fue, por lo tanto, un rebote apropiado: '¡Estoy observando los disparos y el fuego está cayendo en el objetivo previamente registrado!'

El FDC no detuvo el fuego de artillería, pero, sin embargo, me pidió confirmación sobre dónde caían los proyectiles. Mi respuesta enfática fue: '¡Los proyectiles están cayendo sobre el objetivo Gurkha!' Y así, el fuego continuó. Puede haber sido que el único 'azul sobre azul' haya sido causado por un disparo errante de un cañón o por un proyectil de la artillería enemiga.

---

2. Las espoletas de proximidad se activan por la señal de retorno (eco) de un objeto y están diseñadas para detonar aproximadamente a diez metros de ese objeto. A veces, la espoleta es provocada por fragmentos de proyectiles y el efecto de la explosión se corre hacia atrás sobre la línea cañón-blanco. También está el calentamiento del arma, que hace que el tubo cañón esté menos ajustado sobre el proyectil y, por lo tanto, sus detonaciones también se desplazan hacia atrás a lo largo de la línea cañón-blanco.

Sin embargo, el 'Límite de explotación' de la Guardia Escocesa desde su objetivo era de 200 metros y esto se había considerado en mi observación y posterior registro del objetivo y en el 'Derecho de Arco' del día anterior. Mi Plan de Fuego, que incluía una referencia de grilla de ocho cifras e información sobre el tamaño del efecto, se hizo con buen tiempo (el 12 de junio a 23:00 Z) y el FDC lo distribuyó a la Guardia Escocesa en la sesión TAC informativa celebrada la mañana del domingo 13 de junio.[3] Se puede suponer, por lo tanto, que los artilleros de la Guardia Escocesa conocían el plan de batalla del 1er/7° Fusileros Gurkha y el plan de fuego 'Mighty Mouse' que lo acompañaba. Sin embargo, me pregunto si su Compañía del Flanco Derecho había sido informada del objetivo de la Compañía B Gurkha y de la 'Misión de fuego a escala de Regimiento' que la acompañaba [lo que habría] asegurado que sus guardias no se desviaran en el avance.

Mi evocación fundamental de esas horas entre que fui herido y el ataque de la Compañía B, fue que mi determinación de llevar la Compañía a su objetivo se había endurecido. Iba a usar la artillería para neutralizar al enemigo y así disminuir el desequilibrio de una Compañía atacando a otra Compañía cuesta arriba, a través de un supuesto campo minado y ahora a la luz del día. Como se mencionó anteriormente, en el avance en torno a la base de Tumbledown, había pensado mucho en mantener el ritmo de la batalla a la luz de los diversos obstáculos a nuestro progreso.

El siguiente avance de la Compañía por el abra y la saliente comenzó aproximadamente diez minutos después del bombardeo [a 15:08Z] y el fuego se suspendió poco después. El avance se realizó sin bajas Gurkhas y se descubrió que el enemigo había abandonado en gran medida sus posiciones. Como era de esperar, la posición estaba completamente alfombrada con agujeros de proyectiles, equipos desechados y destruidos y cuerpos. También había tres enemigos en schock dentro de una trinchera. Dos eran de la Compañía B, RI 6.

Otro muerto por el bombardeo también era de la misma unidad. El cuarto era un médico de la Infantería de Marina. Fueron hechos prisioneros cuando los Gurkhas que los capturaron desenvainaron debidamente sus enormes cuchillos curvos 'kukri'. Uno era Fusilero (más tarde Capitán (Captain) [QGO]) Nermail Rai:

---

3. 'La reunión TAC informativa confirmó el Plan de Fuego Mighty Mouse del BC y los planes de fuego Johnny Rook y SG del BC 1er/7° GR. Todos los GPO y el Adjt (Ayudante) del 29° Regimiento de Commandos y los oficiales Adjt y Adjt/Ops del 4° Regimiento de Vanguardia estaban presentes. Se entregaron los programas de arreglos de Fuego de Apoyo, incluyendo Apoyo Naval y Apoyo Aéreo Ofensivo' (Fallon, 1982).

'Los argies estaban aterrorizados de que les fuéramos a cortar la cabeza. De hecho, habíamos desenvainado los kukris para cortar los cordones de las botas y atarlos.' Los Gurkhas tuvieron que asegurar a sus prisioneros que no iban a ser asesinados con los terribles cuchillos, y pocas horas después estaban aliviados por estar un recinto de prisioneros de guerra [en Fitz Roy]. El incidente es el recuerdo más perdurable que Nermail Rai tiene de la guerra. (MercoPress, 2001)

El médico hablaba inglés. Informó al Gurkha a quien se rindió: 'Había tres cosas que tenían los británicos y que los argentinos temíamos más que nada. El avión Harrier, la artillería y, ¡ustedes, los Gurkhas!' Uno de los soldados del RI 6 también estaba convencido de que todos los Gurkhas en el campo de batalla podían lanzar sus kukris a 100 metros con una precisión devastadora. Pugh:

> Posteriormente descubrí la consecuencia imprevista pero bienvenida de la Misión de Fuego: las salvas que impactaban en la pendiente inversa. Estas no solo habían causado muertes, sino que también habían disuelto y destruido un contraataque enemigo previsto por el remanente de la Compañía B del RI 6, que se formaba en el terreno oculto más allá de la saliente.
>
> Poco tiempo después de capturar el objetivo, se tomó una fotografía (que aún poseo) de mi equipo. Stanley yace debajo de nosotros y las laderas hacia la diminuta capital están salpicadas de enemigos que huyen. Pero todos nos vemos exhaustos. No había sensación de triunfalismo y recuerdo sentirme vacío de toda emoción.

En Wireless Ridge, a 15:00Z, Thompson fue testigo de cómo la Misión de Fuego de Regimiento de la Compañía Gurkha B del Capitán (Captain) Gus Pugh azotaba el abra y la saliente noreste de Tumbledown. Pero el Contraalmirante (Brigadier) se equivocaba otra vez pensando que se trataba de fuego enemigo:

> Me puse de pie y observé cómo los argentinos disparaban lo que debió haber sido una de las últimas misiones de fuego de artillería sobre el lado norte de Tumbledown. Los proyectiles se estrellaban, arrojando humo y turba. En ese momento me pasó por la cabeza la idea de que el fuego argentino estaba cayendo exactamente sobre la posición que mis Commandos [el 45 Commando] estarían formando esa noche. Hice una nota mental para ver si la ruta podía modificarse ligeramente para evitar la tarea de fuego defensivo. (Thompson, 2014, 182)

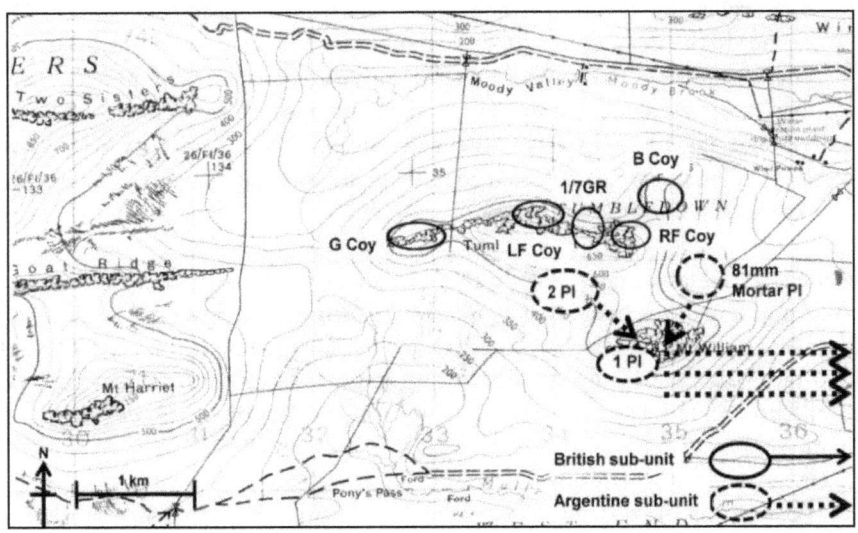

Mapa 9 – (10:00Z-15:30Z) El Pelotón de Morteros de 81 mm (BIM5) se repliega a Mount William y luego a Sapper Hill. La Compañía B (1er/7º GR) asalta (a 14:58Z) y toma el ramal noreste de Tumbledown, incluida la Línea de Inicio de la Compañía D (1er/7º GR). El 2º Pelotón (BIM5/N) se une al 1er Pelotón (BIM5/N) (+) en Mount William. Ambos luego se repliegan hacia Sapper Hill.

Durante su vuelo de regreso en helicóptero al Cuartel General Tac de la 3ª Brigada de Commandos, Thompson recibió un mensaje del Cuartel General de la División para 'hacerse cargo de la persecución hacia Stanley'. A su llegada, habló con 'Moore en la radio de voz segura y sugirió que los Guardias Galeses se quedaran con la 5ª Brigada [porque Wilson podría] reunirlos más fácilmente [a través de la radio] ya que la velocidad era ahora esencial, a pesar del acuerdo anterior de esa mañana que el Batallón debía volver a mí.' La 3ª Brigada de Commandos pronto recibiría órdenes de 'avanzar y [...] todas las unidades habían sido notificadas con treinta minutos de anticipación para moverse. Esto fue aprobado'. Sin embargo, la Guardia Galesa 'no se movería hasta las 3 p.m. [19:00Z] como parte del ataque de la 3ª Brigada de Commandos'. Fue entonces, justo antes de 15:30Z, que 'llegó un mensaje de la División sobre que los argentinos se estaban rindiendo' [pero] 'un ataque aéreo en Sapper Hill con [LGB y] bombas de racimo [...] estaba previsto en unos minutos'. Afortunadamente, fue 'detenido cuando los aviones [un par de Harrier GR3 del HMS *Hermes*] estaban ingresando' y el Controlador Aéreo Avanzado había marcado el objetivo (Thompson, 2014, 182, 184, y Davies y Thornborough, 1996, 111).

Aunque Swinton todavía tenía que ser evacuado por helicóptero, nuestro asalto al Mount William de 250 metros de altura, 800 metros al sur de Tumbledown, seguía siendo el objetivo inminente. La Compañía D ya se había mudado del área de la base de fuego Tumbledown de la Compañía A, que estaba preparando sus dieciséis unidades de fuego. Pero el movimiento de la Compañía D y su grupo de OP de artillería bajo el mando del Granadero Segundo (Lance Bombardier) Henderson se había visto detenido por un tiempo por un campo de trampas explosivas antes de llegar a su Línea de Inicio. El más antiguo y experimentado de los Jefes de Pelotón del Batallón, el Capitán (Captain) (QGO) Bhuwansing Limbu, recibió un shock al recibir el mensaje de radio de Kefford *saheb* sobre este problema:

> Dirigía a mi Pelotón [más cerca del extremo este de Tumbledown] hacia la Línea de Inicio para el asalto final a mi objetivo, que estaba sobre el lado izquierdo de Mount William [después de un avance de gancho derecho hacia el oeste. Entonces] escuché la voz de mi Comandante de Compañía [Mike Kefford] en la radio.
> '¡Deténgase y no se mueva, diga a sus hombres que no se muevan ni un centímetro de donde están!'
> '¿Por qué?', pregunté. 'No tenemos mucho tiempo', [porque la Hora-L] se estaba acercando. Su respuesta me sorprendió.
> '¡Está en medio de un campo minado enemigo!'
> Me volví para mirar a mi operador de radio [Dil] y dije: 'Nadie se mueve del lugar donde está. ¡Estamos en medio de un campo minado!'
> Di gracias a Dios que ninguno de mis hombres pisó una mina antipersonal. Nos quedamos quietos hasta que llegaron los ingenieros del 9º Escuadrón Para para despejarnos el camino. (Willis, 2017, 110)

Dirigida por el Sargento (Sergeant) Ron Wrega, esta Sección de Ingenieros eliminó cables trampa, trampas explosivas y detonó cinco minas antipersonal. Más tarde, Wrega recibiría la Medalla Militar (lo que modestamente describió como 'algo embarazoso') por esta y otras acciones llevadas a cabo durante e inmediatamente después de la guerra. Esto generaría nuestra observación formal escrita de la posguerra sobre la falta de entrenamiento con minas antipersonal de infantería. Incluía un remedio, la necesidad de colocar o levantar minas durante ejercicios, así como planear y practicar un simulacro para extraer tropas de un campo minado, particularmente para aquellos que hubieran resultado heridos (1/7GR, 1982, IDP).

Afortunadamente, el momento del asalto de la Compañía D en la Hora L, originalmente fijado para 15:15Z, se pospuso hasta 15:45Z. El éxito de la Compañía B en la saliente noreste también había generado un dividendo secundario. Pugh:

Camino a Mount William, la Compañía D pasó por nuestra posición. Estaban bastante cerca del lado Tumbledown de nuestro objetivo. Nos habíamos reubicado allí y vi pasar al Granadero Segundo (Lance Bombardier) Henderson y su equipo. Grité: '¡Buena suerte!', pero parecía bastante absorto en su próxima tarea. Esta era observar, informar y solicitar fuego de artillería solo si se encontraban con fuego enemigo. A esta altura [15:35Z], el Comandante de la Real Artillería había ordenado 'Fuego Retenido' a sus cañones a través de la red de radio Artillera.

Había habido consternación en el 10º Pelotón en cuanto a los desafíos inmediatos al tomar Mount William. Los apretones finales de manos entre McTeague y sus Comandantes de Sección antes de cruzar la Línea de Inicio en la saliente noreste ahora fueron seguidos por la voz de su *gora saheb* alentando a sus Gurkhas clave. Su entrenamiento no había tenido en cuenta esos cruciales treinta minutos de espera. Sin embargo, una calma había descendido sobre él. Lucharía y no flaquearía.

Entonces la Compañía D cayó bajo fuego de mortero enemigo. Afortunadamente, fue inexacto y no duró mucho. Dado que el Pelotón de Morteros de 81 mm del BIM 5 y el Pelotón de Morteros de 120 mm del RI 6 ya se habían replegado (este último a 11:00Z), estas bombas de mortero deben haber sido disparadas por el Pelotón de Morteros 106.6 de BIM 5, ubicado a un kilómetro al noreste de Tumbledown. Fue entonces cuando:

El Capitán (Captain) Bhuwansing Limbu se dio la vuelta en medio de este *feu d'enfer* y, a través del polvo, el barro y el ruido, una gran sonrisa se dibujó en su rostro. Luego, en un momento de inocencia Gurkha, le gritó a Mike [Kefford] con su perfecto acento de Oxford: 'Esto es muy divertido, ¿no le parece, *saheb*?'

[Cuando las explosiones] se detuvieron repentinamente [...] el Comandante de la Brigada apareció en la red de radio [enlace de retaguardia] de la Brigada que yo estaba monitoreando: 'Orden de advertencia. ¡Esta formación, debe prepararse para atacar Port Stanley!' A juzgar por su voz, también hablaba en serio. (Seear, 2003, 272)

Lamentablemente, el Contraalmirante (Brigadier) Thompson no pudo escuchar esa orden de advertencia. No solo entraba en conflicto con sus intenciones futuras, manifestadas por escrito al Cuartel General de la División, de tomar Sapper Hill y luego acercarse a Stanley, sino que también, si se ejecutaba, podría causar otro 'azul contra azul'. Plantea la pregunta de por qué esta próxima fase de la 5ª Brigada de Infantería no se había coordinado de antemano con él y el Cuartel General de la División. Algunos podrían interpretarlo como oportunismo irresponsable. McTeague:

Mirando hacia el terreno abierto sin rasgos distintivos en dirección a Mount William mientras el 10º Pelotón se preparaba para avanzar hasta la Línea de Inicio, solo podía pensar que estábamos terriblemente expuestos a la luz del día. Me encontré rezando por salir de esto. (Willis, 2017, 110)

A pesar del último fuego de mortero enemigo sobre la cercana Compañía D, el exitoso casevac de Keith Swinton siguió siendo la prioridad principal del RMO del 1er/7º GR. Entwistle:

> Aunque los vuelos de helicóptero tan adelantados habían sido rechazados, un piloto de helicóptero Scout del Cuerpo Aéreo del Ejército, el Capitán (Captain) Sam Drennan, había escuchado la llamada en la red de radio y decidió volar hacia nosotros. Un poco más tarde escuchamos su helicóptero y supusimos que estaba tratando de maniobrar cerca del suelo para protegerse. De hecho, voló desde *debajo* de nuestra posición anterior y luego subió por el terreno empinado. Por esto, tuvimos que mover a Keith un poco más hacia el oeste y luego bajar desde la cima de la cresta hasta un área donde el Scout pudiera aterrizar. Hubo algunos bombardeos o morteros esporádicos mientras el helicóptero de Drennan se acercaba. Pero no cayeron proyectiles ni bombas de mortero cerca, aunque el riesgo de que el helicóptero fuera alcanzado era preocupación de todos. Ahora me doy cuenta de cuán estrechamente enfocada se había vuelto mi atención en situaciones altamente vulnerables. Se trataba más de llevar a Keith Swinton a la LZ y subir al helicóptero que del bombardeo o los morteros. Mi enfoque mental Zen cuando bajo fuego era: si nos van a dar, nos van a dar y no hay mucho que pueda hacer al respecto, así que concentrate en resolver la situación de la víctima.

Esta hazaña de destreza aeronáutica sin duda salvó la vida del afortunado FOO y, junto a otras compasivas misiones voladas por Drennan ese día, le ganaría una Cruz de Vuelo Distinguido (DFC).

En la Compañía D, McTeague estaba cerca del HQ de la Compañía y podía recibir órdenes verbalmente sin usar su radio. Entonces se realizaron disparos en la distancia desde el área de Mount William. Pero la Compañía D no era el objetivo. Fue un 'azul sobre azul' (sin bajas) que involucró a un infante de marina del BIM 5 y dos soldados del RI 4. McTeague:

> Cuando cruzamos la línea, los argentinos comenzaron a correr hacia retaguardia de sus posiciones. Recuerdo a Mike Kefford gritando: 'Se están escapando, ¡DÉNME FUEGO DE MORTEROS YA!' antes de que le dijeran por radio que los argentinos se habían rendido. Mike ordenó a la Compañía D que continuara el avance pero que no abrieran fuego a menos que les dispararan. (Willis, 2017, 110)

El fuego de mortero sería coordinado desde la base de fuego de la Compañía A. Pero a 15:35Z, el CO del 4º Regimiento de Artillería de Campaña de la 5ª Brigada de Infantería ya había ordenado al Mayor (Major) Mike Fallon, todavía en el extremo este de Tumbledown, que dejara de disparar debido al colapso total de la resistencia argentina. Se había visto a soldados enemigos arrojando su equipo y regresando a Stanley. El asalto de la Compañía D siguió adelante, pero con los cañones de artillería británicos 'A mi orden' en todo momento, en caso de que hubiese alguna oposición enemiga.

En nuestro Tac HQ en Tumbledown:

> El Comandante 'hizo trampa' al anticipar la incautación de su terreno por parte de la Compañía D cuando tomó mi [radio] auricular para informar al Comandante de Brigada: '¡Mount William ahora está asegurado!' Aparentemente, recibió la [sorprendente] respuesta: 'Ok ¡El pueblo es suyo!'
>
> Nuestro próximo movimiento sería [entonces] hacia Stanley, en el que se arremolinaban casi 10.000 *dush* que superaban en número a las fuerzas terrestres británicas en una proporción de dos a uno. De repente, otra voz en mi teléfono anuló la invitación del Comandante de Brigada a una cita nocturna con el *dush*: '¡Solo está permitido hacer fuego en defensa propia!'
>
> Era Brendon Lambe, el Mayor (Major) de su Brigada en Fitz Roy. (Seear, 2003, 276)

Los sonidos del combate se habían apagado y el silencio había descendido sobre el campo de batalla. En un abrir y cerrar de ojos, la situación había pasado del posible montaje, a través de Mount William, de un asalto Gurkha a Stanley a un tímido opuesto total. Ahora reinaba un 'Alto el Fuego *de facto*' y la guerra parecía haber terminado. La reacción de la Compañía D ante la retirada del enemigo cumplió exactamente con el simple consejo de Sun Tzu: 'Cuando el enemigo abre la puerta exterior, uno debe entrar rápidamente' (Sun Tzu, 2002, capítulo 11, 'Los Nueve Terrenos'). El éxodo incluyó al 2º Pelotón de la Compañía N. Ubicado en las laderas sur y sureste de Tumbledown, había sido objeto de un fuego de artillería británico tan intenso durante esa noche y ese día que sus trincheras también se convirtieron en sus letrinas. Era hora de abandonarlas y retirarse al sur, a Mount William. Según McTeague, corrieron hacia el flanco este del monte William y luego cuesta arriba en diagonal, hacia el este y la parte posterior.

En nuestro HQ Tac, ahora era evidente que Mount William acababa de ser brutalmente eliminado de la agenda Gurkha. Un extracto actualizado de mi primer libro describe ese momento:

> Su cabeza descubierta, el Comandante se agachó al lado de mi equipo de radio. Volvió a consultar con el Comandante de la Brigada. 'Roger, out.'

Nos miró. Hubo un repentino cambio de humor parecido a una sensación de hundimiento.

'Se acabó', murmuró el Coronel (Colonel) David, con una profunda decepción en su rostro y los hombros repentinamente caídos. El sueño de la gloria Gurkha se había ido con el viento.

Tanto él como nosotros nos habíamos acercado a la caja de Pandora, solo para que la tapa se [cerrara de golpe] en ese [exacto] momento. No habría una batalla cuerpo a cuerpo [ya fuera en Stanley o en 'el grande']. ¿Sentía él ahora algún atisbo de arrepentimiento [por] su negativa [moralmente] valiente de ayudar a la Guardia Escocesa esa mañana? Ojalá no. Después de todo, [esa] decisión de su vida había probado ser acertada por su (de ellos) [reciente] 'azul sobre azul' en pleno día.

'Están hablando de banderas blancas sobre Port Stanley', dijo lentamente, como si no creyera la realidad, 'así que tenemos que quedarnos aquí. Mark, dame tu teléfono. Tengo que actualizar a la Compañía D.' Decidió ignorar la orden del General de Brigada (Brigadier) de permanecer en nuestras posiciones actuales al impartir sus órdenes de seguimiento por radio a Mike Kefford. 'Un Alto el Fuego está ahora en vigor. Abra fuego solamente en defensa propia. El enemigo estará negociando una rendición, y no debemos poner en peligro esas negociaciones. Continúe hacia el objetivo. Límpielo con firmeza. Confirme cuando termine y entonces este distintivo de llamada se le unirá.' (Seear, 2003, 277-78)

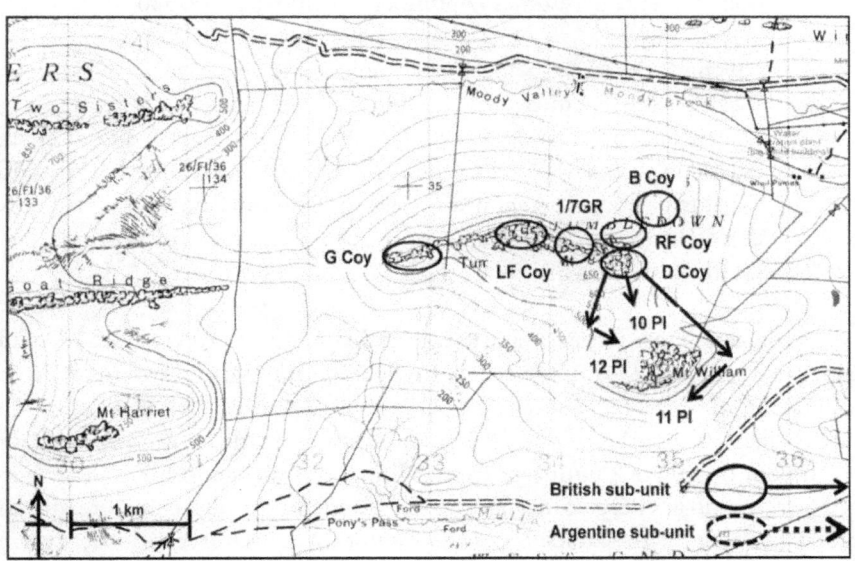

Mapa 10 – (13:30Z-17:00Z) La Compañía D (1er/7ºGR) toma Mount William sin oposición.

Este fue el clímax preciso (o más exactamente, el anticlímax) de la participación de los Gurkhas en la Operación Corporate. Veintitrés años después fue mencionado en la *Historia Oficial de la Campaña de las Malvinas (Tomo II)*. Pero, en 2007, el Profesor Bernard McGuirk de la Universidad de Nottingham hizo algunos comentarios concisos sobre la forma en que esas expresiones importantes pero mínimas se habían formulado:

> ¿Y qué hay del estatus de 'historia oficial'? Diferentes lectores esperarán, incluso demandarán, distintas respuestas, garantías, pero ¿están los discursos de la historia y la ficción absolutamente diferenciados? y, si fuera así, ¿cómo? ¿La historia oficial está libre de tropos? ¿Son tan apremiantes las demandas de los archivos como para excluir la fantasía?:
>
>> Se asumió que una de las razones de la retirada argentina [de Mount William] fue la temible reputación de los Gurkhas. Había habido preocupación internacional sobre el estatus de mercenarios de los hombres de Nepal, e historias ficticias sobre actos deplorables, de decapitaciones con kukris. Las historias fantásticas continuaron después de esta campaña con historias de tropas argentinas huyendo ante un avance Gurkha. El hecho de que los Gurkhas no hubieran participado en ninguna lucha importante, pero que fuera posible demostrar que habían influido en el resultado final, se consideró políticamente el resultado óptimo. (Freedman, 2005, 640)
>
> Los 'hechos' de la participación de los Gurkhas en el conflicto, tan sucintamente presentados por Sir Lawrence Freedman cuando regresa a su anterior reconocimiento de que 'las sensibilidades políticas que se creen asociadas con su uso' (590), lo tienen ahora, y muy inusualmente, jugando con desafortunadas repeticiones de frases; 'cuentos fantásticos', 'cuentos fantásticos'... ¿O ecos felices de otro bosque ficticio? Imaginemos eso. (McGuirk, 2007, 251-52)

Diecisiete años después, el General de Brigada (Brigadier) (Ret.) David Morgan continuaría expresando su decepción por ese evento final de la Operación Corporate, a pesar de la potencialmente letal confusión de intenciones entre el HQ de la 3ª Brigada de Commandos y la 5ª Brigada de Infantería, que fuera causada por esta última. No obstante, fue el liderazgo ininterrumpido y enérgico de nuestro Comandante lo que había creado un grado tan alto de preparación para enfrentar cualquier escenario de guerra eventual, en el peor de los casos (o el mejor, desde el punto de vista de los Gurkhas). La imagen en la portada de este libro representa su logro:

Fue lo más decepcionante que podía haber pasado entonces para el Batallón. No tengo ninguna duda de que el Batallón estaba indiscutiblemente mejor entrenado y en mejor forma que cualquier otro allí, muy por delante en su capacidad para derribar enemigos y con más formas de hacerlo que la mayoría. Y entonces tuvimos que detenernos [...] fue un momento mortificante, la guerra efectivamente había terminado y el Batallón simplemente había golpeado el aire. Parecía como si todo el entrenamiento hubiera sido en vano. A los hombres se les había negado una gran victoria. Al principio, el estado de ánimo en el Batallón era desagradable, pero no pasó mucho tiempo antes de que los soldados se dieran cuenta de que no se perderían más vidas, que estaban vivos y que el enemigo del 7º había sido derrotado.

Nos consolamos con el conocimiento de que éramos nosotros los que debíamos haber ido a Stanley, tomarlo y seguir más allá. Habría sido lo más sensato *si* los argentinos hubiesen decidido dar pelea. Pero no lo hicieron, y la razón por la que no lo hicieron, como descubrimos dos días después, fue que sabían que los Gurkhas estaban listos y esperando. Sabían de la reputación de los Gurkhas, que había sido bien difundida en las semanas anteriores, y simplemente no estaban preparados para enfrentarse a nosotros. Como dijo uno de los prisioneros de guerra: 'No queríamos que nos cortaran la cabeza.'

[...] Si los argentinos hubieran decidido resistir en Port Stanley, los Gurkhas habrían atacado y no se andan con rodeos cuando se encuentran cara a cara con el oponente. Habríamos aporreado Port Stanley con todo lo que teníamos. Hubiera habido una gran pelea y habría muerto muchísima gente. (Parker, 1999, 223)

En esa tarde del 14 de junio de 1982, la Compañía D continuó su lento y deliberado avance hacia Mount William, a través de las matas de coirón heladas. Con los suboficiales gritando sus órdenes, los hombres mantuvieron los movimientos de 'fuego y maniobra' de su sección táctica hasta llegar a los campos de roca debajo del objetivo de la Compañía.

Pero ya Wilson había ordenado, en contradicción con lo acordado con Moore y Thompson ese mismo día, que la Guardia Galesa (reforzada con dos Compañías del 40º Commando después del desastre del *Sir Galahad*) tomara Sapper Hill. La Ley de Murphy también proporcionó alguna ayuda. Por un error de lectura del mapa, dos helicópteros Sea King que transportaban Royal Marines de la 9ª Tropa rebasaron su posición de formación planificada al suroeste de Mount William y luego volaron demasiado hacia el este. A 15:57Z, durante su aterrizaje debajo de Sapper Hill, infantes enemigos de la Compañía M del BIM5 y un Pelotón del RI 4 abrieron fuego contra ellos. El Cabo (Lance Corporal) Pretty estaba a bordo de uno de los Sea King:

> No hay problema [pensó], saldríamos y comenzaríamos nuestro trabajo de manera normal bajo la mirada atenta de los Gurkhas. Antes de que tuviéramos la oportunidad de aterrizar bien, todo el costado izquierdo del helicóptero estalló hacia adentro con pedazos volando por todas partes. El ruido era ensordecedor. El helicóptero golpeó el suelo y los muchachos empezaron a salir de inmediato, tratando de encontrar cubierta e identificar adónde estaban. Habíamos aterrizado en una pequeña pista de color claro en medio de la nada y el fuego sobre los helicópteros continuaba. Alguien sugirió que eran los Gurkhas en Mount William. Entonces los helicópteros dieron potencia y cayeron hacia el sur, dejando a la 9ª Tropa bajo un intenso fuego. (van Der Bijl y Aldea, 2003, 215)

En el tiroteo de diez minutos que siguió, el último de la guerra, tres Infantes de Marina enemigos murieron y varios resultaron heridos, mientras que dos Royal Marines resultaron heridos. Después, los argentinos que quedaban se retiraron a 'Puerto Argentino'. Pero a Thompson no le hizo gracia:

> Este movimiento unilateral de la 5ª Brigada sin decirle a nadie tenía potencial para un gran 'azul contra azul' [...]. Sapper Hill era el objetivo del 45º Commando: esto lo sabía el Cuartel General de la División. Tal vez Tony Wilson, dolido por haber perdido la discusión anterior sobre quién iba a tener bajo su mando a la Guardia Galesa, estaba decidido a tomar Sapper Hill él mismo. Cuando el 45º Commando avanzó sobre Sapper Hill, se sorprendieron al encontrar que ya estaba ocupado por la Guardia Galesa. Por suerte era de día y la visibilidad era buena. (Thompson, 2014, 184)

Con las ambiciones de combate de los Gurkhas hechas jirones, hubo una emotiva conversación en mi radio de enlace de retaguardia de la Brigada sobre 'banderas blancas ondeando sobre Stanley'. Pero en Two Sisters South, la exclamación de Bill Dawson, '¡Jodidamente maravilloso!', y la risa tonta ante la cámara de televisión no respondían al júbilo causado por la rendición. Se debieron a la ausencia, finalmente, ya fuera de problemas técnicos del camarógrafo o de cualquier enredo de palabras durante el montaje de esa cuarta toma. Esto tuvo lugar cuando la Compañía D se dirigía a Mount William. El Alto el Fuego *de facto* había generado sonrisas entre la Guardia Escocesa en Tumbledown. Hubo algunas de los Gurkhas en Mount William, después de su enojo inicial por haber sido privados de la oportunidad de pelear. La amenaza y el uso de la fuerza convencional seguían siendo válidos, pero deshacer la coherencia de la estrategia enemiga, atacar sus alianzas y ganar la 'batalla mental' es más efectivo que el asalto bruto de 'cien batallas' y la conquista final.

El 10º Pelotón de McTeague, reserva del 12º Pelotón y del 11º Pelotón, fue el último de la Compañía D en llegar a Mount William. Todavía había necesidad de que su Pelotón despejara y asegurara el área que se le había asignado. Había un soldado enemigo muerto, no un Infante de Marina, que había sido alcanzado por metralla. Su fusil destrozado yacía cerca, y el cráter en el suelo indicaba que probablemente una de nuestras bombas de mortero le había causado la muerte. Había muerto casi sentado, pero su cuerpo estaba cubierto ahora con una manta argentina. Mi investigación de décadas después reveló que había sido un conscripto de nombre Juan José Acuña. Había servido con el 4º Regimiento de Infantería en su base de paz en la ciudad de Monte Caseros, en la provincia subtropical de Corrientes, en el norte de Argentina. Su casa estaba en el pequeño pueblo de Sauce, en la misma provincia. Uno de los veinticinco soldados de la 3ª Brigada de Infantería muertos en la Guerra Malvinas-Falklands, ahora está enterrado en el Cementerio Militar Argentino de Darwin. Un impresionante monumento a su memoria fue inaugurado por la municipalidad de Sauce el 2 de abril de 2012, el trigésimo aniversario de la 'recuperación de Las Malvinas' por parte de Argentina. La tragedia de Acuña, sin embargo, tenía una pizca de ironía con respecto a aquella parodia del 'Batallón de Cuchilleros Correntinos contra los Gurkhas' lanzada cinco semanas antes de su muerte.

Sin embargo, ahora también estaba el sombrío panorama general de bajas de las últimas veinticuatro horas. Contando Pony's Pass, Tumbledown, Mount William y Sapper Hill, el desglose total de bajas británicas fue de nueve muertos y cincuenta y dos heridos, de los cuales cuarenta y cuatro requirieron evacuación después de sufrir heridas de bala y fragmentación de alto explosivo. El desglose de bajas argentinas fue de treinta y cinco muertos, sesenta y nueve heridos y cuatro desaparecidos. El total combinado anglo-argentino fue de cuarenta y cuatro muertos y 121 heridos. La alta incidencia de heridas por fragmentación atestigua la intensidad de los bombardeos experimentados. McTeague:

> Llegamos a las posiciones recién abandonadas [en Mount William]. El viento era implacable y helado. Había un cadáver solitario, alcanzado por metralla, y toda el área estaba cubierta de montones de armas, equipos, efectos personales y uniformes desechados. Aseguramos y despejamos el área y luego, con cierta urgencia, comenzamos a preparar algo caliente para beber. Una de las patrullas de limpieza de mi Pelotón había descubierto un pañol de víveres y equipo entre las rocas. Sacamos cajas de munición y, lo que es mucho más interesante, cajas de comida enlatada (curiosamente era *fois gras*), fideos y té, que repartimos cumplidamente. Tuve que ir a un grupo 'O' en el HQ de la Compañía [y] así que dejé al Pelotón para que preparase su primera comida caliente en días. Al regresar una hora más tarde, mi ordenanza me ofreció una taza de sopa tibia, grasosa y color de barro. '¿Ke ho?' ['¿Qué es esto?'] farfullé en buen Gurkhali.

> 'Sopa de carne enlatada, *saheb*' respondió el Sargento (Sergeant) Paulraj, señalando una pila de latas vacías de *foie gras*. (Willis, 2017, 111)

Nuestro HQ Tac se había movido hacia el este a través de Tumbledown. Pero mi búsqueda de una bandera blanca fracasó:

> Al final del camino [...] apareció un panorama. Allí, apostado junto a la bahía de Stanley, a siete kilómetros de distancia, estaba Stanley, el objetivo [que] los Gurkhas nunca alcanzaron. Busqué la famosa bandera blanca con mis binoculares, pero ese lunes no se veía ninguna. Quizás una sábana blanca, colgada en una cuerda durante ese día de lavado en la capital, había causado otra confusión en la niebla de la guerra. (Ver, 2003, 279)

Ese avistaje de una bandera blanca había sido reportado a 12:00Z por Tekbahadur *saheb* al Cuartel General de la Compañía A, que luego informó al Mayor (Major) Bill Dawson en 'Long Toenail' (el indicativo clave de radio de Two Sisters South). Él transmitió esta noticia al Cuartel General de la 5ª Brigada, que luego actualizó al Cuartel General de la división (LFFI). Este último, a su vez, habría informado a Northwood, donde estaba presente *Memsaheb Thatcher le Thecharyo*, escuchando este acto final de 'combatir y derribar' al *dush*. Aunque lo de 'la bandera blanca sobre Stanley' nunca se corroboró, Tekbahadur *saheb* había proporcionado, sin embargo, la base para la frase clave para su declaración en la Cámara de los Comunes más tarde ese día en Londres.

Luego nos movimos hacia el sur sobre el abra que conecta con Mount William solo para encontrarnos, por casualidad, con el HQ Tac de los Guardias Escoceses. Faltaron sonrisas y hubo poca charla. Su 'azul sobre azul' que había herido a Keith Swinton estaba fresco en nuestras mentes. Nos alejamos rápidamente hacia Mount William. En nuestro HQ Tac estaba el Capitán (Captain) Nigel Price. Su Pelotón de Morteros de 81 mm había enfrentado muchos desafíos durante la noche anterior y la mañana que le siguió:

> Teníamos cuatro tubos de mortero. De estos [...], uno había sido noqueado durante el bombardeo en Wether Ground, donde la Compañía B sufrió bajas. Mi Pelotón de Morteros estaba ubicado justo sobre la [ruta de Darwin a Stanley] a unos cincuenta [metros] de la Compañía B y fuimos alcanzados por el mismo fuego de hostigamiento del cañón de 155 mm [al sur de Sapper Hill], dirigido por el OP enemigo en [Mount Harriet...]
>
> Si bien mis hombres no sufrieron bajas en ese bombardeo, una esquirla de proyectil alcanzó uno de los tubos amarrados a una mochila y le hizo una abolladura mínima, que fue suficiente para impedir su alimentación. ¡Destruido! Recién lo descubrimos cuando entraron en

acción en Goat Ridge y la pequeña avería se hizo evidente. El proyectil, por supuesto, se atascó en lugar de deslizarse suavemente hacia el percutor fijo a la base.

De los otros tres, dos resultaron dañados durante la batalla. Creo que a ambos se les partieron las placas base por la naturaleza del suelo, de turba blanda, pero con piedras convenientemente escondidas en lugares aleatorios. Eso hacía que, cuando la placa base se aceleraba hacia abajo sobre la turba con el impacto del disparo, una parte encontraba el obstáculo inamovible de una piedra y se fracturaba. Toda el arma se volvía inestable y por lo tanto, imprecisa y peligrosa para nuestras propias tropas.

La línea de morteros también fue objeto de fuego de hostigamiento por parte de obuses ligeros de 105 mm. Era obvio adonde estaba nuestra línea de morteros: junto a los Guardias Galeses (los supervivientes del desastre del *Sir Galahad*) y la Guardia Escocesa. Goat Ridge era el único lugar donde había una pendiente invertida, justo dentro del alcance de la primera mitad de Tumbledown y [solamente de las laderas delanteras de] Mount William. Simplemente no había otro lugar donde ubicarla, y los argies podían ver el humo de los disparos. Disparando al alcance máximo, con cargas máximas añadidas a las aletas, podíamos llegar más profundo, pero incluso entonces, las partes más alejadas de Tumbledown (el objetivo de la Compañía B) estaban fuera de nuestro alcance. Y NO teníamos cartuchos de aumento grandes, el material de supercarga [Cargas 7 y 8], por lo que solo podíamos disparar, creo, a 4.800 metros y no al alcance máximo de 5.660 metros, aunque [el uso de] cargas más pesadas simplemente hubieran exacerbado el problema del suelo blando.[4] Solo pudimos disparar hasta la Carga 6. Como la línea de morteros estaba bajo fuego, uno de los dos tubos PUDO haber sido alcanzado por una astilla de proyectil como la de Wether Ground. Pero creo que ambos sufrieron la rotura de las placas base.

[…] El suelo era una porquería absoluta. Los morteros necesitan una superficie firme donde asentarse para que así pueda brindar una base segura para disparar con precisión. Esto era como esponja. El bípode de soporte terminaba casi horizontal y finalmente se perdía la precisión. La mira 'trilux' no podía alinearse con la estaca de puntería al frente. Entonces, había que trasladar la p **** cosa cada tantas salvas, volver a colocarla y reajustarla. Todo mal. [Tumbadas por todas partes] había palas y cajas de mortero vacías, y un desorden general mientras los muchachos trabajaban para mantenerla en acción. En total, la línea de morteros de Goat Ridge disparó

---

4. 'Me las arreglé para pedir algunos {cartuchos de aumento para cargas máximas 7 y 8} a los Guardias Escoceses y los Commandos, pero eran solo unos pocos..' (Price, 2018, 111).

272 de los 800 proyectiles de alto explosivo y bombas de humo que habían sido arrojados desde helicópteros sobre la línea, o en realidad a varios cientos [de metros] de esta, por lo que todo el lote tuvo que ser transportado a mano. (Price, 2017, 112-13)

Algo inesperadamente, Esteban Pino del C/RI 3 tuvo una experiencia diferente esa tarde. Mentalmente, fue principalmente negativa con algunos aspectos positivos:

Después de algunas horas de repliegue llegamos a la ciudad. Había soldados argentinos e ingleses caminando por las calles sin dispararse. Solamente nos mirábamos con desconfianza. En esa incertidumbre estuvimos unas horas hasta que nos dijeron que la guerra cesaba y que a partir de ahora éramos prisioneros de guerra.

Durísimo el impacto de aceptar que todo lo sufrido hasta el momento había sido en vano. Pero, creo que gracias a mi temperamento estuve en ese estado poco tiempo. Comencé a pensar en el lado positivo de esta noticia. Volvería a casa, llegaría para el cumpleaños de mi hermana y seriamos recibidos como héroes de guerra. (¡Que lejos de la realidad!)

Otro momento muy difícil de atravesar en lo anímico fue la entrega del armamento. Es una situación humillante, como debe haber pocas en la vida.

Los helicópteros aterrizaban ahora cerca de Tumbledown. Tekbahadur *saheb*:

El orden que impartió la Brigada para la retirada de Tumbledown fue primero la Guardia Escocesa y luego el 7º Fusileros Gurkha. Mientras los miembros de la Guardia comenzaban a abordar sus vuelos, nosotros [la Compañía A] nos preparábamos para ser trasladados a Darwin. Pero de repente el cielo se cubrió de nubes negras y comenzó una fuerte tormenta que retrasó nuestros vuelos. Una mezcla de granizo y nieve derrotó a la mayoría que intentaba proteger su piel expuesta, especialmente cuando la tormenta cambiaba de dirección inesperadamente. Luego nos ordenaron esperar hasta el día siguiente.

Mientras las compañías A y B se preparaban para pasar la noche en sus objetivos de Tumbledown, la compañía D y el HQ Tac en Mount William también instalaron sus 'bashas' para protegerse de los fuertes vientos y la nieve. Desde Two Sisters South, se nos unió el Cuartel General principal del Batallón. Pero durante esa primera noche en Mount William, el Teniente Primero (Lieutenant) (QGO) Chandra Pradhan, oficial asistente de Operaciones de Helicópteros y responsable también de nuestra lista de oficiales de servicio para operar la radio del Puesto de Comando, se enojó mucho después de sacudir el hombro de su relevo, que no respondía. Chandra pronto descubrió su error después de iluminar con una linterna la cara del argentino muerto que yacía junto a una roca, debajo de una manta congelada. Dormir junto a los muertos en un campo de batalla no es recomendable y era un triste recordatorio de las veinticuatro horas anteriores. También había habido actividad inmediata posterior al combate en la posición de la Compañía B. Pugh:

> Después de ver pasar a la Compañía D y fotografiarnos, mi equipo se trasladó a la base de Tumbledown, donde se encontraba la cocina argentina. Hubo alguna colecta de 'souvenirs' de la Guardia Escocesa en nuestro objetivo cuando recogimos a nuestros tres prisioneros, y luego establecimos una base en una tienda de campaña desierta donde pasaríamos la noche. Lester había estado reuniendo a su Compañía B y asignándoles arcos de tiro. Más tarde nos encontró y me dijo que iba a recoger las mochilas Bergen de la Compañía. Dejándome a cargo de reorganizar la posición, esa fue la última vez que lo vi ese día, cuando el helicóptero lo dejó en el FUP de Goat Ridge. Después, las mochilas fueron llevadas directamente a Goose Green.

Tekbahadur *saheb*:

> El tiempo empeoró y, después de que los Guardias Escoceses despegaron, una enorme nube negra apareció en el cielo como un crepúsculo temprano. El frío nos mordió todavía más por otra fuerte tormenta con más granizo durante la noche y no pegamos un ojo por el gualdrapeo de (las cubiertas de) los refugios y el equipo. Esta fue nuestra primera experiencia del verdadero frío de las Malvinas, que nunca tuvimos que soportar durante la guerra. Al día siguiente, el 15 de junio, la Compañía B fue trasladada en helicóptero a Goose Green. Con un nuevo retraso, nosotros [la Compañía A] volamos al final directamente hasta el asentamiento de Darwin, veinticuatro horas más tarde.

Pugh:

> Con solo nuestros correajes de asalto encima, tuvimos algunas bajas por congelación esa noche del 14 al 15 de junio. Luego, al día siguiente, nuestras baterías de radio se agotaron. Con gran alivio, fuimos evacuados en helicóptero de regreso a Goose Green con las últimas luces del 15 de junio. Después de reunirnos con nuestras mudas de repuesto y nuestras bolsas de dormir, dormí el sueño de los muertos durante unas diez horas, solo para que me despertara mi antiguo Sargento (Sergeant) Jimmy Young, que me había estado buscando. Me dio un chocolate caliente bien mezclado con

ron mientras decía: '¡Feliz día de Waterloo!'⁵ Fue un gesto amable, que quedará conmigo para siempre.

Mark Willis siguió escribiendo sus notas para el Diario del Comandante del 1ᵉʳ/7º GR. Registraban los fuertes vientos y la nieve, las mochilas Bergen transportadas desde el FUP en Goat Ridge a la mayoría de las Compañías, la continua y eterna espera de los helicópteros, con solo la Compañía B volando de regreso a Goose Green, y otros desafíos logísticos y requisitos para nuestra resistencia a las inclemencias del tiempo durante esas espantosas veinticuatro horas. El Coronel (Colonel) David intentó visitar a los heridos del Batallón que habían sido evacuados al SS *Uganda*, el buque hospital de la Fuerza de Tareas, pero la climatología se lo impidió y solo llegó hasta Goose Green. La última carga de helicópteros de la Guardia Escocesa voló desde Tumbledown a 20:00Z. Pero tanto el Cuartel General Gurkha como la Compañía D permanecieron en Mount William, con la Compañía A todavía en Tumbledown.

Al día siguiente (16 de junio), la frustración latente se convirtió en enojo consumado y lenguaje fuerte en un monte William azotado por una ventisca de nieve. El factor de sensación térmica era de menos cuarenta grados centígrados, casi el doble del experimentado durante la batalla. Primero voló el Pelotón de Morteros, luego la Compañía A, el Pelotón de Ametralladoras Pesadas, el Pelotón Antitanque y algunos médicos. A esto siguió mucho tráfico de radio y una larga demora antes de recuperar a la Compañía D. Finalmente, un lenguaje mucho más extremo en la radio y una gran prueba de paciencia precedieron a la salida de los cuarteles generales del Batallón (Principal y Tac). La hora era aproximadamente 16:30Z. En Goose Green, el Coronel (Colonel) David observó que entre los últimos llegados del campo de batalla había cuatro que sufrían congelación. No ayudó que muchos tuvieran los pies mojados. También recibió la visita del General de Brigada (Brigadier) Wilson y el Teniente Coronel (Lieutenant Colonel) Tony Holt, CO de la 132ª Batería del 4º Regimiento de Campaña de la Real Artillería. Pero ambos llegaron con las manos vacías en cuanto a noticias de nuestro futuro.

Más o menos en este momento, el Pelotón de Morteros de 81 mm del BIM 5 se reunía en Stanley con su capturado conscripto Moussasein. Cuñé:

Se presentó [...] cuando un oficial inglés llegó con él y tomó contacto con Cuñé. Hablando perfecto español, dijo: 'Este hombre es suyo. Lo devuelvo porque dice que lo extraña.' Sonriendo, se volvió hacia el conscripto y le dijo que se quedara con su suboficial. Tan pronto como el británico se hubo ido,

---

5. Jimmy Young era el Sargento (Sergeant) de Gus Pugh en la Tropa A, 43ª Batería (Lloyd's Company), Real Artillería. La batería había ganado su título de honor durante la Batalla de Waterloo.

Moussasein abrazó a Cuñé. Las lágrimas corrían por sus mejillas por la emoción. Sus compañeros lo sermoneaban mientras lo saludaban: '¡Así que elegís aparecer ahora que el peligro mayor ya pasó, mientras nos estaban friendo! ¡Tuvimos que correr como locos y apareciste en un camión! Así [...] ¡cualquiera va a la guerra!'

Hay que reconocer que el enemigo había utilizado cantidades impresionantes de munición para impedir cualquier movimiento de tropas y suministros desde la retaguardia, cubriendo casi todas las posiciones de la unidad, especialmente después de que hubimos hecho contacto frente a Tumbledown. Pero nosotros hicimos lo mismo, con precisión y en abundancia. Pensábamos que teníamos entre quince y veinte días de suministros [de municiones], pero todo lo que teníamos se terminó con facilidad en un par de días. Y [...] mientras el enemigo optó por usar la oscuridad de la noche para hacer su movimiento y eso complicó quizás nuestra evaluación del efecto de nuestras bombas, no es menos cierto que se necesitó mucho coraje para perforar nuestras defensas y solo hombres muy valientes podrían haberlo logrado. (Robacio y Hernández, 2006, 379-80)

Por el liderazgo de su Pelotón, el Suboficial Elvio Angel Cuñé recibiría la *Medalla al Valor en Combate* y luego, en 1983, recibiría la homologación '*La Nación Argentina al Valor en Combate*', análoga a la condecoración al '*Honor por Valor en Combate*'.

Pero entonces reflexionamos sobre las lecciones aprendidas durante esas últimas veinticuatro horas de la guerra. Documentadas mucho más tarde y enviadas al Cuartel General de la 5ª Brigada, el resultado consistió en comentarios sobre la necesidad de mucho más entrenamiento nocturno y uso de munición real, provisión de escalas realistas de munición iluminante y la (inevitable) demanda de relajar las restricciones de fuego real durante la noche en zonas de entrenamiento, permitiendo así la realización crucial de fuego y maniobra (1/7GR, 1982, POR). También hubo importantes lecciones que aprender de los mandos estratégicos argentinos tanto en Puerto Argentino como en Buenos Aires, ya que no lograron ejercer un liderazgo efectivo y tomaron terribles decisiones respecto a la estrategia, los preparativos y las operaciones. Por ejemplo, el Alto Mando en Buenos Aires insistió en que, por razones políticas, dos de los nueve Batallones de infantería desplegados a las islas debían ubicarse en la isla Gran Malvina.[6] Otro se desplegó en Darwin/Goose Green. Esto dejó a los seis Batallones restantes, ubicados en o cerca de Puerto Argentino, para oponerse a ocho Batallones británicos que tenían mejor

---

6. Conversación entre el autor y el General de Brigada Mario Benjamín Menéndez, el 24 de marzo de 2007, en Buenos Aires.

potencia de fuego (sobre todo apoyo de artillería), entrenamiento, motivación y superioridad aérea y naval. El Alto Mando también negó al General de Brigada Mario Benjamín Menéndez el permiso para desplegar un Batallón de infantería y una Batería de Artillería en San Carlos, donde eventualmente se llevarían a cabo los desembarcos anfibios británicos.

Pero el extraño sistema de Comando y Control de Menéndez también creó graves dificultades. Los seis Batallones de Puerto Argentino fueron puestos bajo el mando del General de Brigada Oscar Luis Jofré, Comandante de la 10ª Brigada de Infantería Mecanizada, a pesar de que el personal de su Cuartel General tendría importantes problemas de Comando y Control para llevar a cabo operaciones que involucraban subunidades provenientes de más de un solo Batallón. Los otros tres, dispersos a los cuatro vientos en Port Howard, Fox Bay y (del otro lado del Estrecho de San Carlos) Darwin/Goose Green, estaban comandados por el General de Brigada Omar Edgardo Parada, Comandante de la 3ra Brigada de Infantería (de Monte) (!). Los Batallones también se dividieron y se crearon nuevas formaciones comandadas por su formación 'principal' (previa). No había fuerza de reserva, pensamiento proactivo o expectativa de ataques nocturnos enemigos. No ocupar el monte Kent y el monte Challenger, que dominaban las zonas de defensa exterior e interior, también fue un gran error estratégico que incluso violaba el conocimiento básico de Sun Tzu: 'En resumen, al Ejército le gustan los terrenos elevados y odia los bajos, valora el yang y desdeña el yin, sostiene la vida y toma posición en lo sólido. Esto es lo que significa 'seguramente victorioso' (Sun Tzu, 2002, capítulo 9, 'Moviendo el Ejército'). Sin estas dos colinas, los británicos no podrían atacar Stanley pero, una vez en ellas o cerca de ellas, su artillería y sus morteros bombardearían con éxito a las fuerzas argentinas ubicadas en las otras alturas. Por eso, en la noche del 11 al 12 de junio, cinco Compañías de infantería argentinas en la Zona de Defensa Exterior fueron derrotadas por la 3ª Brigada de Commandos. La dirección del ataque de seguimiento de la 5ª Brigada de Infantería contra las cuatro Compañías de infantería (principalmente de Infantería de Marina) de la Zona de Defensa Interna era obvia, pero se hizo muy poco para reforzarlas y se requirió el liderazgo de oficiales subalternos y suboficiales como Vázquez, Vilgré La Madrid y Cuñé para dar cohesión a las subunidades. Por lo tanto, un tercio de los Batallones de infantería de Menéndez permaneció en las playas que rodean Puerto Argentino hasta el Alto el Fuego *de facto* del 14 de junio. En tierra firme, el Alto Mando argentino no aplicó el pensamiento lógico para decidir qué unidades serían necesarias para defender las Malvinas. En su lugar, se hicieron selecciones *ad hoc*. Pero —con excepción del BIM 5— ninguna había recibido capacitación antártica y pocas tenían ropa o equipo para clima frío. Las unidades de conscriptos del Ejército argentino también fueron enviadas a la batalla con poco o ningún entrenamiento militar. Los mejores quedaron en reserva para contrarrestar un improbable ataque de Chile a Argentina.

En un fangoso Goose Green, un húmedo y frío 17 de junio, hubo una total falta de apoyo de todos los recursos. La limpieza era una prioridad y, por lo tanto, la Compañía A fue reubicada en su 'hogar' en Darwin. Una de sus principales tareas allí sería rellenar las numerosas trincheras argentinas. Al día siguiente, los VIP estaban afuera en fuerza, con el General de División (Major General) Moore, el General de Brigada (Brigadier) Wilson y tres Capitanes de Navío (Captains) de la Royal Navy visitándonos, pero sin brindar ninguna noticia o ayuda. Más tarde esa noche, los problemas de congestión de Goose Green se aliviaron con la salida de la Compañía B el abordar el *Monsunen* hasta el asentamiento de North Arm en Lafonia. A la mañana siguiente, 19 de junio, el Coronel (Colonel) David, el GM y Mike Fallon volarían al buque hospital de la Fuerza de Tareas, el SS *Uganda*, para visitar a los heridos a bordo.

Mientras, la Compañía A estaba establecía su nueva rutina y una cautelosa transición a la vida normal. Tekbahadur *saheb*:

> Esta vez no estábamos en campo abierto ni en trincheras, sino en el asentamiento de Darwin, donde había cuatro casas que pertenecían al Gerente, Sr. Hardcastle, y a las familias. También existían otros refugios, como, por ejemplo, un granero. Pero todos —excepto uno— habían sido mal utilizados por los soldados argentinos y abandonados sucios y sépticos. Quizás no tuvieron la oportunidad de cuidarlos durante el violento asalto llevado a cabo por la Compañía del 2 Para. La luz del día era corta. Aun así, nuestra rutina consistía en rellenar las numerosas trincheras argentinas con el mayor cuidado. Esto se debía a que los argentinos habían abandonado negligentemente una gran cantidad de munición suelta que estaba ahí por todos lados.
>
> En nuestras tardes libres, teníamos ocasionalmente la oportunidad de jugar a algo en uniforme de combate. Disfrutamos mucho del rugby, con el OC *saheb* y los soldados más jóvenes jugando sobre la nieve profunda. Exceptuando al CO, era la primera vez que participábamos en partidos de rugby, a pesar de nuestro desconocimiento de las reglas.

El mar continuó ejerciendo su poderosa influencia en todo, incluso en los hechos inmediatos después de la guerra. Antes, el 18 de junio, Esteban Pino del RI 3 había sido uno de los 1992 soldados argentinos que habían abordado el buque favorito de los Gurkhas, el MV *Norland*, para su repatriación a Argentina. Pero siguió soportando las experiencias negativas de la derrota:

> Así transcurrían los días, con la esperanza de volver a casa. La Argentina no se ponía de acuerdo en aceptar el traslado de los soldados en barcos ingleses llegando a puertos argentinos. Hasta que finalmente accedió y pudimos regresar a casa, después de 3 días de periplo en un barco del enemigo, el [MV] *Norland*.

Antes de subir al barco nos palpaban de armas, nos hacían algunas preguntas sobre qué cosas teníamos. Nos sacaban los cigarrillos, encendedores, 'recuerdos' de guerra o pertenecientes a las islas porque eran propiedad británica. Y en algunos casos hasta las cartas que recibíamos. (Tengo cartas escritas por niños de escuela al 'soldado desconocido' que nos llegaban junto con una barra de chocolate, telegramas y cartas familiares [...]).

Nos hicieron entregar los cordones de los borceguíes, los cinturones, y cualquier otro correaje para que no intentáramos nada con ellos.

En el barco, con el ánimo de ayudar a mis compañeros, oficié de traductor. En un momento tuve que traducir que los suboficiales del Ejército Argentino no eran considerados superiores, y que cuando se diera la orden para ir a comer, [ir]al baño, a tomar remedios o alguna otra orden, ellos debían ir últimos a la fila. Apenas dije esto, uno de mis superiores me llamó y me amenazó con que si seguía traduciendo, en los cuarteles iba a sufrir las consecuencias. ¡Obviamente, [desde entonces] cuando los ingleses llamaban al soldado Pino para alguna traducción, yo no me presentaba!

Hasta que una noche, a un soldado inglés que cumplía la guardia se le escapo un disparo que rebotó en el techo e impactó en un soldado argentino. Ahí, mis superiores me obligaron a hacer de traductor y desde ese momento, hasta la llegada a Trelew fui ayudando a que todos la pasáramos lo mejor posible.

Inmediatamente que llegamos al puerto de Trelew (sic), las fuerzas armadas argentinas nos trasladaron en camiones hasta aviones que nos llevaron en avión (*sic*) hasta el aeropuerto militar de El Palomar en Buenos Aires. Allí nos subieron a unos buses que tenían las ventanas tapadas. Cosa que no nos vieran, ni nosotros pudiéramos ver.

En el penúltimo día del viaje de Pino (domingo 20 de junio), se llevó a cabo el servicio conmemorativo británico en la repleta Catedral de Stanley Christ Church. El Coronel (Colonel) David y treinta y nueve Gurkhas del Cuartel General del Batallón estaban en la congregación. Su moral se elevó después cuando varios de los lugareños tomaron fotografías del GM y algunos de los otros Gurkhas, y luego dijeron que los argentinos se habían rendido porque venía nuestro Batallón.

El siguiente despliegue desde Goose Green fue el de la Compañía C, el 22 de junio. Partieron a bordo del *Monsunen* hacia el aislado Port Stephens en el suroeste de Gran Malvina. Pero dos días después, el 24 de junio, los recuerdos de la guerra revivieron rápidamente cuando el Cabo (Lance Corporal) Budhaprasad Limbu de la Compañía D fue muerto, y el Cabo (Lance Corporal) Chandrabahadur Tamang de la Compañía D y el fusilero Dipmani Rai del Pelotón de Señales resultaron heridos por una explosión al norte de Darwin cerca de Burntside House, mientras la Compañía rellenaba las trincheras argentinas. Durante los tres días anteriores, el equipo OP de artillería de la Compañía D había ocupado la trinchera donde había explotado esa granada M-79. El urgente mensaje de radio que me enviara Jeremy McTeague generó una agitada hora de trabajo en la atestada Sala de Operaciones Gurkha de Goose Green: activar un helicóptero casevac, desviar otro que estaba a punto de aterrizar en nuestro helipuerto, alertar a nuestro médico y al transporte para llevarlo al lugar del incidente, informar al Coronel (Colonel) David ya en el aire en otro helicóptero, e informar al Cuartel General de la Brigada. Ya no era seguro continuar con el trabajo, por lo que los Gurkhas que quedaban regresaron a Goose Green. Budhaprasad fue enterrado el 27 de junio en Darwin.[7] Al igual que a su ingreso a la Operación Corporate con el funeral del sargento Ramparsad Limbu inmediatamente después del ejercicio Welsh Falcon, Tekbahadur *saheb* fue nombrado otra vez Director del Funeral de Budhaprasad justo después de finalizar la Operación Corporate. Veinticuatro Gurkhas de las Compañías A y D habían sido destacados como el grupo de fusileros para el desfile fúnebre, y Tekbahadur *saheb* les había dado una breve instrucción práctica sobre cómo utilizar los fusiles para el saludo final. Yo estaba entre los muchos Gurkhas que presentaron sus respetos bajo la lluvia y el viento:

> GM *saheb* dirigió la ceremonia *puja* de la muerte de Budhaprasad en el cementerio de Darwin, mientras que el Pelotón de Fusileros Gurkha procedía con prestancia y el Gaitero Mayor entonó el lamento *La flor del bosque*. A mi lado estaba un General de Brigada (Brigadier) inusualmente silencioso y de rostro pálido. ¿Problemas de posguerra en el mando superior? me pregunté mientras daba un paso adelante para arrojar el primer puñado de tierra sobre el ataúd antes que todos los demás. (Seear, 2003, 297)

Mientras tanto, Esteban Pino vivía una montaña rusa emocional durante su primera semana de posguerra en Buenos Aires:

> Una vez en el cuartel de Campo de Mayo nos hicieron bañarnos varias veces, nos dieron nuevos uniformes, nos daban mucho de comer y nos hicieron firmar documentos donde decía que no podíamos contar nada de lo vivido porque se consideraría traición a la patria y la amenaza de ser

---

7. Su cuerpo fue finalmente repatriado al Reino Unido. Treinta y siete años después, los Ingenieros Gurkha de la Reina erigieron una roca conmemorativa con una placa apropiada en el lugar de su muerte y, el 24 de abril de 2019, se llevó a cabo una ceremonia de 'apertura' junto a ella. Asistieron algunos pobladores locales de Goose Green y siete veteranos de guerra del 1er/7° Fusileros Gurkha, liderados por el General de Brigada (Brigadier) (Ret.) David Morgan.

juzgados por un consejo de guerra. Allí estuvimos 3 días con charlas psicológicas y sugerencias de que no era buena [idea] para nadie contar lo que habíamos vivido en las islas.

Uno de esos días me avisan que estaban mis padres de visita. Por un lado sentí un enorme deseo de verlos, y al mismo tiempo sentía que no quería salir por el estado de flacura que tenía, por la vergüenza de haber sido derrotados, o porque no sabía si iba a poder contener toda esa emoción acumulada en estos casi 3 meses. Después de más horas de dudar, salí al encuentro. Eran mamá, papá y mi hermano Nicolás. Nos fundimos los cuatro en un abrazo interminable. No hablábamos. Solo nos abrazábamos y llorábamos de tanta emoción. Les dije que solo tenía 15 minutos para estar con ellos y que debía volver al cuartel. No era verdad, pero no me sentía cómodo. Mezcla de mucha vergüenza por sentirme culpable de la derrota y de la emoción contenida que tenía miedo me desbordara.

Algunos días después, ya con mejor semblante y con muchas arengas recibidas, nos trasladaron de Campo de Mayo a nuestro cuartel de La Tabalada. Ahí nos esperaban familiares, amigos y muchos periodistas que querían saber que había pasado en las islas.

Ese mismo día, por presión de familiares, nos dejaron salir por 48 horas. Inexplicable la emoción de llegar a casa, sus olores, lleno de familiares y amigos, abrazos, emociones, lágrimas, que en pocas horas me abrumaron. Me tuve que ir a dormir.

Me costó muchísimo no quedarme enganchado con lo vivido esos últimos meses. Sentía una mezcla entre alegría desmedida y depresión.

Veinticuatro horas después del funeral de Budhaprasad, la Compañía D y el Pelotón Antitanque se desplegaron el 28 de junio en helicóptero al sur de Gran Malvina, a Fox Bay. Permanecerían allí durante casi tres semanas hasta nuestro viaje de regreso a Southampton. En North Arm, Gus Pugh pensó en sus experiencias recientes. Casi cuatro décadas después escribió sobre ellas:

Nuestra unidad, la 132ª Batería (la Tropa de Cohetes Bengalí), había sufrido un número desproporcionado de bajas durante los últimos catorce días de la guerra. Nos habíamos desplegado con dieciséis efectivos, pero, de ellos, cinco habían resultado heridos por acción directa del enemigo y uno había sufrido agotamiento. Cuatro de los seis fueron evacuados del campo de batalla y transportados a través de Ajax Bay y el SS *Uganda* de regreso al Reino Unido.

La dramática derrota de las fuerzas terrestres argentinas fue lograda por una infantería decidida, apoyada muy de cerca por una artillería coordinada, flexible y precisa. En comparación, la artillería enemiga solo disparó en misiones de Batería (105 mm) y de forma individual en el caso de sus cañones de 155 mm. No hay duda de que la capacidad de la Real Artillería para coordinar todas las formas de fuego de apoyo en un plan y un calendario coherentes, para garantizar que las armas tuvieran municiones y brindar apoyo y vigilancia de objetivos ininterrumpidos, fue un factor importante para ganar la guerra. Pero estuvo muy cerca de terminar distinto, y al final de la guerra tres de las cinco Baterías británicas estaban con existencias mínimas de municiones.

A pesar de nuestras bajas, el grupo de BC y los equipos OP pudieron mantener el nivel requerido de apoyo artillero a los Gurkhas hasta el fin de la guerra. Encontré toda la experiencia de las Malvinas fascinante, pero al mismo tiempo traumática. La exposición a las imágenes y los sonidos de la batalla se da mejor en la juventud, pero las imágenes y los recuerdos han continuado a lo largo de mi vida adulta. Inmediatamente después de la guerra, me quedé con la familia Blake de North Arm. Este regreso a casi la normalidad fue de gran ayuda para mí y mis hombres y he mantenido contacto con el hijo, Tom, hasta el día de hoy.

Sin embargo, mis pensamientos y palabras finales son para los oficiales y hombres del 7º Fusileros Gurkha. En retrospectiva, parece apropiado que la 132ª Batería (la Tropa de Cohetes Bengalí) de la Real, Artillería con sus antecedentes en el Ejército de la India y su título de honor, vaya a la guerra en apoyo de los Gurkhas. En el momento pareció una tarea difícil fusionar rápidamente nuestros equipos con una unidad con sus orgullosas tradiciones, sus propios altos estándares y un lenguaje diferente. Que así lo hiciéramos es testimonio de la amistad que nos mostró este magnífico Regimiento. En mi carrera posterior en el Ejército, no hubo momentos que se acercaran a igualar el esplendor de acompañar a una Compañía de fusileros Gurkha en servicio activo.

De hecho, se necesitaría tiempo para asimilar esa experiencia que cambia la vida. Mientras tanto, el 'mito' Gurkha continuaría viviendo una vida propia. Un ejemplo temprano fue informado dos semanas después del fin de la guerra por el corresponsal de *The Daily Telegraph* en Buenos Aires. El título de su artículo era un alarmante (pero totalmente falso) 'Informe del capellán 'Gurkhas degolladores'', el incidente supuestamente ocurrido el 14 de junio a un kilómetro al noreste del objetivo de la Compañía B:

Las bajas argentinas en las Malvinas hasta el 13 de junio fueron de unos 1200 muertos y heridos, según un capellán católico adjunto a la 9ª Brigada de Infantería argentina. El padre Vicente Martínez, que sirvió en varias unidades desde el 2 de abril [...] afirmó que los Gurkhas degollaron a unos 40 soldados argentinos en Moody Brook, cerca de Port Stanley, el último día de los ataques británicos.

Este fue otro ejemplo más de la naturaleza perdurable de las mentiras y el sensacionalismo que giró continuamente en torno a los Gurkhas, tanto durante como después de la guerra. Esas peligrosas falsedades fueron fáciles de denunciar, pero más difíciles, si no imposibles, de deshacer.

Capítulo 15
Consecuencias y buena voluntad entre veteranos de combate...

Destruyo a mis enemigos cuando los hago mis amigos.

Abraham Lincoln

Pero ¿qué de extender alguna forma de buena voluntad hacia aquellos contra quienes hemos estado luchando? Yo los había llamado 'los sin nombre y sin cara', pero también habíamos compartido esos mismos peligros y miedos en 'nuestro' campo de batalla. Eran soldados como yo. Entonces, seguramente, ¿tenían una o dos historias de guerra interesantes sobre 'nuestras' experiencias?

Además de localizar y recuperar equipo de los Gurkhas, perdido en el Área de reunión del Batallón entre Mount Harriet y Two Sisters South el 27 de junio, un grupo de aprovisionamiento del Batallón había encontrado equipo argentino en las cercanías. Se recuperaron cascos, armas y correajes, así como la mochila y la bolsa de equipo llena del Cabo y Jefe de Sección del RI 4 Nicolás Urbieta. Estas incluían cinco cartas sin enviar, dos rollos de película sin revelar y dos manuales de capacitación. Los nombres y direcciones de su Sección de fusileros estaban todos anotados en un trozo de papel higiénico. Todo esto fue llevado a nuestra Sala de Operaciones de Goose Green, de donde lo recuperé en lugar de consignarlo al cesto de papeles. Años más tarde se convirtieron en mi boleto de entrada a la Argentina para extender buena voluntad *ad hoc* entre veteranos de combate hacia aquellos contra los que yo había luchado.

Pero quedaba una tarea importante en la recuperación de los caídos enemigos para su eventual entierro. Y así, el 29 de junio, quince días después del final de la guerra y de acuerdo con las fuerzas británicas, el Sargento (Sergeant) gibraltareño y de habla hispana Anthony Canesa dirigió una patrulla de reconocimiento de cinco Infantes de Marina argentinos en Tumbledown. Conduciendo en dirección a Moody Brook, dejaron su vehículo en la carretera del lado norte de Tumbledown y se trasladaron a pie hasta donde habían luchado la 2ª Compañía del Flanco Izquierdo de los Guardias Escoceses y el 4º Pelotón de la compañía N del BIM 5. En la cumbre oeste encontraron la posición del Teniente de Corbeta Miño, equipo abandonado, carpas de artillería y una hamburguesa cruda a medio consumir. También se encontró equipo en la posición de 4º Pelotón, incluidas la bufanda y la libreta personal del Teniente de Corbeta Vázquez, además de equipo británico abandonado, como municiones y auriculares de radio. Cerca había dos Infantes de Marina muertos. Todavía estaban en actitudes físicas notablemente agresivas. El primero era extremadamente alto y no llevaba placas de identificación. Yacía fuera de su pozo de zorro con los brazos abiertos, una granada cerca de su mano. ¿Por qué dejó el pozo? ¿Quería tirar la granada? El otro estaba dentro del pozo, con una granada y la chaveta de seguro en la mano. Parecía que estaba a punto de abandonar el pozo. No se veían heridas, pero tenía un pañuelo ensangrentado alrededor del cuello.

En otra posición había otros dos Infantes de Marina. Uno tenía heridas fatales en la cabeza y una parte de sus piernas estaba cubierta con un plástico. El cuerpo del Subteniente Oscar Silva también fue encontrado en actitud agresiva en el extremo oeste de la posición del 4° Pelotón. Estaba fuera de su pozo, tirado en el suelo. Probablemente los Guardias Escoceses le habían quitado el fusil. Fue un destino triste para un joven oficial tan prometedor y valiente, que había ejercido un liderazgo sobresaliente tanto antes como durante la batalla. Se le otorgaría una medalla póstuma, *'La Nación Argentina al Valor en Combate'*, la segunda condecoración militar más alta otorgada por el Presidente de Argentina. Su placa identificatoria fue recuperada por uno de la patrulla de Canesa, para regresarla al RI 4 de Silva.

En la parte trasera de la posición del 4° Pelotón, también encontraron a tres de los conscriptos (de Ejército) de Silva, muertos en sus refugios de francotirador. Dos estaban en el mismo escondite, construido con piedras. Ninguno llevaba placas de identificación. Un parapeto se había derrumbado sobre las piernas de uno, mientras su compañero conscripto abrazaba los escombros. Uno llevaba un dispositivo de visión nocturna con el interruptor en modo activo, pero este equipo estaba deformado y su batería agotada. Ambos probablemente habían sido alcanzados por un cohete antitanque Carl Gustav de 84 mm. El tercero fue encontrado, sin placas de identificación, en un pequeño pozo de zorro. Tenía una herida de bala en el hombro izquierdo que lo había desangrado. Daba la impresión de haberse quedado dormido.

En el extremo este de Tumbledown, cinco soldados de La Madrid fueron encontrados muertos, en dos lugares. Uno estaba cubierto de rocas y turba, con un casco en un rifle clavado a una tabla. Cerca estaban los otros cuatro, cubiertos con turba, pero con solo un rifle clavado y con un casco en el centro de la posición. Sólo faltaba el cuerpo de un Infante de Marina: el Suboficial del 4° Pelotón Julio Saturnino Castillo, a quien Vázquez vio muerto a tiros en los combates.[1] Después de la guerra, Castillo fue ascendido a Suboficial Primero

---

1. '¡Castillo descansa con sus soldados de Tumbledown!' Este mensaje, recibido por el autor, enviado por la periodista argentina Alicia Panero en un correo electrónico fechado el 8 de diciembre de 2017, confirmó que el cuerpo de Castillo finalmente había sido recuperado y enterrado en el Cementerio Militar Argentino en Darwin, isla Soledad. Fue uno de los muchos resultados de un proyecto de identificación anglo-argentino

(*post mortem*) y se lo distinguió con la '*Cruz La Nación Argentina al Heroico Valor en Combate*'. En 1994 también se puso su nombre a un remolcador/patrullero de la Armada Argentina, el ARA *Suboficial Castillo*.

Dada la falta de mano de obra y la magnitud estimada del trabajo, ninguno de los cuerpos encontrados ese día fue llevado a Stanley. Esta tarea, con la excepción de un cuerpo demasiado difícil de sacar de su trinchera, se llevó a cabo los días 5 y 8 de julio. Asistieron el Comandante de BIM 5 Carlos Hugo Robacio, dos conscriptos de Infantería de Marina, médicos, un Capellán de la Fuerza Aérea Argentina y cuatro miembros del Ejército Británico, incluido un Capitán (Captain) de la Guardia Galesa. En el sector del 4º Pelotón, Robacio realizó una minuciosa inspección de las posiciones y del cuerpo del primer fallecido. Visiblemente emocionado, exclamó: '¡Ah, Infante C ...!' y levantó un cargador vacío. Pero cuando se recuperaron los cuerpos del segundo par de infantes, una sustancia coagulada sangró desde la boca de uno. Hubo una reacción emocional. El capellán lloró, los médicos se retiraron visiblemente quebrantados y los británicos dejaron de trabajar. La difícil tarea fue completada en su totalidad por el Suboficial Mayor Sánchez de la Armada Argentina, quien colocó ambos cuerpos en bolsas para cadáveres separadas (*Informe de los Ingenieros Anfibios Argentinos sobre la Campaña Terrestre de Malvinas*, 1987, 187-91).

En Katmandú, el embajador británico, John B. Denson, analizaba las relaciones anglo-nepalesas de posguerra. Su documento, 'La reacción de Nepal a las Malvinas: ¿un ejercicio de no alineación?', fechado el 7 de julio, fue enviado al Secretario de Relaciones Exteriores del Reino Unido, Francis Pym, en Londres. Revisaba la 'conexión Gurkha' entre el Reino Unido y Nepal después de la participación del 1er/7º Fusileros Gurkha en la Operación Corporate:

> Las Malvinas ahora están fuera de los titulares, al menos en Nepal, pero los nepaleses, como [nosotros], buscarán las lecciones y sin duda realizarán una reevaluación de la conexión Gurkha. Aunque los Gurkhas han estado en acción desde la Segunda Guerra Mundial en Malasia y durante la confrontación con Indonesia, además de servir en lugares donde el conflicto era posible, como Chipre, Hong Kong y Belice, las operaciones recientes los han puesto en el 'centro de atención de la opinión mundial' como no lo han hecho operaciones anteriores. Las Falklands han sido de diferentes maneras un caso de prueba para el Reino Unido y para Nepal. Si el 1er/7º Fusileros Gurkha se hubiera retirado de la 5ª Brigada de Infantería, se habría puesto en duda la credibilidad de los Gurkhas como unidad de combate y se habría causado un gran daño a la moral.

coordinado por la Cruz Roja Internacional ese año, para ochenta y ocho militares argentinos de la guerra fallecidos y previamente no identificados.

Si los nepaleses hubieran dado alguna señal, por informal que fuera, de que estaban preocupados por la manera en que los utilizábamos, [eso] habría señalado el final de la relación tal como la conocemos. Tal como fueron las cosas, se mantuvieron firmes en su compromiso en público y no he recibido información alguna que indique que hubiera [alguna] vacilación seria en privado. Pudieron [actuar así] en parte porque no existe un sentimiento popular genuino contra los Gurkhas y en parte porque el sistema Panchayat sin partidos, que se basa en el consenso y la lealtad absoluta a la Corona, no fomenta la disidencia en [tales asuntos]. Pero si las circunstancias hubieran sido diferentes, con miles de estudiantes sueltos deambulando por las calles de Katmandú y noticias de numerosas bajas tras operaciones prolongadas, mantener la línea habría sido más difícil [...] el hecho de que nos 'hayamos salido con la nuestra' en las Falklands no debería, presento, llevanos a concluir que tenemos *carte blanche* para emplear Gurkhas en cualquier lugar y en cualquier función.

También deberíamos estar preparados para que los nepalíes suban su precio, quizás no directamente, sino exigiendo que se satisfagan sus solicitudes en varios campos. Un alto funcionario de Palacio ya ha insinuado que nuestra 'deuda' por las Falklands requiere un pago en el campo educativo. Quedará a juicio cómo respondemos en cada caso a presiones de este tipo, si es que llegan, y la aquiescencia puede no ser siempre la respuesta.[2]

El 1er Pelotón de la Compañía A estaba disfrutando de un merecido descanso del claustrofóbico asentamiento de Darwin. Proporcionó otra oportunidad de transición de sus experiencias en el campo de batalla a la vida normal. Tekbahadur *saheb*:

> Mientras esperábamos nuestro viaje de regreso al Reino Unido, tuvimos oportunidad de visitar Lively Island [que se encuentra justo al lado del extremo oriental de la península de Lafonia] durante seis días. Temprano en la mañana del 4 de julio nuestro helicóptero despegó con el Pelotón a bordo. El vuelo llevó casi cuarenta y cinco minutos hasta nuestro destino, situado en el norte de la isla. La mayor parte del área estaba cubierta por una espesa nieve, y solo había unas pocas casas en el asentamiento de Lively Island. Pero la nieve había creado un hermoso escenario. Cubierto de blanco, contrastaba perfectamente con las ventanas y las puertas de las casas del asentamiento, de colores azul brillante, verde y rojo. Este magnífico entorno también nos permitió tomar un soplo de aire fresco y vida.

---

2. De un documento desclasificado (Archivos Nacionales, Londres).

Solo quedaba una familia para cuidar el asentamiento. Mientras reunía al Pelotón, vi a un caballero y otras dos personas que venían hacia mí. Dándoles la mano, me presenté. David era el gerente del Asentamiento y lo acompañaban su esposa Yona y su hijo Albert. Estaban encantados de recibirnos, era la primera vez que veían y les presentaban a Gurkhas, 'los más valientes de los valientes'. David asignó a mi Pelotón una casa vacante que ya había sido preparada. Fueron muy amables con nosotros. Casi todas las mañanas, recibimos de ellos leche fresca y algunos huevos. David y Yona procedían originalmente de Escocia, pero nunca habían regresado desde su partida.

De acuerdo con las instrucciones del OC *saheb*, llevamos a cabo fuego real durante los siguientes cuatro días, después de seleccionar un área segura situada a la orilla del mar. La mayor parte de nuestro exceso de munición se gastó celebrando una competencia: y así, nuestro tiempo en Lively Island pasó rápidamente. Pero el mejor parque de diversiones, según nuestros anfitriones, era Sandy Island, con su colonia de muchos miles de pingüinos papúa. Por eso, en el penúltimo día de nuestra estadía, visitamos ese hábitat de esas adorables aves sociales. Nunca antes habíamos visto criaturas como estas. Las mociones de su traslado eran muy atractivas: de hecho, era más bien como ver un enorme río negro flotando sobre la nieve. La colonia estaba ubicada en un área construida por una enorme pila de arena que entraba al mar, con su forma de aguja desapareciendo en la lejanía a más de una milla de distancia.

Temprano en la mañana en nuestra partida el 10 de julio de regreso a Darwin, frente a David y su familia, montamos nuestro helicóptero. Estaban encantados con nuestra visita, pero estaban tristes cuando despegamos. Miré sus rostros emocionados y sus manos que saludaban hasta que una ventisca de nieve nos ocultó y desaparecieron de nuestra vista. Fue un buen ejemplo de cómo intercambiamos sentimientos sin dejar de ser muy conscientes de los eventos del mes anterior, únicos en la vida.

Los Gaiteros y Tambores (Pipes and Drums) del 1er/7º Fusileros Gurkha también estaban 'mostrando la bandera', recorriendo Soledad y Gran Malvina a bordo del MV *Monsunen* del 7 al 13 de julio. Realizaron una ceremonia de 'Batiendo Retirada' ('Beating Retreat') en Fox Bay East y West antes de repetirla en Port Stephens el 8 de julio. Pero su 'Toque de Retirada' del Brazo Norte al día siguiente tuvo que posponerse porque (para furia del Coronel (Colonel) David) la Royal Navy secuestró al *Monsunen* para realizarle reparaciones en San Carlos. Los Pipes and Drums volaron de regreso a Goose Green y luego, durante una fuerte tormenta de nieve el 10 de julio, realizaron una tercera ceremonia de 'Batiendo Retirada' ante una audiencia compuesta por Rex Hunt, Gobernador de las Islas Falkland, el General de División (Major General) Jeremy Moore, el

General de Brigada (Brigadier) Tony Wilson, los colonos y, por supuesto, muchos otros Gurkhas, incluido el 1er Pelotón de Tekbahadur *saheb*, recién llegado de Lively Island. Esto fue seguido por un *nautch* (fiesta) de despedida grande y muy entusiasta y un espectáculo cultural nepalí que tuvo lugar en el Centro Comunitario hasta 03:30 de la mañana siguiente. Los colonos quedaron impresionados por las actuaciones de los Gurkhas en la nieve, tanto afuera como en el escenario interior, algo que nunca antes habían presenciado.

El 'Batiendo Retirada' de North Arm tuvo lugar el 12 de julio, mientras que el Coronel (Colonel) David y el Mayor (Major) David Willis, después de volar a Stanley ese día para una cena de la Brigada, fueron informados de nuestro inminente regreso al Reino Unido en el SS *Uganda*. (Estas fueron más que buenas noticias, porque en Goose Green, ese mismo día, el Cuartel General de la 5ª Brigada nos había notificado que nuestro Batallón regresaría al Reino Unido a bordo del transbordador de Sealink Townsend-Thoresen MV *St Edmund*, así como también en esa *bête-noire* marítima de los Gurkhas, el MV *Norland*.) Al día siguiente, los dos oficiales Gurkhas participaron en el tour del campo de batalla de la Brigada, pero la nieve impidió cualquier explicación detallada de nuestras operaciones.

Los días 15 y 16 de julio, nuestros días cuarenta y cuatro y cuarenta y cinco en las islas, se llevó a cabo el traslado del Batallón al *Uganda*, en un helicóptero Chinook, desde varios lugares de Gran Malvina y Soledad. Tekbahadur *saheb*:

> El 16 de julio comenzamos nuestro viaje [...] a bordo del SS *Uganda*, que había sido el buque hospital de la Fuerza de Tareas británica. Tuvimos la suerte de regresar sanos y salvos del Valle de la Muerte a lo largo de Tumbledown y dejar atrás solo un Gurkha para decirle al mundo que, históricamente, los Gurkhas también habían estado allí. Sin embargo, nuestro socio integral, los británicos, habían perdido 254 de sus marineros, infantes de marina, soldados, paracaidistas y aviadores. Casi cuarenta años después, todavía recuerdo esos días aterradores como si estuviera atrapado en una pesadilla – y como si hubieran sucedido ayer.

Después de llegar a Stanley, partimos el 18 de julio para nuestro viaje de tres semanas de regreso a Southampton, a la módica velocidad de diecisiete nudos. Fue una suerte que la guerra, con la participación de los Gurkhas, hubiera terminado cuando lo hizo, a juzgar por una carta enviada tres días después (el 21 de julio) por el Sr. M. St. E. Burton del Departamento de Asia Meridional de la FCO. Esta indicaba una opinión diferente a la del Embajador británico Denson en Katmandú con respecto a que los nepaleses mantuvieron 'firmes en su compromiso [de desplegar al 1er/7º Fusileros Gurkha en el Atlántico Sur] en público y que no hay información [...] que indique que hubiera vacilación seria en privado.' Burton:

Sin embargo, la información de los estadounidenses es que, desde nuestro punto de vista, la lucha puede haberse detenido justo a tiempo; había algunos en Palacio que empezaban a tambalearse, y que podrían no haberse mantenido firmes si el NAM [Movimiento de Países No Alineados] hubiera ejercido una presión seria.[3]

Las siguientes atareadas tres semanas a bordo del *Uganda* no disfrutaron del futuro beneficio del 'Programa de descompresión para Tercera Ubicación' de las Fuerzas Armadas del Reino Unido (iniciado en 2005):[4] no es que los Gurkhas (a excepción de uno) parecieran susceptibles en general al trastorno de estrés postraumático (PTSD) considerando su estoicismo inherente, el cercano respaldo familiar, su orgullo por el Regimiento, camaradería y el significativo factor de *sharam* (es decir, miedo de ceder a cualquier forma de 'debilidad'), todos los cuales, cuando se suman, proporcionan un fuerte contrapeso. En ausencia de sesiones informativas colectivas sobre estrés, y con el requisito Gurkha de llevar a cabo un BIT diario, cinco cursos educativos, un programa diario de campeonatos deportivos entre Pelotones y muchas otras actividades (descriptas en Seear, 2003). Esta fue una terapia alternativa muy eficaz que revirtió las tres semanas de insomnio anteriores.

Pero mi plato lleno de recuerdos de la guerra de setenta y cuatro días como 'huevos revueltos' requeriría una 'estructuración' renovada para que mis memorias pudieran ordenarse mejor que en su confusión actual. Para ello mantenía la llave 'a largo plazo' —propiedad de Nicolás Urbieta— para abrir y pasar por su puerta, a pesar de la brecha cultural y la inevitable barrera idiomática. Pero incluso al llegar a Southampton, ya había escrito cincuenta y cinco páginas de experiencias de la Operación Corporate. Mecanografiadas por un amable furriel del Cuartel General del Batallón Gurkha, sería el comienzo de una eventual trilogía que requeriría cuatro décadas para completarse. Al final de

---

3. De un documento desclasificado (Archivos Nacionales, Londres).
4. 'Descompresión para Tercera Ubicación' (TLD) es el proceso inicial emprendido por el personal militar al final de un despliegue operacional, mediante el cual comienza el ajuste de la salida de operaciones militares [...], el primer paso de un proceso integral de gestión del estrés post operacional. Durante los últimos 5 años, las FA del Reino Unido han llevado a cabo TLD en una instalación especialmente desarrollada en Chipre, donde el personal es expuesto durante un período que varía entre 24 y 36 horas a una serie de elementos discretos de TLD, que incluyen psicoeducación y actividades grupales e individuales destinadas a facilitar el ajuste posterior al despliegue. TLD tiene como objetivos fomentar el relajamiento, fomentar el apoyo social y permitir una discusión informal de experiencias operativas. TLD también permite una reintroducción controlada al alcohol durante una función social nocturna para mitigar el potencial de abuso de alcohol después del despliegue' (Fertout, Jones y Greenberg, 2012, 188-89).

mi período como adscripto a los Gurkhas en Hong Kong, casi dos años después, un cuarto borrador ya estaba completo. Pero a pesar de las exhortaciones del Secretario de la Asociación del 7º Regimiento de Fusileros Gurkha, dejé el proyecto 'en suspenso' para concentrarme en mi joven familia y en un nombramiento final del Ejército Británico en el Cuartel General de la OTAN con las Fuerzas Aliadas de Europa del Norte ubicado en Kolsås, al oeste de Oslo, como oficial Logístico grado 2 en el equipo de Planeamiento.

Esteban Pino y muchos otros VGM (Veteranos de Guerra de Malvinas) experimentaron lo contrario en Argentina:

> Los días subsiguientes, los meses, y varios años, nos sentimos absolutamente ignorados por la sociedad toda. Mucho dolor, mucha bronca, mucha culpa, mucha resignación. La dictadura militar duró un año más. Me acuerdo que ese proceso de 'desmalvinización' fue acatado por toda la sociedad. Nadie reconocía nuestra experiencia vivida, se ignoraba el tema. No hubo contención de ningún tipo. Ni psicólogos, ni tratamientos para el PTSD. ¡Nada!
>
> Recuerdo que se conseguían documentales ingleses sobre la guerra y estaba prohibido verlos. A escondidas y en secreto, se veían en la casa de algún amigo y siempre con el temor de que algún militar se pudiera enterar y se tomaran represalias. Parece increíble, ¿no?

Hubo una transición sin problemas desde mi jubilación anticipada del Ejército británico en 1988 a un nuevo y desafiante trabajo con Scandinavian Airlines en Noruega trabajando en seguridad y respuesta a emergencias, que requería habilidades fluidas en el idioma noruego. Era un El Dorado de liderazgo en el que los planes detallados, los procedimientos simples pero efectivos y el entrenamiento realista eran componentes vitales para manejar las amenazas de bomba, un accidente de avión o un secuestro. Después de casi nueve años, dejé la aerolínea para concentrarme finalmente en la consultoría de gestión de crisis. El crecimiento postraumático y la autoridad existencial (o el 'combo PTG-EA', como lo llamé) jugaron un papel importante en mi salida de un trabajo muy excitante. Mi proyecto de libro resucitó y di cinco conferencias sobre 'Los Gurkhas en la Guerra de las Malvinas' a bordo de '*La Gran Ballena Blanca*'/SS *Canberra* durante su penúltimo viaje, antes de que lo diesen de baja de P&O. El proyecto de buena voluntad de veteranos de combate también se inició (con esperanza) al devolverle a Nicolás Urbieta sus cinco cartas sin enviar, a través de la Cruz Roja Internacional. Al poco tiempo recibí su confirmación de que había sido repatriado a Argentina, pero nada más. Y así, envié a cada una de las diez direcciones en el trozo de papel higiénico una breve carta que contenía mis antecedentes y expresaba mi deseo de conocerlos. Una encontró oro. El destinatario la envió a un diputado del Congreso Nacional argentino donde su asesor, Leandro Etchichury, la vio.

La historia que sigue está contada ya en mi primer libro (Seear, 2003). Etchichury avisó al diario *Clarín*, que publicó el 16 de junio de 1997 un artículo a página completa titulado *Cartas de Nicolás*. Etiquetándome como 'el que manejó [...] la campaña psicológica que presentó a los Gurkhas como asesinos' [sic], también publicó mi carta con dirección y número de teléfono. Pero Urbieta, ahora Sargento Primero sirviendo en el RI 24 con sede en Río Gallegos, se negó a recibirme. Sin embargo, el artículo tocó una fibra sensible en Argentina. El Contraalmirante IM Carlos Hugo Robacio me llamó para decirme, a través de su esposa de habla inglesa, que esperaba pudiéramos encontrarnos algún día. Un productor del canal TV2 de Buenos Aires también me contactó (cinco veces) invitándome a hablar sobre esta 'historia candente' en su programa de televisión en vivo. Pero Nicolás se negaba todavía a participar. Llegaron cartas de otros, incluido el analista político y productor del programa cultural de televisión independiente *Astrolabio*, Alberto Peralta Ramos; y la maestra, política local y activa soporte de los *'chicos de la guerra'* María Isabel (Marisa) Clausen de Bruno. Se convertirían en importantes facilitadores para mis expediciones iniciales de 'buena voluntad entre veteranos de combate' en Argentina. Escribir libros también se convirtió en una distracción importante para enfrentar los desafíos de mi divorcio en 1998, pero en septiembre de 2000 me volví a casar con Else, otra noruega.

Se acercaba el momento de visitar Argentina. A fines de marzo de 2002 volé a Buenos Aires. Alberto (angloparlante) había alineado a tres veteranos de guerra para mí: el ex Gobernador de Malvinas en 1982 y Comandante de las Fuerzas Terrestres Argentinas en las Islas, General de Brigada en retiro Mario Benjamín Menéndez; el Teniente General Diego Soria que, en Mount Harriet, había sido el CO del RI 4 y Nicolás Urbieta; y el Teniente Coronel (Ret.) Tomás Fox. Era el FOO en Mount Harriet y había dirigido el fuego de artillería de 155 mm hacia nosotros en Wether Ground. Una taza de té por la tarde en su departamento mientras intercambiábamos historias de guerra y una comida a medianoche en un restaurante cercano coronaron estas positivas experiencias iniciales de buena voluntad entre veteranos de combate *ad hoc*.

Al día siguiente me reuní con Marisa y su esposo en la Plaza de Mayo. Una entrevista con un periodista de *Clarín* precedió nuestro viaje a casa de Marisa en la ciudad cordobesa de General Roca. Se realizó una recepción oficial, seguida de entrevistas con Urbieta en la radio local y la red nacional a través de mi intérprete, la maestra de escuela Natalia Alemanno. Finalmente, de regreso en Buenos Aires, Alberto me acompañó al impresionante Desfile de Veteranos de la Guerra de Malvinas por el vigésimo aniversario, el 2 de abril. Esa última noche, un veterano visitó mi hotel. El Teniente Primero (Ret.) del RI 4 Jorge Pérez Grandi había sido Jefe de Pelotón de Urbieta. En la Batalla de *Two Sisters* (Dos Hermanas) en la noche del 11 al 12 de junio, Grandi resultó gravemente herido por la explosión de una bomba de mortero de 81 mm. del 45 Commando.

Ordenó a su Jefe de Sección que dirigiera el repliegue del Pelotón hacia el este por Moody Valley. La misión cumplida, el Cabo y otros tres regresaron para rescatar a su Jefe de Pelotón. El liderazgo y la valentía de Nicolás Urbieta le valdrían la medalla '*El Ejército Argentino al Esfuerzo y Abnegación*'.

El mes siguiente, ya de regreso en Oslo, recibí un extenso correo electrónico de Robacio relatando sus percepciones sobre los 'logros de la tarea' de los Gurkhas en Tumbledown. Sin embargo, mientras lo leía, comencé a preguntarme si habíamos estado en la misma batalla librada dos décadas antes. Su extenso relato que describe, como él lo expresaba, 'la acción directa de los Gurkhas' que, en su ausencia, no hubiera permitido que 'la Guardia Escocesa avanzara y conquistara Tumbledown' se desviaba de la realidad en seis maneras:

1. Los Gurkhas nunca tomaron 'las instalaciones de cocina de retaguardia de la Compañía N' en el extremo este de Tumbledown (en realidad, esta acción fue ejecutada por la Compañía del Flanco Derecho de los Guardias Escoceses);
2. Los Gurkhas nunca 'rechazaron' al 5º Pelotón de Miño (en realidad esto sucedió más tarde en la batalla, y los actores fueron los miembros de la Compañía del Flanco Derecho en el área de 'alojamiento' del extremo este de Tumbledown);
3. Los Gurkhas nunca 'conquistaron el punto más alto y dominante de la montaña [Tumbledown]', la cumbre este —de 229 metros de altura— (en realidad, esto fue llevado a cabo por la Compañía del Flanco Izquierdo de los Guardias Escoceses);
4. Los Gurkhas nunca 'se agruparon y dispararon eficientemente sus armas en la parte trasera del 4º Pelotón, causando que colapsara en ese punto de la defensa' (en realidad, esto fue llevado a cabo por el 13º Pelotón de la Compañía del Flanco Izquierdo, con una carga final de bayoneta del HQ de la Compañía del Flanco Izquierdo, con algunos efectivos del 15º Pelotón permitiendo la derrota definitiva del 4º Pelotón);
5. Los Gurkhas nunca 'treparon la Pared [una enorme losa vertical de granito conocida por la Guardia Escocesa como 'la Cuesta de Esquí' inmediatamente detrás del 4º Pelotón de Vázquez] para alcanzar una posición más alta' (en realidad, esto lo hizo el 13º Pelotón de la Compañía del Flanco Izquierdo);
6. Los Gurkhas nunca se enfrentaron a ninguna tropa del '5º Batallón de Infantería de Marina o de la Compañía B, 6º Regimiento de Infantería (Mecanizado) incluido el Subteniente La Madrid' en Tumbledown (por no decir en la saliente noreste, no mencionada por Robacio), haciendo así imposibile de que 'aquellos de ustedes [Gurkhas] que hicieron pie en esa parte de la montaña no cedieron' (en realidad, esa gente era la 2ª Compañía del Flanco Derecho).

Mi deducción fue que Robacio había confundido los hechos históricos de la batalla porque la amargura de la derrota se suavizaría un poco si la historia militar argentina pudiera acreditar la lucha simultánea (pero infructuosa) de su Batallón de Infantería de Marina contra tres Batallones regulares del Ejército Británico (la Guardia Escocesa, el 7º de Fusileros Gurkha y la Guardia Galesa) con sus ilustres historias regimentales. La 'distorsión de la verdad' de Robacio había sido también un gran factor de irritación para Vázquez, cuya destacada actuación con el 4º Pelotón debe haber contribuido en gran medida a los exagerados elogios al BIM 5 de la Comisión Argentina de Investigación de la Guerra de las Malvinas, el Informe Rattenbach:

> El 5º Batallón de Infantería de Marina demostró el trabajo en equipo, el espíritu y los niveles superiores de formación, profesionalismo y [tenían] equipo adecuado. Estas aptitudes se demostraron en la lucha terrestre durante la defensa de Puerto Argentino. En esta acción, el desempeño de la unidad fue sobresaliente. (Comisión Rattenbach, 1988, 203)

La oportunidad final en la búsqueda de datos para mis libros llegó ocho meses después. Me acompañaba a la Argentina el profesor noruego Lars Weisæth, un psiquiatra que también es el primer profesor del mundo en estrés traumático y que me había ayudado con el entrenamiento en respuesta a emergencias para los empleados de SAS. A través del *Buenos Aires Herald*, yo ya había establecido otro contacto importante (y de largo plazo) con el Dr. Eduardo Gerding, el Coordinador Médico de los Veteranos de Guerra de Malvinas, quien esta vez organizó una reunión de 'buena voluntad' muy positiva entre nosotros y ocho veteranos de guerra argentinos. Una visita a la Embajada Británica para reunirnos con el Embajador y con el Agregado de Defensa (Commando de la Marina Real, también veterano de la Guerra de las Malvinas-Falklands) generó los detalles de Diego García Quiroga, un oficial de la Agrupación de Buzos Tácticos de la Armada Argentina que había sido herido tres veces detrás de la Casa de Gobierno, en Stanley, durante la noche de la invasión, el 1/2 de abril de 1982. Casado con quien luego sería Embajadora de Noruega en Chile y Cuba, Diego vivía, como yo, en Oslo. Nos convertiríamos en buenos amigos. Tenerlo de mi lado fue una gran ventaja, no menos por sus traducciones del español al inglés para mi libro. Finalmente, antes de regresar a Oslo, Lars y yo viajamos a la provincia de Córdoba y a casa de Marisa, donde conocimos a otra media docena de veteranos de guerra y disfrutamos de una cena con ellos.

Mi libro se publicó en julio de 2003 y Marisa me invitó de regreso a la Argentina en septiembre porque también se había publicado el suyo, *Entre tu mano y la mía*, que documenta nuestra correspondencia y mi primera visita. Los presentaríamos ahora en la Feria del Libro de la Ciudad de Córdoba. Después de mi arribo a Buenos Aires, Alberto facilitó más reuniones entre mí y el General de Brigada Menéndez y 'Tommy' Fox. Ambos recibieron copias firmadas de mi libro. Menéndez también había arreglado amablemente que el Ejército Argentino trasladara al Suboficial Suboficial Mayor Nicolás Urbieta desde Río Gallegos después de que Marisa lo convenciera de reunirse conmigo. El encuentro se llevó a cabo en la cocina de Marisa el 20 de septiembre y, luego de yo devolverle sus fotografías y manuales de capacitación, todos viajamos al día siguiente a la ciudad de Córdoba y a la Feria del Libro, donde un público abarrotado escuchó nuestras presentaciones. Esas tres visitas sentaron las bases para un único evento de posguerra anglo-argentino, treinta y ocho meses después.

Comenzó el 14 de noviembre de 2005, cuando recibí un correo electrónico de mi editor. En él me pedía que me pusiera en contacto con un cierto profesor Bernard McGuirk de la Universidad de Nottingham, que acababa de terminar de 'filetear' mi libro. Acepté su invitación para visitar la Universidad justo antes de Navidad. Una vez allí, Bernard describió su plan de celebrar un coloquio internacional en noviembre de 2006 como apertura de cortina para el vigésimo quinto aniversario de la guerra de 1982, el año siguiente. Sería el 'primer evento en su clase' dentro de un foro académico, sobre la Guerra Malvinas-Falklands de 1982 (y no se ha repetido desde entonces). Invitaría a veteranos de combate británicos y argentinos a hacer presentaciones sobre sus experiencias, respaldados por otros expertos en campos de especialización relacionados. ¿Lo ayudaría yo a organizar esto?

Era una 'obviedad'. Mi 'Sí' estuvo acompañado de una nota mental para incorporar a Eduardo Gerding al equipo organizador. Sería un eslabón vital en Buenos Aires. El coloquio 'El conflicto Malvinas-Falklands 25 años después' estaría compuesto por ocho veteranos británicos y cinco argentinos. Estos últimos eran Nicolás Urbieta, Jorge Pérez Grandi, Carlos Hugo Robacio, Eduardo Villarraza y Diego García Quiroga. También estaban Eduardo Gerding, Marisa Clausen de Bruno, Lars Weisæth, Mark Sandman (un psicólogo estadounidense y veterano de la Guerra de Vietnam en las Fuerzas Aerotransportadas de EE. UU.), una semióloga, una politóloga, dos abogados y el presidente de la South Atlantic Medal Association '82 (también veterano). Sería un evento único de buena voluntad para veteranos de combate, lubricado con actividades sociales 'marginales' en pubs y restaurantes. Bernard, cuyos intimidantes títulos profesionales eran 'Profesor en Literaturas Románicas y Teoría Literaria' y 'Director del Centro para el Estudio de Culturas Post-conflicto', también estaba escribiendo su libro *Falklands-Malvinas: An Unfinished Business*. Este analiza la ficción, la poesía y la música, el drama y el cine que se habían ocupado de la Guerra de las Malvinas-Falklands en el Reino Unido, Argentina y otros lugares durante el último cuarto de siglo. También me pidió que fuera su asesor militar antes de la publicación del libro en 2007. Respondiendo 'Sí', me quedó la duda persistente de haber mordido mucho más de lo que podía masticar. Pero los 'Reconocimientos' del autor me describieron como 'un consultor inusualmente meticuloso'; así que tal vez eso debería atribuirse a mi 'combo PTG-EA'.

Trece meses después, el 18 y 19 de noviembre de 2006, se entregaron las veintiún presentaciones del coloquio. La mía era sobre 'Buscar al otro', mientras que la de Nicolás Urbieta era sobre 'Encontrar al otro'. Pero lo más destacado fueron las presentaciones de los ex comandantes de la 2ª Compañía de la Guardia Escocesa, el 5º Batallón de Infantería de Marina y el 1er/7º DEO Fusileros Gurkha. La presentación del General de Brigada (Ret.) David Morgan evitó sabiamente tratar sobre la guerra y trató en cambio sobre Nepal, los soldados Gurkhas en general y el futuro, excepto en una breve sección. Sentado junto al Contraalmirante (Ret.) Carlos Hugo Robacio y al ex Comandante de la Compañía N de este último en Tumbledown, Capitán de Navío (Ret.) Eduardo Villarraza, el ex Comandante Gurkha describió la actitud de sus soldados al ir a la guerra y lo que hubiera sucedido en ausencia de una rendición argentina el 14 de junio de 1982:

> Cuando quedó claro, a principios de mayo de 1982 que el Batallón Gurkha se desplegaría en el Atlántico Sur como parte de la Fuerza de Tareas Británica, el estado de ánimo entre los soldados era de alegría. La moral estaba alta. El afán de los Gurkhas por participar fue, por una vez, más allá de lo que podría esperar quien no los conocía. Una de las Compañías de fusileros del Batallón [la Compañía B, más el Pelotón de Reconocimiento] que había estado entrenando en Belice durante los siete meses anteriores, estaba esperando en el aeropuerto [por coincidencia el mismo día de la 'Rueda de Prensa' Gurkha en Church Crookham y el evento 'psy-op' de afilado de kukris] para su vuelo al Reino Unido, una semana antes del embarque del Batallón a bordo del transatlántico de la Cunard *QE2*. Cuando llegó noticia al edificio de la terminal del aeropuerto de que el destructor HMS *Sheffield* había sido alcanzado por un misil Exocet argentino, matando a veinte miembros de la tripulación [e hiriendo a otros veinticuatro], estos Gurkhas vitorearon. El Comandante de la Compañía, que era un Mayor (Major) británico, objetó que claramente no habían entendido la situación. Pero el oficial Gurkha, segundo al mando, le dijo: '*Saheb*, sí entienden, porque ahora significa que habrá una guerra. ¡Ya no es solo un ejercicio!'
>
> Muy pocas otras tropas reaccionarían de esta manera. La moral se elevó tras un desastre porque eso significaba que tendrían la oportunidad de vengar la pérdida de sus camaradas británicos. El hecho de que los Gurkhas nunca cerraron combate con su enemigo en las Malvinas fue fortuito. No hay duda de que, si en esa fatídica mañana se hubiera permitido al Batallón avanzar hacia Stanley o más adelante hacia el aeropuerto y si los argentinos

hubieran tenido los medios y la voluntad de resistir, la batalla se habría destacado por su ferocidad e indudablemente se habrían perdido muchas vidas. Pero, como se dijo en su momento, 'Si los Gurkhas pueden ganar por reputación, ¿quién quiere matar gente?' (García Quiroga y Seear, 2009, 45)

El vigésimo quinto aniversario de la guerra, en 2007, estuvo lleno de tareas y participación en eventos conmemorativos. Yo ya había comenzado (en 2006) a escribir mi segundo libro, *Return to Tumbledown: The Falklands-Malvinas War Revisited*, pero ahora había otro, *Hors de Combat: The Falklands-Malvinas War Twenty-Five Years On*, una antología de las presentaciones del coloquio para co-editar que, dos años después, fue revisada y ampliada en una segunda edición, *Hors de Combat: The Falklands-Malvinas Conflict in Retrospect* (García Quiroga y Seear, 2009).

El 17 de marzo, Bernard, Diego y yo asistimos al seminario de la Universidad de Londres, 'Recordando las Malvinas en la literatura y el cine argentinos'. Esta fue una experiencia extraña. La cohorte de seis académicos que presentaba hizo repetidamente suposiciones irritantemente incorrectas sobre la guerra en general, además de cometer errores específicos relacionados con los eventos del campo de batalla. Esto hizo que mi progreso postraumático y mi autoridad existencial se activaran con fuerza mientras hacía múltiples intervenciones a un conferenciante tras otro. Era incomprensible para mí que no poseyeran ni siquiera un conocimiento básico y detallado sobre esta pequeña, pero muy intensa, guerra limitada convencional. Finalmente, un exasperado Bernard me indicó que cesara. Pero había dado en el blanco.

Carlos Gamero, un conocido escritor, crítico y traductor argentino y una de mis víctimas ese día, dedicó posteriormente una página en la edición revisada de *Hors de Combat* donde describía y analizaba mi comportamiento de 'veterano de combate'. Fue ingenuamente simplista al centrarse solo en 'esa noche' en Tumbledown, y claramente ignoraba que nosotros, los Gurkhas, habíamos estado bajo fuego de artillería esporádico durante los cuatro días y noches anteriores. Además, no tuvo en cuenta (¿pero cómo podía conocer?) las diez semanas anteriores de estrés, las preocupaciones familiares; el entrenamiento; los preparativos; el despliegue (en dos barcos); la coordinación de adiestramiento; la planificación; las Alertas aéreas Rojas; el desembarco en LCU en Blue Beach 2; los vuelos en helicóptero; la lucha contra el miedo a lo desconocido; los desafíos de liderazgo; la falta de sueño y raciones; la planificación de la batalla final; el combate en el campo de batalla; las bajas; las reacciones de estrés postraumático 'natural' (no del trastorno) también conocido como 'período azul' y las consecuencias a corto y largo plazo, incluido el 'combo PTG-EA' (en lugar del PTSD, en el que los medios de comunicación de hoy continúan enfocándose). La lista es casi interminable.

Dos meses después, el 15 de mayo, los tres estábamos en la inauguración de la Exhibición de la Guerra de las Malvinas en el Museo Imperial de la Guerra de Londres. Este fue el turno de Diego de dar un paso adelante, con muchos de los veteranos de combate británicos presentes conscientes de su presencia como el único veterano de combate argentino. Para él, lo más destacado fue ser introducido a la baronesa Margaret Thatcher. Diego:

> Nos dimos la mano y ella dijo que estaba encantada de conocerme y verme allí. Agregó que el conflicto había sido una ocasión triste pero 'muy conveniente para el reino'. No hice ningún comentario, sino que respondí algo parecido a haber lamentado el rechazo de Sir Rex [Sir Rex Hunt, gobernador de las Islas Malvinas en 1982] a mi invitación a tomar el té esa distante mañana [de la invasión]. La señora es brillante. Sonriendo peligrosamente, dijo: '¡Pero me dijeron que no habías traído el té!' (García Quiroga y Seear, 2009, 173-74)

Dos meses después hice mi cuarta visita a Argentina, acompañado nuevamente por Lars Weisæth. En Buenos Aires, la noche del 23 de marzo, estuvimos entre los veintiséis invitados, incluidos Menéndez y Robacio, a una cena de veteranos de guerra organizada por Jorge Pérez Grandi en el imponente *Círculo Militar*, anteriormente el *Palacio Paz*, sede de la Asociación de Oficiales Militares y el Museo Nacional de Armas. En las siguientes cuarenta y ocho horas me reuní con 'Tommy' Fox, el General de Brigada Mario Benjamín Menéndez y el Contraalmirante Carlos Büsser, Comandante de la Fuerza de Desembarco de la Fuerza de Tareas 40.1 en la Operación Rosario del 2 de abril de 1982.

Pero nada pudo superar la tarde de buena voluntad de veteranos de combate *ad hoc* facilitada por Eduardo Gerding el 26 de marzo, cuando me reuní con nueve veteranos de guerra del BIM 5 en el Hotel Anexo del *Centro Naval*. Además de Robacio, Villarraza y el Jefe del 3er Pelotón, Suboficial Luis Jorge Lucero, también estuvieron presentes el Suboficial Elvio Cuñé y cinco de sus Infantes de Marina de la Sección de Morteros de 81mm. Ante Cliff Caswell, Editor Asistente de la revista *Soldier* del Ejército Británico, y el fotógrafo Steve Dock, sus historias e imágenes de buena voluntad entre los veteranos de combate, desplegadas en el vestíbulo del Hotel Anexo del *Centro Naval*, fueron reconocidos el 23 de mayo de 2008, junto con otros artículos que Cliff escribió sobre la guerra de 1982, con el premio de la Asociación Británica de Comunicadores en Negocios al Mejor Informe de Evento (*Soldier*, 2007, 5).

Dos días después, Robacio y yo asistimos a un almuerzo del Foro de Mujeres de Buenos Aires con el objetivo principal de presentar nuestras experiencias de guerra. Este evento fue monitoreado por el periodista de BBC Radio 4, Jack Izzard, quien luego me entrevistó seis veces ese día. También conocí a Esteban Pino y sus amigos, Germán Estrada y Juan Casanegra. Estos dos últimos habían servido como artilleros del 601° Regimiento Antiaéreo

(GADA 601) en la BAM (Base Aérea Militar) Malvinas (Stanley Airfield) durante la guerra. Después de limitarme a hablar solo de las secuelas personales de la guerra, mi coda para esta 'buena voluntad entre veteranos de combate' fue recitar el soneto 'Juan López y John Ward' del poeta argentino Jorge Luis Borges. La táctica generó aplausos. Luego, 'Pino' y Gérman presentaron sus testimonios de la guerra, la derrota, el rechazo de la sociedad argentina y su (de ellos) tardía respuesta, el libro *Contar Malvinas*, publicado en 2006. La presentación de Pino incluyó su análisis de una insuficiencia común entre los veteranos argentinos, a saber, cómo la derrota había impedido su capacidad de comunicarse sobre la guerra:

> Pasaron muchos años hasta que pudimos empezar a hablar de [la guerra] sin ninguna vergüenza. En mi caso, eso llegó veinticuatro años después [en 2006]. No hablé de Malvinas con mis padres, compañeros o amigos, ni siquiera hablé con mi amigo Germán Estrada, que había ido a la guerra conmigo. Comenzar a hablar fue muy liberador. Muchos otros todavía no pueden hablar de ello e incluso se vuelven suicidas. Poder hablar del tema fue un antes y un después en mi vida. No solo me ayudó a mí, sino que también sirvió para reconfigurar la mirada tanto de familiares, amigos y otras personas que, de alguna manera, me agradecieron por expresar mis opiniones al leer mi libro *Contar Malvinas*.

El público escuchó con simpatía, pero un Juan emocionalmente afectado no pudo hablar. La presentación de Robacio fue sobre la lucha en la guerra, lo que provocó una reacción hostil contra la guerra por parte de muchas de las damas presentes. De regreso a mi hotel, conocí a otros dos veteranos de guerra de Tumbledown, de la Compañía N del BIM 5. El simpático Capitán de Navío aún en actividad Héctor Omar Miño (Jefe del 5º Pelotón) y el Teniente (Ret.) Marcelo Oruezabala (Jefe del 2º Pelotón). Al día siguiente, Pino me envió un correo electrónico describiendo las reacciones abrumadoramente positivas de Germán, Juan y suya a nuestro encuentro. También mencionó a los Gurkhas y la propaganda que los describía como 'animales, sanguinarios, cortadores de orejas, etc.'. Regresar a las islas era algo que también anhelaban, ¡y él quería 'pasar una noche en el Mount William otra vez!'[5]

El 29 de marzo, Lars y yo visitamos una vez más el pueblo de General Roca. Asistido por la siempre fiel Natalia, repetí mi presentación del día anterior ante el Foro de Mujeres frente a una audiencia de casi 200 personas, incluyendo veinticinco veteranos de guerra. Hubo una respuesta entusiasta y la televisión nacional y la local pidieron entrevistas. Marisa proveyó aliento con una

---

5. E-mail fechado el 29 de marzo de 2007.

demorada fiesta de cumpleaños para mí, tarde en la noche, en su casa. La presentación se repitió al día siguiente ante 200 escolares de la localidad de Oliva. Mi séptima y última entrevista televisiva fue en el Museo Nacional de la Guerra de Malvinas de la localidad. La última pregunta del entrevistador fue (¿inevitablemente?), '¿Son mercenarios los Gurkhas?' Mi respuesta fue un simple '¡No!', pero luego lamenté no haber mencionado las deliberaciones del comité *ad hoc* de la ONU de 1982 sobre mercenarios, que excluían a los Gurkhas. de la definición.[6]

A nuestro regreso a Buenos Aires, asistí a una discreta ceremonia de conmemoración del vigésimo quinto aniversario en la Plaza San Martín el 2 de abril, y a una velada con Eduardo Villarraza y su familia. El informe de Jack Izzard para las noticias de Radio 4 —seis minutos— sobre mi actividad de buena voluntad entre veteranos de combate en el Foro de Mujeres, también se transmitió en el Reino Unido más tarde esa noche. Bernard estaba escuchando. Recibí su alentador mensaje de texto de 'Auténtico, verdadero, duradero' antes del vuelo de regreso a casa, al día siguiente. El sitio web de noticias de la BBC también publicó el breve pero optimista artículo de Izzard, 'Los enemigos de Malvinas se encuentran finalmente.'

Dos meses más tarde habría otra semana agitada, entre el 10 y el 17 de junio. Comenzó con un almuerzo conmemorativo a bordo del *QE2* en Southampton, seguido de mis dos presentaciones sobre la Guerra de las Malvinas-Falklands en el Museo del Ejército Nacional y el Museo Gurkha en Londres y Winchester, respectivamente. Cuarenta y ocho horas más tarde hubo una reunión del 1er/7º Fusileros Gurkha en una barcaza en el río Támesis antes de ir al desfile de Conmemoración del 25º Aniversario de la Guerra de las Malvinas en Horse Guards Parade. Luego, después de una pausa de cinco meses, participé con otros 218 'peregrinos' veteranos de guerra en el 'Peregrinaje a las Falklands 25' a las islas, entre el 4 y el 14 de noviembre, organizado por SAMA 82 y Estrés de Combate. Esta fascinante y, a veces, emotiva visita (narrada después en Seear, 2014) culminó ese último día cuando encontré la posición del Pelotón de Morteros de 81 mm del suboficial Cuñé, bien ubicada y en gran parte intacta en el lado este del abra que conecta Tumbledown con Mount William. Casi inmediatamente después de mi regreso a Oslo, volé otra vez al Reino Unido para participar en otro coloquio de la Universidad de Nottingham que lanzó la primera edición de *Hors de Combat*. Una asignación final de la Guerra de las Malvinas-Falkland en ese año fue mi regreso al *QE2* y la realización, durante su crucero por el Mar del Norte del 6 al 14 de diciembre, de otras seis presentaciones sucesivas.

Hubo un 'derrame' el año siguiente en mi actividad de aniversarios con presentaciones en el Colegio de Defensa Nacional Sueco (1 de abril) y la

---

6. Ver el Capítulo 5 para el texto de la definición.

Academia Militar Danesa (2 de abril), seguidas de mi asistencia (20 de abril) a la reunión inaugural del buque hospital de la Fuerza de Tareas. HMHS *Uganda* en Southampton. Después de veinticinco eventos (incluidos seis durante la Peregrinación de 2007) en dieciocho meses, regresé a la Universidad de Nottingham el 20 de noviembre con mi presentación influenciada por la peregrinación, '¿Cuál fue el impacto de la Guerra de Malvinas-Falklands de 1982 en la cultura posconflicto de la extraordinaria y pequeña capital de Stanley?' ante treinta y cinco estudiantes y personal. La escritura simultánea de *Return to Tumbledown* también requirió intercambiar cientos de correos electrónicos con Carlos Daniel Vázquez y Esteban Vilgré La Madrid para capturar sus historias. Pino y yo también continuamos intercambiando correos electrónicos esporádicos, y uno de los suyos contenía la grata noticia de su regreso a Tumbledown y Mount William en marzo de 2009.[7] Pero dos años después llegó la triste noticia de que, el 29 de mayo de 2011, el Contraalmirante IM Carlos Hugo Robacio, de setenta y seis años, poseedor de la medalla '*La Nación Argentina al Valor en Combate*' por su desempeño bélico de 1982, había muerto de un derrame cerebral en Bahía Blanca. También había un enigma poco grato. Parte de su testimonio revisado (publicado trece días después) estaba plagado de 'inexactitudes':

> Hace muy poco estuve en una reunión en Gran Bretaña [Nottingham] con los Comandantes que me habían atacado [en la guerra]. Habíamos comenzado a combatir el 13 de junio de 1982. Ese mismo día por la tarde nos atacaron con una Compañía reforzada que aniquilamos [...] El Comandante de los Gurkhas me escribió una carta para decirme que nunca estuvieron tan asustados como cuando atacaron Tumbledown. Los ingleses no podían creer que entre mis tropas también tuviera soldados conscriptos. 'No, sus hombres eran veteranos. No pudimos sacarlos de sus trincheras', me dijeron después de la guerra. Por eso, y a pesar de que los ingleses lo negaron porque yo los vi, puedo confirmar que las bajas británicas triplicaron las argentinas.[8]

Lamentablemente, todo esto reflejaba una incapacidad para reconocer la verdad, ese componente esencial de la buena voluntad entre veteranos de guerra.

Un correo electrónico que me enviara más tarde el Capitán de Navío IM (Ret.) Carlos Daniel Vázquez el 16 de octubre de 2012 también se refería a la

---

7. E-mail fechado el 26 de abril de 2010.
8. De un sitio web argentino (http://elrosaleniodigital.com.ar/2011/05/fallecio-el-contraalmirante-carlos-robacio), publicado el 11 de junio de 2011. Se supone que el ataque de la tarde del 13 de junio se refiere al ataque de distracción del Pelotón (no la Compañía) de los Guardias Escoceses en Pony's Pass.

importante cuestión de la verdad. Vázquez había vivido un momento difícil a principios de ese año como Jefe de Inteligencia en la *Base Aeronaval Almirante Zar* en la ciudad de Trelew. Previamente, se había modificado la función de todos los servicios de inteligencia nacional en Argentina y se ordenó el desmantelamiento de las redes de inteligencia militar y el cese de las tareas de inteligencia en el territorio nacional. Las Fuerzas Armadas lo acataron, pero no en su totalidad ni con efecto inmediato. Se descubrió que los archivos de ciertos civiles en la zona de Trelew aún estaban en poder de la Sección de Vázquez. Los catorce hombres (incluido Vázquez) fueron acusados y juzgados en el Cine Teatro 'José Hernández' en Rawson, la capital de la provincia de Chubut. Su correo electrónico describía la terrible experiencia:

> [Usted] debe entender las características del juicio en el que he sido acusado: fue un juicio en el que no se presentaron pruebas, donde los testigos eran falsos y donde los Jueces tenían miedo de perder sus trabajos por acusación política en caso de que no fuéramos condenados. Hacen lo que el Gobierno les dice que hagan […] La publicación de su libro [la primera edición de *Return to Tumbledown*, publicado en mayo de 2012] coincidió con el final del juicio pero, lamentablemente, no pude prestarle suficiente atención. […] Me negué a defenderme durante todo el juicio. Por tratarse de un juicio político sin garantías de justicia, no quise darle mi aquiescencia. Pero el día anterior a la lectura de la sentencia, cada acusado tiene la oportunidad de decir sus últimas palabras. Casualmente, el día que tuve que defenderme fue el 14 de junio de 2012. Ese día me negué a decir nada. [En resumen, mis] últimas palabras fueron aproximadamente las siguientes:
>
>> 'Primero voy a hablar de dos 14 de junio. Uno fue el 14 de junio de 1982 en una montaña llamada Tumbledown. Luego hablaré de otro 14 de junio, pero en este año de 2012.'
>>
>> Describí en cinco minutos ese combate en Tumbledown contra el 2° Batallón de Guardias Escoceses, y luego dije que, por otro lado, [el] 14 de junio de 2012, estaba frente a un tribunal argentino que me condenaba por haber cumplido con mi deber en mi propio país. Luego leí lo que usted escribió de mí en sus dos libros [incluidos cuatro párrafos de *Return to Tumbledown*] y le dije al juez que aceptaba su juicio (el de usted) o el de cualquier otro soldado inglés, porque me enfrentaron mientras arriesgaban su sangre como yo lo hice. Por esto tenían derecho a juzgarme.
>>
>> Pero este jurado que me juzgaba no tenía autoridad moral para hacerlo, ni tenía mérito suficiente para ponerse a mis pies para juzgarme, porque yo hice lo que tenía que hacer como oficial de la Armada por mi patria, pero no como ellos hicieron en la preparación

de este juicio, para obtener favores políticos del actual gobierno.

Finalmente, les dije que cuando los ingleses me hicieron un simulacro de ejecución durante un interrogatorio, me negué a hablar. Entonces, si en esa situación no hablé, tampoco lo haría frente a quienes no respeto.

Terminé mis palabras expresando mi orgullo de pertenecer a la Armada Argentina, 'una institución de hombres honorables'.

Esta es la razón, Mike, por la que al pronunciar mi sentencia el Juez redujo mi prisión preventiva a seis meses, por lo que había hecho en las Malvinas. Quiero aclarar que él estaba interesado solamente en lo que *usted* tenía que decir de mí y no en lo que la Armada o cualquier otro argentino pudiera decir de mí, ya que ningún miembro de mi Armada se atrevió a pronunciarse en mi favor por miedo al poder de los políticos que gobiernan. Es así, Mike [...] usted fue la única persona que me ayudó en este juicio.

Leídas que fueron las sentencias, [el Juez] me convocó en privado y se disculpó por su decisión, explicándome que estaba forzado a tomarla. Me dijo que se sentía orgulloso por haberme conocido y reconoció que mi país estaba en deuda conmigo, pero que no podía hacer otra cosa.

Vázquez fue también condenado a cincuenta horas de investigación obligatoria en derechos humanos o trabajo activo en organizaciones de derechos humanos, no se le permitió trabajar en ninguna institución gubernamental durante un año y tuvo que proporcionar un informe mensual de su paradero durante los siguientes dos años. Se retiró de la Armada Argentina el 1º de septiembre de 2012, luego de treinta y ocho años de servicio. Su hijo menor, Guillermo ('Guille') me proporcionó información complementaria sobre el absurdo juicio:

> El resto de los involucrados en el caso fueron condenados a dieciocho meses de prisión en suspenso, y al doble de tiempo sin poder trabajar para las instituciones públicas. No sé cuánto servicio comunitario [tuvieron que hacer], seguramente 150 horas, [porque] a mi papá le acababan de [dar] la tercera parte de [esa] sentencia. Solo un oficial, [el asistente] de mi padre, fue declarado inocente [porque había sido enviado a Haití en una operación de mantenimiento de la paz de la ONU cuando ocurrieron los presuntos delitos]. Incluso los suboficiales recibieron una sentencia mayor que la de mi padre.[9]

Vázquez (padre) tenía aún más que agregar sobre el contenido del segundo libro de mi trilogía:

---

9. E-mail fechado el 1º de agosto de 2012.

Ahora quiero hablar sobre el libro [*Return to Tumbledown*]. En primer lugar, agradezco sinceramente el arduo trabajo y la responsabilidad con que asumió la tarea de reconstruir esta historia contaminada de intereses y falsos testimonios. Más allá de los relatos que escribió y de cómo logró darles coherencia, las conclusiones que sacó fueron muy claras y señalan los aspectos que fueron determinantes para las órdenes, el comportamiento de los soldados y las maniobras durante el combate.

Las conclusiones [...] arrojan luz sobre lo que, hasta ahora, nadie podía o quería mostrar. Usted ha divulgado las verdaderas razones de las decisiones tomadas por los Comandantes en los diferentes niveles que intervinieron en el combate. [...] Usted es a la vez autor de un libro y protagonista.

[...] Por todo esto quiero agradecerle; pues en medio de toda la falta de reconocimiento que he vivido y en la que pasaré el resto de mis días, su testimonio es un legado que será el mejor recuerdo que mis hijos tendrán de su padre en el futuro.

Mike, se me hace muy difícil describir la importancia que su libro tiene para mí. Podría escribir 100 hojas de papel para explicárselo, pero aún así no podría expresarlo. La parte del libro que me involucra, la he leído con la ayuda de mis hijos Guillermo y Carlos porque mi pobre inglés hace que mi lectura sea demasiado lenta. En las próximas semanas, leeré lentamente una vez más su libro por completo, para comprender mejor los detalles que en la ansiedad de mi lectura inicial no pude entender.

Mike, soldado y camarada, te diré en esta carta lo que les he dicho muchas veces a mis camaradas. Me siento más cerca tuyo, tú que fuiste mi enemigo, que de muchos camaradas argentinos que no han visto un verdadero combate y sin embargo hablan de él como si lo hubieran hecho. Comparto contigo lo que no comparto con mis camaradas argentinos. Me siento orgulloso de considerarme tu camarada, y realmente me hubiera encantado conocerte en persona, especialmente compartiendo la profesión militar.

Hice una quinta visita a Buenos Aires junto a Bernard y otros dos colegas, durante diez días, en marzo de 2013. Lo más destacado fue conocer al Coronel Esteban Vilgré La Madrid, después de haber intercambiado con él más de 150 correos electrónicos sobre la lucha desigual de su Pelotón contra la 2ª Compañía del Flanco Derecho de la Guardia Escocesa. Me había recibido en el Círculo Militar, me acompañó a mi habitación y tomó mi cuaderno para escribir en él: 'Querido amigo Mike, como miembro de la Hermandad del Atlántico Sur, ¡bienvenido a tu Círculo Militar!' Esto era un buen comienzo. Esteban también es fanático del rugby y anglófilo. Su madre, Meryl, era una Spencer-Talbois, una de las familias inglesas más antiguas de Argentina. Su bisabuelo luchó en la

Guerra de Crimea —era pariente de Kitchener y de Buller— y poco después se estableció en Argentina. El abuelo de Esteban también luchó en la Primera Guerra Mundial y fue gaseado en las trincheras en Francia. Todo eso, más nuestra afinidad natural a raíz de la experiencia compartida en Tumbledown y la voluntad de decir la verdad, garantizaron la buena voluntad como veteranos de combate entre nosotros.

También fue muy gratificante que la siguiente generación, representada por su hija Eugenia y por Carlos Horacio, hijo mayor de Carlos Daniel Vázquez y oficial naval, fueran testigos de esta destrucción de uno más de mis enemigos por nuestra nueva amistad. También hay una larga posdata a este penúltimo capítulo, la respuesta de Esteban Vilgré La Madrid, por el mismo medio, al correo electrónico que le había enviado Carlos Daniel Vázquez doce meses después de esa quinta visita mía. Proporcionaba más información sobre esas confusas horas finales de combate en Tumbledown, además de reflexiones de posguerra. Sin poder recordarlo, Esteban también había pasado por la posición del 4º Pelotón de Carlos Daniel Vázquez el 12 de junio, mientras se replegaba desde Two Sisters. El Subteniente del Ejército se encontraba con soldados de la Compañía B del RI 6, comandados por el Jefe de Compañía del Grupo de Batalla, Mayor Oscar Jaimet. Aproximadamente a 12:30Z se encontraron con tres soldados del 3er Pelotón de la Compañía B del RI 4 que se retiraban de Mount Harriet. Dos llevaban a otro, el Subteniente Lautaro Jiménez Corbalán, su Jefe de Pelotón que, en el mes anterior, se había enterado a través de Radio CARVE de Uruguay del despliegue Gurkha en las islas. Al frente de sus soldados y en la oscuridad, entró en un campo minado argentino y pisó una mina antipersonal que explotó hiriéndolo. Sin saber si estaba vivo o muerto, los otros dos soldados, Salvatierra y Flores, lo rescataron del campo minado antes de brindarle los primeros auxilios.

Jaimet les dijo entonces adónde quedaban el Puesto de Mando y el Puesto de Primeros Auxilios de la Compañía Nacar del BIM 5 en Tumbledown mientras Esteban, reconociendo a Jiménez Corbalán (que era su compañero de promoción), intercambiaba unas palabras con él. El resto del 3er Pelotón de Jiménez Corbalán llegó hasta el lado este del Mount William, pero antes de replegarse a Puerto Argentino en la oscuridad, el fuego de la artillería británica dio cuenta de otro soldado del 3er Pelotón. El conscripto Epifanio Casco fue el sexto y el último de los soldados de Jiménez Corbalán en morir en acción, además de otros siete que fueron heridos durante la batalla de Mount Harriet.[10] Estas duras estadísticas del destino del 3er Pelotón serían, en 24 horas, similares

---

10. Este resumen de las experiencias de Lautaro Jiménez Corbalán y su 3er Pelotón el 12 de junio de 1982 luego de la batalla de Mount Harriet, está basado en un extracto de su libro *Malvinas en Primera Línea* (Corbalán, 2015), adjunto al e-mail de Jiménez Corbalán de fecha 3 de noviembre de 2020.

a las del Pelotón de La Madrid. Las últimas líneas de aquel correo electrónico enviado por Carlos Daniel Vázquez el 7 de marzo de 2014 lo describen positivamente: 'Siempre lo recuerdo cuando caminaba por Tumbledown, entusiasta, alegre y dispuesto. Tengo buenos recuerdos de usted.' La respuesta de Esteban fue enviada el mismo día:

Estimado camarada y mi oficial superior,

Estoy profundamente contento de haber recibido su correo electrónico y de haber tenido el honor de conocer a Carlos 'Junior' cuando Mike [Seear] visitó Buenos Aires en marzo de 2013. Qué coincidencia que tanto su hijo, el de Waldemar 'Negro' Aquino, y los míos son soldados, Tenientes y todos pertenecen a la Infantería. ¡Debemos haber hecho algo bien en nuestras vidas!

Para mí hubo muchas cosas sobresalientes esa noche [en Tumbledown]. Pero muchas están en la niebla, y también soy consciente de que muchas no se ejecutaron correctamente. No obstante, sé que hicimos lo mejor que pudimos.

Pero si algo me queda claro de aquella madrugada en que salí del Puesto de Comando de Villarraza después de que él me informara enérgicamente de la situación, [es] que salí con la clara sensación de que esto estaba jo****. Mientras yo recibía la orden de establecer un bloqueo 'cercano' al Puesto de Observación del Batallón, me llegaba una comunicación (por radio o por teléfono) comentando (supongo que sería usted) con voz ansiosa sobre la situación en el frente, agregando que ya estaban en el cuerpo a cuerpo o que (los británicos) ya estaban en la posición, que (ustedes) resistirían tanto como pudieran, pero no sabían por cuánto tiempo podría ser. Un lacónico Jefe de la Compañía Nácar respondió que debían aguantar y que se enviarían refuerzos [...]

Cuando salí con Waldemar como mi explorador, pudimos ver algunos disparos a unos 400 metros de nosotros. Probablemente esa era su posición [...] ¡Yo no sabía, de hecho, quién era quién! Por eso, y ya habiendo descartado mis anteojos de visión nocturna [Litton], le pedí a Waldemar (cuya misión ya estaba cumplida, pero quien aún así se quedó a mi lado) por otro explorador. Se trataba del Infante de Marina Vèlez, que tenía una mira de visión nocturna. Con él y otro soldado de mi Pelotón, traté de avanzar para establecer contacto con usted.

Ahora (me) es obvio que calculé mal la distancia y tomé un desvío demasiado grande. Su posición, donde aún continuaba la lucha, estaba muy lejos. Sin estar familiarizado con el terreno y viniendo del este, no solo me dirigía hacia la segunda cumbre [este] de Tumbledown, sino también hacia las fuerzas británicas. ¡Un verdadero novato! Empecé a darme cuenta de que alguien hablaba inglés [...] ¡a solo setenta metros de nosotros! [...] Ahí estaba yo como un nabo, al descubierto y bajo la iluminación de todas las bengalas [...] de pie en el sector [del enemigo] mientras la lucha continuaba. No sé qué hora era entonces. Les dije a Vèlez y a Arrúa (el soldado de mi Pelotón), 'Voy a tirar una PDEF. ¡Cuando estalle, corran lo más rápido que puedan y regresen al Pelotón!'

Hice eso disparando hacia los británicos. Entonces esos dos corrieron más rápido que yo. Durante los últimos 200 metros tuve que tomar cubierta en cuatro patas detrás de una pequeña roca mientras me reía en silencio de mí mismo por la ridiculez de toda la situación. Finalmente, los británicos empezaron a disparar muy por encima de mi posición y entonces pude regresar a mi Pelotón sin mayor problema.

[...] Una vez que me junté de nuevo con Waldemar y, con los los ingleses avanzando, [...] abrimos fuego. A mi izquierda parecía haber una pequeña subunidad de infantería. Según Waldemar, se trataba de Miño, a quien el Jefe de la Compañía Nácar había ordenado volver al frente para restablecer la línea. Quienquiera que haya sido, no habló ni dijo nada, sino que simplemente abrió fuego contra el enemigo. Después, y enfrascado en mi propio combate, lo perdí de vista. Ya para ese momento, no recuerdo haber visto ninguna actividad de disparos en el área del 4º Pelotón. [...] El hecho es que la Compañía del Flanco Derecho tuvo éxito, del mismo modo que la Compañía del Flanco Izquierdo lo tuvo contra el 4º Pelotón.

Todos permanecimos en contacto estrecho. Intentar salir era más peligroso que seguir luchando entre las rocas, que proporcionaban algo de cubierta. Por lo tanto, el amanecer nos sorprendió tratando de replegarnos, casi sin municiones y [con] varios muertos, heridos y otros que habían quedado prisioneros. Sin embargo, tuve más suerte que usted. Mi Jefe, el Mayor Jaimet, que había establecido un bloqueo en Wireless Ridge ordenado por Robacio (donde evaluó que los paracaidistas británicos continuarían su ataque), envió una subunidad para ayudarme a romper el contacto. De no ser así, yo habría compartido su destino y, además, (habría) muerto defendiendo la posición.

Tengo claro, camarada, que no somos ni héroes ni villanos, pero que la acción de nuestras tropas honró una batalla que estaba completamente perdida de antemano. Los británicos lograron engañar [a nuestros Comandantes] sobre la dirección del ataque principal, y ni el Comandante del Batallón ni el Comandante del Componente Terrestre en Puerto Argentino [Stanley] se dieron cuenta esa noche de la necesidad de comprometer sus reservas tan pronto como comenzó el ataque a su 4º Pelotón. Por eso, la primera luz los agarró con dos Compañías de Infantes de Marina de reserva desplegadas todavía en Sapper Hill. Impedidas como estaban, no tendrían ningún papel en la batalla. Además, dada la altura de su posición, ya era demasiado tarde. Por supuesto, todo esto es fácil de decir leyendo los diarios de ayer. Creo que esas acciones y los soldados de la Infantería de Marina y del Ejército que lucharon bajo nuestro mando deberían recibir una parte del honor por el combate posterior, además de las historias que nos unen a nosotros y a Waldemar.

Estoy de acuerdo con usted en que se han tergiversado muchas cosas y nadie se ha preocupado de investigar bien lo que sucedió aquella noche que fue tan notable para nosotros. Dejé ocho muertos en Malvinas y tuve casi igual cantidad de heridos. Solo una docena de mis soldados pudieron reunirse en la base de Tumbledown esa mañana del 14 de junio. También sé que se podrían haber hecho muchas otras cosas. El problema es que quienes luego escribieron o hablaron sobre estos temas fueron los propios participantes y eso le quita el rigor necesario a la investigación histórica. Robacio escribió sobre su Batallón, y obviamente pretendía resaltar las acciones de sus hombres y 'dejar trapos sucios sin lavar'. Había tres oficiales del Ejército allí en Tumbledown esa mañana. Incluían a Silva (que murió en acción) y a mí. Si tuviera que hablar en primera persona, se podría suponer que estaba tratando de atribuirme el mérito de lo que hicieron mis hombres [...] y por lo tanto una niebla cubrirá esa noche de coraje, juventud, osadía y combate cuerpo a cuerpo que usted y yo presenciamos. Además de unirnos, todo esto significa un compromiso. Solo nosotros podemos decir cómo lucharon y murieron nuestros hombres [...]

Querido amigo: Quiero que sepa que es un honor contarlo entre mis hermanos. En todas mis charlas sobre Malvinas cuento su historia y la de sus soldados; las acciones de las pequeñas subunidades brindaron honor y orgullo al desastre de las tácticas superiores, y el 4º Pelotón de la Compañía Nácar es uno de esos ejemplos. Lo que le dije a su hijo recientemente es que mi misión nunca tuvo la intención de ser un despliegue en su sector, ya fuera para apoyarlo o brindarle asistencia para que rompiera contacto con el enemigo. Era solo para bloquear una penetración. Pensé que usted podía tener la impresión de que unos tipos del Ejército habían recibido la orden de apoyarlo, pero que luego se hicieron los giles y, de manera cobarde, lo abandonaron a su suerte. He seguido su situación a lo largo de todos estos últimos años, así como durante los momentos desagradables que vivió recientemente con respecto a acusaciones injustas. ¡Esto solo significa que hemos vivido y hecho cosas en nuestras carreras militares que hemos experimentado al máximo!

[...] Como dije, muchas cosas quedan en la niebla. Una de ellas es lo que hice ese día 12 de junio [de 1982], después de entregar mis heridos al Puesto de Primeros Auxilios del Batallón. ¡Que nos hayamos visto (en su posición en Tumbledown) me llega como una sorpresa! ¿Podría contarme las circunstancias, o lo que hicimos entonces? Esto es porque ese 12 de junio empieza en mis recuerdos por la noche, cuando descubrí que el frío finalmente me había alcanzado, ¡pero no había pensado todavía en (buscar) algo que me abrigara!

De todos modos, espero que podamos encontrarnos pronto. Le envío un fuerte abrazo y todo mi respeto y admiración por su parte en la historia de esa noche que nos hace compartir recuerdos que son gratos, pero que también son fantasmas que de vez en cuando nos acosan. Esteban.

Capítulo 16
... Prolongado en Buenos Aires y *Minefield/Campo minado*

Vale la pena conocer al enemigo, sobre todo porque en algún momento puedes tener la oportunidad de convertirlo en un amigo.

Margaret Thatcher

Como asociado senior de Kenyon International Emergency Services, tengo una vida profesional impredecible. El año 2015 fue movido. Los despliegues en Alemania y Francia por el accidente del avión de Germanwings en los Alpes franceses el 24 de marzo fueron seguidos por misiones de adiestramiento en Dubai; Portugal; el Reino Unido; Canadá; España; Noruega y Omán. La oficina de Kenyon en el Reino Unido en Bracknell también me alineó para una más: planificar e impartir una 'clase magistral' de gestión de crisis de una semana de duración para 132 miembros del personal de la aerolínea de bandera nacional Aerolíneas Argentinas, en Buenos Aires. Esta sería una oportunidad única, a pesar de que ya había visitado el país cinco veces desde la guerra. En septiembre envié un correo electrónico a Juan José Membrana, Gerente de Logística de Respuesta a Emergencias de la aerolínea. Su respuesta me asombró:

> Muchas gracias [...] por su amable presentación. ¡Qué extraordinaria coincidencia, porque yo también soy veterano del conflicto de Malvinas-Falklands! [...] Volé en nuestra Aviación Naval (equivalente al Brazo Aéreo de la Flota Británica) como piloto de un S-2E Grumman Tracker, volando misiones antisuperficie y antisubmarinas, primero desde nuestro portaaviones ARA *25 de Mayo*, y luego desde una estación costera en Río Gallegos [...] Estoy trabajando en nuestra Asociación de Veteranos, fomentando la buena voluntad entre nuestros compañeros comunes. Compartimos mucha información con el ex Contraalmirante (Brigadier) Julian Thompson [Vicealmirante (Major General) (Ret.)] y veterano de guerra) [...] y estamos explorando nuevas ideas para crear lazos más estrechos con todos ustedes, solo soldados en servicio en ese triste momento.

Mi respuesta a Juan, quien se retiró en 2002 de la Armada Argentina con el grado de Capitán de Navío, salió del corazón:

> ¡Esto es absolutamente asombroso! De hecho, no es una coincidencia, sino el destino, ¡puro y simple! Tengo muchas ganas de conocerlo [...] Estoy

abrumado por el hecho de que usted también sea un veterano de esa extraordinaria guerra de 1982. Tenemos tanto en común que no sé por dónde empezar. Me pondré en contacto con usted pronto [pero primero debo] digerir su información correctamente.

La capacitación sería del 5 al 9 de octubre, y los preparativos empezaron a mi regreso de mis tareas en Omán, en septiembre. Volé desde Oslo a Buenos Aires (vía Londres) el sábado 3 de octubre. Veinticinco horas después llegué al Aeropuerto Internacional Ministro Pistarini de Ezeiza, donde me recibió Juan. Manejamos hasta el centro de la ciudad y, después de registrarme en el hotel, nuestra próxima parada fue el Club de Oficiales de la Fuerza Aérea Argentina, apodado el 'Sheratoncito', para una 'reunión y almuerzo de buena voluntad' sorpresa junto a otros seis veteranos argentinos de 1982, otro veterano británico y el único corresponsal de guerra argentino 'con base en Malvinas' en 1982. Cinco estaban directamente relacionados con el primer día de la campaña terrestre, el 21 de mayo, y el inicio de la Batalla del Estrecho de San Carlos. De entre los invitados al almuerzo, el primero en ver acción ese día fue el General de Brigada (Ret.) Sergio Fernández. En 1982, era Teniente Primero y sirvió en el Pelotón de la Compañía de Comando 601 de las Fuerzas Especiales del Ejército Argentino, con base en la otra margen de Falkland Sound (San Carlos) en Port Howard, Gran Malvina. A 12:40Z, el Capitán (Flight Lieutenant) de la RAF Jeff Glover, que volaba un avión de ataque terrestre Harrier GR3, buscaba objetivos cerca del área de Port Howard. Incapaz de encontrar alguno, empezó a tomar fotografías aéreas. Durante su segundo paso cerca del asentamiento, Fernández derribó el GR3 de Glover con un misil tierra-aire Blowpipe de fabricación británica. El oficial argentino lo había hecho bien, no menos cuando las fuerzas británicas, también armadas con Blowpipes, no estaban muy satisfechos con esas armas. De los noventa y cinco misiles Blowpipe disparados por los británicos durante la guerra, solo uno lograría una 'baja' —de un Aermacchi MB-339 para entrenamiento militar/ataque ligero—, durante la Batalla de Darwin y Goose Green, siete días después. De hecho, el Contraalmirante (Brigadier) Julian Thompson de la 3ª Brigada de Commandos comparó al Blowpipe con 'intentar derribar faisanes con una tubería de desagüe'. Tres años más tarde, el Blowpipe fue retirado del servicio británico.

Glover tuvo suerte de sobrevivir a su eyección de bajo nivel y alta velocidad. El GR3 había girado rápidamente hacia la derecha, casi 360 grados. Tirando de la manija de eyección, enseguida se desmayó después de eyectarse a 600 mph en la corriente de aire libre. Su brazo izquierdo se plegó hacia atrás. Esto inmediatamente le rompió el brazo, el omóplato izquierdo y la clavícula. Con la cara también gravemente magullada por el golpe de viento, Glover estaba a punto de ahogarse en las aguas heladas del esgtrecho de San Carlos, pero logró nadar hasta la superficie cuando algunos de los hombres de

Fernández zarparon en un bote para rescatar a punta de pistola al piloto semiconsciente. Glover sería el único militar británico hecho prisionero durante la campaña terrestre. 'No te preocupes, ahora estás con amigos', le había dicho Fernández a Glover mientras se daban la mano. Cumplió su palabra, y Glover fue trasladado en helicóptero a 'Puerto Argentino', donde fue evacuado a tierra firme en un Hércules C-130.

El segundo invitado era el efervescente Brigadier Mayor[1] (Ret.) Rubén Gustavo Zini, ex comandante en 1982 del 1er Escuadrón Aéreo (A-4B) en Río Gallegos. Sus seis aviones Douglas A-4B Skyhawk —con capacidad para portaaviones— tenían la tarea de atacar a los buques británicos cerca de San Carlos y en el estrecho. A diferencia de Sergio y de Juan, ni él ni los demás invitados a nuestro almuerzo de tres horas hablaban inglés. Pero Nicolás Kasanzew, el ex corresponsal de guerra de Malvinas y tercer invitado, se mostró fluido y se convirtió en nuestro intérprete, facilitando con pericia el intercambio de experiencias entre muchas risas y, para algunos, algunas lágrimas.

Cinco minutos después de que Fernández hubiese 'zambullido' a Glover, el Teniente de Navío Guillermo Owen Crippa, el cuarto invitado, voló su Aermacchi MB-339 de la Aviación Naval desde Puerto Argentino hasta el estrecho de San Carlos para encontrar la fragata Tipo 12 de la Royal Navy clase 'Leander' HMS *Argonaut* en patrulla. A bordo estaba el Capitán (Flight Lieutenant) John Hopkins, piloto del Brazo Aéreo de la Flota (el quinto invitado y ahora piloto de British Airways), con su helicóptero Sea Lynx. Crippa estaba a punto de atacar el helicóptero de Hopkins, pero, en el último momento, apuntó a la fragata. La atacó con cañones de 30 mm y ocho cohetes de 5 pulgadas. Esto causó daños leves en el área delantera de la cubierta de misiles Seacat, hirió a dos miembros de la tripulación y erró el Sea Lynx de Hopkins por unos cuatro metros. Luego, mientras pasaba volando, Crippa fue atacado por GPMGs y un misil Blowpipe disparados desde el SS *Canberra*, un misil Seacat del HMS *Intrepid* y dos cañones antiaéreos de 4,5 pulgadas y dos de 20 mm del HMS *Plymouth*. Antes de girar hacia el este debajo de Fanning Head y volar por el valle de Puerto San Carlos, también avistó a la Royal Navy en San Carlos Water, dedicada a sus desembarcos anfibios en la Operación Sutton.

Crippa regresó a 'Puerto Argentino' para informar sobre sus hallazgos y, después de la guerra, recibió la *'Cruz La Nación Argentina al Heroico Valor En Combate'*. Esta era ahora la tercera reunión de Owen y John después de su segunda, doce meses antes, y la primera en 1982. Antes de que comenzáramos nuestro almuerzo, Rubén también reconoció a John por su actuación en la guerra presentándole un pañuelo de cuello amarillo de los pilotos de A-4B del 1er Escuadrón Aéreo, entregado por el sexto invitado, Brigadier[2] (Ret.) Vicente

---

1. Jerarquía equivalente en la RAF: Air Vice Marshal.
2. Jerarquía equivalente en la RAF: Air Vice Marshal.

Autiero. Un símbolo de buena voluntad difícil de superar entre veteranos de combate, que John usó durante todo el almuerzo.

Pero el *Argonaut* no recibió respiro de ni del sexto ni del séptimo invitado. Casi cinco horas después, fue atacado nuevamente debajo de Fanning Head por seis Skyhawk A-4B del 1er Escuadrón Aéreo. Sin ser detectados, se acercaron a baja altura a lo largo de la costa norte de Gran Malvina. Entre los pilotos de este séptimo ataque de ese día estaban el Teniente Vicente Autiero y el Primer Teniente Alberto Fillipini, ahora Brigadier (Ret.). Sus cuatro bombas de 454 kg fallaron el blanco, pero explotaron de todos modos. Las dos que golpearon al *Argonaut* no lo hicieron, pero aun así causaron daños extremadamente graves. Una se alojó profundamente en la Santabárbara de proa. Detonó dos misiles Seacat, matando a dos miembros de la tripulación e hiriendo a varios más y provocó un gran incendio con fuertes inundaciones. La segunda dio en el mamparo entre las salas de máquinas y de calderas. Esto privó al *Argonaut* de todo poder para maniobrar o ciar y puso rumbo hacia los acantilados de Fanning Head con un balanceo considerable. Al último momento, evitó encallar solo porque fondeó un ancla (Brown, 1988, 192).

Siete días después de mi llegada el 1 de junio de 1982 con los Gurkhas a San Carlos, mientras Juan José Membrana, el octavo invitado, volaba sus misiones en Grumman Trackers desde Río Gallegos, Fillipini y Autiero eran dos de los pilotos de ocho Skyhawk A-4B también lanzados desde Río Gallegos por el 5º Grupo de Ataque. Bajo el Comandante de Grupo, Vicecomodoro[3] Mariel, esta agresiva unidad había realizado más de 100 salidas operativas en la guerra. Sus Skyhawks habían hundido a los buques HMs *Ardent, Antelope* y *Coventry*, y dañado al *Glasgow*, al *Argonaut* y al *Broadsword*. También había bombardeado las posiciones terrestres de San Carlos y Ajax Bay, causando daños y bajas británicas (Middlebrook,1989, 305). Su misión el 8 de junio era atacar a los RFA *Sir Galahad* y *Sir Tristram* en Port Pleasant. Ambos pilotos se encontraban en la Sección de cuatro aviones 'Mastín', encargada de atacar al *Sir Tristram*. Pero en el camino, una fluctuación en la presión de aceite del Skyhawk de Fillipini lo obligó a regresar a la base. Luego, en la cita para reabastecerse del tanquero Hércules KC-130 desplegado desde Comodoro Rivadavia, las sondas de reabastecimiento congeladas en el Skyhawk de Autiero y el del Capitán Pablo Carballo en la Sección 'Dogo', también los obligaron a abortar. Los cinco Skyhawk restantes volaron para atacar ambos buques y la LCU *Foxtrot 4*, causando muchas bajas y dejando fuera de combate a las tres embarcaciones.

Alberto y Vicente se sorprendieron cuando yo, el noveno y último invitado, les conté que nuestra Compañía D en Little Wether Ground había disparado 4.000 rondas de munición de armas menores a los dos últimos Skyhawks

---

3. Jerarquía equivalente en la RAF: Air Vice Marshal.

entrantes antes de su ataque al *Sir Tristram*, y aún más cuando les dije que la Guardia Escocesa había levantado un 'muro de plomo' en treinta segundos, que constaba de 18.600 disparos de armas menores. Ninguno de los dos sabía que la Compañía D también había sido 'bombardeada' con la caída de un tanque externo de 300 galones vacío, que tocó tierra 200 metros al norte de su posición. 'Teníamos un número limitado y cada vez menor de tanques de lanzamiento externos para Skyhawk en esa etapa de la guerra', comentó Vicente, '¡así que no era una buena idea atacar a sus Gurkhas con uno de esos!'

Al final de la guerra, diez Skyhawk 4-B del 5º Grupo de Ataque habían sido derribados y nueve pilotos habían muerto (Middlebrook, 1989, 306). Contrastando esto, nuestra reunión de buena voluntad y almuerzo de veteranos se condimentó todavía más al poder intercambiar experiencias profesionales en un marco de camaradería y *bonhomie* a pesar de, como la mayoría de los participantes de la 'reunión de buena voluntad' me señalaran seis años después, al enterarse de inminente publicación de este libro, el continuo reclamo argentino sobre las islas. Todos demostraron coraje y probidad personal para dejar de lado las razones del conflicto, mirar más allá de lo que había sucedido y adelantarse a la posibilidad de lo que pueda suceder. Esta experiencia se repetiría para mí al día siguiente cuando comencé el programa de cursos en Aerolíneas Argentinas con mi colega mexicana de Kenyon, Irma Alcázar. En la nueva sede corporativa de la aerolínea en el aeródromo Jorge Newbery, dos kilómetros al noreste del centro de Buenos Aires, fuimos un equipo efectivo, sobre todo por sus habilidades como instructora y su idioma español.

La gerencia corporativa estaba interesada en todo lo que teníamos para ofrecer. No hubo ausencias en el segundo día, un satisfactorio resultado de prueba de fuego. La audiencia estuvo integrada por cuatro representantes de la Autoridad de Aeronáutica Civil argentina, el Presidente, Director y Jefe de Prensa de la Junta de Investigación de Accidentes de Aviación Civil, y el Director de Seguridad Operacional Nacional del Ministerio del Interior y Transportes. No disimulé mi estatus de veterano Gurkha en el combate de 1982, pero enfaticé que estar en el Cuartel General corporativo era, para mí, un acto muy significativo de buena voluntad. Este mensaje se repitió durante el segundo día. En uno de los descansos, cuatro empleados que eran veteranos de combate de 1982 me dieron la mano mientras me decían lo contentos que estaban de conocerme.

Habiéndome contactado a mi arribo con mi buen amigo el Coronel Esteban Vilgré La Madrid a quien había conocido solo dos años antes, el ex Jefe de Pelotón de la Compañía B del RI 6 en Tumbledown era ahora Director del *Centro de Salud de las Fuerzas Armadas 'Veteranos de Malvinas'* ubicado en la avenida Cabildo, en Buenos Aires. Conocido anteriormente como el Centro de PTSD, su Director Médico, el Teniente Coronel Dr. Martin Bourdieu, quien también fuera veterano de infantería de la Guerra Malvinas-Falklands y ahora es psiquiatra, le había pedido a Esteban que cambiara el nombre porque el trastorno de estrés postraumático es solo una de las enfermedades mentales que sufren los soldados como consecuencia de luchar en una guerra. Para Bourdieu, salud mental es un término más amplio porque, según él, existen otras enfermedades mentales peores que el TEPT (PTSD).

Pero Esteban se había visto obligado a darme malas noticias. Mi presentación de la 'Batalla de Tumbledown', organizada para 300 estudiantes del Colegio de Defensa Nacional esa noche, había sido cancelada porque un grupo políticamente activo de veteranos de guerra argentinos había protestado ante las autoridades por el evento. El director del colegio, el General de Brigada Brown, aunque muy decepcionado, no pudo revertir la decisión, otro recordatorio de que aceptar la oferta de buena voluntad entre veteranos de combate no es una conclusión inevitable. En cambio, Esteban me invitó a la magnífica sede social del Jockey Club, ubicada en la avenida Alvear, en una de las zonas más elegantes de Buenos Aires. Organizada en conjunto con su amigo, Javier Sánchez de La-Puente, un internacional del rugby peruano y jugador de rugby de la Liga Argentina 'Top 14' durante diez años, la cena de delicioso bife argentino de primera estuvo acompañada de un excelente tinto Malbec. También estuvo presente Sergio Fernández, el ex tirador de Blowpipe en Port Howard, ahora presidente de la *Asociación de Veteranos de Guerra de Malvinas* (VGM).

Al día siguiente, Irma y yo estábamos en el centro de entrenamiento de Aerolíneas Argentinas donde se llevó a cabo el tercer día del programa, para cincuenta personas. Después nos inundaron durante treinta minutos con solicitudes para tomar fotografías. Más tarde esa noche respondí preguntas y brindé testimonio de mis experiencias de la guerra de 1982 con el $1^{er}/7^o$ Fusileros Gurkha, en una entrevista de dos horas en la estación de radio FM *Soldados* del Ejército Argentino. 'Presenté' a los Gurkhas como soldados altamente profesionales mientras pasaba por la espada algunos de los mitos Gurkhas salvajemente falsos inventados por los medios argentinos y por otros durante y después de la guerra. A juzgar por las respuestas positivas publicadas en la página Facebook de *Soldados*, la entrevista estaba siendo escuchada a través de toda América del Sur.

Veinticuatro horas después de completar los últimos días del programa, Esteban me llevó al Centro de Salud Mental. Con la interpretación de Eduardo Gerding, di una presentación de tres horas sobre la Batalla de Tumbledown ante sesenta veteranos de guerra argentinos y sus familias antes de sentarme a disfrutar de un asado tardío. Cerca del final de la noche, me conmoví cuando la veterana de guerra Silvia Barrera me obsequió con una torta de chocolate. Era una de las enfermeras instrumentistas quirúrgicas civiles del Ejército Argentino que habían servido a bordo del buque hospital, el rompehielos ARA *Almirante Irizar*, de la Armada Argentina. Un brindis final y un breve discurso mío improvisado sellaron el final de esa semana en Buenos Aires. Antes de mi partida, Esteban me dijo que mi presentación había sido la primera dada en Argentina por un veterano de combate británico de la guerra de 1982 ante una audiencia tan 'abierta'. También era mi sexagésimo segunda sobre el tema desde que me jubilé del Ejército británico en 1988. Semejante cóctel de combate de infantería en el campo de batalla y experiencia civil en gestión de crisis puede proporcionar realismo para cursos de entrenamiento y, no menos importante, ejercicios.

Como de costumbre, la hospitalidad y la amabilidad fueron insuperables durante toda la semana. La misión se había cumplido excepto por una cosa, una reunión cancelada en esa última noche con Lola Arias, una directora de teatro argentina de renombre internacional, que estaba planeando una producción teatral sobre la guerra de 1982. Tenía un título provisional de 'Las islas' y se representaría en 2016 en Brighton; Londres; Braunschweig; Atenas y Buenos Aires. (Durante los próximos tres años se realizarían otras 120 presentaciones en dieciocho países, 49 de ellas en Argentina y 37 en el Reino Unido). Una coproducción del Festival Internacional de Teatro de Londres, el Royal Court Theatre y el Festival de Brighton, la obra presentaría las perspectivas combinadas de veteranos de guerra argentinos y británicos narrando y reconstruyendo sus recuerdos de guerra. También contenía ingredientes para un proyecto único de buena voluntad entre veteranos de guerra. Se estaba llevando a cabo la selección del elenco, pero Lola también estaba considerando el reclutamiento de veteranos de guerra Gurkhas de Nepal. A través de Bernard McGuirk y su punto de contacto en el Reino Unido, me había contactado a principios de septiembre para pedirme asistencia. Finalmente nos encontramos en el Royal Court Theatre el 25 de noviembre. Acababa de completar una serie de talleres con posibles miembros del elenco británico y me explicó su objetivo. Esto se reflejó seis meses después en su nota publicitaria del 9 de mayo, publicada en Internet:

> Me interesa investigar qué pasa con el tiempo. De hecho, esta pieza necesitaba tiempo. Necesitó años. No me interesa la guerra, me interesa la posguerra. Lo que me importa es lo que le pasa a una persona que pasó por esa experiencia [...] lo que ha hecho la memoria, lo que ha borrado, lo que ha transformado. Algunos se han convertido en narradores profesionales y mi trabajo fue y es deshacer esto para mostrar lo que les pasó.

Pero Lola no toleraría ninguna presión externa en la selección del elenco. Tenía un conjunto probado de criterios para ese proceso; sin embargo, un veterano de combate Gurkha actuando en Buenos Aires a fines de 2016 sería una gran ventaja. Ella lo indicó diciendo: 'Estoy realmente interesada en la historia de los Gurkhas'. Sin embargo, no había garantía de que uno fuera seleccionado debido a las limitaciones financieras y al tiempo mínimo para reclutarlo. Al regresar a Oslo, intercambié correos electrónicos con el General de Brigada (Brigadier)

David Morgan. Se elaboró una lista de veintitrés nepalíes veteranos de guerra de 1982 retirados del 1er/7º Fusileros Gurkha. Todos vivían en el Reino Unido, pero la mayoría seguía trabajando, y esto redujo los candidatos a una lista corta de cuatro. Uno era el ex Sargento Ayudante (WO2) Sukrim Rai. Había sido uno de mis Comandantes de Sección cuando me convertí en el Comandante de la Compañía A del Batallón en septiembre de 1982. Sukrim era también el 2IC del equipo de veintiséis hombres de mi Compañía que corrió en la Maratón de Londres de 1983. Después de entrevistas telefónicas preliminares, fue el único candidato elegido para una segunda entrevista de dos horas en el Royal Court Theatre, el 29 de enero. Tres semanas después, Lola me envió un correo electrónico:

> Buenas noticias. Sukrim será parte de la obra! Viene a Buenos Aires a mediados de marzo. Me gustaría que me contaras más sobre él. Todo lo que sepas. No estaba tan interesado en hablar de situaciones de combate. Pero quizás sepas más sobre lo que hizo durante la guerra. Leímos lo que hay en tu libro, pero es posible que tengas más anécdotas o historias.

Respondí el 16 de marzo con un resumen de trece páginas sobre Sukrim en particular y los Gurkhas en general. A estas alturas, Lola había reducido su selección para el reparto final a seis veteranos de combate de 1982: tres argentinos y tres británicos. Sukrim era ahora un ciudadano británico que trabajaba en seguridad, pero su visa se retrasó. Por lo tanto, no llegó a Buenos Aires para las seis semanas de ensayos sino hasta el 19 de marzo, con cuatro días de retraso. Los otros miembros del elenco habían participado en algunos de los talleres de Lola para *Minefield* (*Campo minado*), que se había convertido en el título definitivo de la obra: un metáfora para la memoria, es decir, terreno traicionero que debe cruzarse con cuidado y puede resultar explosivo. Los colegas de Sukrim eran los ex Royal Marine Commandos Lou Armour (maestro de alumnos con necesidades especiales) y David Jackson (psicólogo), y los tres argentinos eran Marcelo Vallejo, ex conscripto del RI 6 y triatleta, Gabriel Sagastume, ex conscripto del RI 7 y abogado, y Rubén Otero, sobreviviente del torpedeado crucero ligero ARA *General Belgrano* e impresor.

Los ensayos, que incluyeron el rodaje de una película, empezaron el 21 de marzo. A pesar de la barrera idiomática, los seis se convirtieron, según Sukrim, en 'buenos amigos y actuaban en *Minefield/Campo minado* como equipo, cuidándose unos a otros'. El 8 de abril fueron entrevistados por dos periodistas argentinos. De sus muchas preguntas, una era (inevitablemente) ridícula: 'Los Gurkhas lucharon en Goose Green y mataron a más de 300 soldados argentinos con sus cuchillos kukri y cortaron cabezas, brazos y dejaron los cuerpos hechos pedazos en el campo de batalla. ¿También les cortaban las orejas a los soldados argentinos y luego se las comían?

La respuesta de Sukrim fue encomiable. 'Les dije que todo eran rumores porque los Gurkhas llegaron a Goose Green (el 1 de junio) donde ya se había librado una batalla cuatro días antes, y que fue despejado y retenido por las fuerzas británicas (2 Para). Por eso no peleamos ni matamos a ninguno de los soldados argentinos. Ni siquiera comemos carne de vaca porque respetamos a una madre que da a luz a un bebé. Pero si, desafortunadamente, la madre muere, su bebé sobrevivirá alimentándose con leche de vaca. Por lo tanto, ¿cómo podríamos comer carne humana, pero no carne animal? Cumplimos correctamente con nuestro deber en la guerra, pero nunca fuimos pecadores.'

También tuvo que responder a otra pregunta inevitable. '¿Los Gurkhas son soldados mercenarios?' A lo que respondió cortésmente: 'No, somos soldados británicos Gurkha. ¡Llevamos casi 200 años sirviendo a Gran Bretaña, por eso los Gurkhas no son soldados mercenarios!'

Los intercambios de correos electrónicos con Lou Armour me mantuvieron informado sobre los ensayos. Estos fueron intensos y, a veces, llenos de cambios constantes, pero necesarios, realizados por Lola. Las ideas crecieron en colaboración con el elenco durante las próximas seis semanas. Esa importante historia sobre Sukrim y de cómo usó su kukri en Egg Harbour House tenía que retratarse correctamente. Se idearía una escena que no lo representara como un 'Rambo' del campo de batalla, sino como un soldado Gurkha 'pensante'. Lola también me actualizó sobre el progreso de la obra: 'Los ensayos van muy bien, los veteranos británicos y argentinos se están haciendo amigos y se divierten juntos. Y estoy muy contenta con la forma en que se cuentan las historias.' A través del conducto de la obra, se estaba creando buena voluntad entre los veteranos de combate de la vida real. Lou me contó sobre la determinación, el empuje y el liderazgo de Lola en el Centro de Arte Experimental de la Universidad Nacional de San Martín, donde el elenco se refería a ella como 'la Comandante en Jefe'. El 16 de abril, Sukrim se reunió con Eduardo Gerding, quien le informó sobre las actitudes argentinas hacia los Gurkhas. Luego, luego de una solicitud mía desde Oslo, y facilitada por Eduardo, Sukrim conoció al Brigadier (Ret.) Jaime Ugarte, a quien el primero había capturado con su kukri en Egg Harbour House en 1982: un ejemplo único de buena voluntad entre veteranos de combate lograda a través de la obra.

Los intensos ensayos estaban llegando a su fin. El 7 de mayo, Lola, a través de un correo electrónico de Lou, proporcionó más detalles sobre tres escenas importantes: cómo se abordaría el mito Gurkha retratado en los medios argentinos; la acción en Egg Harbour House (con algo de narración de Lou, actuación y líneas de Sukrim y el prisionero interpretado por Marcelo); y el ataque Gurkha planeado en Mount William, que podría haber involucrado a Sukrim y Marcelo, ya que este último era miembro del Pelotón de Morteros de 120 mm del RI 6 ubicado en la altura este de Mount William. En cambio, se conocieron en un teatro treinta y cuatro años después.

El 14 de mayo, Sukrim y yo nos reunimos en la reunión anual de la Asociación Regimental 7GR en Aldershot. Estaba en buena forma y listo para su debut en el teatro después de dos últimas semanas de ensayos en Stratford, al Este de Londres. Mi rol periférico de Consejero Gurkha estaba casi completo. Quedaba una tarea: viajar a Londres y disfrutar de una representación de la obra el viernes 3 de junio en el Royal Court Theatre con mi hija, Emily, que tenía dos años cuando fui a la guerra en 1982.

Treinta y cuatro años después entramos al pequeño teatro de 380 asientos y nos sentamos en la sección de los palcos. El escenario es tremendamente simple. Toda la utilería y el vestuario están en escena, donde se realizarán los cambios de vestuario del elenco, simbolizando que nada se ocultará al contar sus historias. A diferencia de mis experiencias como veterano de combate en Argentina, no habría barrera idiomática. Se mostraría un sistema de traducción de subtítulos en español e inglés en tres pantallas LCD arriba y a la derecha e izquierda del escenario. La batería de técnicas narrativas de Lola es impresionante. Una gran pantalla en forma de cubo, apodada su 'máquina del tiempo', dominaría el escenario. Como en las dobles páginas de un libro abierto, ahí se proyectarían imágenes como cartas, diarios, el campo de batalla, videos/películas y fotografías de tiempos de guerra, recortes de periódicos, publicaciones de revistas, soldados de juguete, mapas y 'primeros planos' del elenco, que mueve las cámaras de video. A la izquierda y al fondo del escenario, la batería de Rubén y a la derecha, las guitarras eléctricas de Marcelo, Gabriel y David. Los tres tienen dos décadas o más de experiencia musical, pero Marcelo aprendió solo a tocar el bajo, durante los ensayos. Su música será el 'conector' que realzará la buena voluntad del elenco en el escenario. Los recuerdos cobrarán vida al proyectar sus rostros en la 'máquina del tiempo'. El humor negro también proporcionará un mecanismo de defensa psicológica contra el trauma del campo de batalla y ese 'miedo a lo desconocido' potencialmente debilitante. Nunca se retratará el pánico mientras el público recibe educación sobre la vida, la muerte y la supervivencia en el campo de batalla.

Nos movemos a través de la guerra en una secuencia cronológica de diecisiete escenas coreografiadas. Cada una tiene su título en la 'máquina del tiempo' de doble página, en inglés (izquierda) y español (derecha). La Escena 1, 'Audiciones', presenta al elenco. El primero es Marcelo. Su pasión es competir en las competencias de triatlón 'Iron Man', y está vestido para el último evento de carrera durante toda la obra. Lee en voz alta lo que escribió en su diario durante los ensayos: 'Estoy allí con el enemigo, intercambiando historias. No entiendo mucho, pero entiendo lo que dicen por sus expresiones, sus miradas. Nos imagino a todos sentados en una trinchera charlando sobre la guerra.' Pero lleva tiempo. 'Tuvimos noventa y ocho días de ensayos', dice Marcelo. 'Esto fue más largo que los setenta y cuatro días de la guerra.' Una proyección simultánea de su rostro en la 'máquina del tiempo' proporciona una conexión íntima y proximidad para él y todos los demás y sus historias. Esta tecnología también magnifica las respuestas emocionales, mientras crea potencia y autenticidad.

Desde la izquierda del escenario, David se queja de que la canción de su autoría, 'Soldier, Soldier', no está en la obra. El público se ríe. Comienza a cantar su canción como una doble protesta por su no inclusión y la naturaleza dictatorial de cómo se ha desarrollado el guión, solo para ser reemplazado por Rubén, a la derecha del escenario. Es baterista en una banda y canta, en inglés, la canción de los Beatles 'With a Little Help from My Friends'. Luego se levanta el buzo para mostrar una camiseta con el lema *Las Malvinas son argentinas*.

Blandiendo un cuchillo kukri, Sukrim (izquierda del escenario) reemplaza a Rubén y explica cómo se usa el kukri en la batalla. Una demostración a la velocidad del rayo va acompañada de gritos espeluznantes. Entra Gabriel, en el escenario a la izquierda. Admite haber sido 'un soldado mediocre' sin 'la menor idea de lo que estaba pasando' durante la guerra, pero que después se convirtió en 'una especie de obsesión'. A él se unen los demás (escenario a la derecha) y Lou (escenario a la izquierda). Este último menciona su audición, la llegada a Buenos Aires y los primeros encuentros con argentinos en 1982. Dándose la mano, todos estos veteranos de más de cincuenta años se unen en una causa común.

La Escena 2, 'Convertirse en soldado', trata sobre el reclutamiento militar. Hecho de forma voluntaria para los dos Marines y el Gurkha, se enfrascan en una sesión militar de 'ejercicios físicos'. Pero el reclutamiento de los argentinos se hace por conscripción. 'El servicio militar fue obligatorio hasta 1995. Muchos intentaron salir fingiendo enfermedad, locura o sobornando', dice Gabriel. Ahí radica una de las principales razones de la eventual derrota argentina: los conscriptos fracasaron inevitablemente cuando se enfrentaron a profesionales del campo de batalla. Su formación está representada por el tiro en polígono de Gabriel y Rubén. 'En ese momento, el Ejército Argentino se entrenaba para la guerra con Chile y la lucha contra las guerrillas o subversivos, como les decían', explican. Si el soldado daba en el blanco, tenía que gritar: '¡Viva Argentina, maté a un chileno!' o '¡Viva Argentina: maté a un subversivo!'

David comenta: 'Cuando recibí mi boina verde, sentí que valía la pena.' Tanto él como Lou hablan sobre su servicio y entrenamiento antes de la guerra. Lou menciona su despliegue en Londonderry, Irlanda del Norte, en 1979. La confirmación de David de que todavía puede 'cagar, ducharse, afeitarse y lavarse el cabello' en menos de tres minutos provoca la risa de la audiencia, mientras que Sukrim pone en perspectiva el reclutamiento de la Brigada británica de Gurkhas al decir que 50.000 niños nepalíes en su grupo de selección de 1976 querían unirse, pero él fue uno de los 300 seleccionados. Rubén estaba en la Armada Argentina y en la tripulación del crucero ligero ARA *General Belgrano* cuando las islas fueron 'recuperadas'. Un Gabriel desmovilizado vuelve a ser convocado tras la *Operación Rosario*. A Marcelo le gustaba su vida de soldado y por eso, tres meses después de la desmovilización, se ofrece nuevamente como voluntario para el servicio militar de Malvinas.

Acompañado por el suave toque de guitarra de Gabriel y las caricias a los platillos de la Batería de Rubén, comienza la Escena 3, 'Diario de Guerra'. Está en dos partes. Mientras Lou mira la 'máquina del tiempo', Marcelo muestra en ella ocho portadas de la revista *Gente* que representan eventos clave de la guerra de 1982. Su padre había comprado las revistas durante la guerra para buscar imágenes de su hijo. Marcelo nunca las había leído hasta que comenzaron los ensayos. Lou se le une y, significativamente, Marcelo comenta: 'No sabía que en lugar de encontrarme a mí, lo encontraría a él.' La Escena 3 (segunda parte) se centra en la captura de Puerto Argentino y la 'recuperación' de las islas. en esa histórica fecha argentina del 2 de abril de 1982. Al más puro estilo brechtiano, Lou le habla a la audiencia, rompiendo 'la cuarta pared' (haciéndolos conscientes directamente de que están viendo una obra de teatro). Es capturado después del tiroteo continuo de cuatro horas de su Sección con las fuerzas argentinas en las calles de Stanley (pronto Puerto Argentino) antes de llegar a la Casa de Gobierno y a los Marines que la defendían. Humillados por su rendición, él y su destacamento son trasladados a Uruguay a bordo de un Hércules C-130 de la Fuerza Aérea Argentina. La principal preocupación de Lou durante el vuelo es experimentar el mismo destino que los 'desaparecidos' en la 'Guerra Sucia' de Argentina, siendo arrojados al mar. Mientras esperan en un hotel de Mountvideo a que llegue un avión de la RAF, Lou y los demás ahogan sus penas y firman sus vales de bar como 'Margaret Thatcher'. Después de setenta y dos horas de permiso en el Reino Unido, se ofrece como voluntario para regresar a las islas con el 42 Commando.

Esto desencadena la Escena 4, 'Ir a la guerra', un título a primera vista sin emoción, pero que contiene muchas consecuencias para el personal militar involucrado y sus familias. Mientras los elementos principales de la Fuerza de Tareas británica navegan hacia el sur, la única escena 'política' de parodia es la de David y Gabriel disfrazados de Margaret Thatcher y Leopoldo Galtieri con máscaras de 'idéntica apariencia'. La parodia de sus discursos transmitidos durante abril de 1982 contrasta con el enorme abismo de lo que están diciendo a nivel nacional y cómo eso afecta la vida individual de los veteranos en el escenario cargado de emociones. Esto se enfatiza en la 'máquina del tiempo' que muestra un episodio documental temprano de la BBC TV, *Task Force South* que presenta una fiesta de cerveza de los Royal Marines a bordo del SS *Canberra* mientras Lou canta la letra revisada de una exitosa canción de Cliff Richard durante el 'crucero' al sur (' Todos nos vamos de vacaciones de verano, todos vamos a matar uno o dos 'spic', todos nos vamos de vacaciones a las Falklands, tal vez por un mes o dos, o tres o cuatro').

Sukrim, ahora fotógrafo, toma instantáneas del Get Back Trio formado por los otros veteranos. Esa actividad musical interrumpe constantemente la narración de manera significativa. La acústica ensordecedora de sus tres guitarras y la batería coincide con el escenario de guerra. La canción inicial, '¿No me quieres?' ('Don't you want me?'), es el telón de fondo para el acto 'drag' de David y la fiesta de cerveza de los Marines. La diversión termina abruptamente con explosiones de bocina sobre el sistema de altavoces del buque y los repetidos gritos de Lou de '¡Puestos de Combate! ¡Puestos de Combate! ¡Todos a sus puestos de combate! ¡Alarma aérea Roja!' en un megáfono portátil simulando el mensaje de los altavoces. Ha llegado la guerra.

La Escena 5, 'Esperando', es un título inocuo pero letal. Esconde los peligros diarios que enfrentan las fuerzas de ocupación argentinas. Marcelo llega el 16 de abril. Él y otros siete miembros de su Sección de Morteros de 120 mm arrastran su 'tubo' de 500 kg once kilómetros desde Puerto Argentino hasta cerca de la altura este del Mount William. Allí establecieron su posición de 'placa base' con otros tres morteros de 120 mm. del RI 6. Comienza la larga y tórrida espera por los británicos. De sus sesenta días en las islas, serán bombardeados y cañoneados durante cuarenta y cinco. Tales historias de la guerra, y el gran esfuerzo requerido para vivir con estos recuerdos después, se convierten en el foco de la escena. En 2009 Marcelo vuelve a visitar las Islas. El campo de batalla es ahora como un museo viviente, y encuentra parte de su equipo: los restos de una manta, un buzo, lo que ha sobrevivido de su tienda y un poncho, muy necesario para protegerlo durante veintisiete días consecutivos de lluvia. Todo se maneja como polvo de oro.

Gabriel llega a las Malvinas dos días antes que Marcelo. Le lleva dos días de marcha llegar hasta Wireless Ridge. Pero no cava una trinchera por su convicción de que los británicos no vendrán. En cambio, prioriza escribir cartas a su novia, Florencia, quien se convertirá en su esposa cuando regrese a casa. Se muestra una carta en la 'máquina del tiempo' mientras Gabriel la lee. Las cartas son cruciales para mantener la moral de los soldados desplegados en un escenario de guerra. Llegamos a la Escena 6, 'Hundimiento del *Belgrano*'. Al choque de platillos, gritos y luces rojas, el humo que simula el torpedeamiento del crucero ligero se despliega en el escenario. La guerra es ahora un asunto serio y el ritmo aumenta. Es la señal de Rubén para contar su historia. A pesar de no saber nadar, abandona el buque saltando desde una altura de cinco metros a una balsa salvavidas, acompañado de efectos de sonido de tramoya logrados con un palo revolviendo un balde con agua. Después de cuarenta y una horas y habiendo perdido la sensibilidad en medio cuerpo a causa de la hipotermia, Rubén y sus veintiún compañeros sobrevivientes son rescatados por el destructor clase Allen Summer ARA *Hipolito Bouchard*. La ira y el dolor están representados por el catártico golpe de tambores de Rubén, el choque de los platillos y gritos esporádicos de: '¡Margaret Thatcher! ... ¡Submarino nuclear! ... ¡1093 tripulantes! ... ¡323 muertos! ... ¡mil novecientos ochenta y dos! ... ¡Malvinas!' Las imágenes de la tripulación del barco en la 'máquina del tiempo' tiemblan frenéticamente detrás de él mientras su tamborileo alcanza un punto febril antes de detenerse gradualmente. El crucero mortalmente herido desciende a su tumba en el Atlántico Sur.

Pero la representación del incidente de Egg Harbour House en la Escena 7, 'The War Show', es defectuosa. Lou se hace pasar por el presentador de un programa de entrevistas de televisión que presenta a Marcelo y a Sukrim. El primero confirma que su unidad había escuchado todas las historias sobre los Gurkhas matando argentinos y comiéndose sus orejas. 'No podíamos dormir. Pensábamos que nos iban a decapitar', dice. Pero el uso que el Gurkha hace de su kukri en Egg Harbour House para capturar en lugar de matar se camufla parcialmente en la narrativa de Lou, que también menciona la reunión de Sukrim con su ex prisionero Ugarte y el regalo recíproco de una billetera de este último. Hay dos líneas adicionales de explicación de Sukrim, pero ningún prisionero. Si hubiera aparecido uno, esto habría proporcionado un equilibrio a la rendición de Lou en la Casa de Gobierno. (En presentaciones posteriores, esta escena evolucionó positivamente, adoptando un 'tono de la BBC' más serio). La oferta de buena voluntad de Marcelo, una cerveza para Sukrim, es correspondida por éste, que le responde cantando una canción nepalí mientras la 'máquina de la memoria' muestra un fondo azul. y copos de nieve cayendo. Su canción, 'Narou, Narou Saili', trata sobre una niña que llora cuando su novio se va de casa para trabajar lejos durante mucho tiempo en otro país y ella lo extraña. Es un contrapeso eficaz a la decapitación Gurkha.

En la Escena 8 de *'Minefield/Campo minado'* se emplean más efectos de sonido de tramoya, como un miembro del elenco que pisa continuamente pequeñas piedras dentro de un contenedor grande. Gabriel cuenta su historia usando soldados de juguete, un modelo de bote y una casa para explicar cómo un pequeño grupo de conscriptos hambrientos intenta conseguir comida. Uno pisa una mina argentina que lo hace pedazos y las partes del cuerpo se colocan en la única manta de Gabriel. Posteriormente, éste sigue usándola por el resto de la guerra.

Es la simplicidad de cómo se cuentan todas estas historias lo que las hace tan efectivas, y la dirección de Lola obtiene una recompensa justa. En la Escena 9, 'Jets', David se nos presenta en el rol del señalero del General de Brigada (Brigadier) Julian Thompson en el Cuartel General Tac de la 3ª Brigada de Commandos. Por su importancia, el Cuartel General es vulnerable al ataque enemigo. Pero mientras David sigue el tráfico radial en un auricular, en el otro escucha la radio BBC World Service y la comedia radial *Hancock's Half-Hour* en Bluff Cove Peak, el 13 de junio. Superpuesto a esto hay una 'Alarma Roja de ataque aéreo'. Hay efectos de sonido 'grabados' que indican el rugido distante de motores a reacción. Llegan a su clímax en un crescendo ensordecedor de cuatro Skyhawk A4-B argentinos entrantes, que atacan los Cuarteles Generales Principal y Tac de la 3ª Brigada de Commandos, la única ocasión en la campaña terrestre en la que comparten ubicación. Cinco bombas de 750 kg explotan, de las siete lanzadas. La más cercana cae a solo cincuenta metros de distancia. Obliga a la rápida evacuación del HQ Tac de la 'barriga de piedras' del área objetivo hasta un campo minado cercano. Posteriormente, su personal, incluido David, pasa una noche incómoda en esa nueva ubicación tan indeseable.

Al hundimiento del *Belgrano* y la explosión de la mina cerca de Wireless Ridge se suman dos muertes más. La primera ocurre en la Escena 10, 'Mount Harriet', que proporciona un cameo conjunto de la batalla allí en la noche del 11 al 12 de junio. Tanto británicos como argentinos se juegan a sí mismos simulando ciertas acciones durante los combates. Lo que hace que esto sea tan poderoso es la recreación terapéutica de 'la confrontación con la realidad del trauma'. Lou sostiene en sus brazos a un oficial argentino herido de muerte (Rubén) mientras conversan en inglés justo antes de que el oficial muera. Mientras tanto, David, preocupado por la carga psicológica de su papel como actor, pregunta preocupado a la audiencia: '¿Está bien que me pare aquí y represente a otros veteranos de combate? ¿Y dónde están los muertos británicos en esta obra?'

Marcelo disparó su mortero de 120 mm contra Mount Harriet (¿y Lou?) durante el ataque del 42 Commando. Pero en la Escena 11, 'El último día de la guerra', cuenta cómo su mejor amigo, el conscripto Sergio Azcárate, es muerto cerca de él a 11:00 Z cuando su Sección se retira bajo fuerte fuego de artillería cerca de Mount William. No se menciona el inminente asalto de los Gurkhas, aunque Marcelo sí dice: 'La última noche disparamos los morteros hasta que se hundieron en el barro.' Así que había una posibilidad razonable de que Marcelo también nos hubiera apuntado a nosotros (los Gurkhas) mientras avanzábamos por la ladera noroeste de Tumbledown. Camino a Puerto Argentino, cuando Marcelo es desarmado allí por los británicos, todo 'se pone negro' para él. Pero ambos incidentes con víctimas en Mount Harriet y cerca de Mount William representan el enfoque desequilibrado 'unidireccional' de la obra en los argentinos 'muertos en acción'. Se podría haber hecho el mismo reconocimiento de supervivencia y muerte en el campo de batalla de ambos lados, sobre todo porque mi informe para Lola había incluido el relato de Sukrim sobre sus obstinados esfuerzos como camillero después de ese terrible bombardeo de artillería y morteros argentinos sobre los Gurkhas, antes del amanecer del 14 de junio.

La Escena 12, 'Coming Back Home', describe la gran diferencia entre los regresos a casa de vencedores y vencidos. Rubén tenía solo diecinueve años cuando el *Belgrano* se hundió. Llega a su casa y lo recibe un cartel que le hicieron sus amigos: '*Bienvenido a casa Rubencito, nuestro héroe del General Belgrano.*' Todavía creen que Argentina está ganando. Gabriel sufre de pie de trinchera y es bajado del MV *Norland* en silla de ruedas al ser repatriado a Puerto Madryn, el 21 de junio. Cuando la unidad de Marcelo llega a tierra firme, los ocultan de la vista del público. 'Engordados' durante tres días en el cuartel de Campo de Mayo, firman un acuerdo de 'no contar nada de lo sucedido'. Luego son transportados en autobús a su unidad, el RI 6, el 25 de junio. 'Las madres de los muertos nos preguntaban por sus hijos', comenta Marcelo, solo para agregar: 'Como no sabíamos qué decir, les dijimos que estaban en el siguiente micro.'

Pero en la pantalla de la 'máquina del tiempo' hay un cierre para los miles que dan la bienvenida a casa al Grupo de Tareas británico, cuando *La Gran Ballena Blanca* llega a Southampton el 14 de julio. Un Lou sonriente señala dónde está a bordo. Otros Marines exhiben pancartas con el mensaje: '¡Encierren a sus hijas! ¡Los Bootnecks están de vuelta!' y disfrutan de su momento churchilliano haciendo la V de Victoria a la multitud adoradora en el muelle ahí abajo.

No es tan simple para David. Incapaz de celebrar, está 'desconectado' de su familia, amigos y esposa, quienes lo dejarán por otra persona: más evidencia de que el divorcio es una 'norma' entre los veteranos de guerra. Las celebraciones continúan con una fotografía 'ampliada' (que yo había proporcionado) de la bienvenida recibida por los Gurkhas marchando por su ciudad local de Fleet, atascada por multitudes de cinco o seis personas de profundidad. También es el telón de fondo de la sonriente explicación del desfile por parte de Sukrim. Pero con los Gurkhas a la mitad de un período de servicio 'no acompañado' de dos años en el Reino Unido, Sukrim también dice que todo lo que pudo hacer al regresar a sus barracas fue besar una fotografía de su esposa, Padmawati Rai.

La Escena 13, 'After the War', comienza con declaraciones políticas de Galtieri y Thatcher, seguidas de un viaje en 2004 al Cavern Club en Liverpool y la interpretación del Get Back Trio de la canción de los Beatles, 'Get Back', que contiene una protesta sobre la propiedad británica de las Malvinas. Rubén dice que no quería usar su condición de sobreviviente del *Belgrano* como publicidad para la actuación de la banda. Después Lou habla de la escritura de su diario en Buenos Aires entre los ensayos intensivos de la obra. El monólogo incluye una mención de sus flashbacks y noches de insomnio.

La Escena 14, 'Terapia', es una apasionante sesión de terapia simulada entre Marcelo y David. Después de la repatriación a Argentina, Marcelo cuenta que se siente 'como una piedra' desprovisto de sentimientos y emoción. La derrota fue un peso de plomo sin pensión, asistencia médica o psicológica. Solo había desempleo, por lo que ayudó a lanzar una revista para vender en los trenes. Luego trabajó para Ford Motors en sus líneas de montaje de automóviles. Un día de marzo de 2000 fue ingresado en el hospital durante tres meses, a causa de sus problemas psicológicos. Explica: 'Pinté el monte William en la pared porque tenía miedo de que la medicación borrara mis recuerdos.' El abuso de drogas y alcohol lo llevó a un intento de suicidio en 2002. Habla de su previa aversión por los ingleses, sus películas y su música. Marcelo ha visitado las islas seis veces. En la segunda acompañó a la familia de su mejor amigo fallecido, Sergio. '¿Has vuelto?', le pregunta a su 'terapeuta'.

'Sí, volví en 2007', responde David. Había regresado 'para despedirse' de su amigo, Doc Love, que había muerto en un accidente de helicóptero en San Carlos Water. Es la única mención que la obra hace de una víctima fatal en la guerra entre las Malvinas y las Falkland británicas.

'¿Por qué te hiciste psicólogo?' pregunta Marcelo.

David responde que los Royal Marines lo retiraron por razones médicas en 1995, pero que después tuvo problemas de ansiedad, depresión, trastorno de estrés postraumático y la vida civil. Y así se calificó como psicólogo para ayudar a los veteranos de la guerra de 1982 y los de Irak y Afganistán.

Al final de la sesión, la buena voluntad de todos se cimenta perfectamente con la pregunta preocupada de Marcelo: '¿Cuánto te debo?' y la respuesta de David: 'Cobro £50 por los civiles. Cobro £25 por los veteranos y las familias. Para vos, Marcelo, es gratis.' La conmovedora escena entre estos antiguos enemigos, con David usando el nombre de 'Malvinas' en lugar de 'Falklands', demuestra el potencial significativo que la obra ve en un examen colaborativo del pasado. Aunque la franqueza de sus confesiones y la cruda emoción desplegada en la 'máquina del tiempo' permiten al público una cierta intrusión voyerista, también consigue, no obstante, separarlos de los dos veteranos.

La Escena 15, 'Alrededor del mundo', proporciona un contraste optimista con las exóticas actividades de posguerra de Sukrim. Estas están representadas por su suave danza con kukri y música nepalesa mientras viaja a los Estados Unidos., Hong Kong y Malasia como soldado Gurkha del Ejército del Reino Unido. El estado de ánimo, sin embargo, se invierte rápidamente con la penúltima Escena 16, 'Ayer y hoy'. Se concentra en la confesión de culpa y vergüenza de Lou después de ver en la 'máquina del tiempo' un clip de YouTube del documental de televisión de 1987 *La guerra de las Malvinas: la historia no contada*. Este se refiere a su muestra de emoción por el oficial argentino fatalmente herido y lo que estaba tratando de decirle en inglés a Lou en Mount Harriet. El soliloquio de Lou revela que ha estado consumido durante más de treinta años por este recuerdo y el consiguiente temor de lo que sus compañeros (Royal Marine Commandos) puedan pensar al respecto. Tal vez como autocastigo, esto le ha impedido asistir a las reuniones del Regimiento, y para controlar su emoción sobre el tema, 'trata de contarlo como una historia'.

La Escena final 17ª, 'Falklands-Malvinas', comienza con los veteranos argentinos cantando la 'Marcha de Las Malvinas', una canción que se enseña a todos los escolares en Argentina. Es la única escena con algún argumento político sobre la soberanía de las islas, pero sin respuestas sobre quién tiene razón o quién no. Este tema político (que el autor nunca ha tenido la inclinación de abordar) no es propicio a la buena voluntad entre veteranos, y los argumentos son desactivados por Gabriel, quien sugiere trilladamente a la audiencia: 'Si quieren saber más, pueden leer las dos versiones.' en español y en inglés en

Wikipedia' antes de que Lou agregue: 'Leerán dos historias muy diferentes.' Hace que la actuación final agresiva de 'rap lento con heavy metal' del Get Back Trio sea aún más efectiva. El resultado es crear 'conmoción y asombro' en la audiencia mediante una turbo – desviación de la narración tranquila y discreta. El repentino cambio de estrategia hace que el efecto sea aún mayor. Con destellos de luces estroboscópicas, ondulantes nubes de humo, golpes de tambores, platillos que resuenan y el sonido ensordecedor de guitarras eléctricas, Lou grita en su micrófono con pasión controlada y directamente a la audiencia una serie de preguntas 'afuera de la zona de confort':

¿Por qué lucharías?
¿La reina? ¿La Patria? ¿Petróleo?
¿Alguna vez has estado en la guerra?
¿Lo hiciste? ¿Lo hiciste?
¿Has sido ignorado por un gobierno que te envió a la guerra?
¿Alguna vez has matado a alguien?
¿Has visto a tus amigos suicidarse?
¿Has sostenido a un moribundo en tus brazos?
¿Lo hiciste? ¿Lo hiciste?
¿Alguna vez has visto a un tipo en llamas?
¿Has visto a un hombre ahogarse en un mar helado?
¿Y has visitado alguna vez la tumba de un amigo muerto, junto a su madre?
¿Lo hiciste? ¿Lo hiciste?

Después, la recitación de Sukrim de un poema nepalí proporciona un contraste tranquilizador. Deliberadamente, no se muestra ninguna traducción porque, como me dijo David tres años después en la Conferencia de la Universidad de Manchester *Falklands/Malvinas: War Media and Society – History and Legacy*, no todo se puede explicar en la guerra. Sin embargo, como un Gurkha con 'información privilegiada', sé que el título del poema es *Marer Jitanu Jit ho Tar Ramoro Haina* (Ganar matando no es bueno), con su mensaje de paz: 'Matar nunca es ganar. ¡Lucha con la pluma sobre la mesa, NO con las balas! Si la pluma gana, está bien [...] pero nadie muere.' Sin embargo, si se aplicaran en el contexto de nuestro campo de batalla de 1982, esos pensamientos inapropiados no habrían logrado la disuasión alcanzada por los Gurkhas ni, paradójicamente, el ataque *sin oposición* en Mount William. Y así, si la buena voluntad entre veteranos de combate de la obra había sido un triunfo, entonces su desarme final de los Gurkhas fue una decepción.

Esto puso fin a la representación de noventa minutos. La acción final del elenco enfatizó la diferencia entre los veteranos de combate y los civiles a los que habían protegido. La honestidad de los primeros fue 'el hilo rojo' a lo largo de la obra. Y debido a que no estaban en las islas en ese momento, los no combatientes no pueden contar esta historia. Solo el elenco puede. Luego hubo una discusión posterior a la actuación en el escenario, entre Lola y su elenco, de cuarenta y cinco minutos. Confirmó el vínculo de buena voluntad establecido entre ellos, aunque Lola admitió: 'Hubo muchos momentos en los ensayos en los que pensé que la obra no sería posible.' Pero Sukrim no tuvo dudas, y sus comentarios fueron tomados en cuenta en varias de las veintiséis reseñas en Internet de la obra, que leería más tarde: 'Hace treinta y cuatro años yo buscaba matarlos, y ellos buscaban matarme a mí. Por eso amo mucho este proyecto. Ahora somos amigos. Los amo.'

Lou indicó luego que se sentía cómodo ensayando en Buenos Aires pero que le preocupaba actuar en su tierra. Se invitó a la audiencia a hacer preguntas. Fui el primero en levantarme y me dirigí a Lou para disipar sus temores. Refirirme a la obra como 'brillante' y como 'una demostración del poder de la buena voluntad entre veteranos de combate' salió de mi corazón. Emily me dio un codazo de aprobación en las costillas cuando me senté. Lola tuvo la última palabra: 'La parte más difícil de este experimento fue ponernos de acuerdo con lo que queríamos decir, lo que no significa que estemos de acuerdo. Compartimos sentimientos porque hacemos una obra de teatro juntos, pero hay un conflicto dentro de este grupo y entre los dos países.' Cuarenta y ocho horas después le envié mi último correo electrónico:

> Asistí a la presentación de 'Minefield' en el Royal Court Theatre el viernes 3 de junio. Solo quería decirte lo muy impresionado que quedé con la obra y lo bien que habías reunido todos los diferentes componentes. ¡El resultado fue impresionante! Muchas felicitaciones a ti y a tu elenco, y mucha suerte con todas las actuaciones futuras.

Pero la 'emboscada' catártica final no fue del agrado de varios autores de esas veintiséis reseñas de Internet, uno de los cuales describió injustamente el esfuerzo armonizado del Get Back Trio como 'divisorio'. Es dudoso que su autor y los demás disidentes hayan estado alguna vez en una guerra. Hubo muchas más reacciones positivas de *Time Out, The Evening Standard, The Daily Telegraph, The Times, The Independent, British Theatre Guide* y *The Stage*.

Diez días después de enviar mi correo electrónico a Lola, recibí su respuesta:

> ¡Muchas gracias, Mike! Estoy muy feliz con los resultados de la obra. Gracias por tu apoyo y colaboración para hacerla posible.

Pasó otro mes antes de que David Jackson también me enviara dos correos electrónicos:

He vuelto a hacer mi 'otro' trabajo como presentador principal en una conferencia en Alemania, titulada *Regresados del Despliegue: Discursos y mundos de un grupo social emergente*. Tuve que hacer una reescritura completa de mi presentación inicial [...] después de pensar y reflexionar sobre la obra como un vehículo para contar historias sobre la guerra y sus consecuencias. No se la puede ignorar como un método para producir conocimiento nuevo y más personificado [...] Sukrim lo hizo bien [y] creo que la obra no hubiera funcionado necesariamente tan bien si no hubieran estado [sus] discursos.

Seis meses después de esa presentación en el Royal Court Theatre, intercambié correos electrónicos con Alicia Castro, la ex embajadora argentina ante la Corte de St. James en Londres. Nos habíamos conocido al participar en todavía otros de esos absorbentes seminarios en la Universidad de Nottingham. Durante uno, el 22 de marzo de 2014, la embajadora y dos miembros de su personal de la embajada se sentaron a tres metros de mí mientras yo hacía una presentación objetiva sobre por qué el ARA *General Belgrano* tuvo que ser retirado del tablero de ajedrez del Teatro de Operaciones del Atlántico Sur de 1982. No obstante, recibí un abrazo de ella en la cena posterior.

En su respuesta a mi pregunta, por correo electrónico del 2 de diciembre de 2016, Alicia me informó que acababa de ver una presentación de *Minefield/Campo minado* en Buenos Aires el día anterior, 'unas horas antes de que me enviaras tu correo electrónico'. Encontró que la obra era 'muy interesante y conmovedora y, por supuesto, me recordó las reuniones y conversaciones que tuvimos durante mi misión en el Reino Unido', y luego agregó:

Después del espectáculo, hablé con los veteranos británicos y su amigo Gurkha Sukrim [...] La historia de Lou Armour me pareció la más conmovedora. Su video, que lo muestra como un joven Royal Marine llorando en la televisión, recordando con dolor a un argentino que murió en sus brazos, [y] preguntándose en el último momento [del argentino] por qué estaba luchando [mientras el argentino] murmuraba algo sobre Oxford.

'¡Si tan solo no hubiera habldo inglés...!', llora Lou.

Esta historia real, como él recordaría más tarde en una conversación abierta entre Lola Arias, los veteranos 'actores' y el público, está [representada en] el poema de [Jorge Luis] Borges 'Juan López y John Ward':

[Ward] Había estudiado castellano para leer el Quijote.
El otro profesaba el amor de Conrad [...]

> Hubieran sido amigos, pero se vieron una sola vez cara a cara, en unas islas demasiado famosas, y cada uno de los dos fue Caín, y cada uno, Abel.
> [...]
> El hecho que refiero pasó en un tiempo que no podemos entender.[4]

Solo puedo lamentar que haya tantas guerras [...] El *'tiempo que no podemos entender'* sigue y sigue. Espero ansiosa verte pronto.

Fraternalmente,

Alicia

---

4. Borges, 1982.

Epílogo

'Está bien que la guerra sea terrible: simpatizaríamos demasiado con ella.'
General Robert E. Lee al Teniente General James Longstreet,
Batalla de Fredericksburg, 13 de diciembre de 1862

Gareth 'Gus' Pugh conserva vívidos recuerdos de la Guerra de Malvinas-Falklands y, en 2018, fue invitado a regresar como uno de los treinta veteranos de guerra en el ejercicio Atlantic Legacy, una gira de estudio de seis días en el campo de batalla para los oficiales y otras jerarquías británicos, que tuvo lugar en la isla Soledad. Esto también lo ayudó a poner en un contexto histórico el asalto de la Compañía B Gurkha al abra y la saliente del noreste de Tumbledown:

> Yo había hecho más investigaciones y había regresado a mi biblioteca y a la historia de la Marina Real sobre la Guerra de las Falkland. Investigué los ataques de los Royal Marine Commandos en Mount Harriet y Two Sisters. Ambos fueron ataques silenciosos que se volvieron 'sonoros' después de ser golpeados por el enemigo. Robert Fox [un corresponsal de guerra de la BBC TV] menciona cuatro Baterías y al HMS *Glamorgan* realizando un ataque a nivel de Regimiento, el más grande desde la Segunda Guerra Mundial. Pero creo que este era el número de unidades de fuego asignadas al ataque y probablemente no en uso al mismo tiempo. Los ataques eran de noche, pero tratar de ajustar y coordinar cinco unidades de fuego sobre un solo objetivo oscurecido cuando el enemigo también te está bombardeando (como se menciona en el relato de la Royal Navy) es casi imposible y francamente peligroso. Una Batería se estaría ajustando y luego, cuando bate el blanco, los datos se pasan a todas las demás unidades de fuego para (iniciar el) fuego masivo. El área batida resultante es de un mínimo de 200 x 200 metros si todo funciona bien.
> Después de haber estado en Mount Harriet y Two Sisters, es difícil ver dónde se podía haber aplicado este poder de fuego masivo. Además, uno puede ver los pozos de los proyectiles en el objetivo [...] de la Compañía B, incluso hasta el día de hoy. Debió haber habido signos similares en Mount Harriet y Two Sisters, y seguramente se habrían mencionado en los relatos. Esto no quiere decir que no haya sucedido, pero creo que es improbable.
> Con excepción de la 2ª Guardia Escocesa y el 1er/7º Fusileros Gurkha, todos los ataques que el Grupo de Batalla hizo en la guerra tuvieron varias

subunidades participando simultáneamente. Es probable que, una vez que el ataque se puso ruidoso, cada uno de los FOO adjuntos haya tenido una unidad de fuego asignada específicamente para atacar objetivos a pedido. Si un FOO hubiera solicitado más potencia de fuego, entonces la descripción de su objetivo lo habría justificado: como 'Misión de fuego de tres Baterías, enemigo excavado en Compañía, Grilla 123456, Altitud', etc. Usar dieciocho cañones en un ataque contra solo uno o dos nidos de ametralladoras, cuando también los estás atacando, es decir, dentro de los 100-200 metros, hubiera sido peligroso de noche, especialmente cuando tu propia posición puede ser dudosa y las posiciones de fuerzas amigas también pueden tener la misma calidad. Habría habido un error considerable en la zona batida por los proyectiles y habría sido arriesgado. Los relatos de los dos ataques apuntan a varios enfrentamientos cercanos (decenas de metros) y al uso de armas de fuego directo como el Milan y el LAW de 66 mm, que se dispara desde el hombro para eliminar puntos fuertes.

El ataque de la 2ª Guardia Escocesa fue secuencial, con las compañías atacando una tras otra a lo largo de la cresta de Tumbledown, bastante accidentada y estrecha. Se utilizaron Baterías individuales con una zona batida de 70 x 70 metros en apoyo de los objetivos individuales de la Compañía. Escuché la artillería utilizada en ese ataque (por radio) y, aunque uno de mis oídos estaba dañado, puedo confirmar que el objetivo principal fue tomado con una sola Batería disparando en apoyo directo. Por eso, mantengo lo que digo, y hasta ahora no he desenterrado evidencia donde se llevara a cabo otra Misión de Fuego a nivel de Regimiento durante la Guerra de las Falklands.[1]

En marzo de 1983, Gareth Pugh volvió a la acción como el primer británico en completar la Open North American Husky Race, siendo uno de los quince que la terminaron a pesar de sufrir congelamiento en los lóbulos de las orejas. Serviría en el Ejército Británico durante otros dieciocho años. Los aspectos más destacados de su carrera incluyeron estar a cargo de St Kilda[2] durante un año, antes de una adscripción de dos años a las Fuerzas Armadas del Sultán de Omán. También disfrutó varios años desarrollando un uso más amplio de entornos sintéticos en los dominios de adquisición y entrenamiento militar, siendo su último destino Jefe de Planes de la OTAN en Kosovo. Después de alcanzar la jerarquía de Teniente Coronel (Lieutenant Colonel), se jubiló anticipadamente para administrar la granja familiar en Welsh Borders. Tiene un rebaño de ovejas

---

1. E-mail fechado el 25 de noviembre de 2020.
2. Un archipiélago de pequeñas islas en el Atlántico Norte, las islas más al W de las Hébridas Exteriores de Escocia. La unidad militar allí posicionada es una estación del Ejército para seguimiento de misiles, basada en la isla de Hirta.

(naturalmente), un gran huerto de manzanos de sidra y tres burros. Pero no está solo en sus vívidos recuerdos de guerra. Para bien o para mal, las vidas de aquellos que han luchado en cualquier guerra también se ven moldeadas por ella después.

De manera similar, nuestro oficial adjunto del Cuerpo Médico del Ejército Real, el Capitán (Captain) Martin Entwistle, tenía muchos recuerdos de sus acciones y del tratamiento de bajas en el campo de batalla. Al igual que Gareth Pugh, era un oficial que había demostrado un excelente liderazgo a través del ejemplo en algunos momentos difíciles. Sus percepciones esclarecedoras sobre los efectos que tuvo en él encontrarse frente tanto a la muerte como a las heridas son dignas de mención:

> La tasa de bajas del 1er/7º Fusileros Gurkha durante la Operación Corporate e inmediatamente después fue comparativamente baja. Aunque no prevalecía en los soldados Gurkhas, el pie de trinchera (una afección parecida a los sabañones, causada por la exposición prolongada de los pies al frío y la humedad, que puede ser debilitante y dolorosa) era una afección que requería atención. Heredé algunos casos en los paracaidistas del 2 Para que quedaron en Goose Green para ser recuperados mientras su unidad avanzaba. También está mi trabajo con los cuatro (no-1/7GR) fallecidos en el lugar de la caída del helicóptero Gazelle del Cuerpo Aéreo del Ejército derribado en un incidente 'azul sobre azul' cerca de Pleasant Peak; seguido por trece bajas Gurkha en el campo de batalla (que incluyeron otro incidente de 'azul sobre azul') en Wether Ground y Tumbledown. Finalmente, diez días después de la guerra, se produjo el incidente en el que un Gurkha resultó muerto y otros dos heridos por la detonación accidental de una granada M-79 durante su tarea de relleno de una trinchera argentina al norte de Darwin.
>
> Con respecto al efecto que tuvo en mí el ver y tratar a estos soldados muertos y heridos, aunque en algunos casos fue impactante, no me traumatizaron en ese momento. Aunque de algunos casos tengo flashbacks regulares, incluidos de soldados a los que pasé al lado y que en realidad no traté porque habían muerto en acción, como el Cabo Primero (Corporal) Clark Mitchell de la Guardia Escocesa, parte de esto se relaciona con el puro interés médico, como ser:
>
> ¿Cuál era la extensión real de esa herida que no pude examinar completamente?
>
> ¿Qué más se podría haber hecho a modo de primeros auxilios en la línea de frente?
>
> ¿Cómo podríamos haber mejorado el tratamiento y la evacuación?
>
> ¿Quiénes podrían haberse salvado, permitiéndoles así regresar a casa con sus esposas, familias y seres queridos?

Mi sensación general es que yo estaba mejor preparado que otros. Doy altas calificaciones a la capacitación de admisión del Royal Army Medical Corps para los nuevos médicos sobre cómo practicar primeros auxilios en el campo, así como a la preparación psicológica que la capacitación de la admisión brindó a través de 'cas sim' (simulación de bajas) altamente realista de heridas militares importantes. Además, en el año anterior, antes de la Operación Corporate, yo había completado un período de servicio de emergencia de cuatro meses en la Operación Banner con el 1er Batallón, Las Chaquetas Negras Reales, en el 'País de los Bandidos' de South Armagh, en Irlanda del Norte. La tasa de bajas allí había sido alta, incluidas heridas al menos tan graves como las que encontraría al año siguiente en las Malvinas. En ese teatro de operaciones, el impacto general y la experiencia no eran entonces nuevos para mí, porque ya me habían dado la oportunidad de desarrollar habilidades de clasificación y primeros auxilios en condiciones de campo difíciles.

Por último, y posiblemente debido a mi experiencia en Irlanda del Norte, parezco haber desarrollado un enfoque en la tarea médica en cuestión, es decir, el tratamiento de las bajas, sin distraerme abiertamente con los riesgos o el efecto que la situación del campo de batalla pueda tener en mí. En retrospectiva, no tomo ningún crédito por esto. Fue más un caso de exuberancia juvenil y una creencia en la invencibilidad, fuera de lugar. A medida que pasa el tiempo, experimento flashbacks de ciertas situaciones y pienso cuán fácilmente el resultado personal para mí podría haber sido muy distinto. Solo estoy agradecido de que mi pensamiento no fuera así en ese momento porque, si ese hubiera sido el caso, entonces el estrés sobre mí habría sido inmenso.

Martin había comenzado su larga asociación con los Gurkhas después de graduarse en medicina en la Universidad de Birmingham en 1979 antes de egresar de la RMA Sandhurst al año siguiente y recibir una comisión RAMC. Además del 1/7 GR (1981-83), se desempeñó como RMO para el 1/2 GR (1980-81) y el 10 GR (1983). Después de ocupar posiciones en los hospitales militares británicos en Aldershot (1983-84) y Hong Kong (1984-86), Martin se retiró del Ejército Británico con el rango de Mayor (Major), para concentrarse en posiciones como cirujano en el Hospital de Accidentes de Birmingham y el Hospital Militar Queen Elizabeth de Woolwich. (1986-87).

Luego decidió dedicarse a la gestión de la atención sanitaria y estudió para un MBA en el Instituto de Tecnología de Cranfield. Trabajando en el Reino Unido y en industrias farmacéuticas y editoriales médicas en Francia, recibió un ascenso en Adis International que lo llevó a Nueva Zelanda en 1993. Pero pronto comenzó a dirigir sus propias empresas de información y consultoría de salud en Internet. La expansión de estas lo llevó a buscar mercados más grandes, sobre todo en los EE. UU. Casado con una estadounidense, se mudó allí en 2005 para continuar con sus actividades empresariales y de consultoría en California y Pennsylvania. Desde 2019 ha sido director médico adjunto de un pequeño hospital comunitario rural ubicado en las estribaciones de Sierra Nevada, en el norte de California. Allí se han puesto en práctica todas las habilidades aprendidas en sus diversas carreras militares y civiles.

Este libro ha intentado seguir un enfoque continuo en las habilidades de liderazgo no solo de los Gurkhas sino también de otras fuerzas amigas adyacentes y de nuestro antiguo enemigo. Hay muchas lecciones que aprender del crisol de la guerra y sus severas exigencias para los participantes; pero la guerra también es un maestro increíble, un instructor 'práctico' brutal e incomparable que ningún ejercicio de entrenamiento de campo 'a gran escala' puede simular correctamente. Sin embargo, a veces aquellos que ejercen un liderazgo destacado en el campo de batalla no reciben después el reconocimiento apropiado. Tal fue el caso del Teniente de Corbeta IM Carlos Daniel Vázquez, Jefe del 4º Pelotón del BIM 5. La Armada Argentina le había otorgado a él y a otros seis la condecoración *'Honor al Valor en Combate'*, que luego fue homologada por la Nación Argentina con el nombre *'La Nación Argentina al Valor en Combate'*. Pero más de tres décadas después, la edición de marzo-abril de 2015 de la revista bimensual argentina *Defensa y Seguridad* publicó una historia detallada de dieciocho páginas sobre cómo Vázquez había liderado la lucha desesperada de su Pelotón en el extremo oeste de Tumbledown. También contenía un artículo de dos páginas sobre mi libro *Return to Tumbledown*, en el que me intrigaba el hecho de que el Teniente de Corbeta IM Héctor Omar Miño (Jefe del 5º Pelotón) hubiera sido galardonado con la *'Cruz de La Nación Argentina al Heroico Valor en Combate'* mientras que Vázquez solo había recibido la condecoración menor.

Ambos me habían enviado sus detalladas experiencias de guerra. Pero ¿por qué Vázquez no había recibido la misma condecoración de *Cruz de La Nación Argentina* que recibió Miño? Esta pregunta me había llevado a dedicar dos capítulos de *Return to Tumbledown* a Vázquez y la lucha de su 4º Pelotón, una historia que el primero me había enviado a través de sus dos hijos angloparlantes. El artículo de *Defensa y Seguridad* incitó a la Armada Argentina a establecer un comité de investigación para examinar las hazañas de Vázquez y su Pelotón durante esas últimas veinticuatro horas de la guerra. Y así, el 25 de noviembre de 2015, el Capitán de Navío IM (Ret.) Carlos Daniel Vázquez recibió de la Armada Argentina una condecoración mejorada *'Al Heroico Valor en Combate'* en una ceremonia especial en Buenos Aires. Pero todavía no era la condecoración de Cruz (*Cruz de La Nación Argentina*) porque esta última solo puede ser otorgada por la nación argentina. La política rigió la necesidad de que la Armada Argentina mantuviera un perfil bajo en relación a las defectuosas recomendaciones para condecoraciones hechas por el difunto Contraalmirante

IM Robacio y previamente aceptadas. La mención de la última condecoración de Vázquez fue:

> Por liderar su Pelotón de fusileros con vigor y eficacia en la defensa de Tumbledown contra el ataque de una unidad británica, mientras dirigía su propia artillería y fuego de morteros sobre su posición para causar bajas al adversario, sin importarle su propia seguridad, y negarse a rendir su posición hasta después del tercer ataque del enemigo, habiendo agotado su munición y con su Pelotón prácticamente aniquilado.

Conservaba el texto de la condecoración inicial, de que se había rendido después de agotar sus municiones. Pero en realidad, eso *no* había sido así porque, para Vázquez, rendirse en tales circunstancias habría demostrado una falta de honor. Sin embargo, y de acuerdo con sus recomendaciones, otros siete miembros de su Pelotón también recibieron, por fin, condecoraciones, incluida una póstuma. Vázquez pronunció entonces un emotivo discurso. Esta es una versión abreviada:

> Con el devenir de los acontecimientos comenzaron las privaciones, incomodidades, incertidumbre y miserias, propias de todas las guerras, desde los tiempos de los Césares hasta nuestros días y más allá. Porque eso es la guerra.
> A ello se sumaron progresivamente, los ataques aéreos, la artillería naval, la artillería de campaña, hasta que comenzamos a ser espectadores visuales de los primeros combates de infantería frente a nuestras posiciones.
> Así fue que el 13 de junio, recibí en mi posición efectivos de nuestro querido Ejército Argentino, que replegándose de posiciones ya en manos del enemigo, pasaban por Tumbledown.
> Incorporamos un grupo de estos bravos, alrededor de 15 hombres, para reforzar nuestra 4a Sección. Estos hombres provenientes de varias Unidades, y cuyos nombres en su mayoría nunca supe, ni aún después de muertos, a partir de entonces fueron parte nuestra.
> [...]
> Con las últimas luces de ese domingo 13 de junio, recorrí las posiciones de la 4ª Sección, preguntándome qué quedaría de ella a la mañana siguiente.
> A las 22 horas de esa noche [02:10Z] un intenso fuego de artillería de campaña británica, [fue] sumado al fuego de los cañones navales en apoyo de ese ataque [...]
> A las 2310 horas, comenzó un asalto a bayoneta ejecutado por el 2º Batallón de Guardias Escoceses, sobre los menos de 40 hombres que componían la 4ª Sección.
> Hay escenas para las que no existen palabras [...] y ésta fue una de ellas.

Fusiles, ametralladoras, pistolas, granadas de mano, proyectiles antitanque, bayonetas, todo surcaba el aire perforando y estallando en todas partes, mezclado con gritos de órdenes, pedidos de apoyo, dolor y coraje.

[...]

Recuerdo los gritos de victoria y coraje de estos hombres, que pocos minutos antes daban por perdidas sus vidas. '¡Viva la Infantería de Marina!', '¡Vengan, que somos Infantes de Marina...!'

¿Puede alguien olvidar esas voces? Yo no.

[...]

La 4ª Sección combatió en un combate desigual sin ninguna posibilidad de victoria.

La 4ª Sección no se replegó nunca.

La 4ª Sección cayó en su posición.

Hoy están en este salón de nuestra querida Armada Argentina, algunos de esos hombres.

Muchos quedaron para siempre en su posición en Malvinas.

Otros regresaron.

[...]

Está hoy aquí la Señora Hilda Acevedo, mamá de Félix Aguirre, conocido en la 4ª Sección como 'Lanzallamas'.

La Señora Acevedo es maestra. Pero también fue maestra como madre, porque supo educar a un hijo, en los valores del amor a la Patria, el Cumplimiento del Deber y el sentido de lo humano.

El conscripto Félix Aguirre, perteneciente al Grupo del Suboficial Castillo, también muerto en combate, acude en ayuda del mortalmente herido Subteniente Silva, y tratando de protegerlo, cae abatido por la infantería británica.

Ejemplo de soldado, ejemplo de camarada, ejemplo de patriota, ejemplo de hombre.

¡Dios la bendiga Señora Hilda! ¡Cuántas madres y maestras como usted yo quisiera para mi Patria!

[...]

Me permito también, ahora como soldado, expresar mi respeto a aquellos contra quienes combatimos y sus caídos, ya que el coraje y la dignidad militar no reconocieron fronteras ni banderas en el oeste de Tumbledown.

Con estas palabras retribuyo a ellos los repetidos homenajes que tributaron y tributan a la 4ª Sección.

[...]

De joven me enseñaron que la Disciplina es la voluntaria disposición al cumplimiento de las órdenes, para el bien del servicio. Y resalto acá las palabras 'Voluntaria disposición al cumplimiento de las órdenes...'

Todos estos hombres, los caídos, los heridos, los aquí presentes y quienes no están en este salón, todos ellos hicieron posible Tumbledown, pero lo hicieron por propia convicción, por creer en la Patria, por creer en lo que hacían. A todos estos hombres integrantes de la 4ª Sección, a los de mi querida y gloriosa Infantería de Marina, y [a] sus hermanos, los bravos soldados del nuestro Ejército Argentino, pido a Dios que los tenga a su lado, y a nuestra Armada que cobije por siempre en su memoria a todos estos hombres que escribieron una pequeña página de historia para la Gloria de la Infantería de Marina y nuestra Armada Argentina.
¡Viva la Patria![3]

El 12 de marzo de 2016, Ricardo Burzaco, Director General de la revista *Defensa y Seguridad*, me envió un mensaje en Facebook:

Mike: Cuando publiqué el artículo [en *Defensa y Seguridad*], tuve una dura discusión con el Jefe de la Armada [argentina], el Almirante Gastón Erice. Entre varios argumentos le dije: 'Mire, Almirante, los ingleses escribieron la verdad y tarde o temprano esos libros se publicarán en la Argentina. Nuestra historia no puede ir detrás de la británica.' Creo que su libro debería haber sido considerado por el comité de investigación.

No obstante, fue satisfactorio pensar que la indicación oblicua de Ricardo al Almirante Erice de los dos capítulos de mi segundo libro sobre la lucha resuelta del 4º Pelotón y el liderazgo inspirador de Vázquez también pueden haber influido en la decisión de actualizar la decoración.

También habría, por fin, reconocimiento público por los esfuerzos del 1er Batallón, 7º Fusileros Gurkha del Duque de Edimburgo en la guerra. Después de la Peregrinación Gurkha a las Malvinas de marzo de 2018, Nigel Phillips, el Gobernador de las Islas Malvinas, informó a la Brigada de Gurkhas que, a diferencia de con todas las demás unidades británicas que habían luchado en la Operación Corporate, no existía ningún monumento de guerra Gurkha en las Islas. La deficiencia se corrigió más tarde ese año cuando un destacamento visitante de los Ingenieros Gurkhas de la Reina diseñó y construyó 'La Piedra Gurkha' en isla Soledad, para conmemorar el hecho de que el 1er/7º Fusileros Gurkha había participado en la Operación Corporate representando a la Brigada de Gurkhas. Este es un monumento tipo 'Muro Mani' como los —mayormente budistas— que se encuentran en los altos Himalayas, únicamente tibetanos y nepalíes. Tres placas están montadas en él. Estas contienen una breve explicación de lo que hizo el Batallón en 1982, la insignia del 7º Regimiento de

---

3. Incluido en un e-mail de Eduardo Gerding, fechado el 9 de mayo de 2021.

Fusileros Gurkha y una nota igualmente breve que explica el propósito de un Muro Mani. Ubicada a un kilómetro al sur de Mount William, corriendo hacia el oeste desde Stanley y cubierta con la bandera negra del 7º Regimiento de Fusileros Gurkha, 'La Piedra Gurkha' fue presentada conjuntamente por Alex Mitham, el Vicegobernador de las Islas Malvinas, y el General de Brigada (Brigadier) (Ret.) David Morgan el 23 de abril de 2019. El Regimiento Logístico Gurkha de la Reina proporcionó al Gaitero Biraj Rai para la ceremonia. El abanderado fue el Cabo Primero (Corporal) Dharmaraj Rai, quien sirvió en la Compañía B en 1982 y asistió a la ceremonia en representación de la Asociación de Ex militares Gurkha de Nuneaton.

Además de la Banda de la Brigada de Gurkhas, un pequeño número de residentes locales, algunos soldados en servicio, el Comandante de las Fuerzas Británicas en las Islas del Atlántico Sur, General de Brigada (Brigadier)Nick Sawyer, y el Coronel de la Brigada de Gurkhas, Coronel (Colonel) James Robinson, otros cinco Gurkhas veteranos de guerra estaban presentes. La mayoría había servido en la Compañía D, incluido el ex Comandante de la Compañía D, Coronel (Colonel) (Ret.) Mike Kefford, cuya misión fuera asaltar y tomar Mount William.

Cuando, a fines de abril de 2021, informé al General de Brigada (Brigadier) David Morgan sobre mi escritura de libros, respondió: 'Si no es demasiado tarde, me pregunto si puedo pedirle si podría agregar una foto, o una mención, o ambas, de La Piedra Gurkha [...] Para mí, la piedra refleja la sensación de redondear toda la historia, lo que, nuevamente en mi opinión, parece apropiado en el año 40 [aniversario] [de la guerra].'[4] No debió preocuparse. Sus deseos han sido acomodados.

A pesar de la pandemia de Covid-19, mis intentos de fomentar la buena voluntad entre veteranos también se ampliaron con una presentación 'virtual' anglo-argentina de noventa minutos sobre la guerra (mi septuagésimo sexta) organizada por el Capítulo de Buenos Aires de S&P Global (VALOR) el 28 de octubre de 2020. Esa presentación conjunta fue anunciada de la siguiente manera:

'Campo de batalla compartido: una conversación sanadora entre dos combatientes de la Guerra de Malvinas-Falklands' [...] Únase a VALOR Buenos Aires mientras organizamos una conversación sobre valores y liderazgo en la experiencia de la Guerra del Atlántico Sur con el veterano del Ejército británico, el Mayor (Major) (Ret.) Mike Seear y el veterano del Ejército Argentino Coronel (Ret.) Esteban Vilgré La Madrid. Únase a nosotros para aprender cómo dos hombres que lucharon en diferentes

---

4. E-mail de fecha 28 de abril de 2021.

lados de la línea de fuego aprendieron a superar los prejuicios, destruir las etiquetas y llegaron a comprender que, aunque podemos estar separados por las circunstancias, aún podemos conectarnos como personas.

Mi contribución a la presentación conjunta llevó el título 'Liderazgo en la Guerra de las Malvinas-Falklands desde una perspectiva Gurkha'. Su contenido se basó en varios temas preparados previamente que nos fueron enviados. Estos iban desde la percepción del enemigo, hasta la preparación para liderar y estar mentalmente preparados para ir a la guerra; la toma de decisiones; el miedo y la responsabilidad del liderazgo en momentos de crisis; el abordaje de la separación familiar; las lecciones clave aprendidas de la guerra y, por último, lo que se aprendió de ¿el enemigo? Tanto mi experiencia en Tumbledown como el libro *Return to Tumbledown* que analizó la batalla me permitieron decir: 'Coraje; determinación; liderazgo; espíritu de equipo e innovación'. La presentación de Esteban tuvo un tema similar para el Regimiento de Infantería N° 6 de Argentina. Shaun Wurzbach, ex oficial del Ejército de los EE. UU. y veterano de combate de la Operación Tormenta del Desierto de 1991, ahora Director Gerente y Director Global del Canal de Asesoría Financiera en S&P Índices Dow Jones y cofundador de VALOR (Veterans and Allies Leading for Organizational Results), un grupo de recursos para empleados, con 900 voluntarios,[5] nos envió un correo electrónico más tarde esa noche desde Nueva York:

> Aprecié mucho lo que cada uno de ustedes tuvo para decir y compartir hoy. Gracias por ser tan vulnerables y tan humildes. Esto habla de su coraje y sus perspectivas, lo que puedo apreciar. Experimenté muchas emociones mientras observaba y escuchaba. Principalmente la alegría de estar en compañía de buenos líderes y buenas personas [...] Estas son historias importantes y buenas lecciones y creo que brindan perspectiva y fortaleza a quienes prestan atención.

Seis meses después, habiendo proporcionado a Shaun algunos detalles sobre el contenido de este libro, éste respondió de inmediato:

> [El esquema de su] libro me ha causado una gran impresión. Es asombroso y sorprendente (acapara toda mi atención) lo vulnerable que es al contar esta historia. E imagino que son su rara autoconciencia y vulnerabilidad las que pueden haber hecho posible su capacidad para considerar y actuar

---

5. S&P Global VALOR, cuyo objetivo es contribuir al éxito de S&P Global aprovechando las habilidades de liderazgo únicas de los veteranos, también colabora con American Corporate Partner, una organización sin fines de lucro cuya misión es ayudar a los veteranos en su transición del trabajo militar al civil.

sobre [la buena voluntad] y la curación.

Su idea de seguir contando esta historia me parece brillante. Incluso históricamente importante. [Si] hay una manera de que nuestro grupo VALOR vuelva a escucharlos a usted y a Esteban, sería bueno.

Aunque es posible que yo no tenga palabras para expresar esto cabalmente, creo que la historia que busca contar y la forma en que la relata podría tener aplicación para los militares de EE. UU. que han estado en combate, y especialmente para aquellos que pueden tener problemas para lidiar luego con esa experiencia. […] En su esquema, también veo un enfoque de conocimientos/lecciones aprendidas, que siempre es terreno fértil para el estudio del liderazgo en las fuerzas armadas.[6]

Queda un elemento importante. Dos semanas antes, el 9 de abril de 2021, día del fallecimiento de Su Alteza Real el Duque de Edimburgo, publiqué mis respetos en el sitio web Royalty.uk. Había un motivo Gurkha para hacerlo con respeto a este condecorado veterano de combate de la Marina Real durante la Segunda Guerra Mundial:

> Que Su Alteza Real el Príncipe Felipe, Duque de Edimburgo, KG, KT descanse en paz.
>
> Serví con el 1ᵉʳ Batallón, 7º Fusileros Gurkha del Duque de Edimburgo, en la Guerra de las Malvinas de 1982. Veintiún años después se publicó mi libro *With the Gurkhas in the Falklands: A War Journal*. Su Alteza Real tuvo la amabilidad de encontrar tiempo en el castillo de Windsor para escribir un Prólogo conciso para el libro y le quedo muy agradecido por haberlo hecho.
>
> Casi dos décadas después, estoy a punto de terminar un tercer libro sobre la guerra. Su título provisional es *Gurkhas, Malvinas y Liderazgo*. Espero que se publique en 2022, el cuadragésimo aniversario de la guerra. Si esto sucede, también será un tributo a Su Alteza Real, quien no solo ejerció un liderazgo destacado a lo largo de su larga vida, sino que también logró tanto para el Reino Unido y el Commonwealth.
> Con el más sentido pésame,
> Mike Seear
> (ex Oficial de Operaciones y Adiestramiento, 1ᵉʳ/7º Fusileros Gurkha en la Guerra de Malvinas-Falklands).

---

6. E-mail fechado el 22 de abril de 2021.

100 Criterios de Liderazgo – Gurkhas, Malvinas y Liderazgo

Algunos criterios están marcados con un asterisco (*) indicando que, aunque el libro no se refiera explícitamente al criterio, éste es relevante para el contenido del capítulo.

Capítulo	Título	Criterio de liderazgo
1	La entrevista	
2	De Sandhurst a Church Crookham	1. 'El general es conocimiento, confianza, coraje y rigor.' (Sun Tzu)
		2. 'Para liderar también se debe servir.' (Odiseo)
		3. Se aprende mucho más del liderazgo negativo que del liderazgo positivo. Porque se aprende cómo no hacerlo. Y, por lo tanto, se aprende a hacerlo.' (Schwarzkopf)*
		4. El liderazgo comienza arriba y depende de las circunstancias.
		5. Haga preguntas y sopese las respuestas.
		6. Elimine capas intermedias de autoridad que son innecesarias.
		7. La creación rápida de una estructura crea una estrategia y contribuye a un liderazgo efectivo y a la determinación de las prioridades operativas.
		8. Ejercite la resistencia y la resolución, y predique con el ejemplo.
3	Cuando al mando, hacerse cargo	9. 'Cuando esté al mando, tome las riendas.' (Schwarzkopf)
		10. Concéntrese en las consideraciones importantes.
		11. 'Y así, los militares valoran la victoria, no valoran la prolongación.' (Sun Tzu)

		12. Sea un líder proactivo iniciando un 'entrenamiento preventivo'.
		13. 'Si uno actúa con coherencia para entrenar a la gente, la gente se someterá.' (Sun Tzu)
		14. 'Por eso se dice: "La victoria se puede conocer, no se puede hacer".' (Sun Tzu)
4	Liderazgo proactivo continuado	15. Utilice activamente la previsión y lidere a otros de manera proactiva con los conocimientos de guerra adquiridos 'en el teatro de operaciones'.
		16. Proporcione liderazgo para contrarrestar la mentalidad inapropiada de 'entrenamiento en tiempos de paz'.
		17. Desarrolle el sentido de responsabilidad y confianza de sus subordinados.
		18. Intensifique el enfoque de liderazgo y capacitación en las 'Necesidades individuales'.
		19. Las comunicaciones son la madre y el padre del Comando y Control.
		20. El trabajo de un líder, por necesidad, puede ser solitario.
		21. Implemente una formación intensiva para reforzar el 'mantenimiento del equipo'.
		22. El liderazgo debe generar entrenamiento nocturno realista y de alta calidad con el máximo uso de munición real.
		23. Sea paciente. A veces, el mejor curso de acción es no hacer más que observar y esperar.
		24. Explote la reputación de combate de una unidad mediante el liderazgo y las iniciativas de 'operaciones psicológicas'.
		25. Emplee liderazgo en la reorganización

5	En alta mar	y realineación del orden de batalla de una unidad para cumplir con los requisitos de la misión.
		26. Una a los soldados mediante liderazgo para crear lazos tan poderosos que todos puedan compartir las mismas intenciones y emprender tareas peligrosas juntos.
		27. El liderazgo debe energizar el *esprit de corps* con fe en 'puedo hacerlo'.*
		28. El liderazgo responsable no subestima al enemigo.
		29. Asegúrese de que la tarea sea entendida, supervisada y realizada.
		30. El liderazgo debe adoptar la ética de la guerra moderna.
		31. El liderazgo es el ingrediente clave para diseñar, implementar y mantener un programa de capacitación innovador y realista.
		32. Proporcione actividades de recreación y bienestar para sus soldados que, a su vez, contribuirán a la formación de muchos equipos cohesivos antes del combate.
		33. 'Por lo tanto, el militar victorioso es primero victorioso y después de eso lucha.' (Sun Tzu)*
		34. El liderazgo eficaz debe generar una incesante confianza en el equipo y su capacidad.
		35. Asegure la socialización constante y el refuerzo de valores para construir cohesión.
6	Transición a las operaciones	36. 'Entrena duro, lucha fácil. Entrena fácil y tendrás peleas duras.' (Suvorov)
		37. 'Un líder es un traficante de esperanza.' (Napoleón)
		38. 'Conociendo al otro y conociéndote a ti mismo, en cien batallas no hay peligro [... pero] sin conocer al otro y

sin conocerse a uno mismo, en cada batalla una derrota segura.' (Sun Tzu)*

39. El liderazgo debe mantener la 'voluntad de ganar'.
40. El liderazgo es clave para administrar de manera efectiva la transición general de capacitación a operaciones.
41. Deje ir el pasado. No pierda tiempo ni energía preocupándose por asuntos que uno no puede cambiar.
42. Las buenas habilidades de gestión del tiempo fomentarán un ambiente de equipo positivo y sacarán lo mejor de los subordinados.
43. Conozca a sus soldados individualmente.
44. 'Manténgase flexible y alinee las acciones con el yin y el yang de la situación operativa, comandando así la coincidencia y, en última instancia, el éxito.' (Sun Tzu)

7	Consolidación e iniciando finalmente el avance hacia el este	45. 'Estar dispuesto a tomar decisiones. Esa es la cualidad más importante en un líder.' (Patton)

46. 'No puedo confiar en un hombre para mandar a otros si no puede mandarse a sí mismo.' (Lee)*
47. Emplee su unidad de acuerdo con sus capacidades.

8	Ataque aéreo enemigo y 'intrusos' iniciales	48. 'Eso está muy bien, pero ¿tiene suerte?' (Napoleón)

49. 'La planificación lo es todo, los planes no son nada.' (von Moltke el Viejo)*
50. Un líder debe ejercer la responsabilidad del mando.*
51. Confíe en su equipo central de planificación.
52. Abordar la 'misión imposible' requiere un liderazgo dinámico.

9	Primeras bajas, despliegue del	53. 'El valor es un rasgo necesario del liderazgo.' (Churchill)

| | Grupo de Reconocimiento y planeamiento de la batalla | 54. Informe y actualice con frecuencia a sus soldados en el terreno.
55. 'El tiempo dedicado al reconocimiento es rara vez desperdiciado' (Rommel). Original: 'Pellízcalos [...] fórmalos [...] evalúalos [...] pruébalos' (Sun Tzu).
56. 'La tierra es alta y baja, ancha y estrecha, lejana y cercana, inclinación y nivel, muerte y vida.' (Sun Tzu) |
|---|---|---|
| 10 | Órdenes – Y una Rueda de Prensa 'insertada' en el campo de batalla | 57. Como líder, sea tácticamente competente.*
58. El logro de tareas se lleva a cabo mediante un liderazgo efectivo que incorpora una planificación rápida y decisiva.*
59. Murphy *es* un experto en logística: *influirá* en el tiempo y en su plan.
60. Dé órdenes inequívocas con un aire de confianza incluso cuando las cosas se pongan difíciles.
61. Informe y 'conduzca' a los medios (informativos) asignados.
62. Para evitar el contagio de cualquier actitud negativa, los descontentos deben mantenerse cerca del líder (durante el combate).
63. 'Manténgalo simple, estúpido.' (Johnson)
64. Tome riesgos calculados. Eso es muy diferente a ser imprudente.' (Patton)* |
| 11 | Preparativos para la batalla final... combate, luego demora | 65. Defina la misión y establezca los objetivos.*
66. El liderazgo implica contacto personal.
67. Un líder debe estar frente a sus subordinados, compartiendo su suerte común.
68. Nunca le pida a un subordinado que haga algo que usted, el líder, no haría.
69. 'El día que se dan las órdenes se humedecen las lágrimas de los |

oficiales sentados, las lágrimas de los que están recostados ruedan por sus mejillas, arrójenlas donde no puedan salir.' (Sun Tzu)*

70. En las operaciones, un líder debe examinar constantemente su comportamiento para asegurar que sea lo más consistente posible.
71. El liderazgo explota la sorpresa.
72. El liderazgo enfrenta las emergencias.
73. Evite fijarse en objetivos menores. Concéntrese en su lugar en la perspectiva más amplia. Contiene la clave tanto para el problema como para la solución.
74. 'La pérdida de tiempo es irrecuperable en la guerra: las excusas que se dan son siempre malas, porque las operaciones solo salen mal por los retrasos.' (Napoleón)
75. Liderazgo significa asumir responsabilidad.
76. El liderazgo inspirador es un multiplicador de fuerza contagioso.

12 'Lucha, repliegue o congelamiento'

77. 'Haz lo correcto, no lo que crees que quiere el alto Cuartel General o lo que crees que te hará quedar bien.' (Schwarzkopf)
78. 'Tómate el tiempo para deliberar, pero cuando llegue el momento de la acción, deja de pensar y entra al ruedo.' (Napoleón)
79. 'Liderazgo [...] es la Proyección de la Personalidad. Es la cosa más intensamente personal del mundo, porque es simplemente tú.' (Slim)
80. 'Ningún plan de operaciones se extenderá jamás con algún viso de certeza más allá del primer encuentro con la fuerza principal hostil.' (von Moltke el Viejo)
81. 'Nunca se aprovechará una situación

favorable si los Comandantes esperan órdenes' (lo que implica el uso alternativo del Comando de Misión descentralizado en su lugar, con los rangos subalternos asumiendo la responsabilidad con un liderazgo agresivo). (von Moltke el Viejo)*

82. Un líder tiene que ser proactivo, pensar en el 'peor de los casos' y tener un Plan B.
83. Si es necesario, ejerza valor moral.
84. 'Persiga un gran objetivo decisivo con fuerza y determinación.' (von Clausewitz)*
85. 'Cuando los oficiales militares se hunden por completo, no temen; donde no pueden salir, se mantienen firmes [...] por lo tanto, son – discordantes pero disciplinados [...] e incluso la muerte no parece un desastre.' (Sun Tzu)*
86. Desactive la tensión usando el humor en situaciones de alto estrés.
87. 'La lucha es caótica, pero uno no está sujeto al caos [...] La forma de uno es redonda y uno no puede ser derrotado', es decir, el caos ofrece aperturas y oportunidades continuas (Sun Tzu).
88. Como líder, tenga en cuenta que se producirán casos de impotencia en el campo de batalla.
89. El liderazgo es agresivo.
90. Si la situación se vuelve crítica, utilice el liderazgo de 'yo acepto-tú aceptas'.

| 13 | Tiroteo, ataque de morteros y 'azul contra azul' |

91. El líder debe tener algo llamado personalidad y, por eso, sus soldados deben poder pensar en él como uno/una más de ellos/ellas.
92. Los líderes deben mantener el Comando y el Control.
93. 'Recuerde solo las lecciones a

14	Asalto a la saliente noreste; luego Mount William. El grande...		aprender de la derrota: son más que las de la victoria.' (Slim)*
		94.	El liderazgo debe ser flexible.
		95.	Para cumplir la misión, use una combinación de liderazgo decisivo y práctico para inspirar confianza y un efectivo trabajo en equipo.*
		96.	'Nunca diga a la gente cómo hacer las cosas. Dígales qué hacer y deje que lo sorprendan con su ingenio.' (Patton)*
		97.	'Y así, el que es hábil en el empleo de los militares los toma de la mano como si estuviera dirigiendo a una sola persona. No pueden resistir.' (Sun Tzu)*
		98.	'El verdadero coraje es tener miedo, y seguir adelante y hacer tu trabajo. De todos modos, eso es el coraje.' (Schwarzkopf)*
		99.	'Cuando el enemigo abre la puerta exterior, uno debe entrar rápidamente.' (Sun Tzu)
		100.	'El liderazgo efectivo derrota al enemigo sin destruirlo, al "tomarlo entero".' (Sun Tzu)*

Glosario/Abreviaturas

1 WG – 1er Batallón, Guardias Galeses.
1/7 GR – 1er Batallón, 7º Fusileros Gurkha del Duque de Edimburgo.
2 Para – 2º Batallón, Regimiento de Paracaidistas.
2 SG – 2º Batallón, Guardia Escocesa.
2IC – Segundo al mando de una unidad o subunidad militar.
3 Para – 3er Batallón, Regimiento de Paracaidistas.
66 mm LAW – arma antitanque ligera portátil de un solo disparo de 66 mm M72 fabricada en EE. UU. Se dispara desde el hombro. El cohete tiene un alcance efectivo de 200 metros y el lanzador vacío se descarta después de su uso.
9 Para Squadron RE – 9º Escuadrón de Paracaidistas, Reales Ingenieros.
Ametralladora pesada Browning de 0,5 pulgadas – ametralladora pesada M2, alimentada por correa, refrigerada por aire, fabricada en EE. UU., con una cadencia de fuego de 450 a 635 disparos (calibre 0,50 BMG/12,7 mm OTAN) por minuto y un alcance efectivo de 1800 metros. Fue utilizada por las fuerzas británicas y argentinas en la Guerra Malvinas-Falklands.
Ametralladora Sterling (SMG) – subfusil ametrallador de 9 mm de fabricación británica con culata plegable. El cargador de caja curva del arma contenía treinta y cuatro rondas de calibre 9 mm. Su alcance efectivo era de 200 metros.
ARA – Armada de la República Argentina (el equivalente de HMS – Her Majesty's Ship).
Área de reunión – un área segura en el terreno donde se reúne un Batallón de infantería para llevar a cabo los preparativos finales de la batalla.
Armas menores – en términos generales, armas diseñadas para uso individual. Incluyen, entre otros, revólveres y pistolas automáticas, fusiles y carabinas, metralletas, fusiles de asalto y ametralladoras ligeras. Esta definición fue adoptada por la Asamblea General de la ONU el 8 de diciembre de 2005.
Ayudante – oficial de Estado Mayor del oficial al mando del Batallón para asuntos de personal y disciplina.
Azul contra azul – choque accidental entre fuerzas del mismo lado que provoca un incidente de fuego 'amigo'.
Basha – un suelo impermeable con ojales en su perímetro que se puede instalar, camuflar y usar como refugio.
Batallón – una subunidad de la Brigada de infantería que comprende tres compañías de fusileros (cuatro en un Batallón Gurkha), compañía de apoyo, compañía de Cuartel General y Cuartel General de Batallón. Tiene

un total de 650 hombres (1.000 en un Batallón Gurkha) y está comandado por un Teniente Coronel (Lieutenant Colonel).

Batallón de punta de lanza – el principal Batallón de infantería de alta disponibilidad del Ejército británico, con un aviso obligatorio de setenta y dos horas para moverse. Desde la Guerra de las Malvinas-Falklands, este se ha convertido en el elemento Líder de Punta de Lanza (SLE) de las Fuerzas Armadas Británicas, que comprende un Grupo de Batalla basado en un Batallón de infantería ligera con un enfoque en operaciones conjuntas con otras armas.

BC – Comandante de la Batería de Artillería.

Bengala Very – bengala disparada con una pistola de retrocarga de un solo disparo.

Bergen – término genérico del Ejército británico para una mochila de tipo militar.

BETO Oficial británico (en un Batallón Gurkha).

BFSU – Unidad de Apoyo de las Fuerzas Británicas para la logística en la Isla Ascensión.

BIM 5 – Batallón de Infantería de Marina No. 5.

BIT – Entrenamiento individual de batalla (terminología del Batallón Gurkha para el entrenamiento físico).

Blowpipe – misil portátil tierra-aire (MANPADS) de fabricación británica (Short Brothers) utilizado por las fuerzas británicas y argentinas en la Guerra de las Malvinas-Falklands.

Bomba de racimo – la Royal Navy Fleet Air Arm utilizó la bomba de racimo BL755, que podía expulsar 147 submuniciones (minibombas) que explotaban al entrar en contacto con el suelo.

Bomba guiada por láser Paveway II – una bomba guiada de 454 kg que utiliza un dispositivo láser semiactivo para alcanzar un objetivo designado con mayor precisión que una bomba no guiada. Esto requiere una unidad designadora láser para marcar o iluminar el objetivo. En la Guerra de las Malvinas-Falklands, un designador láser de este tipo fue manejado por un Grupo de Control Aéreo Táctico (TACP) de cuatro hombres en tierra.

Bombardero Canberra – un avión bombardero ligero para dos hombres fabricado por English Electric, utilizado por la Fuerza Aérea Argentina. Se compraron ocho bombarderos usados de la Royal Air Force y volaron en la Guerra de las Malvinas-Falklands.

BOR – Otro rango británico (en un Batallón Gurkha).

Brigada de infantería – una formación que generalmente comprende tres Batallones de infantería, artillería de apoyo, caballería, ingenieros y unidades logísticas, el Cuartel General de la Brigada y el escuadrón de señales. La formación tiene una fuerza de unos 3.000 hombres comandados por un General de Brigada (Brigadier).

Cañón antiaéreo doble Rheinmetall de 20 mm – arma antiaérea de fabricación alemana diseñada para enfrentarse a aviones enemigos que se aproximan a baja y muy baja altura para evitar que disparen sus armas o lancen sus bombas sobre una instalación de la Fuerza Aérea.

Cañón antiaéreo gemelo Hispano-Suiza de 30 mm – arma antiaérea de fabricación francesa.

Cañón CITER L33 de 155 mm – un cañón de 155 mm fabricado en Argentina que fue utilizado por el Ejército argentino en la Guerra de las Malvinas-Falklands. Cuatro volaron a las islas en las últimas semanas de la guerra. Se utilizaron tres, dos de los cuales se ubicaron en Puerto Argentino y el tercero detrás de Sapper Hill. El alcance efectivo del arma era de veinte kilómetros.

Cañón doble Oerlikon de 35 mm – sistema antiaéreo remolcado, fabricado por la firma suiza Oerlikon Contraves. Estaba controlado por radar, con los sistemas Skyguard o Super Fledermaus.

Cañón ligero de 105 mm – utilizado por la Artillería Real en la Guerra de las Malvinas-Falkland, el cañón ligero L118 de fabricación británica es un obús remolcado de 105 mm. Tiene una tripulación de seis y un alcance máximo de 17.200 metros.

Carl Gustav de 84 mm – Equipo de un Pelotón de infantería de dos hombres (artillero y cargador). Fabricado en Suecia, este fusil sin retroceso portátil es clasificado por las fuerzas británicas como arma antitanque mediana (MAW), con alcances efectivos de 400 metros (objetivos móviles) y 700 metros (objetivos estacionarios) y velocidad de fuego de seis disparos por minuto. Puede ser operado por un solo hombre (con elocidad de disparo reducida).

Casevac – Evacuación de heridos.

CGS – Jefe del Estado Mayor General.

Chinook – helicóptero de transporte de doble rotor (Boeing CH-47) fabricado en EE. UU. Capaz de transportar cuarenta y cuatro hombres en tiempos de paz y (al quitar los asientos) casi el doble de ese número en tiempos de guerra. Utilizado por las fuerzas británicas y argentinas en la Guerra Malvinas-Falklands.

Clansman – sistema de comunicaciones por radio del Batallón de infantería británico, que se había entregado a la 5ª Brigada de Infantería solo dos o tres semanas antes de su despliegue en la Guerra de las Malvinas-Falklands.

CLFFI ('Cliffy') – Comandante de las Fuerzas Terrestres británicas en las Islas Malvinas.

CO – el oficial al mando de una unidad principal (por ejemplo, Batallón de infantería, Regimiento de artillería, etc.) con el rango de Teniente Coronel (Lieutenant Colonel).

Comandante – título alternativo del 7º Fusileros Gurkha para oficial al mando.

Compañía – una subunidad de Batallón de infantería que comprende tres

Pelotones y un Cuartel General de compañía. En el Ejército británico, esto asciende a unos 100 hombres y está comandado por un Comandante. Las unidades de menor tamaño de otras armas se conocen como Escuadrones (ingenieros, señales, transporte, etc.) y Baterías (artillería). Las Compañías de la Infantería de Marina y del Ejército Argentino son mucho más grandes.

COS – Jefe de Gabinete.

CPX – Ejercicio de Puesto de Mando.

Cuartel general principal del Batallón – una vez desplegado en el campo, el Cuartel General del 1er/7º Fusileros Gurkha se dividió en dos. El 'Cuartel General Tac del Batallón' asumió el mando y el control, mientras que el 'Cuartel General Principal del Batallón' supervisó las operaciones. Si 'Tac' fuera 'destruido' en el campo de batalla, entonces 'Principal' se haría cargo del 'Comando y Control'.

Dagger – avión cazabombardero argentino (multiusos) fabricado en Israel.

Dassault-Bregeut Super Étendard – avión de combate de fabricación francesa que sirvió como plataforma de lanzamiento para el misil aire-superficie AM39 Exocet.

DF – Fuego Defensivo. Este es un objetivo pregrabado y ajustado en tierra para fuego de artillería o mortero. Una unidad o subunidad puede trazar una serie de DF en una posición defensiva y utilizarlos rápidamente contra el ataque de las fuerzas enemigas.

DFC – (Condecoración británica) Cruz de Vuelo Distinguido.

Dispositivo de observación nocturna (NOD A) – 'intensificador de imagen' de primera generación.

DS – Cuerpo Directivo.

DSO – (Condecoración británica) Orden de Servicios Distinguidos.

EA – Autoridad Existencial.

Escalón A – parte de la organización del Battalion Rear Echelon (Escalón de Reataguardia del Batallón) responsable del reabastecimiento logístico a las subunidades de un Batallón de infantería en la línea del frente.

Escalón de Retaguardia – dividido en A (frontal) y B (trasero), organización de un Batallón de infantería responsable del reabastecimiento logístico a las subunidades del Batallón en la línea del frente.

Espoleta de proximidad – una espoleta de proximidad detona un dispositivo explosivo automáticamente cuando la distancia al objetivo se vuelve menor que un valor predeterminado.

Espoleta de tiempo variable – una espoleta de artillería equipada con un sistema que emite señales de radio cuando el proyectil se acerca al objetivo. El eco, o pulso de retorno, del objetivo hace que la espoleta detone el proyectil automáticamente a una altitud establecida sobre el objetivo.

Estación de vendajes de avanzada (ADS) – las víctimas de batalla de un Puesto de Socorro del Regimiento (RAP) del Batallón se evacuan a un

ADS, donde puede ocurrir una mayor estabilización de la víctima.

Exocet – un misil antibuque de alcance medio de fabricación francesa que se puede lanzar desde el aire (AM39) o desde superficie (MM38). Su alcance máximo volando a ras del mar es de setenta kilómetros, viajando a 315 metros por segundo (Mach 0,93).

FAC – Controlador Aéreo Avanzado para aviones de ataque a tierra Harrier GR3.

FAL – Fusil Automático Liviano – El rifle de asalto automático ligero estándar FN (Fabrique Nationale de Herstal) de fabricación belga de la Armada y el Ejército argentinos. Dispara un proyectil de alta velocidad de 7,62 mm y tiene un alcance efectivo de entre 200 y 600 metros.

FAP – Fusil Automático Pesado – Rifle automático pesado (asalto) de 7,62 mm (con bípode).

FCO – Ministerio (británico) de Asuntos Exteriores y del Commonwealth.

FDC – Centro de dirección de fuego – un elemento de un Puesto de Mando de artillería que consta de personal y equipo de artillería y comunicaciones, mediante el cual el Comandante ejerce la dirección y el control del fuego.

FOB – base de operaciones avanzada (HMS Sheathbill) para los Sea Harrier y Harrier GR3 en Puerto San Carlos, Isla Soledad.

FOO – oficial de observación de artillería avanzada (generalmente con el rango de Capitán [Captain]) que acompaña a la infantería de primera línea y ordena fuego de artillería sobre los objetivos.

FTX – Ejercicio de entrenamiento de campo.

FUP – Lugar de formación (punto en el terreno al que se mueve un Batallón de infantería desde su Área de reunión antes de proceder a su Línea de Inicio para un ataque).

GM – Gurkha Major, el oficial Gurkha de la Reina (nepalí) de mayor rango en un Batallón Gurkha del Ejército británico.

GPMG – ametralladora de uso general de 7,62 mm alimentada por cinta.

GPMG (SF) – ametralladora de uso general en función de fuego sostenido. Esta se monta sobre un trípode, lo que permite aumentar el alcance de 600 metros a 1.800 metros.

Grupo O – Grupo de Órdenes formal de un Comandante, en el que se dan órdenes operativas para una misión específica (por ejemplo, un ataque) a los subordinados. Estas órdenes luego se transmiten a través de la cadena de mando.

Harrier – Hawker Siddeley Harrier jet de salto capaz de despegue y aterrizaje vertical/corto (V/STOL). La variante Sea Harrier (SHAR) era un caza de defensa aérea/ataque aéreo naval. La variante Harrier GR3 era un avión de ataque de reconocimiento y apoyo cercano operativo.

HE PD – munición de alto explosivo y detonación puntual (artillería).

HE VT – Munición de alto explosivo con espoleta de tiempo variable (artillería).

Helicóptero Gazelle – el Westland Gazelle es un helicóptero utilitario de fabricación británica (bajo licencia de la empresa francesa Aérospatíale) que puede transportar cinco pasajeros.

Helicóptero Puma – el helicóptero utilitario Aérospatiale SA330 de fabricación francesa fue utilizado por las fuerzas argentinas en la Guerra de las Malvinas-Falklands. Puede transportar dieciocho pasajeros.

Helicóptero Scout – el helicóptero Westland Scout de fabricación británica era un helicóptero ligero de uso general utilizado por las fuerzas británicas en la Guerra de las Malvinas-Falklands. Podía llevar tres pasajeros y también podría estar armado con el misil antitanque guiado por cable SS.11 (alcance de 500 a 3.000 metros).

Helicóptero Sea King – helicóptero de la Royal Navy de fabricación británica desplegado en la Guerra de las Malvinas-Falklands. El Westland Sea King realizó búsquedas y ataques antisubmarinos, reabastecimiento, transporte de tropas e inserción de fuerzas especiales. Podía llevar veintidós pasajeros. Las Fuerzas Argentinas también utilizaron el Sea King.

Helicóptero Wessex – el helicóptero Westland Wessex de fabricación británica fue utilizado por las fuerzas británicas en la Guerra de las Malvinas-Falklands para el transporte de tropas y el transporte de combustible, municiones, artillería y sistemas de misiles Rapier. Podía llevar diez pasajeros.

Hora H – tiempo en el que una unidad cruza su última Línea de Inicio inmediatamente antes de montar un ataque en una posición enemiga (ver también Hora L).

Hora L – el tiempo en el que una unidad cruza su Línea de Inicio final inmediatamente antes de montar un ataque de Segunda Fase en una posición enemiga.

HQ Tac – Cuartel General Táctico del Batallón.

Huey UH1H – ('La campana') era un helicóptero utilitario utilizado por las fuerzas argentinas. Nueve fueron utilizados en la Guerra de Malvinas-Falklands.

IO – oficial de Inteligencia del Cuartel General del Batallón, que es responsable de recopilar, compilar y proporcionar inteligencia sobre el enemigo.

KIA – Muerto en acción.

LADE – Líneas Aéreas del Estado era una aerolínea estatal operada por la Fuerza Aérea Argentina, con sede en Comodoro Rivadavia. Brindaba servicios regulares domésticos, principalmente en la Patagonia. Usando aviones Fokker F-27, la aerolínea inició vuelos regulares entre Comodoro Rivadavia y las Islas Malvinas en 1972. El servicio se suspendió después de la guerra de 1982.

Lanzagranadas M-79 – lanzagranadas de un solo tiro, disparado desde el hombro y de acción de ruptura que dispara un proyectil de 40 mm. Su alcance efectivo es de 350 metros y su velocidad de fuego es de seis disparos por minuto.

Larkspur – sistema de comunicaciones por radio del Batallón, que fue el predecesor del sistema Clansman utilizado en la Guerra de las Malvinas-Falklands.

LCU – Embarcación de desembarco genérica.

LFFI – HQ Fuerzas Terrestres Islas Malvinas.

Línea de Inicio – una característica natural en el terreno que marca la línea de salida para que un Batallón la cruce a la hora H para llevar a cabo un ataque a una posición enemiga.

LSL –Embarcaciones de desembarco logístico.

MAG – Mitrailleuse d'Appui Général – La ametralladora de uso general estándar argentina FN (Fabrique Nationale) de 7,62 mm.

Marcador de objetivo láser – fuente de luz láser utilizada para designar un objetivo para una bomba guiada por láser.

MFC – Controlador de fuego de morteros, un Observador Avanzado del Pelotón de Morteros de 81 mm que puede corregir la caída de las bombas de mortero sobre un objetivo elegido.

MID – (Decoración británica) Mención en Despachos.

Milan – misil antitanque de infantería, guiado por cable, servido por dos hombres. La unidad de lanzamiento pesaba quince kilos y tenía un alcance máximo de 2.000 metros. Tuvo éxito al atacar los búnkeres argentinos durante la Guerra Malvinas-Falklands.

Mirage – **Dassault Aviation Mirage III**, avión de combate multiuso supersónico de fabricación francesa pilotado por la Fuerza Aérea Argentina. Fue utilizado principalmente en funciones de defensa aérea y escolta durante la Guerra Malvinas-Falklands.

Misil Bantam – el Bantam (misil antitanque Bofors) de fabricación sueca es un misil guiado por cable y tiene un alcance máximo de 2.000 metros.

MM – (Condecoración británica) Medalla Militar.

Mortero de 81 mm – mortero de avancarga LI16 de 81 mm de fabricación británica, con alcance efectivo de 5675 metros y velocidad de disparo (manual) de quince bombas por minuto. La versión estadounidense M252 fue utilizada por las fuerzas argentinas en la Guerra Malvinas-Falklands.

NCO – Suboficial.

NGS – Apoyo de fuego naval.

Obús ligero OTO Melara de 105 mm – utilizado por el 3er Regimiento de Artillería del Ejército Argentino (3er Grupo de Artillería 3 – GA 3) y el 4º Regimiento de Artillería Móvil Aérea (Grupo de Artillería Aerotranspotado – GAA 4) en la Guerra Malvinas-Falklands, el calibre de 105 mm de fabricación italiana OTO Melara Mod 56 tiene una dotación de cuatro sirvientes y un alcance máximo de 11.100 metros.

Obús ligero OTO-Melara Mod 56 (105 mm) – cañón estándar de la artillería argentina.
OC – oficial al mando de una subunidad de Batallón.
OEA – Apoyo Aéreo Ofensivo.
Oficial de Adiestramiento y Operaciones del Batallón (oficial de Operaciones) – esta función es responsable de la coordinación de las tareas operativas de la unidad y de ayudar al CO en la planificación. El oficial de Operaciones también es responsable de coordinar la capacitación general de la unidad.
ONU – Naciones Unidas.
OP – Puesto de Observación.
OTAN – Organización del Tratado del Atlántico Norte.
Para FAL – Fusil Automático Liviano – Como el FAL argentino estándar, pero con una culata plegable hueca.
PAVE – Equipo de Vectorización de Aviónica de Precisión.
PDF – Proyectil de fragmentación.
Pelotón – subunidad de una compañía de infantería que consta de tres Secciones y un Cuartel General de Pelotón. La fuerza de un Pelotón del Ejército británico es de treinta y cinco hombres. La dotación de un Pelotón (sección) del Ejército Argentino era de cuarenta y cinco hombres. Un Pelotón de Infantería de Marina argentino tenía cincuenta y cinco hombres.
Piquete – grupo de tropas compuesto por ocho a diez hombres embarcados a bordo de un helicóptero.
PTG – Crecimiento Postraumático.
PTSD – Trastorno de Estrés Postraumático.
PTSR – Reacciones de estrés postraumático.
Pucará – caza argentino de ataque a tierra con dos turbohélices, utilizado para operaciones de apoyo aéreo cercano.
QGO – Oficial Gurkha de la Reina (Nepalés).
QM – Intendente (Contramaestre).
QRF – Fuerza de Reacción Rápida.
RA – Artillería Real.
RAP – Puesto de Socorro de Regimiento del Batallón donde se evalúa, estabiliza y prepara a los heridos para la evacuación del campo de batalla.
RAS – Reabastecimiento en el Mar.
RE – Ingenieros Reales.
RFA – Flota Real Auxiliar
RI – Regimiento de infantería.
RMO – oficial Médico del Regimiento.
RN – Marina Real.
Ro-Ro – (Roll on – Roll off) (Ferry de trasbordo de vehículos).
RSM – Sargento Mayor de Regimiento

RSO – oficial de Señales de Regimiento del Batallón.
RV – Punto de encuentro (rendezvous).
SAM-7 – misil tierra-aire de hombro de fabricación soviética.
SAMA 82 – Asociación (británica) Medalla del Atlántico Sur 82.
Sangar – una pequeña posición fortificada temporal construida sobre el suelo con un parapeto (en la Guerra de las Malvinas-Falklands) de roca y turba. El término fue utilizado por el Ejército indio británico en la frontera noroeste y proviene de la palabra persa *cantó* (piedra).
SAS – Servicio Aéreo Especial (¡también Sistema de Aerolíneas Escandinavas!).
SBS – Escuadrón de botes especiales.
Scimitar – tanque ligero de reconocimiento de vehículos de combate del Ejército británico (sobre orugas) armado con un cañón Rarden de 30 mm.
Scorpion – tanque ligero de reconocimiento de vehículos de combate (sobre orugas) del Ejército británico armado con un cañón de 76 mm.
Sea Dart – misil superficie-aire de alcance medio de la Royal Navy que fue eficaz para atacar objetivos en altitud en la Guerra de las Malvinas-Falklands.
Sección – una subunidad del Pelotón que comprende de ocho a diez hombres, comandados por un Cabo Primero (Corporal). Una Sección (grupo) del Ejército Argentino comprendía de trece a catorce hombres. Una Sección de la Infantería de Marina argentina tenía diecisiete hombres.
SITREP – Informe de Situación.
Skyhawk – el avión de ataque a tierra con capacidad para portaaviones Douglas A4 Skyhawk fabricado en los EE. UU. fue utilizado ampliamente por la Fuerza Aérea y la Armada Argentina en la Guerra de las Malvinas-Falklands. Cuarenta y ocho aviones se desplegaron en la guerra y la mitad de estos se perdieron. El Skyhawk infligió daños considerables a la navegación británica.
SLR – el fusil de carga automática estándar de 7,62 mm del Ejército británico utilizado en la Guerra de las Malvinas-Falklands. Tenía un cargador de veinte cartuchos y un alcance efectivo de 300 metros.
Sno-Cat/Sno Trac – vehículos de suministro con orugas que los Royal Marine Commando utilizan en climas fríos.
SOP – Procedimientos Operativos Estándar.
SSN – Submarino nuclear.
STUFT – Embarcación retirada del comercio.
Tab – avance táctico a la batalla.
TACP – Grupo de control aéreo táctico (ver Bomba guiada por láser Paveway 2).
TAOR – Área Táctica de Responsabilidad.
Telémetro láser (LRF) – proporciona coordenadas polares precisas hasta un rango de 20 kilómetros.
TEWL – Ejercicio táctico sin tierra (variante Gurkha *QE2* de un TEWT).

TEWT – Ejercicio táctico sin tropas.

TEZ – Zona de exclusión total – una zona de exclusión de 200 millas náuticas establecida alrededor de las Islas Malvinas por el gobierno del Reino Unido. A las fuerzas argentinas (buques, submarinos y aviones) no se les permitió ingresar a la ZET. Si lo hicieran, la fuerza militar del Reino Unido se usaría contra ellos.

TRALA – Área Logística de Remolque y Reabastecimiento ubicada a 200 millas al noreste de la TEZ donde los buques podían recibir y transferir suministros, y realizar reparaciones de daños de batalla a los buques bajo la protección del Grupo de Batalla de Portaaviones.

TTB – Equipo de Entrenamiento Brunei.

UKLF – Fuerzas Terrestres del Reino Unido.

VALOR – (Organización civil) Veteranos y Aliados Liderando para Resultados Organizacionales.

VC – (Decoración británica) Victoria Cross; la distinción más alta y prestigiosa del sistema de honores militares británicos por *'valor en presencia del enemigo'*.

Vendaje de campaña – una almohadilla estéril con vendajes adjuntos para primeros auxilios de emergencia en el campo de batalla.

VGM – Veteranos de la Guerra de Malvinas.

Zebedee – Sistema de radar de Artillería Real designado ZB298.

Zona de defensa interna – la Zona de defensa interna argentina estaba ubicada justo al oeste de Stanley e incorporaba Sapper Hill, Mount William y Tumbledown. La **Zona de Defensa Exterior** incluía Mount Longdon, Two Sisters, Mount Kent, Mount Harriet, Mount Challenger y Wall Mountain.

Bibliografía

Obras Publicadas

Anderson, D. (2014). 'The British Officer and the Benedictine Tradition', 7th *Duke of Edinburgh's Own Gurkha Fusileros Regimental Association Journal* 20, 145-50.

Badsey, S., R. Havers y M. Grove. (2005). *The Falklands Conflict Twenty Years On: Lessons for the Future.* Abingdon: Frank Cass.

Borges, Jorge Luis. (1982). 'Juan López y John Ward'. *Clarín*, 26 de agosto.

Burzaco R., D. Díaz y R. Villamil. (2015). 'La Batalla de Tumbledown, mitos y verdades', *Defensa y Seguridad* 80, 24-41.

Carballo, P. (2004). *Con Dios en el alma y un halcón en el corazón.* Córdoba: La biblioteca de Hipatia.

Clapp, M. y E. Southby-Tailyour. (1996). *Amphibious Assault Falklands: The Battle of San Carlos Water.* Londres: Leo Cooper.

Comisión Rattenbach. (1988). *Informe Rattenbach. El drama de Malvinas.* Buenos Aires: Espartaco.

Davies, P. y A. Thornborough. (1996). *The Harrier Story.* Londres: Arms and Armor Press.

Defensa y Seguridad (2015), 80: 'Vázquez recuerda su primer encuentro con al Subteniente Oscar A. Silva', 61; y 'El soldado VGM Pablo Rodríguez', 62. Autores anónimos.

Demaria, C. y C. Wright, eds. (2006). *Post-Conflict Cultures: Rituals of Representation.* Londres: Zoilus Press.

Dvaipayana, K. (siglo II a. C.). *Bhagavad Gita* (la Palabra de Dios).

Fertout, M., N. Jones y N. Greenberg. (2012). "Third location decompression for individual augmentees after a military deployment', *Occupational Medicine* 62, 3 (abril), 188-95.

Flash. (1982). "Mirá como tiemblo': Los piratas dicen ahora que traen mercenarios crueles y con cuchillos' 2, 104, 3 (18 mayo). Autor anónimo.

Fraser, Guillermo. (1889). *Words on Wellington.* (Londres: Routledge).

Freedman, L. (2005). *The Official History of the Falklands Campaign: Vol II – War and Diplomacy.* Londres: Routledge.

García Quiroga, D. y M. Seear, eds. (2007). *Hors de Combat: The Falklands-Malvinas Conflict Twenty-Five Years On.* Nottingham: Critical, Cultural and Communications Press.

García Quiroga, D. y M. Seear, eds. (2009). *Hors de Combat: The Falklands-Malvinas Conflict Twenty-Five Years On.* Nottingham: Critical, Cultural and Communications Press.

Garner T. (2020). 'Gurkhas on Tumbledown'. *History of War* 83, 9 (julio), 32-43.

Geraghty, T. (2002). *Who Dares Wins: The Special Air Service – 1950 to the Gulf War*. Londres: TimeWarner.

Grant, R. (2003). *Contemporary Strategic Analysis: Concepts, Techniques, Applications*. (4ª ed.). Oxford: Blackwell.

Hanrahan, B. y R. Fox. (1982). *'I Counted Them All Out And I Counted Them All Back': The Battle for the Falklands*. Londres: British Broadcasting Corporation.

Jiménez Corbalán, L. (2015). *Malvinas en Primera Línea*. Buenos Aires: Edivern.

Johnston, RM, ed. (1910). *The Corsican: a Diary of Napoleon's Life in his own Words*. Boston y Nueva York: Houghton Mifflin.

Kasanzew, N. (2012). *Malvinas a Sangre y Fuego*. Buenos Aires: PUNTO Arte y Reproducciones S.A.

Marrón, D. (1988). *The Royal Navy and the Falklands War*. Londres: Leo Cooper.

Martin, T. (2017). *Falklands Gunner: A Day-by-Day Personal Account of the Royal Artillery in the Falklands War*. Barnsley: Pen and Sword.

McGuirk, B. (2007). *Falklands-Malvinas: An Unfinished Business*. Seattle: New Ventures.

McManners, H. (1987). *Falklands Commando*. Londres: Grafton.

MercoPress Agencia de Noticias del Atlántico Sur. (2001). 'Soldado gurka recuerda el terror de los argentinos'. 13 de junio.

Middlebrook, M. (1989). *The Fight for the 'Malvinas': The Argentine Forces in the Falklands War*. Londres: Viking.

Morgan, D. (2006). *Hostile Skies: The Falklands Conflict Through the Eyes of a Sea Harrier Pilot*. Londres: Weidenfeld and Nicolson.

Morgan, D. (2017), 'Extraordinary Odds'. *7th Duke of Edinburgh's Own Gurkha Rifles Regimental Association Journal* 23, 76-79.

Nott, J. (2012). *Here Today, Gone Tomorrow: Recollections of an Errant Politician*. Londres: Methuen.

Parker, J. (1999). *The Gurkhas: The Inside Story of the World's Most Feared Soldiers*. Londres: Headline.

Parsons, A. (1983). 'The Falklands Crisis in the United Nations, 31 March-14 June 1982', *International Affairs* 59, 2 (primavera), 169-178.

Pook, J. (2007). *RAF Harrier Ground Attack: Falklands*. Barnsley: Pen and Sword.

Price, N. (2017). 'The Falklands Factor for Mortar Operations', *7th Duke of Edinburgh's Own Gurkha Rifles Regimental Association Journal* 23, 112-13.

Price, N. (2018). 'Pilgrimage to the Falkland Islands', *7th Duke of Edinburgh's Own Gurkha Rifles Regimental Association Journal* 24, 104-22.

Privratsky, K. (2016). *Logistics in the Falklands War: A Case Study in*

Expeditionary Warfare. Barnsley: Pen and Sword.

Ramsey, G., ed. (2009). *The Falklands War: Then and Now*. Old Harlow: After the Battle.

Robacio, C. y J. Hernández, J. (1996). *Desde el frente: Batallón de Infantería de Marina nº 5*. Buenos Aires: Instituto de Publicaciones Navales del Centro Naval: Solaris.

Royal Military Academy Sandhurst. (1959). *Serve to Lead: an Anthology*. Sandhurst: Royal Military Academy.

Seear, M. (2003). *With the Gurkhas in the Falklands: A War Journal*. Barnsley: Pen and Sword.

Seear, M. (2014). *Return to Tumbledown: The Falklands-Malvinas War Revisited*. (Ed. Rev.) Nottingham: Critical, Cultural and Communications Press.

Slim, W. (1957). *Courage and Other Broadcasts.*. Londres: Cassell.

Soldier, Magazine of the British Army. (2007), 63, 6.

Southby-Tailyour, E. (1993). *Reasons in Writing: A Commando's View of the Falklands War*. Londres: Leo Cooper.

Southby-Tailyour, E. (2014). *Exocet Falklands: The Untold Story of Special Forces Operations*. Barnsley: Pen and Sword.

Stewart, N. K. (1991). *Mates and Muchachos: Unit Cohesion in the Falklands/Malvinas War*. Washington: Brassey's.

Sun Tzu. (2002). *The Art of War: The Denma Translation*. Boston: Shambhala.

Thatcher, M. (1993). *The Downing Street Years*. Londres: HarperCollins.

Thompson, J. (2014). *3 Commando Brigade in the Falklands: No Picnic*. Barnsley: Pen and Sword.

Tsouras, P. (2004). *The Greenhill Dictionary of Military Quotations*. Londres: Greenhill Books.

Van der Bijl, N, and D. Aldea. (2003). *5th Infantry Brigade in the Falklands*. Londres: Leo Cooper.

Vilgré La Madrid, E. (2015). 'Tumbledown, los combates finales antes de la caída de Puerto Argentino', *Defensa y Seguridad* 81, 28-33.

Ward, N. (1992). *Sea Harrier over the Falklands*. Londres: Leo Cooper.

Warwick, R. W. (1993). *QE2: The Cunard line flagship, Queen Elizabeth II*. New York: Norton.

Willis, D. (2017). 'Memories on a Postcard: The Falklands 35 Years On', *7th Duke of Edinburgh's Own Gurkha Rifles Regimental Association Journal* 23, 101-111.

Woodward, S, and P. Robinson. (2012). *One Hundred Days: The Memoirs of the Falklands Battle Group Commander*. Londres: HarperCollins.

Obras inéditas

1/7GR Commander's Diary Narrative (Army Form C2119) (en los Archivos Nacionales, Londres).

1/7GR Op Corporate Inmediate Debrief Points (IDP) – 10 de julio de 1982.
1/7GR Operation Corporate Post Operation Report (POR) – Parte II, 27 de julio de 1982.
5 Infantry Brigade on Operation Corporate – Logistic History.
Informe de Ingenieros Anfibios Argentinos sobre la Campaña Terrestre de Malvinas, Expediente 5 – 1987.
Dalton, E. (1982). Informe (108 páginas) basado en el Diario de Guerra de la Brigada de Infantería 10 del Ejército Argentino (14 de junio de 1982) del Teniente Coronel Eugenio Dalton, Operaciones G3.
Fallon, M. (1982). *The Story of 132 Battery Royal Artillery (the Bengal Rocket Troop) during the Falklands Campaign 1982.*
Messenger, C. (n.d.) Borrador de manuscrito para un Libro de Regimiento de la Guardia Escocesa inédito.
O'Rourke, K. (2007). Declaración del Lance Corporal (Retd.) Gyanendra Rai (extracto), 16 de julio de 2007. Londres: Howe and Co. Solicitors.
Philips, R. (2019). Falklands/Malvinas: War, Media and Society – History and Legacy (Conferencia en la Universidad de Manchester), Partes 1 y 2. Disponible en https://thefirstcasualtyblog.wordpress.com/2019/05/21/falklands-war-history-legacy-conference-at-manchester-university-part-1 y https://thefirstcasualtyblog.wordpress.com/2019/05/21/falklands-war-history-legacy-conference-at-manchester-university-part-2/.
Scots Guards, The Mount Tumbledown Battlefield Tour – 13 de julio de 1982.

ÍNDICE

A

Academia de Defensa, UK, 270
Acuerdo Tripartito (1947), 36, 69, 106
Adair, Dr. John, 52
Aldershot, 65, 85, 103, 132, 392, 407
Alemanno, Natalia, 365
Alexander, James – Mayor (Major), 52
Anaya, Jorge – Vicealmirante, 60
Aquino, Waldemar – Teniente de Corbeta IM, 266, 280-1, 303-4, 319, 379
Área de adiestramiento de Sennybridge, 74, 77, 79, 81, 83, 85-6, 90, 92, 189, 197, 228
Área de adiestramiento de Stanford, 67
Area Logística para Remolcadores y Reabastecimiento (TRALA), 132, 135, 432
Argentina
    Bahía Blanca, 374
    Buenos Aires, 16, 28, 37, 41, 70-71, 83, 97, 105, 173, 250-5, 302, 349, 352-53, 355, 365, 368, 371, 373, 377, 379, 383-84, 387-90, 393, 398, 401-2, 408, 412
    Ciudad de Córdoba, 367
    Comodoro Rivadavia, 28, 161, 386, 428
    General Roca, 365, 372
    La Plata, 70
    La Tablada, 70, 71
    Mercedes, 70
    Patagonia, 428
    Provincia de Chubut, 83, 375
    Provincia de Corrientes, 83, 97, 98, 343
    Puerto Belgrano, 60
    Puerto Madryn, 397
    Rawson, 375
    Río Gallegos, 28, 72, 165-6, 365, 368, 383, 385-6
    Río Grande, 53-4, 60, 166, 276
    San Julián, 89, 166
    Sauce, 343
    Tierra del Fuego, 60
    Trelew, 352, 375
Arias, Lola, 16, 28, 37, 389, 402
Astilleros Vosper Thornycroft, 101, 230
Autiero, Vicente – Comodoro, 252-3, 386
Aviación Naval Argentina 1^{era} Escuadrilla de Ataque, A-4B, 165, 252, 385-6

B

Batalla de Jutlandia (1916), 62
Batchelor, John – Granadero (Bombardier), 120
Beech, Mike – Capitán (Flight Lieutenant), 256
Bethell, Richard – Mayor (Major), 168, 272
Bianchi, Carlos Ricardo – Guardiamarina IM, 220, 255
Birmania, 45, 51
Bonaparte, Napoleón, 45, 91, 121, 167, 273
Borges, Jorge Luis, 372, 402-3
Borneo, 63, 83, 93
Bowley, Richard – Granadero (Bombardier), 119, 198, 203, 293-4
Bramall, Sir Edwin – General, 69, 72

Brooke, Alan – General, 46
Brunei, 79, 106, 120, 432
Buques de la Armada Argentina (ARA)
   Almirante Irizar (rompehielos, Buque Hospital), 388
   Bahía Buen Suceso, 29, 60
   General Belgrano, 71, 91, 390, 393, 397, 402
   Hipolito Bouchard, 395
   Isla de los Estados, 29, 98
   Suboficial Castillo, 359
Buques de la Real Armada (HMS)
   Active, 133, 182, 271
   Alacrity, 29, 88, 98
   Ambuscade, 259, 271
   Antelope, 20-21, 122, 125, 136, 386
   Antrim, 118, 125, 233
   Ardent, 118, 125, 386
   Argonaut, 118, 385-6
   Arrow, 88, 93, 182
   Avenger, 132, 195, 259, 271
   Broadsword, 122, 386
   Cardiff, 156
   Coventry, 122-5, 386
   Endurance, 60, 65
   Exeter, 132, 161
   Fearless, 21, 25, 60, 74-5, 118, 153, 155, 158
   Glamorgan, 88, 195, 259, 404
   Glasgow, 103, 147, 386
   Hermes, 21, 66, 74, 76, 93, 133, 136, 152, 167, 257, 334
   Intrepid, 20, 60, 90, 118, 152-3, 385
   Invincible, 60, 66, 76, 132
   Minerva, 133, 135-6, 141
   Onyx (submarino), 29
   Plymouth, 168, 385
   Sheffield, 53, 93, 369
   Warrior (1916), 62
   Yarmouth, 93, 158, 173, 195, 259, 271
Buques Requisicionados del Comercio (STUFT)
   Atlantic Causeway, 101, 133
   Atlantic Conveyor, 20-1, 122-4, 133, 141, 147, 157
   Baltic Ferry, 96, 101, 133
   British Wye, 129, 235
   Canberra ('La Gran Ballena Blanca'), 69, 118, 125, 127, 133, 135, 153, 234, 364, 385, 394, 424
   Europic Ferry, 21
   Nordic Ferry, 96, 101, 141
   Norland, 20-21, 73, 125-9, 132, 134-8, 140, 141, 162, 235, 351, 362, 397
   Queen Elizabeth 2 (QE2), 79, 86, 92, 96, 98, 101-5, 108-10, 112-13, 116-19, 121-8, 130-31, 138, 140, 148, 160, 230-33, 235, 369, 373, 431
   Uganda, 29, 291, 314, 348, 351, 354, 362-3, 374
Burzaco, Ricardo, 15, 222, 255, 310, 411
Büsser, Carlos – Contraalmirante IM, 371

C

Cairns, Paddy, 49
Calmels, Carlos – Teniente de Fragata IM, 272, 281
Carballo, Pablo – Capitán, 33, 386
Carrington, Lord Peter, 66, 105
Casanegra, Juan – conscripto, 371
Castillo, Julio Saturnino – Suboficial, 220, 277, 358
Castro, Alicia, 402
Caswell, Cliff, 371
Catterick, 85
Chaundler, David – Teniente Coronel (Lieutenant Colonel), 145
Chile, 167, 350, 367, 393
Chipre, 16, 79, 359, 363
Church Crookham, 26, 45, 57, 59-62, 65, 78, 87, 91, 93, 110, 113, 160,

212, 226, 229, 369
Churchill, Sir Winston, 19, 185, 418
Clapp, Michael – Contraalmirante (Commodore), 25, 74-5, 145, 152
Clausen de Bruno, María Isabel, 365, 367, 368, 372
CNN TV Network, 33
Cociffi, Gabriela, 13, 28, 37, 39
Colegio Militar de la Compañía de las Indias Orientales, 47-8
Colombo, Osvaldo – Teniente de Fragata IM, 15, 204, 213, 218, 220, 222, 255, 263, 265, 274, 277, 280, 284, 312, 318
Comandante, Fuerzas de Desembarco (CLF), UK, 22
Comité Nobel de Literatura, 44
Convenciones de Ginebra, 102, 150, 313
Corbalán, Lautaro Jiménez – Teniente, 114, 378
Crippa, Guillermo Owen – Teniente de Navío, 253, 385
Crisis de Suez (1956), 56
Crowsley, Steve – Capitán (Captain), 103, 127, 246, 297, 314, 326-7
Cuba, 105, 367
Cuñé, Elvio Angel – Suboficial, 15-16, 80-81, 89, 150, 169, 177-8, 251, 275, 277-8, 296, 322, 348-50, 371, 373
Custer, George Armstrong – Teniente Coronel, 45

D

Dalton, Eugenio – Teniente Coronel, 16, 285, 300, 308, 316, 317, 318, 324
Davies, Chris – Mayor (Major), 257, 263, 316
Dawson, Bill – Mayor (Major), 90, 212, 231, 342, 344
De Marco, Marcelo – Guardiamarina IM, 274-5

Dennison, Peter – Mayor (Major), 53
Denson, John, 69, 112, 359, 362
Descompresión para Tercera Ubicación (TLD), 363
Diego, Alejandro, 28
Dock, Steve, 371
Domingo Sangriento, 56
Drennan, Sam – Capitán (Captain), 313, 337
Dubai, 79, 383

E

Edmondson-Jones, Paul – Capitán (Captain), 85
Eisenhower, Dwight D. – General, 46
Ejercicio Atlantic Legacy, 22-3, 225, 404
Ejercicio Green Lanyard, 67
Ejercicio Springtrain, 62
Ejercicio Welsh Falcon, 77, 81, 86-7, 228, 353
Ejército Argentino
    3ª Brigada de Infantería, 83, 98
    3er Regimiento de Infantería (RI 3), 70, 78, 89, 129, 149, 181, 196, 211, 286, 301, 317, 325, 346, 351
    4º Regimiento de Infantería (RI 4), 83, 114, 204, 214, 219-20, 248, 277, 325, 337, 341, 357-8, 365, 378
    5º Regimiento de Infantería (RI 5), 83
    6º Regimiento de Infantería (RI 6), 70, 129, 181, 204-5, 211, 213, 220, 223, 245, 254, 266, 284-6, 300-3, 308, 310, 317, 319, 324-5, 332-3, 336, 378, 387, 390-91, 395, 398
    7º Regimiento de Infantería (RI 7), 70, 390
    8º Regimiento de Infantería (RI 8), 70
    9ª Brigada de Infantería, 70

10ª Brigada Mecanizada de Infantería, 83, 285, 317, 324
12º Regimiento de Infantería (RI 12), 83, 204, 219-20, 222, 277, 304
25º Regimiento de Infantería (RI 25), 70
Grupo de Artillería Antiaéreo 601 (GADA 601), 372
Ejército Británico
   1ᵉʳ Batallón, 7º Fusileros Gurkha del Duque de Edimburgo, 13-14, 16, 19, 21-4, 33, 36, 45, 58, 60, 62, 67, 69, 72, 79, 85, 93-4, 105, 107, 111, 127, 129, 131, 137-8, 157, 169, 177-8, 181, 187, 191, 193, 214, 226-9, 231, 233, 239, 245-6, 288, 290, 295, 329, 332, 353
   2º Batallón, los Guardias Escoceses, 72
   2º Batallón, Regimiento de Paracaidistas, 25, 58, 68, 72-73, 127-8, 140-41, 143-8, 152, 157, 173, 215, 237, 259, 280, 284, 315, 317, 328, 351, 391, 406, 423
   8ª Fuerza de Campaña, 58
   Brigada de Gurkhas, 57, 65, 87, 99, 108, 159, 411-12
   Cuerpo de Escuela de Armas Menores, 103, 117
   Escuela de Infantería, 111
   HQ de la División de Artillería (Dortmund), 207
   HQ del Distrito Sudeste, 93
   Servicio Aéreo Especial (SAS), 53, 431
Ejército Británico (Operación Corporate)
   16º Ambulancias de Campaña, Real Cuerpo Médico del Ejército, 73
   29ª (Corunna) Batería de Campaña, 4º Regimiento de Campaña, Real Artillería, 14, 23, 73, 174-6, 182, 190-92, 201-2, 240-42, 250, 259
   3ᵉʳ Batallón, Regimiento de Paracaidistas, 42, 53, 58, 65, 70, 72, 118, 157, 316, 423
   5ª Brigada de Infantería, 58, 65, 67, 73, 79, 83, 84, 86-7, 92-3, 101-2, 105, 108, 111, 120, 123, 125, 180, 193, 233, 259, 272, 313
   9º Escuadrón Para, Reales Ingenieros, 73, 224, 256, 262, 316, 335
   132ª Batería de Campaña (La Tropa de Cohetes Bengalí), Real Artillería, 147, 153, 246, 288
   656º Escuadrón del Cuerpo Aéreo del Ejército, 313
   Blues and Royals, Escuadrón B, 4ª Tropa, 210, 215, 224, 284
Ejército de la Compañía de las Indias Orientales, 47
Entwistle, Martin – Capitán (Captain), 14, 85, 153, 156, 180, 187-8, 229, 271, 292, 295, 327-8, 337, 406
Erice, Gastón – Almirante, 255, 411
Escuela Naval Militar, 219
Estrada, Gérman, 371, 372
Etchichury, Leandro, 364, 365
Exocet, 21, 53, 93, 104, 108-9, 122, 130, 132, 195, 259, 369, 426-7

F

Fallon, Mike – Mayor (Major), 119-20, 122-3, 131, 135, 139-40, 173, 180-81, 199, 217, 259-61, 291, 326, 338, 351
Farrah-Hockley, Dair – Mayor (Major), 144
Fernández, Sergio – General de Brigada, 40, 253, 384-5, 388
Fieldhouse, Sir John – Almirante

(Admiral), 65, 74, 84, 99, 152
Fillipini, Alberto – Brigadier, 253, 386
Fox, Robert, 404
Fox, Tomás – Teniente Coronel, 250, 365, 368, 371
Freedman, Sir Lawrence, 25, 152, 340
Freetown, 112, 113, 116, 118
Fuerza Aérea Argentina, 20, 35, 253, 325, 359, 384, 394, 424, 428-9
Fuerzas Armadas del Sultán de Omán, 54, 405

G

Galarza, José Luis – Dragoneante, 277
Galliussi, Rubén Eduardo – Teniente de Fragata IM, 319
Galtieri, Leopoldo Fortunato – Teniente General, 60-61, 83, 124, 170, 394, 398
García Márquez, Gabriel, 43, 44
García Quiroga, Diego – Capitán de Fragata, 10, 19, 30, 34, 367, 368, 371
García, Charly, 138
Garthwaite, Simon – Capitán (Captain), 54
Georgia del Sur, 125-6, 235
Gerding, Dr. Eduardo, 16, 37, 251-2, 254, 268, 367-8, 371, 388, 391, 411
Gibraltar, 62
Gibson, Alan – Granadero (Lance Bombardier), 291
Glover, Jeff – Capitán (Flight Lieutenant), 384-5
Guida, Alejandro – conscripto, 274
Gwyn, Roger – Mayor (Major), 270

H

Haig, Alexander – General, 70, 87
Haley, Paul, 16, 110, 228, 230-32, 240-41
Hanrahan, Brian, 159, 209, 212, 215, 217
Hayes, David – Capitán (Captain), 49
Henderson, Ken – Granadero (Lance Bombardier), 53, 236, 327, 335, 336
Hernández, Jorge – Suboficial Primero, 315, 323
Hesketh, Bernard, 209
Holley, Lester – Capitán (Captain), 23, 95, 122, 126, 188, 198, 206-7, 258, 294, 314, 329
Holt, Tony – Teniente Coronel (Lieutenant Colonel), 348
Hong Kong, 57-8, 68, 79, 106, 108, 359, 364, 399, 407
Hopkins, John – Capitán (Flight Lieutenant) (RN), 252-3, 385
Howes, Mike – Mayor (Major), 257
Hughes, Anwyl – Mayor (Major), 217, 257
Hunt, Sir Rex, 361, 371
Hurd, Douglas, 66

I

India, 36, 69, 99, 106, 121, 355
Infantería de Marina Argentina
    1er Batallón de Artillería de Campaña, Infantería de Marina, Batería B, 182, 274, 283, 287, 291, 315, 323
    2° Batallón de Infantería de Marina (BIM 2), 70
    5° Batallón de Infantería de Marina (BIM 5) – Compañía M, 89, 94, 181, 284, 300-1, 310, 341
    5° Batallón de Infantería de Marina (BIM 5) – Compañía N, 15, 19, 181, 204-5, 211, 213, 218, 220-1, 245, 247-8, 255, 263, 265-6, 274-7, 280-82, 284, 302-3, 308, 311-12, 318-19, 338, 366, 369, 372, 378-81
    5° Batallón de Infantería de

Marina (BIM 5) – Compañía
O, 181, 215, 265-6, 272, 276,
281, 317
5º Batallón de Infantería de
Marina (BIM 5) – Pelotón de
Morteros de 81mm, 15, 80,
169, 228, 264, 371
Irlanda del Norte, 55, 63, 68, 74, 393,
407
Isla Ascensión, 424
Isla Gran Malvina
Fox Bay, 29, 350, 354, 361
Pebble Island, 22, 109, 141, 161
Port Howard, 350, 384, 388
Port Stephens, 352, 361
Isla Soledad
Ajax Bay, 354, 386
Berkeley Sound, 83, 259, 271
Bluff Cove, 145, 152-3, 158, 166,
169-72, 175, 186, 193, 256-7,
396
Bluff Cove Peak, 258, 396
Choiseul Sound, 109, 152, 168
Darwin, 22, 29, 35, 38, 128, 132,
139-40, 142-49, 156-7, 161,
164, 168, 170-3, 177-80, 183,
197, 215, 238, 242, 248, 262,
272, 343-4, 346-7, 349-53, 358,
360-61, 384, 406
Egg Harbour House, 16, 33, 35-7,
161, 163, 254, 391, 396
Falkland Sound, 384
Fanning Head, 20, 385, 386
Fitz Roy, 145, 147, 151, 158, 162,
165, 166-7, 169-70, 172-3,
188-9, 192, 194, 201, 259, 313,
321, 333, 338
Goat Ridge, 205, 220, 223, 243-4,
256, 261-2, 264, 266-7, 270-71,
273, 277, 279-82, 285-6, 293,
296, 308, 316, 345, 347-8
Goose Green, 35, 38, 94, 114,
118, 128-9, 132, 140-2, 145,
147-9, 151, 153, 156-8, 161,
164, 166, 169-71, 173-4, 177,
212, 237, 239, 264, 286, 347-

53, 357, 361-2, 384, 390-1, 406
Lafonia, 16, 75, 151, 159, 161,
351, 360
Little Wether Ground, 170, 172-
4, 176-7, 193, 386
Lively Island, 152, 360-2
Moody Brook, 19, 169, 173, 181-
2, 204, 215, 242, 279, 286-7,
302, 310-11, 315, 324-5, 355,
357
Mount Challenger, 175, 177, 179,
432
Mount Harriet, 42, 114, 157, 169,
173-4, 176-7, 182-3, 194-5,
204-5, 209, 214, 216, 218, 220,
222, 250, 256, 259, 261, 264,
275, 314, 316, 344, 357, 365,
378, 397, 399, 404, 432
Mount Kent, 22, 136, 195, 258-9,
432
Mount Longdon, 42, 157, 195,
432
Mount Pleasant, 22, 23
Mount Usborne, 164, 170
Mount William, 15-16, 19, 34-6,
70, 80-1, 87, 88, 94, 129, 149,
157-8, 164, 168-9, 173-5, 180-
3, 193, 195, 197, 198, 208-17,
220, 243, 246-51, 256, 259-64,
272, 275, 277, 279, 281, 292,
294, 296, 309, 313-17, 319,
322-4, 327-9, 334-48, 372-4,
378, 391, 395, 397, 400, 412,
432
North Arm, 351, 354-5, 362
Pony's Pass, 180-1, 209-10, 214-
15, 224, 257, 265-7, 272-3,
275-6, 281, 343, 374
Port Pleasant, 39, 109, 166, 168,
172, 239, 257, 386
Puerto Argentino (*ver también*
Stanley), 16, 29, 32, 35, 41-2,
44, 70, 75, 78, 83, 89, 93, 95,
98, 105, 108, 115-16, 123, 136,
141, 218, 277, 284, 309, 319,
323, 325, 342, 349-50, 367,

378, 380, 385, 394-5, 397, 425
Salvador Water, 152
San Carlos, 20, 29-30, 34, 52, 83, 89, 99, 113, 117-18, 121-3, 125, 127, 129, 133-42, 150, 152, 158, 161-2, 164, 167-8, 193, 202, 236, 259, 308, 350, 361, 384-6, 399, 427
Sapper Hill, 35, 88-9, 157, 168, 173, 175, 180-1, 185, 195, 202, 263, 272, 279, 284, 287, 296, 300-1, 306, 311, 316-18, 322-3, 334, 336, 341-4, 380, 425, 432
Seal Point, 172, 272
Stanley (*ver también* Puerto Argentino), 22, 24-25, 29, 32, 35, 63, 67, 87-9, 123, 133, 145-6, 157, 159-60, 164-5, 168-9, 173, 177-8, 180, 182-3, 185, 190, 193, 195, 197-8, 203, 209, 211, 213, 215, 242, 245, 249, 259-60, 262, 272, 279, 299, 316-17, 319, 324-5, 328, 333-4, 336, 338-9, 341-2, 344, 348, 350, 352, 355, 359, 362, 367, 369, 372, 374, 380, 394, 412, 432
    Apostadero Naval Malvinas (galpones y muelle de la Falkland Islands Company), 29
    Oficina de LADE (Lineas Aéreas de Estado), 42, 428
Tumbledown, 11, 14-15, 19, 34-6, 39, 80-1, 157, 164, 168, 175, 180-2, 193, 195-8, 203-4, 206, 208-11, 214-16, 218, 221-4, 242-7, 250, 252, 256-7, 259-67, 270-3, 275-7, 279-80, 282-97, 300-3, 307-38, 342-9, 357-8, 362, 366, 369-70, 372-5, 378-9, 381, 387-8, 397, 404-6, 408-11, 413, 432
Two Sisters, 42, 173, 195-8, 203-5, 212, 214-18, 223, 242, 244,

258, 262, 266, 303, 307, 342, 344, 346, 357, 365, 378, 404, 432
Wall Mountain, 205, 432
Wether Ground, 14, 23-4, 39, 163, 174-6, 179-80, 182-5, 188, 191, 193, 196-7, 200, 209, 214, 215, 239-42, 259, 292, 294, 344-5, 365, 406
Wireless Ridge, 157, 202, 215, 224-25, 259-60, 280, 284, 315, 317, 324, 328, 333, 380, 395, 397
Izzard, Jack, 371, 373

J

Jackson, David, 28, 390, 401
Jackson, Peter – Capitán (Captain), 110, 124
Jaimet, Oscar Ramón – Mayor, 204, 285, 303, 307-8, 312, 313, 325, 378, 380
Jensen, Robert, 27
Jockell, John, 209
Jofre, Oscar Luis – General de Brigada, 83, 301
Jones, 'H' – Teniente Coronel (Lieutenant Colonel), 68, 128, 144, 212
José Acuña, Juan – conscripto, 248, 343
Junta Militar Argentina, 60-61, 98, 169, 170, 387

K

Kasanzew, Nicolás, 13, 26, 41, 43, 253, 385
Keeble, Chris – Mayor (Major), 145
Kenyon International Emergency Services, 21, 27, 34, 383, 387
Kipling, Rudyard, 105
Kiszely, John – Mayor (Major), 270,

443

279-80, 297-9, 304, 309
Kitchener, Horatio Herbert –
 Mariscal de Campo (Field
 Marshal), 378
Kitson, Linda, 166, 239
Kitson, Sir Frank – Teniente General
 (Lieutenant General), 84
Kon, Daniel, 26, 32

L

La Madrid, Esteban Vilgré – Teniente,
 15, 252, 254, 266, 281, 285, 300,
 302, 308-9, 312, 314, 322, 350, 358,
 366, 374, 377-9, 387, 412
Lama, Ganju – fusilero, 51
Lambe, Brendon – Mayor (Major),
 338
Lami Dozo, Basilio – Brigadier
 General, 60
Lamport, S. M. J., 66
Larkhill, 111, 114, 194, 207
Larkin, Jeremy – Vicealmirante (Rear
 Admiral), 25
Leach, Sir Henry – Almirante
 (Admiral), 60
Lee, Robert E. – General, 45, 404, 418
Limbu, Budhaparsad – Cabo Segundo
 (Lance Corporal), 35, 38
Limbu, Tekbahadur – Teniente
 Primero (Lieutenant) (QGO), 14,
 87, 92, 102, 104, 107, 113, 116,
 130, 134-5, 138, 143, 146, 148, 156,
 161, 168, 170, 177, 179, 184, 195-7,
 200, 214-15, 260, 286, 288, 297,
 314-15, 317, 325, 328, 344, 346-7,
 351, 353, 360, 362
Líneas Cunard, 14, 20, 74, 102, 122,
 125, 369
Lockheed Martin, 224
Londres
 Archivos Nacionales, Kew, 13,
  20-21, 66, 68, 87, 92, 106, 112,
  360, 363
 Ministerio de Defensa, 60, 65, 68,
  87, 91, 97, 156
 Museo Imperial de Guerra, 10,
  371
 Palacio de Buckingham, 152
 Teatro del Royal Court, 28, 129,
  389-90, 392, 401, 402
Lucero, Luis Jorge – Suboficial, 205,
 263, 313, 371

M

Macdonald, Rod – Mayor (Major),
 53, 74
Malasia, 55, 58, 63, 359, 399
Malcolmson, David – guardia
 (Guardsman), 319, 320
Malta, 63
Martin, Tom – Teniente (Second
 Lieutenant), 14, 23-24, 175, 178,
 182-3, 190, 192, 242
McGuirk, Bernard, 13, 15, 94, 340,
 368, 389
McHarg, Andy – Teniente Primero
 (Lieutenant), 136
McIlroy, A. J., 158
McManners, Hugh – Capitán
 (Captain), 202
McManners, Peter – Teniente
 Primero (Lieutenant), 224
McTeague, Jeremy – Teniente
 Primero (Lieutenant), 99, 122, 134,
 166-7, 197, 210-11, 249, 258, 264,
 294, 322, 327, 336-8, 342-3, 353
Medios Argentinos
 Buenos Aires Herald, 367
 Clarín, 113, 173, 365
 Crónica, 128-9, 234
 Defensa y Seguridad, 15, 408, 411
 Flash, 105, 113-14, 118
 Gente, 394
 infobae.com, 28, 31, 39
 La Nación, 113, 169, 312, 349,
  358
 La Prensa, 113
Medios del Reino Unido

BBC Radio, 371
BBC TV, 60, 63, 84, 159, 209, 212, 217, 394, 404
BBC World Service, 103, 109, 128, 170, 173, 396
Daily Express, 32, 160
Daily Mail, 100
Daily Mirror, 164
ITN, 84, 209, 217
Soldier Magazine, 16, 228, 230-32, 240-41
The Daily Telegraph, 97, 159, 355, 401
The Evening Standard, 401
The Independent, 401
The Sun, 94
The Times, 401
Membrana, Juan José – Capitán de Navío, 253, 383, 386
Menéndez, Mario Benjamín – Brigadier General, 83, 215, 349-50, 365, 368, 371
Middlemas, Robin – Teniente Coronel (Lieutenant Colonel), 114
Middleton, Phil, 160
Mills, Keith – Teniente Primero (Lieutenant), 65
Minefield/Campo minado, 28, 37, 129, 252, 254, 383, 390-402
Miño, Héctor Omar – Teniente de Corbeta IM, 205, 218, 224, 275, 281-2, 286, 302, 304, 309, 322, 357, 366, 372, 380, 408
Mitchell, Clark – Sargento (Lance Sergeant), 299, 309, 406
Mitham, Alex, 412
Monte Caseros, 343
Montgomery, Bernard – Mariscal de Campo (Field Marshal), 45-6
Moore, Bill – Teniente Primero (Lieutenant), 178-9
Moore, Jeremy – General de División (Major General), 118, 132, 155, 258, 271, 316, 334, 341, 351, 361
Morgan, David – Teniente Coronel (Lieutenant Colonel), 23, 62, 68, 86, 93-4, 178, 227, 340, 353, 369, 390, 412
Morgan, Geoffrey – Teniente Primero de Ingenieros (Engineer Lieutenant), 62-3, 227
Moss, John – Mayor (Major), 53, 55
MV Monsunen, 152-3, 157-8, 162-5, 169-70, 173, 351-2, 361

N

Naciones Unidas (UN)
    Consejo de Seguridad, 62, 98, 123
    Representante Permanente de Argentina, 98, 105, 169
    Representante Permanente de Nepal, 105
    Representante Permanente del Reino Unido, 64
    Secretario General, 123
Neil, Tony – Granadero (Lance Bombardier), 236
Nelson, Lord Horatio – Vicealmirante (Vice Admiral), 45, 77
Nepal, 13, 26, 36, 40-1, 57, 59, 66, 68-9, 87, 95, 99-100, 106, 112-13, 134, 156, 159, 169, 186, 223, 258, 340, 359, 369, 389
Nicholson, Mike, 209, 212, 215, 217
Nicol, Bill – Suboficial Mayor (Sergeant Major), 275
Noruega, 14, 21, 34, 111, 364, 367, 383
Nott, John, 59, 61, 65-6, 68, 72, 73, 91

O

O'Rourke, Kieran, 14
Oates, Quentin – Teniente (Second Lieutenant), 37, 161, 163-4, 223, 267, 269, 273, 282, 295
Operación Banner (Estandarte), 55, 63, 74, 407

Operación Black Buck (Antílope), 87-8
Operación Corporate, 11, 13-14, 20-22, 25, 31, 57, 63-5, 69, 72, 84, 92-3, 95, 112, 120, 193, 202, 340, 353, 359, 363, 406-7, 411
Operación Mikado, 54
Operación Motorman/Operation Carcan (1972), 56
Operación Overlord (1944), 46, 90
Operación Paraquet, 78
Operación Rosario, 371, 393
Operación Storm (1970-76), 54
Operación Sutton, 99, 113, 385
Ormond, D. B., 66
Oruezabala, Marcelo – Guardiamarina IM, 372
OTAN, 27, 58, 60, 63, 73, 81-2, 364, 405, 423, 430
Otero, Rubén, 390

P

Palmer, John – Teniente Primero (Lieutenant), 297, 314
Parker, Sir Hyde – Almirante (Admiral), 69, 77
Parsons, Sir Anthony, 64, 105-6
Patton, George S. – General, 45, 279, 418-19, 422
Pearson, Guy – Mayor (Major), 95
Pennicott, Brian – Coronel (Colonel), 132
Peralta Ramos, Alberto, 250, 365
Pérez Grandi, Jorge Daniel – Teniente Primero, 365, 368, 371
Peters, Jim – guardia (Guardsman), 15, 243-4, 267, 269, 279, 297, 319
Phillips, Nigel, 411
Phillips, Ricky, 13, 25, 27, 98
Piedra Gurkha, la, 411-12
Pino, Esteban – conscripto, 16, 70-1, 78-9, 87, 129, 149, 158, 175, 196, 251, 263, 323, 346, 351-3, 364, 371-2, 374

Plaza de Mayo, 71, 365
Pook, Jerry – Mayor (Squadron Leader), 256-7
Portsmouth, 66
Prefectura Naval Argentina
    GC-83 Guardacostas Río Iguazú (Lancha patrullera), 152, 164
Premio Nobel, 44
Price, Nigel – Capitán (Captain), 22, 79, 264, 290, 327, 344
Price, Simon – Mayor (Major), 302-6
Primera Guerra Mundial, 68, 186, 208, 298, 378
Príncipe Felipe, Duque de Edimburgo, 414
Pugh, Gareth – Capitán (Captain), 11, 14, 22, 24, 111, 114, 119-20, 122, 125, 128-33, 140, 142, 144, 147, 153, 176, 190, 193, 195-9, 203, 206-7, 216, 225, 239, 241-2, 246, 258, 260, 270-1, 293-4, 314, 329, 333, 335, 347-8, 354, 404-6
Pym, Francis, 105-6, 359

Q

Quevedo, Carlos – Teniente Coronel, 324

R

Radio CARVE (Uruguay), 114, 149, 378
Rai, Sukrim – Cabo Segundo (Lance Corporal), 16, 37, 79, 100, 127, 163-4, 226, 234, 254, 262, 314, 390-402
Real Academia Militar de Sandhurst (RMAS), 22, 45-55, 74-76, 87, 134, 226, 258, 407
Real Academia Militar, Woolwich, 47, 407
Real Armada
    Fuerza de Tareas, 20, 29, 60-1,

66, 69, 72, 74, 84, 93, 95, 97, 119, 126, 170, 194, 291, 314, 348, 351, 362, 369, 371, 374, 394
Grupo de Tareas Anfibio, 25, 74, 90
Grupo de Tareas de la Fuerza de Desembarco, 74
Grupo de Tareas de Portaaviones de Batalla, 74
Real Colegio Militar de la India, 47-8
Real Flota Auxiliar (RFA), buques de la
   Blue Rover, 133
   Sir Galahad, 35, 39, 109, 153, 162, 165-8, 171-2, 191, 239-41, 345, 386
   Sir Tristram, 35, 39, 109, 153, 165, 166, 168, 239, 386-7
   Stromness, 125, 127
Real Servicio Auxiliar Marítimo, 126
Redding, Paddy – Teniente (Second Lieutenant), 121, 164, 291
Reino de Gorkha, 47
Revuelta del Ejército de Bengala (1857), 47
Reynolds, James – guardia (Guardsman), 319-20
Rivera, Walter, 41
RMAS *Typhoon*, 126, 235
Robacio, Carlos Hugo – Capitán de Fragata IM, 15, 32, 40, 43, 80, 94, 177, 182, 218, 227, 273, 276, 283-4, 286, 296, 300, 310, 312, 316-17, 325, 359, 365-72, 374, 380-81, 409
Roberts, Leona, 25
Robinson, Colonel Keith – Teniente Primero (Lieutenant), 69
Rommel, Erwin – Mariscal de Campo, 45, 90, 169, 196, 419
Royal Marine Commandos
   3ª Brigada de Commandos, 25, 42, 65, 70, 72-5, 78, 81, 101, 111, 118, 120, 124, 131-2, 157, 168, 173, 195, 202, 204, 211, 215, 258, 287, 317, 384

   29º Regimiento de Commandos, Real Artillería, 132, 217, 259, 332
   40 Commando, 118
   42 Commando, 42, 157, 174, 182, 316, 394, 397
   45 Commando, 42, 157, 307, 316-17, 333, 365
   Hospital de Campaña, Ajax Bay, 143, 155, 188, 289, 323
Royal Military Academy Sandhurst (RMAS), 22, 45

S

SBS, 20, 431
Schwarzkopf, H. Norman Jnr. – General, 45, 415, 420, 422
Scott, Mike – Teniente Coronel (Lieutenant Colonel), 168, 173, 209, 256, 280, 282, 306-7
Segunda Guerra Mundial, 45-6, 51, 63-4, 69, 83, 100, 181, 207, 359, 404, 414
Shakespeare, William, 22
Shaw, Tim – guardia (Guardsman), 275
Sierra Leone, 113
Silva, Oscar Augusto – Teniente, 218-20, 276-7, 280, 302, 304, 358, 381, 410
Simeon, John – Sargento (Sergeant), 275
Slim, Sir William – Teniente General (Lieutenant General) [luego Mariscal de Campo (Field Marshal)], 45, 51, 420, 422
Smith, 'Birdie' – General de Brigada (Brigadier), 83
Smith, Angus – Padre, 121
Soria, Diego – Teniente General, 365
South Atlantic Medal Association '82 (Asociación de la Medalla del Atlántico Sur '82), 35, 368
Southampton, 29, 70, 74, 79, 92, 96-7,

100-2, 113, 127, 135, 229-30, 291, 354, 362-3, 373-4, 398
Southby-Tailyour, Ewen – Mayor (Major), 54, 75, 133, 141
Spencer, Kit – Capitán (Captain), 82, 97, 122, 156, 291
Spencer, William, 13, 20-21
Spencer-Talbois, Meryl, 377
Spicer, Tim – Capitán (Captain), 168
Squire, Sir Peter – Vicecomodoro (Wing Commander), 218
Stewart, Rory – Mayor (Major), 136
Sun Tzu, 6, 16, 28, 45-6, 62, 64-5, 67, 69, 117, 137, 196-7, 212, 256, 293, 329, 338, 350, 415-22
Suvorov, Alexander – General, 117, 417
Swinton, Keith – Capitán (Captain), 119, 121, 138, 143, 208, 217, 326-7, 335, 337, 344

T

Tawi Atair, Omán, 55
'Teeny Weenie Airlines' (656º Escuadrón del Cuerpo Aéreo del Ejército), 313
Thatcher, Margaret, 11, 61, 72, 84, 91, 105, 113, 114, 344, 371, 383, 394, 395, 398
Thompson, Julian – General de Brigada (Brigadier), 25, 74, 75, 316, 333, 334, 336, 341, 342, 383, 384, 396
Titanic (RMS), 105

U

Ugarte, Jaime Teniente de Fragata IM, 33, 35, 37, 39, 163, 164, 391, 396
Unidad de Apoyo de las Fuerzas Británicas (BFSU), 65, 424
Universidad de Glasgow, 21
Universidad de Londres, 370
Universidad de Manchester, 13, 25, 400
Universidad de Nottingham, 10, 15, 94, 218, 340, 368, 373-4, 402
Urbieta, Nicolás – Cabo, 357, 363-5, 368-9
Uruguay, 114, 149, 378, 394

V

Vázquez, Carlos Daniel – Teniente de Corbeta IM, 15, 204, 218-20, 222, 255, 257, 265, 268-70, 273-7, 280-4, 297, 302, 304, 310-13, 350, 357-8, 366-7, 374-9, 408-9, 411
Vázquez, Carlos Horacio – Teniente de Fragata IM, 204
Veteranos de Guerra de Malvinas (VGMs), 364, 388, 432
Vianna, Alberto – Vicecomodoro, 130
Villarraza, Eduardo – Teniente de Fragata IM, 205, 221-2, 266, 275, 277, 280-1, 284-5, 303, 312-13, 318-19, 368, 369, 371, 373, 379
von Clausewitz, Carl – General de División, 302, 421
von Moltke el Viejo, Helmuth – Mariscal de Campo, 282, 418, 420-1

W

Washington, 70
Waterhouse, Richard, 48
Waters, John – General de Brigada (Brigadier), 155
Weisæth, Lars, 367-8, 371
Wellington, Duque de, 91
Willis, David – Mayor (Major), 13-14, 122, 133, 139, 144, 169, 176-7, 182, 196, 216, 235, 258, 282, 288, 327, 362
Willis, Mark – Capitán (Captain),

128, 196, 215, 223, 246, 348
Wilson, Tony – General de Brigada (Brigadier), 58, 74, 86, 101, 118, 124, 138, 145, 166, 168, 239, 258, 316, 334, 341-2, 348, 351, 362
Woodward, Sandy – Vicealmirante (Rear Admiral), 62, 70, 74-6, 93, 152, 167
Wrega, Ron – Sargento (Sergeant), 224, 335

Y

Young, Jimmy – Sargento Primero (Staff Sergeant), 147, 347-8

Z

Zini, Brigadier Mayor (Ret.) Rubén Gustavo, 252-3, 385
Zona de Exclusión Marítima (MEZ), 70, 87
Zona de Exclusión Total (TEZ), 87

www.ingramcontent.com/pod-product-compliance
Lightning Source LLC
Chambersburg PA
CBHW022056150426
43195CB00008B/152